台湾の歴史大全

基礎から研究へのレファレンス

春山明哲
松田康博
松金公正
川上桃子 編

藤原書店

序

　台湾が、日本のみならず世界の強い関心を集めている。民主主義の実践、ハイテク産業の競争力、移行期正義やマイノリティの権利擁護の取り組み、文学や映画、芸術の魅力、中国との複雑な関係など、台湾の「いま」に興味をひかれる理由は様々だろう。しかし、ひとたび台湾に関心を抱き、その「いま」について学び始めれば、即座に「台湾とはなにか」という問いに直面せざるをえない。

　こんにちの台湾は、国際社会の一員として、また日本の隣人として、確固とした存在感を放っている。しかし、国際社会における台湾の存在は決して自明ではない。中国とのあいだには、矛盾と困難に満ちた強い緊張関係が存在し、台湾社会のなかでもナショナル・アイデンティティをめぐる葛藤と分断がある。台湾は、どこから来て、どこに向かうのか。そもそも台湾とはいったい何なのか──。

　本書では、実証的な学術研究を基盤として、台湾の歴史に関する基礎知識を総合的・系統的に提供することを通じて、この問いへの補助線を提示する。インターネット上には、台湾に関する情報があふれている。しかし、そうした知識は往々にして断片的であり、ときに不正確でもある。私たちは、地域研究としての台湾研究の成果をもとに、学生・社会人のための教養書として、ビジネス・メディア関係者に有益な参考書として、また市民学習のハンドブック、歴史研究・地域研究の入門書として活用できるレファレンス・ブックとして、本書を編んだ。執筆者は、日本および台湾で台湾研究を行う65人の専門家たちである。

　本書の第一の特徴は、台湾に関する基礎知識を、総合的なレファレンス情報として提供することにある。具体的には、台湾の政治史、社会・文化史、経済史に関する概説、重要項目に関する事典、分野ごとの文献レファレンスと研究レビュー、参考文献、年表等の総合的なレファレンス情報を通じて、台湾に関する情報を広く提供し、市民学習、研究入門のニーズに応える。時代としては、先史時代から近現代までの通史を広く概観できるよう、台湾原

住民族の登場、漢人の移住、オランダ・鄭氏・清朝・日本の統治期、中華民国期、本土化・民主化の時期、総統選挙までの通史を扱った。

　第二の特徴は、日本の視点から台湾に関するレファレンス・ブックを編纂した点にある。項目選定にあたっては、日台関係の歴史を重視した。特に、近代日本による植民地統治、戦後から現代にいたる日本と台湾の関係についての情報提供を重視し、日台学術交流の成果を反映することを意識した。また、日本における台湾研究の強みである学際研究の成果を意識的に盛り込んだ。

　本書ではさらに、台湾史研究が生み出してきた文献の集合体を「仮想的な台湾史ライブラリー」と捉え、台湾史に関する知識や情報を求める市民に対して、その効果的な利用を援助する手段、すなわち「レファレンス・ブック」を提供することをめざした。

　レファレンス・ブックを作成するうえでは、台湾史の膨大な研究蓄積を、総合的かつ系統的に整理し提供する「編集知」の作業が必要となる。この「編集知」の作業を台湾史の研究者自身が試みることで「ライブラリアンシップ」の精神を発揮しよう、という着想が本書の出発点となった。この作業を始める際に私たちが想起したのは、ディドロらによるフランス18世紀のプロジェクト「百科全書」の思想である。ローマ法王と絶対王政から独立した全知識の体系化という啓蒙思想の真髄は、「市民的公共圏」における学術の発展という思想に基づいていた。本書は、ささやかではあるが、台湾社会をめぐる市民社会の知の集積と、そのさらなる発展に寄与したいという願いのもとに編集されている。台湾に関心を持つ全ての市民に頁をめくってもらうことが我々の願いである。

　2024年12月　　　　　　　　　　　　　　　　　　　編者一同

本書の構成と内容のガイド

〈本書の構成〉
    I   台湾史概説
    II   台湾史事典
    III   文献レファレンスと研究レビュー
    IV   台湾史研究の思想と方法
    V   研究ガイド
    資料編   1   台湾史ライブラリー
            2   台湾史・日台関係史 基本年表
    総合索引

〈I　台湾史概説〉　本書全体の「イントロダクション（導入部）」として位置づけられ、台湾の歴史全体の流れを記述するとともに、本書の情報内容を集約した「アンカー」的な役割も持たせる。本〈概説〉には、「相互参照」機能を持たせ、その重要項目から「台湾史事典」の記述を検索できるように工夫している。〈概説〉は編集委員が総合的な見地から執筆を担当し、全体を7つに区分している。総説、17〜19世紀、1868〜1945年の政治・経済史、および社会・文化史、1945〜2024年の政治史、経済史、及び社会・文化史。

〈II　台湾史事典〉　179項目の歴史的事項の説明であり、項目数よりも記述を充実させ、「読める事典」の要素を重視し、特大項目（3000字）、大項目（2000字）、中項目（1000字）、小項目（500字）の4種類を設けた。配列は、台湾史の流れを把握しやすいように概ね時代順とし、検索しやすいように目次を付している。

〈III　文献レファレンスと研究レビュー〉　一般的な学問分類に準拠しつつ、台湾史の特色を加味して、それぞれの領域の研究レビューを歴史的背景としながら、基本的な文献の案内・紹介を行う。図書館情報学的には、台湾史研究文献の「書誌コントロール」の方法を意識した「主題の文献案内」というべきものであり、「台湾史の研究入門」の役割も果たすよう設計されている。

　分類項目は、先史時代・考古学・台湾の先住集団、オランダ統治・鄭氏、清代台湾、近代日本・台湾関係史、政治史・外交史・国際関係、経済史・産業史、社会史、文学史、文化史、女性史・ジェンダー史、となっている。

〈IV　台湾史研究の思想と方法〉　〈文献レファレンスと研究レビュー〉の第二部

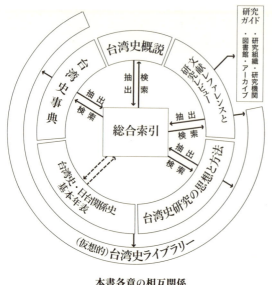

本書各章の相互関係

というべきもので、台湾の歴史の個性と特色、その方法論的な問題意識などの視角から、さまざまなテーマ設定を行っている。学際研究、台湾原住民族研究、台湾における台湾史研究、伊能嘉矩から矢内原忠雄まで、台湾史と地域研究、「帝国史」研究・朝鮮史研究、地域研究としての台湾、である。

〈Ⅴ　研究ガイド〉　台湾史・台湾研究関係の日本と諸外国の研究組織・研究機関、および国立国会図書館憲政資料室などの図書館・アーカイブズの近現代台湾関係資料の解題によるガイドである。

〈資料編〉　1 台湾史ライブラリー　「仮想的台湾史ライブラリー」というコンセプトのもとで、台湾史に関する日本語図書の研究書、専門書を中心に、1896年から2024年までの約130年間に刊行された、約650点の書誌情報を収録した。〈台湾史事典〉、〈文献レファレンスと研究レビュー〉、〈台湾史研究の思想と方法〉の参考とされた図書は基本的に収録している。ただし、資料集と翻訳書は原則として載せていない。公共図書館、大学図書館、専門図書館の「選書ツール」としても活用されることを期待している。

　2 台湾史・日台関係史 基本年表　台湾島の形成、先史時代、考古遺跡、古文献から、16世紀・17世紀、オランダ東インド会社時代、鄭氏政権時代、清朝時代、日本統治時代、1945年以降、中華民国統治時代から現代、2024年末までの基本的な事項を記述している。

〈総合索引〉　人名と事項の総合的索引により、Ⅰ～Ⅴおよび「基本年表」との相互参照による検索の利便性を持たせている。

目　次

序　I

本書の構成と内容のガイド　3
歴史上の地図に描かれてきた台湾　IO　現在の台湾地図　I2

I　台湾史概説　I3

1　総　説　……………………………………春山明哲　I4
1 台湾の歴史——時代区分と概観　2 台湾の歴史をどう観るか

2　17〜19世紀　…………………………………春山明哲　2I
1 オランダ東インド会社統治時代　2 鄭氏政権統治時代　3 清朝統治時代

3　政治・経済史　1868〜1945年…………………春山明哲　24
台湾出兵　第1期　1895(明治28)〜1898(明治31)年——「想像されたネーション」　第2期　1898(明治31)〜1917(大正6)年——「文明としての近代」　第3期　1918(大正7)〜1930(昭和5)年——「思想としての近代」　第4期　1931(昭和6)〜1945(昭和20)年——「一視同仁の果て」

4　社会・文化史I　1850〜1945年……………………松金公正　32
1 開港前　2 開港と社会の変化　3 人口の増加という社会構造の変化とエリート層　4 近代教育の推進　5 新たな生活様式の導入　6 文学と芸術
7 皇民化政策、寺廟整理

5　政治史　1945〜2024年　………………………………松田康博　39
第1期　1945〜1949年——中華民国による接収と混乱　第2期　1949〜1972年——蔣介石中心の中国国民党一党独裁体制　第3期　1972〜1988年——蔣経国政権による体制の修正　第4期　1988〜2000年——李登輝政権下の民主化　第5期　2000年〜——民主主義の深化と政権交代の定着

6　経済史　1945〜2024年　………………………………川上桃子　49
1 経済再建と輸入代替工業化の時期——1945年〜1950年代末まで　2 輸出志向型工業化の時期——1960年代〜1980年代半ばまで　3 対中経済リンケージの深化とハイテク産業の興隆の時期——1980年代半ば〜2010年代後半まで　4 米中経済対立下での局面変化——2010年代末以降

7 社会・文化史 **II** 1945〜2024年 ················· 松金公正 55

1 人口構造の多元化　2 教育政策の展開と社会──「脱日本化」・「中国化／再中国化」から「本土化」へ　3 思想と言論の制限と自由化　4 台湾文化の創生と多元化　5 移動のない身分変更　6 台湾社会における「日本」の記憶

II　台湾史事典　　65

全 179 項目──目次 66

III　文献レファレンスと研究レビュー　259

1　先史時代・考古学・台湾の先住集団 ············· 野林厚志 260

台湾の先史時代研究を考える視点　(1)踏査と考古学の黎明(1895〜1928年)　(2)台北帝国大学設立から日本人研究者留用期(1928〜1949年)　(3)権威体制下から総合学術調査の萌芽(1949〜1979年)　(4)主要な遺跡の大規模発掘調査(1980〜2002年)　(5)台湾の人類集団成立と原住民族考古学への関心（2003年〜現在）

2　オランダ統治時代・鄭氏時代 ················· 久礼克季 265

オランダ統治時代　鄭氏時代

3　清代台湾 ··································· 張士陽 269

清代台湾史関連史料　日本植民地期の調査　研究レビュー

4　近代日本・台湾関係史(1874〜1895〜1945) ········ 春山明哲 275

伊能嘉矩──台湾史研究の開拓者　後藤新平・岡松参太郎・竹越与三郎──台湾経営における学知の系譜　新渡戸稲造・矢内原忠雄──植民政策学から台湾史へ　台湾出兵の研究──近代日本と台湾　台北帝国大学における人類学と台湾史　台湾留学生による台湾史研究の再出発　台湾史研究グループの誕生　日本台湾学会の創立以後

5　政治史・外交(対外関係)史、
　　　　国際関係 (1943〜2024年) ················· 松本充豊 284

台湾の民主化と日本での台湾政治研究　民主化が促した権威主義体制の再検討　中華民国の「台湾化」　選挙、政治制度の研究　政治過程・政策過程の研究　市民的・進歩的価値を追求する民主主義　台湾、その政治史を俯瞰する手がかり　台湾の民主化と中台関係、東アジアの国際関係　マルチアーカイブによる戦後東アジア国際政治史　戦後日台関係史──日華・日台関係の二重性　「台湾」をめぐるさまざまなアイデンティティ

6 経済史・産業史 ……………………………… 湊照宏・川上桃子 294

日本統治期台湾経済史研究の古典　台湾商人・資本の成長　独占および帝国
主義概念と決別した経営史　アジア経済史との架橋　戦前と戦後をまたぐ産
業史　戦後工業化の起点　国際加工基地としての高度成長　ハイテク産業研
究の興隆

7 社会史 ……………………………………………… 菅野敦志・松金公正 302

教育　社会と生活

8 文学史 ………………………………………………………… 大東和重 312

台湾文学とは　日本統治期の文学　戦後の文学

9 文化史 ……………………………………………………… 三澤真美恵 318

台湾史における「文化」の多面性　先住民文化　美術　音楽　演劇　映
画　マスメディア　スポーツとサブカルチャー

10 女性史・ジェンダー史 ……………………………… 野村鮎子 325

戦後台湾のフェミニズム運動と日本における研究の黎明期　日台の共同研究
による学術研究　台湾のジェンダー主流化に関する研究　台湾のクオータ
制に関する研究　日本統治期の台湾女性に関する研究　ジェンダー法学研
究　LGBT 運動および同性婚研究

IV 台湾史研究の思想と方法 331

1 学際研究としての台湾史 …………… 上水流久彦・西村一之 332

越境をめぐる研究　植民地主義研究の展開

2 台湾原住民族研究史 ………………………………… 宮岡真央子 337

伊能嘉矩『台湾蕃人事情』による分類と命名　鳥居龍蔵の探検による人類学
調査　台湾総督府調査機関による網羅的報告書の刊行　台北帝国大学による
学術研究　1960 年代以降の調査研究の再開　写真資料への注目　日本順益
台湾原住民研究会の発足と活動　過去の研究の再評価・再検討　植民地主義、
植民地経験、それらと現代との関わり　民族誌的研究、文化史的研究

3 台湾における台湾史研究 …………………………… 何義麟・冨田哲 342

遅れてきた「本土」の台湾史研究　民主化以前　台湾史研究の制度化　台湾
史研究がめざすもの　史料の問題　日本の学界とのかかわり

4 伊能嘉矩から矢内原忠雄まで
──「知の媒介者」としての後藤新平 …………………… 春山明哲 348

伊能嘉矩（1867–1925）　岡松参太郎（1871–1921）　新渡戸稲造（1862–
1933）　矢内原忠雄（1893–1961）

5 台湾史研究と地域研究——若林正丈の方法 ……… 家永真幸 352

日本台湾学会と若林台湾学　土着地主資産階級　権威主義体制の民主化　中華民国台湾化　抗日運動史研究との架橋　地域研究の対象としての台湾

6 「帝国史」研究の課題
——台湾史研究と朝鮮史研究の「相互参照」を中心として …… 松田利彦 356

1「帝国史」研究の現状　2「帝国史」研究の再構築　3 台湾史研究と朝鮮史研究の「相互参照」

〈論考〉**台湾研究のメタヒストリー**
——地域研究としての台湾と日本 ………………………… 梅森直之 361

課題と方法　逆風のなかの船出　地域研究とは何か　台湾研究の来歴と地域研究　〈日本の台湾〉から〈台湾の台湾〉へ　地域研究の化学反応（ケミストリー）〈世界の台湾〉とその破船　〈日本の日本〉への問いかけ

Ⅴ　研究ガイド　377

1 研究組織・研究機関・海外 ……………… 山﨑直也 378
研究組織（学会・研究会）　研究機関　世界の台湾研究

2 図書館・アーカイブにおける近現代台湾関係資料
——国立国会図書館憲政資料室を中心に ……………… 堀内寛雄 384
1　国立国会図書館憲政資料室所蔵「憲政資料」中の台湾関係資料
2　他の図書館・アーカイブの台湾関係資料所蔵情報

資料編

1 台湾史ライブラリー　391
1 日本統治時代の文献　2 第二次世界大戦後の文献

2 台湾史・日台関係史 基本年表　419

総合索引　447

あとがき——「レファレンス・ブック」とはなにか？　本書刊行までの歩み　455

著者紹介　460　編者紹介　462

台湾の歴史 大全
基礎から研究へのレファレンス

歴史上の地図に描かれてきた台湾

Diogo Homem による "The Queen Mary Atlas" (1558)。世界地図に初めて「フォルモサ (Fermosa)」の文字が書かれた。台湾は小さな島の集まりで描かれている。(British Library)

Henricus Hondius による "India quae Orientalis dicitur et Insulae Adiacentes"（東インドならびに隣接諸島図）(1639)。北回帰線をまたいで、台湾島がかなり正確なかたちで描かれる。(National Library of Australia)

『新旧東インド誌』を書いた François Valentijn による「台湾および澎湖諸島地図」(1726)。
Johannes Vingboones による手書きの図 (c. 1640) をもとにしている。

ルジャンドルが作製した、英文の台湾および澎湖諸島の地図 (1870)。

台湾総督府作製の
「台湾島予察地形図」(1899)。

現在の台湾地図

I
台湾史概説

［凡例］
◎「Ⅱ　台湾史事典」との相互参照機能を持たせ、「台湾史事典」にお
　ける見出し語は、ゴシック体で示し、★印を付した。

1 総 説 ....春山明哲

　この総説では、(1) 台湾史の全体の流れを、先史時代から現代まで、大きく時代区分しながら通史的に概観し、その中でも、歴史時代、すなわち文献に基づく歴史学の研究対象である17世紀から現代までを、6つのパートに分けた「概説」の構成を説明する。そして、(2) そもそも台湾の歴史をどう観るか、という「歴史観」について、その基本的な問題の一端を紹介することとしたい。

1　台湾の歴史──時代区分と概観

台湾島の形成
　ホモ・サピエンス（現生人類）が地球に登場したのは、今から約10万年前であるという。地球が氷河期であった頃は台湾も日本列島もアジア大陸とつながっていたと考えられ、第4（ヴュルム）氷河期が終了する約1万8000年から1万年前に海面が上昇し、大陸から分離して台湾が島になったという。プレートテクトニクス理論では、ユーラシア・プレートとフィリピン・プレートの衝突により、ユーラシア・プレートの堆積物が剥離して隆起し、島となったと説明されている。

台湾の先住民の起源と来歴
　最近の考古学的知見によれば、台湾の先史時代は、旧石器時代（3万〜1万5000年前）、新石器時代（5000〜2000年前）、鉄器時代（2000〜400年前）を経て、およそ400年前から文献資料で確認できる歴史時代が始まったと考えられている（**先史時代・考古遺跡★**）。先史時代に台湾に住んでいた人々（**台湾の先住諸集団★**）と、現在の台湾の「先住民」、すなわちオーストロネシア語族の言語と文化を持つ台湾先住民との関係については、まだ研究上も結論が出ていない。また、太平洋に広く分布しているオーストロネシア語族の言語（別名、マレー・ポリネシア語系）が台湾から拡散したという説をとな

える研究者もいるが、その拡散の起源についても来歴についても明確ではない。なお、現在、台湾の法制上および人類学等の学術用語として「台湾原住民族」または「原住民」が使用されている。

3世紀から16世紀の台湾

中国の文献上、台湾が登場する最初は『三国志』「呉書」の「孫権伝」に出てくる「夷洲」であるとする説がある。『隋書』の「東夷列伝」の「流求」も台湾だとする説がある。264年に呉の沈瑩が著した『臨海水土異物志』に記載された「夷洲」は台湾の地理、風土、住民の生活等を描いた最初の文献だとする説もある。しかし、異説もあり確定しているとはいえないようである。台湾に関する名称の種類は数多く、「台湾」という名称が確定したのは、17世紀の清代に入ってからだとされている。

台湾が世界史に登場したとされるのは、非常に印象的なエピソードによっている。大航海時代の1544年、ポルトガルの航海者が船上から台湾の山や森を遠望し、"Ilha Formosa"（麗しの島）と賞賛したという（異説もある）。なぜ上陸しなかったのかという疑問はさておき、この「フォルモサ」が、ヨーロッパ人の世界で、台湾を表す代表的な名称となり、多くの書物や世界地図に台湾がフォルモサとして記載されていく。

日本で文献に台湾が登場するのは、さらに遅く1593年、豊臣秀吉が原田孫二郎に命じて「高山国」に派遣したのが最初とされている。その後、1609年には徳川家康が有馬晴信を、1616年には幕府が長崎代官の村山等安を軍勢とともに派遣したが、いずれも成功しなかったという。興味深いことに、「たかさんこく」の音が転じて「たかさご」となり「高砂」の字が当てられ、日本では台湾のことを「高砂」と呼ぶことが多くなったとする研究もある。のちの「台湾高砂族」という用語の起源である。

17世紀から19世紀の台湾

この時期は、オランダ東インド会社、鄭氏政権時代、清朝時代の3期にわけられる。

〈オランダ東インド会社時代（統治期）★　1624～1662年〉　大航海時代の覇者のひとつ、オランダ東インド会社が台湾に上陸したのは、1624年のことである。オランダは対抗者スペインを追い出し、日本との貿易競争に勝ち、

台湾の先住民族と優位ある関係を築き、対岸の漢人移民を糖業の労働力として招くなど、台湾の経済開発と全島支配を目指したが、1662年鄭成功に敗北し、39年に及ぶオランダ東インド会社の時代は終った。しかし、短かったとはいえ、台湾が「世界史」の舞台に登場したこと、「海のアジア」と呼ばれる交易ネットワークの起点になったこと、台湾の先住民族が歴史にその姿を現わしたことなど、台湾の歴史の比類なき転回点となったといえる。

〈鄭氏政権（統治）時代★　1661〜1683年〉　鄭成功は台湾の歴史上はじめて「英雄」と称される人物である。中華王朝としては滅亡した明朝の復権を掲げ、台湾に武装勢力として交易と産業開発の拠点を築いた鄭成功の政権は、3代23年間と短くはあったが、「東都」（のち「東寧」、現在の台南）に統治機構を置き、農業開発と商業の展開を進め、東南アジアとの交易の拡大を目指すなど、台湾の歴史における重量感ある時代となった。

〈清朝統治時代　1684〜1895年〉　1684年、台湾府と台湾・鳳山・諸羅の3県が福建省のもとに設置され、台湾は清帝国の版図に入った。ただし、清朝の台湾統治は必ずしも積極的ではなく、特に山岳地帯を中心とする台湾島の東半分は、台湾の先住民族（のちの台湾原住民族）の生存地域であり、実効支配が及ばない時期が続いた。しかし、この200年間は対岸の泉州・漳州の漢人、客家人の移民が間断なく台湾に渡り、開発を進め定住社会を築いていった。台湾は行政・経済・文化・社会組織・宗教など、あらゆる領域で、中華王朝の領域的周縁となっていった（清代台湾★）。

　1871年、琉球宮古の船が漂着した台湾南部（牡丹）で、現地の先住民により琉球人が殺害された事件を契機に、日本は1874年に軍隊を派遣した。先住民との戦闘の後、北京で交渉が行われ外交的解決をみた。いわゆる「台湾出兵」である。日本と台湾が本格的に「接触」した事件であり、琉球問題を含め、東アジアの近代のひとつの出発点となった事件である。

日本統治時代　1895〜1945 年

　1895年4月、日清講和条約により台湾と澎湖諸島は清から日本に割譲された。1945年まで約50年に及ぶ日本統治時代は、「台湾の歴史」と「日本の歴史」が深く広く「交差」した期間であり、近代から現代につながる歴史の長い波動の起点でもある。

　この「概説」はもとより、本書を構成する各章において、日本統治時代は

大きな比重を占めているので、ここでは詳述しない。

中華民国統治時代　1945〜2024年（現在）

1945年8月、日本はポツダム宣言を受諾し、第二次世界大戦が終結した。同年10月、台北において日本の台湾受降式典が行われ、台湾と澎湖諸島の中華民国編入が宣言された。以後、中華民国の統治が始まるわけであるが、中国大陸では国民党と共産党の内戦が始まり、1949年には中華人民共和国の樹立が宣言され、中華民国政府と国民党は台湾に移転した。以後、現在までの約80年は、中華民国統治時代と一括することは難しい激動の時代であり、本書を構成する各章において詳しく記述されている。

以上のような時代区分に基づいて、本章「台湾史概説」の構成は以下のとおりとする。なお、開始年が多少前後するのは、日本と台湾の近代の起点と記述内容の相違による。

17〜19世紀　　（オランダ東インド会社統治時代、鄭氏政権統治時代、清朝統治時代）
1868〜1945年　政治・経済史　（台湾出兵、日本統治時代の政治・経済史）
1850〜1945年　社会・文化史　（開港前後の清代、日本統治時代の社会・文化史）
1945〜2024年　政治史　　　　（中華民国統治時代の政治史）
1945〜2024年　経済史　　　　（中華民国統治時代の経済史）
1945〜2024年　社会・文化史　（中華民国統治時代の社会・文化史）

2　台湾の歴史をどう観るか

「台湾の歴史」というビジョン

台湾の歴史を近代歴史学の方法で研究した人物は**伊能嘉矩★**（1867–1925）である。伊能は日本の領台初期から台湾に渡り、全台湾の人類学的踏査と研究、清代歴史文献の収集と解釈、地理・産業・風俗習慣・文学まで、総合的な歴史研究を行った。伊能には「台湾の歴史」に関する想像力と構想力（ビジョン）があり、それを歴史叙述にする表現力を備えていた。伊能の研究には「台湾旧慣調査」と台湾慣習研究会という後藤新平、岡松参太郎による台

湾の法制・経済・社会の実証的調査という学術基盤があった。台湾旧慣調査とは全台湾の来歴を可視化する事業だということが出来る（若林正丈による）。

伊能の『台湾文化志』（1928年）を「清朝治下の台湾」とすれば、自著の『帝国主義下の台湾』（1929年）は「日本統治下の台湾」であるとしたのは**矢内原忠雄★**（1863–1961）である。矢内原は日本の台湾統治30年の実態を社会科学的に分析し、世界の植民政策の観点から分析評価した。政治文化活動を開始したある台湾青年は、矢内原の著を知って「台湾の歴史」はこう見えるのか、との感想を抱いたそうである。1920年代の台湾は「想像の共同体」（B・アンダーソン）のビジョンにアプローチする地点まできていた。（本書「文献レファレンスと研究レビュー」の「近代日本・台湾関係史」、及び「台湾史の思想と方法」の「伊能嘉矩から矢内原忠雄まで――『知の媒介者』としての後藤新平」も参照。）

「台湾島史観」をめぐって

1945年に日本帝国というくびきから解放された台湾はみずからの歴史を自由に描くことはできなかった。中華民国政府の戒厳令による人権の制限は1949年から1987年まで38年に及び、「白色テロ」の恐怖政治が続いた。「台湾の歴史」を研究する学問と表現の自由を求めて、台湾の留学生は日本へ場を求め、矢内原忠雄が総長を務める東京大学が学問的営為の避難港となり、戦後日本における台湾史研究の揺籃期を育んだ。

民主化の胎動期に入った1990年、「自学の典範」と称された長老歴史家の曹永和（1920–2014）は「台湾島史」の概念について次のように論じた。「台湾が一個の独立の歴史舞台であり、歴史時代以前から今日まで幾多の種族、言語、文化を持つ人間集団がそこで活動して、彼等が創造した歴史総てがこの島の歴史」（曹［2000］、若林［2000］より重引）であると。

若林正丈は「『台湾島史』論から『諸帝国の断片』論へ――市民的ナショナリズムの台湾史観一瞥」［2017］において、曹永和の「台湾島史」論を、民主化とともに成長しつつあった市民的ナショナリズムの台湾史観として性格づけ、その系譜を紹介している。

台湾史研究を先導した呉密察は、克服すべき「台湾史の認識モデル」を提示し、外来統治者を主体とする台湾史観について概念図を提出した（図1）。図のP、あるいはP′で台湾の歴史が無いもの、あるいは意味がないものと

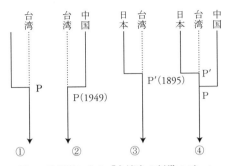

図1 呉密察による「台湾史の認識モデル」

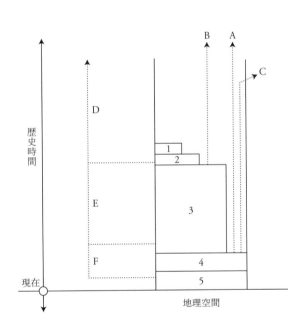

図2 周婉窈による「地理空間によって規定される歴史的脈絡の概念図」
1：オランダ東インド会社時代
2：鄭氏政権時代
3：清朝統治時代
4：日本統治時代
5：国民党政府時代
　A、B、C、D、E、Fは民族集団（エスニックグループ）を示す。
A：日本統治時代に統治に組みこまれた人びと（清代の「生番」）
B：清朝統治時代に統治に組みこまれていた人びと＝「平埔族」（清代の「熟番」）
C：比較的遅く台湾にやってきた先住民（ヤミなど）
D：鄭氏政権時代に移ってきた漢人
E：清朝統治時代に移ってきた漢人
F：国民党統治時期に移ってきた漢人
→は歴史的脈絡を示す。

されてきたが、このような史観を克服し「台湾を主体とした歴史」の再構築を主張したのである。

　周婉窈は1997年『図説 台湾の歴史』[2013]を著し、「地理空間によって規定される歴史的脈絡の概念図」を描いた（図2）。若林は、周婉窈の「地理空間により歴史を定義する」概念図を補助線を引いて詳しく解釈した。そして、台湾の政治学者呉叡人の「台湾は諸帝国の断片」というダイナミズムの考察

を基礎に、若林自身の方法的「帝国」主義論を展開する。また、若林は「諸帝国の周縁を生き抜く――台湾史における辺境ダイナミズムと地域主体性」[2016] という論文において、打たれ強く（レジリエンス）、したたかに生き抜いてきた台湾の物語を描いている。

　この「総論」では、呉密察監修の『台湾史小事典 第三版』、周婉窈の概念図と若林による解釈、及び、若林の「帝国の周縁」論を援用して、本書の「台湾の歴史」の時代区分の方法概念としている。

　「台湾島史観」に関連しては、陳姃湲「『台湾島史観』から植民地の知を再考する――植民地台湾における知と権力をめぐって」[2019] が詳しい研究レビューを行っている。

　また、台湾における台湾史研究と日本における台湾史研究との関係については、春山明哲「日本における台湾史研究の100年――伊能嘉矩から**日本台湾学会★**まで」[2019] を参照いただきたい。

参考文献

呉密察「台湾史の成立とその課題」溝口雄三・濱下武志・平石直昭・宮嶋博史編『アジアから考える3　周縁からの歴史』東京大学出版会、1994

呉密察監修、遠流台湾館編著、橫澤泰夫編訳『台湾史小事典 第三版』中国書店、2016

周婉窈、濱島敦俊監訳、石川豪・中西美貴・中村平訳『図説 台湾の歴史 増補版』平凡社、2013

曹永和「台湾史研究的另一個途径――『台湾島史』概念」『台湾早期歴史研究続集』聯経出版、2000、第2版 2016

若林正丈「諸帝国の周縁を生き抜く――台湾史における辺境ダイナミズムと地域主体性」川喜田敦子・西芳美編著『歴史としてのレジリエンス――戦争・独立・災害』（第4章）京都大学学術出版会、2016

若林正丈「『台湾島史』論から『諸帝国の断片』論へ――市民的ナショナリズムの台湾史観一瞥」『思想』1119、2017年7月

若林正丈「『台湾という来歴』を求めて――方法的『帝国』主義試論」若林正丈・家永真幸編『台湾研究入門』東京大学出版会、2020

陳姃湲「『台湾島史観』から植民地の知を再考する――植民地台湾における知と権力をめぐって」松田利彦編『植民地帝国日本における知と権力』思文閣出版、2019

春山明哲「日本における台湾史研究の100年――伊能嘉矩から日本台湾学会まで」『アジア経済』60巻4号、2019年12月

2 17〜19世紀 春山明哲

1 オランダ東インド会社統治時代★

　1602年に設立されたオランダ東インド会社（略称VOC）は、1619年ジャワ島バンテン王国のジャカルタを占領、バタヴィアと改称して総督府を設置し、アジアにおける貿易、軍事活動の拠点とした。1622年7月、ライエルセンを司令官とするオランダ探検隊は澎湖島を占領し明朝と対立した。オランダはポルトガルの拠点マカオの攻略に失敗し、一時澎湖島に拠点を築くが、1624年、大員（タイオワン、台湾の語源。現在の台南市安平）を占領、城砦の建設を開始した。1625年4月、半島の砂嘴の上に城砦（オラニエ城、オランヘ城とも）と商館が完成、1627年11月、**ゼーランディア城★**と改称した。また、先住民の新港社（シンカン、シラヤ族）から対岸の土地を購入して商館など市街地を整備し、1652年の郭懐一による漢人農民反乱事件後、1653年にプロヴィンシア城（赤嵌楼）を築造した。ゼーランディア城には1662年まで12代の大員（台湾）長官が置かれた。

　一方、スペインは1571年、マニラにアジアの拠点を設置し、1626年5月には台湾北部のサンチアゴ（三貂角）に到達、鶏籠（のちの基隆）にサン・サルバドル城を、28年には淡水にサン・ドミンゴ城（のち紅毛城）を築いたが、1642年にオランダによって駆逐された。

　オランダは台湾の鹿（皮革と肉）、砂糖、米など経済的可能性を発見し、積極的な開発政策を行った。対岸の中国大陸からの漢人の移住を奨励してその労働力を利用するとともに、先住民族との関係でも抗争・征服・教化から協力関係を築いた。新港社との間で作成されたローマ字の現地語と漢文併記の契約文書である「**新港文書★**」が著名である。

　日本との関係では、朱印船貿易との利害が錯綜して、台湾長官ノイツと長崎代官末次平蔵の緊張関係から1628年には**浜田弥兵衛事件★**が起きた。

　1661年5月**鄭成功★**軍はゼーランディア城を包囲、オランダ最後の大員長

官**コイエット★**は降伏して1662年2月協定を結び、オランダ時代は終わった。コイエットは1675年『閑却されたフォルモサ』を刊行している。

2 鄭氏政権統治時代★

鄭成功は、1662年、東都を国号とし、承天府を首都とし、天興・万年の2県を置いたが、6月23日に急死した。長男の**鄭経★**が後継者となり、1664年拠点を対岸から台湾に移し、陳永華を軍事・内政の責任者として台湾を統治した。1680年には、その息子の鄭克壏が継いだ。

鄭氏政権は、対岸からの漢人移民による農業開発（**鄭氏時代の台湾開発★**）と、強圧的な原住民政策はオランダの政策を踏襲したが、孔子廟・学校の設置、科挙制度の導入、保甲制度の活用、漢文学の奨励など中華の伝統文化を重視した。また、日本、東南アジア（フィリピンを除く）のジャワ、ベトナム、カンボジアとの貿易に力を入れ（**鄭氏時代の貿易★**）、ジャワ西部のバンテン王国とは交易と軍事的な連携を強めた。清朝とは、前後7回にわたり、戦闘と和議が繰り返されたが、清朝は鄭経の死後の政権の内紛に乗じて、**施琅★**の意見を取り入れ、1682年6月澎湖島を攻撃、8月には清軍が台湾に上陸し、1683年8月鄭氏軍は降伏、鄭氏政権三代の幕は閉じられた。

3 清朝統治時代★

1684年清朝は台湾に福建省台湾府と3県（諸羅県・台湾県・鳳山県）を置き、地方官・班兵を派遣して統治を開始した。台湾への渡航は許可制とされ、家族の帯同は許されない等の厳しい条件がついたが、密航者はあとを絶たなかった。台湾の地方官は土地税増収のために農業開発を奨励し、米、砂糖の生産は次第に増加し、18世紀には福建と台湾の経済関係も発展していった（**漢族の移住・開墾★**）。

清朝は統治下（納税、法律を適用）の先住民を「熟番」、統治対象外の先住民を「生番」と称した。漢人移民が増加すると先住民との土地紛争が頻発するようになったため、清朝は漢人と先住民の土地（「番地」）の境界を確定し、番地の土地の小作や買収を禁止した（**番地政策★**）。

18世紀半ばを過ぎると移民が増加して開発が進展し、各地で土地等の農

業資源をめぐる紛争が激化、血縁・地縁等による武装した集団による「**分類
械闘★**」が頻発した。1786年には、天地会を基盤とする台湾史上最大の民衆
反乱である**林爽文の乱★**が起きた。一方、大陸との交易関係も拡大し、台南・
鹿港・艋舺（バンカ）では商業が発展し、郊商とよばれる商人組合が結成された。19
世紀に入ると移民の土着化が進み、宗族組織が形成され、家廟が作られ祭祀
公業（族産）が設定されるようになった。**霧峰林家・板橋林家★**などの地域
エリート（名望家）も現われた。また、**金広福★**のような武装開墾組織も登
場した。

　1858年の天津条約で、1862年以降淡水・鶏籠（のち基隆）・安平・打狗（の
ち高雄）が開港場となった。欧米商社が進出し、茶・樟脳・米・砂糖の**台湾
の特産品★**が世界市場と台湾を結びつけた。台北の大稲埕は全島一の貿易セ
ンターとなった。また、**マッケイ★**、**キャンベル★**、**バークレー★**などイギリ
スの宣教師たちが来台して、宗教、医療、教育に事績を遺した。

　1867年の**ローバー号事件★**、1871～74年の日本による**台湾出兵★**（牡丹社
事件）後、1875年には「**開山撫番★**」政策が開始され、先住民地域に対する
積極的な開発政策が実施された。番地で「生番」と漢人との交易の仲介を行
う「**番割★**」は18世紀から存在していたが、開発政策の拡大とともに、清朝
は番割の活用を図っている。

　1884年**清仏戦争★**が始まると清朝によって**劉銘伝★**が台湾防衛に派遣され、
1885年に台湾省が設置されると初代台湾巡撫に任命された。劉銘伝は、防
衛体制の強化、樟脳・石炭業の振興、道路建設、航路の開設、鉄道の敷設、
土地の測量など洋務政策を実施した。

　1894～95年の日清戦争と下関講和条約により、台湾の清朝統治時代は終
わった。

参考文献

林田芳雄『蘭領台湾史──オランダ治下38年の実績』汲古書院、2008
奈良修一『鄭成功──南海を支配した一族』山川出版社、2016
林淑美『清代台湾移住民社会の研究』汲古書院、2017

3 政治・経済史 1868〜1945年 .... 春山明哲

　本項が対象とする時期は、近代日本が明治維新をもって始まった1868年から1945年までの期間であるが、実質的には1871〜74年の台湾出兵と1894〜95年の日清戦争から1945年までの日本による台湾統治50年間であり、この時代の台湾の政治・経済史を主たる内容としている。

　限られた紙幅でこの時代の概要を記述するにあたり、次のような方法を取ることとしたい。歴史的事象の選択にあたっては、台湾史の展開の動力となったと考えられる三つの要素を問題視角とした。一つは、「同化と非同化」、いいかえると「想像された帝国と国民」という「国家の次元」における問題視角である。二つ目は、文明（近代）と伝統の関係という「社会の次元」の問題視角である。三つ目は、漢人と原住民という「民族の次元」の問題視角である。日本統治時代の台湾史のダイナミズムをさしあたり、このように絞って記述することで、ひとつの歴史のビジョンを提示したい。なお、本概説の「社会・文化史 I　1868〜1945年」も参照されたい。

台湾出兵★

　1868年の明治維新のわずか7年後の1874（明治7）年、政府は大隈重信を台湾蕃地事務局長官、西郷従道を都督に任じた。西郷は約4000人の兵と艦船を率いて台湾南部に上陸、樺山資紀参謀らとともに先住民と戦闘と交渉を行なった。日本帝国最初の海外派兵である。その契機となったのは、1871年琉球宮古の船が漂着した牡丹の地で、現地の先住民（のちの台湾原住民・パイワン）に琉球人54名が殺害された事件である。これへの対応には、米国人**ルジャンドル★**の提言、副島種臣外務卿の対清外交、明治6年の政変など紆余曲折があり、出兵の目的としては、先住民への「問罪」、不平士族対策、植民地化構想、琉球政策など研究では諸説がある。出兵後、日清関係は武力衝突の緊張を高めたが、大久保利通の北京での外交交渉とイギリス公使ウェードの仲介により平和的に妥結した。こののち、日本は琉球処分に乗り

出し、海軍の建設と海運の発展に努め、「海洋国家」としての地歩を固めることとなる。また、清朝は台湾防衛を強化し、先住民地域（「番地」）に対する積極的な政策を展開していくなど、東アジア情勢に与えた影響も小さくない。なお、西郷と樺山は、日清戦争の際の海軍大臣と海軍軍令部長として、講和条件に台湾領有を盛り込むことを主張している。

第1期　1895(明治28)〜1898(明治31)年──「想像されたネーション」

　1894〜95年の日清戦争の結果、1895年4月17日に締結された**日清講和条約★**により、台湾と澎湖諸島は清から日本に割譲された。これに反対する台湾の官民は列強の干渉を呼び込み、日本の台湾領有を阻止するために**台湾民主国★**の独立を宣言した。初代台湾総督に任命された**樺山資紀★**は、**台湾総督府★**を開庁するとともに、近衛師団を台湾に上陸させた結果、唐景崧総統らは大陸に逃亡して台湾民主国は短命に終わったが、各地の士紳や開拓地主は抗日武装勢力を組織し抵抗を続けた。1896年1月、台湾総督府学務部の教師らが殺された**芝山巌事件★**はその烽火であった。総督府は彼らを「土匪」と呼んだが、その実態は多くは教養も地位もある良民で、日本の軍と警察がいたずらに国事犯たる土匪を「製造」していると認識していた。3代総督の乃木希典は、「乞食が馬をもらいたる如く、飼うこともできず乗ることも出来ず」「嚙まれ蹴られて腹を立てたる揚句、世間の笑い者と相成」と自嘲の言葉を遺している。乃木は1897年、「土匪」対策として軍・憲兵・警察を併用する「三段警備」法を採用して大混乱を招き、また、高野孟矩高等法院長からは憲法による裁判官の身分保障を求められ政権を揺るがす事態となるなど窮地に立たされたが、台湾の慣習・歴史の調査、憲法改正による統治体制の整備、**伊能嘉矩★**の学術調査などを、4代総督の児玉源太郎に引き継いだことは注目されてよい。

　1896年6月、第二次伊藤博文内閣は台湾事務局を設置し、台湾の統治制度の立案を開始した。お雇い外国人のルボンやカークウッドは諮問に答えて、フランスやイギリスの経験に基づいた提言をしている。事務局委員となった外務次官の原敬は、伊藤首相に「台湾問題二案」を提出した。その2案とは「甲　台湾を殖民地即ち『コロニー』の類と看做すこと。　乙　台湾は内地と多少制度を異にするも之を殖民地の類とは看做さざること」である。原は乙案を

主張、のちに「**内地延長主義★**」として定式化されていく。

　一方、1898年、井上馨大蔵大臣の要請に応え後藤新平内務省衛生局長が作成した「台湾統治救急案」は、台湾人民の自治の慣習を重視し、台湾総督に充分の権限を与え、科学的な拓殖政策を採るべし、というものであった。

　原の思想を「内地延長主義」、後藤の政策を「特別統治主義」として、比較対照させて研究する方法は、台湾を包摂した帝国日本をどのようにネーションとして「想像」するか、というアプローチでもある。台湾総督に立法権を委任する「六三法」は、憲法解釈論争を生じて長期にわたる「**六三問題★**」を引き起こしていくが、これと並行して、国民としての「同化と非同化」の問題もまた提起されることになっていく。（小熊英二『日本人の境界』はこの観点から興味深い著作である。）

　「台湾民主国」も、その実態とは離れて「想像されたネーション」として、連雅堂『台湾通史』（1920年）をはじめとし、後世の台湾人に評価されていく。

第 2 期　1898（明治31）〜1917（大正6）年——「文明としての近代」

　この時期は、**児玉源太郎★**総督のもとで民政長官として**後藤新平★**が台湾経営に辣腕を振るった1906（明治39）年までと、**佐久間左馬太★**総督時期（〜1915年）に分けられる。

　後藤新平は後年その台湾経験を回顧して、台湾社会を「三千年の人類生活の歴史のパノラマ」に譬えたことがある（『日本膨脹論』1916年）。また、その統治政策を総括して「台湾統治の大綱」にまとめている（『日本植民論』1915年）。

　　「第一、予め一定の施政方針を説かず、追って研究の上之を定む。研究の基礎を科学殊に生物学の上に置くこと。……台湾の民情、自然現象、及び天然の富源等を現代科学の力を借りて研究調査し、以て人民に対しては、最も適当なりと信ずる統治法を行ない、気候風土及びそれに由りて生ずる危害、疾病等に対しては、之亦適当なる処置を講ずること」

後藤によれば、この一項は「台湾経営の根本問題」であり、「諸般の経営施設皆此より出ずべきもの」と位置づけている。後藤はその植民政策の理念として、「文明の全体（ワンセット）」を台湾に持ち込もうとした。と同時に、「台湾社会」の自治・伝統・慣習を重視し、その実施の具体的な方法については、

科学的な調査研究に依拠しようとした。政策の全体は、総合的・体系的であり経済開発が中心である。以下は、その政策体系の概要である。

[行政・司法]
　①治安対策（「土匪」／抗日武装勢力の鎮定、「土匪招降策」、匪徒刑罰令）
　②警察・地方行政制度（警察・地方行政の一体的運用、「保甲制度」の導入・活用）　③司法制度の確立　④台湾社会指導層対策（饗老典、揚文会）

[立法構想]
　（明治憲法改正、台湾統治法、台湾会計法、台湾法典の編纂）

[財政金融政策]
　①台湾総督府特別会計制度の活用　②台湾事業公債による各種事業、「20か年財政計画」　③台湾銀行の設立と運用　④通貨制度改革　⑤総督府中央財政と地方財政の二重化

[社会資本整備]
　〈三大事業〉①鉄道建設（縦貫鉄道）　②港湾整備（基隆築港）　③土地調査事業
　④水力発電事業　⑤上下水道整備　⑥道路整備・都市計画　⑦官庁施設建築　⑧農業水利灌漑施設

[産業貿易政策]
　〈三大専売事業〉　①阿片専売　②樟脳専売　③塩専売
　④製糖業　⑤茶業（ウーロン茶）　⑥米作　⑦林業（阿里山）　⑧鉱業（金・砂金・石炭）

[医療・衛生・教育]
　①伝染病対策　②病院・検疫所　③公衆衛生　④医学校　⑤学校（公・国語・師範）

[調査研究・統計]
　①台湾旧慣調査　②戸口（国勢）調査　③各種試験場の設立

　このように後藤の台湾経営の特質はその総合性と体系性にあると考えられる。本書では、そのうち**台湾阿片令★**、**台湾銀行★**、**土地調査★**、**台湾旧慣調査★**、**衛生政策★**、**鉄道建設★**などを事典項目としている。なかでも、**岡松参太郎★**

を起用した台湾旧慣調査と明治憲法改正・台湾法典の編纂の構想と、**新渡戸稲造★**の「糖業改良意見書」に基づく**台湾製糖株式会社★**を中心とした製糖業の振興は、台湾経営の戦略的事業であった。1905（明治38）年には、国庫補助金を辞退し、「財政独立」を果した。ただ、後藤自身は次のような言葉を残している。

> 「世に台湾の成功を説くものは、概ね単にその財政の独立を抽象して、その余を速了懸断するのみ。台湾財政の独立は、実に当初帝国植民地統治に関する輿論の危殆に迫られたる応急の処弁にして、その結果に伴うべき必然の弊害に至りては、ただに外国をして聞かしむべからざるのみならず、また台湾新附の民をして聞かしむべからざるものありて存す。」

（『日本植民政策一斑』50頁）

佐久間総督時代は歴代のうちもっとも長い。そして、その政策・事業の中心は、「**理蕃★**」であった。1910（明治43）年に開始された「五箇年計画理蕃事業」は1914（大正3）年まで実施された。その最大の目標はタロコ（蕃）の軍事的征服である。この事業については、後藤新平をはじめとして本国政府でも批判があったが、明治天皇が興味を示したという。また、総督府内部でも理蕃組織トップの大津麟平が佐久間の方針に反対し、タロコ戦争の最中に辞表を提出して内地に帰り、『理蕃策原議』（1914年）という著書を刊行して佐久間を厳しく批判した。佐久間は漢族の支持を調達するためもあり、台湾人向けの台中中学校の設立を認めたほか、財政当局の要求に応じて総督府歳入のドル箱だった砂糖消費税を国庫収入に切りかえる（財政上の内地延長主義）ことも余儀なくされた。佐久間はタロコ戦争中負傷し、退任後まもなく死去した。

1914年2月、台湾霧峰の名望家**林献堂★**に懇望されて、板垣退助は台湾人の制度的平等の実現のための**台湾同化会★**を組織し、台湾を訪問した。総督府は当初歓迎したが、ほどなく同会の解散に舵を切った。多くの台湾人がこれに期待し、すぐ失望させられた経験は、台湾人の思想的覚醒に大きな影響を与えたといわれる。この年**西来庵事件★**が起こった。余清芳らによる宗教結社を利用した暴動事件で、1913年の羅福星が孫文思想に共鳴して起こした苗栗事件と並んで、漢族による抗日武装闘争の最後の事件となった。

第3期　1918（大正7）～1930（昭和5）年──「思想としての近代」

　1918（大正7）年7月、原敬内閣が成立した。原は台湾総督の任用資格を武官に限るとした制度を改め、文官総督への道を拓き、翌1919（大正8）年10月初代の文官総督である田健治郎が台湾総督に就任した。原は田に内地延長主義による台湾統治政策の実施を求め、ここに内地延長主義が公定の政策となった。

　同じ1918年、林献堂は東京で六三法撤廃運動を開始し、踵を接して台湾人留学生が啓発会を組織した。この流れが1920年林呈禄らによる新民会（会長に林献堂）の結成につながった。7月創刊の『**台湾青年**』★は台湾人の政治運動の最初の刊行物であり、吉野作造は創刊号に「祝辞」を寄稿した。林呈禄は論文「六三法問題の帰著点」を『台湾青年』1920年12月号に掲載し、「台湾の特別なる代議機関をして特別立法せしむること」を主張した。「台湾議会」の構想である。

　1921（大正10）年1月30日、林献堂は第44帝国議会に「台湾議会設置請願書」を提出した。林献堂以下178名が連署、紹介議員は貴族院・江原素六、衆議院・田川大吉郎。1934年まで継続された**台湾議会設置請願運動**★の開始である。同年10月には**台湾文化協会**★が、総理に林献堂、協理に楊吉臣、専務理事に**蔣渭水**★を選出して設立された。蔣渭水は「臨床講義　台湾という患者について」を『台湾文化協会会報』第1号（1921年11月30日）に発表した。

　この第44帝国議会で、原は六三法の後身である三一法を改正して、期限を付さない法三号を制定し、ここに「**六三問題**★」は終止符を打った。一方、田総督は同議会で「台湾議会の設置は内地延長主義の統治方針に違背、台湾がイギリスにおけるカナダのような独立自治体になることを意味する」と説明し、「請願書」に反対した。2月、田総督は総督府出張所に、林献堂、蔡恵如、林呈禄、**蔡培火**★を呼び、台湾議会設置請願運動は不可、代替措置として「総督府評議会」の設置を表明した。6月には、台湾総督府評議会官制が公布された。評議会は高等官・学識経験者からなり、総督の諮問に応じ意見を述べる機関で、会長は総督、副会長は総務長官（下村宏）、総督府高等官7名、在台日本人9名、台湾人9名、台湾人からは、**辜顕栄**★、林献堂、黄欣

などが任命され、民法・商法等の内地法の台湾への延長施行等が諮問された。また、総督府は1922年**台湾教育令★**（第二次）を制定し、内地の制度との接続、日本人と台湾人の共学制が始まった。1923年4月に、田の手によって実現した東宮（皇太子、のちの昭和天皇）の**台湾行啓★**は内地延長主義の儀式戦略であり、そのひとつの頂点を示すものであると位置づけられる。

　その同じ1923年1月30日、林献堂らは台湾議会期成同盟会を設立。2月、台湾総督は治安警察法により、同会結成の禁止を命令する。12月16日、台北地方法院検察官長三好一八の指揮下に、議会期成同盟会関係者の一斉検挙がはじまった「治警事件」では、一審無罪の蔣渭水、蔡培火らが控訴審で禁錮刑の判決を受けた。蔣渭水は同年4月15日、東京で『**台湾民報**』★を発刊している。

　1926年9月、台湾農民組合が簡吉、趙港らによって設立される。1927年1月3日、台湾文化協会は臨時大会を開催、左派の連温卿らが奪権、協会は左右両派に分裂した。林献堂、蔡培火、蔣渭水らは脱会し、同年10月10日、**台湾民衆党★**を結成する（1931年6月解散命令）。1927年3月、**矢内原忠雄★**東京帝大経済学部教授は台湾を訪問し、蔡培火らの案内により各地で調査を実施、また、文化協会左派の妨害を受けながらも講演を行なった。帰国後、1929年『帝国主義下の台湾』を出版。矢内原と蔡培火は終生交友を結んだ。

　1928年2月、台湾工友総連盟が蔣渭水が中心となり設立される。1928年4月、**台湾共産党★**が上海で林木順、謝雪紅によって、日本共産党台湾民族支部として設立された。組織大綱は日本共産党が起草、中国共産党が承認した。1930年8月、**台湾地方自治連盟★**が林献堂、**楊肇嘉★**らによって設立されたが、1937年日中戦争勃発とともに自主的に解散した。

　総督府は大正期以降、大規模なインフラ施設整備と産業振興に注力し、**嘉南大圳★**（1930年）と**日月潭水力発電所★**（1934年）を完成させたほか、熱帯産業調査会、**台湾拓殖株式会社★**を設立している。

第4期　1931（昭和6）～1945（昭和20）年——「一視同仁の果て」

　1930年10月、台中州能高郡霧社でタイヤル（セーダッカ）族の抗日武装蜂起が起こった。理蕃の模範地区とされていた霧社で日本人が137名も殺された事態に驚愕した総督府は、台湾駐屯の陸軍に出動を依頼し、軍警による

大規模な鎮圧活動は12月まで行われた（**霧社事件★**）。

　1931年までに、台湾の社会運動の担い手である台湾民衆党、台湾農民組合、台湾工友総連盟、台湾共産党は、総督府の弾圧等により、解散、消滅した。同年8月蔣渭水死去、台湾大衆葬が挙行された。社会運動を逼塞させられた台湾人の知識人・指導層は、文芸・文化活動に活路を求めた。1932年『南音』創刊、台湾芸術研究会結成、1934年台湾文芸連盟（委員長、**頼和★**）、1934年『**台湾文芸**』★創刊、台湾美術協会結成などである。

　しかし、1936年には、小林躋が武官総督に就任、1937年には日中戦争が始まり、戦争動員政策と**皇民化政策★**が次々と打ち出された。1939年には、総督府により「皇民化、工業化、南進基地化」の三大政策が布告された。「**国語家庭★**」の普及運動、改姓名の許可制による奨励、**寺廟整理運動★**などは、皇民化運動の一環である。1940年、海軍の長谷川総督が就任、1941年には高砂挺身報国隊（のち第1回**高砂義勇隊★**）の募集が開始され、**皇民奉公会★**が発足、12月ハワイ真珠湾攻撃で太平洋戦争が始まると、さらに、**特別志願兵制・徴兵制★**が実施されていく。このような戦時下でも、総督府の強圧的な政策に対して抵抗し、台湾の伝統文化と風俗習慣等の民俗を記録保存しようとする雑誌『**民俗台湾**』★が刊行された（1941～45年）。

　「同化主義」を支えた「一視同仁」という理念の果てに台湾が1945年に向かっているころ、対岸中国大陸では日中戦争下で、**台湾義勇隊★**、**台湾革命同盟会★**などの台湾人の抗戦組織が生まれ、重慶の国民政府の台湾調査の開始など、世界史の新しい展開の胎動が始まった。

参考文献
春山明哲『近代日本と台湾――霧社事件・植民地統治政策の研究』藤原書店、2008
若林正丈『台湾抗日運動史研究 増補版』研文出版、2001
周婉窈、濱島敦俊監訳、石川豪・中西美貴・中村平訳『図説 台湾の歴史 増補版』平凡社、2013

4 社会・文化史 I 1850～1945年 ……………… 松金公正

　本項が対象とするのは、清朝末期から日本植民地期に亘る台湾の社会と文化の変遷である。まず、日本の植民地統治を受ける直前の台湾社会について述べた上で、植民地期にどのような社会の変化が起き、そのような中、台湾総督府はいかなる施策を行い、それを台湾の人々はいかに受けとめ、新たな文化を生み出していったのかについて呈示していきたい。

1　開港前——開拓移民社会から伝統的漢人社会へ

　日本による植民地統治期前、台湾には、オーストロネシア語族系の先住民族、中国本土から移民してきた漢人、さらに欧米から渡って来た人々がいたとされる。このうち最も多数を占めていたのは、漢人であり、このため台湾社会の特徴を示すことばとして伝統的漢人社会という用語がよく使われる。この伝統的漢人社会というものは、福建や広東からの移民が持ち込んだものがそのまま変わらず台湾に存在し続けることによって形成されたものではない。

　このことは祭祀圏という言葉を通じて考えるとよく理解できる。開拓移民は当初故郷の地縁・血縁と強い共同意識を有しており、そのため台湾における居住地が近くても別々の故郷からの移民であれば共同意識などはなく、利害が相反すれば**分類械闘★**といった形の対立が起きていた。台湾内での横連携は希薄で、移民のネットワークは台湾海峡を越えた故郷と直接結びついていたのである。このため信仰の対象は故郷の神明であり、それを台湾に持ち込み、距離は離れているが同じ神明を信仰する者同士として結ばれてきた。しかし、時間の経過とともに祖先の地縁や血縁と関わりなく、同一の神明を集落の神として信仰するようになり、一つの祭祀圏として、共同意識や連帯意識を強め、開拓移民社会は伝統的漢人社会へと転換していったのである。つまり、伝統的漢人社会とは、もともと中国本土で形成されていたものがそのまま台湾に移動してきたという不変を軸とした視点で捉えるべきものでは

なく、台湾での新たな展開によって日本植民地統治開始までに成立しつつあったという可変を軸とした視点で捉えるべきものであろう。

このように台湾の社会・文化の歴史的展開を論じる際にしばしば起こるのが、そこに変容した結果として新たに出現したものを、かつて存在した別の概念に「格える」という志向性だといえる。

2 開港と社会の変化

アロー戦争後、1858年の天津条約と1860年の北京条約により府城（安平）と滬尾（淡水）を開港した。これによって台湾の経済の重点が中国本土との貿易から国際貿易へと転換・拡大する。このことが台湾の社会に大きな変化をもたらすことになる。

まず多くの洋行が「買弁」を雇い入れ取引の仲立ちとさせた。これによって新たな富裕層が誕生する傾向が見られた。次に客家は閩南からの移民より遅れて台湾に来たため、従来山間部に居住し経済面で劣勢だった。しかし、茶や樟脳の生産地付近に居住していたため、それらが重要な輸出品となったことによって経済的な優勢を得ることとなり、社会的地位が高まった。その一方で、山地の資源を巡る先住民族と漢人との衝突が増えることになる。そして滬尾を通じた輸出が増大したため、台湾全体における北部の地位が高まることになったのである。

また、開港によりカナダ長老教会（**マッケイ★**）などのキリスト教勢力が来台し布教が行われるとともに、近代的な教育と医療・医学が移入されることになった。

3 人口の増加という社会構造の変化とエリート層

日本植民地期当初の台湾の人口は約260万人（1896年）だったが、特に1920年代以降、医療の進歩による伝染病の予防、食料の確保、上水道の整備などにより死亡率が低下し、「人口爆発」といった状況が生じることとなった。当時の人口統計調査の結果には信頼性が十分でないところもあるが、戦後編集された台湾省行政長官公署統計室編『台湾省五十一年来統計提要』によると、1925年には約410万人を数え、1940年には600万人を超え、1943年

には約660万人となった。1940年代に入っても在台日本人は全人口の5％ほどで、大部分は漢人であった。

この漢人に対する有効な統治を行うために、**台湾総督府★**は先述したような開港後に新たに生まれてきた地方の士紳階層や富豪を保正などの公職に充て、積極的にその支持・協力を得ることに努めた。1896年に導入した紳章制度もその一環であり、学問を修めた者や名望家に紳章を授与することにより、日本が漢人の文化・道徳を重視していることを台湾の人々に示した。このような過程を通じて、**辜顕栄★**や林熊徴などに代表される士紳・富豪は、それぞれの地域の指導者層となっていったのである。

さらに近代高等教育を受け、海外留学をするなどし、医師・弁護士・教師・技術者といった職業に就いた新たな知識人のエリート階層が形成された。彼らは社会的地位を獲得することにより、差別待遇にあった台湾人のために発言するなど、社会的に重要な位置を占めるようになった。

4　近代教育の推進

日本植民地初期、人口の大部分を占める漢人を統治するため、総督府は初等教育を重視した。一方で日本から来台した内地人児童は小学校、台湾にもともと居住していた本島人児童は公学校と、両者は別学となっていた。また、内地人は初等教育を終えると中学校への進学が可能であったが、当初本島人は教員養成・医療職養成などに限られていた。本島人の修学を主たる目的とする台中中学校が士紳の寄付により設置されるのは1915年を待たねばならなかった。

文官として初めて台湾総督となった田健治郎は**内地延長主義★**を導入し、1922年に中学校以上「内台共学」とする新たな**台湾教育令★**を公布した。しかし差別の撤廃は形式的なものにとどまった。また、1941年には小学校・公学校は国民学校へと改められたが、現実的には別学が継続したところもあった。1943年には義務教育が実施され、1944年の学齢児童の就学率は7割を超えた。

高等教育機関として、総督府は1919年、医学専門学校、師範学校、商工業・農林などの専門学校を開設した。このように技術者・専門家の育成を進める一方で、帝国大学への予備教育機関として台北高等学校を設立し、1928年

には台湾で唯一の大学として**台北帝国大学★**を開設した。しかし、大学の設置は主に内地人子弟の進学に応じるためであり、本島人の進学者は僅かであった。このため、経済的に余裕がある台湾の人々の中には日本をはじめ海外で学ぶ者が現れた。

5　新たな生活様式の導入

　総督府は、学校教育の拡充を図るとともに、台湾の人々の伝統的習俗の改良など、生活様式の改変と新たな生活様式の導入に努めた。ただし、「旧慣」と呼ばれた台湾で行われていた習俗については、基本的には放任であり、台湾社会の三大陋習とした纏足・辮髪・阿片吸引については、政策的には周知・啓発に留まった。阿片に関しては、専売を実施し漸禁政策を採った。纏足については、士紳からの反対の声を契機に1914年に風俗改良会ができるに及び、辮髪とともに禁止した。

　その一方で、総督府は近代的な医療衛生観念の導入については積極的な展開を試みた。近代医療設備と人員を備えた台北病院など公立病院を開設し、公共衛生においては、上下水道を敷設して清浄で安全な水を供給するとともに汚水の処理を行うことにより病気の予防を図り、予防接種、検疫、消毒、市場の清潔保持を行った。こうした措置により衛生習慣が改善し、感染症を防ぐこととなった。

　西洋近代法に基づく司法制度も導入され、公務は法に基づくという法治の観念や遵法の習慣が徐々に台湾に広がっていくこととなる一方で、公共サービスや教育・人事などにおける台湾の人々への差別待遇や人権侵害は各所に見られ、法治観念の浸透とともに可視化されていった。

　さらに総督府は1896年、標準時制度を台湾で施行し、1910年代には標準時を用いる企業も増え、鉄道やバスなど交通機関に時刻表が誕生した。政府の宣伝・指導により、時刻・時間、そしてそれを遵守するという観念が人々に身体化されていったのである。太陽暦に基づくカレンダー、1週7日制が導入され、特に人口が拡大する台北など都市部を中心に新しい生活の規律が浸透していった。

　法定休日を過ごすための余暇施設・余暇活動の充実が推し進められた。各地に設置された大型公園は人々の憩いの場となり、野球やテニス、ゴルフや

競馬などのスポーツや映画、美術館の鑑賞、登山や旅行などが社会に広まっていった。また、コーヒーや喫茶、ダンスといった新たな社交空間が誕生した。1932年には都市消費文化を象徴する菊元、ハヤシというふたつの百貨店が台北と台南で開業した。

6 文学と芸術

植民地期の文化と芸術に影響を与えたものとしては、伝統的な漢人文化の継承、総督府による教育や政策による日本を通じた西洋近代文化の影響、そして新旧文化の対立や適合の過程の中で生まれた台湾そのものをみつめる大衆化の展開、という3点が挙げられる。

(1) 文学
植民地初期、総督府は伝統的漢文学の存続を容認していたので、文人として必要な学問を修め、芸術的素養を身につける書房は継承されていた。詩人が集う詩社が台湾全土に多く現れ、著名なものとして櫟社・瀛社・南社などがあげられる。また、1920年に連横は隋代から台湾民主国に至るまでの歴史を紀伝体で書き記した『台湾通史』を纏めている。

一方、1920年代、中国の新文化運動や日本の近代文化思潮の影響を受け、台湾でも伝統的漢文学に対する批判や口語体への文体改革など新旧文学の論争が見られた。

1930年代に入ると、**台湾新文学運動**★が拡大した。台湾を郷土として捉え、作品に日常の台湾語を用いることにより、現実を描き郷土への想いを提起することに重点が置かれた。「台湾新文学の父」**頼和**★の作品には、日本の植民地体制への批判を含んでいた。このような流れは、小説を日本語で書く場合でも変わらず、**楊逵**★の「新聞配達夫」と**呂赫若**★の「牛車」などは台湾の人々の現実生活を描くことにより、『文学評論』に掲載され日本の文壇で高い評価を受けた。また、1940年代に入ると、『文芸台湾』、『台湾文学』が創刊され、西川満や張文環、周金波などが執筆活動を展開した。

(2) 芸術
植民地期の台湾美術では日本画（膠彩画）と西洋画（水彩画、油絵）が主

流であった。西洋近代美術教育に基づく内地人の美術教師の指導により、新美術運動が起き優秀な芸術家が誕生し、一部は日本へ留学した。特に**石川欽一郎★**は、水彩技法で台湾の風景を描き水彩を台湾に広めるとともに、多くの優秀な画家の育成に寄与した。

彫刻家の**黄土水★**は日本留学中、台湾出身の芸術家として初めて帝国美術展覧会（帝展）に入選した。台湾における展覧会も徐々に拡充し、1927年、台湾教育会が台湾美術展覧会（台展）を開催し、1938年以降は総督府主催の台湾総督府美術展覧会（府展）へと改称された。更に1934年には民間主催の台陽美術展覧会が開催された。林玉山・郭雪湖・**陳澄波★**・廖継春など台湾を代表する画家たちは、台湾の風土や人々の姿を描くとともに、台湾現地の地方的な色彩（ローカルカラー）を備えた作品を出品し、台湾の近代美術を作り上げていった。

西洋近代音楽教育を受けた**江文也★**は台湾への想いを込めた『台湾舞曲』を作曲し、1936年国際音楽コンクールで受賞した。一方、流行曲も盛んになった。映画を通じて流行したものもあれば、現在もなお歌い継がれている台湾語の流行歌、鄧雨賢の『望春風』や『雨夜花』など台湾語歌謡が一世を風靡し、詩のアレンジも行われた。

演劇においては、清朝の形態を保持する南管と北管、口語による台湾の人々の生活を重視した大衆化という新たな展開により流行した歌仔戯や布袋戯、西洋近代に大きく影響され文化的啓蒙を重視した新劇の三者の展開が見られた。

7　皇民化政策、寺廟整理

満洲事変後の日中関係の悪化の中で台湾の人々の日本への帰属意識の強化が求められると、総督府は1936年末から、国語運動、改姓名運動、**寺廟整理運動★**、日本式の生活様式の奨励などを行った。特に1937年に日中戦争が始まると**皇民化政策★**が強化された。しかし、改姓名数は僅かに留まり、祖先祭祀や信仰における台湾人の反発は大きく、急進的な偶像・寺廟の撤廃策は実施困難と判断し、緩和されることになった。そして、皇民化にかかる諸施策は必ずしも大きな成果をあげることなく、日本による台湾の植民地統治は日本の敗戦とともに終了する。しかし、日本が去った後の台湾において、

これらの日本による諸施策は台湾の社会や文化に大きく影響を与えたもの、排除すべきものとして論じられることとなるのである。

付記

　なお、台湾の社会・文化史の概説には、周婉窈、濱島敦俊監訳、石川豪・中西美貴・中村平訳『図説 台湾の歴史 増補版』（平凡社、2013）、薛化元編集、永山英樹訳『詳説台湾の歴史――台湾高校歴史教科書』（雄山閣、2020）など、台湾側の優れた業績や高等学校教科書を日本語に翻訳したものがあるため、台湾の研究成果の翻訳であるが、本項ではそれらを参考にしつつ論述した。

参考文献

大東和重『台湾の歴史と文化――六つの時代が織りなす「美麗島」』中央公論新社、2020

駒込武『植民地帝国日本の文化統合』岩波書店、1996

蔡錦堂『日本帝国主義下台湾の宗教政策』同成社、1994

周婉窈、濱島敦俊監訳、石川豪・中西美貴・中村平訳『図説 台湾の歴史 増補版』平凡社、2013

薛化元編集、永山英樹訳『詳説台湾の歴史――台湾高校歴史教科書』雄山閣、2020

胎中千鶴『葬儀の植民地社会史――帝国日本と台湾の〈近代〉』風響社、2008

陳培豊『「同化」の同床異夢――日本統治下台湾の国語教育史再考』三元社、2001、新装版2010

5 政治史 1945〜2024年 ································ 松田康博

　台湾が経験した50年におよぶ日本の植民地統治は特別な意味をもつ。19世紀末から20世紀前半にかけての50年は、西洋の衝撃を受け、日本の侵略に抵抗することで、中国が国民形成をした時期であった。国民形成の致命的に重要な時期に、台湾の人々は大日本帝国の一員として、日中戦争において日本の側におり、中国人として同じ歴史を共有することはなかった。このことが、突然中華民国に組み込まれた台湾住民に苦難を与えた。後年、台湾が民主化したことは、必然的に**中華民国台湾化★**をもたらし、そのことが台湾をめぐる国際関係を大きく変えることとなった。

　本項では、(1) 外省人統治集団を中心とする**中国国民党★**政権と台湾社会の相互作用、(2) 民主化・台湾化とその定着、(3) 米日などとの対外関係と中国大陸との関係といった観点から、1945年以降の政治史を描くこととする。

第1期　1945〜1949年──中華民国による接収と混乱

　1943年の**カイロ宣言★**では連合国の戦争目的として、台湾及び澎湖諸島の中華民国への返還が明記された。1945年の日本の無条件降伏により、台湾住民は「敗戦国民」から一夜にして「戦勝国民」へと変身し、祖国復帰（「光復」）を歓迎した。日本統治時代の終焉は、彼らが台湾の主人公となるチャンスに見えた。「**降伏と光復★**」は、台湾を日本から突然引き離し、中華民国に組み込んだのである。

　1945年9月、**台湾省行政長官公署★**が成立し、10月に陳儀行政長官は日本軍の投降を正式に受け入れた。陳儀は、行政・立法・司法を握る「特殊制度」を導入し、台湾省警備総司令も兼務して軍権も掌握した。しかも主要ポストに台湾出身者（本省人）を登用せず、権力の空白を埋めたのは外省人（台湾省以外の出身者）であった。清朝から中華民国に替わった「中国」と台湾との不幸な歴史的再会は、このような背景で始まった。

台湾在住の日本人は段階的に日本に送還され、**日産処理委員会★**が設置されて日本人が台湾に残した資産（軍備・企業・不動産等）の接収が始まったが、大陸から帰台した一部台湾出身者（「半山」）以外の本省人はこのプロセスから排除された。しかも日本資産の接収過程では不正が多かったと言われる。

中国大陸から腐敗等の陋習が持ち込まれ、台湾の治安は瞬く間に悪化した。行政長官公署は、日本語の使用禁止、台湾の自治実施の延期など、日本教育を受けた本省人の感情を逆撫でにするような政策を打ち出した。中国経済と結合したことにより、戦後中国のハイパーインフレや疫病が台湾に波及した。台湾住民の「歓迎」や「期待」は「失望」と「怒り」に変わった。

1947年2月、**二・二八事件★**はこのような社会背景で発生した。暴動は瞬く間に全島規模に拡がり、本省人エリートは事態収拾のため、「二・二八事件処理委員会」を作り、地方自治の早期実施などの要求を行政長官公署に提出した。しかし陳儀はこうした要求に応える素振りを見せつつ、中央に軍隊の増援を求め、到着した部隊は本省人勢力を武力で弾圧・粛正した。犠牲者数は万単位であると指摘されている。

この二・二八事件により、当時の本省人エリート層は壊滅的打撃を受けた。事件後、**蔣介石★**は台湾の自治促進と本省人の登用増加を決めて懐柔策を図ったものの、本省人と外省人の政治的・社会的な対立・緊張関係（**省籍矛盾★**）は構造化した。二・二八事件を経て、台湾住民は「中国」に強い心理的抵抗を覚えるようになり、中華民国による国民統合は破綻してしまった。

二・二八事件の頃、中国大陸では**中国国民党★**（以下、国民党）指導下の中華民国政府（以下、国府）と中国共産党（以下、中共）の内戦（国共内戦）が激化し始めていた。当初優勢だった国軍は主要会戦で敗北・自壊し、1949年12月前後に台湾に撤退した。660万人程度の人口（1943年現在）しかなかった台湾に、1952年までに約100万人の外省人が流入した。彼らはかつて日本人が住んでいた官舎・住宅、空き地、公園、墓地等に集住した。これらは「眷村」と呼ばれ、彼らの多くは軍人・公務員・教員およびその家族であり、本省人との社会的な棲み分けが長期間続いた。

国共内戦がもたらす恐怖は、台湾に撤退する外省人が増えるにつれて激化した。中共のスパイ取り締まりが過激化し、社会全体を恐慌に陥れたのが「**白色テロ★**」と呼ばれた一種の国家テロである。密告により冤罪の「無限の連鎖」

が発生し、ある特務人員の回想によると、当時の逮捕者の「95％が冤罪」
であったという。

第2期　1949～1972年——蔣介石中心の中国国民党一党独裁体制

　内戦に敗北した国民党と国府の統治集団は、混乱の中台湾に撤退した。国
民党は、台湾を「反共復国」の「復興基地」であると位置づけ、中国大陸で
の失敗を総括し、「改造」（1950–52年）を経て党国体制を再建し、中共との
闘争を推し進めた。

　1950年に勃発した朝鮮戦争を経て、東アジアにも冷戦構造が定着し、台
湾海峡では米海軍艦艇が常時パトロールをするようになり、**米援★**も復活し
た。1949年に成立した中華人民共和国（以下、中国または中国大陸）は「台
湾解放」を、台湾は「**大陸反攻★**」をそれぞれ主張し、軍事衝突を繰り返した。
しかし1954年には「米華相互防衛条約」が結ばれ、台湾は「自由世界の一員」
として米国により安全が保障されるようになった。1954年前後にスパイ取
り締まりも一段落したが、「白色テロ」は、台湾社会に深い傷跡を残し、二・
二八事件にもまして、省籍矛盾を激化させたのであった。

　国府は、1952年に「**日華平和条約★**」を締結して、日本と外交関係を正常
化した。中国が浙江省沿岸の島嶼を占領した1954–55年の台湾海峡危機を
きっかけに、国府は「**米華相互防衛条約★**」を締結することができ、日米と
の安定した関係を構築した。1958年には、再度台湾海峡危機、すなわち**金
門島砲撃戦★**が起きた。米国は金門島防衛を支援したが、その一方で国軍に
よる「大陸反攻」を抑制した。

　社会の隅々まで国民党の党組織が行き渡り、党の総裁と国府の総統（大統
領）を兼務し、圧倒的威信をもつ蔣介石中心の一党独裁が徹底的に強化され
た（「領袖独裁型党治」）。国民党の一党独裁体制は、「疑似レーニン主義体制」
と称されることが多いが、それは、非党組織のなかに党細胞を作り、党の組
織系統を使って国家機関と社会団体を統制したことによる。

　国会議員に相当する中央民意代表のうち、立法委員の任期は3年であった
が、任期の延長、再延長を繰り返し、「万年議員」化した。彼らの寿命はい
ずれ尽きて全面改選せざるをえないため、これはいわば「時限付きの過渡的
独裁」であった。

他方で、国府は制限付きではあるが地方自治を実施した。制限とは、**中華民国憲法★**に背いて省長民選を凍結したことである。同憲法は省長を選挙すると規定している。ところが、台湾に撤退した中央政府の統治範囲は、台湾省の統治範囲と大部分が重なっていた。ゆえに国府には民意を基礎とした「台湾大」の政治権威の出現を容認できず、省長は官選ポストとなったのである。

県・市級の地方選挙において、外省人中心の国民党は、地方の有力者に妥協し、彼らを抱き込むことで、常に過半数を獲得し続けた。この地方勢力を**地方派閥★**と言うが、主として県・市を単位とした利益共同体であり、選挙マシーンである。

1960年3月、「反乱鎮定時期臨時条項」が改正され、反乱鎮定時期における正副総統には多選禁止条項が適用されなくなり、蔣介石総統は三選した。この際、自由主義者の雷震等が、蔣介石の総統三選に反対し、「中国民主党」を結成しようとして弾圧され、共産党のスパイを庇護したという名目で雷震が逮捕される事件が起こった（**自由中国事件★**）。この事件以降、中央の統治エリートが体制内部から民主化を図る可能性は大幅に低下し、民主化運動や**台湾独立運動★**は米国・日本など外国が主な場となった。

1960年代に何回か計画された大陸反攻作戦は、米国が牽制・反対して実現しなかった。さらに中国が核開発を進めたことで、大陸反攻が不可能なことは気づかれていた。国民党の一党独裁を支える正統性であった「反共復国」という国家目標のために「暫定的に中華民国憲法の一部条項を凍結する」という「反乱鎮定時期臨時条項」体制の作ったロジックは破綻した。

閉塞感のなか、世界的に著名な国際法学者である**彭明敏★**が、1964年に「台湾自救運動宣言」を発表し、大陸反攻が不可能であり、台湾は独立国家を作ることができると主張し、逮捕・収監された。彭は特赦された後海外に亡命し、台湾独立運動の象徴的存在となった。

一方、体制内エリートによる抗議運動として**保釣運動★**がある。米国が沖縄の施政権を日本に返還する際、尖閣諸島を台湾の一部であると考えた海外の留学生等が愛国主義を掲げて反対運動を起こした。後に国府のみならず中国政府もこの立場をとるようになり、同問題は日中・日台関係発展の阻害要因となった。

中華民国体制がほころびを見せる中、病床にあった蔣介石は1972年5月に84歳で総統に五選した（1975年死去）。

第 3 期　1972〜1988 年——蔣経国政権による体制の修正

　1971年の米中接近の影響を受け、国連における中国の代表権は中華人民共和国政府に取って代わられた（**国連中国代表権問題★**）。日中国交正常化は1972年9月に実現したが、すなわちそれは**日本と台湾の断交★**を意味した。国府は二重承認を拒絶したため、それまで台湾の中華民国を承認していた諸国が次々と外交関係を中華人民共和国に切り替えた。

　やや後れて米中は1979年に国交を正常化し、米華は国交を断絶した。ところが米国議会が反発し、台湾の安全を引き続き保障する措置を取った。それが1979年4月に成立した「**台湾関係法★**」である。こうして、台湾はその安全保障を米国にさらに依存するようになった。

　米中国交正常化をもたらした最大の条件は、中国がそれまでの「台湾解放」を取り下げ、「平和統一」に切り替えたことによる。中共は「**平和統一、一国二制度」構想★**を提起し、国共両党の立場は対等であり、「第三次国共合作」で祖国統一を実現しようと台湾に呼びかけた。他方で、中国は、対台湾外交闘争を依然厳しく展開し、1982 年 8 月には米国による台湾への**武器供与★**を制限し、いずれ停止することが米中間で合意された。

　蔣経国★は、1972 年に行政院長（首相に相当）に就任して実権を握ったさい、米中接近に伴う衝撃を緩和し、社会に瀰漫する閉塞感を打破するために、様々な新政策を打ち出した。

　第 1 は、「万年国会」により減少し続ける台湾当局の正統性を補うために、大陸を選挙区とする議員はそのままにして、主に台湾を選挙区とする中央民意代表の定員のみを増加する選挙（定員増加選挙）である。第 2 は、優秀な本省人を抜擢する政策であり、本省人エリートは急速に存在感を増した。第 3 は、「**十大建設★**」（1973–78 年度）と呼ばれるインフラ建設であり、高度成長を続ける動力となった。こうして、蔣経国は台湾内で改革を選択する一方、中国に対しては、いわゆる「三不政策」（接触せず、交渉せず、妥協せず）を基本的に堅持した。

　蔣経国が進めた自由化・台湾化政策に加え、次第に下からの民主化運動が目立ち始めた。国民党以外を意味する「党外」勢力は次々と**党外雑誌★**を発行し、主張を強め、台湾住民の啓蒙に努めた。選挙を通じて、党外勢力は成

長していった。1977年に桃園県県長選挙で、国民党の選挙不正が見つかり、暴動が起きて警察署が焼き討ちされた（**中壢事件★**）。米中国交正常化直前の1978年12月10日の「世界人権デー」に合わせて党外人士が高雄でデモ行進を企画したが、これを当局は弾圧し、主要な党外人士を逮捕・収監した（**美麗島事件★**）。

ところが、事件後党外の反対運動はかえって成長した。美麗島事件は米国の批判を招き、公開裁判となったため、党外への弾圧は中途半端となった。そして、次の国政選挙では、逮捕者の親族や弁護士等が当選し、党外は完全復活した。

ところが、「林義雄家族殺人事件」（1980年）、「陳文成変死事件」（1981年）、「江南事件」（1985年）等悲惨な「政治暗殺事件」が相次いだ。これらの事件の真相はいまだに完全には明らかになっていないが、特務人員が危機感のため暴走した結果だと推測されている。

党外人士は、国内外の情勢を見極め、**戒厳令★**と新政党結成禁止（「党禁」）が解除される前に新政党結成を進め、1986年9月に民主進歩党（以下、民進党）の結成宣言に踏み切った。蔣経国は党外人士の新政党結成を黙認し、翌10月に戒厳令の早期解除と「党禁」解除を宣言せざるを得なかった。民進党は11月に正式結成をして、翌12月の定員増加選挙で、議席を増やした。

1986年10月、蔣経国はいわゆる「蔣経国三原則」（①「中華民国憲法」の順守、②反共国策の維持、③台湾独立と一線を画す）を公表して反対運動に制約を課した。その上で、国府は1987年7月に、38年間の長きに亘った戒厳令を解除し、11月には大陸への訪問の一部解禁、さらに1988年1月1日をもって、新聞の新規発行等の規制措置（「報禁」）解除に踏み切った。

第4期　1988〜2000年——李登輝政権下の民主化

1988年1月に蔣経国が急死すると、本省人の**李登輝★**副総統が総統職を継承し、1988年7月に正式に党主席を兼務した。蔣経国の残りの任期を終えた1990年には、一部保守勢力からの抵抗を受けたものの国民大会で正式に総統に選出されて権力基盤を固めた。

李登輝は民主化の遂行を決意し、1990年6〜7月に「国是会議」を開催して改革の道筋を固めた。同会議のコンセンサスに基づき、李登輝はまず

1991年5月に「反乱鎮定時期臨時条項」を廃止して「反乱鎮定時期」の終結を宣言した。これにより非民主的な下位法規の改正が加速された。

次に、1991年12月および翌年12月に国民大会と立法院がそれぞれほぼ台湾のみで全面改選し、国会を民主化した。このため、地方の政治家が中央政界に入り込んだ。中央政界の権力構造が外省人・本省人の人口比率と比例するようになり、さまざまな制度改革がさらに進み、**中華民国台湾化★**と呼ばれた構造変化となった。

1993年3月に李登輝は、本省人として初めて連戦を行政院長に指名し、党内も李登輝支持の主流派が固めた。この動きに反発して、外省人二世を中心とした一部非主流派が同年8月に「新党」という新政党を結成した。そして1994年12月に、凍結されていた台湾省長、台北・高雄市長選挙が実施され、最後に1996年3月には総統選挙が実施され、台湾の民主的移行は完成したのである。

台湾の民主化と政治社会の台湾化は、単に台湾内部にとどまらず、1980年代の末から90年代初頭にかけて、中ソ和解、天安門事件、冷戦の終結、そしてソ連崩壊等国際政治の大変動と連動したことで、国際社会に大きなインパクトを持つようになった。

中国はソ連（後にロシア）との関係を改善し先進兵器を購入できるようになり、軍事力近代化が進行した。他方1982年に結んだ米中共同コミュニケにあるように、米国は台湾への武器供与を自制していた。ところが、中国が軍事力の近代化を進めるようになったことで、F-16戦闘機に代表される米国の武器供与が進展した。

他方台湾当局は外交でも独自色を発揮し、それは「実用主義外交」（「務実外交」）と呼ばれた。これはより柔軟に台湾の国際的活動空間の拡大を目指す外交である。具体的には、一定数の外交関係を維持し、国際組織への参加を推進する。特にアジア太平洋経済協力会議（APEC）加盟と**世界貿易機関（WTO）加盟★**は、米日の協力を得て中国と台湾はほぼ同時に実現した。

台湾と中国は、それぞれ半官半民の**海峡交流基金会と海峡両岸関係協会★**を設置して実務協議を進め、1993年にはトップ会談がシンガポールで行われた。1995年前半は1月に江沢民主席と李登輝がそれぞれ提案を出し、雰囲気は良好であった。ところが、1995年6月の李登輝訪米を中国は容認せず、中国人民解放軍が弾道ミサイル試射と三軍合同演習で台湾に圧力をかけた。

米国は2個空母機動部隊を台湾周辺海域に派遣して中国を牽制した（1995 96年台湾海峡危機＝**第三次台湾海峡危機★**）。これ以来、中台の実務協議は中断した。

1999年に、外省人ながらも人気の高い宋楚瑜前台湾省省長が、国民党の正式の総統候補である連戦に対抗して出馬したため保守票が分散し、2000年3月の総統選挙では**陳水扁★**（民進党）が漁夫の利を得て39.3％の低得票率で当選し、初の政権交代が実現した。

第5期　2000年～──民主主義の深化と政権交代の定着

陳水扁政権は一貫して少数政権であり、また与野党はともに対立路線を続けたため、幅広いコンセンサスを必要とする重大な改革を推進しにくくなった。2000年の政権交代から2001年にかけて、台湾の政党地図は大きく変わった。宋楚瑜は選挙後に「親民党」という新政党を組織して、「新党」の主要構成員と支持者を吸収した。

連戦が指導する国民党は親民党との協力路線を取ったため、李登輝は国民党を離れて側近に「台湾団結連盟」という新政党を組織させてその精神的指導者の座に着いた。そして、李登輝は、本土派政権である陳水扁支持を打ち出したのである。

こうして、2001年以降、台湾の政党は、民進党と台連のような小党を含む「緑陣営」（緑は台湾や民進党のシンボルカラー）と、国民党と国民党系小党からなる「藍陣営」（青は中華民国や国民党のシンボルカラー）と呼ばれる二大陣営に分かれて争うようになった。客家系本省人、外省人、原住民という少数のエスニック・グループ（**族群★**）は「藍陣営」支持に傾いており、多数派である福建系本省人は両陣営に分裂している。選挙の度に、各政党は族群特有の意識を巧妙に喚起し、政界の二極分化傾向を強めた。

当初陳水扁政権は自制していたが、再選を念頭に2002年8月には台湾と中国が「それぞれ1つの国」であるという発言（「一辺一国」発言）をしたり、2003年には中国が強く反対する「公民投票法」を成立させて、総統選挙と同時に**公民投票★**を実施したりするなどした。

民主化は、台湾化のみならず、人々の権利意識を刺激し、様々な**公民運動★**を促進した。著名なものとして民主化推進を求めた1990年の野百合運動、

反原発運動、原住民族（先住民族）の権利向上を目指す**原住民族運動**★などがある。民主化期台湾の特徴は、こうした公民運動が弾圧されることなく陸続と発生し、一定の成果を上げ、ノウハウを世代間で継承させる効果をもたらしている。公民運動は、未熟な代議制民主主義を補完する機能を果たしている。

2001年、世界貿易機関（WTO）加盟により勢いを得た中国経済が世界的レベルで台頭し、台湾も中国経済との緊密化を避けることはできなくなっていった。**台商**★と呼ばれる多くの台湾系ビジネスパーソンが、中国大陸で長期滞在して経済活動に従事するようになり、中国大陸は、台湾の最大の貿易・投資パートナーとなった。

陳水扁政権は、内政で挫折し、中国との関係改善を実現できず、腐敗を追及されたことで求心力を失い、2008年には国民党が選挙で圧勝し、**馬英九**★政権が誕生した。馬英九政権は、「**九二年コンセンサス**★」を基礎に対大陸融和路線へと舵を切り、実務協議の復活、直航便の開設、中国大陸からの観光客受け容れ解禁等を矢継ぎ早に実施して、中国との関係緊密化を進めるようになった。馬英九政権は、**海峡両岸経済協力枠組み協定（ECFA）**★を含めた23の両岸協定を結んだ。

馬英九政権の路線転換は中国から歓迎され、中台関係は安定した。サプライズの少ない馬英九の大陸政策は米国からも歓迎された。ただし、馬英九は苦手とされる日本との関係構築に苦労した。特に2012年の尖閣諸島問題は、大きな課題となった。しかし、結局馬英九は日本との協力を選択し、2013年に**日台民間漁業取決め**★を結び、台日関係の安定化を図った。

ところが、馬英九政権の急速な大陸接近は、若者を中心に懸念を呼び、2014年には「両岸サービス貿易協定」の急速な審議に抗議して、学生等が立法院を占拠する**ヒマワリ運動**★が起きた。これにより、対中融和路線は一気に鈍化した。台湾人アイデンティティを持つ人は、馬英九政権期に過半数に達し、その後も増大した。

2015年11月には、馬英九と習近平がシンガポールで会談を行った。ただし、ヒマワリ運動以来の対中国警戒心は弱まることなく、2016年には民進党の**蔡英文**★が総統選挙で圧勝し、立法委員選挙も同党が多数を獲得した。

蔡英文政権は、国内改革志向の強い政権であり、労働改革、年金改革、**移行期正義**★にかかわる不当に獲得した政党財産の没収など、政治的に困難な

一連の改革に一気に取り組んだ。ところが改革は困難を極め、支持率は落ち込んだ。また、馬英九政権期に強まった**中国ファクター★**に基づく経済的威圧行為は、蔡英文政権に圧力を与えた。また、中国の軍用機や軍艦の台湾周辺での行動も増大し、外交承認も北京への切り替えが進んだ。2018年11月の統一地方選挙で、民進党は歴史的な敗北を喫し、蔡英文は再選が危うくなった。

　ところが、2019年に中国が香港の「犯罪者引き渡し条例」反対運動を強制的に弾圧したことがこの状況を一変させた。「今日の香港は明日の台湾である」というスローガンが掲げられた。中国ファクターにより、総統選挙においては中国と関係が良かった国民党にかえって不利に働いた。同時に蔡英文政権は**同性婚・婚姻平等権運動★**を支持し、2019年5月に同性婚の立法化を断行した。蔡英文は2020年1月に史上最多の817万票を獲得して再選した。

　二期目に入った蔡政権は、新型コロナウイルス感染症のパンデミックに見舞われた。ところが、一連のコロナ対策が基本的に成功したことは、蔡英文政権の支持率を大幅に引き上げ、その後にも一定の支持が続いた。蔡英文は、前の2つの政権とは異なり、二期目も高い支持率を維持した。経済成長率や平均株価も高く、何よりも中国の圧力に一貫して屈しなかった。その結果、2024年の総統選挙の際、柯文哲主席率いる台湾民衆党に浮動票を奪われたものの、頼清徳副総統が40.05％の得票で勝利し、民進党政権は三期目を迎えた。

参考文献

井尻秀憲『台湾経験と冷戦後のアジア』勁草書房、1993
何義麟『二・二八事件──「台湾人」形成のエスノポリティクス』東京大学出版会、2003
陳明通、若林正丈監訳『台湾現代政治と派閥主義』東洋経済新報社、1998
田弘茂、中川昌郎訳『台湾の政治──民主改革と経済発展』サイマル出版会、1994
松田康博『台湾における一党独裁体制の成立』慶應義塾大学出版会、2006
松田康博・清水麗編著『現代台湾の政治経済と中台関係』晃洋書房、2018
若林正丈『台湾──分裂国家と民主化』東京大学出版会、1992
若林正丈『台湾の政治 増補新装版』東京大学出版会、2021
若林正丈編『ポスト民主化の台湾政治──陳水扁政権の8年』アジア経済研究所、2010

6 経済史 1945〜2024年 ………………………… 川上桃子

　第二次世界大戦の終結から現在まで、台湾の経済は、時に外的なショック
や停滞に見舞われながらも、総じて急速な成長と産業構造の高度化を実現し
てきた。2020年代には、最先端ロジック半導体の生産拠点として、世界の
ハイテク産業のサプライチェーンのなかで極めて重要な位置を占めるように
なっている。

　本項では、台湾が中華民国に編入された1945年から現在までの約80年の
台湾経済の発展過程を、対外経済リンケージと主力産業の変化に注目して、
(1) 経済再建と輸入代替工業化の時期（1945年から1950年代末まで）、(2)
輸出志向型工業化の時期（1960年代から1980年代半ばまで）、(3) 対中経済
リンケージの深化とハイテク産業の興隆の時期（1980年代半ばから2010年
代後半まで）、(4) 米中経済対立下での局面変化（2010年代末以降）、に区
分し、各時期の経済状況について概説する。本章における経済発展の時期区
分、各時期の概要の叙述にあたっては、主に谷浦編 [1988]、隅谷・劉・涂
[1992]、朝元 [1996]、朝元 [2010]、佐藤・川上 [2001]、湊 [2024] 他を参照
した。

1　経済再建と輸入代替工業化の時期——1945年〜1950年代末まで

　隅谷・劉・涂 [1992] は、1945年から1952年頃までの時期を「経済体制の
再編と混乱を特徴とする再編期」と特徴づける。この時期の台湾経済は、戦
争による生産能力の低下、国民党政府による多額の軍事支出と紙幣増発、中
国大陸のハイパーインフレーションの波及等を原因とする深刻なインフレー
ションに見舞われ、著しい混乱のなかにあった。いっぽう、国民党政府は
1945年に台湾を接収したのち、46年1月に**日産処理委員会★**を設置して台湾
総督府関連の公有財産および日本人所有企業の接収等を行った。1949年か
ら53年にかけては、旧日本資産を補償財源として利用しつつ、**農地改革★**を
行った。

50 I 台湾史概説

　戦後の台湾の工業化の起点は、経済体制の再編に一定の区切りがつき、インフレーションが収束に向かい始めた1953年頃に求められる。以後、1950年代末まで、外貨節約や過剰投資の防止を目的とした輸入数量割り当てや高関税、新規参入制限措置によって保護された島内市場向けの工業化が進んだ。この時期の主力産業となったのは、日本植民地統治期以来の生産基盤を持ち、1950年代にも引き続き外貨獲得に貢献した製糖業、農業生産の回復と歩調を合わせて拡大した一方で「米肥バーター制」を通じた農業部門の収奪チャネルともなった肥料工業、そしてこの時期の工業生産をインフラ面から支えることとなった電力業などであった。これらの部門の基幹企業はいずれも公営企業であった。また、国共内戦から逃れて大陸から移転した紡績資本、日産処理により設立された公営企業の旧地主層への払い下げを経て成立したセメント資本も、内需向けの生産を拡大した。1951年に再開された米国援助(**米援★**)は、電力開発、公営企業等の設備投資に活用され、この時期の工業生産の拡大を支えた。なかでも米援による棉花輸入は紡織業発展を支えた。
　輸入代替型の工業化は一定の成果を上げたが、保護政策下での公営企業主体の生産は効率性を欠き、狭隘な島内市場を前提とした工業化は次第に限界に達した。政府は1950年代後半以降、米国からの経済改革圧力を受けて、外貨獲得型工業の育成に向けた政策転換を模索するようになった。

2　輸出志向型工業化の時期──1960年代〜1980年代半ばまで

　国民党政府は1950年代末以降、段階的に輸出志向型の工業化政策への転換を進めた。具体的には、輸入税払い戻し制の開始(1950年代半ば)、為替レートの一本化と切り下げ(1958年)、投資奨励条例の制定(1960年)、技術合作条例の制定(1962年)といった一連の施策を通じて、工業製品輸出に有利な環境を整備し、外資企業の誘致と投資奨励を行った。1966年には保税制度と工業団地の機能をあわせもった世界初の**輸出加工区★**が高雄に設立された。輸出加工区の成功は、後に東南アジア、中国による学習の対象となった。
　1960年代の台湾には、農村部を中心に多数の余剰労働力が存在していた。新たな政策のもとで台湾が労働集約型産業において有する優位性が顕在化すると、日本や米国から多数の企業が進出し、低廉で豊富な若年労働力を用い

た輸出向け生産を行うようになった。直接投資の受入額は1950年代後半（1955〜59年）から60年代前半（60〜64年）の間に5.5倍に増加した。外国企業の進出は台湾に技術と販路をもたらし、地場企業の発展を後押しした。

　輸出品目も順調に高度化、多角化した。1960年には砂糖が4割強を占めていたが、60年代末までには繊維製品が最大の輸出品目となり、以後、電気電子機器や各種プラスチック製品の生産が拡大した。これらの輸出型産業では、特定の工程や部品生産に特化した多数の中小企業が出現して活発な工程間分業を繰り広げ、低コスト・短納期での柔軟な生産を行った。中小企業の叢生は、台湾の特徴である「所得分配の改善を伴った高度成長」[Kuo, Ranis and Fei, 1981]の重要な背景ともなった。

　1971年以降、貿易収支は赤字基調から黒字に転じた。以後、1980年代末にいたるまで、台湾経済は二度の石油危機による冷え込みを経験しながらも、「国際加工基地」[谷浦編、1988]としての発展を遂げた。日本は輸出向け生産に用いられる機械設備・原料・部品の供給基地となった。また米国は、日本と並ぶ直接投資の出し手および最大の輸出先として、台湾の工業化を支えた。

　1970年代には、重化学工業の輸入代替的発展も進んだ。蔣経国政権のもとで1973年に始まった大型プロジェクト「**十大建設★**」は、高速道路・空港港湾・原子力発電等のインフラへの大型投資とともに、公営企業の創設等を通じて鉄鋼・石油化学・造船といった重化学工業の育成を図るものであった。繊維製品・プラスチック製品等の生産拡大に伴い、原料や素材への需要が増大していたことが、こうした第二次輸入代替工業化政策の推進を可能にした。

　ハイテク産業の育成も始動した。1973年に発足した財団法人**工業技術研究院★**では、1970年代半ばに米国からの半導体技術導入プロジェクトが開始され、後の半導体産業の発展の礎となった。UMC（聯華電子）は1980年に、**TSMC★**（台湾積体電路）は1987年に、いずれも工業技術研究院の技術開発プロジェクトを母体として設立された。

3　対中経済リンケージの深化とハイテク産業の興隆の時期
——1980年代半ば〜2010年代後半まで

　1980年代後半になると、労働集約型製品の輸出向け生産をとりまく環境には大きな変化が生じた。1985年のプラザ合意を機に、東アジアでは為替レートの調整の波が広がり、台湾元の対米ドルレートは数年の間に大きく増

価した。賃金の上昇、環境汚染に対する住民の抗議行動の激化の影響もあり、労働集約型産業の中小企業は対外投資に活路を求めるようになった。1987年に大陸への親族訪問が解禁されると、対中投資が水面下で増加した。

　国民党政府は「三不政策」のもとで対中投資を禁止していたが、1990年には条件付きで中国への投資を解禁した。李登輝政権は1996年に「戒急用忍」政策を打ち出して大型の中国投資にブレーキをかけたが、2000年に成立した陳水扁政権は経済界からの支持を得る必要もあり、「積極管理、有効開放」政策に転じた。

　労働集約型産業の中小企業から始まった対中投資は、次第に原材料部門やサービス産業にも広がった。投資先およびその形態も、華南地域における委託加工貿易制度の利用を中心とする小規模なものから、上海を中心とする華東地域での大型投資、さらには四川省等の内陸部への投資へと多様化した。

　対中投資が急増する一方、台湾では、1980年代半ば頃からパソコン関連製品の生産が急拡大し、労働集約型産業に代わる新たなリーディングセクターとなった。パソコンおよびその周辺機器は、製品設計にあたり部品間の綿密な相互調整を必要としない「モジュール（組み合わせ）型」の製品であり、グローバルな生産分業が広範に発展した。この分業体制のなかで、台湾企業は米国・日本・欧州のブランド企業を顧客とする受託生産や部品生産に特化し、縁の下の力持ちとして世界的なシェアを高めた。これらのセクターでも量産の場は急速に中国へとシフトした。

　2001年および2002年には、中国と台湾の**世界貿易機関（WTO）加盟★**がそれぞれ実現した。これを機に、米国・日本・欧州の対中投資は急増し、中国は「世界の工場」としてのみならず、巨大な市場としても興隆した。対中投資の持続的増加と中国経済の急成長に伴い、台湾の輸出構造は、最終製品の対米輸出を中心とする構図から、部品・素材・機械設備といった中間財の中国向け輸出を中心とするものへと変化した。半導体や液晶パネルといったエレクトロニクス部品の生産も急増した。

　こうした産業構造の変化とともに、中小企業を中心としたかつての経済構造も大きく変化し、企業規模の大型化が進んだ。その背景には、対中投資を機に上位企業の生産規模が著しく拡大したこと、1990年代初頭に金融業や通信業で規制緩和が進められ、上位ビジネス・グループの多角化参入と規模の拡大が起きたこと等が挙げられる。

対中投資の拡大は、中国の政治的影響力が台湾社会に浸透する契機ともなった。1990年代以降、中国各地には、台湾企業の経営者や幹部らを中心とする「**台商★**」のコミュニティが出現した。台商たちは、不確実性が高く、党や政府の裁量の余地の大きい中国の事業環境のなかで、中国の地方政府、共産党関係者たちへの依存を深めた。その結果、台商たちは中国による台湾社会への影響力行使のチャネルとして利用されるようになり、「**中国ファクター★**」の主要な発現経路の一つとなった。

2008年に馬英九政権が誕生すると、両岸関係は急速に改善し、多数の両岸協定、中台自由貿易協定に相当する「**海峡両岸経済協力枠組み協定（ECFA）★**」が締結されて、中国との経済統合はさらに深まった。中国との経済関係の深化が台湾の民主主義にもたらす負の影響への懸念は、2014年に発生した「**ヒマワリ運動★**」および2016年の蔡英文政権成立の背景要因ともなった。

4　米中経済対立下での局面変化──2010年代末以降

3の時期に進んだ対中経済依存には、2010年代後半から新たな局面が訪れた。中国における生産コストの上昇、競争激化を背景として、台湾の対中投資額および対外投資に占めるそのシェアは、2010年の146億ドル、84%をピークとして、低下に転じた。さらに、米中経済対立の発生が投資面での脱・中国の動きを後押しした。2017年に発足したトランプ政権による対中関税の数次にわたる引き上げ、同政権で始まりバイデン政権に継承された半導体を中心とする中国ハイテク産業の封じ込めといった対中デカップリングの動きは、米国企業を主な顧客として中国での量産を行ってきた台湾企業の投資行動にも影響を与えており、多くの企業が、中国での量産拠点を維持しつつ、台湾や第三国で新規投資を行うようになっている。

2020年以降の台湾は、高性能半導体の生産拠点としても世界の注目を集めるようになっている。その中心に屹立するのが、米国の半導体設計専業企業（ファブレス）を主な顧客としてロジック半導体の受託生産（ファウンドリ）事業を行うTSMCである。同社は、傑出した半導体微細加工技術の研究開発力と優れた顧客サポート体制を強みとして、世界の最先端ロジック半導体市場において極めて高いシェアを占める。

米中ハイテク覇権競争の激化、コロナ禍による半導体不足、ロシアによるウクライナ侵攻、台湾海峡情勢の緊張の高まりといった近年の一連のできごとは、最先端ロジック半導体の生産拠点が、中国の軍事的威嚇にさらされる台湾に集中していることへの危機感を各国で引き起こし、米国・日本・欧州によるTSMCの工場の誘致競争を惹起した。2020年代の国際環境の変化のなかで、TSMCを中心とする半導体産業は、台湾にとって、単なる経済的な重要性を超えた戦略的価値を持つようになっている。

このように、20年以上にわたって続いた対中経済依存の時代は、2020年代以降、大きな曲がり角にある。台湾の経済は、中国に投資・貿易面で強く依存していた局面から、最先端のハイテク産業を通じた先進国との経済連携の再強化の局面を迎えつつある。

参考文献

〈日本語〉

朝元照雄『現代台湾経済分析——開発経済学からのアプローチ』勁草書房、1996

朝元照雄「経済発展段階と工業化類型」渡辺利夫・朝元照雄編著『台湾経済読本』勁草書房、2010

佐藤幸人・川上桃子「台湾——国際加工基地の構造転換」原洋之介編『新版 アジア経済論』NTT出版、2001

隅谷三喜男・劉進慶・涂照彦『台湾の経済——典型NIESの光と影』東京大学出版会、1992

谷浦孝雄編『台湾の工業化——国際加工基地の形成』アジア経済研究所、1988

湊照宏「台湾経済の構造変化と工業化」田島俊雄・加島潤・湊照宏編著『冷戦期東アジアの経済発展』晃洋書房、2024

〈英語〉

Kuo, Shirley W. Y., Gustav Ranis and John C. H. Fei (1981), *The Taiwan Success Story: Rapid Growth with Improved Distribution in the Republic of China, 1952-1979*, Boulder: Westview Press.

7 社会・文化史 II 1945〜2024年 ………… 松金公正

　本項が対象とするのは、日本による植民地統治が終了し、現在に至るまでの台湾の社会と文化の変遷である。この間の大きな画期としては1987年の**戒厳令★**解除をあげることができる。戒厳令の解除とそれに伴う施策によって、人々の生活の様々な局面に加えられていた制限が次々と取り除かれ、社会が大きく転換し、新たな文化が勃興することになった。

1 人口構造の多元化

　2024年時点で約2300万人に及ぶ台湾の人口は、第二次世界大戦直後はおよそ600万人に過ぎなかった。このような人口変動において極めて重要な意味をもつのが、50万人弱の日本人引揚後、1949年前後に中華民国中央政府の台湾移転に伴い中国本土より移動してきた、後に「外省人」と呼ばれることになる100万人を超える人々の存在である。引揚者数をはるかに上回る彼らの渡台によって人口が急増し、台湾との関わり方が全く異なる人々が社会生活を共にすることとなった。そして戦後の台湾社会を構成する台湾原住民族、閩南人、客家、外省人という4つのエスニックグループ（**族群★**）が成立することになる。その後ベビーブームなどがあり、1958年には1000万人を超えた。人口急増に対処するため1964年から産児制限政策（家族計画）を打ち出したものの1989年には2000万人を突破し、この間、エスニックグループ間の通婚も増えていくこととなる。

　ところが近年そのような人口増の傾向に変化が生じている。1960年代以降、台湾では工業社会への移行に伴い、台北・台中・高雄、及びその周辺の都市へと人口が移動することになる。これらの都市部では核家族・共働きがあたりまえとなり、女性の経済的自立や女性運動の展開により、男女の不平等な状況は徐々に改善されてきた。その一方で女性の高学歴化や社会進出が進むことにより、晩婚率・未婚率が上昇し少子化へと転じた。同時に医療技術の進歩に伴い平均寿命が上がり高齢化が進んだ。

政府は、育児休暇の付与、出産手当・託児手当の支給など、新たな制度を導入し出産を奨励しているが、少子高齢化社会への動きは簡単には止まらないと想定されている。未婚率が高まる一方で、東南アジアなどの外国籍や中国籍の女性配偶者が増加している。また、収入増に伴い、肉体労働や家事労働が忌避される傾向にあり、国内の低所得者の都市への流入のほか、外国人労働者も増加している。このような新たな住民の流入のほか、台湾原住民族の都市への移動などもあり、現在の台湾社会の人的構成はさらに多元的で複雑なものとなっている。

2　教育政策の展開と社会──「脱日本化」・「中国化／再中国化」から「本土化」へ

先述したように第二次世界大戦後、日本人が去り中華民国中央政府の移転に伴い、台湾住民の構成が大きく変わる中、異なる背景をもつ人々をどのように教育し、いかなるアイデンティティを扶植するのかは中華民国政府にとって大きな課題であった。これまでの研究によって、その文化・教育・言語政策の中心的課題が、「脱日本化」から「中国化／再中国化」そして「本土化」へと変容していったと考えられている。

国民党政府は植民地期に台湾各地に建設されていた学校を接収し、校舎などのインフラを活用するとともに6年制という義務教育を実施し、1945年にはすでに台湾の学齢児童の義務教育就学率はすでに80％に達していた。一方、教育内容としては、台湾の人々を日本の同化教育で「奴隷化」され、国語能力・民族精神・国家観念ともに欠如した者と位置づけ、植民地の「国語」であった日本語の使用禁止と北京語を母体とする新しい「国語」の学習を要求した。これは台湾に残る日本文化の影響を払拭し、「脱日本化」を進めていくためであった。また、言語に留まらず中華文化の導入が進められ、教科書には中国の歴史や古典、文化、文芸が詳述される一方で、郷土としての台湾に関する記述や歴史背景は殆ど教えられることはなく、それぞれの母語を学校で使用することも禁じられ、「中国化／再中国化」を目指す教育が推進された。このような台湾そのものに価値を見出さない学校教育、また台湾なまりの国語を用いても「台湾国語」と揶揄されるような状況、そして社会的な人材登用や政治参加の抑制により、台湾のものには価値がないと考える者を生むような状況になっていった。1968年には義務教育の年限を9年に延長し、

中学校の名称を初級中学から国民中学へと改称し、日本の植民地であった台湾の人々に中国人としての民族意識を根付かせるとともに、中国の実効支配をすでに中華人民共和国に奪われていながらも、中華民国こそが中国全体の正統な統治政権であるということを植えつけるといった教育をさらに強化していった。このように義務教育の強化が早くから図られた一方で、大学・専門学校以上の高等教育に入学できる学生は、当初、全人口の1000分の1にも満たなかった。国民党政府は、高等教育の拡充を重要な目標に掲げ、交通大学・中央大学・清華大学など、中国に設置した大学の台湾での再建を進めるとともに、新たな公立大学・専門学校・私立大学の設置を進めていったが、限定的な整備で大学への門は極めて狭く、アメリカ、ヨーロッパ、日本など、海外への留学者の増加へと結びついていくことになる。

　1980年代に入ると、政治の民主化への動きとともに、教育改革も推進されることとなった。台湾を軸として児童・生徒のアイデンティティと結びつける教育については、1980年代初頭に地方自治体が、小学生を対象として自分の住んでいる地域を学習させるために導入した「郷土教材」副教材にその嚆矢を見ることができる。1988年には教育部が小学校教育の基準である「国民小学課程標準」改正の検討を始め、1993年には新たな「郷土教学活動」を盛り込んだ新課程標準を公布し1996年度から実施された。小学校に引き続き、1989年より「国民中学課程標準」の改正が検討されることとなり、1994年10月に新教科**認識台湾★**を盛り込んだ新課程標準が公布された。1997年9月には試行が始まり、若干の修正を経て、翌年度から正式に導入された。新課程標準によると認識台湾導入の理念は、「台湾に立脚し、中国大陸に思いをはせ、世界に目を向ける」という同心円の中心に台湾を置くものであり、ここにはじめて郷土として台湾のことを教える本土化教科書が誕生した。認識台湾は、「国民教育九年一貫課程」の導入とともに社会学習領域に編入されることとなり、当初本土化の後退とも論じられた。しかし、教育内容の多元化における最大の改革のひとつは、国立編訳館による統一的な教科書システムを変革し、教育部の告示に基づき民間の出版社が教科書を編集し、国立編訳館の審査を経て、採択対象となるとする、民間の出版社の教科書出版への参入解禁であったことであると考えると、一元的に多元性を論じる国定教科書『認識台湾』ではなく、さまざまな編集者による教科書により自由に台湾の位置づけを論じることを可能とするシステムへの移行と位置づけること

ができる。このように政府は1993年以降、台湾を郷土とする教育を展開し、台湾を構成するエスニックグループの母語や文化に関する教育は新たな展開を迎えることになった。

また、教育改革の方向性の大枠は、生徒の個性や才能に合わせた教育を施し、多元的な価値観を導入するという点である。従来、大学進学のためには、普通高校へ入学する必要があったが、職業高校からの大学進学が可能としたうえで、公立普通高校の数を増やし、普通高校と職業高校の生徒数の比率を同じ割合にして自分に適した学校を生徒が選択できるようにした。

さらに大学増設の社会的要請に応え、国立大学を各直轄市・各県に最低でも1校設置し、私立大学の開設奨励、専門学校と技術学院の科学技術大学への昇格を推進した。このような大学の増設に併せて実施されたのが、入学試験改革である。大学統一入学試験（聯考）は長い間、台湾において、生徒が大学へ進学する唯一の方法であった。1994年以降、政府は入学ルートの多元化を進め、推薦入学や申請入学が導入され、2002年には学科能力テストと指定科目試験によって選抜が行われるようになった。

3　思想と言論の制限と自由化

戒厳令の実施に伴い人々の生活の様々な局面に多くの制限が設けられることになったことは先に述べた。特に思想と言論と公民運動に関しては、強い制限がかけられた。

政府によるメディアへの制限は、1947年の紙面数制限、1952年の出版法修正に始まる。印刷地点の制限のほか新聞の創刊不許可などが含まれた。このような新聞発行の統制のことを「報禁」と呼び、1960年代から1980年代にかけて行われ、言論・報道の自由に大きな制限がかけられていた。当時を代表する新聞としては、『中央日報』、『中国時報』、『聯合報』などが挙げられるが、いずれも国民党や政府と関係するものであった。また、テレビ局に関しても台湾電視公司（台視）、中国電視公司（中視）、中華電視公司（華視）が1960年代から70年代初頭に開局されたが、それぞれ台湾省政府、国民党、教育部・国防部の出資によって成立し、地上波はこの3つのテレビ局（3台）しかなかった。このほか図書・雑誌についても審査・監視体制がひかれ、禁書とされたり、流行歌についても退廃的、共産主義を想起させる、公序良俗

に反するといった理由で公の場で流すことを禁じられることもあった。また、日本語の歌詞も禁止の対象となったため、1950年代後半以降、日本の歌謡曲に台湾語の歌詞を付けて歌われるという現象が起きた。言論・表現の自由が制限される中、**二・二八事件★**や**白色テロ★**など、政府批判につながる報道や出版は皆無であり、経験した人々も次世代に語らず、親世代と子供世代の間に記憶の断絶が生じることもあった。そして政府の厳格な出入国管理の中、海外留学で初めてその事実を知ることになる者も現れる。

　戒厳令が解除されると、1988年には政府は報禁を解除した。国民党政府とは距離を置く『自由時報』などが新たに参入し、朝刊・夕刊・総合紙・専門紙など様々な新聞が発行され、ページ数も増え、様々な情報が発信されることになった。テレビも民間事業者の参入が許されるようになり、前述の地上波「3台」に次ぐものとして、「第4台」と呼ばれたケーブルテレビが1990年代以降次々と開設され、総合局だけでなくニュースやスポーツ、映画やアニメ、日本や韓国のテレビ番組、宗教団体が運営する専門チャンネルのほか、原住民族、客家のテレビ局など、メディアの多様化が進んだ。1997年には4つ目の地上波テレビ局である民間全民電視公司（民視）が開局する。また、書籍・雑誌についても1999年に出版法が廃止され、言論・出版の自由が進み、戒厳令が解除されると、新聞局によって禁止歌の解禁が行われた。

　一方、戒厳令下において集会や結社についても制限されていたが、1980年代には海外の影響を受け、消費者保護・環境保護・女性解放、農民や労働者の権利擁護、原住民族や客家などマイノリティの立場からの抗議や要求が提起されるようになった。1988年に集会デモ法が制定されると、合法的なデモ活動を通じ、コミュニティや同業者などの集団意識が醸成されるとともに、社会正義の追求という形で**公民運動★**が展開するようになった。

4　台湾文化の創生と多元化

　第二次世界大戦後、国民党政府が行った文化政策のひとつとして、脱日本化を目指した言語に関する統制があげられる。国語政策を推進するとともに、新聞の日本語欄を廃止するなど、植民地期に創作活動を行っていた台湾の人々が日本語での創作活動や社会への発表が行えないようにした。楊逵などはこのような政策下において、五四運動以後の文学を紹介すると共に中国本

土の作家と共に活動を進めるが逮捕されることになった。

政府が台湾に移転すると、1950年代に強調されたのは、「反共」である。このため軍隊文芸や戦闘文芸といった反共色の強いものが推奨された。また、当時台湾文学は中国文学の一部と見なされ、政府の意図に合致しない民間文芸や書物、歌は禁止されることとなった。また、海外に向けた自文化の発信においては、張大千などの中国本土から渡台した芸術家を代表者として位置付けていった。

反共政策の下、『論語』や『孟子』などの中国古典に基づく民族教育が重視され、高校ではそれらが掲載される「中国文化基本教材」が使用された。1966年、中国でプロレタリア文化大革命が発生すると、翌1967年に蔣介石は中華文化復興運動を開始した。中国共産党による伝統的な中華文化の破壊を非難し、中華民国こそが中華文化の正当な継承者かつ護持者であることを対外的に明示するとともに台湾内での認識の強化がはかられた。

その一方で、アメリカは中華民国に対して軍事支援や米援★と呼ばれる経済支援で大きな影響力を有しており、アメリカの映画や音楽、ラジオ放送などを通じて、モダニズムをはじめとする西洋の様々な文化が台湾へと入ってくることになり、台湾の文化に大きな影響を与えることとなった。

1965年前後になると台湾の現状を描写する郷土文学★が現れた。呉濁流★主宰の『台湾文芸』★や陳千武・林亨泰らによる詩誌『笠』★などがその嚆矢としてあげられる。政府や一部の作家からは反共の観点から批判されるが、すでに反共文学の影響力は弱まっており、作家自身の生活や社会の現実を描くことが重要と見なされ、台湾を郷土と見なす観点から書かれた小説が出版され、支持を得ることになった。このような傾向は芸術や音楽の世界にも波及していくこととなった。

1980年代後半に戒厳令が解除されると、台湾そのものの文化に中国、そして西洋を取り込みつつさらに多元的な方向へと展開していくこととなった。具体的には文学においては、台湾そのものに眼を向けることにより、これまで数々の制限の中で触れることができなかった政治的人物・事件・ジェンダー・環境保護といった課題、女性やLGBT、眷村や退役軍人のほか、原住民族などマイノリティや社会的弱者を取り上げた小説が発表されるようになり、原住民族文学★といった分野も現れた。

また、海外との交流が自由に行われるようになることにより、最先端の情

報に触発され、舞台芸術、映画や音楽の分野での国際展開が進んでいる。ダンスの雲門舞集は現代舞台芸術としての芸術性が国際的に高く評価されており、歌仔戯の明華園は古典の中に現代性を融合する試みを進めている。映画においては、1980年代に「台湾ニューシネマ」という作品群が製作され、数多くの特徴ある監督や演出家が登場した。1989年には侯孝賢監督の『**悲情城市**』★が、ヴェネツィア国際映画祭で金獅子賞を、2001年には李安監督の『グリーン・デスティニー』がアカデミー外国語映画賞を受賞するなど、台湾映画はしばしば国際映画祭で受賞し、ハリウッドへの進出を果たしている監督もいる。1990年代に入り、一時不振となるものの、2008年に国内興行収入で好成績を得た『海角七号』以降、2011年に台湾で公開された『**セデック・バレ**』★など、再び海外で評価される作品群が公開されている。

このように第二次世界大戦後、従来から継承されてきた台湾の文化が中国と西洋、特にアメリカの文化の影響を受け、多元的に展開していき、国際的な評価を受ける過程がここに見られる。つまり多元と国際ということが台湾文化の創出を担保するために用いられるようになっていったのである。

5　移動のない身分変更

植民地期後の台湾の人々の位置づけにおいて、華僑、**在日台湾人**★、**台湾人元日本兵**★の取り扱いはしばしば問題となってきた。

日本の敗戦によって、それまで日本人であった台湾の人々はその国籍を喪失した。そのため在日台湾人は日本で生活を続ける場合、中華民国籍の華僑として生きていくことになったのである。一方、日本国内には、台湾以外の出身者で一度も台湾に渡ったことがない中華民国籍の華僑が存在していた。1949年には中華民国中央政府が台湾へと移転することになり、両者はともに中華民国籍であるが、台湾への志向は大きくことなっている。

また、台湾人元日本兵についても同様の理由で日本籍ではなくなったため、恩給や遺族年金を受け取ることができなくなった。そのような中、**高砂義勇隊**★として出征しモロタイ島に潜伏し続け、1975年に台湾に帰った**中村輝夫**★（民族名：スニヨン、漢名：李光輝）は弔慰金を日本政府から受け取ることになった。この中村へ弔慰金をきっかけに日本人の場合と台湾人の場合の金額の格差が明らかとなり、「台湾人元日本兵士の補償問題を考える会」によ

る運動が活発化した。結局、1987年に台湾人戦没者遺族への補償が決定され、日本は戦病死者及び重傷者を対象に一人あたり200万円を支払った。しかし軍人恩給とは大きな格差があった。また、台湾人元日本兵の軍事郵便貯金に対しては、1995年から確定債務として元金を120倍にして返還を行うこととなり、一部の者は受け取ったが不満をもつ者も多かった。

6 台湾社会における「日本」の記憶

近年、植民地期に建設された歴史的建造物を修理・保存し、まちづくりやコミュニティ創造（**社区総体営造★**）の中で活用しようとする事例を多く聞く。確かに建物の修復に留まらず、生活様式や日常も復原するという点を日本側の視角からみると、主題は植民地期や日本を意識し保存しているかのように捉えられる。しかし果たしてそうであろうか。

高雄市に逍遙園という**大谷光瑞★**の別荘として建てられた建築物が復原・公開されている。唐破風や入母屋破風など精緻に修復されているが、この建物は1940年に開園式を行っており建設後5年弱で終戦を迎えており、その後1996年まで約50年に亘り中国本土から渡って来た軍人と家族の暮らす眷村の一部として使われていたのである。植民地期の使用期間よりずっと長い期間台湾の人々の生活の場として機能したこの建物を残すことは、「日本」を残すのではなく、台湾の歴史を語るためにその中に組み込まれた「日本」という記憶を保存しているといえる。実際、修復された建物には眷村時代の遺構も残されている。

短歌や俳句、川柳の団体が台湾で活動を続けているが、これらも先にあげた保存建築同様、戦後の台湾社会の中で機能してきたものである。しかし、これらが植民地期後の歴史と如何に関わって来たのかについて、日本において論じられることは少ない。

以上、台湾の社会と文化の歴史について概説を試みた。そこで重要なのは、大日本帝国、台湾に存在する中華民国といった統治者の変遷如何に関わらず、居住する人々の生活が「台湾」という場で継続されていったという視座をもつことである。「台湾」という場で展開した人々の社会的、文化的諸活動の連続性と非連続性を具体的に捉え、別の概念に安易に「格えない」こと。それこそが台湾の社会と文化を考える基本的な枠組であると思料する。

付記

　なお、台湾の社会・文化史の概説には、周婉窈、濱島敦俊監訳、石川豪・中西美貴・中村平訳『図説 台湾の歴史 増補版』（平凡社、2013）、薛化元編集、永山英樹訳『詳説台湾の歴史——台湾高校歴史教科書』（雄山閣、2020）など、台湾側の優れた業績や高等学校教科書を日本語に翻訳したものがあるため、台湾の研究成果の翻訳であるが、本項ではそれらを参考にしつつ論述した。

参考文献

大東和重『台湾の歴史と文化——六つの時代が織りなす「美麗島」』中央公論新社、2020

周婉窈、濱島敦俊監訳、石川豪・中西美貴・中村平訳『図説 台湾の歴史 増補版』平凡社、2013

菅野敦志『台湾の国家と文化——「脱日本化」・「中国化」・「本土化」』勁草書房、2011

菅野敦志『台湾の言語と文字——「国語」・「方言」・「文字改革」』勁草書房、2012

薛化元編集、永山英樹訳『詳説台湾の歴史——台湾高校歴史教科書』雄山閣、2020

沼崎一郎・佐藤幸人編『交錯する台湾社会』アジア経済研究所、2012

山﨑直也『戦後台湾教育とナショナル・アイデンティティ』東信堂、2009

林初梅『「郷土」としての台湾——郷土教育の展開にみるアイデンティティの変容』東信堂、2009

II
台湾史事典

［凡例］
◎台湾史の流れを知るための主要な179項目を選び、概ね時代順に配列
　した。記述の長さは、特大項目（3000字）、大項目（2000字）、中項
　目（1000字）、小項目（500字）の4種類を設定し、特大項目・大項目は、
　目次ではゴシック体とした。
◎執筆者は各項末に記した。
◎参考文献は、より知識を深めるための文献を中心に、原則として日本
　語の書籍を掲載した。

目 次

先史時代・考古遺跡‥‥‥‥‥‥‥ 68
台湾の先住諸集団‥‥‥‥‥‥‥‥ 70
原住民族の分類‥‥‥‥‥‥‥‥‥ 72
漢民族（閩南・客家）‥‥‥‥‥‥ 74
オランダ東インド会社時代‥‥‥‥ 75
ゼーランディア城‥‥‥‥‥‥‥‥ 78
浜田弥兵衛事件‥‥‥‥‥‥‥‥‥ 79
コイエット、フレデリク‥‥‥‥‥ 80
新港文書‥‥‥‥‥‥‥‥‥‥‥‥ 81
オランダ東インド会社と
　原住民（先住民）との関係‥‥‥ 82
鄭氏政権時代‥‥‥‥‥‥‥‥‥‥ 83
鄭成功‥‥‥‥‥‥‥‥‥‥‥‥‥ 85
鄭経‥‥‥‥‥‥‥‥‥‥‥‥‥‥ 86
鄭氏時代の台湾開発‥‥‥‥‥‥‥ 87
鄭氏政権の対東南アジア貿易‥‥‥ 88
施琅‥‥‥‥‥‥‥‥‥‥‥‥‥‥ 89
清代台湾‥‥‥‥‥‥‥‥‥‥‥‥ 90
漢族の移住・開墾‥‥‥‥‥‥‥‥ 93
分類械闘‥‥‥‥‥‥‥‥‥‥‥‥ 94
林爽文の乱‥‥‥‥‥‥‥‥‥‥‥ 95
金広福‥‥‥‥‥‥‥‥‥‥‥‥‥ 96
霧峰林家・板橋林家‥‥‥‥‥‥‥ 97
番地政策‥‥‥‥‥‥‥‥‥‥‥‥ 97
番割‥‥‥‥‥‥‥‥‥‥‥‥‥‥ 98
開山撫番‥‥‥‥‥‥‥‥‥‥‥‥ 99
ローバー号事件‥‥‥‥‥‥‥‥‥ 100
ルジャンドル、チャールズ‥‥‥‥ 100
マッケイ、ジョージ・L‥‥‥‥‥ 101
キャンベル、ウィリアム‥‥‥‥‥ 102
バークレー、トマス‥‥‥‥‥‥‥ 102
清仏戦争‥‥‥‥‥‥‥‥‥‥‥‥ 103
劉銘伝‥‥‥‥‥‥‥‥‥‥‥‥‥ 104
台湾出兵‥‥‥‥‥‥‥‥‥‥‥‥ 105
日清講和条約‥‥‥‥‥‥‥‥‥‥ 109
台湾総督府‥‥‥‥‥‥‥‥‥‥‥ 110
台湾総督府文書‥‥‥‥‥‥‥‥‥ 115
樺山資紀‥‥‥‥‥‥‥‥‥‥‥‥ 116
台湾民主国‥‥‥‥‥‥‥‥‥‥‥ 117
辜顕栄‥‥‥‥‥‥‥‥‥‥‥‥‥ 117
芝山巌事件‥‥‥‥‥‥‥‥‥‥‥ 118
台湾阿片令‥‥‥‥‥‥‥‥‥‥‥ 119
六三問題‥‥‥‥‥‥‥‥‥‥‥‥ 119
児玉源太郎‥‥‥‥‥‥‥‥‥‥‥ 122

後藤新平‥‥‥‥‥‥‥‥‥‥‥‥ 122
土地調査‥‥‥‥‥‥‥‥‥‥‥‥ 124
台湾旧慣調査‥‥‥‥‥‥‥‥‥‥ 126
伊能嘉矩‥‥‥‥‥‥‥‥‥‥‥‥ 127
鳥居龍蔵‥‥‥‥‥‥‥‥‥‥‥‥ 127
岡松参太郎‥‥‥‥‥‥‥‥‥‥‥ 128
台湾銀行‥‥‥‥‥‥‥‥‥‥‥‥ 129
厦門事件‥‥‥‥‥‥‥‥‥‥‥‥ 130
台湾の特産品（砂糖、米、茶、樟脳）‥‥ 130
台湾製糖株式会社‥‥‥‥‥‥‥‥ 132
新渡戸稲造‥‥‥‥‥‥‥‥‥‥‥ 134
衛生政策‥‥‥‥‥‥‥‥‥‥‥‥ 134
台湾鉄道‥‥‥‥‥‥‥‥‥‥‥‥ 135
台湾の新聞‥‥‥‥‥‥‥‥‥‥‥ 136
佐久間左馬太‥‥‥‥‥‥‥‥‥‥ 137
理蕃‥‥‥‥‥‥‥‥‥‥‥‥‥‥ 138
林野調査‥‥‥‥‥‥‥‥‥‥‥‥ 140
井上伊之助‥‥‥‥‥‥‥‥‥‥‥ 141
台湾同化会‥‥‥‥‥‥‥‥‥‥‥ 142
西来庵事件‥‥‥‥‥‥‥‥‥‥‥ 142
内地延長主義‥‥‥‥‥‥‥‥‥‥ 143
台湾教育令‥‥‥‥‥‥‥‥‥‥‥ 144
台湾行啓‥‥‥‥‥‥‥‥‥‥‥‥ 145
『台湾青年』『台湾民報』‥‥‥‥‥ 146
台湾議会設置請願運動‥‥‥‥‥‥ 147
台湾文化協会‥‥‥‥‥‥‥‥‥‥ 149
林献堂‥‥‥‥‥‥‥‥‥‥‥‥‥ 151
蒋渭水‥‥‥‥‥‥‥‥‥‥‥‥‥ 152
蔡培火‥‥‥‥‥‥‥‥‥‥‥‥‥ 152
矢内原忠雄‥‥‥‥‥‥‥‥‥‥‥ 153
台湾新文学運動‥‥‥‥‥‥‥‥‥ 154
頼和‥‥‥‥‥‥‥‥‥‥‥‥‥‥ 158
大谷光瑞‥‥‥‥‥‥‥‥‥‥‥‥ 158
黄土水‥‥‥‥‥‥‥‥‥‥‥‥‥ 159
江文也‥‥‥‥‥‥‥‥‥‥‥‥‥ 160
石川欽一郎‥‥‥‥‥‥‥‥‥‥‥ 161
蓬莱米‥‥‥‥‥‥‥‥‥‥‥‥‥ 161
台北帝国大学‥‥‥‥‥‥‥‥‥‥ 162
馬淵東一‥‥‥‥‥‥‥‥‥‥‥‥ 163
台湾民衆党‥‥‥‥‥‥‥‥‥‥‥ 164
台湾共産党‥‥‥‥‥‥‥‥‥‥‥ 164
霧社事件‥‥‥‥‥‥‥‥‥‥‥‥ 165
理蕃政策大綱‥‥‥‥‥‥‥‥‥‥ 167
台湾地方自治連盟‥‥‥‥‥‥‥‥ 167
楊肇嘉‥‥‥‥‥‥‥‥‥‥‥‥‥ 168
嘉南大圳‥‥‥‥‥‥‥‥‥‥‥‥ 169

日月潭水力発電所	170	郷土文学	218
台湾拓殖会社	170	黄春明	220
皇民化政策	171	『笠』	221
皇民奉公会	173	『台湾文芸』	221
特別志願兵制・徴兵制	173	呉濁流	222
寺廟整理運動	174	楊逵	223
国語家庭	175	鍾理和	223
『民俗台湾』	175	中村輝夫	224
高砂義勇隊	176	台湾人元日本兵補償問題	224
台湾義勇隊	176	中壢事件	225
台湾革命同盟会	177	**台湾関係法**	226
台湾にとっての中華民国		米国の武器供与	228
——中華民国という「擬制」	178	美麗島事件（高雄事件）	229
降伏と光復	182	「平和統一、一国二制度」構想	230
カイロ宣言	184	**中華民国台湾化**	231
台湾省行政長官公署	185	李登輝	234
日産処理委員会	186	地方派閥	235
二・二八事件	186	海峡交流基金会と海峡両岸関係協会	235
林茂生	189	九二年コンセンサス	236
陳澄波	190	『悲情城市』	237
高一生	190	『認識台湾』	238
呂赫若	191	族群	238
省籍矛盾	191	原住民族運動	239
蔣介石	193	社区総体営造（運動）	239
中国国民党	194	**台湾原住民文学**	240
中華民国憲法	196	第三次台湾海峡危機	242
戒厳令	197	日本台湾学会	243
農地改革	198	九二一大地震	244
白色テロ	198	陳水扁	244
日華平和条約	199	公民投票	245
米援	200	TSMC	245
米華相互防衛条約	201	台商	246
金門島砲撃戦	201	世界貿易機関（WTO）加盟	246
自由中国事件	202	海峡両岸経済協力枠組み協定（ECFA）	247
大陸反攻	203	馬英九	248
台湾独立運動	204	日台民間漁業取決め	248
彭明敏	206	『セデック・バレ』	249
在日台湾人	207	ヒマワリ運動	249
輸出加工区	209	公民運動	251
尖閣諸島問題と保釣運動	210	蔡英文	251
国連中国代表権問題	211	**移行期正義**	252
日本と台湾の断交	213	中国ファクター	254
蔣経国	214	アイデンティティ問題	255
十大建設	215	同性婚・婚姻平等権運動	256
工業技術研究院	216	国軍改革	257
党外雑誌	217		

●先史時代・考古遺跡

[先史時代の時期区分と遺跡の分布]

台湾における考古学の時代区分は

旧石器時代（3万〜1万5000年前）
新石器時代早期（5000〜4000年前）
新石器時代中期（4000〜3000年前）
新石器時代晚期（3000〜2000年前）
鉄器時代（2000〜400年前）
歴史時代（400年前以降）

がおおよその年代として与えられている。考古学遺跡は台湾本島のみならず、連江県（馬祖）、金門県、高雄市東沙、緑島、蘭嶼といった島嶼部にも分布する。デジタル情報化やGIS（地理情報システム）の普及が著しい台湾では、考古学遺跡もデジタルデータベース化が進んでおり、例えば、中央研究院歴史語言研究所が公開している「台湾考古遺址地理資訊系統」（https://archaeogis.ihp.sinica.edu.tw/map/#/gis）では台湾全体の遺跡の分布や基本情報を把握できる。現在（2024年12月時点）、登録されている遺跡は2186件である。

旧石器時代は少数の遺跡が台北、台中、恒春、東部海岸に点在する。新石器時代早期には北部の遺跡数が増加し、中西部から南部、金門島、澎湖島にも遺跡が現れるが、この時期の遺跡数は90件とそれほど多いとは言えない。遺跡数が急激に増加するのが新石器時代中期で357件を数える。東海岸の一部をのぞき環島状に全般に遺跡が分布し、特に西部平原から中央山脈近傍にかけて増加が著しい。この傾向は新石器時代晚期（528件）、鉄器時代（636件）も続き、時期を経るごとに西部から中央山脈寄りに遺跡の分布域が拡大する。歴史時代は243件とやや数は減るが、新しい時代のものは考古学調査の対象とはならないからでもある。

[各時期の特徴を示す遺跡]

旧石器時代を代表するのは東海岸の長濱郷に位置する海食洞穴群の八仙洞遺跡で、3万〜1万5000年前の人間の活動が確認されている。同遺跡は1968年から国立台湾大学考古人類学科の宋文薫教授が中心となり最初の調査が行われ、2008年からは中央研究院歴史語言研究所によって再調査される等、長期間にわたり台湾の考古学者の関心をひきつけてきた。最近では台湾東部の小馬遺跡から発掘された約6000年前の女性と判断された人骨がネグリトとの親和性が高いという報告がなされ、話題を呼んでいる。ネグリトは東南アジアに局所的に居住する少数民族。体格は小柄で肌は黒い。オーストロネシア系の集団をはじめとする東南アジアの現生諸集団が拡散する前からの先住集団とも考えられている。

新石器時代早期を代表する遺跡は大坌坑文化の名前のもとになった大坌坑遺跡である。淡水河西岸の台北市八里

区に位置する海岸線に近い同遺跡の包含層は鉄器時代の終わりまで続き、長期間にわたり利用されていたと考えられる。大坌坑文化を特徴づける遺物は「粗縄紋陶」とよばれる縄で網目がつけられた土器である。土器の器形、石器の種類ともにそれほど多くはない。打製と磨製の石斧が出土すること等から小規模な農耕が生業として営まれていたことが推定されている。旧石器時代との連続性は想定されていないが、出現した年代から、言語学で推定されているオーストロネシア語族の祖語をもつ集団との関係も議論されている。

新石器時代の中期から晩期にかけては地域的な多様性が顕著となる。重要なのは、前の時代の大坌坑文化からそれぞれの地域性が生まれていった可能性と、外来の要素の影響によって変化した可能性の両方が考えられることである。特に、西部地域では農耕、狩猟、漁撈、採集に適応した比較的大規模な集団が形成された可能性が指摘されてきた。中部の文化型式の1つである牛罵頭（ぎゅうばとう）文化のもとになった牛罵頭遺跡からは大坌坑文化の特徴をよく示しながらも技術的に洗練された土器が出土し、遺跡の規模も拡大している。社会が拡大していく傾向は東部側にも見られ、それをよく示すのが台東の卑南遺跡である。遺跡の存在は日本統治時代から知られていたが、鉄道建設の工事に際して大量の考古遺物が見つかったのが

きっかけとなり、13回におよぶ緊急発掘が行われた。新石器時代早期から鉄器時代と長期間存続していた遺跡であることがわかり、特に新石器晩期に属する建築構造、石棺埋葬、玉器などが大量に発見され、台湾の先史文化全体の発展における重要な遺跡と位置づけられている。

外部との交流がより顕著になるのが鉄器時代で、それを代表する1つの遺跡が十三行（じゅうさんこう）遺跡である。この遺跡の特徴は大量の鉄滓と製鉄炉跡で、鉄の生産が行われていたと考えられている。一方で、金、銀、青銅、ガラス、メノウなど、それまでの台湾の遺跡ではほぼ見られない資料が多数出土し交易の積極的な証拠とされている。また、青銅製の人型のついた刀柄、鈴、ガラスの腕輪等は原住民族の物質文化との関係も議論されている。

[考古学博物館と原住民族文化]　十三行遺跡や卑南遺跡は発掘地点の近くに博物館が建設され、発掘調査や研究成果の一般社会への還元や先史文化や歴史の理解の普及が図られている。2019年に台南に開館した国立台湾史前文化博物館南科考古館も、工業団地の建設作業に際して発見された大量の考古学資料の保護と後世へ学術資料を継承するために建設された。これらの博物館に共通した1つの特徴は考古学資料の情報をただ提供するのではなく、それが今の台湾、とりわけ原住民族と

どのような関係をもつかという説明を試みている点にある。さらに、十三行遺跡がケタガラン、南科考古館はシラヤと、平埔族と先史文化との関係が重視されている点にも留意しておくべきであろう。

一方で、考古学遺跡の調査にも新たな傾向が生まれている。発掘調査はその実務的な面からも交通の便が比較的容易な場所で行われることが多いが、台湾のインフラ整備が進む中、いわゆる旧社、すなわち、原住民族のかつての居住地や伝統領域での調査が進められている。台湾考古学に原住民族考古学という新たな分野が生まれている。

〈野林厚志〉

参金関丈夫・国分直一『台湾考古誌』法政大学出版局、1979／鹿野忠雄『東南亜細亜民族学先史学研究（下）』矢島書房、1952／Hung et al., Negritos in Taiwan and the wider prehistory of Southeast Asia: new discovery from the Xiaoma Caves. *World Archaeology*, 54, 2022（DOI: 10.1080/00438243.2022.2121315）／臧振華『台湾考古』行政院文化建設委員会、1999

●台湾の先住諸集団

[**先住諸集団と原住民族との関係**]　現在の台湾における原住民族が先住諸集団とどのような関係にあるかは簡単に結論を出すことはできない。これは、ある集団が特定の民族であることや民族の境界を、言語や慣習、信仰や世界観、物質文化、アイデンティティのありかた等で簡単に決めることはできないからである。

現在の原住民族の分類のもとになったのは、日本統治時代の民族分類であり、初期には台湾総督府によって、統治期後半には台北帝国大学のような研究機関によって、原住民族の分類や人種的な位置づけが考えられた。中華民国政府は日本統治時代の分類をもとに、長らく固定化した9族の分類を採用したが、この20数年の間、集団のくくりかたに当事者から疑義が出され、民族分類が大きく変わってきた。

[**先住諸集団の歴史記録**]　原住民族の分類は長らく研究者にとって、そして最近では原住民族自身にとっても重要な課題とされてきた。中国王朝、大日本帝国、中華民国といった台湾の施政者は、居住地域、言語、社会制度、衣食住の特徴等から原住民族を区別、分類してきた。清朝時代には、「番餉」や「番租」といった納税の義務や方法の違いにより「生番」、「帰化生番（化番）」、「熟番」と大きく分類された。

清朝版図下の人々を描いた「皇清職貢図」では地域ごとの集団が衣服や髪型の違いで表現されたが、系統的な分類の規準があったわけではなかった。巡台御史の六十七の『番社采風図』や外交官の張斯桂によるとされている『晩清台湾番俗図』からは、18世紀や19世紀の先住集団の様子をうかがう

ことができる。とりわけ、後者にはタイヤルの慣習である額部に刺青をいれた人物が描かれており、後の時代の原住民族との連続性がうかがえる。清朝期の後半から末期にかけては、特定の地域の住人をさした「○○番」という名称が目立つようになってくる。傀儡番（ルカイに相当）や、阿里山番（ツオウに相当）、阿眉番（アミに相当）はこれにあたる。16世紀の終わりごろにマニラで編まれたとされる『ボクサー写本』には台湾の淡水（Tanchuy）と鶏籠（Cheylam）とされる男女が描かれているが、原住民族との連続性や共通性を明確にしめす要素は見られない。淡水のほうは女性が人間の頭骨を手にしているのが印象的である。

[オーストロネシア原郷説とその課題]
台湾では原住民族も含めたオーストロネシア系諸民族のことを「南島語族」とよぶことが少なくない。この言葉はしばしば混乱をまねく。オーストロネシア語族とはあくまで言語のカテゴリーであり、人間をさす用語ではない。したがって、「南島語族」とは「南島語」を話す現代の人々や集団と理解しておく必要がある。

原住民族諸語が、現存するオーストロネシア語族の言語のなかで比較的古い形態を保持してきたことから、台湾がオーストロネシア語族の故地であるという仮説が1980年代に言語学者から提案された。後にそれを有名な作家

であるジャレド・ダイアモンドが紹介し世にも広く知られるようになった。一方で、人類集団が中国大陸から台湾へ移住したことはおおむねの前提となっており、どのタイミングでオーストロネシア祖語に対応する集団が形成され、いつ、どのように台湾から外に出るとともに、現在の原住民族諸集団に分化していったのかについても考古学を中心に議論が重ねられてきた。

これに対して、生物学的な近縁関係については分子遺伝学の分野の分析手法が発展し、古人骨DNAの解析結果もふまえた知見がこの数年の間に着実に増えてきた。ミトコンドリア・イブで有名なマーク・ストーンキングらのグループが2023年に発表した成果では、北部（タイヤル、ブヌン）と南部（パイワン、ルカイ、マカタオ）およびアミとタオが遺伝的な近縁性をもつこと、マカタオには漢族との混血の影響が見られること、アミとタオはフィリピンのイゴロットのグループと近縁であることなどが明らかとされている。注目すべき点は、台湾の北から南へ特定の集団が急速に南下し以後の拡散に寄与したというもので、その集団としてルカイとその祖先集団が想定されていること、一方でアミも台湾外のオーストロネシア系集団への遺伝的寄与が高く、これは時期の異なるものであった可能性も否定されていない。これは、現在の原住諸民族の祖先集団は必ずし

も一様な拡散を行っていない可能性を示唆するものとも言えるであろう。

多様な先住諸集団が移動や交流、孤立化を繰り返したのが台湾の先史時代の状況であり、冒頭に述べた通り、現在の台湾における原住民族が先住諸集団とどのような関係にあるかは簡単に結論を出すことはできないのである。

〈野林厚志〉

📖笠原政治『台湾原住民族研究の足跡──近代日本人類学史の一側面』風響社、2022／野林厚志・宮岡真央子「台湾の先住民とは誰か──台湾原住民族分類史と伝統領域概念からみる台湾の先住性」窪田幸子・野林厚志編『先住民族とは誰か』世界思想社、2009、293-317頁／Dang Liu, Albert Min-Shan Ko and Mark Stoneking, The genomic diversity of Taiwanese Austronesian groups: Implications for the "Into- and Out-of-Taiwan" models. *PNAS Nexus*, 2: 1–12, 2013

●原住民族の分類

台湾では、17世紀以降の大挙した漢族来住より前の時代から台湾に住み続けてきた人びとの後裔を、公式の名称として集団の場合は「原住民族」、個人の場合には「原住民」という。日本ではそれらに地域名を冠して「台湾原住民（族）」と呼び表すことが多い。現在、台湾の総人口に占める割合は約2.5％。オーストロネシア（南島）語族に属する多種の言語をもともと母語にしてきた人びとであり、同じ語族の言語は東南アジア島嶼部、南太平洋な

原住民族の16分類（現行）

カタカナ表記	漢字表記	欧文表記	別称	認定
アミ	阿美族	Ami / Amis	アミス／パングツァハ	
タイヤル	泰雅族	Atayal	アタヤル	
パイワン	排灣族	Paiwan		
ブヌン	布農族	Bunun		
プユマ	卑南族	Puyuma / Pinuyumayan	パナパナヤン	
ルカイ	魯凱族	Rukai		
ツォウ	鄒族	Tsou / Cou		
サイシヤット	賽夏族	Saisiyat		
タオ（ヤミ）	達悟族（雅美族）	Tao（Yami）		
サオ	邵族	Thao	サウ	2001年
クヴァラン	噶瑪蘭族	Kavalan / Kebalan	カバラン	2002年
タロコ	太魯閣族	Truku	トゥルク	2004年
サキザヤ	撒奇萊雅族	Sakizaya		2007年
セデック	賽德克族	Sediq	セデック／サデック	2008年
サアロア	拉阿魯哇族	Hla'alua		2014年
カナカナブ	卡那卡那富族	Kanakanavu		2014年

＊原住民族委員会ホームページの記載順による。

原住民族の分布（1930年代）

* 『台湾高砂族系統所属の研究』[1935] に示された原住民族の9分類に基づいて作成。

どの諸民族に広く分布している。

この原住民族というのは、言語をはじめとして生活慣習や信仰観念、社会組織のあり方などにそれぞれ少なからず違いが認められる多様な集団の総称である。第二次大戦前の日本統治下ではそうした集団の分類と各集団の名称が時期ごとに幾度か移り変わり、1930年代になると台北帝国大学の人類学者たちによって戦前期の最も有力な見解が示された。アミ、タイヤル（アタヤル）、パイワン、ブヌン、プユマ、ルカイ、ツォウ、サイシヤット、タオ（ヤミ）の9分類である。

この9分類は戦後まもなく台湾省政府の採用するところとなり、行政上でも学術上でも長らく公式の見解として定着していたが、1980年代の半ば以降、原住民族意識が高揚するにつれてそのような状態には大きな変化が生じてきた。2001年のサオを皮切りにして、政府による新規の認定が相次いで行われたのである。タイヤル（アタヤル）の中からタロコとセデックが分かれ、ツォウからはサアロアとカナカナブが分かれた。そして、それらの場合と事情は異なるが、従来の9分類で見えにくくなっていたサオとクヴァラン、サキザヤがそれぞれ独自の存在として加えられた。現在の台湾で公式に採用されているのは原住民族の16分類である。

ただし、すでに戦前から著しく漢化の進んでいた平地住民には他にも原住民族とは見なされていない集団がいくつかあり、ふつう一括りにして平埔族と呼ばれる。近年その一部から新規の追加認定を求める動きが現れていることも見落とせない点といえよう。

〈笠原政治〉

参日本順益台湾原住民研究会編『台湾原住民研究への招待』風響社、1998／笠原政治『台湾原住民族研究の足跡——近代日本人類学史の一側面』風響社、2022

●漢民族（閩南・客家）

現在の台湾は漢民族が圧倒的多数派の社会となっているが、漢民族が台湾に移住してくるのは基本的に17世紀以降である。オランダ統治時代や鄭氏政権時代にも一定規模の漢民族移住者はいたようだが、台湾住民の祖先の多くは清朝時代の18世紀に台湾に渡ってきた。漢民族移住者の数そのものが増加したのに加え、平埔族のほとんどが漢民族に同化していったことで、清朝時代を通じて原住民族／漢民族の人口比は逆転し、現在の台湾社会の原型ができあがった。

この時代の漢民族移住者は、その出身地・言語によって閩南人と客家人の2つに大別される。閩とは福建の古名であり、福建南部から移住してきた人々のことを閩南人、あるいは福佬人と呼ぶ。なかでも大部分は泉州と漳州からの移住者である。それに対し、客

家人は広東東北部や福建西部から移住してきた集団である。閩南人は西側の海沿い平野部に、客家人は山地に近い丘陵地に定着したケースが多い。閩南人と客家人がそれぞれ母語とする閩南語と客家語はどちらも漢語の系統に属するが、話し言葉としては相互に理解することはできない。清朝時代には閩南人と客家人の間で、土地や水の権利などをめぐって分類械闘と呼ばれる抗争がたびたび発生した。

日本統治時代には漢民族は本島人と呼ばれ、日本からの移住者である内地人や、現在でいう原住民族にあたる高砂族と区別された。日本統治時代の台湾は政治的に中国大陸と切り離されていたが、漢民族中心の国家である中華民国の誕生や五四運動による中国ナショナリズムの高揚は、台湾の漢民族知識人による文化啓蒙活動などにも大きな影響を与えた。そのため、総督府も台湾の漢民族が中国大陸の動きと連動することに対し神経をとがらせていた。皇民化運動の時期には、学校教育や新聞での日本語使用が徹底されたほか、家庭においても国語（すなわち日本語）使用が推奨されていく。また、中国式の寺廟を破壊し神社への参拝が強制されるなど文化・習俗面でも日本人への同化が図られた。その一方で、華南や東南アジアの華人地区では、漢民族であるがゆえに、情報収集や通訳としての役割を担わされた。

第二次世界大戦後には、国民党政府とともに再び多くの漢民族が台湾に移り住んできた。台湾省の外から来た彼らは外省人と呼ばれ、それ以前から台湾に住んでいた本省人と区別された。また、1980年代末以降、台湾人の配偶者などの身分で移住してくる新住民のなかにも、中国大陸出身の漢民族は多い。〈田上智宜〉

参林淑美『清代台湾移住民社会の研究』汲古書院、2017／若林正丈『台湾抗日運動史研究 増補版』研文出版、2001／田上智宜「『客人』から客家へ——エスニックアイデンティティーの形成と変容」『日本台湾学会報』第9号、2007

●オランダ東インド会社時代

［オランダ東インド会社の台湾進出］

オランダ東インド会社（正式名称は連合東インド会社〔Vereenigde Oost Indische Compagnie〕、以下VOCと略す）は、1624〜1662年の39年間台湾を統治した。

1602年に創立されたVOCは、1619年にジャワ島で当時バンテン王国支配下にあったジャヤカルタ（通称ジャカルタ）を占領し、バタヴィアと改称してアジアにおける拠点とした後、日本や中国との貿易を意図して東アジアに進出する。VOCは、まずポルトガルが拠点を置くマカオを1622年に占領しようとしたが、ポルトガルの反撃に遭って失敗し、続いて澎湖諸島の

占領を試みたものの明朝に反撃され失敗したことで、最終的に両者の支配の及ばない台湾に注目する。こうして1624年大員（現在の台南）に侵攻して占領、この地にゼーランディア城を建設し、続いてサッカム（赤嵌）にプロヴィンシア町をはじめ食糧生産のための基地を、また詳細な場所は不明だがワンカン砦などといった拠点もそれぞれ築いた。

　一方同じ時期にはスペインも、1626年基隆近郊の和平島にサン・サルバドル城、1628年淡水にサン・ドミンゴ城をそれぞれ築城して台湾に拠点を築く。VOCとスペインは、オランダ本国がスペインから独立を達成したことに加え、東アジア交易においてバタヴィア方面から展開しようとする前者とマニラ経由で展開しようとする後者との激しい競合があったことを背景に、台湾でも激しく対立する。しかしVOCは、1641年から2度攻撃を行い、翌年淡水ならびに基隆からスペインを追放した。

　VOCは、スペインとの勢力争いに加えて原住民との抗争にも尽力する。後者に関しては、日本人や中国人による同地での活動とも絡んで、特に1620年代後半以降抗争が激化した。当時台湾には社と呼ばれる原住民居住地区が存在しており、VOCは当時最も強力であったマタウ（麻豆）と対立する一方で、シンカン（新港）とは良

好な関係を構築する。しかしVOCは、良い関係を展開していたシンカンに対しても、同社に自らの利益を損なう態度がみられた場合には軍事的遠征を行うなどの対応を取った。

［オランダ東インド会社の台湾統治］

台湾南部に拠点を築き、北部からスペイン勢力を駆逐したVOCは、先に拠点を確立したバタヴィア同様、VOC職員中心のオランダ人に加え福建・広東出身者を中心とする中国人を移住させ、後者を使って農業生産や交易を行う。農業に関しては、稲や中国人が出身地から持ち込んだサトウキビ（甘蔗）栽培を中心に、黍、サツマイモ（蕃藷）、ジャガイモ（馬齢藷）なども栽培され、交易についてはサトウキビから製造される砂糖や島内で捕獲される鹿からつくられた各種製品と樟脳の輸出や、塩、鉄、磁器、銀錠の輸入、また輸入品のうち後二者の輸出が主に行われた。特に砂糖は、鄭成功による台湾侵攻が行われる1661年まで、VOCが拠点を置いた他の地域や交易に関わった他の地域で生産されたものより高い品質を誇る重要な交易品だった。だが他方で、交易については台湾で活動する日本人商人とVOCが競合する状況も発生したため、VOCは日本人の商人らを排除するためタイオワン（大員）に来航する船舶に10％の関税を課す。これに対して日本人商人は関税の支払いを拒否、このことで生じた緊張関係が更

に原住民を巻き込む形で悪化した結果、浜田弥兵衛事件が発生した。

　VOC は、先述のスペイン勢力、マタウなど自らと対立する先住民社会、日本人商人との対立、浜田弥兵衛事件の処理、鄭成功の父で明朝が官職に任命した鄭芝龍が指揮する明軍との海戦、中国の海上武装勢力劉香によるゼーランディア城襲撃などに苦慮しながらも、次第に台湾支配を確立していく。台湾支配において VOC は、中国人に対し海上武装勢力の駆逐に努めながら農業や VOC に利益をもたらす貿易に従事する移住者を保護する一方、原住民に対しては特に友好的なシンカンを皮切りにキリスト教の布教を行う。『新港文書』は、こうした原住民の教化・教育のなかで生まれた。

　加えて VOC は、円滑かつ安定した植民地経営を行うため、病院、孤児院、公共墓地、図書館、結婚事務所、民事裁判所、遺産管理委員会等の設置や道路の建設、公設市場の開設などを行う。このうち、公共墓地については専らオランダ人に向けられたものだった一方、図書館や結婚事務所はキリスト教布教と密接に関連した施設、民事裁判所ならびに遺産管理委員会は主に中国人移民を対象にしたもの、バタヴィアでも存在が確認される病院や孤児院はオランダ人、中国人移住者、原住民の全てを含んだ広い対象に向けられた施設と考えられる。

　さらに VOC は、原住民と移住者を合わせた台湾住民に対して、数多くの命令ならびに禁令を発する。主なものとしては、衛生維持を目的とする養豚禁止令、火災予防のための竹屋打壊し令、日曜礼拝日に休業させる安息日休業令、自然林保護を意図した森林伐採禁止令、河川の魚などの絶滅を防ぐ目的で漁における毒草等の使用を禁止する毒漁禁止令、社会風紀の悪化を防止する賭博禁止令ならびに酒類密造禁止令などが挙げられる。また VOC は、原住民統治の円滑化および VOC や伝道師の代表と原住民長老との交流を通して後者に前者の支配を再認識させる意図から、地方会議を行う。この地方会議は、1641 年に第 1 回が開催され、1644 年の第 2 回以降 1659 年まで南北別に毎年開催された。

　VOC は、これら各事業実施等の資金源と収入を、前記の各交易に加えて諸税の徴収を通じて得ていた。このうち最も大きなものは、特に中国人移住者に対する人頭税で、その他に商品価値のある物品に 1 割課税する什一税、輸出・輸入品に 1 割課税する輸出入税、土地貸借において毎年の入札による落札者から所定額を徴収する土地賃借税、狩猟免許証の取得・更新時に徴収する狩猟税、城砦等の大規模工事において主に富裕層から集める建設協力税、商店主や屠殺業者から徴収する事業税・営業税などがあった。

[オランダ東インド会社の台湾喪失]

しかし、これらのうち、特に人頭税が、中国人移住者の不満を高めることになる。その結果、1652年夏に郭懐一（ファイエット）に率いられた5000人規模の中国人農民反乱が発生する。同反乱軍の中には、鄭成功が台湾に侵攻することを望む者もいたとされ、VOCはその情報に極めて強い警戒感を持っていた。

こうして1661年、VOCは鄭成功による台湾侵攻を迎える。侵攻に向けた動きに関する情報について、最後のフォルモサ・タイオワン（大員）長官フレデリク・コイエットは早くから摑んでおり、ゼーランディア城や1653年に建設されたプロヴィンシア城双方ともそれに対応できる防御がないという旨の警告をバタヴィアに対して発したが、彼の競争相手による妨害などがあったために、バタヴィアが対応することはなかった。こうした中、1661年4月30日に鄭成功による台湾侵攻が開始される。当初からの彼の軍に対する圧倒的な劣勢を背景に、台湾評議会は鄭成功との講和交渉を行うが決裂する。戦闘再開後、プロヴィンシア城が陥落し、ゼーランディア城も彼の軍に包囲された。その間にバタヴィアも6月に台湾への艦隊派遣を決定し8月に艦隊が台湾に到着するが、乏しい戦果と共に鄭成功の軍に撃退され撤退する。こうして1662年1月コイエット

は投降し、39年間続いたオランダの台湾統治は終わりを迎えることになった。　　　　　　　　　〈久礼克季〉

参林田芳雄『蘭領台湾史──オランダ治下38年の実情』（汲古選書56）汲古書院、2008／堀江洋文「スペイン及びオランダの台湾植民地支配」『専修大学人文科学研究所月報』300、専修大学人文科学研究所、2019

●ゼーランディア城

ゼーランディア城（熱蘭遮城）は、現地民がタイオワン（大員）と呼んだ地域（現在の台南市安平区）に建設され、オランダ東インド会社（以下VOCと略す）の台湾政庁が置かれ、台湾統治の拠点だった城砦である。

1622年7月この地にオランダの探検隊が到着し、翌1623年10月に当地を確保して仮砦を造り100人以上の兵を配置するが、1624年4月オランダは一旦撤退した。しかしその4ヶ月後、澎湖諸島をめぐりオランダと明の関係が悪化したため、オランダは澎湖を放棄しタイオワンに移動して同地を占領、城砦建設を開始する。その結果、1625年4月に長さ140フィート、幅99フィートの城砦と商館が完成し、城砦はオラニエ城と命名された。1627年11月、バタヴィアからの命令によりゼーランディアと改称。1633年1月1日、ゼーランディア城に加えフリッシンゲン、カンペルフェール、

ゼーランディア城
(ヨアン・ブラウ画。17世紀半ば)

アルネムイデン、ゼーブルフの4つの要塞が完成した。

　1634年4月の中国人海上武装勢力の劉香による襲撃において守備力の脆弱さが露呈したことから、その強化がバタヴィアに訴えられ、3年後の1637年に更なる補強工事が開始され、1640年末工事が完了した。しかしこの後も、老朽化や敵襲対策のため改修・増築の必要があり、ゼーランディア城の建設・維持費は莫大なものとなった。

　1661年末からの鄭成功による侵攻では、ゼーランディア城への攻撃はなく、1662年2月双方による和平条約によりVOCから鄭成功に引き渡され、彼はここを「王府」とした。〈久礼克季〉

参　林田芳雄『蘭領台湾史──オランダ治下38年の実情』(汲古選書56) 汲古書院、2008／堀江洋文「スペイン及びオランダの台湾植民地支配」『専修大学人文科学研究所月報』300、専修大学人文科学研究所、2019

●浜田弥兵衛事件

　浜田弥兵衛事件は、1628年にオランダ東インド会社(以下VOCと略す)フォルモサ・タイオワン(大員)長官ピーテル・ノイツと長崎代官末次平蔵との間で台湾での貿易をめぐり起きた事件。タイオワン事件とも呼ばれる。

　この事件は、1625年VOCがタイオワンより出港する日本の朱印船貿易船に10%の輸出税を課したことに対し、末次平蔵を含む同地で朱印船貿易を行う日本人が不満を持ったことを契機とする。これを背景に末次は、

1627年タイオワンから帰国する際にシンカン社から理加を代表とする16人の先住民を連れ、彼らが台湾を徳川将軍に奉ずるための代表であると主張した。この先住民が末次の船でタイオワンに帰ると、ノイツは、将軍からの贈物を没収し彼らを監禁する。

翌1628年6月、末次平蔵配下の浜田弥兵衛がタイオワンに来航した際、浜田が契約した貿易品取得のため中国への出航を求めたことをノイツは拒否、更にこれに対する浜田の日本帰国要求もVOCは拒否する。このため浜田は、ノイツ達を襲撃し、日本人とオランダ人それぞれ5人を人質として帰国。日本到着後、日本人の人質は解放された一方、オランダ人の人質は解放されず、平戸のオランダ商館も閉鎖された。

事件後、VOCが特使ウィルレム・ヤンセンを二度派遣して徳川幕府と交渉する中で、東インド総督ヤックス・スペックスが、事件は末次平蔵一派による虚偽の申立てとノイツの無知の為起こったとして、幕府にノイツを日本に抑留する代わりに人質を解放するよう求める。その結果人質は釈放され、平戸商館も再開された。この間に末次平蔵は、1630年に死去。発狂し投獄された末の死とも、殺害されたともいわれる。また同時期に幕府は、日本人への台湾向け朱印状を停止する。結果この後、VOCによる台湾―日本貿易が大きく発展した。　　〈久礼克季〉

参 永積洋子『平戸オランダ商館日記――近世外交の確立』講談社学術文庫、2000／――『朱印船』(日本歴史叢書60)吉川弘文館、2001／林田芳雄『蘭領台湾史――オランダ治下38年の実情』(汲古選書56)汲古書院、2008

●コイエット、フレデリク

Frederick Coyett (1615?/1620?–1687.10.17)　オランダ東インド会社(以下VOCと略す)最後のフォルモサ・タイオワン(大員)長官フレデリク・コイエットは、スウェーデン・ストックホルムで生まれた(誕生年は1615年と1620年2つの説があり確定していない)。オランダに移住したコイエットは、1643年ジャワ島のバタヴィアに渡りVOC上級商務員として勤務し、更にその直後フォルモサ・タイオワンの首席評議員としてフランソワ・カロンの下で勤務する。その後1647～48年と1652～53年の二度、VOC長崎商館長として勤務したコイエットは、1657年フォルモサ・タイオワン長官となる。

鄭成功勢力の攻撃により1662年に降伏しゼーランディア城を彼らに明け渡した後バタヴィアに戻ったコイエットは、その部下と共に裁判にかけられ、フォルモサ喪失の責任を問われて死刑宣告をされたが、罪一等を減ぜられ、バンダ諸島のアイ島での禁錮刑に処せ

られる。

その後 1672 年に釈放が認められた
コイエットは、1674 年オランダに戻
り、翌 1675 年「コイエットとその同僚」
の略と言われる C. E. S. の仮名で『閑
却されたるフォルモサ。東インドにい
るオランダ人の怠慢によって、フォル
モサ島が中国のマンドラインにして海
賊である国姓爺の奇襲をうけて、どの
ようにして占領され、奪取されたかに
ついての真実の物語』を刊行する。そ
の後コイエットは、スウェーデンに戻
ることなく 1687 年 10 月 17 日に死去
した。 〈久礼克季〉

参生田滋「解説」ファン・フーンス、ファ
ン・フリート、フレデリク・コイエット、
生田滋訳注『オランダ東インド会社と東南
アジア』岩波書店、1988 ／東京大学史料
編纂所編『日本關係海外史料 オランダ
商館長日記 譯文編之十一』東京大学史料
編纂所、2011 ／村上直次郎訳、中村孝志
編『バタヴィア城日誌』3、平凡社、1975

●新港文書

新港文書は、社と呼ばれる原住民居
住地区のうちシンカン（新港）社の住
民と中国人との間で交わされた土地貸
借や商品売買などについての契約書で
ある。

1624 年にオランダ東インド会社（以
下 VOC と略す）による台湾統治が始
まって以降オランダは、布教や行政を
円滑に進める必要性から、友好的なシ

ンカン社を皮切りにキリスト教布教や
教会（後には教会が設立した学校）を
通じた原住民への教育を行う。その過
程でオランダの宣教師や VOC 職員ら
は、元々文字を持たないシンカン社ら
の原住民に、ローマ字で自身が使う言
語・言葉を書き記すことを教えた。

こうしたオランダ人による教育の結
果、原住民は、彼らと最も多く接触し
交渉した中国人商人との間で原住民の
言語を用いて商品売買や土地貸借の契
約に関する文書を作成する。その文書
の多くは、紙の半分に対照もしくは交
互にローマ字の現地語と漢文が併記さ
れる形式をとっていることから、文意
を読み取ることができる。

現存する新港文書は 140 点余りで、
その多くは台北帝国大学の村上直次郎
によって集められ、同大学の紀要で紹
介されている。該当する文書の年代は
1683 〜 1813 年にわたり、原住民社会
が 17 世紀から 19 世紀までローマ字
で自身の言語を残していたことがわか
る資料となっている。なお村上の論考
では、論考が出された 1933 年の段階
では既に死語となっているとされ、当
該言語が 100 余年で急速に廃れたこ
とも指摘されている。 〈久礼克季〉

参柴田「〈紹介〉新港文書 台北帝国大学文政
学部紀要 第二巻第一号」『史林』18（4）、
史学研究会、1933 ／ Naojirô Murakami,
"Shinkan Manuscripts 新港文書"『台北帝国
大学文政学部紀要』2（1）、台北帝国大学、
1933

●オランダ東インド会社と原住民（先住民）との関係

　オランダ東インド会社（以下VOCと略す）と原住民（先住民）との関係は、抗争から征服、教化・懐柔という流れを辿る。

　台湾には社と呼ばれる原住民居住地区が存在し、VOCが支配下に置いた台南周辺にはシンカン（新港）、サウラン（蕭壠）、マタウ（麻豆）、バカラウワン（目加溜湾）、タフォカン（大目降）、テフォラン（大武壠）等の社が存在した。このうち主要な前4社では、シンカンとマタウが対立、バカラウワンはマタウと同盟、サウランは中立維持という関係が展開していた。VOCは当時最も強力なマタウと激しく対立し、1629年のオランダ人兵士全員が殺害された麻豆渓事件とも呼ばれる事件をはじめ、1628～29年を中心にマタウによるVOCへの襲撃が展開されたため、VOCは1635年同地に遠征を行い征服する。他方で最も友好な関係を構築したシンカンでも、末次平蔵によって当地住民の江戸参府代表とされた理加が1628年に帰郷した後にオランダ人の暴虐を訴えたことから、彼を逮捕するためVOCは1629年同地に遠征軍を派遣した。更にVOCは、ほぼ同時期の1633～1641年に近隣のラメイ島に侵攻・占領した際、ほぼ全ての住民を殺害ないし逮捕する。

　征服地の原住民に対しVOCは、原住民の土着信仰に対する徹底的な弾圧や地方会議を通じてVOCへの服従を認識させ、29人の牧師を渡台させてキリスト教布教を行った。1643年フォルモサ宗教議会からアムステルダム教区へ送られた書簡では、前出の6社について、現地人教師50人の着任、教会による生徒600人の読み書き能力向上、住民5400人の洗礼、現地人教師によるティロセン（諸羅山）、ドロッコ（哆囉嘓）までの伝道拡大などが記録され、1657年のタイオワン教会評議会決議録では伝道のための教員養成学校設置については詳細な内容が記されている。こうした教化・懐柔政策によって多くの原住民はVOCと良好な関係を築くに至ったが、鄭成功による台湾攻撃の知らせが各地に届くと、マタウなどでは首狩りなど従来の風習が復活し、良好だったVOCとの関係は水泡に帰した。　　　　　〈久礼克季〉

参大東敬典・久礼克季・冨田暁・松方冬子「『蘭領東インド外交文書集』」『東京大学史料編纂所研究紀要』32、東京大学史料編纂所、2022／林田芳雄『蘭領台湾史──オランダ治下38年の実情』（汲古選書56）汲古書院、2008／堀江洋文「スペイン及びオランダの台湾植民地支配」『専修大学人文科学研究所月報』300、専修大学人文科学研究所、2019

●鄭氏政権時代

[鄭氏の台湾進出]　鄭氏政権時代、台湾は、鄭成功、鄭経、鄭克塽によって統治された。その時期は、鄭成功がオランダ東インド会社からゼーランディア城（熱蘭遮城）を奪取した1662年から、鄭克塽が清朝に降伏する1683年までの22年にわたる。

　鄭成功が台湾に政権を創始した背景には、次のような事情があったと考えられる。1630～1640年代に勢力を確立したことで自らを明朝やその亡命政権に認められた鄭成功は、生涯明朝への忠誠を捨てずその復興を目指して清朝と敵対し続け、1655年以降清朝からの南京奪回を目指す活動を行い、1658年には北伐に出たが、いずれも失敗する。その後1660年の清による攻勢で陸地の支配地域の大半を失い厦門と金門島を中心とする島々を保つのみとなった状況で、失地回復を図る鄭成功は、オランダ東インド会社（以下VOCと略す）との関係が悪化して厦門へ逃れてきた元会社通訳の何斌から台湾の獲得を勧められたことで、VOCが台湾に築いたプロヴィンシア城ならびにゼーランディア城を1661年に攻撃し、1662年これを陥落させて台湾を占領した。鄭成功は、大陸で活動していた1655年には六部に準ずる文官制度として吏・戸・礼・兵・刑・工の各官から成る六官制度を設置し、台湾占領後には東都を国号として承天府を首都としたうえで南に天興県、北に万年県をそれぞれ置いた。しかしその直後の1662年6月23日、鄭成功は急死する。

　鄭成功死去の後、彼の長男鄭経が後継者となる。台湾鄭氏政権は、ほぼ鄭経の政権だったといえよう。鄭経は鄭成功死去に際して、厦門で後継を宣言したが、翌1663年に清朝とVOCの艦隊が厦門・金門島へ攻撃を行ったことにより彼は厦門を追われ、1664年に拠点を台湾へ移して活動を行う。鄭経と清朝双方の戦闘が繰り返された結果、1663年、1667年、1669年、1677年に二度、1678年、1676年、1679年の合計7回、両者の間で和議がなされた。これらの交渉は、総じて鄭氏側が劣勢となりながら盛り返す状況となる中で清朝から持ち掛けるという特徴がみられた。一方、内政面において鄭経は、1664年県を州に昇格させて以降専ら国政を陳永華に委ねる。その10年後の1674年に鄭経が中国大陸へ遠征を行う際、陳永華は東寧総制使と勇衛に任命され軍国（軍事と内政）の大権を委ねられたことにより、1680年までの7年間台湾鄭氏政権の実質的な最高責任者となった。さらに1680年以降鄭経は、陳永華の推挙から鄭経の長子鄭克𡒉を監国とする。

[鄭氏政権の台湾統治]　こうして事実

上陳永華や鄭克𡎊によって内政が行われた鄭経政権は、オランダ統治時代における政策の踏襲と見直しをともに行う。オランダ統治時代を踏襲したものには、中国人移民や彼らを用いた開墾をはじめとする島内の開発、原住民に対する高圧的な政策が挙げられる。このうち後者に関しては、鄭氏による台湾占領前の 1661 年 7 月と占領後の 1664 年に大肚・沙轆における反乱、1661 年後半頃には林圯の反乱、1682 年には鶏籠の反乱がそれぞれ発生する。鄭氏政権による兵糧調達での諍い、屯田開発による原住民の土地侵奪、原住民の酷使などがその原因と考えられる。オランダ統治時代の政策を見直したものには、聖廟（孔子廟）とこれに結びついた学校の創設、漢文学の移植などがあった。

鄭氏政権の租税制度は、中国人移民や開墾と密接に関連する。当該時代の台湾において土地は鄭氏政権が所有していたことから、住民は、政府から土地を借用する代わりに賃貸料となる租費を政権に支払った。また鄭氏政権は、VOC 統治時代にあった人頭税にあたる丁賦を引き続き採用し、これを居住民から徴収する。この両者に加えさらに鄭氏は、水陸餉と称する雑税も住民から徴収する。これは、牛磨と呼ばれる甘蔗圧搾機、蔗車と 5 バレル甘蔗運搬用牛車、魚・鳥・獣を捕獲するための網・罠、漁船・渡船、店舗と住宅に

あたる店厝など全てが対象となっていた。これらに加え、例えば漁民には毎回漁港への出入で税が徴収され、原住民には狩猟税も課税された。

鄭氏政権は、先述の農産物生産に加えて貿易をその存立根拠にしていたと考えられる。元々鄭氏は、鄭成功の父である鄭芝龍（鄭一官）の時代から中国の生糸（白糸）・絹織物を日本に、日本の銅（棹銅）を中国に、それぞれ輸出する日中間貿易を柱としていた。このことは台湾占領直前の 1661 年 5 月 17 日国姓爺（鄭成功）船 8 隻の長崎入港の記録でも明らかである。しかし台湾占領後 1663 年以降は、日本からの輸出品こそ変わらないものの、日本への主要輸出品が中国を産地とする生糸・絹織物から台湾で生産される砂糖や当地で入手される鹿皮を中心とするようになることが、長崎の台湾船入港記録から明らかになっている。清朝による海禁令・遷界令を受け、鄭氏政権は主要な対日貿易をこのように変化させ、更には東南アジア各地とも貿易を行うようになった（「鄭氏政権の対東南アジア貿易」項目参照）。

[鄭氏政権の崩壊] その後 1673 年から 1681 年まで中国本土で展開した三藩の乱が発生すると、鄭氏政権はこれに加担する。厦門をはじめ中国大陸沿岸地方の奪還を意図した鄭経は、1674 年特に福建に拠点を構えた耿精忠と組む形で三藩側に参加し、一時的

に厦門を中心とする福建・広東の勢力圏を獲得した。しかしその後、清朝の反撃による1676年以降耿精忠の脱落をはじめ反清陣営内部の変化や清軍の福建入りなどにより、鄭経は次第に勢力を後退させることになる。こうして彼は1680年台湾への撤退を余儀なくされ、その後は鄭克𡒉に国政を任せ、宴楽に耽る隠居生活を送る。その宴楽に招かれた者の中には、鄭克𡒉をはじめ、馮錫範、劉国軒、鄭聡など、外戚間の対立と権力闘争を背景に後に鄭氏政権崩壊につながる内部抗争の中心となる人物が名を連ね、既に鄭経の存命中からその兆しが表れていた。こうした中で陳永華は自ら東寧総制使と勇衛から退いた後死去し、鄭経も1681年に病没する。

鄭経は死の直前、陳永華と共に彼を支えた鄭克𡒉を自らの後継者とし、馮錫範、劉国軒に鄭克𡒉を補佐するよう命じた。しかし鄭経死去からわずか数日後、鄭克𡒉は、馮錫範、鄭聡、劉国軒によって謀殺される。こうして2月1日、鄭克塽が正式に王位に就く。鄭克塽の妻が馮錫範の娘であったことから、馮錫範は彼の後見人的な存在となる。だが他方で劉国軒は、陳永華をも凌ぐとも言われた実力を以て馮錫範を抑えて自らの意見を国政に反映させるようになる。鄭経の死とその後の台湾鄭氏政権における内紛の報が清朝に届くと、清朝の内部では、福建総督の姚啓聖が支持する和議と右都督で福建水師提督総兵官だった施琅が支持する武力侵攻とで意見対立が生じるが、最終的には武力侵攻論が取り入れられた。こうして6月16日と22日の二度にわたる澎湖攻防戦が清軍勝利に終わった後、鄭氏政権内では降伏の方向で事態を進めようとする劉国軒と抗戦を主張する馮錫範とで対立するが、鄭克塽は前者の進言を取り入れ降伏を決定する。かくして8月13日、清軍が台湾に上陸しここを占領。台湾鄭氏政権の幕は閉じられることになった。

〈久礼克季〉

参 上田信『海と帝国——明清時代』講談社学術文庫、2005／——「鄭成功と未完の海洋王国」同『シナ海域　蜃気楼王国の興亡』講談社、2013／久礼克季「台湾鄭氏と東南アジア」上田信・中島楽章編『アジアの海を渡る人々——一六・一七世紀の渡海者』春風社、2021／永積洋子編『唐船輸出入品数量一覧——1637〜1833年　復元唐船貨物改帳・帰帆荷物買渡帳』創文社、1987／奈良修一『鄭成功——南海を支配した一族』山川出版社、2016／林田芳雄『鄭氏台湾史——鄭成功三代の興亡実紀』汲古書院、2003

●鄭成功

てい・せいこう、Zhèng Chénggōng（1624.8.27-1662.6.23）鄭成功は、平戸で海洋商人の鄭芝龍と日本人田川七左衛門の娘マツとの間

に生まれた。本名は鄭森で、日本名は福松。7歳まで平戸で過ごした鄭成功は、1630年科挙準備のため鄭芝龍のいる福建に戻り、後に南京へ移ったことで、明朝や中国沿岸地域との関係構築やシナ海域の海上勢力指導者として台頭する契機が与えられる。

1644年以降中国大陸で李自成による反乱や清の南下が展開する中、彼は、南京の明朝亡命政権が壊滅した際に擁立され福建へ逃げた隆武帝から、皇室と同じ「朱」姓を与えられ名を「成功」とした。1646年隆武帝が捕らえられ死去した際、鄭芝龍が清朝に投降した一方で、鄭成功は亡命政権の皇帝に擁立された永暦帝を支持する。

その後、鄭芝龍が鄭成功との関係の嫌疑を清朝にかけられ1661年に処刑されると、鄭成功は、父が持っていた制海権を引き継ぎ、当時のシナ海域において最も有力な海上勢力となる。他方で彼は、生涯明朝への忠誠を捨てずその復興を目指して清朝と敵対した。彼は、1655年以降清朝からの南京奪回を目指す活動や1658年には北伐を行うがいずれも失敗し、逆に1660年に清が攻勢をかけると、陸地の支配地域の大半を失い厦門と金門島を中心とする島々を保つのみとなった。

失地回復を図る鄭成功は、オランダ東インド会社（以下VOCと略す）との関係が悪化して厦門へ逃げた元会社通訳の何斌から勧められた台湾獲得に向けて動き、1661年にVOCのプロヴィンシア城ならびにゼーランディア城を攻撃し、1662年これを陥落させて同地を占領した。さらに彼は、同年マニラ遠征を計画し、この情報が漏れ当地で華人虐殺が発生する事態を起こす。だが鄭成功は、これらの直後の1662年6月23日に熱病で急死した。

〈久礼克季〉

参 上田信『海と帝国——明清時代』講談社学術文庫、2005／——「鄭成功と未完の海洋王国」同『シナ海域 蜃気楼王国の興亡』講談社、2013／奈良修一『鄭成功——南海を支配した一族』山川出版社、2016／林田芳雄『鄭氏台湾史——鄭成功三代の興亡実紀』汲古書院、2003

●鄭経

てい・けい、Zhèng Jīng（1642.10.25–1681.3.1）鄭成功の子。幼名は錦。鄭経の幼少期については殆ど分かっておらず、最初に明らかになるのは1661～62年の鄭成功による台湾攻略戦の時期に、厦門の守備を行っていた鄭経が弟の乳母との間に後の鄭克𡒉となる子供をもうけ、鄭成功が激怒した事件である。この時、事実を知った鄭成功は激怒し、生まれた子供だけでなく鄭経も処刑するよう命じたが、大陸にいた諸将がこれに従わなかったため、命令は実行されなかった。

1662年鄭成功死後に台湾の諸将が鄭成功の弟鄭襲を擁立したことで鄭氏勢力が分裂した際、鄭経は、朝貢を清朝に持ち掛け対清の面で時間を稼ぐ一方、その間に台湾に侵攻して分裂を収拾した。この出来事の後に延平郡王を継いだ鄭経の政権は「東寧王国」「東寧王朝」とも呼ばれる。鄭成功死後における内部分裂の収拾やその後の処理においては、陳永華が大きな役割を果たした。また陳永華は、1664年の金門・厦門における清・オランダ連合軍に対する敗戦と後退で清への投降者が続出し、有力な臣下まで鄭経に清朝への降伏を勧める中で、鄭経を説得し投降を思いとどまらせる。台湾撤退後に鄭経は、国政を全て陳永華に任せたが、その背景にはこうした事情がある。

他方で鄭経は、対外的な意欲は強く持ち続けていた。三藩の乱が勃発した際にはこれに介入して一時的に大陸の一部を奪取するが、清軍の反撃に遭い最終的に1680年4月10日に台湾へ撤退する。この後鄭経は、内外共に統治や政治への興味を失い、隠居し享楽に耽る生活を送った後、1681年3月1日に死去した。　　　〈久礼克季〉

参奈良修一『鄭成功——南海を支配した一族』山川出版社、2016／林田芳雄『鄭氏台湾史——鄭成功三代の興亡実紀』汲古書院、2003

●鄭氏時代の台湾開発

鄭氏時代の台湾開発のほぼ全ては、鄭経時代に東寧総制使と勇衛に任命され軍国（軍事と内政）の大権を委ねられた陳永華により行われたといえる。

オランダ東インド会社時代から台湾では、福建・広東出身者を中心とする中国人移民を中心に開墾など島内開発が行われていたが、1652年に農民反乱が発生するなど順調ではなかった面もあった。こうしたことを背景に、陳永華は、屯田制を導入して更に農業生産力を上げようとした。屯田は、現在の台南・高雄両県にあたる台湾南部に存在し、1670年には最初の3年間現金、米、土地、家畜を給付（前二者は土地収益が耕作費用を賄えるようになった時点で給付停止）する形で兵士7万人を徴募していたという。加えて陳永華は、台湾南部で塩が生産できることに着目し、製塩過程を改良して良質な塩を生産できるようにした。また台湾南部では、遅くとも17世紀後半には甘蔗（サトウキビ）栽培を2年（新植1回、株出し1回）ないし3年（新植1回、株出し2回）行った後地力回復のために甘藷（サツマイモ）を2年間栽培する形の輪作が行われていたという。鄭氏政権は、こうした産品を利用して貿易を行うことで経済力を高めた。

さらに陳永華は、聖廟（孔子廟）とこれに結びついた学校や科挙制度を創設して、文化の程度を高めた。こうした開発や関連する政策は、屯田開発による原住民の土地侵奪や原住民の酷使を伴ったため、1664年に大肚・沙轆、1661年後半頃に林圮、1682年鶏籠の反乱をそれぞれ引き起こした。だが他方で、陳永華が保甲制度を定めたため、島内の治安は概ね安定していた。

〈久礼克季〉

参 クリスチャン、ダニエルス「十七、八世紀東・東南アジア域内貿易と生産技術移転——製糖技術を例として」浜下武志・川勝平太編『新版 アジア交易圏と日本工業化 1500–1900』藤原書店、1984 ／奈良修一『鄭成功——南海を支配した一族』山川出版社、2016 ／林田芳雄『鄭氏台湾史——鄭成功三代の興亡実紀』汲古書院、2003

●鄭氏政権の対東南アジア貿易

鄭氏政権は、賄賂を贈った清朝諸将軍による黙認の下で展開した大陸との「密貿易」や日本向けの鹿皮・砂糖輸出貿易に加え、東南アジアと貿易を行っていた。この対東南アジア貿易は、フィリピンとフィリピン以外との貿易に大別できる。

対フィリピン貿易は、清朝が解禁を行った1664～84年に活況を呈する。当該期、通商記録・貿易量共に1670年をピークとし、毛布、麻、生糸、鉄、紗綾、小曳網紐（漁網の一種）、綿花、紙、煙草、陶磁器などが主に輸出されたが、三藩の乱に介入し鄭経が台湾に撤退する1674～1680年は衰退傾向を見せる。更に1681年以降は全体の貿易量が減少するなか、鉄が銅・銀、小曳網紐が麻縄紐・白糸に変わり、犁用の木棒、麺、日本酒、日本の小机、葛籠、碗、木綿更紗などが輸出されるようになった。

一方フィリピン以外との貿易に関して、鄭氏は、台湾占領以前からベトナム・シャムなどと行っていたが、清朝の海禁や1664年「シャムから中国人を排除する」との内容が含まれるオランダ東インド会社（以下VOCと略す）——アユタヤ間「平和条約」の影響を受ける。このため鄭氏政権は、1660年代後半以降東南アジア地域における貿易を拡大し、ベトナム南部の広南・カンボジアなどから鹿皮輸入を行うとともに、1666～67年広南における偶然の邂逅から関係を構築したジャワ西部のバンテン王国からの胡椒輸入、同王国への日本の肥前陶磁を中心する陶磁器の輸出を行うようになった。特にバンテンとの貿易は、同王国の国王や華人有力者、更には同王国と良好な関係を構築していたイギリス東インド会社の後援を受けたため、敵対するVOCの動きを抑えて展開することができた。これらを背景に鄭氏政権は、更に海上貿易や海軍で用いる船舶の購入を当時マタラム王国の影響下にあった中部ジャワのレンバン（ルンバン）や東部

ジャワのグレシク（グルシク）で行うなど、1670年代までジャワ島で活発に貿易を行った。　　〈久礼克季〉

📖 久礼克季「台湾鄭氏と東南アジア——鄭氏最後の生命線」上田信・中島楽章編『アジアの海を渡る人々——一六・一七世紀の渡海者』春風社、2021／奈良修一『鄭成功——南海を支配した一族』山川出版社、2016／方真真、賈文夢・野上建紀訳「鄭氏政権期における台湾とフィリピンの貿易関係——マニラ税関記録を中心に」『多文化社会研究』7、長崎大学多文化社会学部、2021

●施琅

し・ろう、Shī Láng（1621.3.7–1696.4.22）　福建省泉州府晋江県に生まれる。最初の名前は施郎。1647年1月鄭成功が「誓師の檄文」を出し挙兵した当初から彼の参謀となり鄭聯殺害に関与、1651年の厦門回復戦でも大きな戦功を挙げ彼から花紅銀200両の褒賞を得た。しかしこの後清に投降・帰順して、名を施琅と改める。彼が微罪を犯したことや、厦門攻略時に譲った兵権を取り戻したい施郎（施琅）を鄭成功が無視したことなどが原因とされる。これに対し鄭成功が施琅の父大宣と弟の顕を謀殺したことで、両者は完全に敵対する。

両者間における強い怨念の存在を知った清朝が厚遇したことを背景に、施琅は、水師提督から右提督、靖海将軍、内大臣と昇進し、1681年に鄭経

が死去した際、清朝から台湾攻略の責任者として推薦される。同時期以降には清朝内部では、対台湾鄭氏政策に関し、武力侵攻か和平か、また清朝の方針が前者に傾いた後にはその指

施琅像
（伊能嘉矩『台湾文化志　中』より）

揮権や侵攻時期を巡り、主戦派の施琅と和平派に転じた福建総督の姚啓聖との間に大きな確執があったが、最終的には施琅の考えが取り入れられ台湾鄭氏政権への侵攻が決まる。侵攻の全責務を負った施琅は、台湾に潜入させた腹心の部下を通じて情報収集、投降の勧誘、内部攪乱を行った後、1682年6月16日と22日に澎湖諸島を攻撃して大きな戦果を挙げ、鄭氏政権の降伏を呼び込んだ。

施琅は、鄭氏降伏後に清朝内部で展開した台湾棄留論で不関与の立場を取ったが、最終的に台湾保留を主張したことが影響を与え台湾保留が決定される。その背景には、同時期に彼が画策していた台湾のオランダ返還密議にオランダ東インド会社が興味を示さなかったことや広東の海禁解除によって、密議の画策が破綻したことがあった。1696年死去。　　〈久礼克季〉

📖 奈良修一『鄭成功——南海を支配した一族』山川出版社、2016／林田芳雄『鄭

氏台湾史——鄭成功三代の興亡実紀』汲古書院、2003 ／鄭維中、郭陽訳「清朝の台湾征服とオランダ東インド会社」中島楽章編『南蛮・紅毛・唐人——一六・一七世紀の東アジア地域』思文閣出版、2013

●清代台湾

[清朝の台湾領有と州県行政]　1683 年に鄭氏が降伏すると、清朝は 84 年台湾に福建省台湾府（諸羅県・台湾県・鳳山県）を置き、地方官・班兵（福建省各地の緑営から選抜された緑兵）を派遣し直接統治した。鄭氏から課税台帳を継承し、さらに課税のための土地丈量（測量）と戸口編査（戸数・人口調査と戸籍の作製）が実施された。但し衙門（役所）の胥吏・衙役（下級職員）の多くは移民だったためその行政事務能力には問題があった。

　台湾島内の治安維持のため、台湾への渡航ルートは厦門 - 鹿耳門に限定され、台湾渡航には地方政府発給の許可書の所持が必要だったが、発給条件は厳しく、許可書を取得できない者は「客頭」（密航斡旋業者）の手引きで密航船に乗って渡航した。

　地方官は島内の食米確保と土地税増収のために農業開発を奨励した。「荒地」の開墾権の請求を審査した上で開墾権（「墾照」）を墾戸に与えた。墾戸は佃戸を集め、開墾権を分与した。佃戸は開墾後、小作料を墾戸に納め、墾戸は地方政府に報告し、新規に開墾さ

れた農地の測量・課税を受けた上で、地方政府に土地税負担者と登録された（請墾方式）。18 世紀初めには厦門から農具や日用品が台湾へ、台湾からは米と砂糖が厦門へ移出されるという地域間分業が確立し、食米不足に悩む福建にとって台湾は重要な米穀供給地となった。さらに乾隆期の好況な経済により厦門の福建商人は台湾の農業開発に積極的に投資した。

[清朝統治下の台湾先住民]　清朝は統治下（徭役・納税の義務、清朝の法律の適用）の先住民を「熟番」と称し、統治対象外の先住民を「生番」と称した。番社（先住民村落）に番餉を課した。官から番社との独占交易権を取得した漢族の商人は、塩・日用品と先住民の狩猟した鹿皮・鹿肉などとで交易し、その利益から番餉を代納した。漢族移民が急増し先住民と漢族が雑居する状況が生まれると、先住民は漢族から農業技術や鉄製農具を導入した。鹿の乱獲や漢族の農業開発による生態系の変化で鹿が減少、熟番は番餉の新たな財源として、番地（先住民の土地）の開発を漢族に請け負わせて小作料を徴収したり自ら水田稲作を始めるようになった。

　漢族移民が増加すると、熟番と漢族移民との土地紛争が頻発した。清朝は漢人・熟番・生番隔離政策を実施し各族群（エスニックグループ）の土地の境界を画定し、漢人による番地の小作

や買収を禁止した。しかし十分な効果はなく、1760年隘番制を導入し熟番に生番地区との境界地域の警備に当たらせ、その負担を経済的に支援するため漢人による番地の小作を解禁し、開墾後の番地は非課税とし、熟番は番租を徴収する権利を得た。州県行政の下で漢文公文書のやりとりや訴訟などで熟番も漢語を学ぶ必要に迫られ漢化が進行した。

[漢族移民の開発競争の激化]　乾隆期になると移民はさらに増加し中部・北部の開発が進展し、1776年に人口は90万人を超え、各地で農業資源をめぐる競争は激化、各族群が武装して戦うこと（分類械闘）が頻発した。地縁や血縁のない移民は天地会を結成した。天地会の実態は相互扶助組織で官兵の横暴な行動などに対抗した。1787年官憲の追及が天地会の会員に及ぶと、林爽文は反乱を起こし、彰化県城・諸羅県城を攻略した。南部では荘大田が呼応し、鳳山県城を攻略するなど清代台湾史上最大の反乱となった。清朝は福康安率いる大部隊を台湾へ派遣し、1788年初めにやっと平定した。

[米糖生産型経済発展と移住民社会の秩序形成]　農業開発の進展に伴い米や砂糖の生産は増大し、中国大陸との交易はさらに拡大した。18世紀後半、台湾中部・北部と福建との直通航路が承認された。大陸との交易港を有する台南・鹿港・艋舺（バンカ）では商業が発展して都市化が進み、郊商と呼ばれる有力な商人組合が形成された。郊商は農地開発や生産活動にも積極的に投資し、また信仰活動にも貢献し寺廟が建立された。

　19世紀に入ると台湾北部や東部の開発がさらに進み、人口は1820年には約178万人、1880年には約266万人になった。開発が先行した地域では移民の土着化が進み、宗族組織が形成され家廟が作られ祭祀公業（族産）が設定された。祭祀圏を有する宗教団体も形成される。とりわけ齋教は平易な言葉で救済を説いて庶民に浸透し、村落には齋堂が設置され老人・病人・寡婦が収容されるなど相互扶助組織として機能した。清朝の地方行政機構も組籍別村落に対応して整備され、村落の有力者を「総理」に任命し活用した。地域の社会秩序が次第に安定化し、分類械闘の発生件数は徐々に減少した。霧峰林家・板橋林家など卓越した地域エリートが各地に現れ、大規模な農地開発・商業投資などにより財力を形成し、また団錬（政府公認の民兵組織）を結成して、寄付により科挙の学位を取得し「士紳」として地方政治に影響力を行使した。

[開港後の経済構造の変化]　1858年の天津条約で1862年淡水、63年鶏籠（キールン）、64年安平、打狗（ターコウ）の4港が、欧米との貿易が許された開港場となる。開港場には海関（税関）が設置され、ジャー

ディン・マセソン商会などの欧米商社が進出し、農産品輸出をめぐり福建商人や台湾商人と地方政府や各国領事館を巻き込んで激しく競合した。ドッドが67年に福建安渓から茶を台湾に導入すると台湾北部の山地で栽培が広がったが、烏龍茶の生産と流通は福建・広東・台湾商人が掌握し北米に輸出された。このような茶業の勃興は女性の就業機会の創出の契機ともなった。台湾北部や中部の山地に原生する樟木から抽出される樟脳は、1890年代セルロイドの原料として世界市場での需要が拡大すると輸出が急拡大したが、欧米商社と福建・台湾商人がそれぞれ生産流通を支配した。一方、中国本土との米や砂糖の交易も、欧米の高速武装船が利用されることでさらに拡大した。台北府では大稲埕が茶や樟脳の輸出で全島随一の貿易センターとして台頭した。1860年の北京条約で合法化されたアヘンは英国商社によって輸入され、その関税・釐金（流通税）収入は省財政の財源となったが、アヘン中毒が台湾社会に蔓延した。

[開山撫番と劉銘伝の改革] 1874年の台湾出兵の後、清朝は台湾統治施策を転換、台湾渡航許可制を廃止し、海防施設を整備し、開山撫番政策を実施した。それまで清朝の統治権が及ばなかった山地や東部沿岸地域を実効支配しようとしたが十分な成果は得られなかった。1877年、台湾島内の電報線

の建設が始まった。

1884年に清仏戦争が始まると、台湾防衛のために劉銘伝が派遣された。劉銘伝は各地の団錬を活用し、台北府城を死守した。85年台湾省が設置されると、劉銘伝は初代台湾巡撫に就任した。省に直属する30余の機構を創設し、独立採算に基づく積極的な台湾経営をめざした。86年清賦を開始、86年に撫墾局を設置、開山撫番政策を武力で推進、87年福州と淡水との海底電報線が開通、太平洋の海底電線ともつながり台湾は世界市場と情報面で繋がれた。91年に台北—鶏籠間の鉄道が完成した。この年劉銘伝は福建台湾巡撫を辞任し、後任に邵友濂が起用された。劉銘伝の山地武力侵攻で台湾の省財政は逼迫し、邵は緊縮政策を採用、台中の省都建設を取りやめ、省都を台北に置くこととし、新竹以南の鉄道建設を中止した。一方、機器局の規模を拡大、台湾砂金総局を鶏籠に開設し金鉱の採掘などを行った。91年以降樟脳輸出は増加し、93年には日本を抜いて世界シェアのトップになった。19世紀後半の台湾経済は海外貿易の拡大で、貿易黒字が続いた。山地利権を有する林維源・林朝棟らは台湾有数の富豪となり、庶民の生活水準も上昇した。しかしデービッドソンが「樟脳の一滴は血の一滴」と指摘するように、1870年代後半から1890年代まで繰り返された山地開発最前線での戦

闘の膨大な犠牲者の存在は、清末台湾の経済発展の負の面であった。

〈張士陽〉

参周婉窈、濱島敦俊監訳、石川豪・中西美貴・中村平訳『図説 台湾の歴史 増補版』平凡社、2013

●漢族の移住・開墾

[**漢族移民の出身地**] 1684年に福建省台湾府が置かれると、地方官は請墾方式で農業開発を進めた。当時の台湾には農業開発に必要な労働力が不足し、対岸の福建省南部や広東省東部では人口が急増、農村に余剰労働力が存在した。台湾へ行けば高賃金の仕事や耕地を得られるという「台湾楽土観」が広がった。既婚男性のみ単身での渡航を許可するという厳格な台湾渡航制限政策の下で、台湾渡航許可証のない人々は港に行き「客頭」(密航斡旋業者)の密航船に乗って台湾へ渡航した。客頭は内陸の農村で台湾への密航希望者を募る場合もあった。但し悪質な客頭の存在で命を落とす人も少なくなかった。台湾渡航制限政策は一時的に緩和されて家族帯同の台湾渡航が許された時期もあったが、台湾渡航許可制は1875年まで続いた。

漢族移民の主な出身地は福建省の泉州府・漳州府・汀州府、広東省の潮州府・嘉州府・恵州府である。泉州府出身者・漳州府出身者はどちらも福佬

語(閩南語)を母語とする福佬人で、潮州府・嘉州府・恵州府から移住した客家人は客家語を母語とし、さらに福建省汀州府から移住した客家人もいる。また潮州府から移住者の中には客家人以外に潮州語を母語とする潮州人がいて、潮州語は福佬語に近いとされる。

清代の公文書の「閩人」・「粤人」という表現は、政府が移民の祖籍を基準にして分類する際の呼称で、「閩人」とは福建省の戸籍を有する者(泉州府・漳州府・汀州府出身者)、「粤人」とは広東省の戸籍を有する者(潮州府・嘉州府・恵州府出身者)で、「閩人」＝福佬人、「粤人」＝客家人というわけではない。ところが民間の記述の中などでは移民の言語・風俗・習慣などの類似性に着目して「閩人」＝福佬人、「粤人」＝客家人として呼ぶこともあった。

[**請墾方式**] 地方政府は「荒地」の開墾権の請求を審査した上で開墾権(「墾照」)を墾戸に与えた。墾戸は新規に開墾された農地について報告し、その測量と課税を受けた上で、地方政府の租税台帳に土地税負担者と登録される。開墾許可の申請は個人名でも複数の者からなる「墾号」名義でもできたが、政治力・経済力のある者以外は地方当局から開墾権を取得することは困難で、特定の墾戸が広大な土地の開墾権を独占する場合が多かった。実際に開墾に従事するのが佃戸(墾佃とも呼ばれた)で、墾戸との間で「給墾字」などと呼

ばれる開墾請負契約を結び、佃戸が開墾に必要な農具・牛・種籾など準備し、3年以内の開墾が求められ、開墾後は墾戸に小作料を納めるがその額は低額だった。水利整備については墾戸と佃戸との共同負担とする契約が多かった。

1690年代から1700年代は台湾中部の大規模水利開発の進展に伴い、水田開発が急拡大した。この頃から漢人と熟番との土地をめぐる紛争が頻発し、漢人による番地（熟番の土地）の買収や小作が禁じられることもあったが、鹿資源の減少から番餉の納付に苦しむ熟番から番地の開発を請け負う漢人が現れた。乾隆年間に入ると「三層族群（漢人・熟番・生番）隔離」構想から、熟番は生番警戒のために隘（防番施設）を守る隘丁（民兵）となった。その負担を考慮して請墾方式をモデルとして、番社には番地の管業（使用収益）が認定され、実質的に番地開墾許可を与えることが認められた。番社が墾戸となり漢人佃戸に開墾を請け負わせることが可能となり、開墾された番地の土地税は免税とされた。

[**田面田底慣行と大租・小租**]　中国南部では田面田底慣行が存在した。過去の土地取引の際に作成された契約文書の連鎖を土地管業の根拠とする慣行の下に、田主の収租納糧型（小作料を徴収し土地税を納める）の管業（田底）をめぐる来歴の連鎖と、佃戸の耕種納租型（土地を耕作し小作料を納める）

の管業（田面）をめぐる来歴の連鎖とが並列的に存在するようになる状況を田面田底慣行という。

台湾でも18世紀半ばには田面田底慣行が広がり（但し台湾では田面を「田底」と称していた）、墾戸は田底主となり、墾佃は田面主となった。田底主は田面主から「大租」を徴収し税糧（土地税）を納入し、大租戸と呼ばれた。田面主の中にはその土地を租佃（小作）に出し地主化する場合があり、佃戸は地主化した田面主に「小租」を納めることから、そのような田面主は「小租戸」と呼ばれた。「大租」や「小租」を徴収する権利は別個に売買された。熟番が徴収する大租は「番大租」と呼ばれた。台湾における多様な土地経営の存在は、台湾の農業開発を促進し頻繁な不動産売買の要因となった。「大租」は上則田の場合1甲（約0.97ヘクタール）あたり8石（約103.6リットル）で、「小租」は収穫量の5割程度だったので、土地税負担のない「小租」徴収権は「大租」徴収権より高額で売買された。　　　　〈張士陽〉

📖周婉窈著、濱島敦俊監訳、石川豪・中西美貴・中村平訳『図説 台湾の歴史 増補版』平凡社、2013／林淑美『清代台湾移住民社会の研究』汲古書院、2017／寺田浩明『中国法制史』東京大学出版会、2018

●分類械闘

分類械闘とは、移住民の析出地の「原

籍（祖籍）」の観念を基礎として、言語などの生活文化の共通性によって結集した族群間の武力抗争で、18〜19世紀半ばまで頻発した。厳格な台湾渡航制限政策の下、宗族あげて移住することは困難で、単身男性の移住民は析出地の「原籍（祖籍）」という地縁関係を基礎として聚居した（「泉庄」・「漳庄」・「粤庄」）。土地や水利などの開発資源をめぐる争いや単身の男性移民が多数を占める社会構成などから、地域社会に緊張状態が醸成され、些細なトラブルから分類械闘が発生した。

　主な事例として、1721年朱一貴の乱後に鳳山県の下淡水で発生した大規模な閩粤械闘は、福建省漳州府・泉州府出身の閩南語を話すグループ、及び広東省潮州府出身の潮州語を話すグループからなる集団と、広東省潮州府及び福建省汀州府出身の客家語を話す集団との抗争だった。

　1782年、彰化県桐腳で漳州人と泉州人の大規模な械闘が発生、その知らせが台湾北部に伝わると北部でも大規模な漳泉械闘が発生した。

　1853年、淡水庁艋舺で発生した械闘は泉州人系同士の械闘で、同安人と三邑人（晋江・南安・恵安）との間で商業利権をめぐり59年まで続き、敗れた同安人は大稲埕へ移住した。

〈張士陽〉

参林淑美『清代台湾移住民社会の研究』汲古書院、2017／林偉盛『羅漢客──清

代台湾社会与分類械闘』自立晩報出版社、1993

●林爽文の乱

　1787年に起こった清代台湾史上最大の民衆反乱。18世紀後半、人口流動化が進行した清朝社会では、福建や広東で地縁や血縁に頼れない移動する人々が、婚姻・喪葬への経済援助、紛争への支援、移動の際の安全を目的とした相互扶助組織「天地会」を結成した。天地会は「異姓結拝（交わりを結んで兄弟分になる）」による一家的結合の組織原理を持つ団体である。台湾でも「羅漢脚」と呼ばれる無職の流民が急増し、諸羅県・彰化県には天地会系の秘密結社が結成された。1786年、諸羅県で秘密結社間の抗争に地方政府が介入、秘密結社のメンバーの多くが逮捕・投獄された。

　残党は天地会の有力な指導者で漳州人の林爽文の庇護を頼ってその根拠地である大里杙（現在の台中県大里市）に逃亡、87年1月林爽文は残党根絶をはかる地方政府に反発、貪官汚吏の懲罰を掲げ、自ら「順天大盟主」と名乗り反乱を始め、彰化県城・諸羅県城を攻略した。鳳山県では漳州人の荘大田が呼応して鳳山県城を攻略した。林・荘は台湾府城を包囲したが、攻略に失敗した。87年12月福康安の率いる大軍が台湾に到着し、泉州人・客家人・

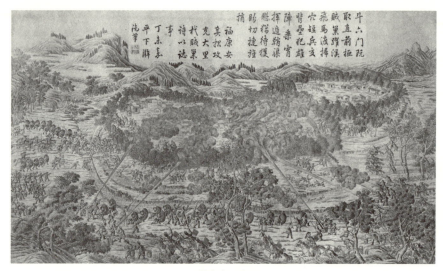

林爽文の乱
(『平定台湾戦図』より「攻克大里杙賊巣」。18世紀後半の銅版画)

熟番は清朝に協力し、88年2月に林爽文、3月に荘大田が捕らえられ反乱はようやく鎮圧された。反乱鎮圧時の熟番の活躍に注目した清朝は番屯制を導入した。　　　　　　　　〈張士陽〉

参 山田賢『中国の秘密結社』講談社選書メチエ、1998

●金広福

金広福という墾号(開墾許可を得た屋号)を持つ武装開墾組織。1835年、淡水同知李嗣鄴は新竹北埔の開発のため粤籍の姜秀鑾(客家人、淡水庁九芎林生まれ、祖籍は広東省恵州府陸豊県。1783-1843)と閩籍の林修徳・周邦正に1万2600両の資金を調達させ、淡水庁から毎年400石を補助しさらに1000両の創業費を支給、「金広福」という墾号を立てた。「金」とは共同出資(「合股」)を意味し「広」は広東、「福」は福建を表す。閩粤械闘が頻発した清代に、閩人粤人が協力した珍しい事例である。「金広福」は数十個の隘(防番施設)を設置し、生番の進入を防ぐ隘線を構成し、隘丁(民兵)が山間地帯の生番(サイシャット族)の行動を監視して、客家人佃戸の安全を確保した。これらの隘は「金広福大隘」と呼ばれる。姜秀鑾は隘丁を率いてサイシャット族と数十回闘い、多数の死傷者が発生したが、北埔・峨眉・宝山一帯の開墾は進み、北埔姜氏の基盤が確立した。姜秀鑾の死後も姜氏一族が墾戸首を歴任、金広福による武装開墾事業を指導し、咸豊・同治年間には北

埔一帯で50〜60の村落が形成された。1886年劉銘伝の山地開発政策により金広福大隘は廃止された。　　〈張士陽〉

📖松田吉郎『明清時代華南地域史研究』汲古書院、2002／呉学明『金広福墾隘研究』新竹県立文化中心、2000

●霧峰林家・板橋林家

　19世紀後半、台湾各地には軍事力を有する卓越した一族が出現した。その代表格が霧峰林家と板橋林家である。

[霧峰林家]　乾隆末年（18世紀末）、漳州府平和県出身の林石は林爽文の反乱に巻き込まれて阿罩霧（現在の台中市霧峰区）に移り、当地の開墾事業を展開する。その子孫の定邦の長男が林文察で、文察は団錬を組織し、太平天国の反乱の際に配下の団錬を率いて福建各地で反乱を鎮圧し、その戦功で1863年福建陸路提督に昇進した。文察の死後、息子の朝棟は清仏戦争で台北府防衛戦に協力し、劉銘伝の開山撫番政策では山地先住民に対する軍事活動に協力し、その過程で樟脳の利権を手中にした。

[板橋林家]　板橋林家の祖籍は漳州府龍渓県で、1784年林平侯は新荘に移住し、米穀業・塩販売で財を成した。林平侯の死後、財産は5つの屋号に分割し「本」を林国華、「源」を林国芳が相続したが、後に商号を合わせて「林本源」と称されるようになった。林本源は枋橋（現在の板橋市）を拠点として淡水地方の開墾事業を展開し、資産を形成する。林国華の孫、林維源は台北府城建設に協力、清仏戦争で20万両を寄付し団錬を編成、戦争終結後50万両を寄付し劉銘伝の片腕として開山撫番政策で撫墾大臣に起用された。洋務運動に協力することによって、樟脳・茶業などの多くの利権を手に入れ清末台湾最大の富豪となった。

〈張士陽〉

📖黄富三『霧峰林家的中挫（1861–1885）』自立晩報出版、1992／黄富三「板橋林本源家与清代北台山区的発展」『台湾史研究』2-1、1995

●番地政策

　「番地」とは台湾先住民の土地のことである。康熙年間、番地を荒地と称して開墾許可を受けたり、番餉（社餉ともいう）名目の番社（熟番村落）にかかる税の代納を条件に私的に番地を開墾するなどして、事実上、番地の使用収益権は漢人の手に流出していた。

　1731年に発生した大甲西社などの熟番による反乱の後、清朝は一連の熟番統治政策改革を行い、その中の一つが漢人の番地開墾の禁止だった。熟番は「界内」（生番の住む山地と平野部とを隔離する境界の内側にある平野部）の土地を失って、「界外」（生番居

住区）山間地帯寄りの土地に移動していた。1745年福建布政使高山は山沿いの平地に熟番を配置して（隘寮・望楼の設置）平野の漢人と山地の生番との緩衝装置となしつつ、三者の分離を図るという三層族群隔離を上奏し、熟番の武力を利用して辺界の警備を行う隘番制導入の方針が決まった。族群隔離政策の一環として、1750年彰化県中部から鳳山県までの番界に、さらに1760年彰化県北部から淡水庁までの番界に境界が定められた。

治安維持に熟番を利用する一方、熟番保護（「恤番」）政策を実施する。山沿いの平地や脱税によって没収された土地を熟番に属する土地として確保し、熟番の土地は自耕であれ漢人佃戸に小作させる場合であれ土地税は免除され、また漢人佃戸が熟番に納める小作料である「番租」が公定された。1766年北路理番同知、南路理番同知（台湾府海防同知兼任）が設置され、先住民行政を専門に担当し、熟番と漢人との土地紛争などの裁判も行われた。

一連の熟番保護政策にもかかわらず、漢人の「界外」への進出はやまず、1784年「界外」に新たな境界線が設定された。1786年林爽文の反乱で多くの反乱参加者が生番地区に逃げ込み、その捜索過程で生番地区にも多くの漢人が居住していたことが判明した。1790年再び「界外」との境界を画定し、翌年、林爽文の反乱鎮圧で熟番の戦闘

力と忠誠心を認識した清朝は番屯制を導入した。93の番社から4000人の屯番を選抜し50か所に駐屯させ、生番の活動や漢人の「界外」への侵入を監視させた。屯番には屯田や「養贍埔地」（屯丁となった熟番に与えられる土地）の収入を俸給にあてた。しかしながら支給された土地が番社から離れていて、屯番が開墾できない場合が多く、漢人佃戸の開墾に委ね、番社は漢人佃戸から屯租を徴収し、屯番に屯餉を支給した。

事実上、清朝は族群隔離政策を断念し、漢人の「界外」進出を容認するともに、熟番の武力を辺界の防備だけでなく、「界内」の反乱を鎮圧するために利用しようとした。番租や屯租などの収租権を担保とする漢人からの借金が番地管業権の流失につながり、窮乏化する先住民が続出した。この政策は1874年に開山撫番政策へ転換されるまで続いた。　　　　　　　〈張士陽〉

🔖張士陽「清代台湾における先住民の社会変容」神奈川大学中国語学科編『神奈川大学中国語学科創設十周年記念論集　中国民衆史への視座──新シノロジー・歴史篇』東方書店、1998／柯志明『番頭家──清代台湾族群政治与熟番地権』中央研究院社会学研究所、2001／李文良『契約与歴史──清代台湾的墾荒与民番地権』国立台湾大学出版中心、2022

●番割

番割とは、生番と無許可で交易する

者ないしは生番・漢族商人間の仲介を行う者のことで、番割という言葉自体は「生番から山林産物を仕入れるという行為」を意味する。番割は雍正年間（1723〜1735年）までにその存在が認識されていたが、史料上、「番割」という語が登場するのは1814年である。彼らはもともと漢人で、生番に火薬・武器等を輸出するなどの非合法の交易に従事し、「番語」（生番の言語）を習得し、生番の女性を娶って、生番の居住区域内に居住するなど、生番と密接な関係を創出していた。

1722年から始まる台湾開発における三層族群隔離政策では生番居住地域との交易は厳しく禁止されていたが、番割の根絶は困難だった。また淡水庁や噶瑪蘭庁などの開発最前線では番割が有する生番との安定した関係から「番市」（漢人と生番とが交易する互市）が黙認され、生番との交渉に番割が重要な役割を果たすこともあった。開発最前線の境界地帯で活動する番割の中には「土生仔」と呼ばれる漢人と生番との混血児もいた。

1875年に開山撫番政策が始まると番割に対する評価は一変し、清朝は番割を積極的に行政上の最末端に取り込もうとして、番割を通事に任命して生番との交易・交渉を委ねた。〈張士陽〉

参林淑美『清代台湾移住民社会の研究』汲古書院、2017

●開山撫番

日本の台湾出兵後、清朝による台湾全島の実効支配をめざし、1875年沈葆楨は山地封禁政策解除、開山撫番政策を上奏し裁可された。沈葆楨が台湾を離れると、福建巡撫の丁日昌がこの政策を引き継いだ。

「開山」とは先ず軍隊が山地の生番占有地に至る道路を開鑿し、その後人民にその地域の開墾を奨励し村落を形成させ、最後には街を作り役人を置いて統治すること。

「撫番」とは①生番の清朝への帰順の証として薙髪させ、平地民との交易を許す。②番社の戸口・土地調査を実施、村落間の土地争奪を防ぎ、漢人の開発に備えて余剰地を明らかにする。③頭目を選び番社の行政の責任を負わせる。④義学（民間からの寄付により設立・運営され、学費免除の学校）の設置。⑤交易の規制、市鎮を紳士に管理させ、銃・火薬の密貿易を禁止する。⑥授産、焼畑・狩猟から定地耕に転換させ――などで、漢人による山地開発を前提としていた。

実のところ北部・中部では隘墾制により山地の武装開墾は進行しており、山地封禁政策は有名無実化していた。沈葆楨らのこの政策は、いくつかの山道を開鑿することと東部・南部の山地での武力による帰順工作だけだった。

しかし清朝関係者の不正もあり、各地で激しい抵抗にあい、軍事費は増大し財政難となり、82年以降、開山撫番政策は中断された。〈張士陽〉

参 小林岳二「清末・日本統治直後、政権交代期の台湾先住民——文書から見た『帰順』」『東洋学報』第80巻第4号、1999／伊能嘉矩『台湾蕃政志』台湾日日新報社、1904／林文凱「晩清台湾開山撫番事業新探——兼論十九世紀台湾史的延続与転型」『漢学研究』第32巻第2期、2014

● ローバー号事件

中国語名は羅妹号事件、英語名はThe Rover Incident。1867年3月2日、米商船ローバー号が汕頭から出航、牛荘への航行中に台湾南端海域で座礁する。船長ヨセフ・ハントを含めた乗組員14名は、同月13日に恒春半島南端の南湾沿岸より上陸するが、現地原住民集落の亀仔角社の襲撃に遭い、汕頭人乗組員1名を除く全員が殺害または行方不明となる事件が発生する。これをローバー号事件という。当時、米国の外交機関は台湾島内になく、厦門領事館の所管案件となる。米国側の対応としては、米海軍による兵181名の現地上陸作戦（6月13日）が失敗してからは、厦門領事ルジャンドルによる清の福建省当局への外交的対応が主となる。その結果、9月には恒春半島への大規模な清遠征軍派遣が実現する。しかし、現地の平地村落は、丘陵部や山間部の原住民部落をも含めた従来の社会秩序が、この遠征で破壊されることを危惧し、遠征軍到来の阻止と社会秩序の維持のための「手打ち」を画策する。最終的に、猪朥束社頭目トーキトクが原住民側を代表して、再発防止をルジャンドルに口頭で約束し、それを裏書きする念書を平地村落が台湾鎮劉明燈・呉大廷を通じてルジャンドルに送付することで事態は一応の決着を見る。〈羽根次郎〉

参 羽根次郎「ローバー号事件の解決過程について」『日本台湾学会報』第10号、2008.5

● ルジャンドル、チャールズ

Charles William Le Gendre（1830.8.26-1899.9.1）別名リゼ（ジェ）ンドル、リゼ（ジェ）ンダーなど。中国語名は李仙得、李善得、李譲礼など。フランス・リヨン郊外ウランにて出生。ソウルにて没。パリ大学卒業後、1854年に米人（Clara Victoria Mulock）と結婚、すぐに米国に移住し市民権を獲得する。1861年に南北戦争が勃発するや、北軍の志願兵として従軍、鼻と左目を失いながらも、多く戦功を立て、1864年10月4日に名誉除隊され、1865年3月13日に名誉准将となる。彼が持ったGeneralの称号はこれに由来する。

1866年7月、駐厦門領事に任命され、同年12月に厦門に着任。翌年のローバー号事件では米側を代表して中国側との交渉に奔走する。以降「台湾通」として名を馳せるようになる彼は、領事辞任後に立ち寄った日本で、1872年12月、琉球漂流民殺害事件の問題を抱えていた明治政府の御雇外国人となり、台湾関連であまたの政策を提言して用いられる。その集大成ともいうべき1874年の台湾出兵に同行するつもりも、米国側の局外中立宣言によって滞在先の上海で身柄拘束されてしまい、目立った活躍は見られなくなる。その後も日本に滞在していたが、1890年に国王顧問として朝鮮に渡り、最期は脳卒中のため死去する。

〈羽根次郎〉

参 石井孝『明治初期の日本と東アジア』、有隣堂、1982／徳富猪一郎『近世日本国民史　第90巻　台湾役始末篇』近世日本国民史刊行会、1961

●マッケイ、ジョージ・L

George Leslie MacKay（1844.3.22–1901.6.2。漢字表記は「馬偕」もしくは「偕叡理」。日本語で「マカイ」と表記されることもある）カナダ長老教会の牧師である。1844年、カナダ・オンタリオ州オックスフォード郡のスコットランド移民の家

歯の治療をするマッケイ

庭に生まれた。最初は小学校教員となったが、トロント大学ノックス神学院、プリンストン神学院、エディンバラ大学神学院で学んだ後、中国伝道に派遣された。1871年12月、打狗（高雄）に上陸し、翌年3月に淡水を拠点に定めた。マッケイは流暢な台湾語を話し、現地人女性を妻としてこの土地に融け込んだ。台湾北部で伝道活動に従事し、漢人か先住民族かを問わず多くの信者を得て、設立した教会は約60ヶ所にのぼる。現地住民の信頼を得るため医療伝道を行ない（歯科治療を施している写真は有名）、滬尾偕医館（滬尾は淡水の旧名）を設立した。また、現地人宣教師育成のため牛津学堂を、女性教育のため淡水女学堂を創設した。1901年に死去し、淡水に墓所がある。彼は伝道活動で台湾各地を巡る中、地質学的・動植物学的な標本や民俗資料を収集した。自身の体験や観察を書き記した著作 *From Far Formosa*（1895）や日記、宣教活動報告書などは19世紀台湾の漢人・先住民族社会の生活文化を知る上で貴重な

記録である。　　　　　　〈黒羽夏彦〉

参鄭児玉、吉田寅訳「台湾のキリスト教」呉利明・鄭児玉・閔庚培・土肥昭夫『アジア・キリスト教史〔1〕――中国・台湾・韓国・日本』教文館、1981／高井ヘラー由紀「はじめての台湾キリスト教史（5）初期プロテスタント布教と教会ローマ字」「同（6）日本統治の到来と台湾キリスト教界」『福音と世界』第72巻第8・9号、2017.8・9／林昌華編著『来自遙遠的福爾摩沙』日創社文化、2006／馬偕博士、林晩生中国語訳、鄭仰恩校注『福爾摩沙紀事――馬偕台湾回憶録』（原題：From Far Formosa）前衛出版社、2007

●キャンベル、ウィリアム

William Campbell（1841.4.11-1921.9.9。漢字表記は「甘為霖」）英国長老教会の牧師である。1841年、スコットランドのグラスゴーに生まれた。自由教会神学院グラスゴー分校で学んだ後、中国伝道に派遣され、1871年12月に打狗（高雄）へ上陸。台南を拠点として主に台湾南部で伝道活動に従事し、とりわけ澎湖や平埔族への伝道活動で成果をあげた。彼は伝道活動以外でも次の三つの分野で大きな貢献を果たしている。第一に、盲人が自立した生活を送れるよう台湾で最初の盲人学校を設立し、点字を採用した。彼がまいた種は現在まで続いており、「台湾盲人教育の父」とも称される。第二に、厦門語字典（厦門語は台湾語と近い）を編集した。第三に、オランダで収集した台湾関係史料を英訳して An Account of the Missionary Success in the Island of Formosa（1889）、Formosa under the Dutch（1903）などの著作に編集したほか、平埔族言語によるオランダ時代のキリスト教文書の復刻も行ない、台湾史研究の先駆者とみなされている。キャンベル自身の観察した台湾社会の様子は Sketches from Formosa（1915）に記されている。彼は台湾総督府とも協力的な関係にあり、日本政府から勲四等瑞宝章を授与された。1917年に引退して台湾を離れ、1921年に英国のボーンマスで死去した。　　　　　　〈黒羽夏彦〉

参鄭児玉、吉田寅訳「台湾のキリスト教」呉利明・鄭児玉・閔庚培・土肥昭夫『アジア・キリスト教史〔1〕――中国・台湾・韓国・日本』教文館、1981／E・バンド、松谷好明・松谷邦英訳『トマス・バークレー――台湾に生涯をささげた宣教師』教文館、2009／高井ヘラー由紀「はじめての台湾キリスト教史（5）初期プロテスタント布教と教会ローマ字」「同（6）日本統治の到来と台湾キリスト教界」『福音と世界』第72巻第8・9号、2017.8・9

●バークレー、トマス

Thomas Barclay（1849.11.21-1935.10.5。漢字表記は「巴克禮」）英国長老教会の宣教師である。1849年、スコットランドのグラスゴーに生まれた。自由教会神学院

に在学中、中国伝道経験を持つカース
テアーズ・ダグラス（『厦英大辞典』
を編纂）とも接している。海外伝道を
志したバークレーは1874年に厦門へ
渡って現地語を学び、翌1875年に打
狗（高雄）に上陸、その後、拠点を台
南に移した。彼は宣教活動の現地化を
図るため教育や出版に努力を傾けた。
第一に、現地人宣教師養成のため
1876年に学校が設立され、1880年に
は校舎が完成して台南神学校が正式に
成立し、初代校長となった。第二に、
聖書を白話字厦門語（閩南語系統で台
湾語に近い）に翻訳した。第三に、白
話字で『台湾府城教会報』を1885年
に創刊した。これは現在でも『台湾教
会公報』として発行が継続されており、
台湾で最古・最長の新聞とされる。台
湾が日本へ割譲された後の1895年10
月、地元有力者の懇願を受けたバーク
レーは、日本軍第二師団長の乃木希典
と交渉して台南の無血開城を実現させ
た。1897年、その功により日本政府
から勲五等双光旭日章を授与される。
1935年、台南の自宅で死去した。彼
の墓は現在も台南市基督教公墓にある。

〈黒羽夏彦〉

参高井ヘラー由紀「植民地支配、キリス
ト教、そして異文化交流——日本軍による
台湾武力制圧における事例より（一八九五
年）」『日本研究（国際日本文化研究センター
紀要）』第30号、2005.3／E・バンド、松
谷好明・松谷邦英訳『トマス・バークレー
——台湾に生涯をささげた宣教師』教文館、

2009／駒込武『世界史のなかの台湾植民
地支配——台南長老教中学校からの視座』
岩波書店、2015

●清仏戦争

　清仏戦争はベトナムの宗主権をめぐ
る清朝とフランスとの戦争。1883年
開戦当初は広西省やベトナムのランソ
ンで戦闘が行われた。フランスは清へ
の軍費要求の担保のために台湾占領を
狙った。台湾に危機が迫ると分巡台湾
兵備道の劉璈は84年3月台湾防衛の
ために全台団練章程を公布した。これ
は台湾各地の紳士（地域エリート）主
導で祖籍別に編成されていた団練（政
府公認の民兵組織）を、台湾防衛のた
めに全台の名の下に結集しようとする
ものだった。7月劉銘伝が僅かな将兵
をつれて鶏籠に到着、8月クールベ率
いるフランス軍が鶏籠を占領したが、
淡水では張季成率いる団練の活躍で撃
退された。フランス海軍は台北府城の
進撃を断念し、台湾を封鎖し大陸から
の補給を遮断した。12月フランス軍
増援兵が鶏籠に到着すると、林朝棟の
団練と林占梅の団練は劉銘伝の麾下に
入り、大陸から封鎖の網をくぐり兵員・
物資も補給され反撃態勢が整った。85
年3月フランス軍は鶏籠から台湾府城
への進軍を始めるが、清軍・団練あげ
ての抵抗で台湾府城の占領を断念した。
85年6月天津条約が締結され和議が

成立した。

清仏戦争で台湾防衛のための団錬の祖籍の違いを超えた協力は、漢族移住民の台湾土着化の進行を意味したと言える。〈張士陽〉

参 林正子「西仔反と全台団錬章程——清末台湾資料の再検討」『台湾近現代史研究』第5号、緑蔭書房、1984

● 劉銘伝

りゅう・めいでん、Liú Míngchuán（1836.9.7-1896.1.12）

[台湾巡撫就任までの経歴] 字は省三、号は大潜山房、諡号は壮粛。安徽省肥西県の人。1859年郷里で団錬を組織し治安維持にあたる。61年同族・同郷の人々から選抜し銘字営を結成して淮軍に参加し、太平天国軍と戦いその功績で64年直隷提督に抜擢された。72年官職を免職され帰郷、時に南京・杭州などを遊歴、海外事情などの研究に努めた。

1884年清仏戦争で福建巡撫兼台湾防衛事務担当として台湾へ派遣され、台北府城攻防でフランス軍を撃退した。85年台湾省が設置され福建巡撫は台湾巡撫と改称、劉銘伝は初代台湾巡撫に就任（87年台湾巡撫は「福建台湾巡撫」に改称）し、洋務政策を実施した。

[洋務政策] ①兵器機器局・火薬局・水雷局の設立、新式砲台の設置による台湾防衛体制の強化。②撫墾局・樟脳局・鉱務局の設立による、樟脳業・石炭業の振興。③郵便や電信の整備。④東西横貫道路の開削。⑤中国大陸や東南アジアとの汽船航路の開設。⑥鶏籠―新竹間の鉄道敷設。

洋務政策の財源確保のため、「清賦事業」と山地開発をめざす「開山撫番政策」を断行した。

清賦事業：1886～88年に土地測量を実施、税制を改定した上で再課税した。当時、大租戸（大租を徴収する戸）―小租戸（小租を徴収する戸）―現耕佃戸（小作人）関係が存在し、大租戸が土地税納税名義人であったが、小租戸が事実上の土地使用収益権を持っていたので、土地税の確実な徴収のために新たに小租戸を土地税納税名義者と認定し、台湾北部では「減四留六」（もとの大租額のうち、6割を大租戸の収入とし、4割を小租戸に与え小租戸に土地税を完納させる）を実施した。

開山撫番政策：1886年、撫墾局が設立され劉銘伝が撫墾大臣となり、林維源を幫辦全台撫墾大臣に起用した。撫墾局は総局の下に8つの局を設けた。民営の隘丁制を廃止し、官営の勇営を設置し隘勇を駐屯させた。撫墾局は勇営と連携して生番の帰順工作を行った。林維源は大嵙崁（だいかかん）のタイヤル族への武力侵攻の際にタイヤル族の内部の対立を利用し、また劉銘伝率いる官

軍の進軍のための道路開鑿などを行った。林朝棟は劉銘伝による北勢・南勢のタイヤル族への武力侵攻に協力した。10数回の山地武力侵攻で帰順する先住民もいたが、その軍事費は省財政の多大な負担となった。1890年樟脳輸出は最盛期の50%ほどまで回復した。

劉銘伝の改革は地方官の横領や胥吏・衙役（下級職員）の職務慣行の改革には至らず、十分な成果が上がらぬ中、中央での後ろ盾だった醇賢親王奕譞が亡くなり反洋務派による劉銘伝への批判が高まると、1891年退職し故郷に帰った。　　　　　〈張士陽〉

参張勝彦「清代台湾省について」『東洋史研究』第34巻第3号、1975／李文良「晩清台湾清賦事業的再考察──『減四留六』的決策過程与意義」『漢学研究』第24巻第1期、2006／伊能嘉矩『台湾巡撫トシテノ劉銘伝』新高堂書店、1905

●台湾出兵

[概要]　1871（明治4）年、遭難して台湾南部に漂着した琉球人が原住民族の襲撃により54名が殺害されたことへの問罪のため、1974（明治7）年、日本政府は台湾蕃地事務局長官に大隈重信を任命、西郷従道を都督として3600人余の遠征軍を恒春半島に派遣、石門・牡丹社等を戦闘の上占領した。大久保利通は全権弁理大臣として北京に赴き清国政府と交渉、イギリス公使の調停もあり妥協が成立、撤兵した。

台湾出兵は、明治国家による初めての海外出兵であり、国境画定、琉球帰属、日清関係に大きな影響を与えた。

[琉球人の台湾遭害事件]　1871（明治4）年11月30日（旧暦10月18日、以下同じ）、琉球の那覇を出帆した69人乗組みの宮古島の貢納船が台風で遭難した。同船は12月17日（11月6日）、台湾南端の八瑶湾に漂着し、上陸時に3人が溺死、残り66人は山中を彷徨ののち、「蕃地」の「牡丹社」（「高士仏社」説もある）の住民（台湾原住民族、パイワン）に一旦は保護された。

しかし、意思疎通の誤解からか、難民は翌日集落から逃げ出し、追ってきた原住民によって54人が殺害（馘首）されたが、12人は現地の漢人・楊友旺（客家）らに保護され、台湾府に送られた。1872（明治5）年2月24日、生き残りの12人は清国福建省福州に置かれた琉球館に引き渡され、7月12日、那覇に帰還した。

[鹿児島県・政府の対応]　柳原前光外務大丞（局長級）兼少弁務使は、1871年9月13日に締結された日清修好条規の改訂交渉のため、1872年3月から清国に派遣されていたが、天津において同治11年5月11日付『京報』掲載の、福建省（閩浙総督）から北京政府宛の遭難琉球民処置に関する伺書を読み、5月19日、副島種臣外務卿に報告書を送付した。9月16日、鹿児島県の伊地知貞馨は、副島外務卿

台湾出兵の浮世絵
(月岡芳年『台湾新聞、牡丹征伐石門進撃』1874年。東京都立図書館)

に鹿児島県参事大山綱良の建言書を提出した。大山は、琉球国は昔より本邦に服属、台湾先住民が漂着宮古島人を殺害した罪は許せない、問罪の師を興したいので軍艦を借りたい、と要請した。また、樺山資紀陸軍少佐・鎮西鎮台第二分営長は上京して、9月11日、西郷隆盛陸軍元帥兼参議に報告、「台湾生蕃へ探検隊派遣」の意見書を西郷従道陸軍少輔に提出した。

[ルジャンドルの登場] 10月25日、アメリカのデロング公使は副島外務卿と会談し、台湾におけるルジャンドルの業績を紹介、台湾の先住民地域は「即ち浮きものにて、取る者の所有物と相成り申すべく」、国際法上「無主地」であると指摘した。12月30日、ルジャンドルはアメリカ国務省を退職、日本の外務省准二等出仕となった。

[副島の北京交渉] 1873年3月12日、副島特命全権大使は日清修好条規の批准交換、清朝同治帝の成婚と親政開始への祝意伝達のため清国へ出発した。柳原は先発しルジャンドルと樺山資紀が同行。6月20日、柳原前光と外務少丞鄭永寧は清朝総理衙門を訪問し、琉球民遭難事件について尋ねた。総署大臣毛昶熙、董恂は「未だ服せざるを生蕃と謂うてこれを化外(かがい)に置き」、「我が政教の逮及せざる所なり」と答えたという。柳原は、清側でなにも処置しないなら日本側で処置すると言いかえして、会談を終えた。

[明治6年の政変] 征韓論をめぐる明治政府の大分裂は周知のためここでは省略するが、参議の西郷隆盛、板垣退助、後藤象二郎、江藤新平、副島種臣が辞任、大久保利通、木戸孝允、大隈重信、大木喬任、伊藤博文、勝海舟、寺島宗則が参議となった。

[台湾蕃地処分要略]　1873 年 9 月、福島九成が台湾から帰国し「処蕃」に関する長文の意見書を提出した。琉球人殺害を理由に「蕃地」に出兵して領有、「清地」（台湾西部）をも合わせた台湾全土を植民地化する等を提案した。12 月、清国台湾調査に派遣されていた児玉利国、成富清風が帰国し台湾植民地化論を主張した。柳原、鄭も大隈重信の依頼で「台湾処分要略」を作成。2 月 6 日、大久保利通、大隈重信連名の「台湾蕃地処分要略」全 9 か条が提出され、閣議決定をみた。大隈と西郷は、大久保が佐賀の乱で東京を離れている間に台湾の「領有・植民地化」を構想、3 月 13 日、ルジャンドルは大隈の諮問に答え、台湾遠征の計画書を提出、表向きの眼目はボンタン人（牡丹社）の罪を問い後来さらにその悪業を行うを防制するためだが、真の眼目は土人の所轄たるフォルモサ島（台湾）の一部を日本に併すにあり、そのため土人を開化せしめ、鎮定の後その土人をして己等と日本政府との為に有益ならしむるに着眼せよ、と提言した。

[台湾蕃地事務局]　4 月 4 日、陸軍大輔西郷従道を陸軍中将に昇格させ、台湾蕃地事務都督に任命、参軍に陸軍少将谷干城、海軍少将赤松則良を任命、アメリカ軍人のカッセル、ワッソンも軍事に参画し、アメリカ汽船ニューヨーク号、イギリス汽船ヨークシャー号を用船した。4 月 5 日、正院に蕃地事務局を設置、参議・大隈重信を同局長官に任命。4 月 8 日、ルジャンドルを外務省から同局准二等出仕に配置換えし、柳原前光を清国駐箚特命全権公使に任命した。柳原への「内勅」は、出兵は討蕃のためであって清国と戦争する意図がないことを清側に理解させる、蕃地と清国領台湾との境界が複雑であるために派生する問題を処理する、琉球藩が日本に服属することを清側に理解させる、という内容であった。しかし、西郷への「特諭」全 10 款では、第 2 款に、鎮定後は漸次に土人を誘導開化せしめ、ついにその土人と日本政府との間に有益の事業を興起せしむるを以て目的となすべし、となっていた。

[イギリス・アメリカ公使の干渉]　4 月 9 日、イギリス公使パークスが寺島外務卿に出兵の風聞につき問い合わせし、13 日、パークスは清政府が日本の出兵を敵対行為とみなす場合には、遠征参加のイギリス人とイギリス船を召還すると日本側に警告、各国外交団に同調を呼びかけた。4 月 18 日、アメリカ公使ビンガムは、清政府からの明文の了承がない限り、アメリカ人とアメリカ船の遠征参加を禁止する旨を寺島外務卿に通告した。

[出兵の強行]　寺島外務卿は、ルジャンドル、カッセル、ワッソン 3 名とニューヨーク号の台湾行きを至急差し止めるよう三条実美太政大臣に上申、4 月 19 日、閣議は遠征軍の出動の見

合わせを大隈に電報で命令した。4月24日、大久保が佐賀から東京へ帰ったが、4月27日、西郷は出発延期命令に従わず、厦門領事に任命されていた福島九成陸軍少佐に清国閩浙総督李鶴年宛の出兵通知書を託し、兵200余を付して先発隊を出航させた。カッセル、ワッソンも同行した。5月3日、福島ら厦門着。坂元純熙が鹿児島で組織した元警官主体の徴集隊300名が長崎で遠征軍に合流。4月29日、大久保は兵隊進退の委任を受け長崎へ。5月2日、西郷は遠征軍の主力を進発させて大久保を待つ。3日、大久保、長崎に到着。

　大久保・大隈・西郷は「三者協定」を結び、西郷軍の出航は追認したが、ルジャンドルの帰京、艦船の購入など列国の圧力を緩和する措置を取った。18日、西郷は長崎を出航。19日、政府は出兵について国内に布達した。

[遠征軍の状況]　5月22日、「石門口」の激戦、牡丹社大頭目父子を倒す。西郷軍上陸。6月1日～5日、総攻撃、牡丹社本拠地を陥落させる。遠征軍はマラリヤ等により病人続出、3658名中病死561名。10月7日、谷参軍発の大隈参議・山県陸軍卿宛書簡には「マラリヤ大流行、各舎ことごとく病院同様、去月最初よりは死者数多これあり（略）まことに意外の天災何とも申しようこれなく、医者もことごとく病み候ゆえ（略）目も当てられぬ有様、戦

わずして全軍の気阻喪」とある。

[大久保の北京交渉]　8月1日、大久保利通は全権弁理大臣に任命され、6日、横浜出港、9月10日、北京に着いた。9月14日第1回会談、16日第2回、19日第3回、10月5日第4回、10月18日第5回会談、交渉は膠着状態に陥ったが、大久保は「別に両便の弁法あらん」と提案、10月20日第6回会談、10月23日第7回、10月27日第8回を経て、イギリス公使ウェードが事実上の調停案を日清双方に受諾させた。10月31日、「互換条款」三か条と「互換憑単」に調印。「互換条款」は、「台湾生蕃」が「日本国属民等」を加害したので日本国が「詰責」した事実を指摘し、

一、このたび日本国が出兵したのは「保民義挙」のためだったと主張しても、清国は「不是」と言わない。

二、清国は「蕃地」での遭難者と遺族に「撫恤銀」を支給する。日本軍が「蕃地」に設営した道路や建物は清国が有償で譲り受ける。金額や支払方法は「互換憑単」で定める。

三、両国がやりとりした一切の公文は破棄し以後は論じない。「生蕃」にたいしては清国が自ら法を設けて航海民の安全を保証し再び「兇害」を起こさないことを約束させる。

「互換憑単」では、清国は「撫恤銀」10万両を即時支払い、「蕃地」道路・建物への報償40万両を日本側の撤兵完了と同時に支払う、撤兵期限は12月20日とする。

11月1日、大久保は北京を出発、16日、台湾「蕃地」に立ち寄り、西郷に撤兵実行を確約させた。東京に帰ったのは11月27日である。

近年、台湾出兵については新しい視点から研究が進み、今後の展開が注目される。　〈春山明哲〉

参清澤洌『外政家としての大久保利通』中央公論社、1942／徳富蘇峰『近世日本国民史　第90巻　台湾役始末篇』近世日本国民史刊行会、1961／春山明哲「台湾出兵／牡丹社事件（1871–1874）と東アジアの近代——研究史レビューからの一考察」『台湾原住民研究』25号、2021

●日清講和条約

宣戦布告を伴う国際法にもとづく戦争となった日清戦争を終結させるために、下関の馬関にある藤野楼（春帆楼）で、1895（明治28）年3月20日から4月17日まで7回行われた講和会議において、日清両国全権大臣の伊藤博文首相・陸奥宗光外相と李鴻章北洋大臣直隷総督・李経方二品頂戴前出使大臣によって結ばれた条約。講和会議は、米国の仲裁提議により実現したもので、広島会議と下関会議がある。広島会議は、2月1日に広島県庁で伊藤・陸奥全権と、清国講和使の張蔭桓・邵友濂との会談であったが、講和使が全権委任状を持っていなかったために講和会議は破談となった。しかし、戦局的には早期講和が求められていたことから、下関で再度の講和会議を行うことになる。3月19日、清国全権となった李鴻章が馬関に来て翌20日から講和会議が開かれた。李鴻章は21日より日本政府が用意した外浜町の引接寺に宿泊していた。24日の第3回会談の帰路、李鴻章が群衆に紛れ込んでいた小山豊太郎によって狙撃され負傷するという李鴻章遭難事件が起こったために会談は中止され、これを機に欧米列国が干渉してくることを恐れた陸奥外相が外交政略的判断より休戦を提案し、伊藤首相が大本営と広島滞在の閣僚を説得し、それをもって清国側と交渉して、3月30日に休戦定約が調印されここに停戦となる。4月10日の第5回会談から、負傷後に復帰した李鴻章と伊藤博文との間で本格的な交渉が行われることになり、ここで台湾条項が議論された。15日の会談で、朝鮮条項・遼東半島の割地範囲・台湾条項とその引渡方及び賠償金額・批准書交換・担保占領の駐留経費などについての合意がなされ、17日に新たに全権となった李経方を加えて講和条約（全11ヶ条）が調印された。条約中の台湾条項は、第2条の第2項「台湾全島及其ノ附属諸島嶼」と第3項「澎

湖列島」の割譲、第5条第1項で「日本国ヘ割与セラレタル地方ノ住民」に対しては「所有不動産ヲ売却シテ退去」する自由を認め、次いで「本約批准交換ノ日ヨリ二個年間ヲ猶予」するがその年限を過ぎても「該地方ヲ去ラサル住民」は「日本国臣民ト視為スル」との国籍選択条項を定め、さらに第2項で「批准交換後直チニ各一名以上ノ委員ヲ台湾省ヘ派遣シ該省ノ受渡ヲ為スヘシ」との引渡条項が定められた。この条約は、5月9日、清国の芝罘にあるピーチホテルで、日清両国全権の伊東巳代治と伍廷芳との間で行われた批准書の交換によって発効した。

〈檜山幸夫〉

参外務省編纂『日本外交文書』第28巻、日本国際連合協会、1953／春畝公追頌会編『伊藤博文伝』下巻、原書房、1970／宮内庁『明治天皇紀』第八、吉川弘文館、1973／檜山幸夫『日清戦争の研究』下巻、ゆまに書房、2023

●台湾総督府

[**法的位置**] 台湾総督府は、1895（明治28）年5月29日（始政式は6月17日）から1945（昭和20）年10月25日まで台北に設置された政府直轄の外地統治機関。国家機構上の位置づけは、統治の方式が内地延長主義に基づく属領地支配であったことから、台湾統治法といったような基本法を定めることはなく、台湾総督の職務権限を

定めた明治29年法律第六三号（六三法）だけで、それ以外は台湾総督府条例・官制以下の行政組織法を以て規定されていた。しかも、六三法は台湾総督に委任立法権（律令）を付与するというものではあるが、台湾総督には閣議請議権も上奏権もないため実質的にはその権限の行使は本国政府の承認が必要で、例外が緊急律令制定権であった。本国政府との関係の実態を示したのが、1942（昭和17）年の行政簡素化及び内外地行政一元化を目的とした勅令第728号台湾総督府官制の改正と、第729号「朝鮮総督及台湾総督ノ監督等ニ関スル件」であった。

[**台湾総督監督機関**] 台湾総督は政府から台湾に派遣された行政官でしかなく、台湾総督に付与された律令を制定するためには監督省大臣などを経なければならなかった。この監督機関の変遷は、内閣総理大臣→拓殖務大臣→内閣総理大臣→内務大臣→内閣総理大臣→内務大臣→内閣総理大臣→拓務大臣→内務大臣と内閣総理大臣及び各省大臣であった。

[**台湾総督**] 歴代の台湾総督は19人で、武官は第1代から第7代と第17代から第19代で圧倒的に陸軍で、文官は第8代田健治郎から16代中川健蔵の9人であった。（別表①参照）

[**事務官長（民政局長・民政長官・総務長官）**] 台湾総督を補佐し実質的に総督府の行政を担うのが事務官長たる民

台湾総督府

政局長（1896年4月1日〜1898年6月20日）、民政長官（1898年6月20日〜1919年8月20日）、総務長官（1919年8月20日〜1946年5月31日）であった。（別表②参照）なお、開府期は正式な官職ではなかったが「民政局長官」の官名があった。

[**台湾総督府の組織**]　台湾総督府の組織機構は、総督・総督府・所属官署と諮問機関の評議会に地方行政機関からなっている。これを、1945年の組織でみると、本府たる総督府に総督官房と局部（文教・財務・鉱工・農商・警務の5局と外事・法務の2部）が、その外に、主な所属官署としては、法院（高等法院は覆審部と上告部、地方法院は単独部と合議部、支部と出張所）・供託局・交通局（逓信部—郵便及電信局・鉄道部・海務部—灯台）・港務局・専売局（製薬所・塩務局・樟脳局・阿片・酒類等）・税関・気象台・台北帝大・各種専門学校・台北高等学校・師範学校・総督府図書館・少年救護院・医院・結核療養所・癩療養所・精神病院・刑務所・農業試験所・林業試験所・工業試験所・糖業試験所・天然瓦斯研究所・水産試験所・警察官及司獄官練習所・台湾神社・台南神社・建功神社・護国神社などがあり、地方行政機関としては州・県・庁が置かれた。終戦時の職員数は、11万7231人（総督府5399人・所属官署4万5290人・地方庁官吏6万6542人）であった。

[**地方行政機構**]　地方行政制度は、大きく3期に分けられる。前期（1895〜1901年）は、領台初期の台北・台湾・台南各県と澎湖島庁、次いで三県一庁の台北・台中・台南各県と澎湖島庁と

別　表

①台湾総督

歴代の台湾総督は、初代の樺山資紀から最後の第19代安藤利吉まで19人、このなかで文官総督は第8代田健治郎から第16代中川健蔵までの9人であった。

第1代	樺山資紀	1895（明治28）年5月10日―1896（同29）年6月2日
第2代	桂太郎	1896（明治29）年6月2日―1896（同29）年10月14日
第3代	乃木希典	1896（明治29）年10月14日―1898（同31）年2月26日
第4代	児玉源太郎	1898（明治31）年2月26日―1906（同39）年4月11日
第5代	佐久間左馬太	1906（明治39）年4月11日―1915（大正4）年4月30日
第6代	安東貞美	1915（大正4）年5月1日―1918（同7）年6月6日
第7代	明石元二郎	1918（大正7）年6月6日―1919（同8年）10月26日
第8代	田健治郎	1919（大正8）年10月29日―1923（同12）年9月2日
第9代	内田嘉吉	1923（大正12）年9月6日―1924（大正13）年9月1日
第10代	伊沢多喜男	1924（大正13）年9月1日―1926（同15）年7月16日
第11代	上山満之進	1926（大正15）年7月16日―1928（昭和3）年6月15日
第12代	川村竹治	1928（昭和3）年6月15日―1929（同4）年7月30日
第13代	石塚英蔵	1929（昭和4）年7月30日―1931（同6）年1月16日
第14代	太田政弘	1931（昭和6）年1月16日―1932（同7）年3月2日
第15代	南弘	1932（昭和7）年3月2日―1932（同7）年5月26日
第16代	中川健蔵	1932（昭和7）年5月27日―1936（同11）年9月2日
第17代	小林躋造	1936（昭和11）年9月2日―1940（同15）年11月27日
第18代	長谷川清	1940（昭和15）年11月27日―1944（同19）年12月30日
第19代	安藤利吉	1944（昭和19）年12月30日―1946（同21）年4月20日

②事務官長（民政局長・民政長官・総務長官）17名

台湾総督を補佐し実質的に総督府の行政を担うのが事務官長たる民政局長（後に、民政長官・総務長官）の水野遵以下17名であった。なお、水野の正式な辞令は弁理公使で、行政官名は「民政局長官心得」であった。

■民政局長官	
水野遵	1895（明治28）年5月27日―1896（同29）年3月31日
■民政局長	
水野遵	1896（明治29）年4月1日―1897（同30）年7月20日
曽根静夫	1897（明治30）年7月20日―1898（同31）年3月2日
後藤新平	1898（明治31）年3月2日―1898（同31）年6月20日
■民政長官	
後藤新平	1898（明治31）年6月20日―1906（同39）年11月13日
祝辰巳	1906（明治39）年11月13日―1908（同41）年5月22日
大島久満次	1908（明治41）年5月30日―1910（同43）年7月27日
内田嘉吉	1910（明治43）年8月22日―1915（大正4）年10月20日
下村宏	1915（大正4）年10月20日―1919（同8）年8月20日
■総務長官	
下村宏	1919（大正8）年8月20日―1921（同10）年7月11日
賀来佐賀太郎	1921（大正10）年7月11日―1924（同13）年9月19日
後藤文夫	1924（大正13）年9月22日―1928（昭和3）年6月26日
河原田稼吉	1928（昭和3）年6月26日―1929（同4）年8月3日
人見次郎	1929（昭和4）年8月3日―1931（同6）年1月17日
高橋守雄	1931（昭和6）年1月17日―1931（同6）年4月14日
木下信	1931（昭和6）年4月15日―1932（同7）年1月13日
平塚広義	1932（昭和7）年1月13日―1936（同11）年9月2日
森岡二朗	1936（昭和11）年9月2日―1940（同15）年11月27日
斎藤樹	1940（昭和15）年11月27日―1945（同20）年1月6日
成田一郎	1945（昭和20）年1月6日―1946（同21）年5月31日

なり、以後、六県二庁、三県三庁、三県四庁とめまぐるしく改編されていった。だが、地方政務の衝を担っていたのが弁務署であったことから廃県置庁という大改革がなされ、中期（1901年11月～1920年9月）の庁制時代となる。まず二十庁制で、台北・基隆・宜蘭・深坑・桃仔園・新竹・苗栗・台中・彰化・南投・斗六・嘉義・塩水港・台南・蕃薯寮・鳳山・阿猴・恒春・台東・澎湖の各庁となり、その後、一部の庁を統合して十二庁となる。しかし、武官専任制が廃止され、不完全ではあるが地方自治制度が導入されたことにより、後期（1920～45年）の官治行政自治行政併用時代となる。その特徴は、本府の権限を大幅に縮小して地方行政庁に移譲するとともに、地方分権の実を挙げ地方公共団体制度を設け地方自治行政の創始となったことにある。前半は、台北・新竹・台中・台南・高雄の5州の下に台北・台中・台南の3市と47郡260街庄が、台東・澎湖の2庁下に8支庁3街庄18区（1922年に19区）が置かれた。州には知事、庁には庁長、市には市尹、郡に郡守、郡守には警察権を付与し、街庄には奏任又は判任待遇官吏の街庄長を置いた。州市街庄を地方公共団体とし、州知事・市尹・街庄長をその団体の理事機関とし、別に協議会を設けて諮問機関とした。2庁には地方公共団体たる庁地方費を設け財政的団体とした。後半は、

1935年4月からで、州市街庄の法人格を明らかにして市街庄住民の権利義務を規定し、住民に選挙権と被選挙権を付与し、議決機関として州会・市会を、街庄には諮問機関として街庄協議会を存置し、州会議員・市会議員・街庄協議会員の半数を官選と民選に、理事機関は従来通り官吏たる知事・市尹・街庄長を充てた。敗戦時の地方行政機関は、台北・新竹・台中・台南・高雄の5州と台東・澎湖・花蓮港の3庁、台北・台中・台南・基隆・高雄・新竹・嘉義・彰化・屏東・宜蘭・花蓮港の11市、馬公・望安の2支庁と、5州3庁11市51郡2支庁67街197庄であった。

[諮問機関]　台湾総督府評議会として、明治29年勅令第89号（39年に廃止）と、大正10年勅令第241号（昭和5年勅令第128号で一部改正）が置かれたが、これは飽くまでも総督の諮問機関であり立法権に拘わったものではなかった。

[司法制度]　台湾には本国の裁判制度とは異なる法院が設けられていた。当初は、地方法院・覆審法院・高等法院の三審制であったが、高野孟矩事件とも拘わり1898年に地方法院・覆審法院の二審制に改編された。しかし、これは帝国内の制度とも違い不均衡であったことから、1919年に地方法院・高等法院覆審部・高等法院上告部の三審制に復し、さらに1927年には地方

法院に単独部・合議部が設けられた。もっとも、司法制度上問題化したのが匪徒刑罰令の制定に合わせて同31年の律令第23号をもって臨時法院条例が改正されて臨時法院が開庁されたことで、政府はそれを閉庁させ次いで律令第26号と27号をもって刑事事件と臨時法院の「再審ノ訴及非常上告」を制定し是正していた。

[台湾総督府特別会計]　財政としては、領台時は臨時軍事費が、明治29(1896)年度は一般会計に繰り入れていたが、明治30年法律第2号を以て台湾総督府特別会計法が制定された。だが、土地調査・専売制度・事業公債法・地方税制などの施策と、茶・砂糖・樟脳の生産向上などにより歳入額が増加したことから明治38（1905）年度以降財政的な独立が図られていった。

〈檜山幸夫〉

参台湾総督府編・発行『台湾統治概要』1945、複製版：原書房、1973／外務省編『外地法制誌』5、文生書院、1990／井出季和太『台湾治績志』台湾日日新報社、1937、復刻：青史社、1988／黄昭堂『台湾総督府』教育社、1981、ちくま学芸文庫、2019／中京大学社会科学研究所台湾史研究センター『台湾総督府の統治政策』、中京大学社会科学研究所、2018

●台湾総督府文書

　台湾総督府文書は、日本の外地統治機関として設置された台湾総督府が作成または収受した文書群で、台湾統治における行政行為の記録がまとまった形で残っている日本にとっては唯一の近代公文書である。そこには、律令・勅令・府令・訓令・告示等、台湾に施行した法令の起案書から決裁書、本国政府への稟請書から天皇の裁可通知書や本国政府機関との折衝記録、死刑執行命令申請書から執行命令書に至る全ての行政記録をはじめ、行啓・皇族の訪台、博覧会等の行事、職員の任免・恩給、伝染病の流行と防遏、教科書検定審査記録・公学校教員免許試験問題と答案、教員・台湾公医・産婆等の免許、阿片・銃・自転車・船等の鑑札、道路・鉄道・駅舎・学校・公園等の公共施設建設での土地の接収や寄付と設計図、官有原野の開墾と払下げ、鉱山・塩田等の開発や作物等の品種改良、旧慣調査や地方の調査復命、寺社廟・記念館・記念碑等の建立願書と設計図等の、日本統治下台湾において執行した行政行為から一般住民にかかわる記録に至るまでの膨大な文書がある。

　日本は、台湾を政府の直轄地として統治したことから、台湾総督に委任統治権を付与したとはいえ、その執行には政府の承認が必要であった。すなわち、律令の公布においても基本的には閣議の承認と天皇の裁可が必要で、閣議請議権や上奏権を有していない総督は監督省大臣等を経なければならなかった。そのため、台湾総督府文書は、統治政策の基本にかかわる政府関係の

文書（監督省大臣への閣議請議書案と閣議案）と、政策を執行するための台湾総督府の文書（総督府内の主管課等の起案文書や各機関・関係者からの総督への稟申書と決裁及び通知文書、監督省大臣への稟請及び折衝文書類と天皇の裁可通知書）といったように、政府機関と総督府との二重構造になっている。

台湾総督府文書の史料的価値としては、帝国日本の台湾統治の全貌を詳細に記録した文書であることから、植民地研究史料としての価値だけではなく、台湾総督府が帝国日本の国家機関であり、且つ設置から敗戦に伴う廃庁に至るまでのほとんど全ての文書が残されているという、日本の公文書学研究にとっても稀少な文書史料的価値がある。なお、文書は編年体で門類別に分類され、四孔で和綴じされていたが、現存する原本は、デジタル化のため綴じ紐は裁断され、中性紙箱に収納されて、現在は、国史館台湾文献館（前身は台湾省文献委員会）が管理している。

〈東山京子〉

参 檜山幸夫編『台湾総督府文書の史料学的研究――日本近代公文書学研究序説』ゆまに書房、2003／台湾史研究部会編『現代の公文書史料学への視座』（社研叢書19）中京大学社会科学研究所、2006／中京大学社会科学研究所台湾史研究センター編『台湾総督府文書の史料論』（社研叢書43）中京大学社会科学研究所、2018

●樺山資紀

かばやま・すけのり（1837.12.17-1922.2.8）鹿児島生まれ。薩英戦争、戊辰戦争に参加。1871年陸軍少佐、熊本鎮台第二分営長、1872年から清国出張及び台湾の探検調査、1874年台湾出兵では西郷従道都督の参謀として従軍、大久保利通の北京交渉にも随行。1875年江華島事件、1877年西南戦争では谷干城と共に熊本城籠城、1886年海軍次官、1890年第一次山県有朋内閣海軍大臣、第一次松方正義内閣海相留任、枢密顧問官、1894年日清戦争時の海軍軍令部長、1895年台湾領有後、初代台湾総督（～1896年）、伯爵、1896年予備役、内相、文相、1922年2月8日死去。

樺山資紀は、1871～74年の台湾における琉球民遭難事件への対応、台湾現地探検による地理・物産・漢人社会・原住民等の情報収集、台湾出兵牡丹社作戦、さらには1895年日清戦争後初代台湾総督に就任するなど、台湾に広く深く関わった最初の日本帝国軍人ということができる。樺山はまた軍事偵察の日記「台湾記事」など多くの文書史料を遺し、国立国会図書館憲政資料室に「樺山資紀関係文書」として収められている。昭和前期には伝記が出て

いるが、近年では研究が少ない。

〈春山明哲〉

参 藤崎済之助『台湾史と樺山大将』国史刊行会、1926／西郷都督樺山総督記念事業出版委員会編・刊行『西郷都督と樺山総督』1936

●台湾民主国

1895年4月19日に日清講和条約に台湾割譲条項があることが伝えられ、台湾の士紳や富豪などに大きな動揺が起こった。列国の干渉を期待し独立して自らを守るとした邱逢甲と一部の台湾士紳が台湾巡撫唐景崧を担ぎ上げ、5月23日に台湾民主国として独立を宣言し25日に誕生した。年号は永清、国旗は藍色の地に黄色の虎、首都を台北とし台湾省巡撫衙門に総統衙門を置いた。資料的限界から組織機構や設立経緯など詳細は判らないが、総統唐景崧・副総統邱逢甲・大将軍劉永福・内務衙門督弁兪明震・各国事務衙門督弁陳季同・軍務衙門督弁李秉瑞・遊説使姚文棟で、督弁の下に会辦が置かれ、衙門の他に団練局と籌防局、議院が設けられたという。しかし、5月29日に近衛師団が三貂湾から上陸し、6月3日に基隆要塞が陥落した翌4日に唐景崧が逃亡して政府機関は瓦解した。だが、13日に台南に入った劉永福に総統の任は引き継がれたものの、劉は「民主総統」の印綬を受け取らなかった。南進する日本軍に漢族系住民が激しく抵抗し、台南の政権も郵便制度を設け紙幣や公債を発行して国家としての体裁を整えていくものの、日本軍が台南に迫った10月19日、劉永福は抗戦せずに逃亡し台湾民主国は滅亡した。

〈檜山幸夫〉

参 黄昭堂『台湾民主国の研究』、東京大学出版会、1970／檜山幸夫『日清戦争の研究』下巻、ゆまに書房、2023／井出季和太『台湾治績志』台湾日日新報社、1937

●辜顕栄

こ・けんえい、Gū Xiǎnróng（1866.2.2-1937.12.9） 日本統治期台湾の実業家。日本統治に積極的に協力した台湾人有力者として知られる。1866年台湾中部の鹿港に生まれる。1886年頃から上海、天津、厦門などで石炭売買に従事した。1895年基隆から日本軍が台北城に迫ると、城内の混乱を危惧した台北の士紳たちは辜顕栄に先導を要請、これにより日本軍は台北無血開城を果たした。これらの功績が認められ同年12月、東京で勲六等を受勲。1896年台北保良局長に就任し台北の治安維持にあたった。このころから手広く事業を展開、食塩の専売特許を獲得し、1900年全台官売塩商組合長に就任したほか、台中や濁水渓南岸の虎尾の荒地を農地

として開拓した。1909年台中庁のアヘン専売業者となり、その後も煙草の専売や糖業などで巨利を得る。1910年代には台湾総督府が進める国語普及運動や、1915年に林献堂の呼びかけで設立された台中中学校にも資金面で協力した。1921年に総督府評議員となり、1923年には台湾文化協会の対抗団体として「公益会」を結成した。1934年に台湾人初の貴族院議員となる。1935年、悪化する日中関係の打開を日本政府から託され、大陸の蔣介石と陳儀を訪問した。1937年東京で死去。　　　　　　〈胎中千鶴〉

参 許世楷『日本統治下の台湾』東京大学出版会、1972／若林正丈『台湾抗日運動史研究 増補版』研文出版、2001

● 芝山巖事件

芝山巖事件とは、1896年1月に台北郊外・士林の芝山巖周辺で発生した、抗日武装勢力による日本人教員たち7名の殺害事件のことを指す。

1895年6月、台湾総督府の開設と同時に設置された教育行政の担当部署である学務部は、芝山巖に事務所を開いた。学務部は事務所と併設する形で「芝山巖学堂」と呼ばれた教室を設け、学務部配属の官員は行政事務とともに、今後の植民地教育の展開を見据えた教育実践をおこなっていた。

台湾総督府の施政がはじまったとは

「遭難の六氏」
（『芝山巖誌』台湾教育会、1933より）

いえ、台湾各地では日本の統治に抗する人々が武装蜂起を続けていた。このうち、1895年12月から台湾北部で武装蜂起した抗日武装勢力の一部が台北一帯でもゲリラ戦を展開し、芝山巖にもその動きが広がった。東京出張中で不在だった初代学務部長の伊沢修二を除く学務部員たちが彼ら武装勢力と対峙し、命を落とした。

この事件はその後、命を落とした学務部員を「六氏先生」（のちに小使1名も犠牲者に認定）として顕彰するという動きのなかで、植民地統治開始当初に起こった「悲劇」と位置づけられ、特に日本人教員のコミュニティのなかで共有されていき、戦時期に盛んに喧伝された「芝山巖精神」の源泉として位置づけられていった。〈山本和行〉

参 駒込武「芝山岩」板垣竜太ほか編『東アジアの記憶の場』河出書房新社、2011

／山本和行「芝山巌の『神社』化——台湾教育会による整備事業を中心に」教育史学会『日本の教育史学』第 59 号、2016.10

●台湾阿片令

台湾におけるアヘン専売制度の骨子となった律令。1897 年 1 月 21 日発布。

日本により領有された当初、台湾には一定数のアヘン吸食者がおり、また台湾総督府は統治に必要となる財源を見出す必要に迫られていた。こうした状況を背景として、内務省衛生局長の後藤新平による素案をもとに制定されたのが台湾阿片令である。生アヘンを吸煙向けに加工したアヘン煙膏と、薬剤として用いる粉末アヘンについては総督府による専売とした上で、アヘン煙膏については「癮」と呼ばれる中毒・依存状態にあると認められた者に限り特許料を納めさせて鑑札を付与し、購買・吸食を認めた。アヘン煙膏の請売やその吸煙に必要となる器具の製造・販売、吸食所の開設、粉末アヘンの卸売についても鑑札制とした。

この律令が体現する、アヘン吸食者の自然的減少を待ち、終極的にはその消滅を待つ施策を、台湾総督府は漸禁主義と呼んだ。総督府は吸食者への人道的配慮であることを強調したが、専売制度そのものが密吸食者を生み出す要因となっていたとも指摘されている。後に改正が重ねられ、1929 年には吸煙者の矯正をめぐる条文が付け加えられたものが施行された。　　〈古泉達矢〉

📖栗原純『日本帝国と阿片——台湾総督府・専売局文書にみる阿片政策』研文出版、2022 ／劉明修『台湾統治と阿片問題』山川出版社、1983

●六三問題

日清戦争の結果、下関講和条約により、日本は台湾を清国から割譲された。この台湾を統治するための基本的な法律が、1896（明治 29）年の第 9 帝国議会で制定された、明治 29 年法律第六三号「台湾に施行すべき法令に関する法律」（六三法。以下、法令は現代表記とする）である。この法律をめぐっては、大日本帝国憲法の解釈と運用の点から、あるいは台湾の統治政策のあり方とも関係して、政府・議会、法曹界など各方面からさまざまな論議が行われ、その法律番号から「六三問題」とも称されるようになった。この問題は台湾のみならず、朝鮮などその後帝国の領土に加えられた外地統治機構の形成にも影響を与えており、帝国日本の植民地基本法制のプロトタイプの位置を占めるとも評価されている。

1895 年 6 月、第二次伊藤博文内閣は台湾統治制度の立案のため、内閣に台湾事務局を設置した。政府は司法省顧問のお雇い外国人、フランス人のミッシェル・ルボン、イギリス人モンタギュー・カークウッドなどから意見

を求めた。彼らはフランスのアルジェリア統治、イギリスのインド・香港等の統治などの例を参考としながら、明治憲法の規定する天皇大権、帝国議会の立法（協賛）権の解釈と運用、政府と議会・政党の政治的関係を考慮し、それぞれ異なった提案を行った。大きな論点のひとつが、憲法が明文による領土の規定を設けていないことにより、この憲法が台湾に施行されているのか、されるべきか否かについて、解釈の余地が広く存在することであった。

台湾事務局では、法解釈はもとより、台湾現地で「台湾民主国」など抗日武装勢力への対応に苦慮していたが、武力平定が一段落したことを見込んで、台湾総督府による民政移行への準備を進めた。しかし、統治体制については、具体的な法規を制定するにいたらず、六三法という立法形式を定めたのみにとどまった。六三法案は全5条という簡単なもので、その骨子は台湾総督に、（1）法律の効力を有する命令（律令という）の発布権を与える、（2）臨時緊急の律令発布も可能、（3）帝国議会の制定する法律は勅令により台湾に施行する、というものであった。この法律に対する疑義のうち重要なものは、そもそも法律の制定は議会の協賛を要するのに、台湾総督に立法権を委任していいのか、という点にあった。第9議会では、結局明快な結論がないまま、3年の時限立法とすることで一応の決

着をみた。この問題にはもうひとつ重要な側面があった。それは、台湾総督の任用資格が、陸海軍大将若しくは中将に制限されたことである。これを武官総督制と呼ぶ。

台湾事務局に委員として参加した外務次官の原敬は、「台湾問題二案」を提出し、先決事項として、次の甲乙二案を提出した。

「甲　台湾を殖民地即ち『コロニイ』の類と看做すこと。

乙　台湾は内地と多少制度を異にするも、之を殖民地の類とは看做さざること」

原は、乙案を可とし、「台湾の制度は成るべく内地に近からしめ、遂に内地と区別なきに至らしむることを要す」とした。（これについては、別項「内地延長主義」を参照されたい。）

この六三法については、3年の期限が付されたため、1899年の第13議会、1902年の第16議会、1905年の第21議会と、順次期限を延長された。各議会の憲法論議に加え、「高野孟矩事件」が起き、乃木希典台湾総督によって非職とされた台湾総督府高等法院長の高野孟矩が松方正義内閣に対して、憲法第58条を武器として裁判官の身分保障を求めて抵抗したために、台湾における憲法施行問題は世間の耳目を集めることになった。

六三問題の法解釈論争の中心となったのは、当然のことながら憲法、行政

法を専門とする法学者である。今、その名前だけを挙げれば、有賀長雄、菊地駒次、市村光恵、清水澄、美濃部達吉、穂積八束、上杉慎吉などで、例えば穂積八束は「台湾に怪物あり、法律に非ず、又命令に非ず、律令と自称して白昼公行す」として、六三法は違憲なり、と主張した。美濃部達吉は、憲法解釈と台湾に対する立法政策とを区別し、憲法の立憲主義的解釈を主張するとともに、台湾に対する植民地立法政策上の課題を提起し、大学において植民地法の講座を設け、その研究と教育を行うことを提唱した。

さて、1902年の第16議会において、後藤新平民政長官は臨時台湾旧慣調査会が台湾に適した律令を制定するための調査を開始したことを報告し、児玉台湾総督は六三法の改正を含めて根本的な制度改革を検討中であると答弁した。さらに秘密会を要求し、憲法改正の意思があること、その大綱としては、台湾には原則として憲法を施行せず、総督に立法・司法・行政の三権を与えるつもりであることを言明した。

このころ、臨時台湾旧慣調査会の第一部長で、調査を主導していた岡松参太郎京都帝大法科大学教授は、「台湾制度に関する原本」として、次の諸案を準備していた。

（1）改正憲法発布の勅語　（2）憲法追加第77条　（3）台湾統治法　（4）台湾会計法

原敬

次に六三法の期限がくるのは1905年3月の第21議会であり、児玉と後藤はそこで法制度改革を行うつもりであったようだが、日露戦争の指導で児玉が出征することになり、大きな改革は先送りとなった。1906年1月、第一次西園寺公望内閣が成立、原敬が内務大臣に就任、原は年来の構想である「内地延長主義」に沿った六三法改革に着手する。原はのちに議会で、台湾統治法について「是は台湾は殆ど半独立の如き有様になるのである」として、厳しく批判した。原が1906年に議会に出した法案は「明治29年法律第六三号に代わるべき法律案」である。これは10年前に原が「台湾問題二案」で提案したものとほぼ同じで「勅令案」と呼ばれるものであった。しかし、法形式上の不備が指摘され、修正の上「三一法」として制定された。原の意向に沿う六三法の改正が実施されたのは、原内閣自身の手による1921（大正10）年の第44議会で制定された法律第三号による。ここに、本国政治における「六三問題」は終止符を打ったのである。　　　　　　　〈春山明哲〉

☞春山明哲『近代日本と台湾——霧社事件・植民地統治政策の研究』藤原書店、2008

●児玉源太郎

こだま・げんたろう
（1852.2.25–1906.7.23）
1852（嘉永5）年周防国（現山口県）に生まれる。1869年戊辰戦争に参加。1874年陸軍少佐、1877年西南戦争の熊本城籠城戦に参加。1883年歩兵大佐、1885年参謀本部第一局長、メッケル少佐の軍事学講義を受ける。1895年日清戦争、大本営陸軍参謀（戦地からの帰還将兵の検疫事業の実施にあたり、児玉は後藤新平を起用し、事業を完遂した）、1896年陸軍中将、1898年台湾総督（〜1906年）、1900年厦門事件、陸軍大臣兼務、以後内相・文相兼務、1903年参謀本部次長に就任、1904年日露戦争、満洲軍総参謀長、1906年満洲経営委員会委員長、南満洲鉄道株式会社設立委員長、同年死去。

児玉源太郎台湾総督と後藤新平台湾総督府民政長官の「コンビ」は「児玉後藤時代」と称されるほど緊密かつ呼吸の合ったものだったと評価されることが多い。そのことが強調されるからでもあろうが、後藤が主導した台湾経営の8年間の統治政策の歴史的研究は必ずしも解明されたとはいえない。特に矢内原忠雄が「資本主義の基礎工事」と評したその実態については部分的な研究の集積に留まっている。〈春山明哲〉

参 長南政義『児玉源太郎』作品社、2019

●後藤新平

ごとう・しんぺい
（1857.6.4–1929.4.13）
医師、衛生行政官から台湾・満鉄の経営、逓信・内務・外務の国務大臣、東京市長、帝都復興院総裁、都市計画と自治、ボーイスカウト、東京放送局、対ロシア・ソ連との国交調整、「政治の倫理化」運動など、近代日本の歴史を表象する活動の生涯をおくった人物。

1857（安政4）年6月4日、陸中国胆沢郡塩釜村（現在の岩手県奥州市水沢区）に生まれる。後藤家は代々留守家の家臣、父実崇、母利恵、本家に高野長英。明治維新後、帰農。胆沢県大参事安場保和の学僕となる。1874（明治7）年福島県立須賀川医学校入学。1876年、安場愛知県令に招かれ愛知県病院に外科医として勤務。医学校も兼務。オーストリア人医師ローレッツから医学、衛生学、法医学、司馬凌海からドイツ語を学ぶ。1877年西南戦争、大阪臨時陸軍病院（院長石黒忠悳）の雇医となる。凱旋兵のコレラ騒動で京都の避病院に出張。安場県令に「健康警察医官を設けるべき議」を提出（建白の初め）。1879年「愛衆社」創立。1881年愛知医学校長兼病院長となる。1882年岐阜で負傷した板垣退助を治

療。

1883（明治16）年内務省衛生局長長与専斎からの勧めもあり、内務省衛生局に転ずる。地方三県の衛生事情視察。1889年『国家衛生原理』刊行。1890年ドイツ留学、『衛生制度論』刊行。ベルリンでコッホ、北里柴三郎から細菌学を、ミュンヘンでペッテンコーフェルから衛生学を学び医学博士号授与。ドイツの社会政策、統計学を学ぶ。1892年帰国、内務省衛生局長となる。1893年「相馬事件」（旧中村藩主相馬誠胤をめぐるお家騒動）に巻き込まれ拘引、非職となる。1894年東京地裁で無罪判決。

1895（明治28）年4月、臨時陸軍検疫部（部長児玉源太郎）事務官長となり、日清戦争の帰還将兵の検疫事業を完遂。内務省衛生局長に復帰。1896年台湾阿片政策につき内閣に具申・採用、台湾総督府衛生顧問になる。6月桂太郎台湾総督、伊藤博文総理らとともに初の台湾視察。

1898（明治31）年井上馨蔵相の嘱に応じ「台湾統治救急案」を提出。3月児玉源太郎台湾総督のもとで台湾総督府民政局長（6月新官制により民政長官）となる。以後、1906（明治39）年まで8年余にわたり台湾の植民地経営に辣腕を振るう。児玉のもとで後藤が主導した主な事業としては、総督府官僚制度の改革、治安の確保（乃木総督時代の「三段警備」の廃止と「土匪」

（抗日武装勢力）に対する「招降策」の実施）、ペスト・コレラ・マラリア等に対する衛生・医事事業と併行して、長期的な戦略と見通しのもとに財政金融・産業交通政策を展開した。台湾銀行の設立、台湾事業公債20年計画による縦貫鉄道の建設、基隆築港、土地調査事業、阿片・樟脳・食塩の専売事業の確立、台湾製糖の設立による製糖事業の展開、米作、ウーロン茶の市場開拓等が挙げられる。教育分野では、国語教育と医学教育に重点が置かれ、台湾人向けの公学校、総督府師範学校・医学校が整備された。なかでも、台湾旧慣調査は台湾の社会・人文科学的な総合調査として後世の学術的遺産となった。

1906（明治39）年南満洲鉄道株式会社（満鉄）総裁に就任、鉄道経営、炭鉱開発、附属地経営、満鉄調査部・東亜経済調査局の設立、各種試験研究機関の設置、大規模都市計画の実施など、その事業の多彩さは枚挙にいとまがない。

1908（明治41）年、第二次桂内閣の逓信大臣兼鉄道院総裁、鉄道広軌化の構想を推進。立憲同志会脱退後は、「学俗接近」の試みとして信州に夏期通俗大学を開催。1916（大正5）年寺内正毅内閣の内相兼鉄道院総裁、都市計画研究会から法制の基礎を確立、外相時にはシベリアに米国等と協同出兵。第一次大戦後の国策として「大調査機

関」の設立を提唱。1920年12月東京市長に就任、「東京市改造8億円計画」を策定、「自治三訣」を提唱。東京市政調査会を設立、米国のチャールズ・ビーアド夫妻を招聘。また、ソ連からヨッフェを招き国交予備交渉を行う。1923年9月関東大震災発生、第二次山本権兵衛内閣の内相兼帝都復興院総裁として、帝都復興の陣頭指揮にあたったが、虎ノ門事件で内閣総辞職。1926年「政治の倫理化」運動を全国展開。ラジオ放送や少年団の発展を支援。1927年ソ連を訪問、スターリンと会談、日ソ漁業交渉を推進。1929（昭和4）年4月13日逝去。　〈春山明哲〉

📖鶴見祐輔、一海知義校訂『〈決定版〉正伝後藤新平』全8巻、藤原書店、2005–2007／御厨貴編『後藤新平大全』藤原書店、2007

●土地調査

　土地調査は、政府が支配領域の土地を測量し把握するとともに、その土地の所有者・納税者を確定し、土地を基礎とする税制を確立するものである。土地所有者・納税者の確定と税制の確立は、その後の当該政府の統治のあり方や社会のあり方までを規定する。日本では、安土桃山時代の太閤検地や明治初期の地租改正が有名である。台湾では「台湾土地調査規則」（明治31年律令第14号）に基づき、日本統治初期の1898年度から1904年度にか

けて、台湾総督府の臨時台湾土地調査局が近代的測量を伴う土地調査を行った。

［総督府の土地調査以前の台湾土地制度］　中国南部の漢民族の土地開拓は、政府から開拓許可を得、その代わりに納税義務を課された業主（地主）が全てを取り仕切るのでなく、佃戸（小作人）も投資をして開拓に参与した。この投資は開拓成功後の佃戸の権利を高め、業主が自由に佃戸を交代させることができないという田面権（永佃権）慣行を成立させた。土地に密着している佃戸の権利は時間とともに強化され、小作地を他の小作農に転貸して佃戸が地主化し、業主の同意を得ず、独立した物権として田面権が売買されるようになった。これを一田両主という。この制度は開拓を促進させる反面、土地を実際に掌握する者を政府が把握することを、困難とさせる。

　台湾は17世紀以降、漢民族の土地開拓が進み、一田両主の土地が多数出現した。台湾では田面権を小租権、権利保有者を小租戸と呼び、もともとの地主を大租戸、その権利を大租権と呼んだ。清朝末期、台湾省巡撫（行政長官）の劉銘伝は、清賦（土地調査）事業を行った。この事業で劉は、より土地に密着している小租戸に納税義務を課し、その代償として大租戸の取り分を減らした。この措置は、小租戸の地位を高めることとなった。清賦事業に

よって、政府の把握する土地は増えた
ものの、未把握地がまだ多かった。

[総督府の土地調査の概要]　総督府の
臨時台湾土地調査局（明治31年勅令
第201号で設置）による土地調査は、
土地の所有者を把握する地籍調査に加
えて、明治初期の地租改正や劉銘伝の
清賦事業では行わなかった三角測量と
地形測量を行い、正確な土地地図を描
くことを目的とした。調査は台北周辺
から開始し、中部、南部へと進めた。

　調査は申告主義であり、土地の権利
を有する者の申告に基づき各種帳簿を
作成し、それを実地に調査して確かめ、
詳細な地図を描いた。調査時期は抗日
ゲリラの武装闘争が盛んであったが、
小租戸は清賦事業の受益者であったの
で、土地調査にも協力的であった。調
査費用は、「台湾事業公債法」（明治
32年法律第75号）によって発行され
た3500万円の公債により、鉄道建設、
基隆築港とともにまかなわれた。

　土地調査がおおむね終わると、総督
府は「大租権確定ニ関スル件」（明治
36年律令第9号）により、1903年
12月5日限りで大租戸の新設を禁止
した。翌1904年5月20日には「大
租権整理ニ関スル件」（明治37年律
令第6号）を公布し、公債378万円
によって既存の全ての大租権を買収し、
消滅させた。これで台湾から一田両主
の土地は消え、小租戸は唯一の土地所
有者として認定された。

[土地調査の効果]　総督府にとって、
土地調査の最大のメリットは増収で
あった。劉銘伝の清賦によって、台湾
全体で約36万甲（36万ヘクタール）
と推計されていた耕地面積は、正確な
地図作成の結果、63万甲であること
がわかった。それだけ隠田が摘発され
たことになる。把握する耕地面積の増
加は、租税の増加となった。さらに総
督府は土地調査終了とともに、大租権
相当分の徴収権を買収取得したこと等
を根拠として、地租の増徴を行った。
これによりすでに把握していた土地に
おいても、総督府は増収を達成した。

　土地調査は申告主義だったため、総
督府の支配を嫌って台湾から退去した
等で申告しなかった業主の土地は、国
有地となった。台湾総督府は台湾最大
の地主となり、官租地と呼ばれた国有
地の地代は総督府の収益となった。こ
れら国有地は、後の1936年に設立さ
れた台湾拓殖株式会社（昭和11年法
律第43号により、半官半民の特殊会
社として設立）に対し、総督府が現物
出資する資本として活用された。

　これら各増収要素により、台湾総督
府は早期の財政独立を達成した。また
地理・地形を明らかにしたことは治安
維持にとって利点となった。

　小租戸が唯一の土地所有者として認
定されたことは、台湾の土地制度が日
本本国の制度に類似した制度となった
ことを意味し、日系資本は安心して台

湾へ投資し、土地取引ができることとなった。また大租権買収の代償として公債を得た台湾人の一部は、地方行政機関の意向により銀行等の設立資本として公債を使用したが、これは、台湾の経済発展に寄与した。1905年に、この公債によって設立された彰化銀行は、経営陣を何度か変えながらも、今日に至るまで営業を続けている。

〈やまだ　あつし〉

参 江丙坤『台湾地租改正の研究——日本領有初期土地調査事業の本質』東京大学出版会、1974 ／涂照彦『日本帝国主義下の台湾』東京大学出版会、1975 ／矢内原忠雄『帝国主義下の台湾』岩波書店 1929、再版：1988

●台湾旧慣調査

台湾総督府が実施した法制、産業経済、風俗習慣、先住民族、対岸中国等を対象とした台湾社会の総合的な調査。後藤新平民政長官は、土地調査事業、六三問題を契機として、イギリスのインド統治を参考に明治憲法体制における台湾経営の法制的な基盤整備を構想した。

台湾旧慣調査は、1900（明治33）年、台湾総督府が京都帝国大学法科大学教授の岡松参太郎に調査を委嘱することによって開始された。岡松は予備的な調査を実施し『台湾旧慣制度調査一斑』を作成した。1901（明治34）年10月、臨時台湾旧慣調査会規則（勅令第196号）が発布され、臨時台湾旧慣調査会が正式に発足した。調査会は台湾総督の監督に属し、法制及農工商経済に関する旧慣を調査することを任務とし、会長（後藤民政長官）、部長、委員、補助委員等から成り、公私法制担当の第一部（部長、岡松参太郎）と農工商経済担当の第二部（部長、愛久澤直哉）が設置された。

法制調査は調査事項の綱目により台湾の北部・南部・中部の順に進められた。調査方法としては、清朝の律例・会典等の公文書および民間の契約文書等の収集に基づく文献調査と、学識経験ある者から農民・漁師にいたるまでの、台湾人からの聴き取り調査が実施された。岡松は大学が休暇に入ると渡台して委員等が提出した調査報告書等を精査し報告書の記述を進めた。1903年、第一部に行政科が設置され、清国行政の調査が開始された。京都帝大の織田万法科大学教授、狩野直喜文科大学教授らが委員としてとりまとめた『清国行政法』は1905年から刊行された。この年には第二部の『経済資料報告』が、翌年からは第一部の報告書が順次刊行され、1910年からは第一部の最終報告として『台湾私法』の刊行が開始された。

1909（明治42）年、台湾総督の指定した法案を起草・審議する第三部（立法部）が設置され、部長は岡松参太郎が兼任した。法案起草委員として、京

都帝大法科大学教授の石坂音四郎、雉本朗造が参加している。第三部は1914（大正3）年、台湾民事令、台湾親族相続令等9つの律令案の起草を完了した。1909年には第一部に蕃族科が設置され、小島由道、佐山融吉らによる台湾先住民族の調査が本格的に開始された。1914年からは、『番族慣習調査報告書』、『蕃族調査報告書』の2つのシリーズが刊行され、1922年に完結した。臨時台湾旧慣調査会は1919（大正8）年に解散した。

〈春山明哲〉

参 春山明哲「台湾旧慣調査と立法構想」同『近代日本と台湾――霧社事件・植民地統治政策の研究』藤原書店、2008／――「法学者・岡松参太郎の台湾経験と知の射程――植民地統治と『法の継受』をめぐって」松田利彦編『植民地帝国日本における知と権力』思文閣、2019

●伊能嘉矩

いのう・かのり（1867.5.9–1925.9.30）岩手県遠野出身。岩手師範中退。坪井正五郎の東京人類学会で学ぶ。1895（明治28）年11月渡台、台湾総督府嘱託等の身分で原住民居住地域を踏査。1905年内地に帰り、故郷の遠野で台湾史研究に従事。1925年死去。伊能の遺著『台湾文化志 上・中・下』の出版には民俗学者の柳田国男らが尽力した。

伊能は1897年に192日間の台湾全島踏査を行い『台湾蕃人事情』を刊行した。彼は台湾原住民を八つの「種族」に分類し、その地理的分布、戸数、人口統計、身体的特徴、土俗、慣習、生業等の多岐にわたる項目について詳細な調査を行った。また、伊能は、後藤新平民政長官が組織した台湾旧慣調査にも参加し、雑誌『台湾慣習研究』刊行に貢献した。1906年には台湾総督府嘱託として『理蕃誌稿』第一編、第二編の編纂に従事した。伊能は『台湾志』、『台湾蕃政志』、『台湾巡撫トシテノ劉銘伝』、『領台十年史』なども著し、人類学及び台湾史研究の開拓者として不朽の業績を遺した。

〈春山明哲〉

参 笠原政治『台湾原住民族研究の足跡――近代日本人類学史の一側面』風響社、2022／春山明哲「日本における台湾史研究の100年――伊能嘉矩から日本台湾学会まで」『アジア経済』60巻4号、2019.12

●鳥居龍蔵

とりい・りゅうぞう（1870.5.4–1953.1.14）人類学、考古学の研究者。徳島市東船場に生まれ、独学で人類学を学び、『人類学雑誌』の購読者となったことがきっかけで、東京帝国大学の坪井正五郎に師事する。1893年に同大学人類学研究室の標本整理の仕事に就き、貝塚や古墳の調査を開始する。その後、東京帝国大学助

教授、上智大学教授を経て、1939年にハーバード・燕京研究所「客座」教授として、北京におもむき研究を続ける。1951年に帰国し、1953年東京で死去。日本国内をはじめ、台湾・朝鮮半島・中国東北部・モンゴル・西南中国・千島列島・サハリン・東部シベリア・南米を精力的に調査した。

1896年に東京帝国大学への台湾調査の依頼時に、人類学調査担当として派遣され、以後、計5回（1896、1897〜1898、1898、1900、1910〜1911）の台湾調査を行った。台湾本島の東西南北の主要な集住地域に加え、中央山脈や澎湖島、紅頭嶼（現蘭嶼）といった周辺島嶼に足を運び、オーストロネシア系の先住民集団、当時すでに漢族化が進んでいた平埔族の人類学調査、考古学資料の収集を行った。当時はめずらしかった写真による現地の記録を残している。鳥居が収集した学術資料や自身のフィールドノートは現在日本各地の博物館に収蔵され、台湾研究のための貴重な資料となっている。

〈野林厚志〉

参徳島県立鳥居龍蔵記念博物館・鳥居龍蔵を語る会編『鳥居龍蔵の学問と世界』思文閣、2021／中薗英介『鳥居龍蔵伝』岩波書店、2005

●岡松参太郎

おかまつ・さんたろう（1871.8.9–

1921.12.15）　肥後（熊本）藩の漢学者として著名な岡松甕谷の三男として生れた。1894（明治27）年東京帝国大学法科大学英法科を首席で卒業、大学院に進み民法を専攻。東京専門学校（現早稲田大学）等で講義。『註釈民法理由』の刊行で法学者としてデビュー、1896（明治29）年ドイツに留学（井上密、織田万、高根義人とともに）、ベルリン大学、ハレ大学で民法、国際私法を研究。1899（明治32）年新設の京都帝国大学法科大学の教授（民法担当）に就任した。児玉源太郎台湾総督、後藤新平民政長官の委嘱を受け、1900（明治33）年、臨時台湾旧慣調査会の第一部長として台湾の法制、社会慣習の調査である台湾旧慣調査を指導し『台湾私法』等の膨大な調査報告書を刊行するとともに、1914年まで第三部長を兼任して台湾民事法案等「台湾法典」の起草審議の中心となった。また、「六三問題」の根本的解決を図るべく、明治憲法に第77条を追加して、「台湾統治法」を制定する制度改革構想の立案にも関与した。後藤の満鉄総裁就任後、岡松は理事として満鉄調査部、東亜経済調査局の創設に関与し、大正期に入っては大調査機関構想や自治団体論の起草に関わるなど、生涯にわたり後藤のブレーン・スタッフとしても活動した。晩年は『無過失損害賠償責任

台湾銀行　初代本店
(『台湾写真帖』台湾総督府総督官房文書課、1908 より)

論』等を著した。中央大学教授在職中、1921年ベルギーでの万国学士院連合大会から帰国後、12月15日に50歳で亡くなった。『台湾蕃族慣習研究』全8巻が遺著として刊行された。

〈春山明哲〉

参 春山明哲「台湾旧慣調査と立法構想」同『近代日本と――霧社事件・植民地統治政策の研究』藤原書店、2008／「法学者・岡松参太郎の台湾経験と知の射程――植民地統治と『法の継受』をめぐって」松田利彦編『植民地帝国日本における知と権力』思文閣、2019

● 台湾銀行

　台湾島内の事業に対する融資と華南・東南アジアにおける貿易金融を目的とする特殊銀行。1897年4月に公布された台湾銀行法を準拠法として1899年7月に設立された。本店は台北。設立時の資本金は500万円。初代頭取は大蔵次官から転じた添田寿一。添田が辞任した1901年11月に副頭取から昇格した柳生一義は、頭取を14年以上務め、経営の基礎を築いた。この間に台湾銀行は、台湾事業公債や大租権補償公債を引き受け、数次の幣制改正を経て金券の発行を実現した。第一次世界大戦中の好況に乗じて業容を急拡大させたものの、戦後恐慌によって経営不振に陥る。関係が深い鈴木商店への追加融資を拒絶したために同社は倒産し、金融恐慌の一因となった。第二次世界大戦に際しては日本軍の占領地域で日銀の代理店業務などに従事。敗戦後、台湾島内の本支店は台

湾省行政長官公署に接収された。日本国内支店は閉鎖機関に指定され、特殊清算を経て残余財産は日本貿易信用株式会社（1957年4月設立、現・日貿信）に継承された。新台湾銀行に残された文書記録の一部（「台湾銀行所蔵日治時期文書」）は、中央研究院台湾史研究所の台湾史檔案資源系統からウェブで閲覧できる。　〈谷ヶ城秀吉〉

参 台湾銀行史編纂室編『台湾銀行史』台湾銀行史編纂室、1964／谷ヶ城秀吉「解題『台湾金融経済月報』」同監修・編『台湾金融経済月報』第12巻、ゆまに書房、2011

●厦門事件

厦門事件とは、1900年8月24日に真宗大谷派（以下東本願寺と記す）厦門布教所が何者かによって放火され、邦人保護の目的で台湾総督府が陸軍を派遣し、厦門の占領を企てようとした事件である。ただ英国を始めとする欧米各国領事の抗議に遭い、占領計画は水泡に帰した。この厦門占領計画には台湾総督府と東本願寺の関与が明らかになっている。この事件を考える際には、以下の二点に留意したい。ひとつには、日本が1898年に福建省不割譲条約を清国と結び、また北京で起きた義和団事件に乗じて厦門を占領しようと企て、南洋進出の足場を築こうとしたことである。ふたつには台湾開教で曹洞宗や浄土真宗本願寺派（西本願寺）

に遅れをとった東本願寺は、その開教区を台湾だけでなく、福建省と両広（広東・広西）をも統合した台湾福建両広開教区とし、華南地域一帯をその布教地域とした。そこで台湾総督府と密接な関係を築く必要があった。厦門東本願寺布教所の責任者であり布教使であった高松誓は、台湾総督児玉源太郎とは「膝を交へて国策経綸を論じ」合う仲であり、また「児玉将軍と相画策せし裏面の一大活動は寔に目を聳たしめるものがあった」（黒龍会編『東亜先覚志士記伝』下巻）とあるように深い関係であり、この厦門事件は台湾総督府と東本願寺との間で画策されたものと思われる。　〈柴田幹夫〉

参 中西直樹「1900年厦門事件追考」同『植民地台湾と日本仏教』（龍谷叢書）三人社、2016／柴田幹夫編『台湾の日本仏教――布教・交流・近代化』（アジア遊学222）勉誠出版、2018／坂井田夕起子「抗日戦争と中国人僧侶――日本軍占領地における大醒の『非協力』」『佛教史學研究』第64巻第2号、佛教史學會、2023.7

●台湾の特産品
（砂糖、米、茶、樟脳）

「農業台湾」を唱えた台湾総督府は、台湾の気温が高いことを活かした亜熱帯作物や、日本と収穫期が異なることを活かせる作物の栽培を奨励した。それら作物は、台湾の特産品と称された。日本統治の初期から総督府に重要視された二大特産品は砂糖と米であり、と

もに清代からの重要農産品であった。次に重要なのは茶と樟脳であり、ともに清末に急速に生産が発達した。これら4つの特産品に日系資本は大規模投資を行い、特産品の収益は総督府の財政独立を支えたが、日系資本の占有率と総督府の関与度は作物によって異なっていた。

　統治中期には、バナナやパイナップル等、亜熱帯果実の生産が拡大した。これは、日本人による品種導入や生産設備の改良、さらには日本本国の生活向上による移出増加によるものである。台湾総督府も砂糖や米に次ぐ対日移出作物として生産を奨励し、新たな台湾の特産品と位置付けた。生産拡大は台湾人業者の参入を呼び、業者間で激しい競争が展開されることとなった。しかしながら総督府は、1924年に半官半民の台湾青果株式会社を設立してバナナの流通を、1935年には台湾合同鳳梨株式会社を設立してパイナップルの缶詰製造（今と違い、缶詰による流通が主であった）をそれぞれ統制下に置き、競争を調整するとともに利益を壟断した。

[砂糖]　台湾では、17世紀のオランダ統治時代から砂糖の生産が始まった。しかしながら台湾は原料であるサトウキビの栽培地としては北に偏していた。技術的立ち遅れもあり、清代末期の生産は停滞していた。

　台湾の砂糖生産が急増したのは、総督府が統治前期に、サトウキビの新品種導入、新たな製糖機械の導入、輸送手段の変革等を含む、製糖業への奨励措置を行ってからであった。日本本国も関税等により、台湾糖が輸入糖との競争に負けないよう支援した。重要な支援策として「製糖場取締規則」（明治38年府令第38号）がある。この規則によって、製糖工場毎に原料採取区域が指定され、区域内で栽培されたサトウキビは、当該工場以外への販売ができなくなった。これで製糖工場は有利な条件でサトウキビを農民から買い付け可能となり、1910年代には台湾糖へ投資した日系資本に収益をもたらした。

[米]　台湾の米は、中国大陸への販売用として清代に生産が拡大した。漢民族の台湾移住と農地開発は、米の生産・販売の拡大とともに進展した。日本統治期になると、米不足を補う新たな供給地として日本本国から注目された。ただし清代以来のいわゆる在来米はインディカ系であり、日本での評価は低かった。

　台湾総督府は1910年代に赤米など特に望ましくない米の淘汰を進めた。ついで日本米（ジャポニカ系）を台湾で栽培する技術の開発を進め、1920年代に成功した。1926年になり、この台湾産日本米は蓬莱米と命名された（詳細は「蓬莱米」の項目参照）。ただし在来米は台湾人の食用米として生産

が続けられ、蓬萊米が台湾人の食用米としても普及したのは、20世紀後半になってからであった。

[茶]　台湾での茶生産は、19世紀後半に福建省から台湾北部に伝わった。北部各地で栽培された茶は、大稲埕（台北）の製茶業者が加工し、福建を経て輸出された。欧米向け低価格茶として急速に生産が拡大し、同様に世界市場と結びついた樟脳の生産拡大とあいまって、台湾の中心地が台南から台北へと移行する要因となった。

　日本統治期においても、茶は台湾最大の輸出品目であり、外貨の稼ぎ頭であった。三井物産等の日系資本も台湾茶の生産販売に参画するとともに、新たに紅茶の生産を行った。しかしながら他の作物と比べ、茶は日本本国市場との関連が薄いため、他作物のように日系資本が壟断するには至らず、台湾人業者も存在し続けた。

[樟脳]　樟脳は、樟（クスノキ）樹に含まれる化合物で、樟樹を水蒸気蒸留して抽出する。無煙火薬やセルロイドの原料として、19世紀後半に欧米各国で樟脳の需要が高まり、多数の樟樹がある台湾北中部の林野は世界から注目された。しかしながら林野に住む台湾原住民と採取に入り込んだ樟脳生産者の対立が起こり、欧米人樟脳業者や清朝軍も樟脳に関与したため、台湾の林野は混乱した。

　台湾総督府は、樟脳の安定生産のため「台湾樟脳及樟脳油専売規則」（明治32年律令15号）によって樟脳専売制を導入、さらに1910年代には理蕃と称して台湾北中部の原住民を武力制圧して、樟脳採取の安全を確保した。しかしながら1920年代にはドイツで合成樟脳が開発されると、台湾樟脳の重要性は下がっていった。

〈やまだ　あつし〉

参 河原林直人『近代アジアと台湾──台湾茶業の歴史的展開』世界思想社、2003／齋藤尚文『鈴木商店と台湾──樟脳・砂糖をめぐる人と事業』晃洋書房、2017／涂照彦『日本帝国主義下の台湾』東京大学出版会、1975／矢内原忠雄『帝国主義下の台湾』岩波書店、1929、再版：1988

●台湾製糖株式会社

　北海道の甜菜糖業で緒についた砂糖の帝国内自給体制を確立し、日本初の植民地経営を成功させるため、新渡戸稲造の「糖業改良意見書」に基づく糖業振興策が後藤新平民政長官によって推進された。そして、甘蔗を原料とする分蜜糖を新式機械工場で製造する嚆矢となったのが、1900（明治33）年12月に設立（資本金100万円）された台湾製糖であり、井上馨に台湾糖業が将来有望と指摘した鈴木藤三郎が初代社長に就任した。

　様々な初期制約条件を克服し製糖業を軌道に乗せるため、台湾製糖には大きく3つの特権が付与された。第1に、

台湾製糖　橋仔頭製糖所
(『台湾製糖株式会社史』台湾製糖東京出張所、1939 より)

植民地という経営環境に対する投資家の不安を払拭するため、宮内省や皇族のほか三井物産が大株主となり所有面での安定を図るとともに、台湾総督府が資本金を大きく上回る補助金を交付した。第2に、児玉源太郎台湾総督に進言した井上自らが益田孝に三井物産の全面的協力を指示し、物産との一手販売契約によって安定した販路を持続できた。第3の特権として、甘蔗栽培に適した台湾南部の土地を廉価で購入できた点があり、この土地を活用した広大な社有地農場は安定した原料調達を実現し、台湾製糖に長期にわたる競争優位をもたらした。

農民が栽培する甘蔗の売却先は1つの製糖工場に限定され、原料調達をめぐる製糖会社間の調和を目指した原料採取区域も政策面で重要となった。しかし同区域は、甘蔗以外の農作物の栽培を禁止しなかったため、統治以前から二大農作物だった米と甘蔗の栽培選択問題は継続し、蓬莱米の普及によって米糖相剋という形で深刻化していった。製糖会社はこれまで以上に米価を意識し、工場ごとの甘蔗栽培奨励規程を通して甘蔗買収価格や各種奨励金を提示することで、農民に甘蔗栽培への動機づけを行った。その結果、米の栽培が盛んな中部以北を中心に、生産コストの6割を占める原料関係費は米糖相剋に影響され削減できず、会社経営そのものを左右した。

相次ぐ合併により躍進した大日本製糖により1930年代半ばに逆転されるまで、分蜜糖生産シェアで首位を維持

した台湾製糖は、糖業連合会会長としても日本の製糖業界を牽引しつつ、農工一貫産業両面の技術革新にも貢献し、製糖業の発展を通して台湾の植民地経営を経済面から支えていった。なお、1939（昭和14）年10月公布の台湾糖業令による統制経済は甘蔗栽培奨励規定を画一化させ、台湾・大日本・明治・塩水港の四大製糖体制へと収斂させていった。

〈久保文克〉

参 久保文克『植民地企業経営史論──「準国策会社」の実証的研究』日本経済評論社、1997

●新渡戸稲造

にとべ・いなぞう（1862.8.8–1933.10.15）1862（文久2）年岩手県生まれ。1877年札幌農学校第二期生として入学。同期の内村鑑三、宮部金吾らと「イエスを信ずる者の契約」に署名。卒業後北海道開拓使、東京大学中退、1884年から米国ジョンズ・ホプキンス大学及びドイツに留学、1891年札幌農学校教授、1898年辞任、静養のため渡米。『農業本論』、*Bushido*（『武士道』）を出版（後に矢内原忠雄が翻訳）。1900年後藤新平台湾総督府民政長官の説得により台湾総督府技師になり、「糖業改良意見書」を提出。後藤新平の欧米視察旅行に随行。臨時台湾糖務局長として台湾総督府の糖業政策の確立に関わったのち、後藤の推薦により1903年から京都帝大教授、東京帝大教授として植民政策を講義。1906年第一高等学校校長、矢内原忠雄、鶴見祐輔、前田多門らを指導。1917年東洋協会植民専門学校（後の拓殖大学）学監、1918年東京女子大学学長に就任、このころ後藤新平と「学俗接近」の理念のもとに信州に夏期大学を開設。1920年国際連盟事務次長就任（～1926年）。1933年カナダ・ビクトリア市の病院で死去。

「国家学が生理学であるとすれば、植民政策は病理学である。植民地は一の病的状態ではないだろうか。」とする新渡戸は植民政策に関する体系的著書をまとめなかった。矢内原忠雄は新渡戸の講義ノートにより『新渡戸博士植民政策講義及び論文集』（岩波書店、1943年）を出版した。今日、新渡戸の植民思想の一端を知ることができる。

〈春山明哲〉

参 草原克豪『新渡戸稲造 1862–1933──我、太平洋の橋とならん 新版』藤原書店、2021

●衛生政策

衛生政策は台湾統治政策の核心であった。それは、台湾総督府が「瘴烟蛮雨」の地と称せられた台湾の衛生状態の改善をもって統治政策の根幹となすとともに、新附の民を感染症の抑制と近代医療の提供という「恩恵」に浴

せしめることを通して、その「信頼」を獲得し統治体制の安定的運営をはかろうとしたからである。この衛生政策の執行体制は児玉・後藤時代において整備された。衛生行政系統の画期は1901年の組織改編である。衛生行政は、新設の警察本署の主管となり、警察行政の一環として警察本署長より地方庁長以下に繋がる警察指揮系統のなかで執行されていくことになった。この体制を末端で支えたのが保甲であった。総督府は、元来住民の自治組織であった保甲を警察官の指揮命令を受ける警察行政の補助機関として再編（1898年）し、感染症対策に動員した（保数：4825・甲数：4万8435——1906年時点、以下同）。これに加えて、台湾総督府医院（10医院）と公医（73人）が衛生政策の執行を専門的な医学・衛生学的知識によって支援した。かくして、医学・衛生学という科学的正当性をまといながら警察力をもって強権的に執行されていく衛生行政体制が整えられた。　　　　　　　〈鈴木哲造〉

参 鈴木哲造「日本統治下台湾における衛生政策と後藤新平」『別冊環㉘　後藤新平——衛生の道 1857–1929』藤原書店、2023

● 台湾鉄道

　台湾の鉄道は、早くも1877年には、福建巡撫の丁日昌が上海呉淞鉄道の器材を台湾に運び、イギリス人技術者の

縦貫鉄道最長だった濁水渓の鉄橋
（『台湾写真帖』台湾総督府総督官房文書課、1908より）

モリソン（G. J. Morrison）を招聘して建設が始まったが、丁日昌が離職すると中止された。1887年4月に台湾巡撫の劉銘伝は再び鉄道建設を奏請したが、在職期間中には、基隆から新竹までの路線が完成を見ただけであった。日本による台湾領有後、1895年8月に初代台湾総督の樺山資紀は台湾事務局総裁の伊藤博文に対し、縦貫鉄道の建設、道路の開鑿、基隆港の修築の三大事業が経営上の最優先課題だと進言した。その後、軍用軽便鉄道の過渡期を経て、1899年4月には、鉄道部技師長長谷川謹介の指導の下、「速成延長主義」に基づき、1908年4月に基隆と高雄を結ぶ縦貫線が完成し、西部の著しい躍進を導いた。1910年には、移民・産業計画に合わせて台東線（台東—花蓮間、1926年完成）が建設され、東部の開発へ寄与した。また、1917年には宜蘭線（基隆—蘇澳間、1924年完成）が開通し、沿線の炭鉱・稲作・製糖・林業・漁業が刺激を受け、地域

長谷川謹介

の発展に大きく影響した。1926年より1936年は、敷設された鉄道の不良改善を目指す必要に応じるため、路線の新設は行わず、環島鉄道計画を棚上げし、改良事業を推進することとなった。第10代鉄道部長の渡部慶之進（任期：1938〜1939）は、「速成延長主義」で建設された台湾鉄道の各線は、当初から脆弱性を包蔵しており、建設後は輸送に忙殺されて、徹底的な補修を行うことはできず、縦貫線の強化のために必要な改善すら一時的な措置とするほかはなかったと認識していた。1930年代に入ると、縦貫鉄道のほか私鉄、軽便鉄道、自動車、水運、航空など、様々な交通ネットワークが形成され、社会経済の発展をうながすとともに、日本内地にとっての原料、糧食の供給地および工業製品のマーケットとしての台湾という位置づけを強化することになった。

戦後初期、鉄道運営は混乱を極めたが、国民政府のエリート指導層、当面の課題処理のために留用された日本人管理層、基本的な職務を遂行する台湾人職員層という三層を形成することによって短期間で再開することができた。しかし、鉄道の近代化とディーゼル化は、アメリカによる資金と技術の支援があってはじめて実現することとなった。北回り線鉄道の計画案は西部幹線の電気化とともに蔣経国執政期の十大建設に加えられ、1979年に完成した。南回り線鉄道は、難度の高い工程などが原因で進まず、1991年に完成し、ここにようやく環島鉄道が実現することになった。　　　　　　〈蔡龍保〉

参 蔡龍保「長谷川謹介と日本統治時代台湾の鉄道発展」『現代台湾研究』第35号、台湾史研究会、2009.3／蔡龍保編著『コレクション・台湾のモダニズム　第3巻　台湾縦貫鉄道と交通網』ゆまに書房、2020／蔡龍保「殖民地における技術移転──台湾総督府鉄道部員の育成を事例として」『アジアの経済発展における企業活動と金融市場の役割──歴史と現在』大阪産業大学アジア共同体研究センター、2007／蔡龍保「高度成長期台湾と鉄道」林采成・武田晴人編『企業類型と産業育成──東アジアの高成長史』京都大学学術出版会、2022

●台湾の新聞

日本統治時代の台湾で発行された新聞には大きく分けて2系統の新聞がある。一つは台湾総督府系の新聞であり、もう一つは台湾人系の新聞である。

前者の代表的な新聞は『台湾日日新報』である。本紙は、日本の台湾統治がはじまった翌1896年6月17日の始政記念日に創刊された『台湾新報』と1897年5月に創刊された『台湾日報』が統合されて、1898年5月6日に1号が創刊された。その後、ほぼ45年にわたって発行され、隆盛期は『台湾新聞』(台中)、『台南新報』(台南)と共に三大新聞と称されたが、1944

年 3 月 31 日に最終号（15836 号）が出された後、紙名が改称された。翌 4 月 1 日、後述する台湾系の『台湾新民報』が改称された『興南新聞』と、『台湾新聞』、『台湾日報』（前身『台南新報』）、『高雄新報』、『東台湾新聞』（花蓮港）の 5 紙と統合されて『台湾新報』が刊行された。戦後は国民政府に接収されて、中国語版の『台湾新生報』となった。

　後者を代表する新聞は『台湾民報』である。後に『台湾新民報』と改称された。この台湾人の新聞は、当初、総督府から台湾での発行が許可されず、東京で発行された。東京に留学した台湾人は、1918 年に啓発会という結社を組織したが、解散後、1920 年 1 月 11 日に林献堂、蔡恵如らが東京で新民会を結成した。新民会は、その年 7 月 16 日に『台湾青年』を創刊した。その後、1922 年 4 月 1 日に『台湾』に改称され、1924 年 6 月に停刊した。この間、1923 年 4 月 15 日に『台湾民報』が台湾雑誌社より発行された。初め半月刊で、後 1923 年 10 月より旬刊となり、1925 年 7 月 6 日より週刊となった。その 2 年後、当時の総督上山満之進の「島内発行許可」が出て、1927 年 8 月 10 日より正式に台湾で発行できるようになった。『台湾民報』は、1929 年 3 月 29 日に『台湾新民報』に改称され、その後 1932 年 4 月 15 日から日刊となった。1944 年 2 月に『興南新聞』に改称された。

　ここで文学の分野で例を取ると、日本では、1923 年に発生した関東大震災後にマスメディアが発達し、1925 年頃から『大阪毎日新聞』や『東京日日新聞』で新聞連載小説が盛んになったが、台湾でも日刊化後の『台湾新民報』で連載小説がはじまっている。林輝焜の長編小説『争へぬ運命』は該紙に「百七十六回連載」され、翌年の 1933 年 4 月に単行本化された。但し、『台湾新民報』そのものは、1932 年 6 月 1 日の第 456 号から翌年 5 月 1 日の第 787 号まで失われたままで、詳細はまだ不明である。

　その他、見落とせないのが、戦前の『大阪朝日新聞』や『大阪毎日新聞』の外地版である。外地版には「朝鮮版」、「満洲版」、「台湾版」があった。

〈下村作次郎〉

🔷中島利郎編『「台湾民報・台湾新民報」総合目録　付台湾青年・台湾』緑蔭書房 2000 ／『台湾新民報』（復刻）全 5 冊、国立台湾歴史博物館・国立台湾文学館・六然居資料室、2015 ／国立国会図書館アジア情報室「1945 年以前に台湾で発行された日本語新聞」（2022 年 8 月 5 日更新）及び「1949 年以前発行の当館所蔵の中国語新聞」（2023 年 9 月 28 日更新）

●佐久間左馬太

　さくま・さまた（1844.11.19–1915. 8.5）　1844（弘化元）年長州（のち山口県）生まれ。1864 年蛤御門（禁門）

の変で初陣。1866年幕府による第二次長州征伐、毛利藩にとっての「四境戦争」に出陣、「力士隊」の隊長として活躍。戊辰戦争・会津落城戦にも参加。1874年佐賀の乱を平定し陸軍中佐に。同年西郷従道都督のもとで台湾遠征に参加、石門、四重渓で戦った。このとき樺山資紀陸軍少佐も参謀として参加。1877年西南戦争に参加負傷。1881年陸軍少将、1886年陸軍中将、1887年第2師団長（仙台）、近衛師団長、中部都督、陸軍大将。1905年9月日露講和条約反対の焼打ち事件時、東京衛戍総督として戒厳令を布く。1906年台湾総督。1910〜1914年「五箇年計画理蕃事業」、タロコ・セラオカフニで負傷。1915年仙台で死去。

佐久間左馬太の台湾総督在任期間は9年余りで、歴代総督中最長である。その統治事績は「理蕃」それもきわめて武断的な台湾原住民征服戦争を中心とするものであったが、その全体像に関する研究は乏しい。　　〈春山明哲〉

参 台湾救済団編・刊『佐久間左馬太』1933

●理蕃

「理蕃」とは、大日本帝国植民地統治下台湾における原住民に対する統治を指すことばである。

植民地統治下台湾において、植民地当局である台湾総督府が行った原住民関連事業として、「理蕃事業」と「蕃地事業」があった。このうち「蕃地事業」は植民地当局などが台湾原住民が居住する「蕃地」で行う開発事業などを指した。

これに対して「理蕃」事業というのは上記「蕃地」に存在していた人、原住民に対する事業を指した。その「理蕃」というのは以下で説明するような原住民に対する統治のことを指していた。

[「蕃地」の実効支配確立]　台湾原住民居住地域「蕃地」に対して台湾総督府は、早い段階で国有地（「官有林」）化宣言をしており、台湾原住民居住地域という土地の所有権・管理については自らの手中に収めていた。

「蕃地」というその土地の上に暮らす「人」に対する統治については、第5代台湾総督佐久間左馬太の任期中に行われた「五箇年計画理蕃事業」（1910〜1914年）という「蕃地」武力討伐が重要な画期となる。

それまで植民地当局は、書籍、地図に残された清朝の原住民統治に関する知見や施策などを参考にしながら「蕃地」統治のあり方を模索していたが、「蕃地」の実効支配を握っているとは言えなかった。上記の武力討伐を通してはじめて実効支配が確立された、という意味で「五箇年計画理蕃事業」は、日本統治時代の「理蕃」を理解する上

で重要な事項である。

「蕃地」内の原住民集落に警察官の駐在する「駐在所」を設置していくという流れが進行し、上記の武力討伐が終了して「蕃地」の実効支配を確立することで、警察官とそれを補助する警察スタッフ（「隘勇」・「警手」）が、駐在所を拠点に原住民統治に携わる、という「理蕃」のための統治体制ができあがっていったと考えられる。植民地当局のスタッフが原住民集落に常駐して統治を行う、という意味での直接統治の体制が整っていったのである。

[「理蕃」の主要業務] 治安維持やそれに関わる監視といった警察本来の業務を除くと、警察スタッフが担当する対原住民政策として目立っていたのは、教育や農業改善・生活改善といった業務であった。

教育については、多くの場合、駐在所に併置された、原住民児童を対象とする「教育所」において初等教育に準ずる教育を行っていった。初等教育とは言っても、日本人子弟が通うような「小学校」で行われていた教科教育に比べると、かなり簡素化されたもので、教科で言えば国語と簡単な算数を中心に行われたと考えられる。しかし、無文字社会であった原住民社会に文字を導入し、読み書き文化を広めたことは原住民のその後の歴史に大きな影響を与えた。

典型的な形の生活改善というのは、日本人への文化的同化に関わるものが多かった。当時の日本人の生活文化を基準として、それと異なる原住民文化、原住民の示差的文化的特徴となる慣習、文化実践を「廃止」あるいは「改善」するような施策がとられた。特に問題視された「首狩り」「屋内埋葬」などの文化的習慣は「廃止」の対象となった。従来、原住民の伝統に則って何日間にもわたって盛大に行われた結婚儀礼は、「改善」の対象となり、その内容を簡素化する、あるいは日本式に変える、というようなことが行われた。従来は外部者を入れずに集落をあげて行われた農耕儀礼などもこうした意味での「改善」の対象となり、衰退してったものも多い。

より広い意味での生活改善は農業改善を含む。この農業改善は、単なる農業政策ではなく、原住民の生活形態をトータルに改変していこうとする、生業構造の改変であった。台湾原住民の伝統的生活における生業も農業ではあるが、ただし頻繁な耕作地の変更と居住地の移動を伴う焼畑農耕であった。植民地当局は台湾原住民に対して決まった土地で耕作を行う定着農業を導入することを目指して、原住民居住地域において水田造成などの施策を行った。

[「理蕃」の目的] 台湾全体で考えれば、「理蕃」の背後にある「蕃地」に対する特別行政区域の設定は、あくま

でも過渡的措置であり、植民地当局としては、いずれは「蕃地」全体を普通行政区域に編入していくことで台湾における行政上の一元化を目指していた、と考えられる。

植民地統治下でその一元化が完成することはなかった。しかし、行政上の一元化を目指して行われた諸施策は精力的に行われた。すでに挙げた教育、生活改善などもその例である。

それ以外の代表的施策としては、経済施策がある。具体的には糸や紙の原料の栽培や養蚕などの産業を授ける「授産」や、「蕃地」内に交易所を設置して、そこで「蕃地」産物と「平地」産物を交換させる「交易」があった。こうした施策には、貨幣経済や資本主義経済に慣れさせるという役割もあった。この施策のもとで、原住民にとって新奇な物品の流入、日本産品や、近代的産品が導入された。

上記の行政上の一元化は達成されなかったので、「蕃地」に対する領域的統合は完成しなかったのだが、原住民に対する人的統合は進んだ。最終的には身分登録制度を一元化することで、大日本帝国臣民として統合するということは、ある意味では日本植民地統治下で実現しており、その当否について議論はあり得るだろうが、「理蕃」の中心としての政治施策の一つの終着点を示していたと言えるかもしれない。

〈松岡格〉

参近藤正己『総力戦と台湾——日本植民地崩壊の研究』刀水書房、1996／松岡格『台湾原住民社会の地方化——マイノリティの20世紀』研文出版、2012／松岡格『植民地統治下の台湾原住民——近代国家による統治と社会の可視化』東京大学出版会、2024

●林野調査

台湾総督府は統治開始以来、台湾の山林・原野を調査し支配しようとしていたが、最初の本格調査は、「台湾林野調査規則」（明治43年律令第7号）に基づき1910年度から1914年度にかけて行った山林・原野に対する測量、製図、所有権確定作業である。総督府が1898年度から1904年度まで行った平地の土地調査と同様、人民の申告に基づいて作業が行われたが、人民に所有権がある民有林と査定されたのは調査区域の6%弱に過ぎなかった。これにより、日本本国における林野の官民有区分事業と同様に、台湾でも多くの国有林が創設された。台湾原住民は、北海道のアイヌ人と同様に林野の所有権を否認され、いわゆる「蕃人所要地」として居住地域周辺の利用権が認められたのに過ぎなかった。

国有林と認定された台湾の林野は、台湾原住民を武力等で支配下に収める理蕃事業によって、総督府の実効支配が進んだ。それとともに、1915年度から1925年度にかけて総督府が行った林野整理事業等によって、さらなる

調査と整理が進められた。これら事業は国有林の開発計画を立てるとともに、不要存置林野（国有林経営の対象外の林野）を民間へと払い下げることで、日系資本の台湾進出を林野にも押し広げた。　　　　　　〈やまだ　あつし〉

参 萩野敏雄『朝鮮・満州・台湾林業発達史論』林野弘済会、1965／矢内原忠雄『帝国主義下の台湾』岩波書店、1929、再版：1988

●井上伊之助

いのうえ・いのすけ
（1882.9.2-1966.6.20）
高知県幡多郡西土佐村の生まれ。1903年中央福音伝道館の聖書学院に学び中田重治から洗礼を受けたが、その一方内村鑑三の『聖書之研究』を読み、講演「聖書の真髄」を聴き、1907年千葉県山武郡鳴浜の夏期懇話会で対面、生涯にわたって内村を敬愛した。井上が台湾に渡ったのは1911年のことである。井上は、花蓮港のウィリー蕃地で樟脳製造作業中にタロコ族に馘首殺害された父・弥之助の「仇討ち」のため、「生蕃」（台湾原住民族に対する当時の呼称）に対するキリスト教伝道を決意し、妻子を内地に置いて単身「蕃地」に乗り込んだのである（後に家族を呼び寄せる）。しかし、総督府は山地での伝道は認めず、井上を医療従事者としてカラパイに送り込んだ。その後、井上は再三伝道許可願いを総督府に提出したが禁止政策は変わることなく、井上は厳しい環境と貧しい生活の中で祈りかつ医療を続けた。終戦後、台湾への帰化を希望したが結局1947年に引揚げた。

1926年に刊行された『生蕃記』は、内村鑑三の序文が付され、井上の山地生活の日誌、台湾原住民に関する研究、「理蕃」政策に関する論説、短編小説、人類学者の森丑之助の文章なども収められ、当時の一般読者向けの本としては、出色の内容を持つものである。

内村鑑三の門下もまた井上を支援した。矢内原忠雄は1927年台湾調査旅行の際に白毛社に井上を訪ね、『帝国主義下の台湾』に井上伊之助の名を記録した。画家の石河光哉はベツレヘムからの帰りに台湾に寄り井上の肖像画を描いた。政池仁は主宰する『聖書の日本』に井上の「台湾高砂族伝道の思出」を3回連載し、これが『台湾山地伝道記』として出版された。塚本虎二はこの書に序文を寄せている。1966年に亡くなった井上伊之助の墓碑には、十字架とともに「トミーヌン・ウットフ」（神は織り給う）（台湾タイヤル族語）と刻まれている。　〈春山明哲〉

参 井上伊之助『台湾山地伝道記』新教出版社、1960／春山明哲「『虹の橋』を渡るキリスト者——井上伊之助の「山地原住民伝道」覚書」同『近代日本と台湾——霧社事件・植民地統治政策の研究』藤原書店、2008

●台湾同化会

1914年、板垣退助らの後援を受けた林献堂が台北で結成した政治組織。1920年代に展開する台湾議会設置請願運動など、日本統治期の台湾人による合法的政治運動を推進したことで知られる。1913年、林献堂は東京で板垣と会談、台湾総督府の圧政を訴えた林に共鳴した板垣は、翌14年に台湾を訪れて各地を視察した。進学や通婚、参政権などさまざまな面において台湾人が不利益を被っている現状を目の当たりにした板垣は、台湾人の制度的平等を求める「同化主義」を主張、その実現のために「島民と内地官民」の「交際の機関」として台湾同化会の設立を提唱した。板垣の後援を得た林献堂は、日本内地で朝野の知名人を歴訪、台湾総督に立法権を与えたいわゆる「六三法」が総督府の専制政治の法的根拠であるとして、台湾人の地位向上を訴え、大隈重信首相の賛意も得た。同年12月、台北鉄道ホテルで台湾同化会の発会式を挙行、およそ500人が参加した。その後板垣が台湾各地で遊説した際も、多くの台湾人が参集した。しかし板垣が離台すると、在台日本人や総督府関係者からの反発が強まり、結成からわずか1か月後の1915年1月に総督府によって解散に追い込まれた。

〈胎中千鶴〉

参 許世楷『日本統治下の台湾』東京大学出版会、1972 ／近藤正己『総力戦と台湾——日本植民地崩壊の研究』刀水書房、1996 ／若林正丈『台湾抗日運動史研究 増補版』研文出版、2001

●西来庵事件

1915年に台湾南部で発生した抗日武装蜂起とそれに対する日本側の弾圧事件。「噍吧哖（タパニー）事件」ともよばれる。首謀者の余清芳は1879年生まれ。南部地域で巡査補として勤務したが解職。次第に植民地統治への不満をつのらせ、蘇有志らとともに台南の宗教施設西来庵に拠点を置いて齊教徒（素食を旨とする在家仏教徒）らに抗日を説くようになった。この頃、共謀者の羅俊、江定と出会う。余清芳は各地をめぐり、日本人の撃退と理想郷「大明慈悲国」の樹立を説いた。1915年7月、彼らの計画が官憲に察知されると後掘仔山で蜂起。8月には虎頭山付近を占領し日本軍と交戦した。日本側の攻撃で、噍吧哖（現在の台南市玉井）の蜂起軍や村民多数が殺害されたという。8月22日余清芳を逮捕、「匪徒刑罰令」により、1400余名が起訴され、死刑判決は866名に上った。実際に死刑執行されたのは余清芳ら95名で、他は大正天皇即位の恩赦で無期懲役に減刑された。これまで在来宗教に対して確固たる政策を打ち出さずにいた総督府は、これを機に全島規

模の調査を開始、本格的な宗教制度の整備を急ぐこととなった。また島内の抗日武装蜂起はこの事件を機に終息し、その後は植民地支配への合法的な政治運動が主流となった。　　〈胎中千鶴〉

参天児慧・石原享一・朱建栄・辻康吾・菱田雅晴・村田雄二郎編『岩波現代中国事典』岩波書店、1999／周婉窈、濱島敦俊監訳、石川豪・中西美貴・中村平訳『図説　台湾の歴史　増補版』平凡社、2013

●内地延長主義

　1895（明治28）年、日清戦争の結果、下関条約によって台湾が日本の領土となり、この新領土を大日本帝国にどう位置付け、どのように統治・統合していくか、という国家的課題が生じた。このとき台湾事務局委員であった外務次官の原敬は「台湾問題二案」という意見書を伊藤博文首相に提出した。その中で原は「甲　台湾を殖民地即ち『コロニイ』の類と看做すこと　乙　台湾は内地と多少制度を異にするも之を殖民地の類とは看做さざること」のいずれかが先決問題であるとし、原は「台湾の制度は成るべく内地に近からしめ遂に内地と区別なきに至るらしむることを要す」と主張した。「内地延長主義」とは、狭義にはこのような台湾統治に関する原の政治理念と、その後の植民地問題に関する彼の政治指導の展開を言う。広義には、第一次大戦後の朝鮮、中国の民族主義の高揚、台湾における

抗日ナショナリズム・台湾議会設置請願運動等に対抗する日本植民地主義の新しい政策展開をいう。さらに広く、矢内原忠雄のように植民政策における「同化主義」の概念に位置づける考え方もある。いずれにしても「内地延長主義」は多義的であり、講学上の、学問を研究する際の方法論的概念の性格を持っていることに注意する必要がある。

　これと対照をなしたのが、後藤新平の「特別統治主義」である。後藤は「生物学的植民地統治」の理念から、台湾の歴史、文化、慣習を重んじ、科学と調査研究による総合的経済開発を展開した。原と後藤の比較研究は近代日本政治史上の興味深いテーマであろう。

　狭義の原の政治指導の視点からは「六三問題」すなわち、明治29年法律第六三号をめぐる政治過程が重要である。原は台湾総督の委任立法権と武官専任制に対する制度改革を長期にわたり試み、1918（大正7）年みずからの政党内閣を組織することで、それを実現させた。

　台湾統治の上で実施された一連の改革の内容を簡単に列挙すると、法律第三号の制定により、帝国議会の制定する法律を優先かつ原則としたこと、地方制度を改革し州・市・街・庄を地方公共団体とし、官選諮詢機関として協議会を創設したこと、総督の行政的諮問機関として総督府評議会を設置した

こと、内地の学校と中学校以上で接続する新教育令を制定したこと、内地の民法・商法・民事訴訟法等を一部例外を除き、台湾に延長施行したこと、などである。

原の死後のことになるが、原が任命した初の文官総督、田健治郎は1923年に東宮行啓を実現した。摂政宮（のちの昭和天皇）の台湾訪問こそ、「内地延長主義」の歴史的コンテキストを象徴するものであり、台湾史における一大イベントであった。　〈春山明哲〉

参春山明哲「近代日本の植民地統治と原敬」同『近代日本と台湾——霧社事件・植民地統治政策の研究』藤原書店、2008／若林正丈「1923年東宮台湾行啓と『内地延長主義』」同『台湾抗日運動史研究 増補版』研文出版、2001

●台湾教育令

法令上、「台湾教育令」と題されたものは、1919年1月4日公布の勅令第1号、および1922年2月6日公布の勅令第20号が存在している。学術研究においては、前者を「第一次台湾教育令」、後者を「第二次台湾教育令」と呼びならわす。

第一次台湾教育令は、台湾における学校体系を包括的に規定した初めての法令である。それまでは学校種別ごとに法令が出されていたが、1915年5月に設立された台中中学校の開設をめぐる本国政府と台湾総督府との折衝過程において、法制局より、1911年8月に公布されていた「朝鮮教育令」と同様の包括的な教育法令を定めることが求められた。これを受けて台湾総督府は法令制定作業を進め、1919年1月に第一次台湾教育令が公布された。

第一次台湾教育令（全32条）は、第2条に「教育ハ教育ニ関スル勅語ノ趣旨ニ基キ忠良ナル国民ヲ育成スルヲ以テ本義トス」と、内地同様、教育勅語に基づく国民育成を目的に掲げながら、第3条に「教育ハ時勢及民度ニ適合セシムルコトヲ期スヘシ」と定め、内地の諸学校より低度の、内地の諸学校とは接続しない学校の設立が意図された。他方、第1条に「台湾ニ於ケル台湾人ノ教育ハ本令ニ依ル」と定め、原則として民族別学の学校体系を打ちたてつつ、第4条「教育ハ之ヲ分チテ普通教育、実業教育、専門教育及師範教育トス」という規定のもと、公学校6年・高等普通学校4年の「普通教育」体系、および諸学校・教育の充実を可能にするものでもあった。

ただ、内地の諸学校と比べて低度かつ接続関係もなく、民族別学の堅持を確立した学校体系のありかたに対して、台湾総督府内外において改定を求める声が上がり、早々に法令改定の動きが進んだ。

そうした過程を経て1922年2月に公布された第二次台湾教育令（全27条）は、第1条に「台湾ニ於ケル教育

ハ本令ニ依ル」として、改定前の同条条文から「台湾人ノ」という文言を削除し、第2条「国語ヲ常用スル者ノ初等普通教育ハ小学校令ニ依ル」、第3条「国語ヲ常用セサル者ニ初等普通教育ヲ為ス学校ハ公学校トス」という規定により、それまでの民族別学から「国語」の「常用」を別学の基準とした。合わせて、第8条「高等普通教育ハ中学校令（…）ニ依ル」などのように、中等教育以上は内地の教育法令に準拠するという形で日台共学が法令上実現した。これにより、「国語」の習得・運用能力を基準とした序列化を内包した共学体制が実現したと見ることができる。　　　　　　　　〈山本和行〉

参 台湾教育会編・刊『台湾教育沿革誌』1939／駒込武『植民地帝国日本の文化統合』岩波書店、1996／陳培豊『「同化」の同床異夢——日本統治下台湾の国語教育史再考』三元社、2001

●台湾行啓

摂政宮裕仁皇太子の台湾行啓は、田健治郎総督治下の1923（大正12）年4月12日から5月1日の期間に行われた。この行啓に対して台湾では、1921年の皇太子の欧州諸国への外遊を踏まえて、「近く奉迎すべき東宮殿下の御盛徳」と『台南新報』が特集（13回）していたように台湾住民の関心を高めようとした。

行啓の時期は、暴風雨や暑さ、マラ

台湾総督府に到着した裕仁親王を出迎える騎兵（1923年4月16日）

リア等の風土病等の自然的条件を考慮しつつ、治政的成果を内外に誇示するため台湾特産物砂糖の最盛期に設定され、台湾までの御召艦は巡洋戦艦金剛が担うこととなる。

　主な行啓地は、(1)学校視察では、台北師範学校附属小学校等の在台日本人の小学校が中心ではあったが、統治の成功事例として台湾人の子弟が通う公学校であった台北太平公学校（他2校は勅使差遣）と台湾人を対象とした学校として台北第三高等女学校・台中第一中学校を、(2)産業では、経営実績を示す台湾生産品展覧会、塩田・樟脳・製糖会社への視察、(3)文化・教育では、教育展覧会・全島学校聯合運動会・陸上競技大会への視察、(4)宗教施設では、台湾神社の他に台湾人への配慮が窺える孔子廟の視察、台湾人統合のための開山神社への勅使差遣、(5)遺跡視察では、北白川宮御遺跡所、芝山巌と明石総督の墓所（勅使差遣）等が選定され、総督府保存重要書類も台覧に供された。

　皇太子の行啓は、宮内省・海軍省・

陸軍省・内閣・枢密院といった内地の機関と、台湾総督府と附属官署や諸機関・地方自治体といった組織を動員した一大事業であったが、それを担う総督府にとっては、困難を極めた台湾統治の成功を内外に発信する絶好の機会となることから、行啓の記録を残すために編纂物等を刊行するとともに記念碑や記念館を各地に設けた。台湾製糖株式会社阿緱工場では、御休所の簷竹に生じた新芽を瑞祥となし、竹林を造成し、記念館と記念碑（現存）を建てている。さらに、行啓を切っ掛けとして、高雄宿泊所裏山のエープ・ヒルは「寿山」と命名された。

これらの行啓に関する記録は、各関係機関の公文書の他に宮内省と総督府が各々編纂した『台湾行啓記録』がある。さらに、台湾には大屯山区面天山に「皇太子殿下行啓記念碑」、北投の滝乃湯に「皇太子殿下御渡渉記念」の碑、迎賓館としての金瓜石太子賓館（新北市瑞芳区）、台北公会堂（現中山堂）、斗六行啓記念館（雲林県斗六市）等が現存し、使用された御召列車は台湾鉄路管理局により保存されている。

〈東山京子〉

参 中京大学社会科学研究所台湾史研究センター編『台湾行啓記録』（社研叢書25）中京大学社会科学研究所、2009／宮内庁『昭和天皇実録』第三、東京書籍、2015／東山京子「皇太子台湾行啓関係文書の史料学的研究」『社会科学研究』第31巻第2号、中京大学社会科学研究所、2011

『台湾民報』創刊メンバー
前列左から、蔣渭水、蔡培火、陳逢源、林呈禄、黄朝琴、蔡恵如、後に立つのは蔡式穀、黄呈聡

●『台湾青年』『台湾民報』

『台湾青年』は1920年に新民会によって創刊された在日台湾人学生を対象とする刊行物。台湾人自身の手による最初の機関刊行物であり、のちの『台湾民報』『台湾新民報』など民族運動に不可欠な言論機関の基礎を築いたとして評価される。東京麹町区飯田町に「台湾青年雑誌社」を置き、編集主任は当時東京高等師範学校在学中の蔡培火。明治大学法科の林呈禄と早稲田大学政治科の黄呈聡が主筆を務めた。ほかに彭華英、王敏川、蔡恵如らが編集にあたった。第18号まで刊行後、1922年に『台湾』に名称を変え、1924年に停刊した。

『台湾民報』は1923年に東京で創刊、当初は半月刊行で、のちに旬刊。版元の「台湾雑誌社」の編集主任兼同紙発行人は黄呈聡、主幹兼編集人に林呈禄、幹事兼記者として王敏川、黄朝琴、呉

三連ら9名、台湾支局主任は蔡培火。
これらの刊行物は台湾島内では取り締まり対象だが、1927年総督府の許可を得て台湾での印刷・発行が可能となった。1929年『台湾新民報』に改名、1932年から日刊紙。『台湾民報』は、1920年代の植民地統治期においても台湾人による執筆と編集がおこなわれた自立的な言論機関だったため、「台湾人的喉舌（台湾人の代弁者）」と称された。　　　　　　　　〈胎中千鶴〉

参許世楷『日本統治下の台湾』東京大学出版会、1972／陳培豊『「同化」の同床異夢──日本統治下台湾の国語教育史再考』三元社、2001

●台湾議会設置請願運動

[台湾議会設置請願運動の概要]　1921年1月30日、台湾中部の名望家林献堂（1988–1956）を筆頭とする台湾住民178名は、「台湾議会」の設置を定める法律を制定することを求める請願を第44帝国議会貴族院衆議院両院に提出した。以後、請願活動は、途中1928年以降社会運動としては形骸化していくが、1934年当局の圧力下に中止を余儀なくされるまで足かけ14年全15回にわたって行われた。しかし、請願は最後まで貴衆両院いずれの請願委員会においても採択とならず、中央政府に検討すべき案件として送付されることはなかった。

請願者が求める「台湾議会」とは、台湾総督が台湾（台湾島と澎湖諸島）を管轄する行政権と「委任立法権」（管轄下領域において法律を要する法令を制定する権限）とを有し（いわゆる「六三法」体制）、かつ予算制度として台湾総督府特別会計制度が存在していることを前提として、「台湾住民より公選せられたる議員を以て組織する台湾議会を設置し、而して之に台湾に施行すべき特別法律及台湾予算の協賛権を附与する」（台湾総督府警務局編(1939)『台湾総督府警察沿革誌　第二篇　領台以後の治安状況（中巻）台湾社会運動史』）というものであった。また、ここに言う「台湾議会」選挙の有権者としての「台湾住民」とは、「理蕃」政策の対象として特別行政区が設定されている山地先住民を除く、一般行政区内の全ての住民（在台日本人および平埔族）を含むものとされた。

さらに、「請願」とは、当時の大日本帝国憲法第30条と第50条に規定する臣民の帝国議会貴衆両院への請願権に基づく請願活動のことである。議院法（明治22年法律第2号）第62条に依れば、請願が受理されるには貴衆両院ともに「紹介議員」を必要とした。第1回請願の紹介議員は、貴族院が江原素六、衆議院は田川大吉郎であった。帝国議会に請願するという行動のアイデアそのものは、日本本国の各種政治運動などから示唆を受けたも

のと推測されるが、台湾議会設置の請願は、当時の憲法に規定する請願権という民権を台湾史上初めて台湾住民自身が自覚的に主体的に行使した政治行動であった。憲法に規定する権利の行使であるが故に、台湾総督府は1923年12月の台湾議会期成同盟会への弾圧事件（治警事件）のような政治結社への弾圧は行ったものの、請願活動そのものを違法であるとすることはできなかった。

帝国議会に対する請願活動が「運動」であるというのは、請願の内容、その政治主張を宣伝し、請願の署名集めや請願への支持を求める諸活動などが、当時の植民地台湾の政治環境の中で日本の植民地政策に対抗する集団的挑戦を構成していたと言えるからである。

[台湾議会設置請願運動の意義]　①その政治的創造性：運動者たちは、それまでに台湾人の反抗に対して加えられた国家暴力の記憶が未だ生々しく、かつ当時の台湾における政治的権利の欠乏の情況下で、憲法において附与されている請願権という許容され得る最低限の政治的権利を駆使して社会運動を創出したのであった。これにより、台湾総督などの高官を議員の質疑に応ずべき政府委員として議場に引きだし、植民地住民の政治要求への応答を余儀なくさせるなど、統治エリートや植民者としての在台日本人などが予期していなかったパワーを帝国中央の議会と

帝国周縁たる植民地の公共空間に現出させるという創造性を示したのであった。またこの創造性は、当時の日本政治全体の視点から見れば「大正デモクラシー」運動の植民地台湾住民による創造的延伸とも見ることができよう。

②運動者が抱え込んだディレンマ：体制内運動は抑圧的な統治体制の中でも活動し得る合法的政治「空間」を確保しなければならないがために「自己規制」のディレンマを抱える。台湾議会設置請願運動も植民地当局が容認すると判断できる目標しか掲げ得ない。故に運動者は終始一貫「独立」の考え方のあることを否定していた。しかし、支配者側は運動者側の考えを「水増し」して告発できる。台湾議会設置の要求は台湾総督府からも在台日本人からも、はたまた帝国議会においても「水増し」した解釈に基づく非難・断罪を受けることとなったのであった。前記治警事件第一審公判において三好一八台北地方法院検察官が展開した「独立を企図するもの」との論告求刑がその最たるものであった。

③「民主自治の台湾ビジョン」：台湾議会設置の要求とは、文字通り「台湾」という地域限定の代議機関の設置を要求するものであった。「台湾」という領域的枠組は、清朝時期から存在していたものであるが、運動者たちは「台湾議会」という理念を支配国日本の中央と植民地の公共空間に提出する

ことで、それを「台湾住民の公選による台湾議会」という政治制度を通じて主体的にその運営に参加すべき領域として読み替え始めたのだと言える。それは台湾総督府の統治する「台湾」が日本帝国内の都道府県としての地方とは異なる「異法域」として存在し続けていることに相応して、潜在的にはそこに一つの自治的政治体の存在が措定されるべき地域としての「台湾」を、言説としてまた運動として構築することであった。ここにおいて、民主という政治運営の理念、自治という統治の理念、そして台湾という政治領域の観念が結合することになる。これは「民主自治の台湾ビジョン」と定式化できよう。後に運動のリーダーの一人となった蔡培火の「台湾は帝国の台湾であると同時に、我等台湾人の台湾である」（蔡培火（1920）「我島と我等」、『台湾青年』第1巻第4号）という発言が「帝国云々」が省かれて「台湾は台湾人の台湾ならざるべからず」の表現（台湾総督府警務局編、同前）で運動のモットーとなったのはこのビジョンの発見を象徴するものであったと言える。　　　　　　　　　〈若林正丈〉

参周婉窈、若松大祐訳「台湾議会設置請願運動についての再検討」『岩波講座 東アジア近現代通史』第5巻、岩波書店、2011、216-241頁／若林正丈『台湾抗日運動史研究 増補版』研文出版、2001

●台湾文化協会

[**台湾文化協会とは**]　1921年9月に台北で林献堂、蔣渭水ら台湾人が結成した民族運動の指導団体。会則によれば「台湾文化ノ発達ヲ助長スル」ための文化啓蒙活動を目的としていたが、同時に「台湾議会設置請願運動」を推進する政治組織で、特別立法権や予算決定権を持つ台湾議会の設置を日本政府に要求するための推進母体でもあった。創立総会当時の会員は1000人余、総理に林献堂、専務理事に蔣渭水が就任、理事として蔡培火、王敏川、陳逢源、蔡式穀、楊肇嘉などが名を連ねた。当初の会員は、学生、医者、弁護士や資産家層が大半を占めたが、のちには農民、労働者も参加した。

協会の中心的役割を果たしたのは、第一次世界大戦やロシア革命によって世界的な政治思潮となった民族自決主義や社会主義思想に共鳴する台湾知識人たちである。彼らは台湾文化協会の活動を通じて、文化面では台湾人の知識向上や民族意識の覚醒を民衆に促し、政治面では近代思想に基づいた台湾人の権利獲得や労農運動の指導的役割を果たした。台湾では1923年から治安警察法が適用されたため、その活動は当初から官憲の厳しい監視と取り締まりを受けつつ展開した。また、民族主義者や社会主義者などさまざまな政治

台湾文化協会　第1回理事会

的立場の異なる勢力の集合体だったことから、イデオロギー対立による主導権争いや組織分裂などを繰り返し、その存立は常に不安定な状況に置かれた。しかし、日本統治期の台湾で民族意識の覚醒と政治改革を主張した本格的な指導団体としての存在意義は大きい。

[**台湾文化協会設立まで**]　台湾文化協会設立に至った背景には、1910年代後半以降の台湾人による政治運動の進展がある。1915年の西来庵事件を契機に台湾では住民の武力による抵抗運動は終息、内地留学などを経て近代思想を身につけた知識人たちのなかから、合法的な民族運動や政治運動をめざす者があらわれた。そうした若き知識人たちと内地の日本人政治家などの媒介として存在感を示したのが資産家で知られる林献堂である。彼らは台湾人の近代化と地位向上をめざして1914年に台北で「台湾同化会」を設立、1918年には林献堂と蔡培火ら留学生が東京で「啓発会」を結成、さらにその発展形として1920年に「新民会」を発足したほか、雑誌『台湾青年』の刊行や1921年1月の第1回台湾議会設置請願運動などを展開、民族運動の先駆的役割を果たした。

これらの活動は、島内外の台湾知識人たちに大きな影響を与えた。なかでも蔣渭水は、医学校在学中に孫文の中国革命思想に共鳴し、1920年頃から知識青年を集め啓蒙活動を開始しており、林献堂らの議会設置請願運動にも賛意を表明していた。こうした民族運動の気運と、それらを統合する新たな組織を求める声が、台湾文化協会設立につながったのである。

[**台湾文化協会の活動**]　上述のように、台湾文化協会の活動は主に文化啓蒙運動と政治活動に大別される。文化面では、各地の都市部に新聞・雑誌閲覧所を設置して定期講演会を実施したほか、各種の講習会や夏季学校の開催、新劇の上演、映画の巡回上演をおこなって民衆の知識向上に努めた。しかし、統治者側からみれば文化講演会は政治的かつ民族的な色彩を帯びた内容であったため、開催は常に警察官の監視のもとでおこなわれ、時に中止や解散を余儀なくされることもあった。

一方、政治運動の軸ともいえる議会設置請願運動は、1923年1月から施行された治安警察法による弾圧を受けつつも、東京で台湾議会期成同盟会を結成して活動を続けた。これに対し総督府は同年6月、総督府評議会員の辜

顕栄、林熊徴らに呼びかけ、台湾文化協会の対抗団体「公益会」を発足させるなど牽制した。さらに同年12月、期成同盟会と文化協会関係者が治安警察法違反の疑いにより台湾で検挙される事件（「治警事件」）が起こったことで、台湾人の政治的自由や自治獲得の必要性が浮き彫りになるとともに、その困難な道のりも明らかになった。

[**台湾文化協会の分裂**] 1925年前後から国際的な高まりをみせた共産主義の影響を受け、台湾文化協会内部でも思想的な路線対立が顕著になった。翌26年には文化協会の改組や指導権をめぐって組織内に軋轢が生じ、翌27年日本共産党の山川均に共鳴した連温卿ら左派が主導権を握ると、林献堂、蒋渭水、蔡培火らは脱会し台湾民衆党を結成した。

　左派が指導する文化協会は台湾民衆党と競って労働団体の組織化を進めたが、指導した労働争議は失敗に帰することが多く、結果的に労働運動の主導権は民衆党に握られた。1929年連温卿派と王敏川派の対立が激化、連温卿派は文化協会から除名された。またこの頃から島内で地下活動を活発化させた台湾共産党との関係から「文化協会解消論」が起こるなど、存在意義そのものを問われる状況に陥った。1931年、文化協会幹部が治安維持法違反で検挙されたことで、組織は壊滅状態となった。　　　　　　　〈胎中千鶴〉

参 許世楷『日本統治下の台湾』東京大学出版会、1972／若林正丈『台湾抗日運動史研究 増補版』研文出版、2001／天児慧・石原享一・朱建栄・辻康吾・菱田雅晴・村田雄二郎編『岩波現代中国事典』岩波書店、1999／胎中千鶴『葬儀の植民地社会史——帝国日本と台湾の〈近代〉』風響社、2008

●林献堂

　りん・けんどう、Lín Xiàntáng（1881.12.3-1956.9.8）　日本統治期の民族運動家。1881年中部随一の資産家霧峰林家に生まれる。27歳の時、日本に亡命中の梁啓超と出会い近代思想の薫陶を受けたことで、台湾人の近代化と地位向上をめざすようになった。1913年東京で板垣退助と知己を得て、翌14年に台湾同化会を結成したが、当局により解散を余儀なくされる。翌15年台湾人子弟を対象とした台中中学校を設立。1919年、東京で政治団体「啓発会」を結成して会長に就任、1920年に「新民会」として再発足した。当初は六三法撤廃に運動の力点を置いたが、次第に台湾議会設立を主張、翌21年から台湾議会設置請願運動を展開した。同年蒋渭水らが台湾文化協会を設立すると総理に就任、同会発行の刊行物『台湾民報』理事長を務める。1927年路線党争によって連温卿、王敏川ら左派が協会の

主導権を握ると、林は蔣渭水、蔡培火らと共に台湾民衆党を設立、顧問に就任したが、左傾化する蔣渭水と決裂、1930年台湾地方自治連盟を結成し顧問となる。しかし総督府の民族運動弾圧が強化されると、次第に組織的運動から距離を置くようになる。1945年貴族院勅選議員。日本の敗戦後、翌46年台湾省参議会議員、彰化銀行理事などを歴任。49年、病気治療のため渡日、56年、東京で客死。〈胎中千鶴〉

参 許世楷『日本統治下の台湾』東京大学出版会、1972／若林正丈『台湾抗日運動史研究 増補版』研文出版、2001／野口真広『植民地台湾の自治——自律的空間への意思』早稲田大学出版部、2017

●蔣渭水

しょう・いすい、Jiǎng Wèishuǐ（1890?/1891?–1931.8.5）　日本統治期の民族運動家。宜蘭に生まれる。1910年台北医学校に入学。在学中に孫文の中国革命思想に共鳴し、民族運動を志すようになる。卒業後、宜蘭医院勤務を経て台北の大稲埕に大安医院を開業。1921年の台湾文化協会の創立に尽力、専務理事となる。1923年台湾議会期成同盟会を組織して成立大会を挙行するが、治安警察法違反で検挙される。1925年仮出獄後、文化協会の講習会や講演会を利用し各地で遊説、台湾議会設置請願運動を積極的に展開して台湾人の民族意識を高めた。1927年台湾文化協会の主導権を左派が握ると、林献堂らと共に脱会し台湾民衆党を結成。翌28年第2回党大会後は党内の主導権を握り、労働争議を指導した。1930年党内右派の林献堂、蔡培火らと決裂したが、林らが台湾地方自治連盟を結成した後も蔣は民衆党で「階級調和論」による労農運動を中心とした全民活動を継続、翌31年に結社禁止令によって党が強制解散を余儀なくされるまで、民衆党の中心的人物として民族運動の先頭に立った。同年8月、腸チフスにより死去。同月台北で挙行された葬儀は「大衆葬」と呼ばれ、近代的合理主義の観点から伝統的な慣習や宗教性を排除した簡素なものであった。　〈胎中千鶴〉

参 許世楷『日本統治下の台湾』東京大学出版会、1972／若林正丈『台湾抗日運動史研究 増補版』研文出版、2001／胎中千鶴『葬儀の植民地社会史——帝国日本と台湾の〈近代〉』風響社、2008

●蔡培火

さい・ばいか、Cài Péihuǒ（1889.5.22–1983.1.4）　現在の雲林県生まれ。台湾総督府国語学校卒業、台南第二公学校教員となるが、板垣退助らの台湾同化会の運動に参加して免職。林献堂の援助で東京高等師範学校に留学。植村正久と知り合いキ

リスト教の信仰に入る。1920年雑誌『台湾青年』創刊、翌21年台湾議会設置請願運動を開始。台湾議会設置期成同盟会理事、台湾文化協会専務理事となるが、23年台湾総督府による治安警察法に基づく期成同盟会弾圧事件(「治警事件」)で逮捕、入獄する。1924年保釈期間中に林呈禄とともに矢内原忠雄を訪ね、台湾議会設置請願運動への支持を要請した。1927年の矢内原の台湾調査では案内を務め、その後交友関係を深めた。台湾文化協会分裂後は台湾民衆党に、ついで台湾地方自治連盟に参加したが、のち社会運動が困難になり東京に移住し中華料理「味仙」を経営。1942年上海に移住、1945年重慶に赴き中国国民党に入党、翌年台湾に戻ってからは行政院政務委員、中華民国赤十字副会長などを務めた。若い頃から台湾語(閩南語)のローマ字表記を研究、提唱したが、普及にはいたらなかった。

蔡培火の著した『日本々国民に与ふ』(1928年)、『東亜の子かく思ふ』(1937年)は、台湾人の政治思想を日本語で日本人に対して主張した歴史的遺産のひとつであり、矢内原との魂の交流は永く記憶さるべき人間の記録であろう。
〈春山明哲〉

参若林正丈編『矢内原忠雄「帝国主義下の台湾」精読』岩波現代文庫、2001／張漢裕主編『蔡培火全集』全7巻、呉三連台湾史料基金会、2000

●矢内原忠雄

やないはら・ただお(1893.1.27–1961.12.25)愛媛県生まれ。神戸中学校を経て1910年第一高等学校に入学。新渡戸稲造校長の読書会と無教会主義のクリスチャン内村鑑三の聖書研究会に入る。新渡戸と内村は矢内原にとって生涯にわたる学問と信仰の師となった。1913年東京帝国大学法科大学に入学。新渡戸の植民政策、吉野作造の民本主義の講義を聴く。1917年東京帝大卒業、住友総本店に勤務ののち1920年東京帝大経済学部助教授に就任。欧州留学後1923年教授に昇任、植民政策の講義を担当。1937年軍国主義批判の言論活動を非難され東大教授を辞職(「矢内原事件」)。戦時下は聖書研究に専念。1945年東大教授に復帰、経済学部長、教養学部初代学部長、東大総長を歴任、1961年死去。

1927年、台湾議会設置請願運動の活動家蔡培火、林呈禄の要請で台湾に調査旅行。蔡培火、葉栄鐘が案内、指導者の林献堂にも会い、台湾植民地統治の実態調査のほか、各地で講演を行い、1929年『帝国主義下の台湾』を刊行。同書は社会科学的地域研究の古典として評価され、台湾史研究の基本文献となっている。「虐げらるゝものの解放、沈めるものの向上、而して自

主独立なるものの平和的結合」（序文より）を高唱する矢内原と蔡培火ら台湾の新知識青年との交流は、戦後における台湾史研究の再出発の精神的基盤ともなった。　　　　　〈春山明哲〉

參若林正丈編『矢内原忠雄「帝国主義下の台湾」精読』岩波現代文庫、2001／鴨下重彦・木畑洋一・池田信雄・川中子義勝編『矢内原忠雄』東京大学出版会、2011／関口安義『評伝 矢内原忠雄』新教出版社、2019

●台湾新文学運動

　台湾新文学運動とは1920年代に中国の新文学運動を範として始まり、社会運動、文化運動と連携して行われた文学活動である。だが一般には「台湾新文学」と「日本時代の台湾の近代文学」とはほぼ同義に考えられており、ここでもそれに従う。また日本人による文学活動は日本文学の中の台湾文学もしくは植民地文学として考えられるべきもので、ここには含まれない。

［新文学運動以前］　台湾社会は19世紀の半ばごろから移民社会から土着社会への転換が進み、日本時代にそれが決定的となった。また1858年の天津条約で淡水、安平、基隆、高雄が開港されて海外との通交が進み、さらに74年の日本の台湾出兵、85年の清仏戦争での台湾の一時占領などによる危機感から85年には台湾省が置かれ、劉銘伝の新政が行われた。そうした動

きを支えた土着の地主、資産家、即ち地域エリート層は、同時に旧文学（漢詩文）の担い手であり、こうした知識人層の定着と成熟の中から清末には施士浩、邱逢甲、許南英などの優れた詩人が現れた。日本の植民地支配が始まると施、邱、許らはみな大陸へ移ったが、台湾に残ることを選んだ者は当然多数を占め、彼らの間では伝統文化の保存を目的として詩社を設立することが盛んとなった。林痴仙、林幼春、蔡恵如、林献堂などの櫟社（れき）（1902年設立）、連雅堂らの南社（06年）、陳逢源らの春鶯吟社（15年）、黄純青らの詠霓吟社（えいげいぎん）（05年）、全島規模の瀛社（えい）（10年）など、日本時代を通じて200近くの詩社が作られ、またこうした活動を基盤として『新学叢誌』、『台湾文芸叢誌』、『台湾詩報』、『台湾詩薈』、『三六九小報』などの漢詩文の雑誌が刊行された。こうした詩社の活動は一方で櫟社を典型として、日本人を排除した地域エリートのネットワークとしての意味を持っていただろうが、他方当初の総督府高官には漢詩文に堪能なものも多く、彼らは地域エリートを懐柔、妥協させる道具として漢詩文を利用し、詩社もまたその受け皿ともなった。こうした地域エリートの二面性が新文学運動の前提であり、彼らの次の世代が新文学運動の担い手となる。

［新文学運動の形成］　新文学運動は事実上1923年の白話文（口語文）によ

る啓蒙誌『台湾民報』の創刊によって始まったといってもよい。武装抗日から政治的抗日運動への転換を担った台湾文化協会は、政治運動としては大正デモクラシーの影響を受け、その流れの中で行われたが、同時にそのためには台湾の民衆を主体として呼び込むための啓蒙が急務だとした。こうした社会運動、文化運動の範となったのは日本のそれの他に、中国における五四運動から国民革命への動きが大きかった。社会革新によって近代に適応した体制を整え（反封建主義）、半植民地状態を克服し、新しい国家・社会体制を作ろうとする（反帝国主義）中国の動きは、社会革新を基盤として植民地支配に抵抗しようとする台湾文化協会の指向と重なるものであり、そのための重要な道具が白話文だった。啓蒙精神と白話文とは、中国新文学運動の二つの柱だったが、こうした中国新文学運動の精神を台湾に伝え、鼓吹したのが北京留学中の張我軍である。張は主として胡適の理論によりながら旧文学を激しく批判したため、これに反対する悶葫蘆生らとの間に激しい論争が行われた。新旧文学論争（1924、25年）である。張は論争のかたわら魯迅、郭沫若、謝冰心らの作品を積極的に転載、紹介した。またこれに呼応して頼和、楊雲萍、楊守愚らも創作を始めた。楊雲萍はまた白話文の同人誌『人人』（1925年、都合2冊）を刊行した。

[新文学運動の展開]　新文学運動の形成期には、運動は中国の新文化運動を範とし、その背景にあった中国ナショナリズムと未分化のまま、これに合流していこうとする傾きを持っていた。だが1930年頃から台湾独自の方向が現れ始めた。左派の形成により27年台湾文化協会が分裂し、より民族主義的な台湾民衆党が結成される一方、社会主義派も様々の形で活動を広げていった。30年には王萬徳らの『伍人報』（都合15冊）や、『台湾戦線』（都合4冊）、『洪水報』（都合10冊？）、『明日』（都合4冊）などのプロレタリア誌が相次いで創刊された（いずれも同年中に停刊）。この『伍人報』で黄石輝が、台湾の民衆にとっては文言文（文語文）も白話文も自らのことばから遠い「貴族式」のものに過ぎないので、彼らに理解できる台湾話文（台湾語による口語文）によって台湾の郷土、民衆の生活を描くべきだと主張した。これに対して台湾という狭い郷土に執着するよりは、より広く階級の観点を持つべきだし、標準化の未熟な台湾話文よりは、近代の標準語として広く普及し始めている中国白話文によるべきだとする反対論があり、後の『南音』に至るまで、『台湾新民報』『台湾新聞』『昭和新報』などで活発な議論が交わされた。郷土文学論争である。台湾話文を主張したのは黄石輝、郭秋生、荘遂性（垂勝）、黄春成、李献章など多くは左派の立場

からの大衆のための文学を主張したものだが、鄭坤伍、黄純青のように、旧文学の立場から中国白話文に反対し、より台湾の伝統に近い台湾話文に賛成したものもある。また中国白話文を主張したものは廖毓文（漢臣）、林克夫、朱点人、頼明弘などである。

31年には日本と同じく弾圧のため多くの活動が封じられ、民衆党も解散させられ、台湾地方自治連盟だけがかろうじて活動を継続した。日本と同じく政治運動、社会運動を封じられたため、文学に最後の場を見いだした者も多かったと思われる。地方自治連盟とやや近いところにいた周定山、黄春成、荘遂性、葉栄鐘、洪橋（炎秋）、頼和、郭秋生、陳逢源、呉春霖らによって32年白話文誌『南音』が刊行された（都合10冊）。『南音』はまた郷土文学論を展開するとともに、台湾話文の形成に力を入れた。これは台湾意識を理論化する最初の試みともいえる。

33年には東京の台湾人留学生によって台湾芸術研究会が作られ、日本語による機関誌『フォルモサ』が刊行された（都合3冊）。関係したのは王白淵、張文環、呉坤煌、巫永福、呉希聖らである。その刺激を受けて台湾でも34年、郭秋生、廖漢臣、黄得時、林克夫、朱点人、王詩琅らの台湾文芸協会から白話文の機関誌『先発部隊』が刊行された（1冊のみ）が、翌35年の第2号は当局の干渉に遭い、『第

一線』と改題し、日本語を交ぜて刊行された（1冊のみ）。また34年には頼明弘、張深切らの主唱により台湾文芸連盟が結成され、機関誌『台湾文芸』が創刊された（36年まで都合15冊）。さらに35年『台湾文芸』の編集に飽きたらない楊逵が、『台湾新文学』を創刊した（37年まで都合14冊）。『台湾文芸』『台湾新文学』はともに中国語（白話文）、日本語を合わせた構成になっており、日本語部分には日本人も書いている。だが強まる弾圧の中で37年はじめには両誌とも停刊した。『台湾新文学』の停刊は経営難もあるが、中国語部分を禁じられたことも大きな原因と言える。ちなみに37年には総督府はすべての新聞での漢文欄を禁止している。『フォルモサ』以下の5誌はみなプロレタリア文学の流れを受け継ぐもので、後退戦を戦っている形であり、また強化される同化主義に抗して台湾の情況を文学として定着しようとするものでもあった。

この時期までの主要な作者として、中国語では頼和、楊雲萍、張我軍、楊守愚、朱点人、蔡愁洞、陳虚谷、楊華、王詩琅、張慶堂、林越峰などがあり、日本語には王白淵、巫永福、呉天賞、張文環、楊逵、呂赫若、呉希聖、翁鬧、龍瑛宗、呉濁流などがある。また楊逵、呂赫若、龍瑛宗などは日本の雑誌にも作品が掲載され、日本でも知られるようになった。

30 年代には大衆消費文化の波が台湾にもおよび、日本の大衆誌『キング』などがよく読まれた。またレコード、ラジオなどの新しい媒体によって台湾語歌謡が多く作られた。こうした中で文学でも林輝焜、阿Q之弟（徐坤泉）などが通俗恋愛小説の手法を借りて台湾社会を描き、『台湾新民報』に連載された。阿Q之弟は一般によく読まれ、台湾の大衆小説のはしりとされる。林輝焜のものは日本語で書かれ、阿Q之弟のは白話文で書かれた。

　白話文と啓蒙精神を核とする中国新文学運動を範として始まった新文学運動だが、その展開に従って台湾独自の形を示すことになった。言語の問題でいえば第一に文言文と白話文の対立は中国では軍閥政府対国民政府の政治的対立とも関わる非妥協的側面を持ったが、台湾では台湾話文論に見られたように日本の同化主義への抵抗という側面で旧文学と新文学が協同する場合もあった。また第二に 20 年代には知識人たちは一部の中国留学生を除いてみな日本語で教育を受けたため、日本語で書くことが自然となってゆき、30 年代の雑誌では日本語の投稿のほうが多くなっていった。これら日本語のものも新文学運動の成果としなければならない。さらに第三として台湾話文による創作の試みもある。地域言語（方言）によって書こうとする試みは、中国のそれ（大衆語論争など）より早い。

ただし台湾話文論は漢字表記を前提としていた。（台湾語表記としては教会ローマ字もあり、それによる新聞も刊行されていた（1885 年に『台湾府城教会報』として創刊され、その後しばしば組織、名称を変えつつ『台湾教会公報』として現在に至るものなど）が、これについてはまだ調査研究が進んでいないため触れることはできない。）

　次に啓蒙精神については厳しい弾圧の下で運動としては困難になっていったが、努力は植民地支配の実態を描き、台湾の社会を描くところに集約されていったように見える。こうした努力は台湾人意識を自覚化する上で大きな意味を持ったと考えられる。

［皇民化時代］　1937 年以降皇民化政策の締め付けと戦争協力の強制の中で、それまでのような文学運動は不可能となったが、台湾人の日本語による創作は続いた。1939 年西川満、黄得時らによって台湾文芸家協会が組織され、翌 40 年機関誌『文芸台湾』が創刊された（43 年まで、都合 38 冊）。これには多くの台湾人作家が参加しているが、いわば在台日本人の文学活動に台湾人作家が吸収されていった形である。20 年代頃からは台湾生まれ、台湾育ちの日本人（湾生）も多くなり、彼らには彼らなりの台湾意識があって、台湾人作家と共通する部分も無しとはしなかった。また台湾人作家はそのような形でしか創作の場を求めにくかった

とも言える。41年には西川満の文学志向に反発した張文環がより写実主義志向の『台湾文学』(43年まで都合10冊)を創刊し、坂口澪子などこれに協力した日本人作家もあった。だが43年台湾文学奉公会主催の台湾決戦文学会議開催を契機にこの2誌はともに廃刊となり、44年台湾文学奉公会創刊の『台湾文芸』(45年まで、都合6冊)に統合された。この時期に書き始めた作家には葉石濤、王昶雄、陳火泉、周金波などがいる。この時期の作品は多かれ少なかれ皇民化、戦争の国策に沿う部分をふくまざるを得ないが、しかし台湾人を描くという点では新文学運動の流れの中にあるものと考えてよい。 〈松永正義〉

参 尾崎秀樹『近代文学の傷痕』岩波書店同時代ライブラリー、1991／河原功『台湾新文学運動の展開』研文出版、1997／葉石濤、中島利郎・澤井律之訳『台湾文学史』研文出版、2000／陳芳明、下村作次郎・野間信幸・三木直大・垂水千恵・池上貞子訳『台湾新文学史』上下、東方書店、2015

● 頼和

らい・わ、Lài Hé / Lai Ho (1894.4.25-1943.1.30) 新文学運動草創期の作家。筆名、懶雲、甫三など。1894年彰化に生まれる。1909年台湾総督府医学校(後の台北帝大医学部)入学、蔣渭水の1期上だった。14年卒業。16年彰化に頼和医院を開設、以後ここで医に従事する(17年から2年ほど厦門の博愛医院に勤務)。21年台湾文化協会に加入、理事となる。23年治警事件で逮捕、投獄される。25年新旧文学論争の中で、台湾最初の白話文の創作「無題」を『台湾民報』に書く。これは失恋した青年の感情を描いた散文詩風のものだが、白話文という新しい文体が、新鮮な描写を可能にするという見本を提出した形である。26年には台湾最初の白話文小説「鬥鬧熱(祭りの騒ぎ)」を発表。こうした習作を経てのちに書いた小説はみな植民地支配下での民衆の苦悩と怒りを表現したもので、新文学運動の代表的作家となった。また『台湾民報』『台湾新民報』の編集として多くの文学者を育て、新文学運動の父、台湾の魯迅とも言われる。41年真珠湾攻撃の翌日逮捕、50日ほど投獄され、獄中で悪化した病のため、43年死去。

〈松永正義〉

参 李南衡主編『日拠下台湾新文学 明集1 頼和先生全集』明潭出版社、1979／林瑞明編『頼和全集』6巻、前衛出版社、2000／蔡明諺主編『新編頼和全集』5巻、前衛出版社、2021

● 大谷光瑞

おおたに・こうずい (1876.12.27-1948.10.5) 浄土真宗本願寺(以下本願寺といえば西本願寺を

指す) 派第22世法主。大谷光尊 (本願寺第21世) の長男として生まれる。1886 (明治19) 年11歳で学習院に入学するが程なくして退学する。そして本願寺内で、本願寺の碩学について真宗学や仏教学などを学んだ。

1899年「国家の前途と宗教の将来」について深く考究するところがあり、中国に渡った。その後インド仏跡旅行におもむき、さらにロンドン遊学を経て中央アジア探検を企てた。しかし大谷光瑞の真骨頂は探検隊ではなく、アジア各地の一大ネットワークの構築であり、アジアの産業の振興であった。ここではとくに台湾に関わる大谷光瑞の姿を提示したい。

大谷光瑞は台湾を「如意宝珠の島」と呼んだ。とくに港町である高雄の優位性について「打狗 (高雄) は立派な港である。金さへ掛ければどうにでもなる素質を持って居る……此打狗港を発展させて香港の中継貿易を奪うと云うのが私の持論です」(『台湾日日新報』1917年11月28日付) といい、その後光瑞自身も「熱帯産業調査会」委員を務めたり、また高雄に居を移し、自身の別荘「逍遙園」を中心として熱帯農業を展開させ、バナナの輸出、パイナップル畑の経営そしてパイナップル缶詰の輸出などに関わっていた。やがて戦局の悪化により光瑞は帰国を余儀なくされた。敗戦の報を中国大連で聞き、抑留生活を経て日本に帰国したのは1947年3月のことであった。翌1948年10月に療養先の別府で亡くなった。　　　　　〈柴田幹夫〉

参 柴田幹夫『大谷光瑞の研究——アジア広域における諸活動』勉誠出版、2014／柴田幹夫編『大谷光瑞とアジア——知られざるアジア主義者の軌跡』勉誠出版、2010／柴田幹夫「大谷光瑞と台湾の近代化」河合文化教育研究所『研究論集』第13集、2017

●黄土水

(李文清氏提供)

こう・どすい、Huáng Tǔshuǐ / Huang Tushui (1895.7.3–1930.12.21) 台北の萬華に生まれる。早世した父親は木工業に従事しており、家庭は決して裕福では無かった。台湾総督府国語学校に進学後、彫刻に優れた才があるのを見出され、国語学校長の推薦によって、1915年東京美術学校彫刻科木彫部に入学、同校に入学した初めての台湾人となる。卒業後の1920年に台湾原住民をモチーフとした《蕃童》で台湾人として初めて日本の帝展に入選、大理石の裸婦像《甘露水》(1921) などで計4度の入選を果たす。1923年頃より台湾の水牛をモチーフとし、《水牛群像》(三の丸尚蔵館、1928)、《南国 (水牛群像)》(台北市中山堂、1930) などの代表作がある。台湾近代美術において、黄土水は「台湾」を初めて自己

《甘露水》

のアイデンティティと結びつけ、新しい台湾像の創造を試みるなど、先駆的な足跡を残した。後期には日台の名士の肖像彫刻も多数手がけた。1930年に35歳で東京にて逝去、未亡人によって代表作が台湾教育会館に寄贈されたが、戦後に廃棄されたと見られ、その作品の多くが散逸した。2021年、民間で長く秘蔵されてきた《甘露水》が台湾の文化部へ寄贈されるなど、作品の発掘と再評価が始まっている。　　　　　　　〈鈴木恵可〉

参邱函妮『描かれた「故郷」——日本統治期における台湾美術の研究』東京大学出版会、2023

● 江文也

こう・ぶんや、Jiāng Wényě（1910.6.11-1983.10.24）　本名は江文彬。日本・台湾及び中国で活躍した作曲家・声楽家・研究者。1910年に台北庁大稲埕で生まれた。1916年厦門に移り1918年から旭瀛書院で学ぶ。1923年に内地へ渡り、翌年長野県上田中学に入学、1929年武蔵高等工業学校へと進学した。

1931年から阿部英雄に声楽を学び、翌年日本コロムビアレコードと専属歌手契約を結び、江文也名でレコーディングした。1932年には第1回全国音楽コンクール声楽部門で入選を果たし山田耕筰に師事。第3回は作曲部門で第2位となり、第6回まで連続して入選した。1934年台湾巡回コンサートを実施。1936年には「台湾舞曲（Formosan Dance）」がベルリン・オリンピック芸術競技音楽部門で入賞を果たした。1938年、日本軍支配下の北京に滞在し大学で教える傍ら、戦争宣伝の映画音楽や歌曲の製作に携わった。第二次世界大戦が終結すると、文化漢奸の罪を問われ、国民党に捕らえられ投獄された。釈放後台湾に渡るも二・二八事件の混乱の中、中国に再渡航。1950年中央音楽学院教授となり、後進の教育や音楽の研究、作曲に取り組んだが、反右派闘争で批判を受け、教授職を解任され下放。文化大革命中、数多くの楽譜が没収され散逸した。1978年に「右派分子」の汚名が雪がれ教授に復帰するが、1983年に北京で死去した。　　　　　〈松金公正〉

参井田敏『まぼろしの五線譜——江文也という「日本人」』白水社、1999／劉美蓮、西村正男監訳、廣瀬光沙訳『音楽と戦争のロンド——台湾・日本・中国のはざまで奮闘した音楽家・江文也の生涯』集広舎、2022

●石川欽一郎

いしかわ・きんいちろう（1871.8.8–1945.9.10）洋画家・美術教育者。水彩画家として風景画を多く残している。1871年静岡県に生まれ、尋常小学校・中学校時代から絵や英語を学んだ。1888年に逓信省所管の東京電信学校に入学し小代為重から洋画を学び、1891年に明治美術会に入会した。1900年には英語能力を認められ陸軍通訳官となり北清事変講和会議のため中国へ従軍。1904年日露戦争では通訳官として満洲へ出征しスケッチを描いた。1907年台湾総督府陸軍部通訳官として渡台、1909年には佐久間左馬太総督の命を受け隘勇線の実景を写生した。翌年総督府国語学校の図画教師を兼任し、番茶会という文化人サロンを主宰するなど、学内外で水彩画の普及に尽くした。1916年に帰国するも1924年に台北師範学校校長志保田鉎吉の勧誘に応じ再渡台。民族運動の台頭により学校内でも騒動が発生する中、1926年、教え子の倪蔣懷、陳澄波、藍蔭鼎、陳植棋らによる七星画壇結成や台湾人画家による最初の西洋絵画のグループ展開催を支援した。台湾水彩画会・台湾絵画研究所などの設立に尽力し、1927年には第1回台湾美術展覧会（台展）の審査員になるなど、初期の台湾美術界における西洋絵画の普及と啓蒙に影響を与えた。1932年に帰国した後は、日本水彩画会展などに作品を発表し、終戦直後の1945年9月に74歳で逝去した。

〈松金公正〉

参 立花義彰『日本の水彩画12　石川欽一郎』第一法規出版、1989／中村義一「石川欽一郎と塩月桃甫——日本近代美術史における植民地美術の問題」『京都教育大学紀要 A 人文・社会』第76号、1990／森美根子『台湾を描いた画家たち』産経新聞出版、2010

●蓬莱米

台湾は亜熱帯気候に属し、年2回の米収穫が可能である。日本統治期に入ると、台湾米の収穫期は、1期作が日本の夏前の端境期、2期作が日本の年末のモチ米需要期と重なるため、日本本国から米の新たな供給地として注目された。ただし当時の台湾米はインディカ米であり、日本人の食味に合わず、評価が低かった。

台湾総督府の台中州試験場に勤務した磯永吉（場長）と末永仁（技手）らは、日本米（ジャポニカ米）を台湾で栽培する技術の開発を進め、1922年に成功した。1926年、当時の伊沢多喜男総督により、台湾産ジャポニカ米は蓬莱米と命名された。蓬莱米は総称であり、最初の成功品種である中村種、食味も良く病害虫に強い台中65号、

磯永吉
（福山市文化振興課提供）

そして台中65号の後継品種と多岐にわたる。インディカ米との交雑種も存在する。

蓬萊米は単に日本人の食味にあい、日本に高く売れる米では無かった。農学理論を背景とした、病害虫に強く、倒伏し辛く、脱粒の少ない米であり、肥料が多いほど多くの収穫を見込める米であった。蓬萊米の普及とともに、台湾農業は肥料を多投する農業へと変貌していった。

蓬萊米の生産拡大は日本の米不足解消に役立ったが、その収益の高さは、台湾のサトウキビ生産農家を米生産へと切り替えさせる誘因となった。原料確保への脅威を感じた製糖業者は米糖相克（米と砂糖の競合）と喧伝した。日本本国も米が過剰となると、蓬萊米や朝鮮米等の植民地米は、日本の米農家へ危害を加えるものとみなされた。そのため1930年代に入ると（戦時体制下で米が再び不足するまでの間）農業水利の新設停止や、1936年制定の「米穀自治管理法」（昭和11年法律第22号）に基づく統制が行われ、蓬萊米の増産は一時的に抑制された。

1945年の日本の敗戦により、日台間の貿易は中断したが、蓬萊米は多収量を評価されて生産が継続された。1949年に軍人・避難民が中国大陸から流入するとその食糧として、1950年に日本との貿易が再開すると日本への主要輸出品目として、蓬萊米は重宝された。磯永吉は、ほとんどの日本人が1947年までに日本へ送り返される中、1957年に高齢を理由に退職するまで台湾に滞在し、蓬萊米の普及と改良に努めた。現在の台湾で生産されている米のほとんどは、蓬萊米の系統を受け継いでいる。　　〈やまだ　あつし〉

参 磯永吉『蓬萊米談話』山口県農業試験場、1964／川野重任『台湾米穀経済論』有斐閣、1941／涂照彦『日本帝国主義下の台湾』東京大学出版会、1975

●台北帝国大学

台北州台北市に設置された第7番目の帝国大学。1922年2月台湾教育令に大学教育が呈示され、4月に帝大進学の予備教育を行う機関として台湾総督府高等学校（後の台北高等学校）が設立されたため、台湾における大学開設が前提となり調査と計画が進められた。1925年には台湾総督府の大学案に沿って予算が計上、1928年に勅令第30号「台北帝国大学ニ関スル件」によって設立された。内地の帝国大学とは異なり、文部省ではなく台湾総督府の管轄であった。初代総長は幣原坦。文政学部、理農学部の2学部が設置されていた。教育令では内台共学が謳われたが、当初本島人学生在籍率は極めて少数で、実際は在台内地人の進学先

台北帝国大学の正門

であった。理農学部では理学と農学を総合的に研究することにより熱帯農学を推進し、文政学部では南洋史学や土俗・人種学など地域の特色を活かした研究の推進が期待された。1935年に医学部増設が決まり、翌年台北医学専門学校を台北帝国大学医学部附属医学専門部に改組、1939年熱帯医学研究所を設置した。1941年予科を開設。1943年には理学部と農学部が分離、工学部を新設し5学部に規模が拡大。南方人文研究所、南方資源科学研究所を設置し、植民地経営と南方資源開発研究機関としての特徴を強めた。戦後、中華民国に接収された。現在、国立台湾大学の沿革を紹介する校史館の展示ではその複数あるルーツのひとつと位置付けられている。　〈松金公正〉

参 李恒全「台北帝国大学成立史に関する一考察」『神戸大学発達科学部研究紀要』14-1、2006／劉書彦「京城・台北両帝国大学における理・工学部の研究体制の形成——学部構成・教員人事を中心に」『現代台湾研究』37、2010／酒井哲哉・松田利彦編『帝国日本と植民地大学』ゆまに書房、2014

●馬淵東一

(『社会人類学の諸問題』第一書房、1986より)

まぶち・とういち
（1909.1.6–1988.1.8）
戦前・戦後の昭和期全体を通して日本の台湾原住民族（高砂族）研究を牽引した社会人類学者。台北帝国大学出身の馬淵は1930年代から台湾各地の村々で精力的な実地調査を行い、すぐれた学術的業績として知られる大著『台湾高砂族系統所属の研究』（1935）の大部分を執筆した。その後は台湾に加えてインドネシア（当時のオランダ領東インド）、戦後になると日本の沖縄にも調査地域を拡げて、社会組織と民俗知識、信仰、儀礼などとの接点に視点をおく独創的な研究の成果を次々と発表した。代表的なのは、特定範囲の親族や親族集団間の霊的優劣関係をめぐる一連の比較研究であり（自身は沖縄の民俗語彙を用いて「オナリ神」研究と呼んだ）、その構想は戦前の台湾における原住民族ブヌン（布農族）、ツォウ（鄒族）の調査から始まったものである。また、戦後には日本語のほかに英語でも多くの論文を海外で発表し、人類学の国際学界において高い評価を得た。馬淵が、勤務した東京都立大学などで後継研究者の育成に尽力したことも忘れられない。

〈笠原政治〉

参馬淵東一『馬淵東　著作集』全3巻・補巻、社会思想社、1974・1988／笠原政治編『馬淵東一と台湾原住民族研究』風響社、2010

●台湾民衆党

1927年、台湾文化協会が路線党争で分裂したのち、蒋渭水や蔡培火によってあらたに結成された台湾初の合法的な政党。1921年に林献堂、蒋渭水らが設立した台湾文化協会は、次第に連温卿や王敏川ら左派勢力が主導権を握ったため、右派の林献堂、蒋渭水、蔡培火、謝春木らは彼らと袂を分かち、1927年7月に台湾民衆党を結党した。結党に先立ち、当局は綱領で用いられている「台湾人」「解放」などの字句削除を要求、また蒋渭水の党内での影響力を警戒して彼の不参加を要請したが、結果的に党の主導権は蒋渭水が握ったまま、当局は厳重な監視を前提に結党を容認した。党の政策として、政治面では自治体の民選や議決権の付与、島内における台湾人の新聞雑誌発行の許可、義務教育の実施、公学校の漢文必修化、保甲制度の撤廃など、経済面では税制改革、冗費の節約、金融制度改革などを掲げた。しかし次第に蒋渭水の指導下で左傾化したため、右派の林献堂、蔡培火らが脱党、1930年に楊肇嘉らとともに台湾地方自治連盟を結成した。その後民衆党は、蒋渭水の主張する「階級調和論」による労農運動を中心に全民活動を展開したが、1931年結社禁止法令によって解散した。　　　　　　　　　〈胎中千鶴〉

参許世楷『日本統治下の台湾』東京大学出版会、1972／近藤正己『総力戦と台湾──日本植民地崩壊の研究』刀水書房、1996／若林正丈『台湾抗日運動史研究 増補版』研文出版、2001

●台湾共産党

1928年、コミンテルンの指令により上海のフランス租界で結成された政党。組織系統上は日本共産党の「台湾民族支部」であり、その指揮下に置かれていた。結成大会には謝雪紅ら台湾人のほか、中国共産党籍を持つ翁沢生および中国共産党代表の彭栄、朝鮮人共産主義者の呂運亨ら9人が参加、政治テーゼとして「日本帝国主義打倒」「台湾共和国の建設」を掲げた。しかし台湾総督府は1928年に警察特別高等課を設けて民族主義運動の監視を強化、大会後島内では共産主義者の厳しい摘発が始まった。上海でも謝雪紅らが党結成直後に日本官憲に逮捕された。翌29年の四・一六事件では日本当局の厳しい弾圧を受けて東京特別支部壊滅、日本共産党の指導下で組織を強化するという当初の方向性が失われ、党組織の拡大はほとんど進まなかった。1931年6月、台湾共産党員の一斉摘発で新中央委員会も崩壊した。その後

残存党員は台湾文化協会と農民組合を
足場に赤色救援会を結成し、党組織の
再建を図った。この地下活動により よ
うやく台湾共産党の存在が知られるよ
うになったが、同年12月の2度目の
全島一斉検挙で台湾共産党は壊滅した。
党員の一部は大陸に逃れて活動を続け
た。　　　　　　　　　〈胎中千鶴〉

参許世楷『日本統治下の台湾』東京大学
出版会、1972／近藤正己『総力戦と台湾
──日本植民地崩壊の研究』刀水書房、
1996／若林正丈『台湾抗日運動史研究 増
補版』研文出版、2001

●霧社事件

　1930（昭和5）年10月27日、台湾
中部の山岳地帯、台中州能高郡霧社の
先住民族セデックの集落6社は、警察
官の収奪や横暴を不満として、住民を
挙げて蜂起した。霧社は当時台湾総督
府が特別行政地区として支配する「蕃
地」と呼ばれた地域のひとつである。
蜂起したのは、能高郡警察課の霧社分
室管内の集落11社のうちマヘボ・ボ
アルン・ホーゴー・ロードフ・タロワ
ン・スークの6社を中心とする壮丁約
300人で、マヘボ社の頭目モーナ・ル
ダオを指導者として、管内の13の警
察官駐在所を次々に襲撃して村田銃な
ど180挺、弾薬約2万3000発を奪い、
ついで霧社公学校で開催された小学
校・公学校・蕃童教育所の連合運動会
の会場を襲撃した。この蜂起で日本人

134人が殺害されたが（後に重傷者等
3名が死亡）、台湾人の遭難は和服を
着ていて日本人と誤認された2人のみ
で、日本人だけがそれも女性子供の別
なく標的にされた。「模範蕃社」とさ
れた霧社の武装蜂起は日本当局に大き
な衝撃を与えた。

　霧社における反乱に驚愕した台湾総
督府と台湾軍（台湾駐屯の日本陸軍）
は、軍隊・警察部隊計約2600名のほか、
多数の台湾人人夫を動員し、さらには
蜂起に参加しなかった部落の住民を
「味方蕃」として動員した。セデック
と対立関係にあったタウツア、トロッ
ク集落の約300名は銃器を与えられ、
蜂起側と熾烈な戦闘を展開した。日本
軍は山砲・機関銃・飛行機・焼夷弾な
ど近代兵器を投入したうえ、国際条約
によって禁止されていた毒ガス弾を開
発・試作し、投下・砲撃に使用した。
投降勧告のビラが飛行機から撒かれ、
「味方蕃」による蜂起側の馘首には懸
賞金が掛けられた。蜂起側は峻険な山
岳地形を利用して50余日にわたり頑
強に抵抗したが、夥しい戦死者と自殺
者を出して鎮圧された。

　この蜂起の原因をめぐって台湾総督
府は内部秘密文書で、①セデックの祖
霊への信仰と団結力の強さ、②マヘボ
社頭目モーナ・ルダオの警察当局への
反抗心、③タダオ・モーナ（モーナ・
ルダオの長男）と吉村巡査の間の殴打
事件、④小学校寄宿舎建築工事にとも

なう出役の負担、木材運搬方法、賃金支払いの問題、⑤ピホ・サッポとピホ・ワリスの画策、などを挙げている。また、近年の研究ではセデック族の社会的文化的規範である「ガヤ」との関係も指摘されている。霧社事件はセデック挙げての決死的抗日蜂起であった。

霧社事件にはさまざまな個性的な人間が登場する。セデックの英雄モーナ・ルダオ、その長男のタダオ・モーナ、躊躇の末に先陣を切ったホーゴー社頭目のタダオ・ノーカン、同族の存続を優先させたパーラン社頭目のワリス・ブニ、小島巡査の説得に応じて日本に「味方」したモーナ・ルダオのライバル、トンバラハ社頭目のタイモ・ワリスなど。とりわけ、花岡一郎（ダッキス・ノービン）と花岡二郎（ダッキス・ナウイ）の行動と死は謎に満ち、悲劇的であった。一郎は台中師範学校、二郎は埔里小学校で教育を受けた先覚的青年で、それぞれ川野花子（オビン・ナウイ）、高山初子（花岡初子、オビン・タダオ。タダオ・ノーカンの娘）と結婚させられた「理蕃政策」のモデルであった。彼らは蜂起に対してどのように関わったのか。生き延びた初子は戦後、霧社事件の貴重な証言者となった。

この事件では石塚英蔵台湾総督など総督府高官4人が辞任に追い込まれた。時の浜口雄幸民政党内閣は、帝国議会において政友会や無産政党に厳しく追及されるなど、国内・国際的にも大きな反響が起こった。台湾総督府は山地政策の見直しに着手している。

翌1931年4月、投降後収容されていた住民は、報復を意図した警察に教唆された「味方蕃」の襲撃によりその半数が殺され、生き残った者も川中島に強制移住させられた（「第二霧社事件」とも言われる）。

戦後、防空壕掘りの作業中10数体の白骨が発見された。これが霧社抗日蜂起の記念碑建立のきっかけとなり、モーナ・ルダオの遺骸の霧社への帰還と埋葬に繋がっていった。1980年代以降、台湾先住民（原住民族）自身による霧社事件の再解釈と表現が展開していく。

霧社事件の史実についてはさまざまな解釈が可能である。そして、その記憶は想像力によって再創造され、これまで数多くの歴史研究論文、証言記録、口述歴史、ルポルタージュ、小説・戯曲、映像などの作品が生み出されてきた。　　　　　　　　　〈春山明哲〉

参戴國煇編著『台湾霧社蜂起事件——研究と資料』社会思想社、1981／春山明哲編・解説『台湾霧社事件軍事関係資料』不二出版、1992／中村ふじゑ『オビンの伝言——タイヤルの森をゆるがせた台湾・霧社事件』梨の木舎、2000／鄧相揚、下村作次郎・魚住悦子訳『抗日霧社事件の歴史——日本人の大量殺害はなぜ、おこったか』日本機関紙出版センター、2000／春山明哲『近代日本と台湾——霧社事件・植民地統治政策の研究』藤原書店、2008／『日本台湾学会報』12号「特集：台湾原住民族にとっての霧社事件」、2010.5

●理蕃政策大綱

　1930年に発生した霧社事件後の1931年に植民地当局（大日本帝国・台湾総督府）が作成した、原住民統治に関する方針を提示・解説する文書である。

　8項目から構成される「大綱」は、当時「理蕃」とよばれた原住民統治に従事する警察スタッフに、業務に関わる8つの要点を示すことで、当局の統治方針を伝えるものになっている。要点となる8点の項目それぞれに、詳しい解説が付されている。

　これは、霧社事件の発生原因や、対処方法についての検討をふまえて作成されたものであると考えられる。そのことは、例えば「大綱」の6点目に挙げられた、現地駐在の警察官の人選に慎重を期すといった記述などから窺える。

　「大綱」通達の実際上の目的は、統治にあたって現地の状況を正確に把握し、信頼関係にもとづいて原住民にとって理に適うような政策・施策を丁寧に行うべきことを説くものである、と説明・記述から読み取ることができる。その意味ではこの文書は、霧社事件後に「理蕃」に関わる警察スタッフに向けて業務上の心得を伝えるようなものであったと考えられる。

　「大綱」通達前後の統治内容などを検討すれば、これは従来とは異なる新たな政策内容を伝えたものではなく、人事の点を除けば、むしろ、従来の原住民統治の要点を再提示したものであると思われるが、1930年に発生した予想外の事態に対する当局の対応を示すものであることは間違いがない。

〈松岡格〉

参 近藤正己『総力戦と台湾──日本植民地崩壊の研究』刀水書房、1996／北村嘉恵『日本植民地下の台湾先住民教育史』北海道大学出版会、2008／春山明哲『近代日本と台湾──霧社事件・植民地統治政策の研究』藤原書店、2008

●台湾地方自治連盟

　1930年に植民地台湾で地方自治制度の確立をめざして結成された政治運動団体。1927年に結党した台湾民衆党は、農民・労働者の組織化を党の基盤と考える蔣渭水の指導のもとで次第に左傾化したため、林献堂、蔡培火ら穏健右派はこれに反発、地方自治の実現を単一目標とする新たな組織の結成を企図した。林献堂らは当時早稲田大学を卒業したばかりの楊肇嘉にも参加を促し、1930年8月、台中で台湾地方自治連盟の創立大会を挙行した。当日は1300人以上の聴衆が集まったが、登壇予定の弁士7人のうち楊肇嘉を含む4人が監視の警察官によって演説中止を余儀なくされた。しかしその後も連盟は「創設記念巡演演説会」を台中

など中部地域23カ所で開催、聴衆は延べ1万8000人以上に及んだ。

台湾地方自治連盟は、民衆が自ら利害関係のある地方公共事務を処理、またはそれに参与することこそが地方自治であり、そのためには民選議決機関が必要不可欠であるという理念に基づく政治団体であった。常務理事の楊肇嘉は、日本は「立憲法治国」であるにもかかわらず立憲政治の基礎である地方政治が未だ台湾に及んでいない現状を「日本帝国の恥」であると批判、州・市・街・庄に設置された各協議会を諮問機関から議決機関に、各協議会議員を官選から民選に変更すべきだと主張した。

一方台湾民衆党は、台湾地方自治連盟を体制派の政治団体ととらえており、総督府に協力的だった辜顕栄が設立した会になぞらえ「第二の公益会」であると非難した。連盟の大会や演説会では、警察官の監視とともに、台湾民衆党や農業組合の関係者などからの野次も飛んだという。

1931年2月、連盟は台湾地方自治制改革に関する請願書を衆議院と貴族院に提出したが不採択となった。さらに同年3月、同内容の建議案を衆議院に提出、これも法案作成には至らなかった。1935年総督府は地方自治制度改正の関係法令を発布、州・市・街・庄の協議会員の半数民選化、州・市協議会の議決機関化が実現した。この改正では、各協議会員の半数は官選のままであり、州知事が議決を破棄する権限を持つなど、民選議員のみの議決機関をめざす連盟にとって内容的に不十分なものであったが、結果的に一定の妥協点を見出し、同年実施された初選挙で連盟は多くの立候補者を推薦し当選に導いた。日中戦争勃発後の1937年7月、台湾地方自治連盟の第4回全島大会が開催され、楊肇嘉が自主解散を宣言した。〈胎中千鶴〉

参 野口真広『植民地台湾の自治——自律的空間への意思』早稲田大学出版部、2017

● 楊肇嘉

よう・ちょうか、Yáng Zhàojiā(1892.10.13–1976.4.19) 日本統治期の社会運動家。「台湾地方自治連盟」の中心的人物で、戦前戦後を通して台湾の地方自治運動に尽力した。1892年台中清水の生まれ。1910年内地の高校に進学、帰郷後公学校に訓導として勤務。区長も兼任していたため、1920年の地方制度改革により清水街の街長に就任、地方自治改革に積極的な姿勢をみせる。このころから民族運動に関心をもち、台湾議会設置請願運動にも参加した。1926年街長職を辞し34歳で早稲田大学専門部政治経済学科に入学、翌27年に新民会会長や台湾民衆党の内地代表に

就任。1929年大学卒業後に帰郷、林献堂らとともに1930年台湾地方自治連盟を結成、常務理事となった。楊らは民選の議決機関をもつことが立憲主義に基づく地方行政機関のあるべき姿であると主張し、島内各地で遊説活動を展開、翌31年には台湾自治のための法案制定を求める請願書を衆議院と貴族院に提出したが不採択となった。1935年総督府は地方自治制改正を実施、制限つきながら民選の台湾人議員が議決機関としての州会、市会に参加できるようになった。1949年台湾省政府委員、翌50年民政庁長に就任、1962年総統府国策顧問、1976年死去。

〈胎中千鶴〉

参 野口真広『植民地台湾の自治——自律的空間への意思』早稲田大学出版部、2017

●嘉南大圳

圳とは用水路の意味である。日本植民地期の台南州、現在の雲林・嘉義・台南3県市にまたがる地域に整備された総灌漑面積約15万haにわたる巨大灌漑用水路であり、濁水渓と烏山頭ダムの2ケ所を水源とする。1910年代に計画が持ち上がり、八田與一ら総督府技師が甘蔗増産政策の一環として計画を立てた。だが、予算獲得に動いた段階で、日本本土で米騒動が起き、甘蔗増産に加え、米穀増産政策の性格も帯びるようになった。

嘉南大圳
(『嘉南大圳新設事業概要』公共埤圳嘉南大圳組合、1930)

1920年に官佃渓公共埤圳組合が設立され、建設に当たった。竣工は1930年。総建設費は4690万円、うち総督府は2705万円を負担した。同埤圳組合は1922年公共埤圳嘉南大圳組合に、1943年に嘉南大圳水利組合に改組する。

嘉南大圳灌漑区域には三年輪作制度が一律に導入されたが、そのシステムが在来農業の栽培作物の選択権を奪うとして矢内原忠雄は「米糖相克の緩衝地帯」と表現した。嘉南大圳完成後には三年輪作の強制的な実施や高額な水租（使用料）の徴収に対して反対運動が起き、台南州地主会が結成された。台南州地主会は合法的かつ州行政との巧みな交渉によって水租の減額を成し遂げた。しかし、三年輪作への抵抗は警察権力によって弾圧をうけた。

戦後、三年輪作は有名無実化していった。現在は行政院農業委員会農田水利署雲林管理処および嘉南管理処が管理している。

〈清水美里〉

参 胎中千鶴『植民地台湾を語るということ——八田與一の「物語」を読み解く』風響舎、2020／清水美里『帝国の「開発」と植民地台湾——台湾の嘉南大圳と日月潭発電所』有志舎、2015

●日月潭水力発電所

日月潭水力発電所
(『台湾電気協会会報』第6号、1934)

1934年に完成した第一発電所と1937年に完成した第二発電所がある。第一発電所は電力10万キロワット、総工費4030万円、第2発電所は、電力4万3500キロワット、総工費約700万円である。当時台湾最大の発電設備であったため、その建設は「台湾工業化の契機」とも表現されるが、工事が著しく遅滞したことから経済的な評価は分かれている。

日月潭周辺はサオ族の居住地であり、かつては天然湖であった。1910年代に総督府作業所内で建設計画が立案されたが、予算の関係から官営事業ではなく、台湾電力株式会社（現：台湾電力公司）を設立し、総督府が株式の過半を所有するかわりに作業所の人員、設備を提供し、建設事業を実施していくという方針に変更した。

台湾電力株式会社は台湾内外の民間からの投資も募って1919年に設立した。工事は1924年には完成の予定であったが、資金難に陥り1922年から停止状態となった。在台日本人を中心に工事再開の声は上がるものの、それは必ずしも台湾の電力供給の向上を求めるものではなく、巨大な建設事業によって得られる収益への期待が大きくあった。1930年、松木幹一郎社長就任後、大々的な再調査がなされ、工事再開が決定したものの、1931年には工事請負の競争入札に新規参入の日本企業を排斥すべきだという運動が起きている。

計画時、工事再開時、完成時で電力の供給先の青写真が大きく変化したのも日月潭発電所建設の特徴である。場当たり的な日本の政策決定が文官総督期の台湾統治にも反映されていた一例である。　　　　　　　　〈清水美里〉

参 北波道子『後発工業国の経済発展と電力事業——台湾電力の発展と工業化』晃洋書房、2003／湊照宏『近代台湾の電力産業——植民地工業化と資本市場』御茶の水書房、2011

●台湾拓殖会社

台湾拓殖会社（以下、台拓）は、1936年11月に資本金3000万円で設

立された。そのうち1500万円を台湾総督府が現物（官租地）出資し、民間大株主には台湾の四大製糖会社のほか、三井合名会社や三菱社といった財閥本社も加わった。台拓は、民間株主からの株金払込み徴収とシンジケート銀行団引受けの社債発行により、資本市場から資金を調達した。その資金の多くを、島内ではブタノール製造事業、島外では海南島および仏領インドシナの事業に投入した。1942年10月に増資が行われ、再び台湾総督府は1500万円の現物（営林事業）を出資し、民間株式も倍額増資となり、台拓の資本金は6000万円となった。これにより、台拓は資本市場から資金調達を継続し得た。しかし、上述した島外事業のほか、蘭領東インド・英領マラヤ・米領フィリピンなどの南方占領地における、米作・棉作・畜産などの軍命事業に多額の資金を要した。こうした国策性事業の収益性は低く、台湾総督府現物出資事業からの土地収入と林業収入のみでは、民間株主への配当6％と社債元利払いを継続できず、国庫補助金への依存から脱却できぬまま終戦を迎えた。

〈湊照宏〉

📖湊照宏・齊藤直・谷ケ城秀吉『国策会社の経営史——台湾拓殖から見る日本の植民地経営』岩波書店、2021

●皇民化政策

[**皇民化政策とは**]　戦時体制下の植民地台湾で台湾人に向けて展開された一連の精神教化政策。1937年7月の日中戦争勃発後、第一次近衛文麿内閣が戦争協力のための思想統制運動「国民精神総動員運動」を開始すると、これに呼応した台湾総督府は同年9月に国民精神総動員本部を設置、いわゆる皇民化政策を本格的に開始した。総力戦体制を構築し国民を動員するには、統治者主導で「天皇の赤子」、すなわち「帝国臣民」を生み出す必要がある。そのため植民地台湾でも、異民族である台湾人の日常生活における伝統文化・民族文化を排除して精神的な「同化」を促進するため、地域社会を巻き込んで一連の生活・風俗「改善」運動を展開した。運動の主なものとして、新聞の漢文欄の廃止、日本語使用の推進、在来寺廟の整理、神社参拝の強制などが挙げられるほか、葬儀など旧来の伝統儀礼も「改善」対象となった。また1940年2月からは台湾人の姓名を日本風に改める「改姓名」運動も進められた。1941年4月に皇民奉公会が設立されると、州・庁・市・街など各級の地方行政機関に奉公会の支部や分会が置かれたため、地域社会がそれぞれの実情に合わせて皇民化運動を展開、日本が敗戦を迎えるまで継続した。

[「台湾社会教化要綱」と「民風作興運動」]　上述のように「皇民化政策」とは1937年の日中戦争勃発後の台湾における一連の精神教化策を指すが、その方向性については1934年3月に「台湾社会教化協議会」が発表した「台湾社会教化要綱」にすでに示されている。台湾社会教化協議会は、内地の中央教化団体連合会と総督府共催によって結成された団体で、各州知事庁長、学校長、軍部関係者などが参加、「一視同仁」の精神に基づく「内台融和」を目標として、植民地の実情に即した精神教化運動を展開するための施策を決定した。台湾社会教化要綱は「皇国精神ノ徹底ヲ図リ国民意識ノ強化ニ努ムルコト」「融合親和一致協力ノ美風ヲ作興助長スルコト」など5項目の指導要綱から成り、それぞれ具体的な指導項目も付されていた。要綱では、教化運動推進のための教化網として、市・街・庄の各部落に教化委員や部落振興会などの組織の設置も計画している。

　これらの社会教化策の実施は、1936年に台湾で始まった国民精神振作運動「民風作興運動」によってより本格化した。民風作興運動は内地の「国体明徴」運動に連動したもので、州から街・庄レベルまでそれぞれ委員会を設置、具体的な「同化」の方策を立てて現場に示す役割を果たした。民風作興運動の実働組織として各集落に「部落振興会」が次々とつくられたほか、警察や方面委員、保甲制度などが密接に連絡を取り合って地域社会の「教化」と「生活改善」を進めていった。

[寺廟整理運動]　地域社会で展開された一連の皇民化運動において、とりわけ大きな波紋をよんだのが「寺廟整理運動」である。総督府はこれまで温存策を取り続けてきた漢族系住民の在来宗教に対し、初めて「改善・打破」の方針を打ち出した。国家神道を民衆に扶植するためには、台湾人の精神的核ともいえる在来宗教やその施設の廃止・廃棄が急務とされたからである。しかし一方で総督府は、台湾住民の反発を招くおそれを考慮したのか、寺廟整理の時期や方法、規模は各地の地方官の判断に委ねた。

　寺廟整理運動は次第に内外の批判を浴びるようになったため、総督府は1941年に運動の中止を地方庁に通告した。その後運動は再開されることなく1945年の日本の敗戦を迎えた。

[改姓名]　一連の皇民化政策のなかで、特に地方行政の担当者や教化団など地域の「現場」から要望が高まり実施に至ったのが「改姓名」である。本来漢族系住民が日本風に「改姓」することは戸籍上認められなかったが、現場の関係者からみれば、「国語家庭」や軍属・軍夫など「功労」が顕著な者に対し「改姓名」を恩賞とする施策は皇民化の促進につながるものであった。

　こうした現場の意向を反映した結果、

1940年総督府は台湾戸口規則の一部を改正、改姓名の実施を発表した。台湾における改姓名は強制ではなく希望者のみを受け付けたが、「国語家庭」であること、「皇国民としての資質」を十分に備えていることを条件とした。しかし希望者が予想外に少なかったため、各地の関連組織の担当者や警察は「国語家庭」や教員、公務員など条件を満たしている者に積極的に働きかけた。改姓名は個人としてのアイデンティティにかかわる問題であるだけなく、漢族系住民にとっては家族や宗族にも大きな影響を与える行為であるが、地域社会のなかでこれらの圧力に個人が抗うことは困難だったと考えられる。

〈胎中千鶴〉

参伊藤潔『台湾——四百年の歴史と展望』中公新書、1993／近藤正己『総力戦と台湾——日本植民地崩壊の研究』刀水書房、1996／胎中千鶴『葬儀の植民地社会史——帝国日本と台湾の〈近代〉』風響社、2008／周婉窈、濱島敦俊監訳、石川豪・中西美貴・中村平訳『図説 台湾の歴史 増補版』平凡社、2013

●皇民奉公会

1941年4月、長谷川清台湾総督を会長として発足した皇民奉公運動の推進機構。1940年10月に第二次近衛内閣のもとで設立した「大政翼賛会」に呼応する形で作られたもので、総督府による戦時体制の強化と皇民化政策推進のための全島民を対象とした組織である。会の設立にあたり、総督府は台湾における「国家総動員体制」の構築を念頭に置き、軍部に協力を要請したほか、地主層を中心とした台湾人有力者などにも呼びかけて124名の委員からなる準備委員会を立ち上げた。準備委員のなかには台北の許丙、林呈禄などのほか、林献堂や林熊祥など台湾地方自治連盟の顧問・評議員や、『台湾新民報』(1941年2月に『興南新聞』に改称) の幹部も名を連ねた。同月19日に会の発足を発表、総務長官が中央本部長を務め、地方の州・庁には支部、市・郡に支会、街・庄に分会などを設置、各級の奉公会の長は各行政機関の長が兼任した。訓練、増産、銃後の生活整備をスローガンに掲げたが、一方で東南アジアなど南方戦線や日本内地に人員を送り出す労務動員を円滑に進めるための組織としても機能した。奉公会の外郭団体としては「産業奉公団」「奉公壮年団」「青年団」「少年団」などが置かれた。

〈胎中千鶴〉

参近藤正己『総力戦と台湾——日本植民地崩壊の研究』刀水書房、1996

●特別志願兵制・徴兵制

1941年の太平洋戦争勃発後、植民地の台湾人を対象に実施された軍事動員のための制度。植民地朝鮮・台湾では本来現地住民に兵役の義務を課して

いなかったが、1937年に日中戦争が勃発し日本軍の華中侵攻が進むと、台湾でも軍夫・軍属の徴募が始まり、志願兵制度施行に向けた議論も高まった。翌38年に朝鮮で「陸軍特別志願兵制度」が発表されると、台湾総督府も1941年に同制度の実施を決定した。対象は17歳以上の男子で、州知事や庁長が推薦した者とされた。しかし実際は地域や学校で指導した上の「集団志願」も多く、翌42年の第1回陸軍志願兵募集には42万余名もの申込者が殺到、そのなかから1000名余りが選ばれた。合格者は陸軍兵志願者訓練所で半年の訓練を受けたのち各軍隊に編入した。翌43年には第2回の募集を実施、同年8月には海軍特別志願兵制度の運用も開始した。その後戦況の悪化にともない、1945年1月台湾でも徴兵制を施行、台湾に本籍を有する者への兵役が義務化された。1973年の厚生省援護局の統計によると、日中戦争以降、戦地に動員された台湾人（軍属・軍人・軍夫など）は計20万7183名、そのうち戦病死者は3万304名である。　　　　　　　　〈胎中千鶴〉

参近藤正己『総力戦と台湾──日本植民地崩壊の研究』刀水書房、1996／菊池一隆『日本軍ゲリラ 台湾高砂義勇隊──台湾原住民の太平洋戦争』平凡社、2018／周婉窈、濱島敦俊監訳、石川豪・中西美貴・中村平訳、『図説 台湾の歴史 増補版』平凡社、2013

●寺廟整理運動

　台湾総督府は、植民地統治開始以来40年余り、台湾の在来宗教慣習や信仰に対しては放任・温存政策を採っていた。しかし1936年以降、その方針を変更し台湾在来寺廟の改廃・統合を進めた。この一連の動きのことを「寺廟整理」と呼ぶ。原点は同年7月25日に行われた「民風作興協議会」に遡ることができる。協議会では神社崇敬による「敬神思想の普及」とともに在来の寺廟による宗教に対し「迷信打破・陋習改善」という方策を打ち出した。台湾人の敬神尊皇精神の涵養を図るには、生活様式の中心である寺廟を「改善」しなければならず、また祭祀にかかる莫大な費用が「無駄」な消費であるとみなされたためである。特に1937年に日中戦争が勃発すると、皇民化を妨げる根本的なものという寺廟の側面が強調されることにより、それまでの祭祀における金銀紙・供物・爆竹などの自粛強要という段階から、神仏像の焼却（神仏昇天）や寺廟の撤廃など、在来寺廟にとって壊滅的な統廃合へと急速に進むこととなった。総督府は協議会の答申に明確な指示を避けたこともあり、地域によって大きな格差があったが、新竹・台南・高雄州などでは深刻な被害がでたため、多くの台湾の人々の反感をかうことになった。

帝国議会で問題として台湾総督が追及されたため、総督府は台北帝国大学に実情調査を依頼し、その報告を踏まえた上で漸進的な統廃合に切り替えることとなった。　　　　　〈松金公正〉

参　宮本延人『日本統治時代台湾における寺廟整理問題』天理教道友社、1988／蔡錦堂『日本帝国主義下台湾の宗教政策』同成社、1994

●国語家庭

　1930年代後半から皇民化政策の一環として展開された国語（日本語）常用運動において、模範的な国語使用家庭に対して用いた呼称。1936年、台湾総督に就任した予備役海軍大将小林躋造は、台湾統治の基本政策として台湾人の「皇民化」、台湾産業の「工業化」、台湾を東南アジアへの進出基地とする「南進基地化」を表明した。なかでも「国語の普及常用」は、戦時期の植民地において台湾人の「同化」を加速させるために必要不可欠であった。台湾総督府は1937年の台北州を皮切りに、各州・庁で「国語家庭」の普及活動を展開、家族がみな日本語を常用する世帯については行政への申請と審査を実施、一定の基準に達していると認められた場合は「国語家庭」として表彰した。「国語家庭」になると、当該世帯の児童・生徒の小学校・中等学校入学が容易になるなど、進学や就職におけるさまざまな優遇措置がとられた。また「国語家庭」は改姓名を申請する際の必須条件ともなった。日本統治期台湾における台湾人の日本語話者数について正確な記録を示すのは困難だが、1940年時点で「日本語を解する者」はおよそ51％、「国語家庭」は全戸数の1％前後ともいわれている。　〈胎中千鶴〉

参　近藤正己『総力戦と台湾——日本植民地崩壊の研究』刀水書房、1996／陳培豊『「同化」の同床異夢——日本統治下台湾の国語教育史再考』三元社、2001／周婉窈、濱島敦俊監訳、石川豪・中西美貴・中村平訳、『図説 台湾の歴史 増補版』平凡社、2013

●『民俗台湾』

　『民俗台湾』は、1941（昭和16）年7月号から1945（昭和20）年1月号まで全43期（44期はゲラのみ）発行された半学術的雑誌である。主に台湾漢人の民俗を収集し、これに関する研究論文、記事を掲載することを目的とした。雑誌の主導者は、台北帝国大学の解剖学教授で自然人類学や民俗学などに造詣の深かった金関丈夫であり、編集の中心を池田敏雄が担った。本雑誌には、研究者だけではなく民間の民俗愛好家が寄稿した。台湾総督府は『民俗台湾』を台湾の人々の皇民化の推進にあたって

害になる伝統文化を記録、研究していたとみなしたため、論文や記事の中には検閲過程で削除されたものも少なくなかった。金関らは皇民化の推進という時流には賛成すると述べながらも、まずは台湾の民俗の現状をありのままに記録、研究することが肝要であるという態度を取り、雑誌の存続を図った。また、「本島人（台湾人）」の寄稿を積極的に募り、当事者たちによる研究が進むことを期待していた。実際、本雑誌に寄稿していた楊雲萍、曹永和らの台湾人は、戦後この雑誌の性格を引き継いだ雑誌『台湾風物』を発行した。『民俗台湾』は戦後の民俗学研究雑誌の一つのモデルとなったのである。

〈三尾裕子〉

参三尾裕子「植民地下の『グレーゾーン』における『異質化の語り』の可能性──『民俗台湾』を例に」三尾裕子編『台湾における〈日本〉認識──宗主国位相の発現・転回・再検証』風響社、2020、191-237／植野弘子「植民地台湾における民俗文化の記述」『人文学科論集』41、茨城大学人文学部、2004、39-57

●高砂義勇隊

　日本統治期にアジア・太平洋戦争の南方戦線に動員された「高砂族」（原住民族）の部隊。原則として非戦闘員で身分は「軍夫」のため、当初は武器・弾薬や食糧の輸送、道路の建設や補修をおこなったが、戦況の推移とともに実質的な「兵士」として戦闘行為に参加した。台湾軍は原住民の忠誠度の高さや熱帯地域への適応性に注目、総督府に「高砂族」の供出を要請した。部隊は1942年から7回以上にわたって編制され、南方戦線に派遣。原則として応募資格があれば誰でも志願できたが、実際に選考試験を受験したのは、原住民集落の駐在所の推薦を受けた者に限られた。義勇隊の隊長ら指揮者は総督府警務局や台北州警務部警部、山地駐在所勤務の警察官から選抜された。派遣隊員は毎回数百人から1000人ほどで、フィリピンやニューギニア方面に上陸、現地部隊の指揮下で活動した。戦地では森林の伐採や軍需品の運搬、道路建設などに当たったが、戦局の悪化に伴いゲリラ訓練を受け実戦に加わった者も多かった。義勇隊員の生還者は少なく、とりわけ1942年10月に高雄港から出発しソロモン諸島やニューギニア戦線に投入された第3回高砂義勇隊は、帰還の途次に乗船していた輸送船が爆撃され、400人近い犠牲者を出した。

〈胎中千鶴〉

参近藤正己『総力戦と台湾──日本植民地崩壊の研究』刀水書房、1996／菊池一隆『日本軍ゲリラ 台湾高砂義勇隊──台湾原住民の太平洋戦争』平凡社、2018

●台湾義勇隊

　日中戦争期の1938年末、浙江省金

華で李友邦によって結成された台湾人の抗戦団体。李友邦は1906年台北郊外の蘆州生まれ、本名は李肇基。台北師範学校に入学したが、台湾議会設置請願運動の高まりのなかで起きた学生と警官隊の衝突事件「台北師範学校事件」に参加したため退学となり、上海に渡って黄埔軍官学校に入学、1924年に台湾独立革命党を結成した。その別働隊として1938年末に台湾義勇隊を組織し、台湾島内の抗日武力闘争と連動しながら抗日戦争に加わり、すでに大陸で活動していた朝鮮義勇隊などとも手を組んで日本帝国主義打倒をめざした。義勇隊の人員はおよそ300人、高等教育を受けた学生・医師・教員など中産階級出身の知識分子が大半を占めた。活動内容は主に「医務工作」「後方（奥地）生産工作」「対敵政治工作」で、特に前線の野戦病院などで巡回医療を積極的におこなった。「対敵工作」では日本語を解する利点を活かし情報戦など政治工作で力を発揮した。本格的な武装化による台湾解放を企図したが、連携する中国国民党がこれを許可せず実現に至らなかった。日本の敗戦後、李友邦ら主要隊員は台湾に戻り三民主義青年団台湾支部を組織した。

〈胎中千鶴〉

参近藤正己『総力戦と台湾——日本植民地崩壊の研究』刀水書房、1996／若林正丈『台湾抗日運動史研究 増補版』研文出版、2001

●台湾革命同盟会

1941年2月、中国重慶で設立された抗日運動組織。日中戦争以後、中国各地で台湾人による抗日団体が結成されたが、1938年10月、それらを連合して謝南光を主席とする台湾民族革命総同盟が発足した。さらに李友邦が率いる台湾独立革命党がこれに呼応し40年3月に台湾革命団体連合会を結成、国民党と協調しながら台湾の革命勢力を結集し、日本帝国主義の統治権転覆をめざした。1941年2月、台湾革命団体連合会と同会に所属する5団体が解散、あらたに統一革命政党として台湾革命同盟会を設立した。最高指導機関の中央執行部には主席として謝南光、張邦傑、李友邦が選出された。同盟会の綱領は、中国国民党の指導による革命闘争、日本帝国主義の打倒と台湾光復、世界の各民族や反侵略勢力との連携を掲げた。その後同盟会は台湾島内や日本軍占領地域での拠点づくりを着々と進め、活動会員は千数百人に及んだとみられる。しかし、中国国民党台湾党部を指導機関とする下部組織になると、組織内部の党派抗争もあいまって不安定な状態が続いた。1945年に日本が敗戦を迎えると、会員それぞれが時局や現状に対応すべく個別行動を求めたため、同年9月事実上の解散を宣言した。　〈胎中千鶴〉

参許世楷『日本統治下の台湾』東京大学出版会、1972／近藤正己『総力戦と台湾——日本植民地崩壊の研究』刀水書房、1996／若林正丈『台湾抗日運動史研究 増補版』研文出版、2001

●台湾にとっての中華民国
——中華民国という「擬制」

［どの中華民国か？］ 中華民国は1912年1月1日に南京で誕生した。台湾では現在も1912年を元年とする民国の年号が用いられ、辛亥革命の起点とされる（1911年）10月10日が国慶節だとされている。このことからも、現在台北に存在する中華民国が1912年に成立した中華民国を起源としていることは明らかだろう。中華民国憲法でも、「孫中山先生が中華民国を創立した遺教に依拠して」などという文言が見られる。だが、現在の国旗（青天白日満地紅旗）などは1912年の中華民国の国旗（五色旗）を継承しておらず、1927年に南京で成立し、1928年に全国を統一した南京国民政府を起点としている。南京国民政府も、1912年以来の年号や国慶節を継承していたから、現在の中華民国は、基本的に国民党を首班とする南京国民政府の時の中華民国を継承していると言える。もちろん、中華人民共和国では、中華民国は1949年10月以降中国に存在しなくなったという立場をとっている。

また、現在も台北に国父紀念館があり、総統府にも肖像画が掲げられているように、1912年の中華民国創立時の初代臨時大総統であった孫文が「国父」として中華民国で位置付けられていることがわかる。この孫文を国父とする中華民国のナラティブは、国民党により創出されたものであり、三民主義がその中核とされてきた。この孫文にまつわる「革命」のナラティブは、台湾の民主化に伴って三民主義が入試科目から外れるなど大きく減じられたが、それでも憲法の第1条に三民主義は依然明記され、道路の名称など日常生活に一部残されているし、孫文の創出した五権憲法の下で、司法院、考試院などを含めた五院制度が現在も維持されている。

［軍政・訓政・憲政］ 孫文の政治理念の中で戦後台湾の「国制」「国体」に影響を与えたものに、「軍政・訓政・憲政」という三段階論がある。中華民国は共和制として設計されているものの、当初から憲政に移行することは難しく、まずは軍政を実施すべきというものだ。これは1913年に成立した臨時約法とは異なるもので、1924年の『建国大綱』で明確に示された。その三段階を見れば、軍政の時期は軍による統治が想定され、その後の訓政時期は、特定の集団・団体が政治を指導することになっている。孫文の死後、北伐の過程で成立した南京国民政府はまさにこの訓政の時代の中華民国の政府として想定された。この訓政時代の政

府を「国民政府」という。この国民政府は、憲政への移行を求められる存在でもあった。日中戦争はまさに憲政移行を求められる中で生じた戦争であり、日本の敗戦後、国民政府は内外から憲政移行を強く求められ、1947年に憲法が制定された。その憲法に基づいて、1948年に立法委員（国会議員に相当）選挙が実施され、蔣介石が憲政下の初代総統（大統領）に選出された。その時に選出された議員たちの多くは台湾に渡ったが、中華民国が中国全体を統治できなくなったため、中国全体での選挙がおこなえず、48年に中国で選ばれた議員たちが議員であり続け、彼らの構成する立法院は「万年国会」などと言われた。この議員の構成も中国全体を統治しているように見せる中華民国としての一つの擬制であった。

　中華民国は1949年12月に台湾に遷るが、台湾省に対する戒厳令、また動員戡乱時期臨時条款によって憲法を停止した。このことは台湾社会に大きな負担と犠牲を強いることを意味したが、他方で憲政が停止された状態となったことで、それを再開することを通じて民主化する可能性を残す体制でもあった。台湾の民主化において、大法官などの司法関係者が大きな役割を果たしたのにはそうした背景がある。また、孫文の三民主義（民族、民権、民生）にも民権が含まれている以上、たとえ戒厳令の下であっても、国民党

内のリベラル派や党外人士によって民主の重要性が唱えられるのにも一定の正当性があった。

［中華民国と台湾］　次に中華民国の台湾統治の根拠をめぐる問題を見よう。日清戦争後の下関条約によって台湾・澎湖の日本への割譲が決まった。中華民国は、この条約の合法性を認めている。この点で日本による植民地化の合法性を否定する韓国と異なる。20世紀前半に中華民国が進めた国権回収運動は、日本も含めた「列強」によって奪われた領土や諸権利を取り戻そうとするものであり、台湾回収もそこに含まれていた。米英中3国による1943年12月のカイロ宣言は、台湾・澎湖など日本に「盗取された」領土は日本が中華民国に返還するよう言及している。このカイロ宣言自体は署名のない文書に過ぎなかったが、この宣言がポツダム宣言第8項に盛り込まれ、日本がそれを受諾したことで外交上意味を持つことになった。特にサンフランシスコ講和会議に参加していない中華民国にとってカイロ宣言は重要だ。1951年のサンフランシスコ講和条約でも、また1952年4月の日華平和条約でも日本が台湾・澎湖を放棄したとするだけなので、カイロ宣言がいっそう重視される。他方、日華平和条約ではその適用範囲に台湾・澎湖が含まれている。これは、この条約が中華民国の台湾・澎湖に対する統治の実態を認

めているということになる。ただ領有しているとは述べていない。

台湾・澎湖の帰属問題をめぐっては様々な議論があるが、1945年10月25日に台湾を接収した中華民国は、中国全体を統治しているという建前（擬制）に基づいて、台湾・澎湖を「台湾省」とみなし、中華民国の一部として統治した（日本政府は連合国代表として中華民国が台湾を接収したと見なしていた）。他方、中華民国は、1949年10月に成立した中華人民共和国との間で正当性を争いつつ、台湾内部では「中国化（中華民国化）」を進めた。中国語（国語）を普及させ、男性に対しては徴兵制を施行して国民意識を高めた。特徴的なのは、この中国化が日本からの脱植民地化とともに進行したことだ。また中国の伝統文化を否定する文化大革命が中国で生じた機会を捉えて実施された中華文化復興運動のように、中華人民共和国との対抗を強く意識したものであった。

[中華人民共和国と中華民国]　1949年10月1日に中華人民共和国ができると、中国承認問題が生じることになった。どちらが果たして中国の正統国家にふさわしいのか、中国の人々や華僑がどちらを支持するのか、世界各国はどちらの政府を承認するのか、という問題が生じた。中華民国政府は、自らの正統性を表現するために故宮博物院の文物や、前の王朝である清朝の正史

として編んでいた『清史稿』関連史料、そして外交文書をはじめとする大量の公文書を台湾に運び込んだ。

また、2024年現在、中華民国を承認する国が12にまで減少しているが、中国承認問題は健在である。たとえ実効支配領域が台湾・澎湖・金門・馬祖などに限定されていても、中国を代表する中央政府として中華民国政府が世界から認識されていたことは、中華民国の内外に向けた正統性（orthodoxy）、また正当性（legitimacy）を支える重要な根拠であった。特に1949年以降は、国際連合におけるChinaの席を中華民国が有していること、就中安全保障理事会の常任理事国であることは正統性／正当性と強く関わっていた。それだけに1971年に中国としての代表性を国連で喪失したことは、中華民国としての正統性／正当性を大きく傷つけた。これは国内においても同様だった。その翌年に行政院長（首相に相当）になった蔣経国は、断交した相手とも経済文化関係などを積極的に維持していく外交方針を採用した。その直後に中華民国と断交したのが日本だった。1971年以後、中華民国政府を承認する国は長期的に見れば減少していくことになった。これは一面で中華人民共和国の正統性／正当性を高めることになったが、同時に中華民国が対外的にChinese-nessを表現する必要性が減じ、等身大の台湾としての対

外関係を求めていく動因にもなった。

[台湾の民主化と中華民国]　1980年代から本格的に進行した民主化は、中華民国と台湾との関係性を大きく変化させることになった。戦後、600万の台湾人（本省人）がいる台湾に百数十万の外省人が遷り、かつ憲法が停止されている状況で外省人を主要構成要員とする国民党が一党独裁を継続し、二・二八事件や白色テロなどを通じて台湾人社会を抑圧した。そのため、台湾における民主化は、本省人を主人公とすること、すなわち台湾化をも意味していた。1987年に台湾省の戒厳令が解除され、1988年に蒋経国総統が死去して、台湾出身の李登輝副総統が総統になると民主化は一層加速した。1991年に動員戡乱時期臨時条款が廃止され（ただし、金門、馬祖では1992年まで戒厳令が延長）、大陸反攻という国是が言葉の上でも放棄され、また他方で憲法が改正され、その適用範囲が中華民国政府の実質的な統治空間に限定された。また、1992年に立法委員選挙が行われて、万年国会が廃止されると、中華民国が名実ともに台湾・澎湖・金門・馬祖という統治空間と一体化するようになった。こうした一連の政策は、中華人民共和国と中華民国のそれぞれが中国全体を統治すべきという、統一に向けての大前提を崩すことになった。その結果、台湾統一を目指す中華人民共和国が、中華民国の台湾化を防ぐべく、「一つの中国」を確認する九二年コンセンサスを必要とするようになったとも考えられる。

[中華民国在台湾から中華民国台湾へ]　1988年に総統となり、1996年に選挙で再選出され、述べ12年間総統の地位にあった李登輝は、まさに中国全土を統治しているという中華民国の擬制を可能な限り取り払い、「中華民国が台湾に在る（中華民国在台湾）」という理念を提起し、上記のように、それを実質化する政策を推し進めたのだった。これは対外政策の面でも表れ、中華民国として国連への再加盟を求める政策にもつながったのである。李登輝の「中華民国在台湾」政策はその後も続き、台湾省の事実上の廃止（凍省）、中学校での『認識台湾』教科書の採用、さらには二国論の提起へと展開していったのである。

　ただ、これが直ちに台湾独立運動に結びつき、中華民国の全面否定につながったわけではない。2000年3月の総統選挙では民進党の陳水扁が当選した。これは、五権憲法体制を批判し、「主権独立、そして自主である台湾共和国」を建てることを党の綱領に掲げる民進党が「中華民国」の総統を輩出したことを意味する。この結果、民進党もまた中華民国という存在を受け入れることになった面があったのである。2008年に国民党の馬英九政権が成立しても、もはや李登輝政権以前に戻る

ことはあり得なかった。だが、馬総統は、食品輸入問題や経済問題での失点を両岸関係改善などで挽回しようとし、習近平—馬英九会談など、中国に過度の歩み寄りを見せて有権者の反発を買い、2016年の総統・立法委員選挙で国民党は歴史的な敗北を喫した。馬英九は、国民党版の「中華民国在台湾」を明確に提示できず、より中国に寄るのではないかという疑念を有権者に残してしまうことになった。2016年に成立した蔡英文政権は、中華民国の国制を一定程度残しつつ中華民国と台湾との一体化をさらに進めた。この路線は「華独」などと言われる。例えば、2019年1月にはそれまで形式的に存在していた福建省政府（在金門島）を廃止し、行政院の下に金馬聯合服務中心を設けた。これによって、中華民国の省政府は事実上全て消滅したのだった。

　2024年1月の総統選挙で民進党の頼清徳候補が勝利した。頼清徳総統は5月20日の就任演説で1949年以前の中華民国の歴史に一切言及しないなど、蔡英文政権よりもさらに「中華民国」としての擬制を取り払う方向へと向かう可能性もあろう。　〈川島真〉

参翁岳生「日本台湾学会第12回学術大会記念講演 司法院大法官の解釈と台湾の民主政治・法治主義の発展」『日本台湾学会報』13号、2011／菅野敦志『台湾の国家と文化——「脱日本化」・「中国化」・「本土化」』勁草書房、2011／塚本元「中国現代史と台湾現代史——政治学の角度から」『日本台湾学会報』創刊号、1999／若林正丈『台湾の政治——中華民国台湾化の戦後史 増補新装版』東京大学出版会、2021／Hsiaoting Lin, *Accidental State: Chiang Kai-shek, the United States, and the Making of Taiwan*, Harvard University Press, 2016.

●降伏と光復

　台湾社会では戦後の台湾史をめぐって、「光復」（祖国へ復帰）か「戦後」かという用語上の対立が見られた。戦後、国民党政府は最初から台湾の日本植民地からの離脱を「光復」と称した。「光復」とはイレデンティズム（irredentism）を表す中国語の表現であり、敷衍すれば、「異民族統治の暗い時代から祖国統治の明るい時代へ戻った」という意味であった。しかし、戦後の悪政により、マイナスの意味の疫病の「回復」（再発）や日本語の同音異義の「降伏」を示すものとして、皮肉っぽく使われるようになった。さらに、民主化以降の台湾社会は「光復」の使用を拒否する傾向があったため、教科書や研究用語としては「光復」が「戦後」に取って代わった。

[植民地期は「日拠」か「日治」か]
2013年頃、「日拠」か「日治」かというもう一つの用語上の論争が起こった。この論争の発端は、ある出版社が自社の高校歴史教科書に日本統治期を「日拠（日本占拠）」時期と記載し、学習

指導要領の既定用語である「日治（日本統治）」時期という表記を拒否したことであった。この用語をめぐる問題は、表面的には日本植民地統治に対する歴史認識の違いであるが、実際には中華民国史と台湾史との対立なのである。

中華民国史の記述は台湾を中国の固有領土としながら、異民族統治期の台湾の歴史や文化を軽視するものである。民主化以降、台湾の歴史学界には台湾を中心に据えて歴史を見る「台湾島史」の視点が確立された。台湾島史とは台湾住民の生活史を中心に据え、外来政権の統治をできるだけ客観的に記述するという歴史観である。これに対して、中華民国史観は台湾を中心に据えて台湾の歴史を見ることを拒み、台湾の歴史の特殊性をも認めない。そのために、日本植民地統治を不法占拠と位置づけている。

国民党政府は、1943年12月1日に発表された「カイロ宣言」によって戦後の台湾主権の回収が決められ、1945年10月25日に国民政府へ返還されたと主張していた。また、日本の台湾統治は帝国主義者による中華民族の土地の占拠であり、この不法占拠を「日拠」と呼ぶべきだと考えた。しかし、国民党政府の台湾統治は武力で台湾全島を不法占拠するもので、蒋介石による台湾統治こそ「蒋拠」と呼ぶべきだと反論する人もいた。

[「**台湾**」の忌避から強調へ]　日本植民地時代における台湾人政治社会運動の目標は、台湾民衆党の綱領に見られるように、「台湾人全体の政治的、経済的、社会的解放の実現を期す」ことであったと言えよう。そのため、多くの社会エリートは、台湾は祖国復帰後、中国本土より先に徹底的な自治制度を実施すべきだと唱えていた。しかし、戦後の国民党政府の政治体制は、依然として党による専制独裁の段階に留まった。

日本統治期においては、台湾人意識がすでに形成され、「台湾」の2字が頻繁に使用されるようになっていた。これに対して、国民党政府は「台湾」の2字を恐れるかのように、できるだけ使用を制限していた。このため長い間、台湾の団体は「台湾」と名乗れなかった。しかし、民主化以降はあらゆる面において「台湾」が強調され、「中華民国」が背景化されるようになった。もちろん、「中華民国」の使用を堅持する人もいたが、これは中華民国擁護派の巻き返しといってもよいだろう。このような対立からもわかるように、台湾社会は未だに「社会の融合」や「歴史に対する和解」という目標を達成できていない。

[**歴史認識の対立から解消へ**]　第二次世界大戦のもたらした最も重要な結果のひとつは、アジアにおける植民地体制の崩壊であった。植民地・半植民地における住民の民族解放運動は「民族

の自決」という言葉に表わされた実践運動と呼ぶことができよう。しかし、台湾はこの実践運動に加わることがなく、いわゆる祖国復帰の道を歩んだ。もともと、この祖国復帰は順調に進んでいくだろうと思われたが、二・二八事件は予定していた国民統合の道を狂わせてしまった。

1945年、台湾は日本の植民地支配から解放された。しかし、政府の失政により、国民党政府に失望した一般住民の間には、「再び植民地支配体制下に置かれた」という意識が生まれた。民主化後には、国民党独裁政権下の恐怖政治は日本植民地支配よりひどかったという言説が定着した。そのため、自分の生まれた故郷の台湾島は「監獄島」だったと公言する日本統治期の教育を受けた世代の台湾知識人もいたほどである。

1945年に台湾が経験したのは、祖国復帰による「光復」や植民地からの独立というよりも、「再植民地化」の始まりであったと言えないだろうか。この問題こそが、戦後の台湾社会の歴史認識をめぐる対立の原点である。東アジアにおいて、台湾と日・中・韓各国との間には目立った歴史認識上の問題は存在しないが、台湾の社会内部には、近代国民国家間の対立より深刻な歴史認識上の相違が見られる。

〈何義麟〉

参 若林正丈・家永真幸編『台湾研究入門』東京大学出版会、2020／何義麟『台湾現代史——二・二八事件をめぐる歴史の再記憶』平凡社、2014／王甫昌『族群——現代台湾のエスニック・イマジネーション』東方書店、2014／赤松美和子・若松大祐編著『台湾を知るための72章 第2版』明石書店、2022

● カイロ宣言

1943年11月末にエジプトのカイロで開催された中米英の首脳会談。連合国の四大国のうち、日本と中立条約のあるソ連を除いた国の領袖、ルーズベルト大統領（米）、チャーチル首相（英）、蔣介石が参加した。蔣介石には宋美齢と王寵恵らが同行した。会議では、対日戦争および対日戦争勝利後の構想が話し合われ、蔣介石は戦後のアジアの領袖たることを自認して会議に臨み、その国際的な地位の向上と外交上の成果を自ら讃えた。会議の結果は、カイロ宣言として12月1日に公表された。この宣言は、サインもない、言

カイロ会談における蔣介石、ルーズベルト、チャーチル（1943年11月25日）

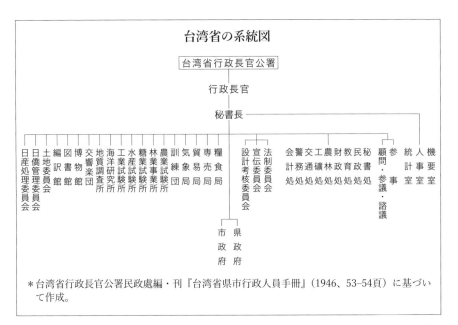

台湾省の系統図

*台湾省行政長官公署民政處編・刊『台湾省県市行政人員手冊』(1946、53-54頁)に基づいて作成。

わばプレスリリースに過ぎなかったものの、ポツダム宣言に引用されるなどして重要な位置づけを与えられることになった。この文書では、サンフランシスコ講和条約や日華平和条約で台湾・澎湖を日本が放棄するとだけ記されているのと異なり、明確にそれらが日本から中華民国に返還されると記されている。前者に基づけば台湾の帰属は未定となるのに対して、後者のカイロ宣言に基づけば、少なくとも1949年9月30日までは台湾が中華民国のものとなることの根拠となる可能性があることから、中華民国政府は戦後もこの宣言を重視した。　〈川島真〉

参 川島真・毛里和子『グローバル中国への道程——外交150年』岩波書店、2013／梁敬錞『開羅會議與中國』亞洲出版社、1962／川島真「カイロ宣言の"亡霊"」『中央公論』2014.3

●台湾省行政長官公署

1945年8月27日、蔣介石は陳儀を接収機構である台湾省行政長官公署の長官に任命した。陳は台湾省警備総司令部の司令をも兼任した。9月28日、陳儀長官は47名の幹部リストを発表した。民政処、財政処など8つの部署を設けた行政長官公署の要員は、まず9月頃台北に「前進指揮所」を設置して接収業務を展開した。10月25日、台湾における日本の降伏式が台北市内の公会堂で行われ、西側の同盟国代表も参列した。

降伏式の後、台湾総督府の統治機構

は同年末までに台湾省行政長官公署に業務を引き継ぐことになった。それにより、行政システムのみならず、学校の授業も中断することなく陳儀政府側に移管された。その地方行政機構は実質的に総督府の地方行政をそのまま継承し、5州3庁という地方区画を据え置き、名称を8つの県へ変更した。支庁や郡は「区署」へ、また保甲も名を変え、「村」及び「里鄰」という行政単位に引き継がれた。しかし、権限の大きい高級官僚のポストのほとんどは中国大陸出身の「外省人」によって占められていた。つまり、総督府が長官公署に取って代わられた後、高級官僚は入れ替わったものの、台湾住民は植民地時代と同じように被統治者の地位に置かれた。　　　　　　　〈何義麟〉

参若林正丈『台湾の政治──中華民国台湾化の戦後史 増補新装版』東京大学出版会、2020／赤松美和子・若松大祐編著『台湾を知るための72章 第2版』明石書店、2022

●日産処理委員会

1945年11月、台湾省行政長官公署と警備総司令部は共同で「台湾省接収委員会」を組織し、全島の軍事、行政及び産業の接収に従事した。1946年1月、この委員会はさらに下部組織として「日産処理委員会」を設置し、台湾総督府と所属機構や学校の公有財産、民間人の私有財産及び企業財産の接収業務を担当した。この委員会は8つの県と9つの市に17の分会を開設し、主に引き揚げた在台日本人の財産の接収業務を引き受けた。同年7月、処理委員会は「日産標售(きょうしゅう)(競売)委員会」及び「日産清算委員会」を設け、在台日本人の財産及び企業の債権や債務を清算した。その結果、日本人の私有財産と企業財産として、それぞれ約14億、約18億旧台湾元を接収した。

1947年4月、在台日本人の引揚及び財産接収作業はほぼ完了し、6月に『台湾省接収委員会日産処理委員会結束総報告』が刊行された。その直前の5月、新たに「台湾省日産清理処」が設置され、引き続いて日産清算の業務を担当した。1949年11月、日産清理処は台湾省公産管理処へと改称し、1952年9月にその業務は「台湾土地銀行公産代管部」に引き継がれた。1960年12月、行政院財政部の国有財産局が設立され、未完の日産清算業務を引き受けた。そのため、現在の国有財産署(2013年改称)の財産には多くの「日産」が含まれている。〈何義麟〉

参台湾省接収委員会日産処理委員会編『台湾省接収委員会日産処理委員会結束総報告』台湾印刷紙業公司、1947(非売品)／若林正丈・家永真幸編『台湾研究入門』東京大学出版会、2020

●二・二八事件

戦後、台湾の住民の多くは「光復」(祖

国復帰）を歓迎したが、陳儀が率いる台湾省行政長官公署の役人は台湾人を排除し、中国からの官吏が多数を占めた。行政長官公署の官僚は腐敗しており、兵士たちの規律は乱れていた。さらに大陸経済のインフレが台湾に波及し、物価高騰は民衆の暮らしを直撃した。そのため、台湾の住民は不満を募らせ、陳儀政府への反感を強めていった。事件はこうした状況下で起きた。

[事件の経緯とその影響]　1947年2月27日、ヤミ煙草の取締り中に起きた発砲事件をきっかけとして、反国民党政府の政治暴動が起こり、台湾全島へと広がっていった。暴動の発生後、時の台湾当局が局面をコントロールする力を失った状況において、台湾社会エリートが組織した「二二八事件処理委員会」は台湾政治改革案を陳儀行政長官に提出した。このように、二・二八事件は台湾人エリートの政治改革運動の側面を有するものでもあった。政府側は当初、交渉を進める姿勢を見せたが、大陸からの増援部隊が到着すると、台湾人に対する無差別虐殺を含む過酷な弾圧を行い、抵抗は完全に鎮圧された。

　事件の犠牲者は1万8000人から2万8000人の間であろうと見積もられているが、数千人から10万人までの諸説があり、長らく事件研究の重要な争点となってきた。しかし、問題の核心は犠牲者の数というよりも、犠牲者の多くが台湾人の良質な知的エリートであったという点である。この事件で台湾社会のエリート層が壊滅的な打撃を受けたばかりではなく、一般の台湾人の精神に政治に対する恐怖が深く刻み込まれた。

[事件の真相究明と名誉回復]　国民党の独裁体制下において、二・二八事件は長い間タブー視された。1980年代に入って、ようやく事件の真相解明や名誉回復の要求がなされるようになる。このタブーを破ったのは「二二八和平日促進会」という民間団体であった。その後、1992年2月に政府側の事件研究報告書が公表され、1995年台北において全国レベルの記念碑が完成、李登輝総統が除幕式で政府を代表して被害者の家族に謝罪したが、これでこの事件の見直しの政治的側面には一定の決着がついたと言えよう。

　しかし、全国レベルの記念碑完成の前、1988年8月19日には、台湾南部の嘉義市で事件の記念碑が設置されている。また、この記念碑の建設過程において、「二二八公義平和運動」や地方の有識者は治安当局からさまざまな妨害を受けたものの、最終的には記念碑の存在を政府側に認めさせる結果となった。つまり、あらゆる事件の真相究明や犠牲者の記念活動の進展は、いつも政府側が民衆の要求を阻止できずに譲歩するという形となり、政府側が主導的に対策を打ち出したわけでは決

二・二八事件、公売局台北分局前で抗議する人びと

してなかった。

1990年代以降、二・二八事件に関する研究書や映画・文芸作品など多様な作品が発表された。これらの研究成果や創作により、事件の内実はほぼ解明されたが、二・二八事件をめぐる歴史認識の対立は依然として解消されていない。この対立点の一つとして挙げられるのは、蔣介石及び蔣経国に対する評価の問題である。2000年以降8年間続いた民進党政権は、民衆弾圧を行った蔣介石を「殺人者」、「二・二八事件の元凶」と批判し、蔣介石の功績を称える中正紀念堂を「台湾民主紀念館」に改称した。これに対し、2008年政権の座に戻った国民党政権は蔣介石の台湾統治を批判することなく、蔣経国の晩年の改革を高く評価し、改称まもない「台湾民主紀念館」の名を中正記念堂に戻した。二・二八事件の遺族らは、こうした国民党政権の歴史認識に対して、反発と不信感をあらわにしている。

[未完の移行期正義の追求] 台湾の戦後史において、蔣家父子の元総統の歴史的位置付けは今も大きな争点となっている。近年の台湾史研究の成果を踏まえれば、誰もが二・二八事件や白色テロへの歴史認識を客観化・相対化できるだろう。しかし、政権交代にともない、歴史認識の対立はしばしば再燃した。例えば、2009年には立法院(日本の国会に相当)で、新設の「二二八記念館」の整備予算や「財団法人二二八記念基金会」の予算問題をめぐる対立が起こったが、予算削減への遺族らの反発を受け、「記念館の整備と基金会の運営は続行する」との方針が決め

民主化後も、二・二八事件をめぐる歴史認識の対立は依然として存在している。そのため、遺族や支援団体は今でも真相を究明し、加害者責任を追及するとともに、事件を教訓にすべく歴史教育を重視するよう呼び掛けている。2011年2月、政府設立の記念基金会は「二二八国家記念館」の運営を正式に開始し、新たに『二二八事件の真相と移行期正義』（邦訳風媒社、2021）を刊行した。だが、これで二・二八事件をめぐる歴史認識の相違が完全に解消したとは言えない。今後は台湾の民主化や事件関連の歴史教育に力を注いでいくべきであろう。　　〈何義麟〉

参 何義麟『二・二八事件――「台湾人」形成のエスノポリティクス』東京大学出版会、2003／若林正丈『台湾の政治――中華民国台湾化の戦後史 増補新装版』東京大学出版会、2020／松田康博『台湾における憲政の展開過程概論――独裁か民主か？　中華民国か台湾か』晃洋書房、2018／王甫昌『族群――現代台湾のエスニック・イマジネーション』東方書店、2014

●林茂生

（莊永明・謝仁正企画執行『島国顕影 第一集』創意力文化事業有限公司、1993）

りん・もせい、Lín Màoshēng（1887.10.30–1947.?）　台南に生まれる。幼少時に父にしたがってキリスト教の洗礼を受け、英国人宣教師の設立した台南長老教中学校に学ぶ。同校を卒業後、教会関係者の財政的支援を受けて1908年に日本内地に留学し、東京帝国大学文科大学を卒業した。1916年に帰台後は母校台南長老教中学校の教頭に就任、20年に官立商業専門学校の教授を兼任した。

　1921年に台湾文化協会が設立されると評議員に就任、夏季学校の講師として「民族自決」の重要性を説いたほか、台南長老教中学を台湾人本位の教育機関として整備拡張するための寄附金募集事業に尽力、29年に留学先のコロンビア大学ティチャーズ・カレッジに提出した博士論文では「同化政策」を厳しく批判した。34年には台南長老教中学生徒の神社不参拝をめぐって日本人官民による激しい排撃運動にさらされ、同校の理事長・講師の辞職を迫られた。

　戦後は新聞『民報』の社長や台湾大学文学院教授に就任したが、台湾人本位の研究・教育を求める志向が中国国民党の方針と衝突し、二・二八事件のさなかに特務機関により連行され処刑された。ラディカルな反体制派というよりも穏健な民主主義者であり、知性の働きを重視する教育者であったが、外来の統治者による教育支配に抵抗する姿勢は一貫していた。　〈駒込武〉

参 駒込武『世界史のなかの台湾植民地支配』岩波書店、2015

●陳澄波

ちん・とうは、Chén Chéngbō（1895.2.2–1947.3.25）台湾、日本及び中国で活躍した洋画家。1895年に台湾省台南府嘉義県で生まれた。1913年台湾総督府国語学校師範科に入学し水彩画を石川欽一郎から学んだ。1917年から7年間に亘り嘉義公学校で教鞭をとり、1924年に東京美術学校図画師範科に入学した。油絵を田辺至から学び、岡田三郎助らが設立した本郷洋画研究所で素描の研鑽に励んだ。1926年に「嘉義の町はずれ（嘉義街外（一））」を第7回帝国美術院展覧会（帝展）に出品し、台湾人画家として初めて入選し、第8回、第10回、第15回帝展でも入選を果たした。1929年に図画師範科研究生卒業後、上海に渡り新華芸術専科学校などで教えつつ第1回全国美術展覧会に出品。上海のほか蘇州、広州などで制作活動を行った。1932年に起きた上海事変以降フランス租界に活動の拠点を移していたが、1933年に帰台し、1934年には廖継春・楊佐三郎・李石樵・李梅樹・陳清汾・顔水龍・立石鐵臣らと台陽美術協会の発足に参加した。台湾美術展覧会（台展）の特選を得て審査委員長幣原坦の推薦を受け、無審査の資格を得ることとなった。第二次世界大戦終結後、第1回台湾省美術展覧会の審査委員になるなど指導的立場を務めた。1936年、嘉義市参議員に選出されていたが、1947年に二・二八事件において銃殺され落命した。

〈松金公正〉

参 松下倫子他編『台灣の近代美術——留学生たちの青春群像（1895–1945）』印象社、2016／邱函妮『描かれた「故郷」——日本統治期における台湾美術の研究』東京大学出版会、2022

●高一生

こう・いっせい、Gāo Yīshēng ／ Uong Yatauyongana（1908.7.5–1954.4.17）1908年7月5日、阿里山郷トフヤ（特富野）大社石埔角小社に生まれる。ツォウ族。民族名はウォグ・ヤタウユガナで、日本名は矢多一生。1916年にタッパン（達邦）蕃童教育所に入所、その後嘉義尋常小学校、同高等小学校を経て、1924年4月に台南師範学校に入学。1927年7月、ロシアの言語学者ニコライ・ネフスキーがツォウ語調査に訪れると、その調査に協力する。台南師範学校では、普通科5年課程と演習科1年課程で学び、1930年3月に卒業。卒業後は故郷に帰り、甲種巡査兼教育所教師となる。1932年にタッパン青年団が結成されると、長老たちの激しい反対の中、団長として「屋内埋葬」

や「獣骨堂」（獣骨を屋内に置く）の廃止、農業の発展など山地の近代化に努めた。戦後、高一生と改名し、三民主義青年団に加入、さらに呉鳳郷（現、阿里山郷）の郷長となり、1947年3月には、全島の原住民族に高山地区の自治についての会合を呼びかけた。1952年逮捕され、翌年4月17日、林瑞昌（ロシン・ワタン）、湯守仁らと共に銃殺に処される。高一生はまた作詞・作曲で知られ、代表作「春の佐保姫」ほか、「鹿狩り」、「移民の歌」、「フロックスの花」、「つつじの山」など多数の歌曲を残している。〈下村作次郎〉

参 高一生『鄒之春神：高一生音樂作品集(CD)』国立伝統芸術中心編、2006／高一生、高英傑・蔡焜霖訳『高一生獄中家書』国家人権博物館、2020／「ウォグ・ヤタウユガナ（高一生）とバリワクス（陸森宝）の音楽と生涯」『台湾原住民族の音楽と文化』草風館、2013.12

●呂赫若

（呂芳雄氏提供）

ろ・かくじゃく、Lǚ Hèruò / Lü Ho-jo（1914.8.25–1950/51）戦前の台湾を代表する小説家であり声楽家、劇作家としても活躍した。本名呂石堆。1914年、台中州豊原郡（現在の台中市）に生まれる。台中師範学校卒業後、1935年1月、自動車の普及によって仕事を奪われる牛車引きを主人公とした日本語短編小説「牛車」を日本のプロレタリア系文学雑誌『文学評論』に発表する。その後『台湾文芸』『台湾新文学』等に日本語小説及び評論を発表し、台湾新文学運動における代表的な日本語作家として活躍する。『台湾文芸』『台湾新文学』停刊後は、声楽家としての可能性を探り日本に渡る。1941年に東京宝塚劇場演劇部に入社、東宝声楽隊の一員として舞台に立つが、病気のため1942年に帰台。雑誌『台湾文学』を中心に、「財子寿」「風水」「柘榴」等、伝統的な台湾人家庭を舞台とした作品を精力的に発表する。1943年11月には第1回台湾文学賞を受賞、翌年3月清水書店から書き下ろし作品「清秋」を含む作品集『清秋』を刊行。戦後は台湾文化協進会に音楽委員として参加したり、機関誌『台湾文化』に中文小説「冬夜」を発表したり、台湾文化の再建運動に尽力したが、1950年（一説には1951年）に白色テロ期に起きた鹿窟事件に関与して死亡したとされる。　　　　　〈垂水千恵〉

参 呂赫若『日本統治期台湾文学台湾人作家作品集　第2巻』緑蔭書房、1999／垂水千恵『呂赫若研究——1943年までの分析を中心として』風間書房、2002

●省籍矛盾

1947年の二・二八事件の影響により、戦前からの台湾出身者である「本

省人」と戦後中国から渡ってきた「外省人」との深刻な対立が生じた。このような歴史的対立は「省籍矛盾」と呼ばれている。

　台湾の民族構成は、大きく漢族と先住民とに分けられる。先住民諸族は南島語族と一つに括られるが、それぞれ言語や文化は異なっている。先住民は、まず大きく二つのグループに分けられる。一つは平地に住み、清朝時代から漢族と接触することで漢族に同化していった「平埔族」である。これに対し、山地の先住民は山岳地帯や孤島の僻地に隔離されて暮らしていた。日本統治時代、人類学者の調査によって、先住民はタイヤル、ブヌンなどの9族に分類された。その後の山地の産業開発により、先住民社会にも次第に大きな変化がもたらされたが、独自の生活空間を保っていたため、今日でもみずからの言語や文化が比較的保持されている。

　一方の漢族移民も全てが同質だと言うわけではない。言語と出身地の違いにより、おおざっぱに閩南人と客家人とに分けられる。「閩」は福建省の別称で、「閩南人」は福建省南部から移住してきた者という意味である。客家は主に広東省の東部からの移住者である。両者の間には、清朝時代、土地の開墾をめぐって激しい争いの歴史があった。このほか、台湾へ渡って来た時期による「本省人」と「外省人」という分け方もある。戦前から台湾に住む漢族系移民（閩南人と客家人を含む）とその子孫が「本省人」、戦後中国大陸から台湾に渡ってきた人々とその子孫が「外省人」と呼ばれる。外省人は漢族系住民の少数派であるが、戦後長らく統治集団として台湾社会を支配してきた。このため、本省人と外省人との間には激しい対立が続いてきた。この亀裂が長い間台湾社会の深刻な問題となっている。

　以上のように、台湾には、先住民、閩南人と客家人、そして外省人という「四大族群（エスニック・グループ）」が存在しているが、近年さらに東南アジアからの移民が増え、「新住民」と呼ばれている。総人口に占める割合は外省人が約13％、閩南人が約73％、客家人が約12％である。先住民や新住民はそれぞれ3％未満の割合を占めている。外省人と本省人は1990年代以前の本籍の登録によって境界線が存在しているが、閩南人と客家人を含む本省人の間には戸籍によるはっきりとした境界線が存在しない。近年、本省人と外省人の境界線も解消しつつある。

〈何義麟〉

参王甫昌『族群——現代台湾のエスニック・イマジネーション』東方書店、2014／若林正丈・家永真幸編『台湾研究入門』東京大学出版会、2020／赤松美和子・若松大祐編著『台湾を知るための72章 第2版』明石書店、2022

●蔣介石

しょう・かいせき、Jiǎng Jièshí/Chiang Kai-shek（1887.10.31–1975.4.5）中国浙江省出身の軍人政治家。中国国民党総裁および中華民国総統を務めた中国および台湾の最高指導者。最初の妻の毛福梅との間に長子蔣経国をもうけた。最後の夫人は宋美齢である。

日本に軍事留学したが、辛亥革命期に帰国し革命に身を投じる。孫文に追随して頭角を現し、黄埔軍官学校校長、国民革命軍総司令などを歴任。北伐を成功させて中国を統一し、抗日戦争（日中戦争）を指揮し、中華民国を勝利に導いた。

抗日戦争勝利後、中国共産党の毛沢東主席と1945年10月に重慶会談を開いて「和平建国」に合意したが、結局は内戦となった。蔣介石は、内戦を背景に1947年に憲法の臨時条項を制定して総統の権力を強化し、独裁統治を進めた。

米国の支援を受けた国軍は当初優勢だったが、東北地方での敗北を契機に主要戦役で連敗し、中国大陸を失った。蔣介石は責任を問われ総統の職務から「引退」したが、国民党総裁として台湾への撤退を指揮し、台湾で総統の職務に復帰した。蔣介石を苦境から救ったのは1950年6月の朝鮮戦争の勃発であり、米国は第7艦隊を台湾海峡に派遣し、支援を復活させた。1952年4月に日本との間で「日華平和条約」を締結し、賠償の請求権を放棄したため、日台間では「以徳報怨」という蔣介石恩義論が形成された。

1960年には、憲法の臨時条項を改正して、2期8年を上限とする総統の多選禁止規定を停止した。蔣介石は最終的に五選し、文字通り終身総統となった。このため、大陸反攻が引き続き模索され、世代交代が停滞し、台湾の発展を遅らせたと考えられている。

1962年には大陸反攻の準備を加速したが、米国の牽制により思いとどまった。1965年の八六海戦で敗北したことで蔣介石は挫折し、1967年を最後に大陸反攻は事実上現実の政策から外れた。1971年に中華民国が国連の代表権を失い、国際的に孤立したのは、蔣介石が唱えていた「漢賊不両立」という主張で政府が自縄自縛になったためであると考えられている。

台湾では、二・二八事件における大虐殺の「元凶」である、白色テロの責任者である、台湾を大陸反攻の踏み台にした、国連残留に失敗して台湾の孤立を招いたなどの負の評価がある一方、中国共産党から台湾を守り、中華民国を護持したという評価もある。

長子の蔣経国を後継者として育成した。1969年に交通事故に遭ってから

体調が徐々に悪化し、1975年に死去。

〈松田康博〉

参野村浩一『蔣介石と毛沢東——世界戦争のなかの革命』岩波書店、1997／段瑞聡『蔣介石の戦時外交と戦後構想 1941–1971年』慶應義塾大学出版会、2021

●中国国民党

[**中国の指導的政党**]　1919年に孫文を指導者として中国で成立した革命政党であり、略称は国民党。国民政府と国民革命軍（後の国軍）を指導し、北伐で中国を統一し、抗日戦争（日中戦争）に勝利した。国共内戦に敗北する1949年まで中国を代表する指導的政党であった。

国民党は軍政、訓政、憲政の3段階の政治発展論に基づき、訓政時期に国民党全国代表大会が中央統治権を行使する特別な地位を持ち、憲政に移行してから「普通の政党」に転換するよう設計したが、実際はより長い期間独裁統治を続けた。

1945年に中華民国政府が台湾を接収した後、台湾でも組織工作を開始した。1947年に憲政移行を果たしたが、同時に中国共産党との内戦のため、憲法の臨時条項を制定し、憲法の民主的部分を凍結し、総統の権限を大幅に強化し、党総裁兼総統の蔣介石が強権を行使する体制が成立した。

一方1945年に台湾を統治した台湾省行政長官公署の陳儀長官など、指導層のほとんどは国民党員であったが、党組織は低迷しており、派閥闘争も激しく、1947年に起きた二・二八事件においても、党内の派閥争いが要因として指摘されている。

[**台湾への撤退後の一党独裁**]　1949年に国民党は中華民国政府や国軍とともに台湾に撤退した。1952年の党員登録によると、党員約28万人のうち約74％が外省人であり、外来政党としての性質は強く、台湾の建設よりも大陸反攻を目指していた。

台湾への撤退と1950〜52年の「改造」を経て、大陸時期の派閥抗争が一掃され、蔣介石の個人独裁が貫徹された。地方自治により、外省人を中心とする中央レベルの統治集団と、本省人を中心とする県・市を単位とする地方統治集団の二重構造ができあがった。彼らは中央・地方で、利益交換に基づくパトロン・クライアント関係を構築した。

国民党は非党組織の中で党組織を発展させ、党が国家を指導する党・国家体制を形成した。政府内のテクノクラートを入党させ、社会団体で党組織を構築し、有能な若者を中国青年反共救国団に吸収することで、社会の党化を進めた。

1972年に行政院長に就任した蔣経国は若年化・本土化を進めたが、地方政界においては、引き続き地方派閥へ

の依存を継続した。定員増加選挙では、次第に党外勢力（1986年以降民進党）が成長した。国会の全面改選をしても勝てるよう、国民党は本土化をさらにすすめる必要があったが、蒋経国は1988年に改革半ばで急逝した。

[民主化への適応]　後継の李登輝は前後して総統兼党主席となり、民主化と本土化を推進したことで、外来政党のイメージが変化した。国会の全面改選や台湾省省長、台北市市長、高雄市市長の選挙などを機会に、地方派閥の中央政界への進出が進んだ。このことで体制内の外省人優遇が一定程度解消されたが、国民党を中心とする地方派閥の腐敗や反社会性などの問題は長期的課題となった。

　1992年に党内の反李登輝グループが中心になって「新党」を結成し、民進党と合わせて三党不過半状態を目指したが、李登輝政権期には実現しなかった。李登輝は、民主化・本土化を進めた国民党のシンボルであったが、かつて不当な手段で獲得した党の財産等国民党の特権には手をつけることなく退任した。

　2000年の総統選挙では、宋楚瑜前台湾省省長が無所属で総統選挙に出馬したことで、国民党は分裂して政権を失い、下野した。宋は国民党から有力党員を引き抜いて「親民党」を結成したため、国民党は立法院で過半数をとれなくなった。

　民主化を進めた李登輝は台湾団結連盟設立に関わり国民党を除名されたが、李登輝が離れた国民党は、「理念の欠如」が問題となった。国民党は民進党に改革アジェンダを奪われ、社会をリードしにくくなった。2005年に連戦主席が中国大陸を訪問したことで、中国大陸との関係改善や安定化が国民党の主な存在意義となっていった。

　2008年に馬英九が総統に当選して国民党は政権に返り咲き、立法院でも過半数を獲得した。国民党は中国大陸との関係改善を劇的に果たしたが、他方で長年政権与党であったことにより、体制内の利害に切り込む改革には手をつけられなかった。

　2016年に再度下野した際、民進党が立法院で過半数を獲得したため、それまで維持されていた党の財産等の特権が清算され、「党の付随組織」とされた各種組織の国家化などが進められ、国民党はついに「普通の政党」になった。

　ただし、中央レベルは外省人中心の党・国家エリート、県・市レベルは地方派閥の本省人エリートという二重構造は続いており、2016年以降総統選挙で敗北する一方、地方選挙で強さを発揮することが多い。

　なお、中国大陸に投資する台湾系資本（台商）への財政的な依存が指摘されている。中国に依存すると、中国の言動次第で党の評価が影響を受け易くなる。統治理念に加えて、台湾に根付

いた政党であると評価されるかどうかが課題である。　　　　　〈松田康博〉

参 松田康博『台湾における一党独裁体制の成立』慶應義塾大学出版会、2006／若林正丈『台湾──分裂国家と民主化』東京大学出版会、1992／若林正丈『台湾の政治──中華民国台湾化の戦後史 増補新装版』東京大学出版会、2021

●中華民国憲法

台湾で日本植民地支配の終了後、1947年12月から施行され、現在も効力をもつ憲法。全14章、175ヵ条と12ヵ条の増修条文からなる。中国国民党創始者、孫文の遺教に依拠し（憲法前文）、同氏の三民主義（同1条）、五権分立（行政、立法、司法、考試、監察）思想を体現。中国全土で適用することを前提に制定、施行されたが、中国大陸では国民党と共産党の内戦が勃発、1948年5月、動員戡乱時期臨時条款が付加され、総統の緊急処分権拡大、任期無期限化により、空文化した。中国大陸では1949年10月に中華人民共和国が成立し、この憲法は廃止され、国民党政権の台湾移転にともない台湾だけで今日まで効力を維持している。台湾では1949年5月から1987年までの38年間、戒厳令が敷かれ、憲法の人権条項は凍結された。

この憲法が規定する司法院大法官による憲法解釈（261号、1990年）により、中華民国が実効統治する自由地

区（台湾島のほか、澎湖、金門、馬祖群島を含む）だけで、民意代表の選挙を行うことが命じられた。これにより中国大陸から渡ってきた「万年議員」（国民大会代表、立法委員）の任期が1991年末に終了となり、憲法が改正され、動員戡乱時期臨時条款は廃止された。以後、この憲法には7回にわたって修正条項を加える形で改正がなされ、統治機構の台湾化が図られた。1996年以後、元首である総統が台湾の有権者による直接選挙で選出されるようになり、制度レベルの政治の民主化は完成した。

これまでの憲法改正は主に統治機構にかかわり、人民の権利にかかわる改正は、女性の人格尊厳、差別解消、両性の地位実質的平等の保全（増修条文10条6項）、先住民族の地位保障（同11項）などに止まる。憲法裁判所にあたる大法官会議により、憲法解釈を通じて、多くの法令が憲法に照らして違憲と判断され、差別を解消し、人権保障を拡充させてきた。この憲法のもとで、台湾では政治制度の民主化と人権保障の実質化が進展した。近代立憲主義的価値を内包する憲法であったことが裏付けられた。

2005年の憲法改正により、憲法改正には立法委員の1/4以上の発議に

より、3/4以上の出席、出席議員の3/4以上の賛成による議決を経て、国民投票で賛成の有効票が有権者の過半数を獲得することを要するとされた（同12条）。これで憲法の再改正はきわめて難しくなり、台湾化は一段落した。　　　　　　　　　　〈鈴木賢〉

参李仁淼「台湾」中村睦男・佐々木雅寿・寺島壽一編『世界の人権保障』三省堂、2017／宮畑加奈子「台湾憲法史解説」鮎京正訓・四本健二・浅野宜之編『新版 アジア憲法集』明石書店、2021

●戒厳令

　1945年、台湾省行政長官公署が置かれ、台湾は国民党政府の統治下に入ったが、1947年の二・二八事件の影響で、年末までに全ての住民を対象とする「国民身分証」が発行され、住民は島内外の移動の自由も制限されるようになった。この国民身分証の制度は二・二八事件の副産物であるとともに、植民地支配体制の「遺産」であるとも言える。1948年以降、国共内戦の戦況は国民党にとって厳しさを増し、戸籍管理がさらに強化された。1949年に入ると、中国大陸では国民党の敗色が濃厚となり、さらに多くの大陸住民が台湾へ避難しようとしたが、同年4月からは入境制限が正式に実施された。次いで1949年5月20日、「反乱鎮圧動員時期臨時条項」に基づき、もともと中国大陸を範囲としていた戒厳令が台湾でも実施された。

　戒厳令の下で、国民党政府は戸政機構と警察機構を結合させ、台湾住民への管理体制を強化した。また、1952年公布の「戒厳時期戸口臨時検査実施弁法」により、戸口検査は憲兵の協力の下で行われ、厳重な住民管理体制が敷かれるようになった。1950年代以降、警察は二・二八事件後の「自首」記録を利用しながら、再び台湾人の反政府活動への取り締まりを強化し、「白色テロ」に乗り出していった。厳しい住民監視体制の下、国民党政府は共産党スパイの取締りを行い、1949年から1960年の10年間に約100件の反乱グループを摘発、約2000人を処刑、約8000人に無期懲役から10年前後の刑期を言い渡した。この内、本当に共産党員であったのは900人に満たず、残りの約9000人は冤罪であったとされている。一般的には、この「赤狩り」に名を借りた恐怖政治が白色テロと呼ばれている。

　この戒厳体制あるいは非常時体制の形成過程は、法的手順を踏んでなされたとは言い難い。つまり、戒厳令施行を可能にした反乱鎮圧動員体制の形成は主に1947年7月発布の「国家総動員法」と1948年4月制定の憲法レベルの「反乱鎮圧動員時期臨時条項」を法源としたが、このような関連法令は憲法体制の基本精神に違反するものであった。さらに、蒋介石がワンマン執

政者として独断で憲法体制を妨害していた。このような独裁政権は皮肉にも「自由中国」という看板を掲げていた。幸い、民主化運動により、1987年7月15日に戒厳令が解除され、1991年5月1日「反乱鎮圧動員時期臨時条項」が撤廃された。さらに翌年11月7日金門及び馬祖の戒厳令も解除された。これで民主主義政治体制が完全に確立された。　　　　　　　　　　〈何義麟〉

参若林正丈『台湾の政治——中華民国台湾化の戦後史 増補新装版』東京大学出版会、2020／何義麟『台湾現代史——二・二八事件をめぐる歴史の再記憶』平凡社、2014／赤松美和子・若松大祐編著『台湾を知るための72章 第2版』明石書店、2022

●農地改革

　国共内戦の末期、戦況が劣勢に陥るなかで中国国民党内の改革派と米国の援助により成立した農政機関である中国農村復興聯合委員会は、共産党に対抗し、農村社会の安定を勝ち取るために農地改革を模索した。台湾省では省主席の陳誠が1949年に小作料を主要産物の37.5％以下に引き下げる「三七五減租」を実施した。次いで1951年には、日本から接収した公有地が耕作者に払い下げられた。1953年には地主の保留地が中等水田で3ヘクタール弱に制限され、超過耕地は政府により土地債券と公営企業株券で買収され、

小作農に払い下げられた。これにより自作農、半自作、小作の比率は1951年の38％、25％、37％が56年には60％、23％、17％に変化した。外来政権である国民党は武力を背景に土着地主の利益を犠牲にして改革を断行したといえる。ただし改革後も耕作地0.5ヘクタール前後の零細経営が大半を占めていた。生産性を向上させるために農家への資金貸付や肥料の供給、農業技術改良が農会を通じて試みられた。結果、農業生産指数は1953年を100とすると1960年には130に上昇した。その一方、国民党は米と肥料の不等価交換を通じて農民余剰を体系的に収奪し、大陸から撤退してきた軍人や官僚を養ったのである。　　　　〈山本真〉

参大和田啓気「台湾の農地改革」同編『アジアの土地改革Ⅱ』アジア経済研究所、1963／湯恵蓀『台湾之土地改革』中国農村復興聯合委員会特刊第9号、1954／中国農村聯合委員会『台湾農業発展之回顧与前瞻』中国農村復興聯合委員会叢刊第7号、1975

●白色テロ

　一般には国家権力や保守派による革命勢力弾圧を意味し、台湾では主に国民党政権による中国共産党への取り締まりや弾圧（赤狩り）を指す。共産党員への合法的取り締まりはもとより、非合法な弾圧による犠牲や、無辜の市民に対する多くの冤罪を生み、恐怖に

よる社会統制を進めた国民党の独裁統治の象徴である。

戸籍整理や安全資料（職場などで管理する経歴ファイル）の整備などにより、共産党員や左派分子をあぶり出した。1949年の戒厳令と「懲治叛乱条例」、翌年の「戡乱時期検粛匪諜条例」により、過剰な密告奨励や拷問が横行した。当初多くの市民が家族への通知も裁判もないまま社会から芋づる式に消されていった。1950年代半ば以降、白色テロの烈度は落ちたとされるが、主たる執行者の台湾省保安司令部（後の警備総司令部、警総）は市民にとって恐怖の的であり続け、1990年代に民主化が軌道にのるまで、台湾住民の消極的服従状況を形成するのに貢献した。

迫害を受けたとされる人数は数万から十数万とされ、完全に特定できていないが、民主化により、特に1998年以降立法が進み、補償、真相の解明と名誉回復などが進められた。2018年には「国家人権博物館」が設置され、記憶が継承されている。〈松田康博〉

参菊池一隆「一九五〇年代の台湾『白色テロ』の実態と特色——外省人、本省人に対する弾圧とその狙い」『愛知学院大学文学部紀要』第49号、2020

●日華平和条約

1951年9月のサンフランシスコ講和会議には、中国のいずれの政府も招聘されず、日本はこの講和条約で「台湾及び澎湖諸島に対するすべての権利」を放棄した。そして、日本と中国の戦争終結は別途条約を締結することになる。1949年以降、中華人民共和国政府が中国大陸を統治し、中華民国政府は台湾とその周辺諸島を統治する状態となり、二つの政府がいずれも中国を代表する唯一の合法政府であると主張した。日本の吉田茂総理は、米国議会での講和条約批准を促進するため、51年12月に米ダレス特使宛書簡（「吉田書簡」）で、中華民国政府と交渉をすることを表明した。

1952年2月、日本の河田烈全権大使が台北に赴き、葉公超外交部長との70日を超える厳しい交渉が行われた。日本側は台湾との通商条約的な内容を求め、大陸にかかわる事項を排除しようとした。一方、中華民国側は、サンフランシスコ講和条約に準じ、中国を代表する政府としての立場を維持することを優先した。

条約交渉のなかで重要な争点となったのは、戦争終結、賠償請求、実務関係、そして条約の適用範囲であった。

交渉の結果、第一に、中華民国と日本はこの条約によって戦争状態を終了させた。第二に、中華民国政府は、日本に対する賠償請求を放棄することに同意した。第三に、中華民国にかんする条約の適用範囲については、交換公

文のなかで「中華民国の支配下に現に
あり、又は今後はいるすべての領域に
適用される」と限定した。この適用範
囲の限定は日本側が強く主張したもの
で、中華民国側は「同意された議定書」
において「又は今後はいる」の「又は」
は「及び」と解釈することができると
の日本側の同意を得ることで妥協した。
中華民国側には、将来実効支配領域が
変化した場合に、台湾の扱いが問題と
なることへの強い懸念があったと言わ
れる。

14条の条約、議定書1、交換公文3、
同意された議事録から構成される日華
平和条約は、4月28日3時半に台北
で署名調印された。サンフランシスコ
講和条約発効の7時間半前であった。
条約が8月5日に発効し、木村四郎七
臨時大使、董顕光大使がそれぞれ就任
した。条約発効により、日本植民統治
時代から台湾に住む人々の国籍は、正
式に中華民国籍となった。日本国籍を
もたなくなった台湾の元日本兵や遺族
への補償、郵便預金など日本の植民統
治とかかわる問題は、日華間で具体的
に検討されず長い間処理されなかった。

中華人民共和国政府はこの条約を認
めず、72年9月の日本との国交正常
化交渉でも破棄を求めた。日本の大平
正芳外務大臣は、日中共同声明調印後
の記者会見で政府承認の切り替えに
よって本条約が「終了」したと説明し
た。　　　　　　　　　　〈清水麗〉

参井上正也『口中国交正常化の政治史』
名古屋大学出版会、2010／川島真・清水麗・
松田康博・楊永明『日台関係史——1945-
2020 増補版』東京大学出版会、2020／清
水麗『台湾外交の形成』名古屋大学出版会、
2019

●米援

米国は1950年1月に国民党政権に
対する軍事援助打切りを声明したが、
同年6月に勃発した朝鮮戦争により、
台湾に逃げ込んだ国民党政権に対する
米国援助（以下、米援）が再開された。
1951〜65年の援助総額は約15億ドル
で、年平均約1億ドルの援助は台湾
の財政収支の赤字幅を削減し、インフ
レーションを抑制した。米国では、
1951年10月に相互安全保障法（MSA）
が成立し、1952米国会計年度以降の
対外援助にはMSAが適用された。米
援の運用については、行政院長を主任
委員とする米国援助運用委員会
（CUSA）が管轄し、米国が派遣する
米援駐台機関長も委員に加わっていた。
台湾に対するMSA援助の主要項目と
なった防衛支持援助は非計画型と計画
型とからなり、前者では小麦、大豆、
棉花、化学肥料などが輸入され、後者
では電力・鉄道などのインフラストラ
クチュアや工業を中心にドルが配分さ
れた。また、米国で農産物貿易促進援
助法が1954年に制定されると、同法
を根拠とするPL480により、米国産

余剰農産物も供与された。援助物資の台湾における販売代金が積み立てられた見返り資金の運用では、直接軍事援助（DFS）への配分のほか、電力・道路などのインフラストラクチュアや工業にも新台幣が配分された。〈湊照宏〉

参 N. H. Jacoby. U.S. Aid to Taiwan—A Study of Foreign Aid, Self-Help and Development. F. A. Praeger, 1967／川口融『アメリカの対外援助政策——その理念と政策形成』アジア経済研究所、1980

●米華相互防衛条約

1954年12月2日、アイゼンハワー政権下の米国政府と中華民国（台湾）の国府の間で調印された「アメリカ合衆国と中華民国との間の相互防衛条約」。1954年9月、中国が金門島へ向け砲撃したことによって起きた第一次台湾海峡危機のさなかに締結され、翌年3月3日に発効した。同条約は全10条から成り、第7条には、台湾の防衛を目的として米台相互の合意に基づき米軍を配備することが示された。第6条の規定によれば、同条約の適用範囲は「台湾・澎湖諸島」に限定され、「その他の領域」を指す金門・馬祖島などの大陸沿岸諸島への適用は曖昧なままとされた。同条約調印後の12月10日、蔣介石政権の強い要請によって、「ダレス・葉公超交換文書」が公式発表され、国府が同条約の第6条の「台湾・澎湖諸島」及び「その他の領域」を実効支配している旨が明記された。ただし、大陸沿岸諸島が攻撃を受けた場合、国府単独の判断で反撃をしないという米国政府の念押しがなされていた。アメリカは、同条約を通じて、中国の「台湾解放」すなわち武力行使への抑止と、台湾の国府による「大陸反攻」の阻止をはかる、「二重の抑止」によって台湾海峡の平和と安定を保とうとした。1979年1月の米台断交によって同条約は破棄され、在台湾米軍撤退が完了し、断交1年後に同条約は失効した。　　　　〈松本はる香〉

参 袁克勤「米華相互防衛条約の締結と『二つの中国』問題」『国際政治』第118号、1998／松本はる香「台湾海峡危機［1954-55］と米華相互防衛条約の締結」『国際政治』第118号、1998／毛里一『台湾海峡紛争と尖閣諸島問題——米華相互防衛条約 参戦条項にみるアメリカ軍』彩流社、2013

●金門島砲撃戦

1958年8月23日、中国人民解放軍（以下、解放軍）が福建省沿岸の金門群島や馬祖列島を砲撃・封鎖した。中華民国政府はこれらの島嶼を「大陸反攻」の橋頭堡として防衛し、必要に応じて中国大陸に反撃する姿勢を見せた。これに対し米国は、台湾本島から遠く、米華相互防衛条約の適用範囲かどうか曖昧である離島の防衛に躊躇した。しかし、米軍は周辺海域に空母打撃群を集結させて解放軍を牽制し、台湾海軍

の離島への補給作戦を援護した。この中国の封鎖作戦は、米ソを巻き込み得る軍事危機に発展したため、第二次台湾海峡危機とも呼ばれる。

解放軍は金門・馬祖を封鎖しつつ、台湾指導部に離島からの撤退を呼び掛けた。しかし、砲撃開始から1か月ほど経ち封鎖が破られると、毛沢東は「台湾同胞に告ぐ」という文書を発表し、2週間にわたり偶数日の砲撃を停止することを発表した。その後、解放軍が隔日で砲撃を停止する措置は延長され、最終的には慣例化した。軍事危機は次第に収束へと向かい、それに代わり、中国側では金門・馬祖を蒋介石に保持させることで「二つの中国」に反対するという論理が形成された。他方で、台湾と米国の間でも交渉が行われ、以降の「大陸反攻」の主要な手段は武力に拠らないとする蒋介石・ダレス共同声明が発表された。　　　〈福田円〉

▶福田円『中国外交と台湾――「一つの中国」原則の起源』慶應義塾大学出版会、2013／五十嵐隆幸『大陸反攻と台湾――中華民国による統一の構想と挫折』名古屋大学出版会、2021

●自由中国事件

「自由中国事件」とは、1950年代の台湾を代表するリベラルな雑誌であった『自由中国』が、1960年9月に発行人の雷震ほか3名が「反乱容疑」で逮捕されたことをきっかけに、停刊に

『自由中国』
創刊号
(国立台湾文学館蔵)

追い込まれた事件である。

雷震らが逮捕されるに至った理由は、主に2点あった。第一に、『自由中国』が中国国民党(以下、国民党)政権に対して厳しい批判を展開していたことである。特に、同誌が早期の「大陸反攻」実現に懐疑的な論説を掲載したことや、蒋介石の総統三選に反対の論陣をはったことは、政権にとって許容しがたいものに思われた。第二に、雷震が国民党に対する反対党として、「中国民主党」の結党を目指したことである。とりわけ、雷震らが地方選挙を舞台に台湾籍の政治エリートとの提携を模索し始めたことは、蒋介石の危機感を惹起し、処分を決断させる決め手となった。

台湾に自由と民主主義を根付かせたいという雷震や『自由中国』同人たちの試みは、事件によりいったんは潰える。しかし、同誌の言論は、1970年代以降の党外運動に参加した人々に強い影響を与えており、彼らの運動の理論的根拠としても用いられたのである。

〈深串徹〉

▶前田直樹「台湾における政治的自由化と米国の冷戦政策――雷震事件への対応をめぐって」『現代台湾研究』第30・31合併号、2006.11／聶華苓、島田順子訳『三生三世――中国・台湾・アメリカに生きて』

藤原書店、2008

●大陸反攻

　1912 年に中国大陸で成立した中華
民国は、第二次世界大戦後、日本の統
治下にあった台湾の「接収」を進めた。
その頃、中国大陸では戦後政治秩序を
めぐる国共内戦が再開されていた。や
がて共産党が勢力を拡大し、1949 年
10 月に毛沢東が中華人民共和国の成
立を宣言すると、蔣介石は中華民国の
中央政府を台北に移転させた。

　台湾に渡った蔣介石は、中国大陸を
軍事力で奪還すべく「大陸反攻」の準
備を始めた。しかし、朝鮮戦争を契機
に米国が中華民国に対する支援を決め
たことで、「正統中国」を主張する両
岸の対立は国際的な冷戦構造に組み込
まれ、二度の危機を経て「中国」の分
断状態が固定化された。

　1960 年代に入ると、大躍進や文化
大革命による中国社会の混乱などの機
会を捉え、中華民国政府は「大陸反攻」
の発動を試み、米国に支持と支援を求
めた。それが全て断られようとも、中
華民国政府は中国大陸に対する小規模
な攻撃を続けたのだが、混乱が続くな
かで強化される中国沿岸部の防衛体制
を前に失敗が続いた。そして当面は「大
陸反攻」が難しいと判断した中華民国
政府の指導者たちは、中国統一のため
の復興基地と位置付けた台湾の経済建

大陸反攻について報じる『中央日報』
（1980 年 3 月 5 日）

設に重点を置きつつ、軍事的手段に加
えて政治、経済、文化などの手段を総
合して中国統一を目指す構想へと戦略
を転換した。

　1970 年代に入り、米国の対中接近、
国連からの「脱退」など、台湾を取り
巻く国際空間が狭まりゆくなかでも、
中華民国政府は「大陸反攻」を模索し
た。そして 1976 年に毛沢東らが他界
すると、激化する権力闘争を好機と捉
えて「大陸反攻」の気運が高まった。
だが、国軍にはそれを達成できる戦力
がなかった。

　1979 年 1 月に中華民国と米国が断
交すると、米華相互防衛条約によって
実質的に台湾の防衛を米国に依存して
きた中華民国政府は、「大陸反攻」の

編制を維持してきた国軍を「台湾防衛」に適した軍隊へと改編させることを決める。しかし、「大陸反攻」の検討は続けられた。

その後、国軍から「大陸反攻」任務が解除されるのは、大陸政策の新たなガイドラインとして「国家統一綱領」が制定された1991年になってからのことであった。中華民国政府や国軍の指導者らは大陸奪還が難しいことを認めてはいた。だが、中国統一という国家目標を変えることなく、それを達成するための「大陸反攻」任務を軍隊から解除するには、中国統一をめぐって対峙を続ける中華人民共和国との関係を再定義する政治判断が必要だったのである。　　　　　　　〈五十嵐隆幸〉

参五十嵐隆幸『大陸反攻と台湾——中華民国による統一の構想と挫折』名古屋大学出版会、2021／松田康博「蒋介石と『大陸反攻』——1960年代の対共産党軍事闘争の展開と終焉」山田辰雄・松重充浩編『蒋介石研究——政治・戦争・日本』東方書店、2013／福田円『中国外交と台湾——「一つの中国」原則の起源』慶應義塾大学出版会、2013／佐橋亮『共存の模索——アメリカと「二つの中国」の冷戦史』勁草書房、2015

●台湾独立運動

日清戦争後の抗日の「台湾民主国独立宣言」や台湾共産党の独立運動を別にして、中華民国に対抗する独立運動は1947年の二・二八事件をきっかけとして生まれ、廖文毅（1910–1986）

がその先駆者であった。事件勃発後、指名手配された廖は弟の廖文奎と一緒に香港で最初の独立運動組織である「台湾再解放連盟」を発足させた。1950年に香港から日本へ移住した廖は台湾民主独立党を結成し、1955年東京で台湾臨時国民議会を開設した。翌56年2月28日、東京の麻布公会堂で「台湾共和国臨時政府」の成立を宣言し、独立声明を発表した。しかし1965年5月、廖の組織は国民党のスパイ工作により分裂し、廖も台湾へ帰って国民党に投降した。その後、日本における独立運動は王育徳（1924–1985）が率いる台湾青年社を中心として展開し、1960年創刊の機関紙である『台湾青年』は大きな宣伝効果を発揮した。

[日本における台湾独立運動の役割]
王育徳は台南に生まれ、台北高校を経て、1943年東京帝国大学に入学したが、疎開のため帰台し、戦後中学校の教員となった。彼は二・二八事件前に独裁政治や社会現状を批判していたために政府ににらまれ、49年香港を経由して日本へ亡命した。翌年、王は東京大学に再入学し、その後は大学教師として生活しながら、台湾独立運動などに力を注いだ。1970年代、独立運動の本拠地は留学生が集中している米国へ移ったが、日本本部の代表者である王は依然として運動のリーダーとして活躍していた。

日本におけるもう一人の代表的独立運動家は史明（1918–2019）である。史は台北士林に生まれ、本名は施朝暉、1937年早稲田大学に入学、42年中国大陸に渡り、中国共産党の抗日運動に参加した。49年、施は帰台し、「台湾独立革命武装隊」を組織したが、52年国民党の弾圧を避けて日本に亡命した。67年、彼は「独立台湾会」を創立し、海外台湾独立運動の左翼活動家として活躍した。施は日本の台湾青年社や米国に本部を置く台湾独立建国連盟と一線を画し、独自の組織による革命闘争の路線で独立運動を展開してきた。

施と王の独立運動への最大な貢献は、それぞれ『台湾人四百年史』（音羽書房、1962年）と『台湾』（弘文堂、1964年）の著作を著したことであろう。施は著書で台湾共産党の民族形成論を継承し、無産階級解放運動を唱えてきたが、王の著書は外省人を取り込みながら、台湾住民全体の国民国家の樹立を呼び掛けていた。二人の運動路線や国家構想は異なっていたが、2冊の著書と双方の機関紙の論稿によって確立された「台湾民族論」が海外の独立運動のエネルギー源となった。1970年代以降、島内の反対派政治勢力が結集すると、このような歴史叙述の翻訳本が広く読まれるようになり、海外と島内の台湾人連携の接着剤となった。

［北米の台湾独立建国連盟の発展］

1950年代以降、多くの台湾留学生が米国に渡り、北米でも独立運動が始まった。最初に少人数の留学生がアメリカで台湾独立を提唱し、1956年にはフィラデルフィアで運動団体を組織した。さらにそれが拡大して1966年に「全米台湾独立連盟」（UFAI）が結成された。そのほかにカナダへの台湾人留学生も次第に増え、1961年にはトロント大学に台湾学生会が結成され、1963年にカナダ台湾同郷会が設立された。ヨーロッパでも同様に、まず同学会、次に同郷会、そして独立運動の組織が発足した。1970年、日本と欧米各地の台湾独立組織は正式に「台湾独立建国連盟」（World United Formosans for Independence, WUFI）を結成した。

もちろん、海外台湾人の組織は独立連盟だけではなく、自決運動や社会主義の政治団体もあり、同学会及び同郷会などの親睦団体や台湾語協会などもあった。これらの組織の規模や活動形態はかなり差があったが、参加者は明らかな台湾人意識を持つことで一致していた。この中で最も注目すべきなのは1974年に設立された「世界台湾人同郷会」であろう。この組織によって、「台湾人意識」を持つ世界各地の台湾人が結びつけられた。これは独立運動の基盤になったといえよう。1977年、独立連盟の機関紙『台独』の二・二八事件30周年記念号は表紙において、「二・二八大革命、台湾人民建国の出

発点」と訴えた。同号の社説では、「省籍」によらない住民全体が持つべき台湾人アイデンティティの定義が強調されている。これは王育徳の著書に呼応した理念であったといえよう。

[本土へ戻った台湾独立組織の活動]
1970年代以降の民主化運動と合わせて、多くの海外台湾人はブラックリストに入れられても、恐れずに反国民党の政治活動に加わり、台湾独立運動の勢力が広がっていった。1982年、台湾民主化運動の進展とともにワシントンで台湾公共事務協会（Formosan Association for Public Affairs、FAPA）が創立され、米国議会への遊説活動が展開された、その中心メンバーには多くの独立運動家が含まれていた。1987年、独立連盟は「海外帰郷運動の普遍化、島内独立運動の公開化」という目標を打ち出した。1992年、この目標が完全に達成されて海外台湾人のブラックリストが廃止され、独立連盟の総本部も島内に移された。だが、民主化の達成によって国民党による大陸との統一路線が破棄され、台湾に中華民国が存在する結果となった。そのため、台湾を国名とする独立運動も衰退していった。　　　　　〈何義麟〉

参 史明『台湾人四百年史──秘められた植民地解放の一断面』音羽書房、1962／王育徳『台湾──苦悶するその歴史』弘文堂、1964／王育徳、近藤明理編『「昭和」を生きた台湾青年』草思社、2011／郭鋭『台湾独立問題の社会構成主義的分析』神戸大学大学院国際文化学研究科博士論文、2015

●彭明敏

ほう・めいびん、Péng Míngmǐn／Peng Ming-min／P'eng Ming-min（1923.8.15–2022.4.8）台湾の国際法学者。日本統治期の台中に生まれ、戦前は東京帝国大学で学んだ。第二次世界大戦後、台湾大学を卒業後、カナダのマギル大学に留学し、国際航空法を修めた。台湾の中国国民党政権は国際的に活躍する本省人エリートである彭を取り込むため、入党を促したが、彭は拒絶した。1964年9月、台湾大学法学院卒業生の謝聰敏、魏廷朝とともに「台湾人民自救運動宣言」を起草し、台湾の「台湾人」と「大陸人」が協力して国民党政権に代わる自由で民主的な新国家・政府の樹立を訴える。しかし、同文書の散布計画が事前に露見し、彭は有罪判決を受け、特赦により出獄するも自宅軟禁状態に置かれた。1970年、海外の支援者の協力を得てスウェーデンに脱出し、同年、アメリカに亡命。23年にわたる海外生活のなかで、北米を拠点として台湾独立運動を推進した後、台湾で政治の自由化が進んだ1992年に台湾に戻った。1996年の台湾初の中華民国総統直接選挙では、民主進歩党の候補者として出馬し、当選した李

登輝に次ぐ第2位の得票を集めた。その後も台湾の独立建国を訴える言論活動を精力的に展開し、時に民進党政権に対しても厳しい批判を加えた。

〈家永真幸〉

参彭明敏『自由的滋味──彭明敏回憶録2009年増訂版』玉山社、2017／近藤伸二『彭明敏──蒋介石と闘った台湾人』白水社、2021

●在日台湾人

戦後、日本に在住する台湾出身者を「在日台湾人」と呼んでいるが、「華僑」という言い方も見られる。1980年代までは、在日の台湾出身者と大陸出身者の人数が拮抗していた。また、中華民国籍を持つ日本華僑の中には清朝や中華民国統治期の中国大陸から日本に渡ってきた華僑とその子孫も含まれるが、彼らはただ中華民国籍を持つだけで、台湾に在住したことすらない。もちろん、台湾出身者全員が必ずしも華僑と自称しているわけではない。戦後の動乱を体験してきた一部の在日台湾人は2つの中国をともに拒絶し、台湾独立運動に身を投じた。ただし、独立運動家は中華民国籍を持ち、華僑社会と一定のつながりをも持っていたため、場合によっては彼らを華僑と見なしても差し支えない。彼らの出身地を強調するために、台湾人華僑、台湾系華僑、略称で「台僑」と呼ぶこともある。

[GHQ占領期における在日台湾人の国籍問題] 狭義の在日台湾人は、戦前の台湾出身の旧植民地人で戦後の日本に住みながらも、2つの中国へのアイデンティティ問題に悩んでいた人々の総称である。彼らは大日本帝国から折りたたまれた日本国、分裂国家の中国、出身地の台湾という時空間を跨ぐ境界地域に暮らしながら、自分の帰属すべき祖国を探し求めていた。その代表的人物として、作家の陳舜臣（1924-2015）がいる。陳は神戸市出身、本籍は植民地の台湾台北、日本敗戦で中華民国籍へ変わり、1973年に中華人民共和国の国籍を取得するが、1989年の天安門事件の衝撃を受けて中国に失望したため、翌年に日本の国籍を取得した、という3度の国籍変更の経験の持ち主であった。

戦後、在日台湾人は日本の植民地統治から離脱すると共に戦勝国民の地位を得られることを知り、誰もが喜んで国籍の転換を受け入れた。だが、日本政府は台湾人と朝鮮人を厳しく取り締まるべき「第三国人」だと見なした。警察はGHQの支持を得て旧植民地人を含む「非日本人」を取り締まる管轄権を確保した。1952年、平和条約が発効し、日本は主権を回復したが、日本政府は在日外国人を管理するための「外国人登録法」を公布し、旧植民地出身者の日本国籍喪失も宣告した。また、この新しい登録法に合わせて旧植

民地住民の国籍問題を処理するための
法令も公布された。朝鮮半島が分断し、
在日朝鮮人の国籍表記が「朝鮮」と「韓
国」とされたのに対して、在日台湾人
と華僑は同様に「中国」と記載された。

[二つの中国の華僑政策と在日台湾人の
苦悩]　1952年以降、在日台湾人は正
式に華僑となったが、常に二つの中国
の「僑務政策」政策に悩まされてきた。
僑務政策は、国府と北京政府が華僑の
支持を取り付けて自らの正統性を強化
するための対策であった。この政策に
より、両政府は世界各国の華僑社会で
激しい華僑争奪戦を行った。その結果、
華僑団体や中華学校が両者の対立の構
図にまきこまれることになった。たと
えば、横浜ではそれぞれ国府と北京政
府の管轄下に入った横浜中華学院と横
浜山手中華学校にわかれた。また、関
西では大阪中華学校と神戸中華同文学
校にわかれた。日本では、一部の在日
台湾人が反国民党のために北京政府を
支持し、一部の大陸出身者（戦後台湾
経由で日本に来た外省人を含む）は中
華民国政府を擁護するというねじれ現
象も見られた。1929年に創立され、
戦後再建された東京中華学校はその代
表的な例である。この国府派の学校は
今でも在日台湾人と大陸出身者の協力
で運営されている。

　冷戦期、在日台湾人は特別な法令が
適用されていたため、在留資格の確保
に不安を抱いていた。1965年、「日韓
法的地位協定」の締結によって、一部
の在日朝鮮人は「協定永住」を確保す
ることができた。そのため、在日台湾
人も国民党政府の外交部に、台湾籍華
僑の法的地位を確定すると共に自分の
子女までの永住権を獲得できるよう求
めていた。しかし、国府は、台湾省籍
僑胞は、戦後から大陸各省の僑胞と同
様に戦勝国民としての処遇を受け、中
日平和条約の議定書には互いに双方の
国民に最恵国待遇を与えると明記され
ているので、韓国僑民と同様の特別処
遇を求めることは法理的な根拠がない
と拒否した。国府は台湾出身者の特殊
な歴史背景とその心境を十分に配慮し
なかったため、在日台湾人の協定永住
獲得の要求を満足させることもできな
かった。

[日中国交正常化後の在日台湾人の対
応]　1970年代に入ると、東アジアの
国際情勢に大きな変化が見られた。
1971年10月、国府は国連から追い出
され、中国代表権は中華人民共和国に
取って代わられた。翌年3月、米国ニ
クソン大統領が訪中し、米国主導の台
湾海峡現状維持の国際秩序が形成され
た。この年の9月29日「日中共同声明」
の発表と同時に、日本と台湾は国交を
断絶した。在日華僑の法的地位が再び
注目され、日本帰化の動きも顕著と
なった。華僑の支持を取り込むため、
国府は国籍法を改正し、国籍離脱の条
件を緩和し、華僑の日本帰化を手助け

した。これで華僑社会の混乱がようやく鎮静化した。また、旧植民地出身者の居留問題は1991年の出入国管理令の改訂によって解決された。

1990年代、台湾の民主化と共に、台湾人は台日関係を名実ともに充実させるため、2001年から在日台湾人の外国人登録証明書の国籍記載を中国から台湾に改めるべきだという「正名運動」を推進した。2009年に「改正入管法案」が可決され、2012年以降、台湾出身者の在留カードの「国籍・地域」表記が「中国」から「台湾」に変更された。今日、在日台湾人とは中華民国籍を持つ外国人であると言えよう。

〈何義麟〉

▶陳來幸『冷戦アジアと華僑華人』風響社、2023／呉修竹、何義麟編『在日台湾人の戦後史――呉修竹回想録』彩流社、2018／野嶋剛『タイワニーズ――故郷喪失者の物語』小学館、2018／岡野翔太『二重読みされる中華民国――戦後日本を生きる華僑・台僑たちの「故郷」』大阪大学出版会、2023

● 輸出加工区

中国語名は「加工出口区」、英語名は「export processing zone」。経済部所管。1966年に高雄市前鎮区に開設され、1970年に高雄市楠梓区と台中市潭子区にも設けられた。

生産された工業製品をすべて輸出することが義務付けられた工業団地で、その代わりに、全域が保税対象とされ

高雄の輸出加工区での作業風景（1971年）

た。すなわち輸出加工区への輸入には、関税が課されない。諸々の申請を受け付けるワンストップの窓口も魅力となった。

輸出加工区という制度の背景には、当時の政府が輸入代替政策を継続しながら、低賃金労働力を利用した工業製品の生産と輸出を促進したことがある。実際、輸出加工区からは、電子製品をはじめとする大量の労働集約的な工業製品が輸出された。輸出加工区は日米をはじめとする多くの外国企業を引き付け、外資導入にも貢献した。こうした効果から、その後、多くの後発国で同様の政策が導入されている。

台湾の経済発展とともに、その元来の目的は過去のものとなったが、産業集積を活かした工業団地として存続している。こうした変化に基づき、2021年に「科技産業園区/technology industrial park」に改名された。

〈佐藤幸人〉

▶涂照彦『土着と近代のニックス・アセ

アン——相克と共棲の経済社会』御茶ノ水
書房、1987 ／佐藤幸人「輸出指向工業化
の要因と意義——貿易政策ブローチを超え
て」大橋英夫・劉進慶・若林正丈編『激動
のなかの台湾——引っ越すことのない隣人
たち』田畑書店、1992 ／佐藤幸人「台湾
の経済発展における政府と民間企業——産
業の選択と成果」服部民夫・佐藤幸人編『韓
国・台湾の発展メカニズム』アジア経済研
究所、1996

●尖閣諸島問題と保釣運動

19世紀以前の尖閣諸島の位置付け
には多くの議論がある。19世紀末、
日清戦争中の1895年1月に日本が台
湾・澎湖方面への作戦遂行に合わせて
閣議決定によってこの島々の沖縄県編
入を決めた。目下、中国側は、下関条
約で清から日本に割譲された台湾・澎
湖にこの島々が含まれるとしている。
日本は、1945年8月の敗戦後、ポツ
ダム宣言に基づいて、主にアメリカと、
日本に所属すべき島嶼を確定すべく交
渉し、日本に帰属する南西諸島の範囲
を定めた。そこに尖閣諸島が含まれた。
日本の敗戦から講和条約締結の時期に、
中華民国外交部でも張廷璋らが尖閣諸
島を自国領とする案を提起したが公的
に採用されてはいない。他方、サンフ
ランシスコ講和条約には尖閣の帰属は
示されず、また1952年4月の日華平
和条約でも記載がない。その後、尖閣
諸島はアメリカの琉球当局が実効支配
し、米軍が一部の島を射撃場に利用す

ることを台湾側に通告したり、台湾の
漁民が尖閣諸島に上陸して休息したり、
鳥の卵を採集したり、時に島の上で船
の解体工事などをおこなったりした。
それらに対し、時にはアメリカの琉球
当局が彼らを捕えて台湾に送還したが、
そうした際にも台湾側は尖閣諸島を自
国領だと主張してはいない。情勢が変
わるのは、1960年代後半にECAFE（国
際連合アジア極東経済委員会）が海底
資源調査を行なって、この海域に石油
資源がある可能性を指摘してからだ。
李国鼎を首班とする台湾経済部は領有
を主張すべきとし、1970年1月には
「釣魚台列嶼」という呼称を正式なも
のとした。経済部の姿勢は行政院、蒋
介石にも採用された。他方、蒋介石に
は、尖閣問題を利用してアメリカによ
る沖縄の対日直接返還に反対しようと
した面もあった。その後、アメリカ企
業なども加わって資源調査が進められ
ようとしたが、米中接近によって頓挫
する。他方、1970年頃から「釣魚台
列嶼」を中国領だとする運動が、必ず
しも国民党の意図とは同じではない形
でアメリカ華僑、在米学生などから発
生した。台湾内部でも「愛国的」な行
動ゆえに当局が抑圧できないこともあ
り、領土問題に「断固たる」姿勢を取
らない政府への反政府運動が発生した。
この海外華僑や台湾内部の「保釣運動」
は香港などにも拡大し、華人社会の反
日運動の結集核にもなった。なお、

1972年5月の沖縄返還以降日本が尖閣諸島への行政権を継承し、同年9月に日中国交正常化がなされると、尖閣諸島問題は主に日本と中華人民共和国の問題になるが、尖閣諸島に対する台湾側の基本姿勢は以後も継続した。

〈川島真〉

参ロバート・D・エルドリッヂ、吉田真吾・中島琢磨訳『尖閣問題の起源——沖縄返還とアメリカの中立政策』名古屋大学出版会、2015／倪捷「1970年代初期の米国と香港の保釣運動に関する試論——運動の左傾化を中心に」『中国研究月報』第73巻第3号、2019.3／川島真「尖閣諸島問題的論述空間——中國的歴史認識／從漁民追尋鳥蛋之海到國家之間對立之海——東海的島嶼」『當代日本與東亞研究』第五巻第5・6號、2021.10、ウェブ公開／Shin Kawashima, "The Origins of the Senkaku/Diaoyu Islands Issue—The period before normalization of diplomatic relations between Japan and China in 1972", *Asia Pacific Review*, Volume 20, 2013.

●国連中国代表権問題

1945年10月に国際連合が設立された際、新機構設立からかかわっていた中華民国は、創始国としてアメリカ、イギリス、ソ連、フランスと並び安全保障理事会の常任理事国の一つとして名を連ねた。その後に発生した中国国共内戦の結果、中国共産党は中国大陸の大部分を支配下におさめ、中国国民党は中華民国政府を台湾に遷し台湾とその周辺諸島を統治する状況となった。

1949年に成立した中華人民共和国は、11月に中華民国の追放を国連に提起し、国連における中国代表権問題が生じた。安保理常任理事国の座を含む国連における中国の議席について、中華人民共和国と中華民国のいずれの政府代表が占めるかという問題は、アジアにおける米中対立という冷戦状況と結びつき、1971年まで議論と攻防が続くことになる。

[**審議棚上げの10年**]　1950年代、国連における中国の議席をめぐる問題は、ソ連やインドが総会において中華人民共和国政府代表の招聘を提案したほか、手続き規則違反や委任状の否認などの方法によって、中華民国政府の代表権を否定する提案などが出された。これらに対し、カナダからの特別委員会の設置提案や、51年にタイ、52年からは米国によって審議棚上げ案が提出され、中国の代表権をめぐる審議の引き延ばしや棚上げが提案された。

審議棚上げ案は、1951年から60年までの総会において毎年可決され、中国の代表権をめぐる提案は審議に付されず、中華民国代表の議席は維持された。しかし、50年代の半ば以降、アジア・アフリカ諸国の国連加盟国が増えていくと、この提案に対する賛成数は増えず、反対または棄権する国が増えていく。

[**重要事項指定決議案への転換**]　1960年の審議棚上げ案が賛成42、反対34、棄権22となったことで、米国を中心

として中華民国代表の議席を支持する国々は、61年の第16回国連総会では重要事項指定決議案の提案へと転換する。これは、中国代表権をめぐる提案を国連憲章18条に基づいて「重要事項」に指定し、その可決に2／3以上の賛成を必要とするようにハードルを上げ、中華民国代表の議席を維持するものであった。

しかし、この61年の転換をめぐっては、米国と台湾の中華民国との間で確執が深まった。一つの妥協が次の大きな譲歩につながることを警戒して強硬に原則堅持の姿勢を崩さなかった中華民国側は、国連総会での投票直前に、ケネディ大統領と蔣介石総統との間で中華民国の安保理議席維持を米国が保証するとの密約を結ぶ。61年、重要事項指定決議案は可決され、この方式で60年代の中華民国の議席は維持された。

しかし、60年代には、日本をはじめ多くの国々で現実の状況に基づく対応を模索する動きがみられた。いわば「二つの中国」や「一つの中国、一つの台湾」という形で、中華人民共和国の国連参加と台湾の中華民国の議席維持を実現する構想や特別委員会の設置案などであった。これらの構想に対し当事国である二つの政府はともに強硬に反対し、最終的には二つの政府のどちらかを選択するほかないとの考え方が強まっていく。

[**中華民国代表の退出とアルバニア案の可決**]　1969年に成立したニクソン政権は、中華人民共和国との関係改善を模索し始め、重要事項指定決議案からの転換をはかる。1971年、米国は中華民国の議席の変更に関する議案のみを重要事項とする、いわゆる「追放反対重要事項指定決議案」（逆重要事項指定決議案とも呼ばれる）を準備し、それが可決された場合には安保理と総会の議席を中華人民共和国代表が占め、中華民国は総会の議席をもつという二重代表制案を提出した。

中華民国政府はこれらの案に賛成はしないが友好国の提案には反対しないとの姿勢をとり、ぎりぎりまで国連にとどまるとの戦術をとった。日本はこの共同提案国となった。米国のキッシンジャー大統領補佐官が、7月の中国秘密訪問に続き国連総会開催中に二度目の訪中を果たす状況のなかで、これまで重要事項指定決議案に賛成していた国々が棄権や反対へと回り、追放反対重要事項指定決議案は賛成55、反対59、棄権15の4票差で否決された。これをうけ中華民国政府代表の周書楷外交部長は、「これ以上総会の審議に参加しない」と宣言して総会議場から退場した。

この後、「国際連合における中華人民共和国の合法的権利の回復」と「蔣介石の代表を国連から追放する」ことを主旨とするアルバニア決議案が、賛

成 76、反対 35、棄権 17 の圧倒的多数をもって可決された（2758 号決議）。二重代表制案は議決に付されることはなかった。これにより、11 月には喬冠華外務次官率いる中華人民共和国代表団が国連での審議に参加する。

国連憲章には、依然として「中華民国」が記載されたままだが、その権限を中華人民共和国が継承したと解釈されている。その後 1990 年代以降、民主化した台湾の中華民国政府は、国連への復帰または加盟を求め、友好国による国連総会での演説を通じて台湾住民の権利が認められるよう訴えている。

〈清水麗〉

参井上正也『日中国交正常化の政治史』名古屋大学出版会、2010 ／川島真・清水麗・松田康博・楊永明『日台関係史——1945-2020 増補版』東京大学出版会、2020 ／清水麗『台湾外交の形成』名古屋大学出版会、2019 ／張紹鐸『国連中国代表権問題をめぐる国際関係』国際書院、2007

●日本と台湾の断交

1972 年 9 月に北京で行われた日中国交正常化交渉の結果、日本政府は、政府承認を中華人民共和国政府に切り替え、共同声明発表後の記者会見で、大平正芳外相は日華平和条約が終了すると述べた。9 月 29 日夜、台湾の中華民国政府外交部は日本との外交関係の断絶を宣布し、1952 年の日華平和条約締結以来維持されてきた日華間の公的な政府関係は終了した。歴史的には「日華断交」と呼ぶ。

日本政府は外交関係がなくなった後にも台湾との民間関係を継続するため、台湾の中華民国政府に対し外交ルートだけでなく、さまざまなルートを通じて日本の意思を伝達しようと試みた。9 月 17 日、自民党副総裁である椎名悦三郎が特使として台湾を訪問、特使一行は台湾の民衆の激しい抗議活動や会議での強い抗議・非難に直面した。椎名特使は田中角栄首相の蔣介石宛親書を厳家淦副総統に手渡し、日本の状況や台湾との「従来の関係」維持などについて説明し理解を求めたが、日本側は一貫して「断交」そのものには言及しなかった。

一方、台湾の中華民国政府側は、1972 年 6 月、蔣介石の息子である蔣経国が行政院長に就任し、政策決定での中心的役割を担い、交通事故の影響で体調を崩していた蔣介石総統は、日本との交渉に関与していなかった。台湾には、日本が台湾との「従来の関係」維持を北京で主張した場合に、日中国交正常化交渉が妥結しない可能性に期待する声などもあった。しかし、従来日本との重要なパイプ役だった張群総統府秘書長をはじめ蔣経国行政院長らは、もはや日本の政策転換を阻止する方法はないと状況を受けとめ、表面上は強硬な姿勢をとりながら、8 月頃から断交後の関係について具体的な検討

を始めた。

　台湾の中華民国政府は、対日断交宣言において、「中華民国政府は、田中(角栄)政府の誤った政策が何ら日本国民の蔣総統の深厚な徳意に対する感謝と思慕に影響を与えるものでないことを信じて疑わない」として、「わが政府はすべての日本の反共民主の人士に対し、依然、引き続いて友誼を保持する」と表明した。これは、外交関係がなくなった後にも、経済文化をはじめとする関係を継続するとのメッセージとなった。蔣経国行政院長は、断交に際し台湾在留邦人の安全確保に配慮し、日本への本格的な経済制裁等も行わなかった。

　断交後、すぐに始められた日台間の協議では、公的な要素をできるだけ残そうとする台湾側と地方レベル・民間レベルに縮小しようとする日本側との間で多くの意見の相違が顕在化した。12月、日本側は「交流協会」、台湾側は「亜東関係協会」として日華、日台を冠しない機関が設立され、その駐在機関が大使館および領事館を引き継ぐ形で実務関係を維持することとなった。

〈清水麗〉

参 川島真・清水麗・松田康博・楊永明『日台関係史——1945-2020 増補版』東京大学出版会、2020／清水麗『台湾外交の形成』名古屋大学出版会、2019／中江要介『日中外交の証言』蒼天社出版、2008／林金莖『梅と桜——戦後の日華関係』サンケイ出版、1984

●蔣経国

(国民大会提供。Wikimedia Commons)

しょう・けいこく、Jiǎng Jīngguó／Chiang Ching-kuo（1910.4.27-1988.1.13）浙江省奉化県生まれ。蔣介石の長男であり中華民国の政治家。ロシア人の妻（中国名、蔣方良）との間に三男一女をもうけたが、男子は蔣経国死去後相次ぎ死亡。愛人章亜若との間に生まれた章孝厳は外交部部長、行政院副院長を務め、後に蔣姓に改姓。

　上海の小・中学校で学び、1924年にモスクワの孫逸仙大学に留学。28年にレニングラードの中央軍事政治研究学院に進学。国共関係の悪化につれ人質状態となり、工場、農場、鉱山などで労働。国共関係の改善に伴い37年に帰国。

　37年に江西省政府保安所副所長、39年江西省第4区行政督察専員兼保安司令となり、贛県県長を兼務。汚職対策などで名声を博した。44年三民主義青年団中央幹部学校教育長、青年軍総政治部主任。45年に訪ソし、スターリンと会見。47年に経済管制委員となり上海で経済犯罪取り締まりに尽力。

　49年に台湾に撤退。50年に国防部総政治部主任、後に総統府資料室機要組主任を兼務。共産党取り締まりの責

任者となり、「白色テロ」で多くの冤罪を生む。同年国民党中央改造委員会委員。52年以降同中央常務委員を務める。52年に中国青年反共救国団主任、54年国防会議副秘書長、57年5月に行政院国軍退除役官兵輔導委員会主任委員。64年国防部副部長、65年国防部部長を経て、69年に行政院副院長に就任し、行政院経済合作発展委員会主任委員を兼任。70年に訪米し、ニクソン大統領と会見したが、ニューヨークで台湾人青年により暗殺未遂に遭う。

72年に行政院院長に就任後実権を掌握し、党・政府指導部の若年化と本省人の登用を推進。75年党主席、78〜88年総統。この間定員増加選挙に踏み切り、「十大建設」を推進。79年には米国との断交、党外勢力を弾圧する美麗島事件など内憂外患に対処。86年、新規政党結成禁止（党禁）解除前に民主進歩党の結成を容認。87年以降戒厳令解除、台湾住民の大陸訪問（探親）解禁、新聞の新規発行・増頁禁止（報禁）の解除などを実施。

野党には蔣経国三原則（中華民国憲法遵守、反共国是堅持、台湾独立と一線を画す）遵守を求め、中国大陸に対して「三不政策」（接触せず、交渉せず、妥協せず）を堅持。1988年に病死。独裁者との批判がある一方、民衆との交流を好み、任期中経済成長率が高く、政治改革にも着手したため、死後も人気を維持する。　　　　〈松田康博〉

参江南、川上奈穂訳『蔣経国伝』同成社、1989／若林正丈『蔣経国と李登輝——「大陸国家」からの離陸？』岩波書店、1997

●十大建設

十大建設とは十項重要経済建設ともよばれ、1970年代に2000億台湾元余を費やして実施された交通インフラ、重化学工業、および原子力発電所建設のプロジェクト群である。1960年代半ばから輸出による経済成長を本格化させた台湾では、急速な工業化にインフラの整備が追い付かず、発展のボトルネックとなっていた。また、川下の消費財製造業が発展するにつれて原材料を供給する素材産業の重要性が増し、その育成が求められていたのである。1973年11月に当時行政院長だった蔣経国が5年以内にこれら10項の重要建設を完成させると宣言したことから十大建設と呼ばれるようになった。

まず、交通インフラでは、中山高速道路の建設、西部幹線鉄道の電化、北廻鉄道の連絡、台中港、蘇澳港、中正国際空港の建設の6項目が挙げられた。中山高速道路は、行政名は国道1号で、西部平野の南北をつなぐ経済の大動脈であり、台湾最初の高速道路である。1971年から7年3カ月かけて完成した。西部幹線鉄道の電化工事は、既に1971年に行政院を通過していた

が、国連脱退によって世銀融資が受けられなくなっていた。北廻鉄道は、宜蘭県から蘇澳と花蓮間を繋ぐ路線で、東部地域における利便性が格段に改善された。国際貿易によって経済成長していた台湾にとって港湾の飽和状態は大きな問題となっており、そのため台中港と蘇澳港のプロジェクトが加えられた。また、松山空港が飽和状態になりつつある中で、新しい国際空港の建設も切迫した課題であった。

重化学工業建設では大規模な製鉄所（中国鋼鉄）、造船所（中国造船高雄総廠、現台湾国際造船）および石油化学工場が建設された。石油化学工業のプロジェクトには中国石油（現台湾中油）の第二、第三ナフサプラント等の建設とそれらの製造する原料を利用する中台化工、中国石油化学開発といった公営企業2社（1982年合併、現威京グループ）が含まれていた。最後に原子力発電所の建設は、電力不足への対応から1970年に建設が決定されており、十大建設の一つに加えられた。

十大建設は、当時直面していたインフラの不足を補い、1980年代以降の台湾経済の基礎となる産業を築いた点で高く評価されてきた。また、1979年の評価報告では、1973年のオイルショックの影響で民間投資が冷え込む中、大規模投資が景気の回復と就業機会をもたらした点が強調されている。すべてのプロジェクトが高い効果を生

んではいなかったとの指摘もあるが、台湾経済発展の里程標の一つとなっている。　　　　　　〈北波道子〉

📚行政院経済建設委員会『十項重要建設評估』1979／戚嘉林『台湾六十年』海峡学術出版社、2009／黄淑鈴・高永謀『台湾通史』漢字国際文化、2006／薛化元主編、永山英樹訳『詳説 台湾の歴史——台湾高校歴史教科書』雄山閣、2020／高希均・李誠編、小林幹夫・塚越敏彦訳『台湾の四十年』上・下、連合出版、1993

●工業技術研究院

産業技術の研究開発を行う財団法人。経済部所管。英語名は「Industrial Technology Research Institute」、略称はITRI。1973年に新竹にあった3つの国立研究所を統合、改組して設立された。当時、経済部長であった孫運璿の尽力によって実現した。

2023年現在、6つの研究所（材料及び化学、グリーンエネルギーと環境、情報と通信、電子とオプトエレクトロニクス、機械と機電システム、バイオメディカルと医療機器）、6つのセンター（サービスシステム技術、産業・科学技術の国際戦略、測定技術、スマートマシーン技術、スマートセンシングとシステム技術、産業サービス）及び産業学院などを抱えている。2024年4月現在、人員は6390人、うち博士が20%、修士が64%、大卒が16%である。新竹県竹東鎮の本部のほか、中部（南

工業技術研究院の敷地
（Ysh1005 提供／CC BY-SA 4.0）

投県南投市）と南部（台南市六甲区）の分院などがある。

工業技術研究院は台湾の半導体産業を生み出したことから高く評価されることになった。特にそのプロジェクトを母体として生まれた台湾積体電路製造股份有限公司（TSMC）は、2010年代後半から半導体製造技術の世界最先端を走っている。〈佐藤幸人〉

参 佐藤幸人『台湾ハイテク産業の生成と発展』岩波書店、2007 ／クリス・ミラー、千葉敏生訳『半導体戦争──世界最重要テクノロジーをめぐる国家間の攻防』ダイヤモンド社、2023

●党外雑誌

戒厳令下の台湾では新たな政党の結成が禁止されていたため、中国国民党に反発する人々は非国民党系という意味での「党外」勢力として活動しなければならなかった。その重要な活動空間となったのは「党外雑誌」と呼ばれた政論雑誌メディアであり、とりわけ1970年代から80年代にかけ、限定的に行われた国政選挙における演説などの活動と並び、大きな社会的影響力を発揮した。1949年創刊の『自由中国』なども党外雑誌に数える場合もあるが、一般には1975年8月創刊の『台湾政論』がその嚆矢とされる。政府による停刊処分、押収などの取り締まりに対し、『深耕』誌シリーズ（1981〜86年）などタイトルを変えながら発行を続けるものもあり、激しいせめぎあいが展開された。党外雑誌の躍進の背景には、当時の台湾では経済成長にともない流通網の整備が進み、出版市場が拡大していたことがあった。これらの雑誌は、国民党による言論統制下の台湾で、人びとが胸に抱く不満に言葉を与えるだけでなく、党外勢力が人材のリクルート、育成、財源の確保、組織動員といった、その後の政党結成につながる経験を積む上でも大きな役割を果たした。鄭南榕（1947–89）は『自由時代』誌シリーズの発行を通じ、戒厳令解除後も台湾では100％の言論の自由が実現されていないことを告発し続けた。

〈家永真幸〉

参 廖為民『我的党外青春──党外雑誌的故事』允晨文化実業、2015 ／包澹寧、李連江訳『筆桿裡出民主──論新聞媒介対台湾民主化的貢献』時報出版、1995 ／家永真幸「『党外雑誌』読者から見た台湾の民主化──廖為民『我的党外青春』を読む」『東京医科歯科大学教養部研究紀要』第47号、71-76頁、2017

●郷土文学

日本の敗戦と国民党支配の開始にともない台湾文学は大きな困難に直面した。第一に日本語から中国語への切り替えに苦しんだこと。第二に国民党による弾圧（それは外省人の支配によって台湾人が周辺化されることでもあった）である。だが70年代に情況は大きく変わり始めた。第一に初めから中国語で教育を受けた若い世代がもはや周辺の地位に甘んじることなく発言し始めたこと。第二に弾圧体制が批判、抵抗を押しとどめられなくなっていったことである。「郷土文学」とはこうした情況の中で、台湾人による、あるいは台湾という場に根ざした文学を呼ぶ呼称として使われ始め、やがて80年代に確立された「台湾文学」という呼称に置き換えられていった。

[戦後から60年代までの文学]　1945年からの2年ほどは比較的自由にさまざまの試みが為された。呉濁流や楊逵はいち早く活発に活動を行い、またこの頃の新聞には過渡期の措置として日本語欄があったので、その文芸欄も台湾人の発表の場であり、龍瑛宗主編の『中華日報』の日本語文芸欄や、月刊誌『新新』（1945～47年、中日文）には龍瑛宗、呉瀛濤、葉石濤、呉濁流、王白淵、呂赫若、黄得時らが書いた。また台湾文化協進会から刊行された

『台湾文化』（1946～50年）には許乃昌、王白淵、蘇新、陳紹馨、楊雲萍、呉新栄、呂訴上、楊守愚、呂赫若、洪炎秋、劉捷、廖漢臣、黄得時らが関わっているが、同時に魯迅と関係の深かった許寿裳、台静農、李霽野、黎烈文、黄栄燦などの大陸からの知識人たちも協力している。この時期にはまださまざまの可能性があったのだ。だが46年に新聞、雑誌の日本語欄が禁止されて日本語作家は発表の場を失い、日本に発表の場を持ち得た呉濁流、黄霊芝などの例外を除いて、多くの日本語作家は筆を折るか、中国語への切り替えに苦しむことになった。また47年の二・二八事件、48年の四六事件、49年の国府の台湾移転とこれに伴う戒厳令の発布と続く事態の中で、自由に書くことはできなくなった。さらに国民党系の文芸誌を除いて一般の文芸誌が未発達であり、主要な発表の場は各新聞の文芸欄であったが、新聞はみな外省人の統制下にあり、台湾人の発表の場がごく狭かったことも日本時代からの創作の持続を難しいものにした。50年代前半の台湾文学界はほとんどが外省人作家による戦闘文芸、反共文学に占められた。

55年前後から情況はやや変わり始めた。朝鮮戦争から冷戦体制の確立にかけて蒋介石政権はアメリカの支持を取り付け、それなりの安定を得た。大陸反攻を望まず、より民主的な安定政

権を望むアメリカの意向もあって、臨戦態勢は平常化せざるを得ず、言論の空間は一進一退ながら徐々に広がっていった。『自由中国』（1949〜60年）、『文星』（1957〜65年）などはリベラリズムの立場から批判的議論を行った。また夏済安主宰の『文学雑誌』（1956〜60年）、尉天驄ら刊行の『筆匯』（1959〜61年）、台湾大学外文系の学生白先勇、陳若曦、欧陽子、王文興らの創刊した『現代文学』（1960〜73年）など国策にとらわれない純文学の雑誌が文学界に大きな可能性の場を広げた。これらの雑誌や林海音が主編として台湾人の起用に努めた『聯合報』文芸欄などを含めて、台湾人の書く場が生まれていった。また鍾肇政、鍾理和らのガリ版刷りの同人誌『文友通訊』（1957〜58年）、呉濁流主宰の『台湾文芸』（1964年〜）、陳千武、林亨泰による詩誌『笠』（1964年〜）など台湾人のための文学の場が作られ始めた。65年には鍾肇政が『本省籍作家作品選集』10巻（文壇社）、『台湾青年文学叢書』10巻（幼獅書店）を編集刊行した。また54年台北市文献委員会刊の『台北文物』が2期にわたって組んだ「新文学・新劇運動専号」の特集は日本時代の有力な作者たちを書き手として網羅し、その時代を考えるための基本文献となっている。だが以上のような日本時代の文学伝統を守り、発展させようとする営為は、当時の文化界では周辺的な位置にとどまらざるを得なかった。

［郷土文学］　1965年前後から変化が現れる。第一に『台湾文芸』『笠』など台湾人独自の表現の場ができたことは大きい。第二に中国語で教育を受け中国語で表現する若い世代が育ち、中央の文化界の書き手となっていった。さらに第三のこととして『文学季刊』（1966〜71年）、『文季』（1973〜74年）を中心にそれまでの主流であったモダニズム文学を現実遊離として批判し、社会を批判的に描くリアリズムを主張する作家たちが現れた。それはまた台湾の社会を正面から描こうとすることでもあった。尉天驄、陳映真、黄春明、王禎和、七等生、楊青矗、王拓、宋沢莱などであり、また『文学季刊』『文季』のグループとは別に葉石濤、鍾肇政、李喬、鄭清文、李昂なども台湾の状況を正面から描き始めた。彼らの文学はやがて郷土文学と呼ばれるようになっていった。ここでの「郷土」とは資本主義的発展によって破壊されていく農山漁村、いわば破壊される郷土と、そうした状況に対して全く発言権を持たない、いわば国民党の専制支配によって奪われた郷土とのふたつの「郷土」の複合であり、前者は社会主義的変革を志向し、後者は台湾ナショナリズムを包含するものだった。こうした郷土文学はまた70年代の民主化運動と結びつき、大きな潮流となり、文化界の中

心に地歩を占めることとなっていった。

また民主化運動の中ではみずからの抵抗の歴史的基盤を求めて日本時代の抵抗運動とその大きな柱であった新文学運動を、いわば再発見、再評価する動きが現れ、『大学雑誌』『台湾政論』『夏潮』などに日本時代の新文学運動を紹介、顕彰する文章が掲載された。ここに弾圧と日本語の壁によって周辺的な位置に置かれていた新文学運動とその戦後における継承とが、中心的な位置に受け入れられていった。それを象徴的に示すのが、76年に楊逵の散文が国民中学の『国文』の教科書に採用されたことだろう。

民主化運動とともに大きな潮流となっていった郷土文学に対して彭歌、王文興、余光中らが批判を加え、これに反論した尉天驄、陳映真、王拓、葉石濤らとの間に論争が起こった。1977、78年の郷土文学論争である。批判者の論点は芸術主義の立場から文学の政治化を批判するものだったが、同時に郷土文学を中国共産党の「工農兵文学」であるとするような国民党の立場からするイデオロギー批判をふくんでいたため、論争は象徴的に民主化運動の是非を問うような形になり、文学界のみならず広く社会的関心を集め、郷土文学が広く受け入れられる契機ともなった。ただし郷土文学擁護派の中でも中国革命に範をとる社会変革に主眼を置く陳映真らと、台湾意識の定立

に重点を置く葉石濤、李喬らの分岐も顕在化し、80年代のいわゆる南北作家問題や中国意識台湾意識論争につながっていった。「郷土」の持っていたふたつの側面の分岐ともいえる。

美麗島事件を経て80年代前半には民主化の方向は動かせないものとなっていったが、その中でそれまで本省籍作家の文学、台湾新文学、郷土文学、本土文学など、やや異なるニュアンスを内包しつつさまざまに呼ばれていたものが、80年代前半には、歴史的に一貫するものとしての台湾文学という名辞に集約されていった。〈松永正義〉

📖葉石濤、中島利郎・澤井律之訳『台湾文学史』研文出版、2000／彭瑞金、中島利郎・澤井律之訳『台湾新文学運動四〇年』東方書店、2005／陳芳明、下村作次郎・野間信幸・三木直大・垂水千恵・池上貞子訳『台湾新文学史』上下、東方書店、2015

●黄春明

こう・しゅんめい、Huáng Chūnmíng（1935.2.13-）　1935年宜蘭に生まれる。高校を2度退学し、継母とも合わなかったので、家出し台北の色町に住む。その後は各師範学校を転々とし、58年屏東師範学校を卒業、3年小学校で教えた後軍役に服す。軍役中に書いた処女作が『聯合報』文芸欄に載る。63年軍役終了後、テレビ関係、広告業界などに勤めながら、陳映真らと『文学季刊』を創刊、本格的創作活動に入

る。「看海的日子（海を見る日）」「児子的大玩偶（坊やの大きな人形）」など下層の民衆の苦難に満ちた生活とその中でけなげに生きる姿を描いた作品や、台湾とアメリカの関係を批判的に描いた「蘋果的滋味（リンゴのおいしさ）」、日本人の売春観光を風刺した「莎喲哪啦・再見（さよなら・ツァイチェン）」など、台湾社会の実相を巧みなストーリーテリングのうちに描き、郷土文学の代表的作家の一人となった。80年代にはその作品の多くが侯孝賢などのニューシネマの原作に取り上げられた。90年代には児童文学にも力を入れた。また台湾の民謡を集めた『郷土組曲』（1972年）は先駆的な仕事といえる。　　　　　　〈松永正義〉

參黄春明、田中宏・福田桂二訳『さよなら・再見』めこん、1979／黄春明、西田勝編訳『溺死した老猫　黄春明選集』法政大学出版局、2021

◦◦◦◦◦◦◦◦◦◦◦◦◦◦◦◦◦◦◦◦◦◦◦◦◦◦

●『笠』

　現代詩の雑誌。「横（欧米の現代詩）の移植」を主張してモダニズムへの道を切り開いた紀弦らの『現代詩』、覃子豪、余光中らによる『藍星』、洛夫らの『創世記』など50年代後半からの外省人詩人を中心とする現代詩運動の刺激を受け、そこに参加もしていた林亨泰、陳千武、呉瀛濤、白萩、詹冰、錦連、趙天儀、杜国清らが、もう一方

で呉濁流による『台湾文芸』の創刊に刺激を受けて、台湾人の詩の表現の場として1964年に創刊した。他の同人には陳秀喜、張彦勳、林宗源、李魁賢、李敏勇、鄭烱明、非馬、黄勁連などがいる。彼らは「横の移植」のみならず日本時代からの文学伝統の継承、即ち「縦の継承」をも重視した。日本の現代詩界とも関係が深く、日本の現代詩理論も積極的に紹介した。また国際交流にも積極的で、95年には日本、韓国、インドなどの詩人を集めた亜洲（アジア）詩人会議を主催している。『台湾文芸』と並んで現在の台湾文学の基盤を作った功績は大きい。現在も継続刊行されている。　　　　　〈松永正義〉

參『笠』編集委員会企画・編集・翻訳『華麗島詩集　中華民国現代詩選』若樹書房、1971／趙天儀・李魁賢・李敏勇等編選『混声合唱　笠詩選』春暉出版社、1992

◦◦◦◦◦◦◦◦◦◦◦◦◦◦◦◦◦◦◦◦◦◦◦◦◦◦

●『台湾文芸』

　1964年に呉濁流によって創刊された文芸誌。文化界の中で台湾人の立場が弱く、「台湾」の名辞を誌名に入れることさえ問題とされ、台湾の問題を正面から取り上げることが困難な時代の中で、『笠』とともに台湾人の文学の場を保証し、育てた功績は大きい。呉濁流の個人雑誌的な側面も持ちながらも、広く誌面を開放し、60年代までの台湾人作家のほとんどがこの雑誌

と関わりを持ったといってもよい。呉濁流の死とともに鍾肇政がこれを受け継ぎ、77年の54期から版面を改め、頁数も倍以上に増やした。以後毎号のように特集を組み、鍾理和、張文環、葉石濤などの日本時代からの作家や、七等生、鄭清文、李喬などの郷土文学作家を取り上げ、日本時代から当代までを一貫する台湾文学の像を造るのに大きく寄与した。だが82年時点で販売部数は400冊あまりで、経営は困難だったため、83年の80期から陳永興らを中心に刊行体制を改め、それまで季刊だったのを隔月刊とし、いち早く台湾語の問題を取り上げるなど、文学の本土化論の論陣を張り、急速に進展しつつあった民主化運動に呼応した。90年121号からさらに版面と、刊行・編集体制を改め、より文学に重点を置くようになったが、この頃には文化界の本土化も進み、台湾人の場としての意味は少なくなったように見える。2003年187号で停刊。　〈松永正義〉

参『台湾文芸　第100期　100期紀念特輯』台湾文芸雑誌社、1986

●呉濁流

　ご・だくりゅう、Wú Zhuóliú / Wu Chuo-liu（1900.6.2–1976.10.7）　新竹州新埔に生まれる。客家人。本名は呉建田。1916年に新埔公学校を卒業後、総督府国語学校師範部（在学中、台北師範学校と改称）に入学し、1920年に卒業後、公学校で教師を務める。漢詩にも関心が深く、詩社「栗社」に参加する。1936年に楊逵が主宰する台湾新文学雑誌社の『台湾新文学月報』と『台湾新文学』（6月号）に、それぞれ「海月」と「どぶの緋鯉」を発表した。1940年、20年勤務した教員を辞し、翌年1月に南京に渡り、1年余り『大陸新報』の記者を務める。1942年3月、台湾に帰る。代表作の『アジアの孤児』の前身である『胡志明』（全5編）は、戦前の1943年に執筆をはじめ、戦後の1946年9月から1948年1月にかけて出版された。その後、1956年に『アジアの孤児』が日本で出版された。その他、日本で出版された作品に『歪められた島』（1957年）、『夜明け前の台湾』（1972年）、『泥濘に生きる』（同年）などがある。さらに、戦後の台湾文学の発展の上で大きな貢献を成したのは『台湾文芸』の発行である。1964年4月創刊し、1976年10月7日に亡くなるまで全52期発行した。また、1969年には台湾文学の発展のために呉濁流文学賞を設けた。

〈下村作次郎〉

参河原功編『呉濁流作品集』緑蔭書房、2007／呉濁流『アジアの孤児』岩波現代文庫、2022

●楊逵

よう・き、Yáng Kuí / Yang K'uei（1905.10.18–1985.3.12） 台南州大目降（現、新化区）に生まれる。本名は楊貴。1915年に大目降公学校に入学。この年8月、西来庵事件で逮捕された人々を目撃して、衝撃を受ける。1923年、台南州立第二中学校に入学するが、翌年退学して日本に赴き、日本大学夜間部に入学する。1927年、台湾農民組合の呼びかけで帰台し、1929年に葉陶と結婚。1932年、「新聞配達夫」が『台湾新民報』に掲載されるが、後半は掲載禁止となる。1934年に『文学評論』の懸賞小説に投稿、第二席に当選（首席入選なし）、10月号に掲載される。この年5月、台湾文芸聯盟が成立。11月創刊の『台湾文芸』の編集に加わるが、編集方針が合わず、翌年12月自ら『台湾新文学』を出す。1936年発行の1巻10号の「中文創作特集」が発行禁止となる。その後1937年4月漢文欄廃止、6月停刊となる。1944年『芽萌ゆる』が発禁となり、12月に『吼えろ支那』出版。戦後初期には活発な文学活動を展開し、『鵞鳥の嫁入』や日中対照本『新聞配達夫』、「中国文芸叢書」、『台湾文学叢刊』などを出版する。1949年に「和平宣言」が上海の『大公報』に掲載されたことで、四六事件の時に逮捕される。1961年禁錮12年を終え、その後東海花園に住む。〈下村作次郎〉

参 河原功編『日本統治期台湾文学 台湾人作家作品集』緑陰書房、1999／『楊逵全集』全14巻、国立文化資産保存研究中心籌備処、2001／楊翠『永不放棄——楊逵的抵抗、勞動與寫作』蔚藍文化、2016

●鍾理和

しょう・りわ、Zhōng Lǐhé / Chung Li-ho（1915.12.15–1960.8.4） 屏東県高樹郷広興村に生まれる。客家人。異母弟に、1950年10月に光明事件（地下刊行物『光明報』摘発事件）で銃殺された鍾和鳴がいる。鍾理和は、1928年に塩埔公学校を卒業後、長治公学校高等科に入学し、1930年に卒業。この頃新旧の中国文学を読み漁る。1932年、美濃で父の笠山農場を手伝うが、そこで鍾台妹と出会う。1938年単身で満洲へ。2年後、同姓不婚の風習を破って鍾台妹を連れて再び奉天へ。1941年1月長男鍾鉄民生まれる。この年7月北京へ。中国大陸滞在中は、車やバスの運転手で生計を立てる。1945年4月に北京で『夾竹桃』を出版。本書は生前出版した唯一の小説集となる。1946年3月帰台し、屏東県の内埔初級中学で中国語の教鞭をとる。この年8月、肺結核の症状が表われる。1947年8月、鍾和鳴が校長を務める基隆中学校に移る。小

説は 1955 年に「笠山農場」を書き、翌年中華文芸賞二等賞を受ける。1957 年 4 月、鍾肇政たち文学愛好家の集まりである『文友通訊』に参加、さらに林海音が編集主任の『聯合報副刊』に、「青蠅」や「仮黎婆」など多数の作品を発表するようになる。1960 年 8 月 4 日、肺結核で亡くなる。1983 年 8 月、美濃に鍾理和紀念館が建設される。　　　〈下村作次郎〉

参『新版鍾理和全集』全 8 巻、高雄県政府文化局、2009 ／鍾理和、野間信幸訳『たばこ小屋・故郷　鍾理和中短編集』（台湾郷土文学選集 3）研文出版、2014

●中村輝夫

なかむら・てるお（1918.8.18–1979. 6.15）　原住民族アミ族の元日本軍兵士（陸軍一等兵）。日本の敗戦を知らされず、インドネシアのモルッカ諸島モロタイ島のジャングルに隠れて生き延び、1974 年 12 月に発見され台湾に帰郷した。民族名はスニヨン（スニオンとも）。1918 年台東庁都歴（現在の台東県成功鎮都歴）に生まれる。1943 年 11 月に特別志願兵として日本陸軍台湾歩兵第一連隊に入隊、翌 44 年南方戦線に送られ、7 月モロタイ島上陸。同年 9 月の米軍進攻の際、攻撃中に何らかの理由で部隊から離れたとされている。その後、現地住民とわずかに接触の機会があったものの、およ

そ 30 年間にわたってジャングルの奥地で孤独な隠遁生活を続けた。インドネシア空軍に発見され 75 年 1 月に台湾に帰郷、その後は日本人観光客向けのショーなどに出演していたが、不規則な生活で体調を崩し、1979 年死去。中村輝夫の帰還を契機に台湾では元日本兵や軍属、軍夫への戦後補償問題に関する論議が高まり、日本政府に対して遺族年金や軍人恩給、戦時郵便貯金、未払い給料などの請求運動が起こった。訴訟では敗訴したが、1988 年議員立法が成立し、台湾人元日本兵へ一人当たり 200 万円の弔慰金が支払われることになった。　　　〈胎中千鶴〉

参黄昭堂『台湾総督府』教育社、1981 ／近藤正己『総力戦と台湾——日本植民地崩壊の研究』刀水書房、1996 ／菊池一隆『日本軍ゲリラ 台湾高砂義勇隊——台湾原住民の太平洋戦争』平凡社、2018

●台湾人元日本兵補償問題

日中戦争、大東亜戦争（アジア太平洋戦争）期間中に、日本統治下の台湾人はさまざまな戦争動員を受けた。軍夫、軍農夫を皮切りに、1942 年以後は陸軍・海軍特別志願兵制度、1944 年からは徴兵制度が施行され、農業義勇団、高砂義勇隊なども南方に送り出された。これらを総称した台湾人の軍人・軍属は、総数 20 万人余り、うち 3 万人余が死没（約 2 万 8000 人が靖国神社に合祀）、多数の戦傷病者が生

じた（戦後の厚生省の報告による）。台湾人に対する補償については1952年の日華平和条約により日本と中華民国の交渉により解決することになっていたが、1972年の日中共同声明により日華平和条約が失効したため、実行されなかった。

　1974年モロタイ島で中村輝夫（現住民名スニヨン）が発見されたことから、補償問題が再燃した。1975年「台湾人元日本兵士の補償問題を考える会」が発足し、元軍属の台湾人の働きかけもあって、議員懇談会も発足し、国家補償を求める裁判が起された。裁判では原告側の主張は認められなかったが、1988年議員立法で「台湾住民である戦没者の遺族等に対する弔慰金等に関する法律」が成立、一人あたり200万円の金額が約3万人に対して日本赤十字社を通じて支払われた。ただし、軍事郵便貯金等の未払い債務問題、その後に生じた「慰安婦問題」など、戦後補償をめぐる問題は完全な解決を見ていない。　　　　　〈春山明哲〉

　参台湾人元日本兵士の補償問題を考える会編・発行『台湾・補償・痛恨──台湾人元日本兵戦死傷補償問題資料集』1993

●中壢事件

　1977年に発生した、国民党の選挙不正に対する市民の抗議が暴動に発展し、当局による鎮圧が行われた事件。

戒厳令下の台湾における最初の街頭デモとされることもある。桃園出身の国民党の政治家であった許信良（1943–）は、1973年に台湾省議会議員に当選したが、省議会で施政批判を繰り返したため、1977年の統一地方選挙において桃園県長候補として党の公認を得られなかった。これを不服とする許は強硬出馬し、党籍を剥奪された。許は若い世代などの支持を得て国民党公認候補を破って当選することになるが、当局は開票の際、許の当選を阻むため、投票用紙を汚して無効票にする不正を試みた。これに対し、1万人を超える群衆が抗議のために街頭に出て、ついには中壢市の警察署を焼き討ちにする事件に発展した。蔣経国はこの事件に大きな衝撃を受けたとされ、反国民党勢力（「党外勢力」）への締めつけは強化された。一方、党外勢力は翌1978年に予定されていた国政選挙に向けて組織化の試みを進め、許信良もそこに積極的に参画した。中壢事件後、康寧祥（1938–）ら政論路線をとる人々は1979年に雑誌『八十年代』を創刊するのに対し、活動を重視する人々は同年に雑誌『美麗島』を創刊し支持を集めていく。　　　　　〈家永真幸〉

　参若林正丈『台湾──分裂国家と民主化』東京大学出版会、1992／林孝庭『蔣経国的台湾時代──中華民国與冷戦下的台湾』遠足文化、2021

●台湾関係法

英語の表記は Taiwan Relations Act。アメリカが中華人民共和国（中国）との国交樹立によって、中華民国（台湾）との政府間関係を停止し断交した際、経済関係や文化交流など幅広い分野の関係を維持するとともに、台湾の自衛能力の維持を目的とする防御的武器の売却を継続することを規定したアメリカの国内法。1978年12月15日、米中共同コミュニケを通じて、米中国交正常化が正式に発表された。親台湾派が多く含まれていた当時の米国議会にとってこの発表は青天の霹靂であり、それまで築き上げてきた台湾との外交関係の絆を切り捨てることへの懸念と反発が強まった。翌79年1月29日、カーター政権は、台湾との国交断絶後も非公式的な実務関係を維持するという提案を議会に提出した。だが、台湾の平和と安全保障について明示されていないことを理由に米国議会が反発を強め、そのことを明確化したかたちでの法案を提出した。こうして、米台断交後も台湾への武器売却などを通じて安全保障上の関与を続けるとともに、台湾との非公式的な関係を維持するための立法措置として、同年3月、「台湾関係法」が米国議会の上下両院での超党派の圧倒的多数の支持を得て可決され、同年4月10日、カーター大統

領の署名を経て成立した。アメリカ国内で同法律が成立すると、同年1月1日に遡及して施行されることが決まった。

台湾関係法の成立によって、アメリカは台湾を実質的に国家に準ずる存在と見做し、多くの非公式的な実務関係を維持することになった。それとともに、両者の実務関係を処理するための窓口機関として、同年3月、台湾側には「北米事務協調委員会」（のちの台湾米国事務委員会）が設置された。また、同年4月、米大使館に代わって「米国在台湾協会」（AIT）が台湾に設置された。その一方で、台湾の在米公館の名称は、駐米台北経済文化代表処とされた。

[台湾関係法の取り決め]　台湾関係法は全18条から成り、第2条B項には、①西太平洋地域の平和と安定は、アメリカの政治、安全保障、経済的利益に合致し、かつ国際的関心事である、②北京との外交関係樹立は、台湾の将来が平和的手段で決定されるとの期待に基づく、③ボイコットや禁輸を含む非平和的手段によって、台湾の将来を決定しようとする試みは、地域の平和と安全に対する脅威と見做す、④台湾へ防衛的性格の武器を供給する、⑤アメリカは、台湾の人々の安全、社会・経済体制を危険にさらす、いかなる武力行使または他の強制的な手段にも対抗する能力を維持する、などが規定され

ている。アメリカは、台湾関係法の成立を通じて、中国と台湾の平和的統一を支持しつつも、中国の台湾への武力行使の可能性を念頭に置き、台湾の自衛能力を高めるために必要な支援を行っていくことを明確化した。

米台断交後、同年4月には在台駐留米軍の撤退が完了し、12月末には米華相互防衛条約は失効した。だが、台湾関係法の制定を通じて、中国の台湾への軍事侵攻に備えるため、アメリカによる台湾への安全保障上の間接的支援が続けられることになった。なお、台湾関係法の制定された後、1年間はモラトリアム（猶予期間）とされ、台湾への武器供与に関する契約は結ばれなかったものの、その翌年から武器売却が再開された。

[台湾関係法の波紋]　台湾関係法の内容が、アメリカとの米中国交正常化の事前交渉における了解事項とは異なることが判明したことから、中国側の不満は強まった。当時副首相の鄧小平はアメリカに対して強く抗議を行ったものの、台湾関係法を覆すことは難しい状況にあった。こうした中国側の批判に対応する意味もあって、1982年8月17日、共和党のレーガン政権は、台湾への武器売却を徐々に減らすことを盛り込んだ米中の兵器売却問題に関する米中共同コミュニケを発表した。これは、1972年の米中接近時と米中国交正常化の直前の1978年に出され

たものと合わせて、米中関係の基礎とされる三つのコミュニケと位置づけられる。その一方で、米国政府は、1982年の米中共同コミュニケの発表に先立ち、台湾の総統の蒋経国へ「六つの保証」を示すことによって、今後も台湾関係法を変更することなく、台湾への武器供与を継続することを伝えていた。

米中接近に次ぐ米中国交正常化が台湾へ与えた衝撃は大きかった。この時期、台湾は既に高度経済成長期に入っていたものの、蒋経国政権は、米台断交の影響を最小限に抑え、台湾自らの生存能力を高めるために「自立自強」を掲げ、経済発展を加速させるとともに、アメリカの間接的支援のもとで自主防衛力の強化を目指した。また、台湾関係法の第2条C項には、「本法律に含まれるいかなる状況も、人権、とくに約1800万人の台湾全住民の人権に対するアメリカの利益に反してはならない。台湾の全ての人民の人権の維持と向上が、アメリカの目標であることをここにふたたび宣言する」と記された。これは、国民党による党外人士と呼ばれる反体制派の民主化運動に対する弾圧が、米国議会で問題視されていたことをも示している。米台断交によって成立した台湾関係法はアメリカの国内法のため、米国議会の意志で改廃される可能性を含んでいることから、台湾にとって米国議会へのロビー活動

がより重要なものとなっていった。

〈松本はる香〉

参宇佐美滋『米中国交樹立の研究』国際書院、1996／若林正丈『蔣経国と李登輝──「大陸国家」からの離陸？』岩波書店、1997／岡部達味『中国の対外戦略』東京大学出版会、2002／毛里和子・毛里興三郎訳『ニクソン訪中機密会談録 増補決定版』名古屋大学出版会、2016／渡邊啓貴『トピックからわかる国際政治の基礎知識──理論・歴史・地域』芦書房、2023

●米国の武器供与

日中戦争終結後の国共内戦期に、米国は中華民国国軍に対して戦車や大砲などの武器を大量に供与し、蔣介石政権を支援した。1954年の米華相互防衛条約締結以後は、国軍の大陸反攻を抑止する観点から大型輸送艦の供与は見送られたものの、台湾海峡上の航空優勢を確保するために、亜音速のF-84やF-86戦闘機が積極的に供与された。

1979年の米台断交以後は、同年に成立した台湾関係法に基づいて武器供与が行われている。米国の武器供与には台湾海峡の軍事バランス維持の目的や、米台関係の緊密さを示す政治的意味、台湾に武器開発技術を取得させない意味が込められていたが、現在では台湾側の必要に応じて必要な時に提示し、協議に基づき決定される実質的なものに変化している。ただし、企業の武器生産ライン維持等の目的で米国

から特定の武器の供与を打診され、他に選択肢がない台湾側が受け入れるというケースも存在する。

供与される武器は、米国で台湾向けに生産された新品、他国用に準備されたが契約不履行などで宙に浮いていた新古品（キッド級）、ライセンス生産（ペリー級）など多岐にわたる。航空自衛隊で運用終了後に除籍されたF-104戦闘機が、書類上は米国に返還された後、日本から直接台湾に移送され組み立てられ、台湾空軍で再び運用された事例も存在する。供与が許可されるのは台湾関係法の条文に依って「防御的な」武器とされたが、近年米国はF-16C/Dブロック70戦闘機やM1A2T戦車といった、これまで手控えていた空と陸の主力武器の供与を決定した。また、車載型のATACMS（射程300km）や、F-16戦闘機に搭載可能なSLAM-ER巡航ミサイル（同250km）の供与も認めたが、これらは台湾本島から中国の港湾施設を狙うことが可能である。米国が「防御的」範疇を超えて、中国大陸に直接脅威を及ぼしうる武器の供与に踏み込んだとも解釈できるが、台湾海峡の軍事バランスが中国側に著しく傾いたとの米国の判断と、蔡英文政権の国防力強化の方針（国防予算の増額）、「防衛固守・重層抑止」の軍事戦略が合致した例とも言える。なお、米国の武器供与に対応するために、台湾側が特別予算を組ん

で処理するケースも少なくない。

その一方で、イージス艦やF-35のような最新武器は現在でも供与されていないのは、高性能武器の供与によって米中関係が極度に悪化することや、中国への軍事機密漏洩を米国が危惧しているためと考えられる。〈門間理良〉

参『中国安全保障レポート2017 変容を続ける中台関係』防衛省防衛研究所、2017／尾形誠「台湾海峡の守りに就いた航空自衛隊F-104」『翼』第47巻第130号、航空自衛隊連合幹部会、2023

●美麗島事件（高雄事件）

美麗島事件とは、蔣経国時代の中国国民党一党支配下の1979年に発生した、市民による民主化運動と当局によるその弾圧、事後処理をめぐる一連の事案の総称で、台湾の民主化過程の分水嶺と見なされることもある重要な事件である。

1978年は立法委員および国民大会代表という中央民意代表の増加定員選挙が予定されていた。党外勢力は候補者を共同で応援する「台湾党外人士助選団」を結成して選挙戦に臨んだが、同年末にアメリカが中華民国との断交を発表したため、選挙は蔣経国により延期された。翌1979年1月、高雄の有力政治家で党外勢力との連携を深めていた余登發（1904–1989）が反乱の容疑で逮捕されると、党外勢力は政治迫害に反対する運動を活発化させた。

同年9月、黄信介（1928–1999）、施明徳（1941–2024）らが政論雑誌『美麗島』を創刊する。美麗島雑誌社は、台湾全島の11カ所にサービスセンターを開設し、大衆集会を開くなど活動路線をとった。同誌は各地で大いに注目を集め、創刊号は10万部を超える爆発的な売り上げを記録したとされる。同年12月10日、同誌は世界人権デーに合わせ、台湾南部の高雄市内でデモを実施した。この時、警官隊と松明を持った群衆との間で衝突が発生すると、政府は党外勢力のリーダーたちを次々と逮捕した。これが狭義の美麗島事件、ないし高雄事件と呼ばれる事件である。

衝突発生後、政府はデモ隊側の暴力性のみを宣伝して事態を治めようとした。これに対し、台湾島内外の人権活動家らは香港や日本、アメリカに向けて情報を発信し、国民党の暴力性を訴えた。翌1980年2月28日、この事件で逮捕されていた政治家である林義雄の母親と双子の娘が何者かに殺害される事件が発生し、台湾の市民や国際世論は国民党への反発を著しく強めた。アメリカからの圧力に加え、国民党内からも対外イメージへの配慮を求める声が上がった結果、政府はこの事件の裁判を公開とし、また容疑者を死刑としない措置をとった。なお、アメリカは1979年に制定した「台湾関係法」のなかで、「台湾のすべての人民の人

権の維持と向上」を目標とすることを宣言していた。

この事件の裁判の弁護団のなかからは、陳水扁（1950–）や謝長廷（1946–）ら、その後の党外運動を牽引し、民主進歩党の中心的政治家となっていく人物が現れた。また、台湾キリスト長老教会は1970年代を通じて国民党政権への批判を強めていたが、同教会総幹事の高俊明（1929–2019）は美麗島事件後、施明徳の逃亡を幇助した罪を問われて入獄した。　　　〈家永真幸〉

参若林正丈『台湾——分裂国家と民主化』東京大学出版会、1992

〰〰〰〰〰〰〰〰〰〰〰〰〰〰〰〰〰〰
●「平和統一、一国二制度」構想

中国共産党が軍事的に「解放」できなかった国民党統治下の台湾を、平和的手段で統一し、統一後に中国大陸の社会主義体制と台湾の資本主義体制を共存させるという構想。1950年代の「平和解放」とは異なり、米中国交正常化、全方位外交、改革・開放政策、政治体制改革、香港返還後の一国二制度の導入と一体の戦略的転換の一部である。

鄧小平が主導してこの構想は作られた。葉剣英が1981年に発表した9項目（葉九条）によると、中台間で「三通」（直接の郵便・通信、航行、通商）と各種交流を開放し、国共両党の話し合いで統一を実現し、統一後の台湾は「高度な自治権」を有し、軍隊も持てるし、台湾の現行制度は不変であるとしていた。ただし、この構想には台湾独立や外国勢力の干渉を阻止するための武力行使が含まれている。

この呼びかけを拒絶した蒋経国の死後、中国は統一交渉のため李登輝政権に接近したが、1989年の天安門事件と台湾の民主化により独裁体制と民主主義体制が同一国家内で共存する困難性が認識されていた。江沢民は1995年に8項目提案（江八点）を発表し、「一つの中国の前提の下でなら、どんな問題でも話し合うことができる」と呼びかけた。しかし、これは台湾住民不在の構想であり、2000年の政権交代以降さらに実現可能性を失った。

胡錦濤政権期の2005年の「反分裂国家法」では、平和的発展のために必要なら統一交渉に直結しない交渉や協定を認め、武力行使等を「非平和的手段」と言い換えた。これらの規定に基づき、馬英九政権とは海峡両岸経済協力枠組み協定（ECFA）等23の協定を結び、中台の平和的発展路線が進んだ。

ところが、習近平は、胡錦濤政権の政策を転換して武力行使に繰り返し言及し、台湾に対して「台湾版の一国二制度」を話し合うよう呼びかけた。さらに、2019〜2020年の民主化運動弾圧と、香港国家安全維持法の制定などにより、香港の一国二制度は事実上破棄された。これにより台湾における一国

二制度に対する印象はさらに悪化した。

習近平政権の提起した「新時代に党が台湾問題を解決する総体方略」では、台湾が統一後も保有するはずだった「行政管理権、立法権、独立した司法権と最終審」や「独自の軍隊」等の部分が消された。また中国は軍拡を急速にすすめる一方で、武力を背景に台湾を屈服させるような「平和統一」の言説さえ許容しており、同構想は大きく変質したと言える。　〈松田康博〉

参松田康博『(仮題)中台関係論——危機と均衡の政治学』慶應義塾大学出版会、2025 近刊予定

●中華民国台湾化

[戦後台湾国家の三重の性格]　中華民国台湾化という時の「中華民国」とは、1949 年以降、中国国民党が中国大陸での中国共産党との内戦に敗れて、南京にあった中央政府を台北に移転して後、朝鮮戦争勃発後台湾海峡に介入したアメリカの庇護の下に、台湾・澎湖・金門・馬祖を実効統治領域として確立した国家（戦後台湾国家）を指す。この戦後台湾国家は、1950 年代、60 年代を通じて三重の性格を有していた。

(1)戦後東アジアの東西冷戦における性格：韓国、米占領下の沖縄と並んで共産勢力封じ込め（台湾の場合は「共産中国」）の前哨基地を管理する国家と位置づけられた。米国からは大量の軍事援助と経済援助が注ぎ込まれ、内戦に敗れて台湾に逃げこんだ蔣介石・国民党とその軍隊は息を吹き返し、ハイパー・インフレで崩壊寸前だった経済は持ち直し 60 年代から高度成長の軌道に入った。存亡の危機を免れた蔣介石は 50 年代初頭の「党の改造」を通じて国民党一党支配体制の構築に成功した。

(2)中国の近代統一国家建設の歴史の文脈における性格：台湾逃走後も、国民党は、共産党が大陸で樹立した中華人民共和国に対して、自らが管轄する中華民国が依然として中国の正統な代表であることを主張し続け、中華民国憲法とそれに基づいた国家制度と国民統合政策を堅持した。政治制度面で見ると、中国大陸で選出され蔣介石とともに台湾にやってきた「中央民意代表」（国民大会代表、立法委員、監察委員）は改選しないことにしたため、いわゆる「万年国会」が出現することになり、台湾サイズの「中国正統国家」の政治制度のゆがみを象徴するものとなった。

(3)1945 年までの半世紀間日本の植民地統治下にあった台湾社会との関係における性格：1949 年前後共産党軍との内戦に敗れた 100 万余の人々が国民党政権とともに台湾に渡った。かれらは人口の多数を占める本省人に対して外省人と呼ばれた。国民党一党支配体制は、その頂点に立つ外省人エリートが強力かつ周密な政治警察網を

構築して人口の圧倒的多数を占める本省人を支配する形となった。こうした国家のあり方は遷占者国家と呼ばれる。国民党政権は、米国の意向を考慮して50年代から地方選挙を導入したので、地方行政に携わる政治は本省人、中央の国政レベルは外省人という、政治エリートのエスニックな二重構造が遷占者国家の政治構造の最も著しい特徴として現出した。

[**中華民国台湾化の定義**] かくして、中華民国台湾化とは、戦後台湾国家が、その抱え込んだ矛盾を軸に、その国家が実際には台湾のみを統治しているという、1949年以後の現実に沿ったものに変化していく政治構造変動である。換言すれば、戦後台湾国家としての「中華民国」の「もう一つの『正統中国国家』」という虚構が一枚一枚剥がされていく政治構造変動であった。

[**中華民国台湾化の展開**] この政治構造変動は、米国が対ソ関係の考慮から中国封じ込め政策を転換して、1970年代初に対中国接近をはかり、その影響で台湾の中華民国が国連とその関連機構から追われ、その対外的威信を大きく失墜したことが契機となって始動した。この過程で形成された台湾の地位をめぐる国際アレンジメントを「七二年体制」と呼ぶ。国際威信の失墜は台湾内部にも跳ね返り、70年代から80年代前半にかけての「党外」と呼ばれたオポジションの選挙や雑誌の言論活動を通じた台頭を刺激した。さらに、1980年代後半の政治的自由化の開始を経て、88年1月の独裁者蒋経国の死以後、国民党内の従属エリートであった李登輝と「党外」の後進である民主進歩党（民進党）が政治の中心舞台に登場して、その本格的展開が始まった。中華民国憲法に修正条文を付け加える形で政治制度を民主化する「憲政改革」、民進党を迎え入れその一方で反李登輝勢力が国民党から分裂する形で展開した複数政党制の形成、台湾原住民族運動の展開および二・二八事件や「白色テロ」の見直し（「移行期正義」）運動などの刺激による国民統合政策における多文化主義の浮上、および李登輝や陳水扁の対外・対内政策が生み出す「七二年体制」と中華民国台湾化という政治構造変動のベクトルとの間の軋み、などが観察されたのであった。

[**中華民国台湾化がもたらしたもの**] 概括すれば次の4点に見いだせる。

　①戦後台湾国家の政治権力の正統性の根拠の台湾化：国民党政権の正統性は「辛亥革命」や「八年抗戦」（1937〜45年の対日戦争勝利）など、同党が近代中国統一国家建設プロジェクトの担い手であったのだ、との自己正統化に拠っていた。1947年施行の中華民国憲法が規定したのは民主的政治制度であったが、蒋介石は翌年の総統選出の国民代表大会で、まず「反乱鎮定

動員時期臨時条項」という、非常時を理由とした憲法棚上げ法規を制定し、総統の権限を強化してから、自らを総統に選出させた。台湾に持ち込まれたのは、この「臨時条項」付きの憲法であり、政府は中華民国憲法に基づいて形成されたとの体裁はとったものの、民主的正統性に乏しかった。「憲政改革」によりこの「臨時条項」は廃棄され、台湾の有権者により選出された国民大会代表により制定された「増修条文」により政治制度の民主化が実現した。台湾の政治権力の正統性は、近代中国史における歴史的正統性から、民主選挙によって附与された台湾有権者の意志に淵源する民主的正統性へ移行した。民主化とともに政治権力の正統性は台湾化されたのである。

②政治エリートの台湾化：「万年国会」の全面改選や総統選挙の民選化によって、独裁者の抜擢によるしか国政レベルでの登用がなかった本省人政治エリートの中央エリートへの上昇の構造的障碍は、取り除かれた。別の角度から見れば、近代中国の歴史に親和的な歴史経験を持つ外省人エリートから近代の台湾の歴史に親和的な経験を持つ土着エリートへの民主選挙を通じた政権移行が可能となり、またそれが実際の事態ともなった。

③国民統合イデオロギーの台湾化：国民党一党支配期には、来台国民党エリートの抱く民族観・文化観・歴史観が国民統合政策を支配していた。中華民国台湾化の過程では、台湾に現に存在する国家の主権性を一定の幅を持ったニュアンスで主張する各種の台湾ナショナリズム言説が台頭し、それまでの国民党の一元主義的同化主義的な国民統合政策が批判され、台湾土着の言語や文化をより重視した文化・教育政策も実施されるようにもなった。支配的だった国民党の公定中国ナショナリズムは、政治的意見市場における支持を、台湾ナショナリズム言説と争う一つの政治言説の地位に転落し、民主化以降に形成された政党政治システムは、台湾ナショナリズムが基本理念の民進党を政治システムに迎え入れたことにより、そのイデオロギー的対抗軸を二つのナショナリズムの対抗が構成するところの「ナショナリズム政党制」となった。

④「中華民国」の「型崩れ」と完了困難な中華民国台湾化：「憲政改革」による政治制度や国家機構の編成替えの中で、「もう一つの正統中国国家」を体現する国家機構の幾つかが変形するか廃止された（国民大会の廃止、台湾省の実質的廃止など）。「中華民国」を表象する貨幣の図案や記念日の構成の一部が変更されたが、小幅に留まった。「中華民国」的空間を表象する街路名の変更もごく少数に留まり、もちろん国名、国旗、国徽なども変更されていない。そして何よりも中華民国憲

法は台湾制定の「増修条文」が付加されて維持され、大幅に型崩れはしたものの中華民国の体裁は台湾に存続している。ただし、台湾の外部で台湾と外交関係を持ち「中華民国」を公式に受け入れる国家は少数のままだった。しかし、そうした情況でも自分自身を「台湾人」と考える住民は増加し国民意識の台湾化は引き続き進展している。

〈若林正丈〉

参 若林正丈『台湾の政治——中華民国台湾化の戦後史 増補新装版』東京大学出版会、2021／若林正丈『台湾の半世紀——民主化と台湾化の現場』筑摩書房、2023

●李登輝

（藤原書店撮影）

り・とうき、Lǐ Dēnghuī / Lee Teng-hui（1923.1.25–2020.7.20）　日本統治下の台湾台北州（現在新北市）生まれ。曾文恵夫人との間に一男二女。日本名岩里政男。台北高等学校卒業後、京都帝国大学に進学。在学中に学徒動員で陸軍に入隊。終戦後台湾大学農業経済系に編入。53年にアイオワ州立大学農学修士。68年にコーネル大学農業経済学博士。この間に台湾大学講師、台湾省農林庁技正、台湾大学教授、中国農村復興聯合委員会（農復会）技正などを歴任。

70年、農復会経済組長。蔣経国行政院副院長に見いだされ、国民党に入党。72年農業担当の政務委員（無任所大臣に相当）に抜擢され、78年台北市長、79年国民党中央常務委員、81年台湾省政府主席、84年副総統を歴任。88年に蔣経国総統の急死に伴い、総統に就任し残りの任期を務め、国民党代理主席、主席。台湾出身者として初の最高指導者となり、高支持率を維持。

90年に総統に選出され、6年の任期を獲得し民主化を推進。超党派の「国是会議」で改革の方向を定め、91年に憲法の反乱鎮定時期臨時条項を廃止し、内戦体制を終了。91～92年に国会全面改選、凍結されていた台湾省省長、台北市市長、高雄市市長選挙を94年に実施。96年には総統・副総統の直接民選を実現し、54%の得票率で当選。98年には台湾省を簡素化する。

新大陸政策を進め、対話窓口として海峡交流基金会（海基会）を設置し、1993年には大陸の海峡交流協会（海協会）とのトップ会談を実現。しかし、95年の訪米に中国が反発し、中国は軍事演習で台湾を威嚇し、対話は中断（台湾海峡危機）。98年に対話は復活したが、99年に李が中台を「特殊な国と国との関係」（二国論）と表現したことで中国が反発し、再度中断。他方で実用主義外交を進め、米国から戦闘機輸入を再開し、日本との関係も強化し、東南アジア、アフリカ、ラテン

アメリカへの外遊を行い、国連復帰を図るなど、国際空間を積極的に開拓した。

2000年総統退任後は、民主進歩党の陳水扁政権を支援。台湾団結連盟の結党を主導し、国民党から除名される。訪日を繰り返し、内外で一定の影響力を維持。6度の憲法改正により民主化を進め、任期中の経済も順調で評価が高いが、台湾優先路線による中台関係悪化の責任を問う声もある。日本語の著作多数。　　　　　　〈松田康博〉

📖鄒景雯、金美齢訳『台湾よ──李登輝闘争実録』扶桑社、2002／井尻秀憲『李登輝の実践哲学──五十時間の対話』ミネルヴァ書房、2008／河崎眞澄『李登輝秘録』産経新聞出版、2020

❊❊❊❊❊❊❊❊❊❊❊❊❊❊❊❊

●地方派閥

現代台湾政治において、地縁、血縁、姻戚関係などの社会関係により形成され、利権や公職ポストをめぐって争う政治集団。県・市毎に存在し、大部分が国民党に属する。1950年以降、郷・鎮長、県・市議会議員、県・市長、省議会議員などの各種地方公職選挙を経て成長した。戒厳令解除以前、台湾では中央レベルの議会選挙と省・市レベルの地方自治選挙を大部分凍結していた。ところがそれより下位の地方自治を実施する必要があり、しかも台湾の地方議会選挙が中選挙区制であったため、国民党が複数の地方勢力を抱き込

まざるを得ず、地方派閥が形成された。ひとつの県または市に複数の地方派閥があることと、地方首長の多選禁止制度を利用し、分割統治により国民党中央は特定の地方派閥が権力を独占することを阻止できた。蔣経国政権および李登輝政権下の自由化・民主化のプロセスで、地方派閥は段階的に中央民意代表機構に進出し、国民党の中央・地方議会政治の中心的アクターに成長した。しかしやくざ集団の浸透や金権体質（「黒金」と呼ばれる）によりイメージが悪く、強い批判を浴びている。
　　　　　　　　　　　〈松田康博〉

📖陳明通、若林正丈監訳『台湾現代政治と派閥主義』東洋経済新報社、1998

❊❊❊❊❊❊❊❊❊❊❊❊❊❊❊❊

●海峡交流基金会と　海峡両岸関係協会

財団法人海峡交流基金会（海基会・台湾）と海峡両岸関係協会（海協会・中国）は、台湾と中国の間で交渉・対話、文書の査証などを担当する仲介・窓口機関である。中国が平和統一政策・一国二制度を展開した際に、蔣経国政権はいわゆる三不政策（「〔共産党とは〕接触せず、交渉せず、妥協せず」）により政府間の直接的な接触を避けていたものの、民間レベルの交流や実質的な間接貿易を認め、さらに1987年に中国大陸への里帰りを一部解禁した。その後、交流の拡大により中台間で直

接実務交渉を行う必要が出てきたため、台湾は民間機関として1991年3月に海基会を設立した（初代理事長・辜振甫）。中国も柔軟に対応し、海基会のカウンターパートとして同年12月に海協会を設立した（初代会長・汪道涵）。政府の委任を受ける民間の財団法人である海基会に対し、海協会は国務院台湾弁公室とは「一つの組織に二つの看板をかける」というものである。1998年の法改正で台湾政府の官僚が海基会の職を兼務し、交渉と対話に参加するようになった。馬英九政権期には、官僚が海協会との交渉に直接参加し、海基会の役割は専ら会議の事務的な調整となった。　　　　〈黄偉修〉

⧉黄偉修『李登輝政権の大陸政策決定過程（1996~2000年）──組織的決定と独断の相克』大学教育出版、2012／黄偉修「台湾の馬英九政権における大陸政策決定過程の運営方式」松田康博・清水麗編著『現代台湾の政治経済と中台関係』晃洋書房、2018

●九二年コンセンサス

　李登輝政権期における最後の行政院大陸委員会主任委員（大臣に相当）である蘇起が作り出した言葉である。1990年代より中台間で始まった事務的交渉・対話において、中国は交渉・対話を「一つの中国」原則に基づいて行うことを主張していたが、「一つの中国」の中身について合意は得られていなかった。1992年10月の香港にお

ける文書査証に関する交渉で、「一つの中国」をどのように位置づけるかが焦点となり、交渉は決裂したものの、中台間で一定の方針が確認された。台湾は各自が「一つの中国」を解釈するとの案を示し、中国は11月3日、事務的交渉の際に「一つの中国」の政治的意味について必ずしも議論する必要はないとして、その提案を受け入れた。李登輝政権期には、この中台のやり取りに基づき、「一つの中国」をめぐって中台の間では「一中各表（一つの中国はそれぞれが解釈するという意味）」と扱われた。一方、陳水扁が2000年の総統選挙で勝利した際、蘇起は「一つの中国」に否定的な民主進歩党、野党となった中国国民党、および中国共産党の間で「一つの中国」をめぐるグレーゾーンを作り出すため、「1992年に中台が口頭声明で各自が『一つの中国』の原則を解釈する」ということについて、「九二年コンセンサス」の呼称を用いた。それに対し、中国国民党および2008年成立の馬英九政権は、「九二年コンセンサス」の中身を「一中各表」と解釈し続けた。2008年の胡錦濤国家主席とジョージ・W・ブッシュ大統領の電話会談において、「一つの中国はそれぞれが解釈する（both sides recognize there is only one China, but agree to differ on its definition）」との発言があり、これを受けて馬英九政権は「一つの中国」に

ついて中台間に共通認識があるとの見解を示した。しかし、「一中各表」にしろ「九二年コンセンサス」にしろ、中国はこれまで「海基会と海協会の間にのみ適用する」など限定的な解釈を行ったり、1992年の合意は「海峡両岸はともに『一つの中国』の原則を堅持する」ことであり、「一中各表」は存在しないとの解釈を行ったりしたこともある。また李登輝や辜振甫は、1992年には「コンセンサス」に達していないとしており、邱進益元海基会秘書長はそれを「コンセンサス」ではなく「諒解」としている。なお、蔡英文政権は習近平国家主席の「台湾同胞に告げる書」発表40周年記念大会（2019年1月2日）における発言について、中国にとっての「九二年コンセンサス」は「一国二制度」を指すと解釈した。台湾でも、中台は1992年にコンセンサスに達したかという議論がなされている。　　　　　　〈黄偉修〉

参蘇起『両岸波濤二十年紀実』天下文化、2014／黄偉修「台湾の馬英九政権における大陸政策決定過程の運営方式」松田康博・清水麗編著『現代台湾の政治経済と中台関係』晃洋書房、2018／邱進益『肺腑之言——我的台湾情與中国心、邱進益回憶録』時報出版、2018／蕭旭岑『八年執政回憶録』天下文化、2018

●『悲情城市』

侯孝賢監督による台湾ニューシネマの代表作（台湾公開1989年、日本公開1990年。カラー作品、158分。脚本は呉念真と朱天文。出演は梁朝偉、辛樹芬ほか）。戒厳令解除直後、いまだ政治的タブーであった二・二八事件を初めて銀幕上に描き出し台湾社会に衝撃を与えた。同作は台湾公開に先立ってヴェネチア国際映画祭でグランプリを受賞。これを受けて、政府は密かに同作の再検査を行い、削除改変を加えない決定をした。同作の大ヒットは、恐怖で口を閉ざしていた人々が二・二八事件や白色テロに関する自らの経験を語りだす大きな契機となった。同時に、劇中の描写と史実との異同について批判的な意見も登場し、歴史叙述に関する議論も盛んになった。侯孝賢監督にとっては後の『戯夢人生』(1993年)『好女好男』(1995年)へと続く台湾史三部作の第一作目にあたる。ロングショットや長回しによる静謐な映像リズムと出来事の緊迫感とが対位法的効果を生んでおり、徹底したリアリズムで登場人物の設定に即した複数の言語を用いたことも新鮮だった。2022年には「台湾人なら生涯に必ず一度は観るべき映画」という惹句と共にデジタル4K修復版も登場した。

〈三澤真美恵〉

参朱天文、樋口裕子・小坂史子訳『侯孝賢と私の台湾ニューシネマ』竹書房、2021／侯孝賢ほか『朝日ワンテーママガジン16　侯孝賢　ホウ・シャオシエン』朝日新聞社、1993

●『認識台湾』

　『認識台湾（台湾を知る）』は、1997年度から国民中学（中学校）の第1学年で使用が始まった同名の新教科の教科書であり、歴史篇・社会篇・地理篇の3冊からなる。戦後の台湾では、全中国唯一の合法政府として正統性を主張する国民党政権により、「大中華意識」の教育が展開された。標準中国語が「国語」、5000年の中華民族の歴史が「本国歴史」、中国の山河の名称が「本国地理」として教えられ、「三民主義」が高校、「中華民国憲法」が大学の必修科目となった。他方、台湾の言語、歴史、文化が学校で教えられることはほとんどなかったが、1990年代に入り、民主化・自由化と並行して教育改革が加速すると、社会における台湾主体意識の高まりが教育の「台湾化」を改革の主要課題に押し上げた。学校で台湾を教える動きの中で、「台湾を知る」という象徴的な名前を持つ教科が義務教育段階である国民中学の第1学年に必修として新設され、国定教科書で教えられるに至ったことは、特筆すべき出来事であった。当初は中国のみならず台湾内部からも一部批判の声が上がったが、教育の「台湾化」が逆流することはなかった。21世紀初頭のカリキュラム改革で「認識台湾」という教科は「社会」学習領域に包含

され、教科書制度も国定制から検定制に移行したが、『認識台湾』の精神と内容は、より洗練された形で今日の『社会』教科書に受け継がれている。

〈山﨑直也〉

参 林初梅『「郷土」としての台湾——郷土教育の展開にみるアイデンティティの変容』東信堂、2009／山﨑直也『戦後台湾教育とナショナル・アイデンティティ』東信堂、2009

●族群

　族群という用語は、もともと英語の"ethnic group"の中国語訳として、社会科学者が台湾内部の集団間の関係を表すために使用していたものである。1980年代には、省籍矛盾とそれに付随するナショナリズムの問題が公の場で議論されるようになるが、このような社会的構造や格差、亀裂などといった現象が、「族群問題」として分析されるようになった。

　1990年代から2000年代にかけては、台湾の住民構成を「四大族群」として描写することが一般的となった。ここでいう四大族群とは、原住民族、福佬（閩南）人、客家人、外省人という4つの集団である。王甫昌によると族群意識は、マイノリティとして他の集団との差異、不平等を認知し、集合行動へ向かうことで生成されるとする。その意味では、1980年代後半に原住民族、客家人、外省人がそれぞれ集団

的権利を求める運動を起こしたことが、四大族群という台湾社会のイメージの出現につながった。1990年代以降、族群を単位とした文化政策が政府によって積極的に推進されるようになっているが、一方で、選挙のたびに族群問題が持ち出され、台湾社会の分裂を招いているという批判も少なくない。

〈田上智宜〉

参王甫昌、松葉隼訳『族群──現代台湾のエスニック・イマジネーション』東方書店、2014／田上智宜「多文化主義」若林正丈・家永真幸編『台湾研究入門』東京大学出版会、2020

●原住民族運動

　1980年代初頭に原住民の権利保護・向上を求めて始められた社会運動である。1983年に開始され、民族存亡の危機の訴えをはじめ、差別反対、権利の保護・向上、土地返還などを掲げてビラなどの印刷物の配付、街頭デモなどの活動が展開された。こうした運動の中で原住民たちは民族意識を高めていった。運動団体の名称も原住民権利促進会（1984年発足）から原住民族権利促進会へと名称変更された（1987年）。また1988年にはあらためて「原住民族」としての権利宣言を行った（「台湾原住民族権利宣言」）。「原住民族」という名称を広めること自体も、この社会運動の役割であった。

　こうして民族としての意識、汎原住民意識が高まると同時に、原住民内部の文化的多様性についての認識も深まった。また、いわゆる台湾の民主化の流れの中で、他の社会勢力と共闘する形で社会運動が展開されたことも忘れてはならない。

　1990年代になると、こうした社会運動は法制度面で明確な成果をみせるようになった。象徴的なのは憲法（中華民国憲法増修条文）の中に、「原住民族」という名称が明記されたことである。社会運動の中で掲げられた要求の多くにも、原住民族基本法、原住民族教育法、原住民族工作権保障法、原住民身分法などの立法、あるいは保留地や命名に関する関連法規の修正をもって応えられるようになった。

〈松岡格〉

参石垣直『現代台湾を生きる原住民──ブヌンの土地と権利回復分銅の人類学』風響社、2011／謝世忠『認同的汚名』自立晩報社、1987、再刊行：玉山社、2017／夷将・拔路児『台湾原住民族運動史料彙編』上下巻、行政院原住民族委員会・国史館、2008

●社区総体営造（運動）

　社区総体営造とは、1994年に当時の文化建設委員会（現：文化部）の副主任委員となった陳其南（1947–）が日本のまちづくりを参考に進めた台湾文化の実体化政策である。当時勃興する社会運動団体はこの補助金を用いて

社区総体営造
地域の文化を表すために、地方創生の拠点として生まれ変わった日本統治期の建造物の前に、今では商業生産されていない葉タバコが栽培されている。(高雄市美濃区にて、2023年11月筆者撮影)

文化調査や文化イベントを開催し、人的ネットワークの整備や知的アーカイブの蓄積を図り、次の補助金獲得につなげた。この社区総体営造は都市計画、環境保護、福祉などの分野で日台の重要な交流拠点を形成してきた。

2000年以降、事業は多岐にわたり、補助金を出す政府機関が乱立した。2008年に政府は社区総体営造と戒厳令下の1968年から続くインフラ開発や社会福祉を主とする社区発展を社区営造として統合し、補助金申請団体を地域内で一本化することを試みたが、政府機関間の不調和や社区営造団体の利害のため、失敗に終わった。この政府の補助金窓口の一本化を図る試みは2019年の地方創生でも失敗し、引き続き多様な社区営造団体が複数の政府機関から補助金を申請し、事業を実施している。 〈星純子〉

参 星純子「まちづくり(社区営造)の担いチのゆくえ」若林正丈・家永真幸編『台湾研究入門』東京大学出版会、2020／前野清太朗『「現代村落」のエスノグラフィ——台湾における「つながり」と村落の再構成』晃洋書房、2024／渡邊泰輔「植民地経験の動態性を掴むために——日本統治期インフラの歴史性への人類学アプローチ」『日本台湾学会報』26、2024

●台湾原住民文学

台湾の先住民族は原住民族と呼ばれる。この呼称は、1994年8月1日、中華民国憲法に記載されて正式呼称として使われるようになった。原住民族は、今日では16族が認められ、さらに平地に住む原住民族として平埔族が存在する。台湾全人口の約2%強を占め、原住民族が約58万人、平埔族が4万から6万人とされている。

台湾の原住民族はそれぞれの民族の言葉が異なり、文字を持たず、神話、伝説、歌謡などは口承文芸として発達してきた。原住民族の民族間の共通言語となった言語(「国語」)は、日本統治時代の日本語、そして現在の中国語である。各民族の言語はこの間、「国語」の影響を受けながらも、原住民族の部落で日常的に使用されてきている。

台湾では1980年代に民主化運動が起こった。その影響を受けて1983年に原住民族最初の雑誌『高山青』が創刊され、1989年には新聞『原報』が発刊された。この間、1984年12月には、台湾原住民(族)権利促進会が設

立されている。こうした中で、ブヌン族のトパス・タナピマが「最後の猟人」などの小説を、パイワン族のモーナノンが「名前を返せ」などの詩を発表しはじめた。当初は「山地文学」と呼ばれ、後には「原住民文学」と呼ばれるようになり、1987年に呉錦発編著の『悲情の山地　台湾山地小説選』、トパス・タナピマの短編小説集『最後の猟人』、1989年にモーナノンの詩集『美しい稲穂』が出版された。

　1990年代になると、タイヤル族のワリス・ノカンとパイワン族のリカラッ・アウーが雑誌『猟人文化』(1990年8月)を発行して、原住民族の歴史や文化の発掘を行い、さらには、1993年6月にプユマ族の孫大川が山海文化雑誌社を創設して、同年11月に雑誌『山海文化』を創刊した。こうして台湾原住民文学が台湾の新しい文学として誕生し、文字文学(書写文学)として発展する環境が形成されていった。この頃、都会に出た原住民知識人の間で「部落回帰運動」が起こり、部落の現実に根差した原住民文学を模索するようになる。

　2000年代に入ると長編小説が生まれた。シャマン・ラポガン(タオ族)の『黒い胸びれ』(1999年)を筆頭に、アオヴィニ・カドゥスガヌ(ルカイ族)の『野のユリの歌』(2001年)、ホスルマン・ヴァヴァ(ブヌン族)の『玉山魂』(2006年)、ネコッ・ソクルマ

ン(ブヌン族)の『東谷沙飛伝奇』(2008年)が出版された。またパタイ(プユマ族)が、長編歴史小説を次々と発表するようになった。2008年の『タマラカウ物語(上)女巫ディーグワン』から2019年の『月津』まで、現在までに11冊を出版している。

　ここで文字文学の観点から振りかえると、数多くの歌を残したツォウ族の高一生(ウォグ・ヤタウユガナ。代表作「春の佐保姫」)やプユマ族の陸森寶(バリワクス。「麗しの稲穂」)、『リボク日記』を残したアミ族の黄貴潮(リボク)がいる。さらに、1960年代から70年代にかけて小説を発表したパイワン族の陳英雄がいる。陳英雄は、原住民文学の呼称が生まれる前から作品を発表した最初の原住民小説家であり、1971年に『域外夢痕』を上梓している。

　台湾原住民文学史は、浦忠成(パスヤ・ポイツォヌ。ツォウ族)の『台湾原住民族文学史綱』が2009年に出版された。2巻からなり、「第1巻　口承文学時期」、「第2巻　文字で書かれた原住民族文学」である。他に董恕明著『山海の内、天地の外──原住民族漢語文学』(2013年)がある。

　こうして生まれた台湾原住民文学は、日本では最初に呉錦発編著『悲情の山地　台湾原住民小説選』(田畑書店、1992年)が翻訳された。次に出たのは『台湾原住民文学選』(全9巻。草

風館、2002～2009 年）である。各巻は、第1巻『名前を返せ　モーナノン集／トパス・タナピマ集』、第2巻『故郷に生きる　リカラッ・アウー集／シャマン・ラポガン集』、第3巻『永遠の山地　ワリス・ノカン集』、第4巻『海よ山よ　十一民族作品集』、第5巻『神々の物語　神話・伝説・昔話集』、第6巻『晴乞い祭り　散文・短編小説集』、第7巻『海人・猟人　シャマン・ラポガン集／アオヴィニ・カドゥスガヌ集』、第8巻『原住民文化・文学言説集Ⅰ』、第9巻『原住民文化・文学言説集Ⅱ』である。

その後翻訳された作品には、パタイ『タマラカウ物語（上）女巫ディーグワン』、『タマラカウ物語（下）戦士マテル』、『暗礁』、シャマン・ラポガン『冷海深情』、『空の目』、『大海に生きる夢』（以上、草風館）、ワリス・ノカン『都市残酷』、リムイ・アキ『懐郷』（以上、田畑書店）、文学評論には、孫大川『台湾エスニックマイノリティ文学論　山と海の文学世界』、楊翠『少数者は語る上・下』（以上、草風館）がある。なお、『少数者は語る』は、20年来の原住民女性文学研究書である。

以上、楊翠以外はすべて原住民作家だが、漢人作家が書いた原住民文学の周辺に位置する作品には、例えば、陳耀昌著『フォルモサに咲く花』や甘耀明著『真の人間になる』などがあり、その数は増えつつある。〈下村作次郎〉

参 魚住悦子「台湾原住民族文学の誕生――ペンをとった台湾原住民族」中島利郎・河原功・下村作次郎編『台湾近現代文学史』研文出版、2014／下村作次郎『台湾原住民文学への扉』田畑書店、2023／山本春樹・パスヤ・ポイツォヌ・黄智慧・下村作次郎編『台湾原住民族の現在』草風館、2004／下村作次郎・林清財・笠原政治・孫大川編集『台湾原住民族の音楽と文化』草風館、2013

●第三次台湾海峡危機

第三次台湾海峡危機（1995～96 年台湾海峡危機とも呼ばれる）は、1995 年7月から 1996 年3月にかけて、台湾海峡周辺で中国が行ったミサイル試射等により引き起こされた軍事的危機。1995 年6月の李登輝総統による母校コーネル大学訪問を受け、中国は台湾が「二つの中国」を推進しようとしているとして、一方的に中台の実務的な交渉・交流を中断し、駐米大使を召還した。7〜12 月には台湾近海においてミサイルの試射と軍事演習を実施し、さらに台湾初の直接民選総統選挙の予定日を含む 1996 年3月8日から25 日にかけて、台湾海峡で3回の大規模なミサイル試射および軍事演習を行うことを発表した。米国は 1995 年12 月 19 日に米台断交以来初めてとなる、ニミッツ空母の台湾海峡通過を行い、中国が演習を発表した3月5日には、西太平洋のインディペンデンス空母戦闘群を台湾沖へ派遣することを決定した。3月9日には、中国の強硬

日本台湾学会 第26回学術大会より
(2024年5月、麗澤大学にて開催。日本台湾学会提供)

な立場を受けて、さらにニミッツ空母戦闘群をペルシャ湾から台湾沖へ派遣することを決定した。これらの空母戦闘群の派遣によって、中国は3月8日のミサイル試射を除き、台湾海峡での大規模な演習を控えたとみられている。 〈黄偉修〉

参 船橋洋一『同盟漂流』岩波書店、1997／天児慧・黄偉修「台湾海峡における『永い平和』の史的考察」植木(川勝)千可子・本多美樹編著『北東アジアの「永い平和」——なぜ戦争は回避されたのか』勁草書房、2012

●日本台湾学会

1998年5月30日に東京大学本郷キャンパスにおいて設立大会が開かれ誕生した。初代理事長は若林正丈。それまで各地、各分野で行われていた日本の台湾研究を糾合し、ともに議論するプラットホームをつくることが狙いであった。

2024年10月現在の会員総数は452名。運営は理事から選ばれた理事長、副理事長、常任理事からなる常任理事会が担う。理事は会員による選挙で選ばれる。

主な活動としては、第1に学術大会を2024年までに26回開催している(設立大会を除く)。大会は企画委員会によって審査された分科会や自由論題報告、記念講演やシンポジウムから構成される。大会のほかに、関西部会、関東と台北の定例研究会がある。第2に、『日本台湾学会報』を1999年の創刊以来、2024年までに26号発行している。匿名のレフリーによる査読を経た論説を軸とし、前年の大会の記念講演やシンポジウム、書評を掲載している。編集委員会は当初、常任理事会が兼ねていたが、第11号(2009年発行)から独立した委員会が設置された。第3に、ニュースレターを1998年12月の創刊以来、2024年10月まで47号発行している。 〈佐藤幸人〉

参 川島真「日本台湾学会の設立」『アジア経済』第39巻第10号、1998／やまだあ

つし「日本台湾学会の近況」『アジア経済』第49巻第12号、2008／春山明哲「日本における台湾史研究の100年——伊能嘉矩から日本台湾学会まで」『アジア経済』第60巻第4号、2019

●九二一大地震

　台湾時間1999年9月21日1時47分15.9秒に、日月潭の南西方向、南投県集集鎮付近を震源として発生した地震である。中央気象局（日本の気象庁に相当）はこの地震を「集集大地震」と名付けた。中央気象局の報告によると、地震規模はマグニチュード7.3、震源の深さは8.0kmである。最大震度は南投、雲林で6、嘉義、台中、新竹、台北、宜蘭、花蓮で5、屏東、高雄、台東、澎湖で4が観測されたという。内政部統計処（日本の総務省統計局に相当）の調査によると、地震による死者は2415人、負傷者1万1305人、失踪者29人という。九二一大地震がきっかけで、台湾は積極的に地震警報システム（Earthquake Early Warning System）を開発し、2016年にメキシコ、日本に続き、全土を対象とする緊急地震速報の運用を始めたのである。また、台湾は、2000年に9月21日を災害防救日（2002年に国家防災日）と定め、地震をめぐる防災訓練を行う。

〈黄偉修〉

参 韓世寧「九二一集集大地震南投県台中県死亡情形調査方向」『疫情報道』第16巻第1期、2000／内政部統計処ウェブサイト『浅析台湾天然災害変動趨勢』2002／李登輝『921大地震救災日記』允晨文化、2004

●陳水扁

（国民大会提供。Wikimedia Commons）

　ちん・すいへん、Chén Shuǐbiǎn／Chen Shui-bian（1950.10.12–）　台湾台南県生まれ。1969年に台湾大学商学部へ入学したが、反国民党運動を進める政治家黄信介の演説を聞いたことがきっかけで休学し改めて受験、台湾大学法律学科へ入学。大学3年生の1973年に弁護士試験に合格。1974年に首席で卒業。海商法を専門とする一方、軍事法廷で起訴された美麗島事件の主犯格の弁護団に参加し、黄信介の弁護を担当した。この弁護を契機として政界に進出。1981年の台北市議会議員選挙に出馬し、最高得票で当選。1984年に馮滬祥東海大学哲学学科主任より名誉棄損で告訴され、実刑1年の一審判決を受けたため議員辞職。翌年、台南県長選に出馬したが落選。このとき呉淑珍夫人が交通事故に遭い、車椅子生活を強いられるようになった。1986年に実刑8ヶ月の二審判決を受け服役。出所後の1987年、前年に立法委員に当選した夫人の秘書を務める。1989年の立法委員選に初当選し、1994年の台北市長選にも当選。1998

年に再選を目指したが落選。2000年の総統選挙で野党民主進歩党より立候補し当選、初の政権交代を果たした。2004年に再選。総統引退後、総統府機密費流用などの罪で逮捕・起訴され、現在、健康状態の悪化により仮釈放中。

〈黄偉修〉

参陳水扁口述、陳儀深訪問、彭孟濤記録『堅持——陳水扁口述歴史回憶録』凱達格蘭基金会、2019

●公民投票

台湾における公民投票とは、国民が政治に関する事項を直接投票して決定するレファレンダムのことである。レファレンダムは代表民主制を補完する制度として、一部の民主主義国家で採用されている。これまで公民投票は台湾独立を推進する一つの方法として見られることがあった。民進党結党の際、台湾市民の公民投票による「台湾共和国」建国と新憲法制定が党綱領に明記され、民進党の党綱領は「台独党綱（台湾独立の党綱領）」と呼ばれた。翻って、陳水扁が2000年の総統選挙に出馬した際、民進党は党綱領と並ぶ「台湾前途決議文」を採択し、台湾は総統直接選挙などによってすでに事実上の独立国家になっているとして、台湾の現状変更を公民投票で決めるという党綱領の方針を棚上げした。2003年に公民投票法が採択・施行され、提案や投票・

可決の条件が定められた。陳水扁総統は、これらの条件が厳しく、台湾住民による公民投票の権利行使を実質的に抑制するとして、法案作成に関わった国民党を批判した。蔡英文政権では2017年に法改正が行われ、提案者数、提案に賛同する署名数を、それぞれ直近の総統選挙における有権者数の0.5％から0.01％、5％から1.5％へ引き下げた。2018年の統一地方選挙は公民投票と同日の投開票であったが、投票をめぐる混乱が多発した。そのため2019年に、2021年以降は投票日を2年に1回、8月の第四土曜日とする、という法改正が行われた。〈黄偉修〉

参陳水扁口述、陳儀深訪問、彭孟濤記録『堅持——陳水扁口述歴史回憶録』凱達格蘭基金会、2019／若林正丈『台湾の政治——中華民国台湾化の戦後史 増補新装版』東京大学出版会、2021

● TSMC

Taiwan Semiconductor Manufacturing Company, Ltd.、中国語名は「台湾積体電路製造股份有限公司」。他社が設計した半導体集積回路の製造を請け負う「ファウンドリ」事業で世界シェアの64％（2024年第3四半期）を占める。1987年に、工業技術研究院の半導体技術開発プロジェクトを母体とし、行政院開発基金、オランダ・フィリップス社（のちに持ち株を売却）を主要株主として設立された。米テキサ

ス・インスツルメンツ社の副社長から工業技術研究院の院長を経て、初代董事長に就任したモリス・チャン（張忠謀）の構想により、世界初のファウンドリ専業企業として誕生。90年代にはパソコン関連製品向け、00年代半ば以降はスマートフォン向け、10年代末以降は高性能コンピューティング向けの半導体需要の拡大を順次取り込みながら急速な成長を果たした。持続的な巨額投資と基幹設備メーカーとの協業に支えられた微細加工技術、顧客に対する手厚い技術サポート体制を強みとし、最先端のロジック半導体の製造で圧倒的な世界シェアと技術優位性を持つ。近年、半導体産業への地政学的な関心が高まるなか、主要国が同社の工場を誘致しており、米国・アリゾナ州のほか、熊本県にソニー等との合弁で工場を建設している。〈川上桃子〉

📖岸本千佳司『台湾半導体企業の競争戦略——戦略の進化と能力構築』日本評論社、2017／佐藤幸人『台湾ハイテク産業の生成と発展』岩波書店、2007

●台商

台湾以外の地域で経済活動を行う台湾企業とその経営者を指す総称。「台幹」と呼ばれる台湾人幹部や、台湾系企業で働く台湾人従業員等、台湾企業の事業活動に伴い海外で働く台湾人を含めて用いられることもある。世界各地で事業を営む台湾の企業とその関係者はみな台商であるが、投資先としての中国の比重の高さ、中国で事業を営む台商が台湾社会に及ぼす政治的、社会的インパクトの大きさゆえに、中国に進出した企業とその経営者、幹部らを指して用いられることが多い。台湾企業の中国進出は、初期には労働集約型製品の輸出向け生産を行う中小企業が中心だったが、2000年代以降、中国市場の拡大、台湾の産業構造の高度化等を反映して、ハイテク企業、大型企業の進出も増加した。中国は次第に台商を通じて台湾の政治や社会に対する影響力を行使するようになり、台商は「中国ファクター」の主要チャネルとみなされるようになった。2010年代以降、台湾の対外投資に占める中国の比率は低下傾向にあり、台商の活動の場は東南アジアや北米へと分散しつつある。〈川上桃子〉

📖佐藤幸人「台湾系企業および台湾人企業家・経営幹部からみた台湾と中国の関係」沼崎一郎・佐藤幸人編『交錯する台湾社会』アジア経済研究所、2012／松本充豊『「両岸三党」政治とクライアンテリズム——中国の影響力メカニズムの比較政治学的分析』川上桃子・松本はる香編『中台関係のダイナミズムと台湾——馬英九政権期の展開』アジア経済研究所、2019

●世界貿易機関（WTO）加盟

台湾は1990年にWTOの前身にあたるガット（関税及び貿易に関する一

般協定）に加盟を申請。自由貿易化の恩恵享受や紛争解決制度の活用がその目的。承認国が少ない「中華民国」名では申請が受理されないことを懸念し、「台湾・澎湖・金門・馬祖独立関税地域」名で申請（略称 Chinese Taipei）。李登輝政権の「実務外交」の一環。1986 年にガット加盟申請済みの中国は、「一つの中国」の原則の下、中国の承認がなければ「独立関税地域」名でも台湾の加盟は認めないと主張。この問題に関し、ガット理事会は 1992 年に議長声明を発表。反対意見を付記しつつも、①中国と台湾の加盟作業部会は別々に設立、②加盟の順序は中国を先にするという意見を考慮するとし、台湾の加盟申請を受理。加盟交渉は 1995 年発足の WTO に引き継がれ、中国の加盟は 2001 年 12 月、台湾の加盟は 2002 年 1 月となった。

台湾は先進国としての義務遵守に原則同意し、基本的に義務を履行してきた。ただし、中国には安全保障等を理由に最恵国待遇を与えていない。中国も台湾との問題は内政問題とし、WTO での紛争解決を回避。〈伊藤信悟〉

参経済産業省通商政策局「台湾」『不公正貿易報告書 2002 年版』第 5 章、2002 ／伊藤信悟・川上桃子「台湾の対中経済交流規制と中国の対応——中台 CPTPP 加入に関わるインプリケーション」『RIETI Discussion Paper Series』24-J-021、2024

●海峡両岸経済協力枠組み協定（ECFA）

台湾と中国の間の自由貿易協定（FTA）。2008 年 5 月発足の中国国民党の馬英九政権が推進。FTA 締結先が少数の国交保有国に限られる中、ECFA により、①対中輸出競争力を強化、②それを梃子に外資を台湾に誘致、③対中関係を改善し、他国との FTA 締結に有利な環境を作ることを企図。2008 年末には中国の胡錦濤国家主席も前向きな姿勢を示し、2009 年から馬政権は締結準備を本格化、同年 7 月には中台が交渉プロセスで合意。2010 年 1 月には事務レベル正式交渉を開始、同年 6 月に調印、9 月に発効に至った。

ECFA の目標は、中台間の①経済・貿易・投資協力の強化・増進、②物品・サービス貿易の自由化推進、③経済協力分野拡大、協力メカニズム構築。ただし、短期・高水準の自由化ではなく、アーリーハーベスト（合意済み事項の先行的実施）に象徴される漸進的自由化を採用。

ECFA の後続協議により中台は 2012 年 8 月には投資保護・促進協定を締結（2013 年 2 月発効）。ただし、サービス貿易協定は 2013 年 6 月に調印されるも、その政治的・経済的影響への懸念から 2014 年 3 月にヒマワリ

運動が勃発、批准に至っていない。

〈伊藤信悟〉

参 伊藤信悟「馬英九政権の『中国活用型発展戦略』とその成果」松田康博・清水麗編著『現代台湾の政治経済と中台関係』晃洋書房、2018／黄偉修「台湾の馬英九政権における大陸政策決定過程の運営方式」同所収／松本充豊「中台協定の政策決定分析——海峡両岸経済協力枠組み協定と海峡両岸サービス貿易協定を中心に」同所収

●馬英九

（中華民国総統府提供。CC BY-SA 3.0）

ば・えいきゅう、Mǎ Yīngjiǔ/Ma Ying-jeou（1950.7.13–）　英国統治下の香港生まれ（祖籍は湖南省）。周美青夫人との間に二女。1952年に渡台。台湾大学法学院卒、ニューヨーク大学法学修士、ハーバード大学法学博士。米国留学中は保釣運動に参加。米国で法律顧問、弁護士。

81年帰台し蔣経国の英文秘書、84年国民党副秘書長、88年行政院研考会主任委員、90年に国家統一委員会研究員、91年に大陸委員会副主任委員、93年法務部長等を歴任。98年の台北市長選で現職の陳水扁に勝利し、再選後に党主席。

2008年から16年まで総統を務め、中国大陸との融和路線を取る。「九二年コンセンサス」により中台間対話を復活させ、23の実務協定を締結した。中台急接近を警戒する学生等が立法院などを占拠する「ヒマワリ運動」が14年に発生したが、15年に習近平総書記との会談を実現。

16年に退任後は、中国大陸との交流に努め、2023年に初訪中。在任中に中台関係を安定させ、制度化を進めたが、一方で台湾の主体性を軽視したとの批判もある。日本とは尖閣諸島（台湾名、釣魚台）問題等で厳しい態度を取る一方で、漁業取り決め等多くの実務協定を締結した。

〈松田康博〉

参 松田康博・清水麗編著『現代台湾の政治経済と中台関係』晃陽書房、2018

●日台民間漁業取決め

2012年夏に日本政府が尖閣諸島3島の所有権を取得した際、馬英九政権は中国との共闘を否定し、「東シナ海平和イニシアティブ」を掲げて、主権問題の棚上げ、争いの平和的解決、東シナ海資源の共同開発などを日本や中国に呼びかけ、日台漁業交渉の再開をその第一歩と位置付けた。日本政府はこれに対し、日台関係では異例の外相声明を発表して肯定的な反応を示し、日台漁業交渉の再開を提案した。そして、2013年4月、財団法人交流協会（現・日本台湾交流協会）と亜東関係協会（現・台湾日本関係協会）は「漁業秩序の構築に関する取決め（日台民間漁業取決め）」を交わした。

この取り決めは、日台間の長年の懸案のうち、北緯27度以南で漁業権の主張が重なりあう海域のほとんどについて、日台双方の漁業を認めた。また、取決めは尖閣諸島の領有権には触れず、尖閣周辺の領海および接続水域はその適用除外水域とした。さらに、取決めはこの適用除外水域の南端以南で日台の排他的経済水域の主張が重なる海域には触れていないため、日中漁業協定とも矛盾しない。つまり、日台民間漁業取決めは単なる漁業権に関する取決めにとどまらず、当該海域における日中台間の偶発的な紛争勃発を防ぐ危機管理の意味合いをもつものであると言える。　　　　　　　　　　〈福田円〉

🔰福田円「ポスト民主化台湾と日本──関係の制度化と緊密化」『東洋文化』第94号、2014／川島真・清水麗・松田康博・楊永明『日台関係史──1945-2020 増補版』東京大学出版会、2020

●『セデック・バレ』

1930年に起きた抗日武装蜂起「霧社事件」を描いた魏徳聖の監督・脚本による映画（台湾公開2011年、日本公開2013年。カラー作品。前編「太陽旗」144分、後編「虹の橋」132分。出演は林慶台、馬志翔ほか）。圧倒的軍事力をもつ日本の支配に対して山地の先住民族セデックが命懸けで戦いを挑んだのはなぜか。セデックの視点で事件を描いた同作は、長年差別に苦し

んできた先住民族の「野蛮」イメージを覆した。先住民族の若者たちが民族衣装を着て映画館に行く現象も起き、同作を観に行くことは台湾の「全民運動」だと評判を呼んだ。半ば「失われた言語」であったセデック語が全篇で使用されたのも画期的である（指導はダッキス・パワン〔郭明正〕）。他方で、史実と異なる描写や先住民族の規範に反する内容への批判、霧社事件を台湾の集団的記憶として語ることは漢族ナショナリズムによる先住民族の歴史の横領だとする批判など「討論旋風」もネット上から学術誌にまで及んだ。ダッキス・パワン（郭明正）による解説書のほか、湯湘竹やピリン・ヤプによるドキュメンタリー映画など、同作に対する応答としての作品も広がりを見せた。　　　　　　　〈三澤真美恵〉

🔰邱若龍、江淑秀・柳本通彦訳『霧社事件──台湾先住民（タイヤル族）、日本軍への魂の闘い』現代書館、1993／Dakis-Pawan 郭明正、邱奕菲編集、吉田藍翻訳「映画《Seediq Bale》と台湾原住民への影響」『東アジア歴史資源交流協会ニューズレター 日文版』8号、2011

●ヒマワリ運動

中国語では「太陽花運動」（ヒマワリの中国語での別名が太陽花）、あるいは、運動の主体が学生グループであり、2014年3月18日に立法院の議事堂を占拠したことから、「太陽花学運」

**立法院を占拠したヒマワリ運動参加者たち
（2014年4月9日）**
(Jesse Steele 撮影。CC BY 2.0)

（ヒマワリ学生運動）、「318学運」とも呼ばれる。馬英九政権は、2013年6月21日、中国との経済協力枠組み協定（ECFA）の一環として、医療、金融、印刷などサービス産業の幅広い分野の市場を相互に開放し、参入を容易にすることを目的とした「海峡両岸サービス貿易協定」（以下、サービス協定）に調印した。しかし野党と業界から、影響評価に関する議論や一部の業界団体との協議が不十分だとして批判を招いた。国民党立法院議員団は批判に応じる形で、協定の批准を一括採決ではなく、野党の示した「逐条審議、逐条採決」、また「立法院での実質的な審議終了まで協定は発効しない」などの条件で行うことを了承した。馬政権は協定締結による一部業界への打撃を認める一方、再交渉の考えはないとし、さらに馬総統自ら国民党の国会対策担当者らに審議を進めるよう迫った。これを受け、内政委員会の召集委員（日本の国会における委員会の委員長の権限を持つポジション）である国民党籍の張慶忠は、2014年3月17日の会議で議長として審議を強行に打ち切り、協定を院会（日本の本会議）へ送付することを発表した。これに対し、国民党の動きを察知した学生・市民・社会団体は、17日の午前中に立法院周辺に集まり抗議活動を始めた。翌18日の午後9時頃、一部の学生・市民が立法院内へ侵入し、午後10時頃、立法院の議事堂を占拠した。馬政権は警察による排除を検討したが、3月20日、王金平立法院長より強制排除をしないことが発表された。3月23日、一部の学生・市民は行政院の占拠も試みたが失敗に終わった。翌24日には、立法院の全委員会による合同会議において、3月17日の会議の無効が決議された。馬政権は中台の協定締結を国会が監督する旨の要求を受け入れたものの、サービス協定の撤回については拒否した。3月30日、学生・市民団体が総統府前で集会を行い、約50万人もの市民が参加する大規模なものとなった。4月4日、国会による協定締結の監督が制度化されるまで、サービス協定に関する与野党の調整を行わないことが王金平より発表され、学生・市民グループは4月10日に立法院から退去した。この間、学生・市民を支持する花屋の店主がヒマワリを現場へ寄贈したことがきっかけとなり、1990年3月の「野百合学生運動」になぞらえ、「太陽花（学生）運動」と

呼ばれることになった。国民党が2014年末の統一地方選挙で首都の台北市まで失い、2016年の総統選挙と立法委員選挙でも大敗し、初めて行政府、立法府の両方で野党に転落した要因は、ヒマワリ運動にあったと見られている。　　　　　　　　〈黄偉修〉

参 黄偉修「台湾の馬英九政権における大陸政策決定過程の運営に関する一考察――海峡両岸サービス貿易協定の締結を事例として」『東洋文化研究所紀要』第170冊、2016／黄偉修「台湾の馬英九政権における大陸政策決定過程の運営方式」松田康博・清水麗編著『現代台湾の政治経済と中台関係』晃洋書房、2018

●公民運動

　1949年に施行された戒厳令以降、国民党政権による政治犯の逮捕や投獄、処刑等の犠牲にもかかわらず、台湾国内の社会運動は長期にわたり正当に評価されなかった。1987年に戒厳令が解除され、民主化が実現した後も、暴徒のようなマイナスのイメージを払拭できなかったのである。しかし、2014年に起こったヒマワリ学生運動は、法を順守し平和的かつ理性的な抗議活動を行う公民運動として学生のみならず、広く台湾の国民全体に受け入れられた。マイナスのイメージから脱却しただけでなく、台湾の社会を変革する大きな推進力となったのである。また、従来の台湾社会では、血縁や地縁等の人間関係や伝統的な宗教団体が重要な役割を果たしており、国民の政府に対する信頼や関心は低かった。しかし、ヒマワリ学生運動をきっかけに、国民は政府の政策に強い関心を持つようになり、多数決型から市民参加型へと民主主義の変容を促した。学生や市民が政府の政策立案に参加し、政府と意見を交換しながら社会制度の構築を行う。公民運動から生まれた市民参加型のガバナンスは、新型コロナウイルス感染症や中国との政治的対立等の外的リスクに対する台湾社会全体のレジリエンスを高める効果をもたらしている。　　　　　　　　〈田畠真弓〉

参 何明修「到底什麼是『公民運動』?」『両岸公平網』2014.4（ウェブサイト）／田畠真弓「アジアの地政学リスクマネジメント――台湾の市民参画型産業発展モデル」上田和勇編『リスクマネジメント視点のグローバル経営――日本とアジアの関係から』同文舘出版、2023

●蔡英文

（中華民国総統府提供）

　さい・えいぶん、Cài Yīngwén／Tsai Ing-wen (1956.8.31–) 第7代中華民国総統（第14期、15期）。父方に台湾先住民パイワン族、客家、母方に河洛人のルーツを持ち政治とは無縁の家庭に育つ。国立台湾大学法学部卒、コーネル大学修士、ロンドン・ス

クール・オブ・エコノミクスで法学博士を取得。帰国後大学教員となったが、台湾のWTO加盟交渉時に経済部の首席法律顧問を務めたことから中台関係の政策に携わる行政院大陸委員会の主任委員など政府内の要職を歴任。04年立法委員選挙で初当選、06年1月から翌年5月まで行政院副院長。08年民進党が総統選挙で敗北後、第12代党主席に就任、党の立て直しを図る。10年の新北市長選、12年台湾総統選、いずれも敗北するがその後16年、20年の台湾総統選でライバルに大差で勝利。2期8年の業績で特筆すべきものは、16年の先住民への国家元首としての公式謝罪、19年のアジア初の同性婚法案可決。またITを駆使した台湾政府の優等生的新型コロナ対策は世界中から注目を浴びた。外交では米との関係強化に努め、中国には終始慎重な姿勢で対応。24年の総統選では、2期目でも異例の好調な支持率を示していた蔡路線の継承を後継者が訴えたことで、民進党は第3期連続で政権を担うことが可能となった。　〈前原志保〉

參蔡英文、劉永毅構成、前原志保訳『蔡英文自伝——台湾初の女性総統が歩んだ道』白水社、2017／蔡英文、前原志保監訳、阿部由理香・篠原翔吾・津村あおい訳『蔡英文　新時代の台湾へ』白水社、2016

●移行期正義

[**移行期正義という概念**]　移行期正義（Transitional Justice）とは、組織的な暴力や人権侵害などの過去の国家暴力と向き合い、集団的なトラウマを克服して社会の和解を追求する際の法的、政治的メカニズムである。移行期正義の実践は、1980年代前後に権威主義体制から民主体制というポスト独裁型の移行を経験した南米の事例に端を発し、1990年代以降はさらにアジア・アフリカなど戦争や内戦状態から平和へというポスト紛争型の移行における紛争解決や平和構築の事例に広がり、2000年代前後から現在までに、カナダやオーストラリアなどのヨーロッパからの入植者が形成した植民国家と言われる国々における先住民族が受けてきた歴史的迫害というポストコロニアル型の問題にまで射程が拡大しつつある。台湾では、こうした世界的潮流をフォローするように、近代台湾社会が経験した異なる類型の国家暴力の「過去の克服」を進める移行期正義を求める政治が連鎖的に展開してきた。

[**二・二八事件と白色テロの過去の見直し**]　まず、1987年の戒厳令解除と前後して、二・二八事件と白色テロという国民党の一党支配体制下の国家暴力に焦点が当たり、被害者への謝罪、補償／賠償という政策が数度の政権交代

を経て着実に定着してきた。戒厳下の1987年に党外運動家の鄭南榕と陳永興が「二二八和平日促進会」を立ち上げ、二・二八事件の見直しを求める「二二八公義和平運動」を公然と開始すると、戒厳解除とその後の民主化の進展とあいまって、政権側もこうした市民運動の要求に応じる形で、権威主義統治期の過去の見直しに着手した。1991年には二・二八事件の見直しに向けた機運が一気に高まった。行政院に事件研究チームが設置されて正式に調査が行われる最中、2月28日には立法院で初めて事件の犠牲者への黙禱が行われ、3月には李登輝が総統として犠牲者遺族に初めて面会して陳情を受けた。翌年には政府初の二・二八事件調査報告が公表されている。1995年に成立した「二・二八事件処理及び補償条例」と1998年に成立した「戒厳期共産党スパイ不当判決補償条例」によって被害者補償の道が開かれた。1995年2月28日には、台北新公園（後の二二八平和公園）で二二八記念碑の落成式が行われ、李登輝が犠牲者遺族に総統として初の公式謝罪を行った。白色テロについては、1999年12月10日の世界人権記念日に、かつて政治犯収容所があった緑島で行われた人権紀念碑の落成式で、李登輝が総統として初の公式謝罪を行った。李登輝が移行期正義の基本政策とした「謝罪と補償」という枠組みは、その後、民主

化以降の歴代の政権によって党派を問わず継承され、前述の二二八条例により平和記念日となった毎年の2月28日には、総統が記念式典に参列し、談話を発表することが恒例となった。

［「転型正義」概念の導入] 台湾では「過去の克服」と正義の実現を求める動きが進行していたが、陳水扁政権期に有識者らが提唱した「転型正義」という概念は、社会運動や政策形成のフレーミングとして機能し、メディアを通じて市民社会に浸透していった。陳水扁政権期には、前述の二二八補償条例が「賠償条例」に改正され、国家責任が明示された。馬英九政権期には、同条例が再改正され、事件責任の究明の法的責務と国家レベルの記念館の開設が定められ、2011年に「二二八国家紀念館」が台湾省参議会の遺構に開館した。

　蔡英文政権時には、立法院で2016年に「不当党産処理条例」が制定され、戒厳期に不当に流用された国民党資産の国有化が進んだ。また、2017年末に「転型正義促進条例」、2019年には「政治档案条例」の二つの法律がそれぞれ成立し、行政院下に「転型正義促進委員会」が設置され、国民党の長期戒厳体制における政治弾圧事件に関する文書の収集と解析、元政治犯の有罪判決の取消が進展した。2020年には、司法院大法官が釈字793号を発布し、遡及効や強行規定を含む「不当党産処

理条例」の一部に合憲判断を下しており、立法、行政、司法が積極的に長期戒厳体制の負の遺産の克服に取り組んでいる。

[移行期正義の台湾における連鎖的展開]　さらに近年、「転型正義」は、近代国家によって数百年来迫害されてきた台湾先住民族が自らの土地と自治の回復を求める運動にも使用されている。例えば、台湾におけるポスト独裁型の移行期正義の象徴である2月28日に、先住民の伝統文化として各地で狼煙をあげて自らの歴史的権利の回復を訴える「二二八狼煙行動」が現在までに台湾全土に広がっている。こうした先住民運動の高まりを受け、蔡英文総統は就任まもない2016年8月1日の「原住民族の日」に、歴代政権の先住民族迫害に対して総統初の公式謝罪を行い、総統府に「原住民族歴史正義と転型正義委員会」を設置した。しかし、その後の行政院の公告で先住民族の伝統領域として承認する範囲に私有地を含めない方針が出されたことに対し、先住民団体から抗議の声も上がっている。

このように、今日の台湾では戦後の権威主義統治からの民主化という文脈のみならず、漢族移民の植民国家という文脈からも、異なる類型の移行期正義の処理が「転型正義」という概念を通じて連鎖的に展開している。

〈平井新〉

參何義麟『台湾現代史——二・二八事件

をめぐる歴史の再記憶』平凡社、2014／呉叡人「〈声〉なき民を救い、過去を償う」『ワセダアジアレビュー』早稲田大学アジア研究機構、2014／平井新「移行期正義」若林正丈・家永真幸編『台湾研究入門』東京大学出版会、2020／若林正丈「第七章　多文化主義の浮上」同『台湾の政治——中華民国台湾化の政治史』東京大学出版会、2008

●中国ファクター

中台間の経済関係の緊密化や人的交流の深化を背景として、中国が台湾の民主主義に対して及ぼすようになった負の影響とその背後で働くメカニズムを可視化するために用いられる概念。中国ファクター論を牽引してきた台湾の政治学者・呉介民はこれを「中国政府が資本その他の手段を利用し、他国・地域を経済的に取り込み、経済的な中国への依存を通じて、自らの政治的目標の達成を容易にするといった作用のメカニズム」と定義し、その担い手として、①海峡を越えた政治・ビジネス関係ネットワークと、②台湾における現地協力者ネットワークの存在を指摘する。中国で事業を営む「台商」は①にあたる。台湾において中国ファクターが観察される領域やその事例として、選挙への介入（しばしば台商の動員を伴う）、マスメディアの報道やエンターテイメント業界への中国の影響力の浸透、観光客の送り出しや民間宗教交流を通じた現地協力者ネットワー

クの形成等が挙げられる。〈川上桃子〉

参 呉介民、平井新訳「『太陽花運動』への道——台湾市民社会の中国要因に対する抵抗」『日本台湾学会報』第17号、2015／川上桃子・呉介民編、川上桃子監訳、津村あおい訳『中国ファクターの政治社会学——台湾への影響力の浸透』白水社、2021

●アイデンティティ問題

台湾の国立政治大学選挙研究センターが毎年おこなう世論調査によると、2024年のデータで、台湾の民衆のうち自身を「台湾人」だと考えている者の割合は64.3％なのに対し、「中国人」だと考えている者は2.2％に過ぎず、「どちらでもある」は30.4％を占める。調査が始まった1992年時点では「台湾人」は17.6％に過ぎなかったのに対し、「中国人」は25.5％、「どちらでもある」は46.4％にのぼっていた。長期的な傾向としては、「台湾人」は増加傾向、「中国人」と「どちらでもある」は減少傾向にある。

かつて、台湾島の主な住民はオーストロネシア系の言語を母語とする、今日では「原住民族」と呼ばれる人々であったが、17世紀以降のオランダ東インド会社、鄭氏政権、清朝による統治を経て、中国大陸から移住した漢人人口が圧倒的多数を占めるようになった。1895年に日本による統治が始まると、台湾および澎湖諸島は中国大陸から政治的に分断される。台湾島内で

は治安・行政体制が村落レベルまで浸透し、教育などを通じて台湾住民の日本人への同化が進められる一方、日本の「内地人」と台湾の「本島人」の間には市民的権利・義務に関する差別が設けられた。これらの事情を背景に、台湾では「台湾」というサイズの社会がひとつのまとまりとして想像され、「台湾人」というアイデンティティも意識されるようになっていった。

第二次世界大戦後、中国共産党との内戦に敗れた中国国民党は、台湾島と澎湖諸島に加え、福建省沿岸の金門島および馬祖列島をその統治下に残し、中華民国を存続させた。台湾住民は、中国大陸を失った中華民国政府の下、教育などを通じて「中国人」であることを求められた。しかし、1970年代以降の民主化プロセスと並行して「台湾意識」が台頭すると、中国中心主義の見直しが進んだ。一方、原住民族、福佬人（河洛人）、客家人、外省人といった、各エスニック・グループ（族群）のアイデンティティも社会的影響力を増していったため、1990年代以降の台湾では多文化主義による新たな国民統合が試みられるようになった。近年では、結婚により中国大陸や東南アジアから移住してきた人々や、外国人労働者といった新たな住民をどのように台湾社会に包摂するかも重要な課題とされている。原住民族を中華民国の国民として包摂・統合することへの批判

などはあるが、概して今日の台湾では多様な文化の共存を肯定する考え方が定着している。　〈家永真幸〉

参「台湾民衆台湾人／中国人認同趨勢分布（1992年06月～2024年06月）」『政治大学選挙研究中心』（ウェブサイト）／呉叡人、梅森直之・山本和行訳『フォルモサ・イデオロギー——台湾ナショナリズムの勃興1895-1945』みすず書房、2023／家永真幸『台湾のアイデンティティ——「中国」との相克の戦後史』文春新書、2023

●同性婚・婚姻平等権運動

　21世紀の国際社会において「性的マイノリティの権利は人権である」（LGBT rights are human rights）とする言説が主流化し、性的マイノリティの人権課題が社会的関心を集めている。2019年5月24日、台湾で司法院釈字第748号解釈施行法が施行されてアジアで初めて婚姻平等が実現した。いかなる政治的・社会的要因が婚姻平等の実現を促進したのだろうか。

　台湾において「ジェンダー平等（性別平等）」を保障し、性的指向とジェンダーアイデンティティ（SOGI）に基づく差別を禁止した数々の立法は、女性運動と性的マイノリティ運動による働きかけを直接的な契機として成立した。2004年に成立したジェンダー平等教育法（性別平等教育法）や2007年の改正ジェンダー労働平等法（性別工作平等法）は、性別だけでなくSOGIに基づく学校や職場での差別を禁止している。婚姻平等の実現もフェミニストの果たした役割が大きい。事実、レズビアンフェミニストらが設立した台湾伴侶権益推動連盟が2013年に立法院へ提出した「多様な家族（多元成家）」草案は世論を喚起して、婚姻平等を実現へ導いた。

　戒厳体制からの脱却と民主化を掲げた民進党も重要なアクターだった。民進党はフェミニストを積極的にリクルートして自陣営に取り込み、国民党を家父長制の象徴とみなして差異化する戦略を取った。2000年代にはフェミニスト立法委員の働きかけを通してジェンダー平等が推進され、性的マイノリティの人権保障も進展した。その結果、2010年代に入る頃には「中国と違って、自由・人権・民主が尊重されるLGBTフレンドリーな台湾」を国内外に誇り高く喧伝する「ホモナショナリズム」が盛り上がりを見せている。

　他方、ジェンダー平等の進展とともに、プロテスタント右派に牽引されたバックラッシュも大きく展開する。保守勢力は婚姻平等と性教育（「LGBTQ（同志）教育」）を主な標的として抗議運動を展開した。婚姻平等に対する抗議運動は、数億円にのぼる潤沢な資金を動員してテレビや新聞やネットや街中にネガティブ広告を展開し、民法が同性パートナーシップを保障すること

の是非を問い、2018年の公民投票を勝利へ導くなどの成果を挙げている。

宗教右派が動員するバックラッシュの展開については東アジアでも日本が先駆けだったが、性的マイノリティの人権保障について台湾の歩みは早く、堅実である。特に女性運動やフェミニストが性的マイノリティの人権課題を包摂してジェンダー平等を進展させた経緯は日本のそれと大きく異なる。台湾の経験から学ぶところは多いにある。

〈福永玄弥〉

参福永玄弥『性/生をめぐる闘争——台湾と韓国における性的マイノリティの政治と運動』明石書店、2025／何春蕤、舘かおる・平野恵子編、大橋史恵・張瑋容訳『「性／別」攪乱——台湾における性政治』御茶の水書房、2013／Puar, J. K., *Terrorist Assemblages: Homonationalism in Queer times*, Durham: Duke University Press, 2007

●国軍改革

歴史的に広大な中国大陸で運用されていた中華民国国軍は、台湾に撤退したあとも大陸軍の編制を維持するとともに、ソ連赤軍をモデルにした国民党軍という性格を有していた。李登輝政権は中華民国の民主化と台湾化を推し進める一方で、内戦終結宣言を行い、国軍を中華民国の実体である台湾を守るための軍隊にする改革に着手した。台湾民衆を監視し取り締まる組織でもあった台湾警備総司令部を1992年に

海岸巡防司令部と軍管区司令部に改組した。政治工作を担当する総政治作戦部も段階を経て2013年に政治作戦局に改組され、国防教育、中国の三戦（輿論戦、心理戦、法律戦）への対抗、機密保護、将兵の福利厚生や心理輔導、報道等に任務も限定された。

国軍を少数精鋭化させることも李登輝時代に確定し、精実案（1997〜2000年）で将兵数を45万人から38万人に削減した。陳水扁政権期にはさらに27.5万人に削減しつつ統合作戦能力を高める精進案が実施され、幕僚機構や指揮体系が簡素化された。馬英九時代に総兵力は21.5万人にまで削減された。

軍事戦略も、蔣介石時代の「大陸反攻」を目指した攻勢戦略、蔣経国時代の台湾の守備も重視した攻守一体戦略から、李登輝時代には大陸反攻を完全に放棄し台湾の守りに専念するものに転換した。蔡英文政権は、多層的な防衛態勢により、中国の侵攻を可能な限り遠方で阻止する「防衛固守・重層抑止」戦略を採用している。国防政策の透明性を担う国防白書の刊行も1992年に開始された。

近年は中国の軍事的圧力の上昇に対抗した改革も行われている。2018年末に完全志願兵制度に移行して16週間の軍事訓練に切り替えた国軍だったが、2024年から1年間の義務兵役を復活させた。また、予備役部隊の強化

と効率的動員を目指して2022年に全民防衛動員署が設立された。中国の「斬首作戦」（指導者層を排除する作戦）への対抗を企図して憲兵指揮部を1万人に倍増することも発表されたほか、米軍や米州軍との共同訓練が行われている。

他方で、国軍改革は道半ばの部分も存在する。上将に昇進する軍人は外省籍が依然として多数を占めている。統合作戦を重視する現状でも各防衛指揮部指揮官には陸軍中将が充てられる等の陸軍優位の面が見られる。度々中国への機密漏洩が発生しているが、浸透工作に対する防御については、中国統一を実現するための軍隊の将校育成を担った黄埔軍官学校以来の伝統的な歴史教育を問題視する向きもあり、台湾に根差した新たな士官学校を創設すべきとの議論も生まれている。

〈門間理良〉

📚松田康博『台湾における一党独裁体制の成立』慶應義塾大学出版会、2006／安田淳・門間理良編著『台湾をめぐる安全保障』慶應義塾大学出版会、2016／五十嵐隆幸『大陸反攻と台湾——中華民国による統一の構想と挫折』2021

III
文献レファレンスと
研究レビュー

1 先史時代・考古学・台湾の先住集団　野林厚志

台湾の先史時代研究を考える視点

　台湾の先史時代を対象とした研究の歴史を考える上で、考慮しておかなければいけない点は様々ではあるが、ここでは、①各時代における研究の目的、②日本も含めた台湾外の国際的な研究動向と台湾の研究との関係に留意しながら、主要な研究とその意義を考えることにする。

　先史時代の研究は考古学と密接なつながりを有する。考古学は基本的には型式学と層位学にもとづき、文化の変化や変容を経時的に解明する研究であるが、遺跡から出土する遺物の分析方法の開発や進展により新たな研究の主題が展開し、既存の学説が大きく書き換えられることも少なくない。また、植民地統治を経験した台湾では宗主国であった日本での研究の影響も少なくなかったし、第二次世界大戦後にはそれまでとはまったく異なる価値観をもった権威体制の施政下で、考古学研究や台湾の先史時代がとらえられることになった。

　これらのことをふまえたうえで、ここでは研究の傾向にしたがって時期を大きく5つに区分した。対応する年は目安であり、厳密にその年で区切られるものではない。

　(1) 踏査と考古学の黎明（1895～1928年）
　(2) 台北帝国大学設立から日本人研究者留用期（1928～1949年）
　(3) 権威体制下から総合学術調査の萌芽（1949～1979年）
　(4) 主要な遺跡の大規模発掘調査（1980～2002年）
　(5) 台湾の人類集団成立と原住民族考古学への関心（2003年～現在）

　なお、中央研究院歴史語言研究所の陳光祖研究員が中心となり、これまで台湾の先史時代や考古学に関して刊行された書籍や論文、短報等が集成されており（陳光祖編『台湾考古学研究文献書目』）、台湾考古学会の HP からダウンロードが可能となっている。

（1）踏査と考古学の黎明（1895〜1928年）

　日本による統治が開始され、台湾の考古学遺跡の踏査と初歩的な遺物の分析が行われた時期である。この時期も含めて第二次世界大戦が終了するまでの台湾における考古学研究について概観したものとしては、**金関丈夫・国分直一「台湾考古学研究簡史」**［金関丈夫・国分直一『台湾考古誌』法政大学出版局、1979］が日本語で書かれており、比較的手にとりやすい。

・**森丑之助「台湾に於ける石器時代遺跡に就て」**［『東京人類学会雑誌』18（201）: 89–95, 1902］

　この論文では台湾各地の93の遺跡が石器（打製、磨製）と土器の出土状況とともに報告されている。領台時から5年間で100近くの遺跡の踏査は当時の調査者の精力的な活動を物語る。森は打製石器と磨製石器との分布の相違を集団差と解釈している点が興味深い。

・**鳥居龍蔵「台湾の有史以前」**［鳥居龍蔵『有史以前の日本』磯部甲陽堂、1925］

　鳥居自身が発掘した圓山貝塚の調査結果やその他各地の資料をもとにした台湾の先史時代の総論。大陸部、フィリピンを経由した東南アジアと台湾との関係が意識され、苗（ミャオ）やマレー系の集団といった台湾の外部と、当時の原住民族や先史集団との関係についてもふれられている。また、ドルメンをはじめとする巨石文化についても言及された。

（2）台北帝国大学設立から日本人研究者留用期（1928〜1949年）

　台北帝国大学土俗・人種学教室の設立により台湾の中に考古学の組織的な調査拠点ができ、併設された標本資料室が調査資料の収蔵を可能にした。教室では宮本延人が中心となり、台湾各地での発掘調査を行った。第二次世界大戦終了後は国立台湾大学に、宮本に加え国分直一、医学院では金関丈夫が留用され、日本統治時代の発掘調査を継続するとともに標本資料室の資料の整理に従事した。

・**宮本延人「台湾先史時代概説」**［『人類学・先史学講座』第十巻、雄山閣、1934］

　書かれた時点までの台湾の先史時代研究を総括するとともに、調査されてきた代表的な遺跡についても言及されている。特に石器や骨角器、装飾品等、遺物の記述が充実しており、考古学資料も含めた物質文化を専門とする著者ならではの論考となっている。また、台湾の先史時代を解明するための問題

意識も示唆的であり、出土される遺物、遺構の歴史の深さ、周辺地域との関係に留意することが強調されている。

・鹿野忠雄「先史学より見たる東南亜細亜に於ける台湾の位置——台湾先史学概論」[『東南亜細亜先史学民族学研究』第二巻、矢島書房、1946]

生物地理学、民族学、考古学等、幅広い分野で台湾のフィールドサイエンスをけん引した著者が、台湾だけでなく隣接する地域も含めた東・東南アジアにおける先史時代文化を論じた。それまでの考古学の知見を集成し、大陸系の要素と東南アジア系の要素を考慮した7つの文化層を設定した。また、それまでは未発見であった旧石器時代の存在を傍証した。この論考の初出は1943年で、日本での出版であった。当時の日本では1937年に縄文土器の編年が、1938年には弥生土器の編年が整えられており、文化層の設定が重要視される流れもあったと考えられる。

・宮本延人・瀬川孝吉・馬淵東一『台湾の民族と文化』[六興出版、1987]

日本統治時代の1930年代を中心に台湾の民族学や考古学の分野の第一線で活躍した研究者の鼎談集。研究成果が書かれているものではないが、当時の台湾社会や調査のエピソードは貴重な情報となっている。国立台湾大学宋文薫教授による台湾考古学の概説も収録されている。

(3) 権威体制下から総合学術調査の萌芽 (1949～1979年)

留用されていた日本人研究者が帰国し、大陸からは中央研究院歴史語言研究所の研究者が台湾にうつり、日本統治時代に発見された遺跡の継続的な発掘調査を行った。また、同研究所考古組の主任で、殷墟の発掘調査の中心ともなっていた李濟は台北帝国大学土俗・人種学教室を改編し、考古人類学系を設立、主任として研究と教育に尽力した。

・宋文薫「由考古学看台湾」[『中国的台湾』中央文物供應社、1980]

台湾考古学の第一人者がそれまでの考古学の知見を総括した論考。特に、鹿野忠雄が文化層を提唱して以来、初めてとなる編年表が提案されたことは特筆に値する。この編年は大きく東部と西部に、西部は北部、中部、南部に区分されており、台湾の先史時代を考えていくうえでの基本となった。また、鹿野が予想した旧石器の存在について、八仙洞出土遺物の詳細な報告と放射性炭素による絶対年代が示される等、画期的な論考となっている。

・張光直編『台湾省濁水溪与大肚溪流域考古調査報告』[中央研究院歴史語言研

究所専刊70]

宋文薫とともに台湾考古学を牽引した著者が中心となって実施した、台湾ではじめて本格的に行われた国際学術総合調査の成果。イェール大学、台湾大学を中心とした調査隊が実施した学際研究プロジェクトである。張光直は70年代の考古学の世界的な潮流の中で活躍し、民族誌と考古学とを連結する「普遍類推比較法」の提唱者としてもよく知られている。

(4) 主要な遺跡の大規模発掘調査（1980〜2002年）

高度経済成長期における台湾各地の開発事業にともなう工事等で発見された遺跡は、規模や出土遺物の内容に応じて緊急発掘が行われ、場合によっては遺跡の保存や博物館の建設に発展した。これらの代表例が卑南遺跡(台東)、十三行遺跡（現新北）、南科遺跡（台南）である。

・臧振華『台湾考古』［文化建設委員会、1999］

台湾の日本統治時代も含めた考古学史、編年、地域の文化差を簡潔にまとめたブックレット。2000年くらいまでの台湾の先史時代の研究を把握するうえで非常にわかりやすく書かれている。

・臧振華・李匡悌『南科的古文明』［国立台湾史前文化博物館、2013］

1990年代後半に台南の工業団地の開発に先だって行われた調査によって、大規模な考古学遺跡の存在が明らかになり、中央研究院歴史語言研究所が中心となり継続的な発掘プロジェクトを展開した。本書はその概説書である。集落跡、人骨、石器、土器、骨角器、青銅器、鉄器、ガラス製品、磁器等、遺跡群全体として4800年前から300年前までの文化層がほぼ連続する最重要な遺跡の一つであることが、豊富な図版等から視覚的に理解できる。

(5) 台湾の人類集団成立と原住民族考古学への関心（2003年〜現在）

1980年代の後半から言語学からの仮説にもとづき、台湾がオーストロネシア祖語の故地であり、オーストロネシア系の集団が台湾から拡散していったことを支持する研究が増加した。一方で、2000年代前半にヒトゲノムの解読が完了するとともに、古人骨からDNAを抽出する技術が開発されたことにより、遺跡出土の人骨のDNAを直接検証することが可能となった。近年、台湾の資料を対象とした研究も増加している。また、現時点では各論の段階のものが多いが、原住民族のかつての居住地の考古学研究も増加してい

る。これは必ずしも古い時代を対象としていないが、民族誌上の記録や民族誌に書かれる以前の原住民族の歴史研究としても関心を集める分野となりつつある。

・Dang Liu, Albert Min-Shan Ko and Mark Stoneking, "The genomic diversity of Taiwanese Austronesian groups: Implications for the 'Into- and Out-of-Taiwan' models" [*PNAS Nexus*, 2: 1–12, 2013]

分子進化学の世界的拠点であるドイツのマックス・プランク研究所の最新の成果の一つであり、オーストロネシア系集団の拡散には、特定の集団の急速な台湾内の移動が想定され、現在の原住民諸民族の祖先集団は必ずしも一様な拡散を行っていない可能性を示唆している。

2　オランダ統治時代・鄭氏時代 ‥‥‥‥‥‥ 久礼克季

オランダ統治時代

　オランダ統治時代の台湾に関する研究は、日本の台湾統治と密接に結びついて展開したことを背景に、台湾総督府と台北帝国大学の二方面から研究が行われた。

　台湾総督府による研究については、**井出季和太『台湾治績志』**［台湾日日新報社、1937］に、1922年台湾史料編纂事業が持地六三郎を編集部長として開始され、目録の第一巻に日本領有以前の台湾史の概要が記される予定だったが程なく中止された、とある。しかし同事業は、7年後の1929年4月26日訓令第29号において台湾総督府史料編纂会規定が制定されたことで復活し、当時台北帝国大学教授だった村上直次郎が編集部長となり3年間行われる。この事業において村上は『バタヴィア城日誌』の翻訳を行い、その成果は後に、**村上直次郎『抄訳 バタビヤ城日誌』上下**［日蘭交通史研究会、1937］として発表された。

　一方、台北帝国大学による研究は、**村上直次郎**が「**台湾新港社文書**」［『史学雑誌』8-7、1897］を皮切りに、「**ゼーランヂャ築城史話**」「**蘭人の蕃社教化**」「**台湾蕃語文書**」［台湾文化三百年記念会編『台湾文化史説 正編』1930］、「**澎湖島に於けるオランダ人**」［『台湾時報』158、1933］、「**鄭氏以前の台湾**」［『東洋』台湾特輯号、1935］と、オランダによる台湾・澎湖統治の概要や先住民教育を取り上げ論じた。

　その後当該研究は、台北帝国大学出身の**中村孝志**に引き継がれる。中村は、「**1647年の台湾蕃社戸口表**」［『日本文化』31、1951］、「**オランダ人の台湾蕃人教育──1659年の巡視報告を中心として**」［『天理大学学報』4-1、1952］、「**村落戸口調査にみるオランダの台湾原住民族統治**」［『えとのす』1、1974］、「**オランダ治下、中西部台湾におけるクワタオング Quataong 村落について**」［『天理大学学報』172、1993］、「**オランダ時代の台湾蕃社戸口表について**」［『南方文化』20、1993］と原住民に関連する事柄を中心に検討を行う。加えて中村は、「**台湾に於ける蘭人の農業奨励と発達──和蘭の植民政策の一例**」［『社会経済史学』

7-3、1937]、「台湾におけるオランダ人の探金事業――十七世紀台湾の一研究」
[『天理大学学報』1-1、1949]、「オランダ治下における台湾地場の諸税について」
上下[『日本文化』41、42、1963、1964]、「オランダの台湾経営」[『天理大学学報』
43、1964]と経済面からもオランダによる台湾経営の検討を行い、「蘭籍に現
われた台湾の地震」[『科学の台湾』5-2、1937]といった論考も残した。これら
は日本で単行本化されることはなかったが、1980年代後半以降の台湾で
1997年と2002年に現地語へ翻訳されるなど当地における研究の進展に大い
に寄与する。更に中村は、村上直次郎訳、中村孝志校注『バタヴィア城日誌』
1〜3[平凡社、1970〜1975]の校注も行った。

　1990年代後半以降は、更に様々な視点から論考が発表される。ファン・
フーンス、ファン・フリート、フレデリク・コイエット、生田滋訳注『オラ
ンダ東インド会社と東南アジア』[岩波書店、1988]では、生田滋がフレデリク・
コイエット「閑却されたるフォルモサ」の翻訳と校注を行い、コイエットに
よるオランダ東インド会社台湾統治最晩年期について詳細な注と解説を付し
た。永積洋子は、『平戸オランダ商館日記――近世外交の確立』[講談社、
2000]、『朱印船』[吉川弘文館、2001]で、日蘭交渉史の視点から浜田弥兵衛事
件（タイオワン事件）を論じる。林田芳雄は、『蘭領台湾史――オランダ治
下38年の実情』[汲古書院、2008]において、漢籍を中心に用いて、オランダ
東インド会社による台湾統治の全容を概説するだけでなく、同地や澎湖諸島
をめぐる会社と明朝ならびに中国海上勢力との関係についても分析を行った。
堀江洋文は、「スペイン及びオランダの台湾植民地支配」[『専修大学人文科学研
究所月報』300、2019]で、17世紀におけるオランダとスペインによる台湾支配、
同地における両者の対立、前者による後者の駆逐、オランダ東インド会社に
よる台湾統治からその終わりまで、従来見られなかった台湾をめぐるオラン
ダとスペインの競争ならびに対立に関する分析も含めて論じている。堀江の
論考は、オランダ統治時代について今後こうした周辺の勢力との関係を考察
することが大きな可能性を秘めていることを示している。

鄭氏時代

　日本において鄭氏時代台湾を扱う研究は古くから多く存在したが、そのほ
とんどが鄭成功に焦点を当てたものであり、明朝支援をはじめとする彼の中
国大陸における活動や『国姓爺合戦』に関連した事柄を取り扱うものが圧倒

的に多い。そのなかで、本書で扱う近代史学における鄭成功研究で台湾に関連したものは、**丸山正彦（松廬主人）『台湾開創鄭成功』**［嵩山房、1895］が最初と考えられる。同書では大陸における鄭成功の活動から彼による台湾攻略までの動きを明らかにした。

　昭和初期、日本による台湾統治と密接に関連して鄭成功研究が盛んに行われ始める。1928年に創立され1945年まで存続した台北帝国大学の初代総長を務めた**幣原坦**は、「**国姓爺の台湾攻略**」［『史学雑誌』42-3、1931］を発表している。この時期には、後に茨城大学教授となる石原道博の精力的な研究によって非常に多くの論考が出された。その中には、「**明末清初鄭氏の呂宋招諭**」［『史学雑誌』48-7、1937］、「**台湾鄭氏招諭呂宋始末**」［『加藤博士還暦記念東洋史集説』冨山房、1941］といった鄭成功によるフィリピン・ルソンへの招諭をとりあげたものや、鄭氏による日本乞師について考察したものなどがあり、後者については、「**明末の日本乞師と鄭経**」［『史潮』7-4、1937］といった鄭経を取り上げた論考もあった。

　日本の敗戦による第二次世界大戦終結後、台湾の主権が日本から中華民国に移譲されたことや、中国大陸における中華民国から中華人民共和国への主権移動といった東アジアをめぐる状況の変化や、これを受けた東洋史をめぐる状況の大幅な変化から、鄭氏や鄭氏時代の台湾を扱った研究について戦中までと比べて少数となる時期が、暫く続く。だがこうした状況でも**石原道博**『国姓爺』［吉川弘文館、1959］、**森克巳「国姓爺の台湾攻略とオランダ風説書」**［『日本歴史』48、1952］、**浦廉一「台湾鄭氏（特に鄭経）と朝鮮との関係」**［『広島大学文学部紀要』3、1953］、**永積昭「鄭氏攻略をめぐるオランダ東インド会社の対清交渉」**［『東洋学報』44-2、1961］といった論考が発表された。特に後二者については、戦中期までにはなかった東アジア世界・シナ海世界という新たな視点を踏まえたもので、その後の研究に大きな影響を与えたものと言えよう。

　1980年代以降、中国大陸では中華人民共和国における文化大革命の終結および改革開放政策の導入とそれを踏まえた学術活動の再開、台湾では中華民国における大陸政策の軟化ならびに戒厳令解除を背景とした学術活動の活発化が、それぞれ見られる。こうした状況の変化を受け、鄭氏時代における台湾に関する研究は再び活性化し現在に至る。1994年には、鄭成功生誕370年を記念して鄭成功と同時代史研究会編**『鄭成功と同時代史研究──目録・解説・展望』**［長崎・鄭成功と同時代史研究会、1994］が発表された。これは当時

の日本、台湾、福建における鄭成功ならびに台湾鄭氏研究状況に関する論考に加え、日本語、中国語、ヨーロッパ言語での鄭成功関連文献目録が掲載され、鄭成功研究を概観するには非常に有用である。鄭成功については、上田信『海と帝国——明清時代』[講談社、2005]、上田信「鄭成功と未完の海洋王国」[上田信『シナ海域蜃気楼王国の興亡』講談社、2013]といった明清交替やそれをめぐるシナ海世界の変化や鄭成功のシナ海世界における正当性主張という側面からの論考や、奈良修一『鄭成功——南海を支配した一族』[山川出版社、2016]といった鄭成功だけでなく鄭氏政権全体を概観する論考も生まれる。また台湾鄭氏政権については、林田芳雄『鄭氏台湾史——鄭成功三代の興亡実紀』[汲古書院、2013]が特に政治面から鄭氏政権による台湾統治の実態や鄭氏政権の終焉などについて詳細まで論じている。鄭成功をはじめ鄭氏自体への関する関心が高い一方、従来殆ど論じられてこなかった鄭氏政権の実態について論じたこの論考の意義は、非常に大きいといえよう。また鄭氏政権終焉については鄭維中、郭陽訳「清朝の台湾征服とオランダ東インド会社」[中島楽章編『南蛮・紅毛・唐人——一六・一七世紀の東アジア地域』思文閣出版、2013]が清朝やオランダ東インド会社の視点から論じている。鄭氏政権による台湾開発に関しては、松田吉郎「鄭氏時代の台湾開発」[『台湾史研究』6、1987]、クリスチャン、ダニエルス「十七、八世紀東・東南アジア域内貿易と生産技術移転——製糖技術を例として」[浜下武志・川勝平太編『新版 アジア交易圏と日本工業化1500–1900』藤原書店、2001]があり、特に後者では鄭氏政権にとって重要な生産品だった台湾の砂糖生産について考察する。現地の産業と合わせ鄭氏政権において非常に重要な要素となった貿易については、従来から指摘される中国大陸との「密貿易」や日本との貿易に加えて、方真真、賈文夢・野上建紀訳「鄭氏政権期における台湾とフィリピンの貿易関係——マニラ税関記録を中心に」[『多文化社会研究』7、2021]が対フィリピン貿易について、久礼克季「台湾鄭氏と東南アジア——鄭氏最後の生命線」[上田信編・中島楽章編『アジアの海を渡る人々——一六・一七世紀の渡海者』春風社、2021]がフィリピン以外の東南アジア各地との貿易に関して明らかにした。

　近年における鄭氏時代台湾研究は、従来の鄭成功研究においてシナ海世界における位置づけが検討されるなど深化が進んだことに加え、鄭氏政権そのものや産業、貿易についても次々と明らかになっており、今後更に新たな側面からの研究が進展することが期待される。

3 清代台湾 ………………………………… 張士陽

　清代台湾を研究するには清代史の研究動向や清代の史料についての知識が必要である。清代の史料には漢語や満洲語による中央や地方の公文書、地方の私文書があり、さらに19世紀以降は英語の海関報告やイギリス・アメリカの公文書などがある。参照文献は多数あるが、比較的最近の研究入門書である**礪波護・岸本美緒・杉山正明編『中国歴史研究入門』**［名古屋大学出版会、2006］を挙げる。

清代台湾史関連史料

　台湾では清代台湾史関連史料のデジタル化による公開が進んでいる。台湾のウェブサイトで公開されている史料は以下を参照。
　・国会図書館リサーチナビ「台湾の公文書（档案）を調べる（1）明清〜日本統治期」の「2. 明清期（1368〜1895）の台湾に関する公文書（档案）資料」
　清代の公文書・私文書の解読には、**山本英史編『中国近世法制史料読解ハンドブック』**［東洋文庫、2019］（東洋文庫ホームページで公開）が有用である。
　清代台湾史関連史料の特徴は大量の契約文書が存在することで、その解読が重要である。契約文書解読には先ず明清契約文書の一般的特徴を学ぶ必要がある。そのためには**岸本美緒「明清契約文書」「明清契約文書研究の動向──一九九〇年代以降を中心に」**［岸本美緒『礼教・契約・生存　明清史論集3』研文出版、2020］、また管業・租田契約・田面田底などの土地慣行については、**寺田浩明『中国法制史』**［東京大学出版会、2018］の第2章「生業と財産」を参照。清代台湾で作成された私文書の解読には、**臨時台湾旧慣調査会編、山根幸夫解題『清代契約文書・書簡文類集』**［『契字及書簡文類集』盛文社、1916の復刻：汲古書院、1973］が役に立つ。
　次に清代台湾の地方档案（公文書）について説明する。清代の度重なる反乱や日本の台湾領有初期の戦争などで、多くの地方档案が失われたようで、現在利用可能な地方档案は次の通り。

淡新檔案：嘉慶期から光緒期にかけての淡水庁・台北府及び新竹県の行政・司法関係文書。日本の台湾領有後、これらの文書は当時の新竹法院が所蔵、その後、同法院から台北帝国大学文政学部に寄贈され「台湾文書」と呼ばれていたが、戦後、台湾大学法学院に移され、同法律学科教授戴炎輝により「淡新檔案」と命名され整理作業が行われた。戴により整理された淡新檔案は行政・民事・刑事の3項目からなる。国立台湾大学図書館数位典蔵館で「淡新檔案」を選択すると、1万9246件について全文テキストと原資料の画像イメージを閲覧できる。内容は行政関係が、総務、民政、財政、建設、交通、軍事、撫墾（社務・社租・隘務・屯務）。司法関係の内、民事が、人事（結婚・離婚）、田房（租借・抗租・覇佔・争界など）、銭債、商事。刑事は総務、人身自由（人命・殴傷・誘拐など）、財産侵奪（窃盗・強盗）、公共秩序（匪徒・侵害水源・騒擾）、風化（忤逆・毀墳・通姦・拐姦・賭博など）。校註本も出版されている。**淡新檔案校註出版編輯委員会『淡新檔案（1）〜（36）』**［国立台湾大学図書館、1995〜2010］。

　淡新檔案を読むには以下の文献を参照。**滋賀秀三「淡新檔案の初歩的知識——訴訟案件に現れる文書の類型」「清代州県衙門における訴訟をめぐる若干の所見——淡新檔案を史料として」**［『続・清代中国の法と裁判』創文社、2009］。

　岸裡社文書：台中の張耀焜氏が1938年に台北帝国大学理農学部に寄贈、現在は台湾大学図書館特蔵組に所蔵。主な内容は岸裡社の歴代土目や通事だった潘家が残した1714年から1918年までの公文書および民間の契約書。計1130件あり、衙門の通告、諭札、批示や民間の小作契約、開墾契約、借銀、借穀などの文書。影印本が1998年に台湾大学から『**国立台湾大学蔵岸裡大社文書**』全5冊で出版。岸裡社文書には、北路理番同知、彰化知県、猫霧捒巡検が発給した行政指令書の写しおよび番社関係者からの申立書の控えが冊子となった大変貴重な公文書が含まれているが、残念ながら乾隆中期の10年間前後の分しか現存しない。

日本植民地期の調査

　日本植民地期初期の様々な調査にも清代台湾史関連の公文書・私文書が豊富に収録されている。

　臨時台湾土地調査局『清賦一斑』［1900］。劉銘伝の清賦に関する実地調査で収集された史料が紹介されている。

臨時台湾土地調査局『台湾旧慣制度調査一斑』［1901］。台北県下の土地慣行および親族相続慣行に関する報告。土地契約文書などの漢文史料も収録されている。

　臨時台湾土地調査局『大租取調書附属参考書』上・中・下［1904］。清代台湾開発関連の土地契約文書が分類された上で多数掲載されている。

　臨時台湾土地調査局『台湾土地慣行一斑』第1〜3編［1905］。台湾各地の土地開発の来歴や土地慣行について述べられている。

　臨時台湾旧慣調査会（岡松参太郎ほか編）『臨時台湾旧慣調査会第一部調査第一回報告書』上巻・下巻・附録参考書［1903］は北部台湾の調査報告。

　臨時台湾旧慣調査会（岡松参太郎ほか編）『臨時台湾旧慣調査会第一部調査第二回報告書』第1巻・第2巻上下・第1巻附録参考書・第2巻附録参考書［1906〜1907］は南部台湾の調査報告。

　臨時台湾旧慣調査会『臨時台湾旧慣調査会第一部調査第三回報告書　台湾私法』第1巻上下・第2巻上下・第3巻上下・附録参考書第1巻上中下・第2巻上下・第3巻上下［1909〜1911］。臨時台湾旧慣調査会第一部調査の最終報告で、清代台湾の民事実体法に関するほとんど全ての分野について言及されていて、「大租・小租ノ沿革」など歴史学的考証も記述されている。また「附録参考書」には公文書・私文書史料が多数収録されていて、売妻契約文書のような珍貴な史料もある。台湾旧慣調査と『台湾私法』との関係について、**西英昭『『臺湾私法』の成立過程——テキストの層位学的分析を中心に』**［九州大学出版会、2009］、前掲寺田『中国法制史』291頁の「民事法研究の落とし穴」「近代における慣習調査との違い」を参照した上で、本書を活用することが望ましい。

　臨時台湾旧慣調査会・畊田熊右衛門『台湾糖業旧慣一斑』［1909］の「附録参考書」には糖業関係契約文書が収録。

　台湾慣習研究会『台湾慣習記事』第1巻〜第7巻8号［1901〜1907］。月刊誌で、各地の開発の沿革、関係者からのインタビュー、史料紹介、論文などからなる。

　台湾総督府民政部殖産課（山田伸吾調査）『台北県下農家経済調査書』［1899］。全島調査に着手する前に台北県下の農家経済を調査した復命書。北部台湾の開拓の沿革、官租・大租・小租、水利、農家経済などの貴重な資料を紹介する。家計や収入に関する実地調査だけでなく、関連の不動産・婚姻関連の契約文書史料も掲載される。

272　Ⅲ　文献レファレンスと研究レビュー

研究レビュー

　1980年代以降、台湾において清代台湾史研究が進展し大きな成果を上げた。その内容は多岐にわたり、与えられた紙幅で紹介することは困難なので、本欄では初学者向け紹介として日本語で書かれた研究のみを挙げる。

清代台湾史全般
　伊能嘉矩『台湾文化志』［刀江書院、1928］は清代台湾史を豊富な収集史料を駆使して記述している。清代台湾史研究の様々な課題の多くが言及されている。引用史料は漢文の書き下し文になっているので読みやすいが、原典にあたる必要がある。

　伊能嘉矩調査・編『台湾蕃政志』［台湾総督府民政部殖産局、1904］は、オランダ東インド会社・鄭氏・清朝の三代にわたる台湾原住民統治に関する報告だが、大半は清朝の理番政策について述べる。

　陳盛韶著、小島晋治・上田信・栗原純訳『問俗録――福建・台湾の民俗と社会』［平凡社東洋文庫495、1988］。陳盛韶は19世紀前半に、福建古田・仙游・詔安などの知県や台湾の北路理番鹿仔港海防捕盗同知を歴任した。本書では台湾に関する項目が最も多く、風俗・慣行の記述だけでなく、台湾統治策の種々の問題点を指摘する。訳文はもともとゼミ生が分担して作成した訳文なので一部に初歩的な誤訳もあり、研究で利用する時は必ず原文（陳盛韶『問俗録』書目出版社、1983）を確認する必要がある。

農業開発関連
　森田明『清代水利史研究』［亜紀書房、1974］は、第4章・第5章で八堡圳を中心として台湾中部の水利開発と水利組織を検討している。一田両主制については、栗原純「清代中部台湾の一考察――彰化地方における一田両主制をめぐる諸問題」［『東洋学報』64-3・4、1983］が中部における一田両主制の形成過程を考察する。松田吉郎『明清時代華南地域史研究』［汲古書院、2002］は第二部「清代開発の社会経済史的考察」で水利事業と一田両主制・金広福などについて広範な考察を行っている。

台湾先住民関連

張士陽「雍正9・10年の台湾中部の先住民の反乱について」[『台湾近現代史研究』6、1988] は清代台湾史上最大の先住民の反乱の経緯と原因を検討し、清代前期の台湾先住民統治の問題点を指摘する。同「清代台湾における先住民の社会変容」[神奈川大学中国語学科編『神奈川大学中国語学科創設十周年記念論集 中国民衆史への視座──新シノロジー・歴史篇』東方書店、1998] は1990年代半ばまでの台湾先住民統治に関する内外の研究を概観する。小林岳二「清末・日本統治直後、政権交代期の台湾先住民──文書から見た『帰順』」[『東洋学報』80-4、1999] は開山撫番政策における「帰順」の意味を丁寧に考証する。

林淑美『清代台湾移住民社会の研究』[汲古書院、2017]。第一部では、台湾西部平原地帯を中心に、科挙受験を通して見えてくる台湾人アイデンティティの創出を検討、第二部では東部山岳地帯を中心に「番割」の実態を明らかにする。公開されている様々の漢文史料を縦横に駆使し、定説に修正を迫る優れた研究である。

羽根次郎「ローバー号事件の解決過程について」[『日本台湾学会報』10、2008] は、1867年に発生した難破船ローバー号事件の解決過程におけるルジャンドルの役割を、現地社会の多様なエスニックグループの関与から検証し相対化する。同「啓蒙思想期以降のヨーロッパにおける南台湾記述と『南東台湾』の発見について」[『日本台湾学会報』12、2010] は恒春半島に関する18世紀啓蒙期以降のヨーロッパでの記述について考察し、その南台湾認識が19世紀の同地域の「蕃地無主論」へと接続すると述べる。佐和田成美「19世紀中葉の台湾北西部における隘の制度的役割と実態に関する一考察──隘首の任免をめぐる行政訴訟を例に」[『日本台湾学会報』17、2015] は訴訟文書の分析により隘（漢人と先住民の隔離制度）の運用実態を検証する。

米穀の生産流通・砂糖の生産

栗原純「清代台湾における米穀輸出と郊商人」[『台湾近現代史研究』5、1984] は台湾米穀の移出と鹿港八郊の商業資本の活動を実証する。高銘鈴「雍正・乾隆期における福建・台湾間の米穀流通」[『九州大学東洋史論集』27、1999]、同「清代中期における台運体制の実態について一考察」[『九州大学東洋史論集』29、2001]、同「一九世紀前・中期における台湾米穀の流通に関する一考察」[『東洋学報』85-2、2003] は、清代台湾米穀の流通の状況や台運体

制の実態についての公文書資料を駆使した優れた研究。堤和幸「清代台湾北部における米穀流通と豐戸」［『現代台湾研究』23、2002］、同「清末台湾北部の米穀需給状況と米価政策」［『東洋史訪』11、2005］は米価抑制政策に関与する豐戸・郊商と地方下級官僚の動向を述べる。クリスチャン・ダニエルス「清代台湾南部における製糖業の構造——とくに1860年以前を中心にして」［『台湾近現代史研究』5、1984］、同「清末台湾南部製糖業と商人資本——1870–1895年」［『東洋学報』64-3・4、1983］は砂糖生産を詳細に分析し、製糖経営内部に大租小租関係が絡み合っていることを論証した。

地域エリートなど

林正子「西仔反と全台団錬章程——清末台湾資料の再討」［『台湾近現代史研究』5、1984］は緻密な考証によって全台団錬章程の意義がよく説明されている。鈴木恵理子「道光前期台湾の地方統治政策——清荘・聯甲と総理を題材に」［『歴史』104、東北史学会、2005］は、保甲の台湾への適合化と総理の選出に着目して地方統治を分析し、地方統治の主眼は同籍者集団の統制にあるとする。李季樺「十九世紀台湾における惜字慣習の形成」［『中国　社会と文化』25、2010］は、19世紀に台湾社会に惜字慣習（不用な字紙を供養しながら焼却する）が普及した意義を、禁忌に支えられた新たな道徳規範の誕生を促したとし、清代台湾社会史研究に注目すべき新視点を提起した。

その他

豊岡康史『海賊から見た清朝——十八—十九世紀の南シナ海』［清朝史叢書、藤原書店、2016］。第4章「台湾社会を変えた海賊」で蔡牽や朱濆などの海賊の襲来が台湾開発や統治に及ぼした影響を論ずる。

斯波義信『中国都市史』［東京大学出版会、2002］。本書中の「台湾の都市化」は、清代台湾の開発と都市化に関する英文の研究に基づいて概説する。

4 近代日本・台湾関係史 ———————————— 春山明哲
(1874〜1895〜1945)

　近代日本と台湾との関係については、1874年の日本による台湾出兵を起点とし、1895年から1945年までの日本統治時代を中心に記述することにする。

　日本台湾学会が設立された1998年以後非常に多くの文献が刊行されているので、ここでは日本統治時代の統治政策を中心とした政治史的研究を取り上げる。それ以外は、経済史、社会史、文化史、台湾原住民族研究史の各領域の中で取扱う。

伊能嘉矩——台湾史研究の開拓者

　日本における台湾史研究の最初の開拓者は伊能嘉矩である。伊能の学問の基礎としては、実証的な近代史学を創始した歴史学者重野安繹のもとで学んだ歴史学と漢学、坪井正五郎帝国大学理科大学教授、イギリスのエドワード・タイラー（Edward Tylor）の人類学などが挙げられる。また、鋭敏な言語感覚を活用して、北京官話、アイヌ語、朝鮮語、マレー語、閩南語、タイヤル語等の台湾原住民言語を習得し、台湾におけるフィールドワークに活用した。

　伊能は1895（明治28）年から1908（明治41）年まで台湾に在住し、内地に帰ってからも1926（大正15）年没するまで、台湾の先住民を対象とした人類学的研究を基礎として、台湾の歴史・地理、遠野を中心とした東北の民俗学など幅広い分野の研究を進めたが、その中心には一貫して台湾の歴史研究があった。

　伊能嘉矩・粟野伝之丞『台湾蕃人事情』［台湾総督府民政部文書課、1900、復刻：草風館、2000］と**伊能嘉矩『台湾志』**［文学社、1902］は、初期の伊能の代表作である。このほか『台湾に於ける西班牙人』［1904］『領台始末』［1904］、『台湾巡撫としての劉銘伝』［新高堂、1905］、『領台十年史』［新高堂、1905］、『台湾蕃政志』［1904］、『理蕃誌稿』［台湾総督府民政部蕃務本署、1911、台湾総督府警察本署、1918］が刊行されている。なかでも、**『台湾蕃政志』**は伊能が博士号の学位を請求した清国期までの台湾原住民政策史であり、**『理蕃誌稿』**の**第1編・第2編**は台湾総督府の政策文書を利用した歴史記録として重要である。

伊能嘉矩『台湾文化志』上中下巻［刀江書院、1928］は、文化のみならず、清朝統治下の台湾の政治、行政、経済、産業、社会、軍事、外交、国際関係、教育、宗教、地理など広範囲にわたり、先史時代から日本による領台初期にまで及ぶ総合的な歴史である。1909年柳田国男が遠野に伊能を訪ねて以来ふたりは終生の親交を深めた。柳田は伊能の遺稿を『台湾文化志』として刊行することに尽力し、その序文で本書を「人間の歴史を基礎から観察しようといふ地方学問の独立宣言」であると評した。

伊能の著作は台湾史関係の図書だけでも15点あり、雑誌・新聞に掲載された論文・記事は2300点を超える膨大なものである。伊能嘉矩の全集がいずれの日にか編まれることを期待する。

後藤新平・岡松参太郎・竹越与三郎——台湾経営における学知の系譜

1898年に台湾総督府民政長官となった後藤新平は、台湾統治の政策立案の基本的方法として「科学的な調査研究」を据え、その中心的事業として「台湾旧慣調査」を実施した。1901（明治34）年に臨時台湾旧慣調査会が設置され、京都帝国大学法科大学教授の民法学者岡松参太郎が法制担当の第一部長として起用された。調査会は法制、農工商経済、清国行政、台湾先住民族、外国植民地統治など広範囲の調査を進め、膨大な報告書が作成された。なかでも『台湾私法』とその附属参考書は土地契約文書や人事慣行資料などを豊富に含んでおり、後代の台湾史研究の重要な史料群となった。

竹越与三郎（三叉）の『台湾統治志』［博文館、1905］。竹越は1904（明治37）年後藤民政長官の依頼で台湾を訪問し『台湾統治志』を執筆した。後藤は台湾統治8年の実績に対する評価を、竹越の歴史家・ジャーナリスト・衆議院議員としての観察眼・筆力・社会的影響力に期待したのであった。竹越は台北の民政長官官邸で蔵書の多さに驚嘆したところ、後藤は「我等は総督府を以て、日本人がいまだ卒業せざる殖民学を研究する大学となす、総督は校長にして余は幹事なり、此書は即ち殖民大学の図書室なり」と答えたという。

後藤新平の台湾経営における「現代科学の応用」は20世紀初頭における「台湾の全体を可視化する」ものであった。農業・衛生・医学・鉱物学など自然科学研究機関の設置も台湾経営の重要な一環であった。さらに、統計学の導入、行政記録の作成など近代的な行政運営も注目すべき点である。これらす

べてが台湾史研究の素材であり、植民地統治の実証的な批判検証の対象とすべき学知の蓄積となった。

新渡戸稲造・矢内原忠雄——植民政策学から台湾史へ

　後藤は台湾の産業開発の基幹として糖業の振興を構想し、新渡戸稲造を総督府に招聘した。「糖業改良意見書」をはじめとして台湾糖業の振興に果たした新渡戸の役割は大きい。1903年に新渡戸は京都帝大法科大学教授を兼任することになった。1909年東京帝大法科大学に経済学科が新設されると、新渡戸は法科に転じて植民政策講座を担当した（一高校長兼任）。こうして、東京帝国大学というアカデミズムの場に経済学の講座として植民政策の研究・教育の拠点ができ、植民政策論という枠組みの中で台湾史研究の場が生れたのである。新渡戸の講義に出席したのが、1913（大正2）年東京帝国大学法科大学に入学した矢内原忠雄であった。矢内原はヨーロッパ留学後の1923（大正12）年、東京帝大経済学部教授として新渡戸の植民政策の講義を引き継いだ。第一次世界大戦後のヨーロッパでスミス、マルクス、ヒルファーディングなどの経済学を学び、キリスト教の信仰を深めるとともに、民族自決の新しい潮流のもとにある植民地問題を研究した矢内原が帰朝後書いたのが『**植民及び植民政策**』［有斐閣、1926］、『**植民政策の新基調**』［弘文堂書房、1927］である。

　1924年春、台湾議会設置請願運動の中心的活動家の蔡培火は林呈禄とともに大森八景坂上の矢内原の自宅を訪ね、運動への協力を依頼した。1927年3月から5月まで、矢内原は台湾に調査旅行に赴いた。台湾では蔡培火、葉栄鐘が案内し、台湾民族運動・文化運動の最大の指導者の林献堂にも会っている。『**帝国主義下の台湾**』［岩波書店、1929］は、矢内原が新渡戸稲造と内村鑑三から受けた学問と信仰を基礎に、1920年代の世界の民族運動と植民政策の認識に立って、古典経済学、マルクス主義、キリスト教という「世界思想」の地点から、日本統治下台湾の実態を分析した書物であり、近代台湾の最初の総合的歴史叙述である。

台湾出兵の研究——近代日本と台湾

　台湾史研究の具体的対象として関心を集めてきたのは1871（明治4）〜74（明治7）年の琉球民の台湾南部での先住民による遭難事件に端を発し、日本

最初の海外出兵となった台湾出兵・牡丹社事件である。伊能嘉矩の『台湾蕃政志』および『台湾文化志』は台湾出兵研究の先駆的研究である。

藤崎済之助『台湾史と樺山大将』［国史刊行会、1926］は、台湾総督府の官僚であった藤崎が、台湾出兵に直接関与した水野遵の『征蕃私記』と樺山資紀の『台湾日記』を入手して書いたもので重要な史書である。吉野作造ら明治文化研究会は大久保利通やエドワード・ハウスなどの資料発掘を行い、研究の発展に貢献した。

清沢洌の『**外政家としての大久保利通**』［中央公論社、1942］と**徳富蘇峰（猪一郎）**の『**近世日本国民史　第90巻　台湾役始末篇**』［近世日本国民史刊行会、1961］を逸することはできない。ジャーナリストにして歴史家であり、かつ対照的ともいえる「自由主義者」の清沢と「国権主義者」の蘇峰は、近代日本の未曾有の危機と歴史の変動期にその深い自覚に立って、国民の運命に思いを寄せながら、台湾出兵の歴史叙述を残した。

台北帝国大学における人類学と台湾史

1928年、台北帝国大学が設立され、文政学部に土俗・人種学の講座が開設された。1926年、移川子之蔵はその準備のため遠野の伊能家を訪ね、「台湾館」の資料を確認している。伊能のコレクションのうち台湾関係のものは、蔵書、文書資料等の「伊能文庫」と民族資料の「土俗標本」に大別され1929年に台北帝大所蔵となった。遠野関係の資料、個人的な履歴書、書簡、日記、原稿などは伊能家に残され、遠野市博物館所蔵史料となった。

台北帝大土俗・人種学研究室の研究成果が、**移川、宮本延人、馬淵東一（嘱託）**による『**台湾高砂族系統所属の研究**』［台北帝国大学土俗・人種学研究室編、刀江書院、1935］と言語学者の**小川尚義と浅井恵倫**による『**原語による台湾高砂族伝説集**』［台北帝国大学言語学研究室編、刀江書院、1935］である。『台湾高砂族系統所属の研究』の「緒言」は、この研究の趣旨を以下のように述べている。台湾高砂族のような文字無き民族にあっては、「口碑伝承以外に、典拠すべき文献はなく、系統所属を明瞭ならしめんとするには種々なる困難に逢着する」が、その口碑伝承は「彼らの歴史であり物語であると同時に、詩であり文学であり哲理、科学でもあり、又、宗教をも混融し、未だ浄化せられざる、謂わば、民族的全財産である」として、この間に史実を索めなければならない、と。**馬淵東一**は、戦後とりまとめた「**高砂族に関する社会人類学**」

［『馬淵東一著作集』第1巻、社会思想社、1974］において、この事業を「歴史的再構成作業」と位置づけている。

台湾留学生による台湾史研究の再出発

　1945年、敗戦と植民地の喪失で「大日本帝国」は一瞬にして消え、「小日本」の再出発と戦後復興の中で、台湾が日本人の視野から消えた。台湾出身の歴史家戴國煇は、戦後1945年から1960年代は台湾研究の「空白」と「不振」の時代だったとしている（**戴國煇「中国―台湾」**［『日本における発展途上国の研究』アジア経済研究所、1969］）。その一方で、1950年代から、学問研究と政治活動の自由を求めて、台湾人の日本留学が少しずつ増えてきた。留学といっても「亡命」のような性格も色濃くあったが、彼らの学術活動の成果には目覚ましいものがあった。

　王育徳は、1947年の二・二八事件後に日本に亡命し、1950年東大に復学して台湾語を研究、のち明治大学教授となり、1960年台湾青年社を設立して『台湾青年』を創刊した。戦後補償問題にも取り組み、台湾独立運動家としての生涯を送った。1964年に**王育徳は『台湾――苦悶するその歴史』**［弘文堂、1964］を刊行した。正しい努力は正しい認識に始まる、「この認識の上に、私の台湾史に対する勉強が始められた」と王は回顧している。1970年代前半には、台湾人留学生らが研究成果を次々と刊行し、台湾史研究の大豊作と呼ぶべき局面が到来した。

　黄昭堂の『台湾民主国の研究――台湾独立運動史の一断章』［東京大学出版会、1970］は、1895年下関講和条約の結果、日本が台湾を領有することになったことに反対した台湾士紳による、短命に終わった台湾民主国の本格的な実証研究である。黄は民主国国旗や郵便切手などの史料も発掘した。

　江丙坤『台湾地租改正の研究――日本領有初期土地調査事業の本質』［東京大学出版会、1974］は児玉総督・後藤民政長官時代の土地調査事業の研究である。江は台湾省地政局管理の北投倉庫で発見した『台湾土地調査始末稿本』に多くを依拠して本書を書いたという。

　許世楷の『日本統治下の台湾――抵抗と弾圧』［東京大学出版会、1972］は、台湾抗日運動史研究の文字通り「里程標」となった歴史叙述である。26頁に及ぶ「文献解題」は当時の台湾史研究の最良のレファレンス・ツールであった。許世楷は本書で台湾総督府『警察沿革誌』を駆使するなど、資料の実証

的利用という面における研究水準を一気に引き上げた。

　涂照彦は、『日本帝国主義下の台湾』［東京大学出版会、1975］で矢内原の「資本主義化」の概念を批判的に検討し、日本独占資本＝資本家的企業と土着資本・地主制の併存にこそ、台湾植民地経済の基本的特徴があるとした。涂照彦は台湾旧慣調査の資料等を駆使して清朝時代の台湾の伝統的経済社会の分析を行い、日本統治下の植民地化の全過程の詳細な検討を行っている。

　劉進慶『戦後台湾経済分析──一九四五年から一九六五年まで』［東京大学出版会、1975］は、近代台湾社会の歴史的規定性（植民地性と半封建制）、日本資本主義の再生産構造分析の手法による経済循環論、台湾経済の実態から直接抽出した公業・私業・官商資本という分析視角と概念を用いた、戦後20年の台湾経済過程の総合的な研究である。

　戴天昭『台湾国際政治史研究』［法政大学出版局、1971］は、戦後の中華民国・台湾をめぐる国際政治だけでなく、台湾出兵など伊能嘉矩が扱った「世界における台湾の位置」の時空を含んでいる。

台湾史研究グループの誕生

　1970年代から日本における台湾史研究は徐々にしかし着実に発展していった。そのひとつの特徴は各地に研究グループが生まれたことである。

　台湾近現代史研究会は、その前身である「東寧会」が1970年頃から当時アジア経済研究所にいた戴國煇を中心として池田敏雄、中村ふじゑ、矢吹晋、小島麗逸の諸氏などによる研究懇談会のような形で始まり、学生だった若林正丈、松永正義、宇野利玄、河原功、春山明哲が参加、1973年頃から霧社事件の共同研究が本格化し、1988年まで約20年近く続いた。この研究会の特色は参加メンバーの多様性である。大学・研究機関の研究者、大学院・学部の学生、台湾に関心を持つ会社員・商店主等の市民、詩人、ジャーナリストなど各分野の人々が集まった。その結果、台湾への関心も広がっていき、国際関係論、民俗学、文学、教育、中国経済、日本近代政治史、農業経済、金融など学際的になった。参加者には、金子文夫、近藤正己、栗原純、檜山幸夫、岡崎郁子など、それぞれの領域で独自の研究活動を発展させた研究者も多い。この会については、春山明哲『近代日本と台湾──霧社事件・植民地統治政策の研究』［藤原書店、2008］所収の「台湾近現代史研究会の思い出」、河原功『台湾渡航記──霧社事件調査から台湾文学研究へ』［村里社、2016］

が参考になる。河原の同書「日本における台湾研究・台湾文学研究の系譜」では、「台湾近現代史研究会」のほか、1977年を起点とする関西の森田明、石田浩、松田吉郎等による台湾史研究会（1977年創設）、1991年から開始された天理台湾研究会（1995年天理台湾学会と改称）にも触れている。なお、関西方面の台湾研究については、**下村作次郎「台湾研究、この10年、これからの10年　関西地域における台湾研究」**［『日本台湾学会報』11号、2009年5月］を参照されたい。

　特筆すべきは、**檜山幸夫を中心とした中京大学社会科学研究所による『台湾総督府文書目録』編纂事業**の展開である。1993年に刊行が開始されたこの事業はなお継続中である。檜山のグループは台湾史関係の資料集・研究書の刊行、台湾史関係の国際シンポジウムの開催などを精力的に継続している。

　若林正丈は『台湾抗日運動史研究』［研文出版、1983］を上梓して一連の抗日運動史研究を集成したのち『**海峡──台湾政治への視座**』［研文出版、1985］を刊行した。同書あとがきによれば、戦後台湾政治研究へ移行する「ウォーミング・アップの記録」でもあった。若林の観察記録は生き生きとした知的なルポに加えて、常に台湾政治の構造的把握とその政治学的な概念化・理論化を伴い、中国大陸との関係を含む「台湾の前途」を展望するという密度の濃い著作群である。

日本台湾学会の創立以後

　1998年5月、東京大学本郷キャンパスで日本台湾学会の「創立会員総会」が開催された。10年後の2008年、「日本台湾学会設立10周年記念シンポジウム」が開催され、「台湾研究この10年、これからの10年」というテーマのもとに研究レビューが行われた。駒込武の報告には「日本における台湾史関係図書目録」が付けられている。これは、1998年から2008年5月までに日本で刊行された台湾史関係の学術書（単著のみ）を対象とし、政治史、経済史、教育史・宗教史・言語史、社会史・女性史・民族史、文学史、翻訳書に分類したリスト（図書78件）であり、この10年の台湾史研究の大きな発展が窺えるデータとなっている。また、2018年の日本台湾学会学術大会では、菅野敦志が「日本における台湾史研究、この10年から考える」と題して報告し、文献リスト（2008〜2017年度）も付いている。

　これらのなかから、「近代日本・台湾関係」「政治史」に関する主要な図書

をリストアップしておく。

○戴國煇編著『台湾霧社蜂起事件──研究と資料』［社会思想社、1981］。1930年の台湾原住民による抗日武装蜂起の台湾近現代史研究会による共同研究の成果。多面的な視角からの研究論文、台湾総督府警務局の機密資料等の復刻、関係日誌、資料目録からなる総合研究。

○春山明哲・若林正丈『日本植民地主義の政治的展開　一八九五──一九三四年──その統治体制と台湾の民族運動』［アジア政経学会、1980］。近代日本の植民地統治と原敬、大正デモクラシーと台湾議会設置請願運動の二部構成により、日本植民地主義の政治史にアプローチを試みる。

○若林正丈『台湾抗日運動史研究』［研文出版、1983］。大正デモクラシーと台湾議会設置請願運動、および中国革命と台湾知識人の二部構成からなる日本植民地主義の政治史的研究。『台湾抗日運動史研究　増補版』［研文出版、2001］は、初版に、台中中学校設立問題をめぐる土着地主資産階級の動向、1923年東宮台湾行啓、および台湾ナショナリズムの分析を増補した、著者の政治史研究の集大成。

○『岩波講座　近代日本と植民地』全8巻［岩波書店、1992～1993］。政治史関係では「霧社事件と理蕃政策」（近藤正己）、「1923年東宮台湾行啓と『内地延長主義』」（若林正丈）、「明治憲法体制と台湾統治」（春山明哲）などを収録。植民地の歴史研究に関する画期的な企画。

○駒込武『植民地帝国日本の文化統合』［岩波書店、1996］。台湾のみならず、朝鮮、満洲、華北という帝国の「領域」を、植民地教育史から植民地支配の政治史という広角の視野から叙述する。同化政策の概念の再検討など異民族の文化統合という思想の枠組みを提示。

○近藤正己『総力戦と台湾──日本植民地崩壊の研究』［刀水書房、1996］。1930年代半ばから40年代前半の世界的な総力戦体制の時期の植民地台湾と戦争の関係を、島内の皇民化政策と中国大陸における台湾人の「光復」運動の両方の展開を統一的に描きだす力作。

○鄧相揚、下村作次郎・魚住悦子訳『抗日霧社事件の歴史──日本人の大量殺害はなぜ、おこったか』［日本機関紙出版センター、2000］。台湾における霧社事件研究の翻訳、『植民地台湾の原住民と日本人警察官の家族たち』［2000］、『抗日霧社事件をめぐる人々──翻弄された台湾原住民の戦前・戦後』［2001］の三部作からなるドキュメンタリー的研究。

○浅野豊美・松田利彦編『植民地帝国日本の法的構造』[信山社、2004]。国際日本文化研究センターの共同研究の成果。朝鮮と台湾が対象。植民地台湾の司法制度、徴兵令問題、女性をめぐる法と慣習。関連書として『植民地帝国日本の法的展開』[信山社、2004]がある。

○春山明哲『近代日本と台湾――霧社事件・植民地統治政策の研究』[藤原書店、2008]。「昭和政治史における霧社事件」ほかの関係論文、原敬・後藤新平・岡松参太郎の植民地統治政策論、後藤新平論などの集大成。

○岡本真希子『植民地官僚の政治史――朝鮮・台湾総督府と帝国日本』[三元社、2008]。朝鮮・台湾の植民地官僚制の制度設計と機能を、統治機構から制服・俸給・任用まで、また、高級官僚の任用・学歴・資格・人事まで論じている。史料・データ・研究の三位一体の画期的労作。

○戴國煇著、春山明哲・松永正義・胎中千鶴・丸川哲史編『戴國煇著作選2 台湾史の探索』[みやび出版、2011]。台湾史に関する戴國煇の論考15編、解説（胎中）、解題（春山）、略年譜、著作目録。『戴國煇著作選1 客家・華僑・台湾・中国』には、解説（丸川）、解題（松永）がある。

○野口真広『植民地台湾の自治――自律的空間への意思』[早稲田大学出版部、2017]。台湾の地方自治運動とその指導者、楊肇嘉の活動を描く。

なお、国際日本文化研究センターの松田利彦を中心とする共同研究の成果については、松田利彦「文献レファレンスと研究レビュー」を参照されたい。また、中京大学の檜山幸夫を中心とする研究グループの研究成果については多数にのぼるため、ここでは以下に列挙するにとどめる。

台湾史研究部会編（編集責任者檜山幸夫）『台湾の近代と日本』[中京大学社会科学研究所、2003]、台湾史研究部会（檜山幸夫ほか）編『日本統治下台湾の支配と展開』[中京大学社会科学研究所、2004]、檜山幸夫編著『帝国日本の展開と台湾』[創泉堂出版、2011]、檜山幸夫編『転換期の台湾史研究』[中京大学社会科学研究所、2015]。

参考文献

春山明哲「日本における台湾史研究の100年――伊能嘉矩から日本台湾学会まで」『アジア経済』60巻4号、2019.12

春山明哲「台湾出兵／牡丹社事件（1871-1874）と東アジアの近代――研究史レビューからの一考察」『台湾原住民研究』25号、2021

5 政治史・外交（対外関係）史、国際関係(1943～2024年) …… 松本充豊

台湾の民主化と日本での台湾政治研究

日本では1980年代まで、台湾政治の研究がほとんどなされていない状態が続いた。その状況を大きく変えたのが、台湾の民主化と「台湾化」だった。台湾の民主化が日本の台湾政治研究を刺激し、活性化させた。政治体制の研究が中心的な主題となり、この分野を切り開き、リードしたのが若林正丈である。**若林正丈『台湾——分裂国家と民主化』**［東京大学出版会、1992］は、1980年代からのフィールドワークに裏打ちされた現状分析に加え、比較政治学の民主化論に依拠しながら、「台湾型権威主義体制」とその民主化の特徴を描き出した。同書は台湾でも翻訳され、後進の日本人研究者にも多大な影響を与えた。

台湾での平和的な民主化の実現は、当時グローバルに進展した民主化の「第三の波」の中でも特筆に値する。**井尻秀憲『台湾経験と冷戦期のアジア』**［勁草書房、1993］は、李登輝が進めた平和的民主化という「台湾経験」を丹念に分析した。

台湾の民主化は比較政治学者の関心も集めた。**岸川毅「政党型権威主義体制と民主化」**［白鳥令・砂田一郎編『現代政党の理論』東海大学出版会、1996］は、台湾の権威主義体制を「政党型」と位置づけ、その民主化の特徴を明らかにした。**武田康裕『民主化の比較政治——東アジア諸国の体制変動過程』**［ミネルヴァ書房、2001］は、軍部と政党の役割の違いに注目し、「一党統治型」の権威主義体制だったことが「改革型」の民主化につながったと指摘した。

民主化が促した権威主義体制の再検討

民主化により台湾で史資料（一次資料）の公開や発掘が進むと、それを駆使した実証性の高い権威主義体制の研究が生まれた。国共内戦に敗れて台湾に撤退した国民党は、なぜ台湾で強固な独裁体制を確立できたのか。**松田康博『台湾における一党独裁体制の成立』**［慶應義塾大学出版会、2006］は、膨大

な一次資料と関係者へのインタビューをもとに、蔣介石による領袖独裁型党治の確立とその特徴を実証的に明らかにした。**松本充豊『中国国民党「党営事業」の研究』**［アジア政経学会、2002］は、同時期の国民党の財政や同党特有の事業経営の実態に迫ったもので、松田の研究を補完するものとなっている。

民主化は二・二八事件を語るタブーも取り払った。**何義麟『二・二八事件——「台湾人」形成のエスノポリティクス』**［東京大学出版会、2003］は、二・二八事件研究の決定版である。陳儀政府による「祖国化」（中国人化）という「上から」の国民統合が生み出した不平等な待遇が、日本の植民地統治下で形成された「台湾人」というエスニシティを政治的に活性化させ、漢族系住民のエスニックな反感や政治的行動につながったと指摘する。

岸川毅「台湾省議会とオポジションの形成——党外議員の行動と戦略」［『日本台湾学会報』第18号、2016］は、近年編纂が進んだ台湾省議会関連資料を読み解き、「台湾大」の議会の実質的な部分が台湾省議会で作られ立法院に移植されたという、議会制民主主義の歴史における連続性を見出した。

近年の比較政治学における権威主義（独裁）体制研究の知見を踏まえて、戦後台湾の独裁体制を分析したのが、**松本充豊「台湾——国民党一党支配体制の成立」**［粕谷祐子編著『アジアの脱植民地化と体制変動——民主制と独裁の歴史的起源』白水社、2022］である。蔣介石の領袖独裁により個人支配的な色彩が強まったものの、憲政の実施と法統の維持という2つの要因が彼の個人支配を抑制し、政党支配（一党支配）型の独裁体制として確立されたと論じている。

中華民国の「台湾化」

民主化が完了して台湾が民主主義の定着期に入ると、日本の台湾政治研究も新たな段階を迎え、研究テーマが多様化していった。

民主化後にも続いた「台湾化」を中心的なテーマとしたのが、**若林正丈『台湾の政治——中華民国台湾化の戦後史』**［東京大学出版会、2008、増補新装版2021］である。「中華民国台湾化」（政権エリート、政治権力の正統性、国民統合イデオロギー、国家体制の台湾化）を軸に、戦後台湾政治の構造とその変動過程を分析した、スケールの大きな研究である。台湾政治の主体性がどのように台頭してきたのかを描き出し、台湾をめぐる国際関係のみならず、台湾の政治と社会に内在するアイデンティティ・ポリティクスのダイナミクスを明らかにしている。

台湾のアイデンティティ・ポリティクスは重層的で、複雑である。民主化以後、エスニックな対立が際立つ局面が繰り返された一方で、台湾という民主的な政治共同体へのアイデンティティが強まっていった。**呉叡人、駒込武訳『台湾、あるいは孤立無援の島の思想——民主主義とナショナリズムのディレンマを越えて』**[みすず書房、2021]の中では、馬英九政権1期目に見られた台湾の市民社会の成長に焦点を当て、市民的ナショナリズムの形成が描かれている。**呉介民、平井新訳「『太陽花運動』への道——台湾市民社会の中国要因に対する抵抗」**[『日本台湾学会報』第17号、2015]は、2014年の「ヒマワリ学生運動」は中国の影響力の浸透に対する台湾の市民社会の抵抗だったと指摘している。

選挙、政治制度の研究

民主化後の台湾政治で最も関心を集めたのは、何といっても選挙である。比類なき総統選挙研究といえるのが、**小笠原欣幸『台湾総統選挙』**[晃洋書房、2019]である。1996年から2016年までの6回の総統選挙を、徹底した現地調査と独自に編み出した統計的手法により実証的かつ体系的に分析している。小笠原は、台湾の将来を独立の方向で考える台湾ナショナリズムと、中国との統一で考える中国（中華民国）ナショナリズムという、2つのイデオロギーの中間にある政治的立場を「台湾アイデンティティ」と呼んでいる。総統選挙は、台湾の民意の主流である「自己認識は台湾人、台湾の前途については現状維持」という「台湾アイデンティティ」の票の争奪戦になると指摘する。一般的にイメージされる選挙研究とは一味違い、総統選挙を通して民主化後四半世紀にわたる台湾の民主主義の歩みを描き出している。

渡辺将人『台湾のデモクラシー——メディア、選挙、アメリカ』[中公新書、2024]は、アメリカ政治を専門とする著者が、アメリカで政治の現場に携わり、日本でも記者を務めた自身の経験を活かして、台湾の選挙とメディアにおけるアメリカという要因の影響を明らかにしている。アメリカのスタイルをモデルとして取り入れながらも、台湾の選挙集会や選挙報道は独自の発展を遂げているとの指摘は興味深い。

女性の政治参画率の高さは、台湾の選挙や民主政治の際立った特徴である。**福田円「台湾の女性定数保障制」**[三浦まり・衛藤幹子編著『ジェンダー・クオータ——世界の女性議員はなぜ増えたのか』明石書店、2014]は、日本統治時代の歴

史的経験、中華民国憲法での関連規定を視野に入れ、戦後台湾における女性の政治参画の背景とその拡大過程を考察している。

台湾の民主主義体制を支える政治制度の研究も進んだ。台湾では大統領制でも議院内閣制でもなく、両者の特徴を併せ持つ半大統領制が採用されている。その特徴を総統の「強さ」に注目して分析したのが、**松本充豊「台湾の半大統領制——総統の『強さ』と政党リーダーシップ」**［粕谷祐子編『アジアにおける大統領の比較政治学——憲法構造と政党政治からのアプローチ』ミネルヴァ書房、2010］である。

松本充豊「台湾の政党システム」［岩崎正洋編著『政党システムの理論と実際』おうふう、2011］は、台湾の政党システム（政党制）を選挙制度などとの関連から分析し、国民党と民進党の二大政党制の形成と定着を明らかにした。**林成蔚「台湾の政党政治と保守政党」**［若林正丈・家永真幸編『台湾研究入門』東京大学出版会、2020］は、台湾の政党政治は、ナショナリズムに基づく二大政党制とその保守的な傾向によって位置づけられると指摘している。

政治過程・政策過程の研究

アイデンティティ・ポリティクスや「藍緑の対立」（国民党、民進党をそれぞれ中核とする二大陣営の対立）だけが台湾政治ではない。公共政策をめぐる政治過程を明らかにした研究も少なくない。**林成蔚「社会保障制度の政治過程——90年代の台湾における健康保険と年金の改革・形成」**［『日本台湾学会報』第3号、2001］は、社会保障制度の歴史的展開と特徴を明らかにし、李登輝時代の社会保障政策の改革・形成をめぐる政治力学を分析した。**佐藤幸人「ポスト民主化期における租税の政治経済学」**［若林正丈編『ポスト民主化期の台湾政治——陳水扁政権の8年』アジア経済研究所、2010］、**佐藤幸人「馬英九政権の税制改革の明暗と台湾の政治制度」**［松田康博・清水麗編著『現代台湾の政治経済と中台関係』晃洋書房、2018］は、陳水扁政権期の租税政策、そして馬英九政権期の税制改革をめぐる政治過程を考察している。

李登輝政権期の大陸政策（対中国政策）の決定過程を検討したのが、**黄偉修『李登輝政権の大陸政策決定過程（1996–2000年）——組織的決定と独断の相克』**［大学教育出版、2012］である。**黄偉修「台湾における政権交代と外交安全保障政策決定過程——大陸政策に関するNSCの役割を中心に」**［『国際政治』177号、2014］、**黄偉修「台湾の馬英九政権における大陸政策決定過程**

の運営方式」［松田康博・清水麗編著『現代台湾の政治経済と中台関係』晃洋書房、2018］を通じて、黄は、民主化後の台湾における大陸政策の決定過程の特徴とその変遷を明らかにした。

市民的・進歩的価値を追求する民主主義

　若林正丈『台湾の政治』が指摘するように、民主化・「台湾化」された台湾では多文化主義が新たな国家統合イデオロギーとなった。田上智宜「多文化主義」［若林正丈・家永真幸編『台湾研究入門』東京大学出版会、2020］は、近年多文化主義が社会的マイノリティを包摂する概念として使われるようになっていると指摘する。多文化主義の名のもとに性的マイノリティ（LGBTQ+）の権利が尊重され、2019年にアジアで初めて同性婚が合法化されたのは、それを象徴する出来事だった。鈴木賢『台湾同性婚法の誕生──アジアLGBTQ⁺燈台への歴程』［日本評論社、2022］は、特別法による同性婚の制度化までの政治過程を丹念に考察した研究である。福永玄弥「性的少数者の制度への包摂をめぐるポリティクス──台湾のジェンダー平等教育法を事例に」［『日本台湾学会報』第19号、2017］は、政府による女性の人権保障の取り組みが、性的指向や性自認を包摂する方向に展開したことを指摘した。

　民主化後の台湾では、権威主義体制下での人権侵害と向き合い、歴史和解につなげようとする「移行期正義」の取り組みも進められている。平井新「移行期正義」［若林正丈・家永真幸編『台湾研究入門』東京大学出版会、2020］は、台湾が国民党一党支配体制下での「過去の克服」の問題に加えて、先住民族に対する歴史的不正義の問題を抱えてきたことを明らかにしている。

台湾、その政治史を俯瞰する手がかり

　若林正丈・家永真幸編『台湾研究入門』［東京大学出版会、2020］は、台湾という地域を理解するキーワードをわかりやすく解説した、入門書として最適な一冊である。民主化以降の台湾の政治史を理解するには、若林正丈『台湾の政治』のほかに、内政と外交から3人の歴代総統とその時代を描いた、井尻秀憲『激流に立つ台湾政治外交史──李登輝、陳水扁、馬英九の25年』［ミネルヴァ書房、2013］がある。何義麟『台湾現代史──二・二八事件をめぐる歴史の再記憶』［平凡社、2014］は、民主化実現後もなお克服されない歴史認識の対立の深さを改めて気づかせてくれる、台湾現代史の叙述である。

歴代総統のそれぞれの時代を総括した研究もある。**若林正丈編『ポスト民主化期の台湾政治——陳水扁政権の8年』**［アジア経済研究所、2010］、**松田康博・清水麗編著『現代台湾の政治経済と中台関係』**［晃洋書房、2018］は、それぞれ陳水扁政権期、馬英九政権期の台湾の政治と国際関係を多角的に分析している。**佐藤幸人・小笠原欣幸・松田康博・川上桃子『蔡英文再選——2020年台湾総統選挙と第2期蔡政権の課題』**［アジア経済研究所、2020］は、2020年総統選挙での蔡英文総統の再選の意義やその課題を考察している。

台湾と中国の関係は単純な二項対立の構図では理解できない。**家永真幸『台湾のアイデンティティ——「中国」との相克の戦後史』**［文春新書、2023］は、台湾の戦後史をたどりながら、台湾が抱える「中国」との関係の複雑さを緻密に描き出している。また、国民党政権が台湾内外で反体制的な政治運動を厳しく弾圧してきた歴史を詳述しながら、そこに日本の関与があった事実も明らかにしている。

台湾の民主化と中台関係、東アジアの国際関係

台湾の民主化と「台湾化」は、中台関係、そして東アジアの国際関係にも大きな衝撃を与え、新たな局面をもたらした。**井尻秀憲編著『中台危機の構造——台湾海峡クライシスの意味するもの』**［勁草書房、1997］は、1996年の台湾初の総統直接選挙をめぐる台湾海峡クライシス（第三次台湾海峡危機）をさまざまな角度から分析し、朝鮮半島情勢とともに中台関係は東アジアの安全保障と平和にとって重要な問題に転じたと指摘した。

松田康博「米中関係における台湾問題」［高木誠一郎編『米中関係——冷戦後の構造と展開』日本国際問題研究所、2007］は、民主化と「台湾化」した台湾が米中関係の従属変数から独立変数に変化したと主張する。**松田康博「改善の『機会』は存在したか？——中台対立の構造変化」、「『最良の関係』から『相互不信』へ——米台関係の激変」**［若林正丈編『ポスト民主化期の台湾政治——陳水扁政権の8年』アジア経済研究所、2010］、**松田康博「馬英九政権下の中台関係——経済的依存から政治的依存へ？」**［松田康博・清水麗編著『現代台湾の政治経済と中台関係』晃洋書房、2018］など一連の研究を通じて、松田は、不安定化する米中台関係と、中国の大国化により台湾が「繁栄と自立のディレンマ」に陥った中台関係の構造を描き出している。

同時期の中台関係を中国側の対台湾政策から考察したのが、**小笠原欣幸「中

国の対台湾政策の展開——江沢民から胡錦濤へ」[天児慧・三船恵美編著『膨張する中国の対外関係——パクス・シニカと周辺国』勁草書房、2010] である。胡錦濤時代には、江沢民時代の「原則主義的アプローチ」と異なる、柔軟な「機動的アプローチ」に変化したと指摘している。**川上桃子・松本はる香編『中台関係のダイナミズムと台湾——馬英九政権期の展開』**[アジア経済研究所、2019] は、台湾側の視点から、中国と台湾の関係と、台湾の政治・経済との間で働く相互作用を検証している。特に台湾社会に浸透する中国の影響力とそのメカニズムを考察したのが、**川上桃子・呉介民編、川上桃子監訳・津村あおい訳『中国ファクターの政治社会学——台湾への影響力の浸透』**[白水社、2021] である。

中国による影響力行使の手段の一つが台湾への利益誘導策（「恵台政策」）である。**川上桃子「『恵台政策』のポリティカル・エコノミー」**[川上・松本編『中台関係のダイナミズムと台湾』前掲]、**松本充豊「中国のエコノミック・ステイトクラフトと台湾——『恵台政策』における観光客の送り出しの事例分析」**[『国際政治』205号、2022] は、恵台政策を中国のエコノミック・ステイトクラフト（ES）と捉えて、その効果を検討している。川上はポリティカル・エコノミーの視点から、松本はクライアンテリズム論に依拠して、台湾への中国人観光客の送り出しの事例を分析し、政策実施過程における代理人問題の発生が中国の ES の効果を制約したと指摘する。

米中対立の深刻化にともない台湾海峡をめぐる緊張が高まっている。台湾の視点から米中対立の行方を考察した**五十嵐隆幸「米中対立と台湾——大国間競争の行方を左右する『小国』の選択」**[五十嵐隆幸・大澤傑編著『米中対立と国際秩序の行方——交叉する世界と地域』東信堂、2024] は、大国間競争の狭間で台湾が何らかの選択を迫られた場合に、その台湾の選択が米中対立に与える影響の大きさは増していると分析している。

2022年2月のロシアによるウクライナ侵攻を受けて、日本では「台湾有事」が盛んに論じられるようになった。**松田康博・福田円・河上康博編『「台湾有事」は抑止できるか——日本がとるべき戦略とは』**[勁草書房、2024] では、研究者と実務家による台湾をめぐる安全保障環境や政策の歴史的経緯の検討をもとに、台湾海峡の平和と安定の維持に向けて、手堅い現状分析と政策提言がなされている。

マルチアーカイブによる戦後東アジア国際政治史

　台湾での資料公開の進展は、マルチアーカイブの手法による外交（対外関係）史や国際関係に関する実証研究を数多く生み出した。冷戦という文脈にとどまらず、さまざまな要因に規定されてきた米華関係史や東アジア諸国間の関係史の実像が明らかにされてきた。たとえば、米国のアイゼンハワー政権の対台湾政策の変化を分析した、**前田直樹「『反共』から『自由中国』へ――末期アイゼンハワー政権の台湾政策の変化」**［『日本台湾学会報』第6号、2004］、米華関係と中華民国の軍事戦略を考察した、**石川誠人「国府の『大陸反攻』とケネディ政権の対応」**［『国際政治』148号、2007］などがある。最近の研究成果には、アジアの冷戦構造が変容しつつあった1960年代後半の中華民国の集団安全保障政策を検討した、**米多「中華民国の『アジア反共同盟』構想――アジア冷戦変容下の集団安全保障政策」**［『国際政治』188号、2017］がある。

　福田円『中国外交と台湾――「一つの中国」原則の起源』［慶應義塾大学出版会、2013］は、中国外交の「一つの中国」原則が漸進的に形成された過程を明らかにした。1950年代の2度の台湾海峡危機後、国際社会で強まった「二つの中国」論に対抗するため、中国政府が提唱した「一つの中国」論は、1960年代初頭の一連の外交交渉を通じて交渉相手の関与を引き出すことで、外交上の「一つの中国」原則へと変化したと論じている。

　「大陸反攻」をめぐる蒋介石・蒋経国政権の軍事戦略の変遷を検証したのが、**五十嵐隆幸『大陸反攻と台湾――中華民国による統一の構想と挫折』**［名古屋大学出版会、2021］である。中華民国国軍の「大陸反攻」から「台湾」防衛を任務とする軍隊への改編過程を明らかにしつつ、中華民国の視点から、中国の「統一」をめぐる2つの政府の対立と「大陸反攻」をめぐる米華関係の、冷戦の枠組みを超えた実像を浮き彫りにした。一方、**佐橋亮『共存の模索――アメリカと「二つの中国」の冷戦史』**［勁草書房、2015］は、「信頼性と安定性の追求」という枠組みから米国の中国政策を説明する中で、米国による国府に対する同盟を通じた抑制は最後まで一貫していたことを指摘している。

　「中国」の「国宝」という独創的な切り口から中台関係を描いたのが、**家永真幸『国宝の政治史――「中国」の故宮とパンダ』**［東京大学出版会、2017］である。故宮文物とパンダが中華民国の「国宝」と位置づけられた過程とそ

の政治利用の歴史の検討を通じて、それらが1949年以降、中華民国政府と中華人民共和国政府による「中国」国家の代表権をめぐる争いに利用され、1980年代以降は「国内」の範囲を演出する役割も帯びていったという。

戦後日台関係史——日華・日台関係の二重性

川島真・清水麗・松田康博・楊永明『日台関係史——1945–2020 増補版』〔東京大学出版会、2020〕は、日本と中華民国の関係である「日華関係」と、日本と台湾の関係としての「日台関係」という二重性を持つ、戦後の日華・日台関係の本格的な通史である。

日台の関連資料や関係者へのインタビューなどをもとに、伝統的な「中華民国外交」から「台湾外交」に変容していく歴史的過程を跡づけたのが、**清水麗『台湾外交の形成——日華断交と中華民国からの転換』**〔名古屋大学出版会、2019〕である。蔣経国政権の外交を「過渡期の外交」と位置づけ、「中華民国外交」の表看板はそのままに、中国と別の存在としての活動実践を積み重ね、李登輝時代の「台湾外交」の基礎が形成されていったと指摘する。

逆に日本は、中国との外交関係に加えて、台湾との実質的な関係を構築、維持してきた。**平川幸子『「二つの中国」と日本方式——外交ジレンマ解決の起源と応用』**〔勁草書房、2012〕は、そうした事実上の「二つの中国」のジレンマを解消する対中政策の枠組みを「日本方式」と呼び、その起源と国際的にも共有された経緯を明らかにした。**許珩『戦後日華経済外交史——1950–1978』**〔東京大学出版会、2019〕は、外交や経済・地域協力に関わる膨大な資料を読み解き、日華断交後の日台間の実務関係は、1950年代からの経済協力をめぐる交渉過程を通じて形成・拡大された「外交空間」が継続されたものだと指摘している。

「公的記憶」という角度から戦後の日華・日台関係の展開とその二重性を描き出しているのが、**深串徹『戦後台湾における対日関係の公的記憶——1945–1970s』**〔国際書院、2019〕である。中華民国政府の歴史叙述によって構築された、対日関係の「公的記憶」の内容とその形成過程の検討から、1945年から70年代の台湾における歴史認識の実像を明らかにし、日華間で歴史問題が争点化しなかった理由を論じている。

「台湾」をめぐるさまざまなアイデンティティ

1980年代以降、アイデンティティあるいはナショナリズムの問題が生じたのは、東アジアにおいて台湾だけではない。**林泉忠『「辺境東アジア」のアイデンティティ・ポリティクス──沖縄・台湾・香港』**[明石書店、2005]は、「辺境東アジア」という沖縄、台湾、香港を包括した新たな地域概念をもとに、各地域のアイデンティティ・ポリティクスを考察した。これらの地域には「辺境」視／化されてきた歴史と、複数の帰属・主権変更と「外国」支配の経験という共通性がある。同書では、台湾が2度目の帰属変更を経験した1945年以降の台湾社会を対象に、台湾住民のアイデンティティの形成と変容が検討されている。

1945年の帰属変更にともなう、台湾島外に生活する台湾人のアイデンティティや法的身分に関する研究も進んだ。たとえば、戦後初期の在日台湾人(台僑)の法的地位問題を検討した、**楊子震「帝国臣民から在日華僑へ──渋谷事件と戦後初期在日台湾人の法的地位」**[『日本台湾学会報』第14号、2012]、1952年の日本の主権回復後の日本華僑の法的地位問題(在日台湾人の帰属問題)をめぐる政治過程を考察した、**鶴園裕基「日華平和条約と日本華僑──五二年体制下における『中国人』の国籍帰属問題(1951–1952)」**[『日本台湾学会報』第22号、2020]などがある。

6　経済史・産業史 ……………………… 湊照宏・川上桃子

日本統治期台湾経済史研究の古典

　日本の台湾経済研究は、日本統治下における台湾経済の構造を分析した**矢内原忠雄『帝国主義下の台湾』**［岩波書店、1929］を嚆矢とする。同書において矢内原は、台湾総督府による土地調査や度量衡・貨幣制度改革を「台湾資本主義化の基礎工事」と位置づけ、米・甘蔗作を中心とした農業や製糖業を分析対象として、「前資本主義的植民地の資本主義化」過程を実証した。具体的には、「台湾資本主義化の基礎工事」によって日本資本の台湾進出が促進され、たちまち外国資本を駆逐した在台湾日本資本は国家権力の援助を受けつつ「帝国的独占資本」の一部となり、台湾経済が「前資本主義段階より独占段階へ飛躍的に急進」したと論じた。矢内原はローザ・ルクセンブルクの資本蓄積論、ヒルファディングの金融資本論、レーニンの帝国主義論を消化しつつ、後発帝国主義国日本による早熟な植民地台湾経営のあり方に「非帝国主義国の帝国主義的実践」を見出したのであった。

　矢内原が「台湾資本主義化の基礎工事」と称したのは、土地調査による私有財産制・近代的租税制の確立や、度量衡・貨幣制度の統一であった。このうち領台初期の土地調査事業に関しては、**江丙坤『台湾地租改正の研究——日本領有初期土地調査事業の本質』**［東京大学出版会、1974］が土地権利関係の明確化を通じて、台湾総督府が財政歳入の確保と日本資本の導入を可能にした意義を論じた。

　矢内原『帝国主義下の台湾』を分析視角・方法論において乗り越えたのは**涂照彦『日本帝国主義下の台湾』**［東京大学出版会、1975］であった。涂は序章において研究史の批判的検討を行い、とりわけ日本糖業資本の発展をもって台湾社会の「資本主義化」に一般化した矢内原を批判した。涂は、矢内原の「資本主義化」概念は、「資本主義化＝日本資本の支配」という日本帝国からの単眼的分析に過ぎず、「日本資本の進出＝支配と土着資本の抵抗＝弱体化」という植民地本位の複眼的分析を導入する必要性を説いた。涂はこうした複

眼的視角を用いて矢内原の研究を批判的に発展させ、研究水準を大きく引き上げた。

台湾商人・資本の成長

涂が主張した「日本資本の進出＝支配と土着資本の弱体化＝衰退」という論点は、続く世代の研究者たちによって洗練されることになる。涂の議論の再検討を試みた研究者の間では、涂が描く「土着資本の弱体化＝衰退」というイメージは地主に限定的なものであり、ビジネスチャンスに対応し得た商人および資本家は発展過程にあったのではないかという問題意識が共通していたと思われる。例えば、**河原林直人『近代アジアと台湾——台湾茶業の歴史的展開』**［世界思想社、2003］は、包種茶の対東南アジア輸出で成長した台湾茶商について論じた。このほか、**堀内義隆『緑の工業化——台湾経済の歴史的起源』**［名古屋大学出版会、2021］は、台湾人の籾摺・精米業者が電動機を導入して成長した過程や、農村に立地した製帽業が問屋制家内工業の形態で成長した過程を明らかにした。これらの研究では、日本統治下で能動的に活動した台湾商人や中小規模の台湾資本の動向が具体的に示されている。

独占および帝国主義概念と決別した経営史

矢内原『帝国主義下の台湾』においては、資本は必然的に集中化されて独占に至るという独占概念、そして、独占段階における資本の対外政治経済的支配拡張という帝国主義概念が基底にあった。この独占および帝国主義概念は、基本的には、涂『日本帝国主義下の台湾』においても採用されていた。そこでは、日本の帝国主義政策と在台湾日本企業の活動とが同一視される傾向にあった。矢内原『帝国主義下の台湾』では、台湾銀行などの国家権力の援助を受けた台湾糖業が台湾社会を支配し、その台湾糖業を独占的に支配するのは日本内地の三井・三菱といった金融資本であり、「帝国的独占の一連環」にあることが示されていた。矢内原や涂が独占組織と位置付けた糖業カルテルについては、**社団法人糖業連合協会監修、久保文克編『近代製糖業の発展と糖業連合会——競争を基調とした協調の模索』**［日本経済評論社、2009］により、基本的には市場で競争関係にある製糖会社間の協調組織として糖業連合会が位置づけられ、糖業連合会の価格メカニズム抑止機能が論じられた。さらに、**久保文克『近代製糖業の経営史的研究』**［文眞堂、2016］は、四大製

糖（台湾製糖会社、大日本製糖会社、明治製糖会社、塩水港製糖会社）による企業間競争を主要論点として、台湾製糖業の発展過程を描いた。そこに独占および帝国主義概念は見受けられない。製糖会社と農民の関係については、**久保文克『戦前日本製糖業の史的研究』**［文眞堂、2022］の第Ⅰ部が、原料採取区域制下での製糖会社と甘蔗作農との間における甘蔗買収価格の決定メカニズムを具体的に論じた。そこでは、製糖会社による甘蔗の高価購入と農家家計の安定化が明らかにされ、台湾社会を支配した糖業資本というイメージは後景に退いている。このほか、矢内原が、台湾で資本蓄積を始めたと位置づけた鈴木商店については、**齋藤尚文『鈴木商店と台湾――樟脳・砂糖をめぐる人と事業』**［晃洋書房、2017］が、台湾における企業活動を考察した。

また、涂『日本帝国主義下の台湾』においては、日本独占資本下の台湾経済を論じる材料として国策会社の台湾拓殖会社が扱われ、同社は国家権力とほぼ同義に位置づけられていた。しかし、**湊照宏・齊藤直・谷ヶ城秀吉『国策会社の経営史――台湾拓殖から見る日本の植民地経営』**［岩波書店、2021］は同社の経営史的分析を行い、同社が民間株主からの株式払込徴収と銀行団引受けの社債発行を通じて資本市場から資金を調達し、低収益の国策性事業に資金を配分していた過程を論じた。そこでは、先行研究が示した台湾拓殖会社の強大な国策遂行能力ではなく、資本市場から制約を受けた国策遂行機関の限界が明らかにされた。

アジア経済史との架橋

植民地期台湾の主導産業であった製糖業に関しては、上述した研究のほか、**平井健介『砂糖の帝国――日本植民地とアジア市場』**［東京大学出版会、2017］が、ジャワ糖との競合関係を軸に、日本市場における台湾糖による輸入代替過程について、中国市場も視野に入れて明らかにした。その過程で、アジアにおいて砂糖の流通を担った日本商社および華商の動向も論じられた。流通に関しては、**谷ヶ城秀吉『帝国日本の流通ネットワーク――流通機構の変容と市場の形成』**［日本経済評論社、2012］が、台湾商人が日本と台湾との交易関係を結合すると同時に、日本・台湾と華南との交易関係を媒介する役割を担ったことを明らかにした。また、戦間期における海上輸送コストの変動や海運会社の行動が各取引主体の行動に影響し、商品の流れが変化していく過程を描写している。こうした研究は、1990年代以降に興隆したアジア経済

史との親和性が高い。新たな研究領域となったアジア経済史では、戦前から
のアジアにおける活発な交易を重視し、その交易の担い手として国境を超え
るアジア商人の活動が主要な論点となった。上述した河原林『近代アジアと
台湾』は、アジア経済史と台湾経済史との接点を提供し、平井『砂糖の帝国』
と谷ヶ城『帝国日本の流通ネットワーク』は、アジア経済史と日本植民地経
済史を架橋する役割を果たしたといえる。

戦前と戦後をまたぐ産業史

　資本主義化が進展するためには、矢内原が指摘した近代的諸制度の移植に
加え、社会資本の整備が不可欠である。電信電話・鉄道・道路・電力・灌漑・
医療といった近代的な社会資本は、台湾経済社会に不可欠な公共財であった。
このうち、電力については、**北波道子『後発工業国の経済発展と電力事業
――台湾電力の発展と工業化』**［晃洋書房、2003］が電力需要の順調な拡大を
重視しつつ論じた。また、**湊照宏『近代台湾の電力産業――植民地工業化と
資本市場』**［御茶の水書房、2011］が、電力需要を大幅に超過する日月潭水力
開発事業を遂行する台湾電力会社と資本市場との関係を論じた。こうした産
業史研究は、分析対象を日本統治が終わる1945年を終期とせず、第二次世
界大戦後の時期までを分析対象に加える傾向をもつ。北波『後発工業国の経
済発展と電力事業』は1965年頃までを分析対象とし、旧日本資産である電
力業設備を接収して組織された台湾電力公司を事例に、輸入代替工業化期の
公営企業と米国援助との関係も考察した。こうした戦前と戦後をまたいだ産
業史研究としては、**洪紹洋『台湾造船公司の研究――植民地工業化と技術移
転（1919–1977)』**［御茶の水書房、2011］などもあり、旧日本資産の産業設備
を稼働させ得た大陸出身中国人技術者の重要性を指摘している。

戦後工業化の起点

　第二次世界大戦後の台湾の工業化の起点は、国民党政府による日本人資産
の接収、農地改革等の経済体制の再編がほぼ完了し、経済復興が始動した
1950年代初頭に求められる。国民党政府は当初、島内市場向けの生産を振
興する輸入代替工業化政策を採用したが、これが行き詰まると、50年代末
から輸出志向型工業化政策へと舵を切った。
　劉進慶『戦後台湾経済分析』［東京大学出版会、1975］は、台湾が中華民国に

編入された1945年から約20年間の台湾の経済過程を対象とした構造分析である。劉は台湾の経済過程を公営企業（公業）と民営企業（民業）の二重構造として把握し、両者の対立が統一的資本としての官商資本の確立をもたらしたことを論じた。また、官商資本の米国・日本の独占資本への従属性が、台湾の「新植民地化」をもたらし、労働者・農民への収奪を引き起こしていることを論じた。マルクス経済学の立場から台湾経済の構造を分析した劉の現状認識とその展望は、総じて悲観的なものであった。

笹本武治・川野重任編『台湾経済総合研究』上・下・資料編［アジア経済研究所、1968］は、アジア経済研究所が組織し、戴國輝、劉進慶らが参加した共同研究の成果である。書名のとおり、1960年代半ばまでの台湾経済の発展の実態を、労働、教育、農地改革、経済開発計画、米国による援助（米援）、農業、工業といった多様な側面から検討しており、分析の水準、資料価値のいずれの面からみても貴重な研究成果である。

国際加工基地としての高度成長

台湾の経済は1960年代半ば以降、労働集約型製品の輸出の拡大に牽引されて急速な工業化を遂げた。この高度成長の特質とその背景要因は、研究者の関心を引きつけた。

谷浦孝雄編『台湾の工業化——国際加工基地の形成』［アジア経済研究所、1988］は、台湾の高度経済成長と、これを支えた内外の条件を分析したアジア経済研究所の共同研究の成果である。笹本・川野編『台湾経済総合研究』から総合分析の伝統を受け継ぎ、幅広いトピックに即して台湾経済の全体像を描き出している。工業化の「担い手」に注目した点、製造業の個別セクターの事例研究を行った点に、この時期の日本のアジア経済研究の影響がみてとれる。

1992年には、隅谷三喜男・劉進慶・涂照彦『台湾の経済——典型NIESの光と影』［東京大学出版会、1992］が刊行された。同書は、春山（本書279–280頁）が、1970年代前半に精力的に研究成果を刊行した台湾人留学生たちとしてその名を挙げ、上述のようにそれぞれ戦前・戦後の台湾経済に関する優れた単著を刊行した劉進慶と涂照彦が、東京大学での恩師である隅谷三喜男とともに刊行した台湾研究論である。本書もまた、谷浦編などと同様に農業、産業、労働、金融・財政といった多岐にわたるテーマから台湾の経済発

展の構図を論じている。副題から分かるように、本書では台湾の高度経済成長（「光」）と、その発展の歪み（「影」）が描かれているが、劉進慶による上記単著と比較すると、「光」の側面により重点が置かれている。労働集約型産業における民間中小企業の輸出志向型発展にも、その不安定性を指摘しつつ、注目している。

朝元照雄『**現代台湾経済分析——開発経済学からのアプローチ**』［勁草書房、1996］は、開発経済学の視点から台湾の経済成長の特徴を検証し、日本を上回るスピードで産業構造の変化を達成した台湾の経験を「圧縮型の経済発展」としてとらえたうえで、個別産業の事例研究を行った。台湾の対外投資の動向の分析も行われている。

以上のような台湾経済の総合分析のほか、1990年代までの台湾経済を対象とする各論的な研究として以下がある。川瀬光義『**台湾の土地政策——平均地権の研究**』［青木書店、1992］は、孫文が提唱した「平均地権」の理念に注目して、国民党政権下での台湾の土地政策を分析した。土地税制を通じた平均地権政策の展開、地価高騰時に実施された遊休地利用促進策とその限界、公共用地取得政策等の展開と実態が論じられている。

松本充豊『**中国国民党「党営事業」の研究**』［アジア政経学会、2002］は、国民党の党営事業の起源と発展を詳細に分析した。権威主義体制期の党営事業の発展ダイナミズムと党財政への貢献、民主化以降の党営事業の展開をつぶさに考察した、ユニークな台湾政治経済史研究である。

ハイテク産業研究の興隆

1990年代末以降、台湾では、中小企業を中心とする労働集約型産業に代わり、パソコン、半導体等のエレクトロニクス産業が新たな主導セクターとなった。台湾のエレクトロニクス企業がグローバルな産業内分業のなかで重要な位置を占めるようになると、日本の台湾経済研究も、ハイテク産業の分析に強い関心を向けるようになった。

台湾エレクトロニクス産業に関する初期の成果のひとつが、水橋佑介『**電子立国台湾——強さの源泉をたどる**』［ダブリュネット、1999］である。ジェトロに長く勤務した著者が、急成長を遂げる台湾のパソコン産業、半導体産業の沿革を整理し、産業発展をもたらした国際環境や台湾政府の産業振興の取り組みを紹介したものである。

佐藤幸人『台湾ハイテク産業の生成と発展』［岩波書店、2007］は、1960年代以来の電機電子産業の発展との連続性を意識しつつ、台湾の半導体産業、パソコン産業の発展過程を分析した。佐藤のアプローチの特徴は、技術者や政府関係者といった個人を分析単位に設定し、かれらによる発見や選択に注目して産業発展の過程を描きだしたこと、特に台湾半導体産業の初期の発展を、技術者と国家のパートナーシップとして把握したことにある。

川上桃子『圧縮された産業発展──台湾ノートパソコン企業の成長メカニズム』［名古屋大学出版会、2012］は、1990年代半ば以降、先進国企業からの受託生産を通じて急成長を遂げ、高い世界生産シェアを占めるにいたった台湾のノートパソコン産業の事例研究である。産業を構成する主要アクター間の競争・協業関係、アクター間の情報の流れ、台湾企業の学習戦略等に注目して、台湾企業が産業内分業のなかで発展を遂げた過程を論じている。

朝元照雄『台湾の企業戦略──経済発展の担い手と多国籍企業化への道』［勁草書房、2014］は、TSMC、メディアテック、ホンハイをはじめとする台湾の代表的なエレクトロニクス企業5社の発展の沿革、事業の特徴を解説、分析した。長内厚・神吉直人『台湾エレクトロニクス産業のものづくり──台湾ハイテク産業の組織的特徴から考える日本の針路』［白桃書房、2014］は、台湾エレクトロニクス産業の強みとこれを支える企業レベルの要因、政府の取り組み等を分析した論考集である。

赤羽淳『東アジア液晶パネル産業の発展──韓国・台湾企業の急速キャッチアップと日本企業の対応』［勁草書房、2014］は、東アジアの後発企業による日本企業への急速なキャッチアップのメカニズムの事例として、台湾の液晶パネル産業の発展過程を分析した。日本企業に追随しつつ、その追い越しも念頭に置いた戦略をとった韓国企業と比較して、台湾企業は後発性の利益の享受をより強く意識した追随戦略をとったことを指摘し、市場の成熟とともに台湾企業の戦略が不利に働くようになったことを論じた。

岸本千佳司『台湾半導体企業の競争戦略──戦略の進化と能力構築』［日本評論社、2017］も、赤羽と同様に日本企業の凋落と対比しつつ、台湾半導体企業の優位性とその背後にある能力構築のメカニズムを分析した研究である。半導体ファブレス（設計企業）とファウンドリ（製造受託）企業のそれぞれについて、台湾企業のビジネスモデル、競争戦略、企業能力の実態を、インタビュー調査の成果を交えて解明した労作である。

以上で見たように、2000年代以降の台湾経済研究は、台湾経済の主柱であり、世界の注目を集めるセクターでもあるエレクトロニクス産業の分析に強い関心を寄せてきた。同産業の飛躍的な成長が、多くの研究者の関心を引きつけたのは自然な展開であった。いっぽうで、これらの事例分析が、経済のグローバル化と軌を一にして進んだハイテク産業の興隆や一握りの企業の成功事例といった台湾経済の「光」の部分に関心を寄せ、その「影」に十分な関心を払ってこなかった側面があることも否めない。2000年代以降に進んだ台湾経済の構造変動や、中国との経済統合がもたらしたインパクトなどを視野にいれつつ、台湾経済の全体像の把握を試みる分析の登場が待たれる。

7 社会史 ………………………………… 菅野敦志・松金公正

　社会史がどのような範疇を検討するものであるのかという点については、議論が必要であろうが、ここでは大きく教育と社会と生活に分けて論じることとする。なお、植民地時代の調査・研究については、漢族旧慣調査に関しては清代台湾の項目で、原住民族に関する調査研究は台湾原住民族研究史のところで詳述されているので、紙幅の関係もあり本項目では割愛する。

教育

「植民地統治期」の台湾教育史

　戦前の教育史研究としては、**吉野秀公『台湾教育史』**[大空社、1927]と**台湾教育会『台湾教育沿革誌』**[台湾教育会、1939]が（前者は民間の研究、後者は総督府の史料を使用）、台湾教育の進展を示す史料として重要である。**佐藤源治『台湾教育の進展』**[台湾出版文化、1943]や、**国府種武『台湾に於ける国語教育の展開』**[第一教育社、1931]などもあるが、官製史料には統治成果が強調されるゆえの限界もある。他方、コロンビア大学博士論文の日本語訳である**林茂生、古谷昇・陳燕南編訳『日本統治下の台湾の学校教育——開発と文化問題の歴史分析』**[拓殖大学海外事情研究所華僑研究センター、2004]は、近代化促進の施策は評価しつつも、民主主義の制度と相反する差別構造の矛盾を指摘する。

戦後期における制度的枠組みの解明

　戦後初期では日本帝国主義の異民族支配の反省から研究が再出発したが、「植民地政策＝愚民化政策」という見方も「実証性に乏しい」（渡部宗助）ことが指摘された。**上沼八郎『伊沢修二』**[吉川弘文館、1962]は伊沢修二と台湾教育の基礎工事の関係を明らかにした。また、植民地教育の制度論や教科書の分析など、史料復刻により研究環境の基盤整備が進められた（弘谷多喜夫や阿部洋などによる）。初期の植民地教育研究史の制度的枠組み（植民地当局／本国による教育立案と実施のための制度構築とその結果、といった歴

史的状況の把握）にかかわる関心は主に皇民化教育、比較研究に向けられた。一方、一次史料未公開の制約から、日本政府側の史料に依存した記述には限界もあった。

二項対立の見直しと多様な主体への着目

駒込武『植民地帝国日本の文化統合』［岩波書店、1996］は、朝鮮・満洲のなかに台湾を並列させ、日本による支配地域を俯瞰的に分析し、二項対立ではなく、多様な主体が織りなす力関係とその力学への視角が重要であるとし、新たな研究枠組みを提示した。なお、**駒込武『世界史のなかの台湾植民地支配──台南長老教中学校からの視座』**［岩波書店、2015］では、私立台南長老教中学校を舞台に、内部からの分断がもたらされ／うながされる植民地主義的暴力の様相が明らかにされた。

近藤正己『総力戦と台湾──日本植民地崩壊の研究』［刀水書房、1996］は、「皇民化」政策の検討を通じて、「同化」の単線的な理解に警鐘を鳴らした。台湾の植民地教育の検討には、沖縄での経験の応用という連続性への視角も重要であり、**小熊英二『〈日本人〉の境界──沖縄・アイヌ・台湾・朝鮮 植民地支配から復帰運動まで』**［新曜社、1998］は、教育と法制面から帝国の周辺を網羅的に分析した。

従来、植民地教育史研究の初期は制度や法令、教科書などの分析研究が主体であった。しかし、台湾の民主化と台湾人研究者による歴史の再検討は、研究の方向性に変化を与えた。やがて、枠組みや制度面よりも、「制度」の陰にある"人"と"戦略性"──抵抗の手段として近代教育の活用を企図した台湾人の「主体性」──に関心が移行していった。

主体性の追求への転換──「制度から人へ」

陳培豊『「同化」の同床異夢──日本統治下台湾の国語教育史再考』［三元社、2001、新装版2010］は、「同化」概念は可変的で、台湾人は国語（日本語）の受容により「文明への同化」を積極的に受容したが、「（日本）民族への同化」とは区別したという、「受容による抵抗」の姿を示し、被支配者の主体性を探究した。そのような当事者性と概念把握の関係性は、漢文という書記言語に着目した**陳培豊『日本統治と植民地漢文──台湾における漢文の境界と想像』**［三元社、2012］でも検討される。

「制度から人へ」の関心の変化に伴い、官製史料に現れにくい当事者の記憶がオーラルヒストリーとして採集された。**山本禮子『植民地台湾の高等女学校研究』**［多賀出版、1999］、所澤潤・栗原純を中心とする**台湾オーラルヒストリー研究会『台湾口述歴史研究』**［東京女子大学栗原研究室、2009～2015］、**藤森智子『日本統治下台湾の「国語」普及運動──国語講習所の成立とその影響』**［慶應義塾大学出版会、2016］などは、「公」に対して「私」の記録から、民衆と教育のかかわりを再現した。

児童文化については、**游珮芸『植民地台湾の児童文化』**［明石書店、1999］、唱歌教育には**劉麟玉『植民地下の台湾における学校唱歌教育の成立と展開』**［雄山閣、2005］と**岡部芳広『植民地台湾における公学校唱歌教育』**［明石書店、2007］がある。留学生研究においては、**紀旭峰『大正期台湾人の「日本留学」研究』**［龍渓書舎、2012］が、大正期東京が台湾人学生や東アジア域内からの留学生の知的交流と連帯の空間であったと示した。

主体性の問い──誰のための教育、学校か

原住民教育史では、言語教育を扱った**松田吉郎『台湾原住民と日本語教育──日本統治時代台湾原住民教育史研究』**［晃洋書房、2004］に続き、**北村嘉恵『日本植民地統治下の台湾先住民教育史』**［北海道大学出版会、2008］が、「被植民者の主体性」に注目し、原住民の教育を「同化」に収斂させるような一面的な発展史から解放する分析を可能とした。社会（青年）教育では、**宮崎聖子『植民地期台湾における青年団と地域の変容』**［御茶の水書房、2008］が、支配側が用意した青年団という組織を、民衆が自己の社会的上昇のために活用した点を指摘した。史料面では、1990年代に「台湾総督府公文類纂」などの文書が公開され、当時の現実に迫る記述が可能となった。**藤井康子『わが町にも学校を──植民地台湾の学校誘致運動と地域社会』**［九州大学出版会、2018］も、「抵抗」の枠組みからは漏れ出す台湾人と日本人の「協調」のありようを学校誘致運動に見出す。女子教育史では**洪郁如『近代台湾女性史──日本の植民統治と「新女性」の誕生』**［勁草書房、2001］が台湾人女性の立場からの教育を描く。

「中華民国期」の台湾教育史と帝国知

台湾「本土化」の進展は、現代の教育史研究を増加させた。**林初梅『郷土**

としての台湾——郷土教育の展開にみるアイデンティティの変容』[東信堂、2009]は、教育面での「本土化」を「郷土中国」から「郷土台湾」への転換に見出し、「郷土」の観点から戦前戦後の連続性を示した。**菅野敦志『台湾の国家と文化——「脱日本化」・「中国化」・「本土化」』**[勁草書房、2011]、**同『台湾の言語と文字——「国語」・「方言」・「文字改革」』**[勁草書房、2012]は、文化教育・言語政策を「脱日本化」・「中国化」・「本土化」の変容過程と位置づけた。**中川仁『戦後台湾の言語政策——北京語同化政策と多言語主義』**[東方書店、2009]は、言語教育を「国語（北京語）への同化政策」の観点から捉えた。**山﨑直也『戦後台湾教育とナショナル・アイデンティティ』**[東信堂、2009]が示すように、政治の影響を受けて変質し続ける公教育の「本土化」への着目が、変容を続ける台湾アイデンティティの理解に必須であるとする視座が必要となろう。

　酒井哲哉・松田利彦編『帝国日本と植民地大学』[ゆまに書房、2014]では、帝国日本の学術形成が残した台北帝国大学の教育遺産と戦後の国立台湾大学への継承関係が、韓国との比較で検討された。戦前（「植民地統治期」の日本教育史）と戦後（「中華民国期」の外国教育史）に大別される台湾教育史および学術史の断絶を、他地域との比較も用いていかに架橋できるかがいっそう重視されていくだろう。

社会と生活

「植民地統治期」の社会と生活に関する研究

　植民地期の台湾社会へのアプローチは官製の調査から始まり、研究者による分析へと転化していった。もちろんあくまで植民地統治に資することを前提とする調査であった。

　まず、宗教や信仰に関する調査としては、**丸井圭治郎『台湾宗教調査報告書』**[台湾総督府、1919]が挙げられる。本島人がどのような信仰をもち、何を行動原理として生活しているのかという観点から、**増田福太郎による『台湾本島人の宗教』**[明治聖徳記念学会、1935]、**『台湾の宗教——農村を中心とする宗教研究』**[養賢堂、1939]、**『東亜法秩序序説——民族信仰を中心として』**[ダイヤモンド社、1942]や**曽景来『台湾宗教と迷信陋習』**[台湾宗教研究会、1938]などが記されることとなる。また、そのような信仰がいかなる社会組織の形成につながっているのかという観点から祭祀公業について検討したのが、**姉**

歯松平『祭祀公業並台湾ニ於ケル特殊法律ノ研究 改訂版』[東都書籍、1938]である。一方、台湾の習俗についてまとめたものとしては、片岡巌『台湾風俗誌』[台湾日日新報社、1921] や東方孝義『台湾習俗』[同人研究会、1942] が挙げられるほか、1941年から1945年に亘って月刊誌として発行され、失われつつあった台湾の民俗や文化を記した末次保・金関丈夫編『民俗台湾』[東都書籍台北支店] は、当時の状況を知る重要な資料であり、未発表資料を補う形で復刻版[南天書局、1998] が出版されている。このほか、佐倉孫三、三尾裕子監修、台湾の自然と文化研究会編訳『臺風雑記——百年前の台湾風俗』[東京外国語大学アジア・アフリカ言語文化研究所、2009]、池田敏雄、末成道男編『池田敏雄台湾民俗著作集』[緑蔭書房、2003] など、当時の民俗を記したものをまとめた成果も多い。

また、台湾の社会運動についてまとめたものとして、宮川次郎『台湾の社会運動』[台湾実業界社営業所、1929]、台湾総督府警務局編『台湾社会運動史』[台湾総督府警務局、1939]、同化政策や寺廟整理の顛末については、柴田廉『台湾同化策論—— 一名「台湾島民の民族心理学的研究」増補再版』[晃文舘、1923]、宮崎直勝『寺廟神の昇天——台湾寺廟整理覚書』[東都書籍、1942] がある。

さらに社会事業について植民地統治前後を比較し従前の社会的な枠組みと植民地統治後どのように変化し改善したかについて言及したのが、杵淵義房『台湾社会事業史』[徳友会、1940] である。なお、医療に関しては堀内次雄・羽鳥重郎述、日独医学協会編『領有前後に於ける台湾の医事衛生事情』[日独医学協会、1943] などがある。

台湾という社会をどう捉えるのか——宗教信仰と社会

戦後になり、台湾が日本の植民地でなくなると、その社会を調査・研究するということは、人類学によるフィールドワークにおいても歴史学者による文献調査においても、漢民族研究または先住民族研究として位置づけられることになる。

渡邊欣雄『漢民族の宗教——社会人類学的研究』[第一書房、1991] は、民俗宗教という概念で漢民族の宗教を論じるが、香港、マレーシアと並んで具体的な調査地のひとつとなったのが台湾であった。これは当時中国本土の調査が難しかったこともひとつの理由であろう。人類学者のこのような研究に

対し、**酒井忠夫編『台湾の宗教と中国文化』**［風響社、1992］は、複数の歴史学者が各々の専門から台湾の道教や民間信仰を中国宗教史全体の中で考察することにより、華北偏重の道教史研究に新たな視点を持ち込む試みであった。さらに**末成道男編『中原と周辺——人類学的フィールドからの視点』**［風響社、1999］は、ベトナム・雲南・香港・沖縄・台湾など中国の中心から離れている周辺からの視点を設けることにより、中華文明との複合過程を実証的に解明し、漢族社会の多様性と変容を明らかにしようとした。また、**可児弘明『民衆道教の周辺』**［風響社、2004］においても、残された旧中国の代表として台湾は香港とともに取り上げられている。そのような中、台湾の歴史と民俗を踏まえた上で、民間信仰の比較研究を行うことを目的として、**古家信平『台湾漢人社会における民間信仰の研究』**［東京堂出版、1999］が出版される。

　一方、植民地時期の台湾の宗教史研究としては、**宮本延人『日本統治時代台湾における寺廟整理問題』**［天理教道友社、1988］をその先駆的なものとして取り上げることができよう。そして、日本側、台湾側双方に所蔵されている史料を用い、詳細に植民地時期の宗教政策と台湾社会の関係性を論じ、その後の方向性の機軸を定めた研究が**蔡錦堂『日本帝国主義下台湾の宗教政策』**［同成社、1994］である。その後、**菅浩二**は『**日本統治下の海外神社——朝鮮神宮・台湾神社と祭神』**［弘文堂、2004］で、朝鮮と台湾双方の神社を論じ、**青井哲人『植民地神社と帝国日本』**［吉川弘文館、2005］は、建築学の視座から植民地の「神社」空間が日本の植民都市編成のプロセスに果たした意義を読み解いた。仏教分野では、**松金公正「植民地時期台湾における日本仏教寺院及び説教所の設立と展開」**［『台湾史研究』第16号、1998］などの一連の研究、**中西直樹『植民地台湾と日本仏教』**［三人社、2016］のほか、**柴田幹夫編『台湾の日本仏教——布教・交流・近代化』**［アジア遊学222、勉誠出版、2018］においては、様々な領域の研究者が検討を進めており注目に値する。キリスト教では、宣教師キャンベル・N・ムーディを論じた**三野和惠『文脈化するキリスト教の軌跡』**［新教出版社、2017］のほか、**高井ヘラー由紀「日本統治下台湾における台日プロテスタント教会の『合同』問題——1930年代および1940年代を中心に」**［『キリスト教史学』第59号、2005］などの一連の研究がある。また、植民地期、国民党政権下と政治的な激動がある中、祭祀公業がどのような役割を示したのかについては、**後藤武秀『台湾法の歴史と思想』**［法律文化社、2009］が詳細に分析している。

植民地後の台湾における日本宗教については、藤井健志「戦後台湾における日本宗教の展開」[『宗教と社会』13、2007]に詳しく、仏教については、松金公正「真宗大谷派台北別院の『戦後』——台湾における日本仏教へのイメージ形成に関する一考察」[五十嵐真子・三尾裕子編『戦後台湾における〈日本〉——植民地経験の連続・変貌・利用』風響社、2006]、日系新宗教については、生長の家を分析した寺田喜朗『旧植民地における日系新宗教の受容——台湾生長の家のモノグラフ』[ハーベスト社、2009]や藤井健志「戦後台湾における天理教の展開」[『天理台湾学報』第15号、2006]がある。

また、佛光山を具体例に挙げながら、現在の台湾の仏教と社会との関係を分析した五十嵐真子『現代台湾宗教の諸相——台湾漢族に関する文化人類学的研究』[人文書院、2006]、日台関係の中での仏教の役割を考察した坂井田夕起子『誰も知らない『西遊記』——玄奘三蔵の遺骨をめぐる東アジア戦後史』[龍溪書舎、2013]、国民党統治下のキリスト教を論じた高井ヘラー由紀「戦後台湾キリスト教界における超教派運動の展開と頓挫——分水嶺としての『国是声明』と歴史観の相剋」[『キリスト教史学』第69号、2015]など、民衆との関係を考察した藤野陽平『台湾における民衆キリスト教の人類学——社会的文脈と癒しの実践』[風響社、2013]、台湾で祀られている日本人について分析を進めた三尾裕子編『台湾で日本人を祀る——鬼から神への現代人類学』[慶應義塾大学出版会、2022]などがある。このほか、歴史学的、人類学的アプローチにより儀礼の解明を通じて、宗教と社会との歴史的動態を明らかにしようとする研究として、丸山宏『道教儀禮文書の歴史的研究』[汲古書院、2004]、浅野春二『台湾における道教儀礼の研究』[笠間書院、2005]、山田明広『台湾道教における斎儀——その源流と展開』[大河書房、2015]がある。

移動のベクトルを考察する

また、近年、移動に焦点を当てた研究が増えている。清代の台湾への移民に始まり、植民地時期の台湾から日本、日本から台湾、さらに植民地期後から現在に至るインとアウトを分析、考察することで、台湾社会の位置づけや変容を明らかにしようとしている。特に注目されるのは、植民地期後に台湾に流入した人々に関する研究である。金戸幸子『台湾の「新移民」問題に関する国際社会学的研究』[富士ゼロックス小林節太郎記念基金、2008]、ムスリムのアイデンティティやコミュニティの変容を分析した木村自『雲南ムスリ

ム・ディアスポラの民族誌』[風響社、2016]、成人移民への国語教育をはじめとする言語政策の意義を問う許之威『移民政策の形成と言語教育——日本と台湾の事例から考える』[明石書店、2016]、夏暁鵑、前野清太朗訳『「外国人嫁」の台湾——グローバリゼーションに向き合う女性と男性』[東方書店、2018]がある。さらに、家族という観点から移民を考えた横田祥子『家族を生み出す——台湾をめぐる国際結婚の民族誌』[春風社、2021]、接触が難しい女性失踪経験者たちへのインタビューを実施し、彼らを取り巻く課題を論じた鄭安君『台湾の外国人介護労働者——雇用主・仲介業者・労働者による選択とその課題』[明石書店、2021]などもある。

このほか、戦前の沖縄から台湾へ渡った人々について分析した松田ヒロ子『沖縄の植民地的近代——台湾へ渡った人びとの帝国主義的キャリア』[世界思想社、2021]、かつての「グローバリズム」の実態を、人とモノの側面から考察する植野弘子・上水流久彦編『帝国日本における越境・断絶・残像——人の移動』、同『帝国日本における越境・断絶・残像——モノの移動』[いずれも風響社、2020]などがある。

郷土としての地域社会、社会運動

地域社会をどのように捉えるかという研究については、植民期のものとしては、野口真広『植民地台湾の自治』[早稲田大学出版部、2017]があり、ナショナルなものを志向しない自治運動や地域自助に焦点を当て、楊肇嘉という個人を主軸に台湾地方自治連盟の新たな側面を浮き彫りにした。陳文松は台湾総督府による「青年」教化政策と地域社会の変容を「1920年代植民地台湾における『青年』の争奪——台湾総督府文教局の設立と後藤文夫」[『アジア地域文化研究』第1号、2004]、『殖民統治与「青年」——台湾総督府的「青年」教化政策』[国立台湾大学出版中心、2015]などで論じた。植民地後のものとしては、上水流久彦『台湾漢民族のネットワーク構築の原理——台湾の都市人類学的研究』[溪水社、2005]では、「歴史」認識の変容と現地の人々の結合との密接な関係が論じられ、前野清太朗『「現代村落」のエスノグラフィ——台湾における「つながり」と村落の再構成』[晃洋書房、2024]では、台湾農村から「現代村落」モデルの構築を試みられた。また、社区営造については、星純子『現代台湾コミュニティ運動の地域社会学——高雄県美濃鎮における社会運動、民主化、社区総体営造』[御茶の水書房、2013]で詳しく論じられている。

また、社会運動については、港千尋『革命のつくり方——台湾ひまわり運動—対抗運動の創造性』[インスクリプト、2014]、および篠原清昭『台湾における教育の民主化——教育運動による再帰的民主化』[ジダイ社、2017]において、戦後の社会運動の位置づけについて議論されている。

疾病・医療・衛生と社会

2001年、見市雅俊ほか編『疾病・開発・帝国医療——アジアにおける病気と医療の歴史学』[東京大学出版会、2001]によって、日本の植民地統治研究に疾病と医療という新しい視点が導入された。芹澤良子による「ハンセン病医療をめぐる政策と伝道——日本統治期台湾における事例から」[『歴史学研究』第834号、2007]などハンセン病医療をめぐる一連の研究のほか、医師という専門職にあった台湾人エリートたちについて論じたロー・ミンチェン、塚原東吾訳『医師の社会史——植民地台湾の近代と民族』[法政大学出版局、2014]や『日治時期台湾医療法制之研究』[五南図書出版、2018]を執筆した鈴木哲造を中心に編まれた中京大学社会科学研究所台湾史研究センター編『日本統治下台湾の防疫と衛生』[創泉堂出版、2022]など、多くの成果が出されている。

他方、現代台湾の医療については、民俗医療の実態とその構造の解明を試みた王貞月『台湾シャーマニズムの民俗医療メカニズム』[中国書店、2011]、李蓮花『東アジアにおける後発近代化と社会政策——韓国と台湾の医療保険政策』[ミネルヴァ書房、2011]のほか、脱植民地期の台湾医学界と日本に関する「台湾における寄生虫症対策と日本の医療協力（一九六〇年代から一九七〇年代）」[『史学雑誌』125（8）、2016]など、井上弘樹の一連の研究がみられる。

このほか、福祉、社会事業については、大友昌子『帝国日本の植民地社会事業政策研究——台湾・朝鮮』[ミネルヴァ書房、2007]において社会に敷衍する過程を詳述している。また、阿片については、福祉・医療における「近代化」の諸相を検証してきた栗原純『日本帝国と阿片——台湾総督府・専売局文書にみる阿片政策』[研文出版、2022]を執筆し、台湾総督府による阿片制度の開始から終焉までを台湾総督府公文類纂を用いて考察している。

台湾社会における「日本」という記号の意味

現代台湾社会において「日本」はどのように位置づけられ、どのような意味を有しているのかについては、五十嵐真子・三尾裕子編『戦後台湾におけ

る〈日本〉——植民地経験の連続・変貌・利用』［風響社、2006］、植野弘子・三尾裕子編『台湾における〈植民地〉経験——日本認識の生成・変容・断絶』［風響社、2011］、三尾裕子編『台湾における〈日本〉認識——宗主国位相の発現・転回・再検証』［風響社、2020］、三尾裕子・遠藤央・植野弘子編『帝国日本の記憶——台湾・旧南洋群島における外来政権の重層化と脱植民地化』［慶應義塾大学出版会、2016］などの一連の研究、張瑋容『記号化される日本——台湾における哈日現象の系譜と現在』［ゆまに書房、2020］や野口英佑『台湾における「日本」の過去と現在——糖業移民村を視座として』［ゆまに書房、2023］が挙げられる。また、角南聡一郎編『日系塔式墓標の展開と変容に関する物質文化史的研究——旧日本植民地における日本文化受容と南島・台湾・中国の在来墓標との関係』［元興寺文化財研究所、2008］においては墓標が、上水流久彦編『大日本帝国期の建築物が語る近代史』［アジア遊学266、勉誠出版、2022］においては建築物が、「日本」という記号をもつ過程について論じられている。さらに洪郁如『誰の日本時代——ジェンダー・階層・帝国の台湾史』［法政大学出版局、2021］は、語りの外側に置かれてきた人々の日本時代について新たな視座を提供している。

社会の変化をどう論じるのか

　台湾社会の変容を捉えようとする研究も近年増えつつある。葬儀を通じて民衆の文化的価値観の変容をみる胎中千鶴『葬儀の植民地社会史——帝国日本と台湾の〈近代〉』［風響社、2008］のほか、新田龍希「胥吏と台湾の割譲——南部台湾における田賦徴収請負機構の解体をめぐって」［『日本台湾学会報』第21号、2019］などの清末・日本統治初期における国家・社会関係の転換を論じる一連の研究がある。また、沼崎一郎『台湾社会の形成と変容——二元・二層構造から多元・多層構造へ』［東北大学出版会、2014］は、オランダ時代から21世紀の現代まで、台湾社会の変容を文化人類学者が記した入門書である。沼崎一郎・佐藤幸人編『交錯する台湾社会』［アジア経済研究所、2012］は、経済学・社会学・人類学・歴史学等の専門家の共同研究により、台湾社会というまとまりは強まるのか、それとも弱まるのか、求心力と遠心力という観点からエスニシティ、アイデンティティ、市民社会・社会運動を通じて考察する。

　このように今後、台湾の社会変化について複合的な分野からの視座によって新たな研究成果が生まれていくことと思われる。

8 文学史 ……………………………………………… 大東和重

台湾文学とは

　台湾文学の面白さ、醍醐味はどこにあるだろうか。

　日本文学なら一般には日本語で書かれた文学を読めばいい。しかし台湾の場合そうはいかない。台湾で現在広く使用されているのは中国語（「台湾華語」、かつては「国語」と呼ばれた）で、書籍の大部分も中国語で書かれている。しかしそれは台湾文学のすべてではない。1895年から日本の植民地となった台湾では、中国大陸の新文学から刺激を受けて、中国語による文学が勃興する一方で、日本語による文学が、日本人だけでなく台湾人によっても作られた。日本統治期の雑誌には日中両語で書かれたケースが数多くある。

　中国語と日本語だけではない。台湾人のうち7割以上は、閩南人（河洛人）と呼ばれる、台湾海峡対岸の福建省南部から来た移民の子孫で、中国語の方言の一種である台湾語を日常的に話す人が多い。台湾語を書記言語とする努力は古くからなされ、漢字やアルファベットで表記された台湾語の文学が存在する。人口の1割超を占める、広東省東北部から移民してきた客家人の文学も見逃せない。

　またそもそも台湾には、中国大陸から漢族の移民が来る前に、原住民族（もしくは原住民）と呼ばれる人々が居住していた。お互い言葉の通じない多くのグループにわかれ、日本統治期には日本語が、国民党統治期には中国語が共通語となったものの、各民族の言語の復権が主張されてきた。

　こういった複雑さを前提として生まれた台湾文学の世界へと分け入るには、物差しを一つ用意するだけでは十分でない。ここでは台湾の文学史を知る上で役立つ、各種の物差しとなる書籍を紹介したい。

　台湾文学の全体像をつかむ上で、**山口守編、藤井省三ほか著『講座台湾文学』**［国書刊行会、2003］は格好の入門書である。コラムも含め勉強になる一冊だが、中でも河原功編の「台湾文学理解のための参考文献」は大きな指針となる。より簡便な入門を、という場合は、**赤松美和子「文学──多言語多**

文化を包容する台湾文学」[赤松美和子・若松大祐編著『台湾を知るための72章 第2版』明石書店、2022]をおすすめしたい。また、翻訳書を通して台湾文学の見取り図を知るには、**大東和重「台湾文学──翻訳の黄金時代」**[日本台湾教育支援研究者ネットワーク編『臺灣書旅──台湾を知るためのブックガイド』台北駐日経済文化代表処台湾文化センター／紀伊國屋書店、2022]がある（オンライン公開）。

　個々の作家、作品を読みだしたら、その作家や作品が歴史的にどのような位置づけにあるのかを知ると、より楽しめるし、世界が広がる。文学史はいわば地図で、自分がどこにいて、どこへ進むべきかが見えてくる。台湾文学史の出発点といえるのが、**葉石濤、中島利郎・澤井律之訳『台湾文学史』**[研文出版、2000]である。詳細な訳注と索引は事典としても使える。現在、台湾文学史の定番として広く読まれているのは、**陳芳明、下村作次郎・野間信幸・三木直大・垂水千恵・池上貞子訳『台湾新文学史』上下**[東方書店、2015]だが、通読せずとも、気になる作家がいれば索引で調べ、当該ページの前後を拾い読みすればよい。日本の研究者による文学史の共著に、**中島利郎・河原功・下村作次郎編『台湾近現代文学史』**[研文出版、2014]がある。日本の台湾文学研究は、使用言語の点から台湾の学界に対し大きく貢献し、時にリードしてきた。本書の各章は、一線で活躍してきた研究者たちによるいわばダイジェスト版で、執筆時点での最新の研究成果を反映している。日本語で書かれたこれほど信用の高い台湾文学史を持っていることを誇りたい。

日本統治期の文学

　日本統治期の台湾文学研究は、日本で厚みのある蓄積がなされてきた。座右に置きたいのは、**中島利郎編著『日本統治期台湾文学小事典』**[緑蔭書房、2005]で、不明点があればまずこの事典を見ることを勧める。簡明な文学史もついている。研究を進める上で必要な、作家の著作や先行研究の目録、雑誌の総目次には、**中島利郎・河原功・下村作次郎・黄英哲編『日本統治期台湾文学研究文献目録』**[緑蔭書房、2000]がある。事典とともに手元に置いておきたい。

　日本統治期文学の研究の大きな出発点となったのは、**下村作次郎・中島利郎・藤井省三・黄英哲編『よみがえる台湾文学──日本統治期の作家と作品』**[東方書店、1995]である。その後の日本統治期文学研究の基本的な論点はここで提示されている。台湾文学は時代の中で変化してきたゆえに、個別の作

家や作品を論じたものより、文学史的な観点からの研究が多く見られるが、その特徴がよく表われた論文集である。こうした共著の論文集には、**台湾文学論集刊行委員会編『台湾文学研究の現在――塚本照和先生古稀記念』**[緑蔭書房、1999]、**藤井省三・黄英哲・垂水千恵『台湾の「大東亜戦争」――文学・メディア・文化』**[東京大学出版会、2002]、**呉密察・黄英哲・垂水千恵編『記憶する台湾――帝国との相剋』**[東京大学出版会、2005]、**松浦恆雄・垂水千恵・廖炳恵・黄英哲編『越境するテクスト――東アジア文化・文学の新しい試み』**[研文出版、2008]などがあり、それぞれ貴重な論文を収める。

日本の代表的な台湾文学研究者は、特色ある研究書を世に送ってきた。1920年代以降に勃興した、台湾人・日本人による、中国語・日本語を用いた文学を研究する書籍は、1990年代から2000年代にかけて一斉に刊行された。いずれも文学史的な観点を多く含む。まず**下村作次郎『文学で読む台湾――支配者・言語・作家たち』**[田畑書店、1994]は、斯界を牽引してきた下村の、日本統治期のみならず、戦後初期から戦後の文学へと広く見渡した最初の著書である。**垂水千恵『台湾の日本語文学――日本統治時代の作家たち』**[五柳書院、1995]は、日本統治期に日本語で創作した台湾人作家を中心に論じ、アイデンティティや皇民文学の問題に先鞭をつけ、特に日本文学の研究者に多くの刺激をもたらした。**河原功『台湾新文学運動の展開――日本文学との接点』**[研文出版、1997]に収められた台湾新文学運動史は、資料にもとづく日本統治期文学史で、その後の重厚な研究手法を予感させる最初の成果である。台湾文学の魅力をさまざまな作家を通して語ったのが、**藤井省三『台湾文学この百年』**[東方書店、1998]である。下村、河原とともに、台湾文学の基礎資料を整備しつつ、作家たちを実証的に追求してきた**中島利郎『日本統治期台湾文学研究序説』**[緑蔭書房、2004]が刊行されたことで、西川満をはじめ日本人作家の活動の全体像が描かれるに至った。異色といえるのが、**松永正義『台湾文学のおもしろさ』**[研文出版、2006]、**松永正義『台湾を考えるむずかしさ』**[研文出版、2008]の2冊で、台湾語や中国語の文学からの論点に特徴があり、日本統治期文学を日本語一色に塗り込めないためにも貴重である。**フェイ・阮・クリーマン、林ゆう子訳『大日本帝国のクレオール――植民地期台湾の日本語文学』**[慶應義塾大学出版会、2007]は理論的視座から台湾文学を読み解いている。

2010年代以降も日本の台湾文学研究はさらに豊かな成果を生む。研究は

深化し、また拡散した。日本統治期文学を考える上で欠かせない、検閲や出版の問題に取り組んだ、河原功『翻弄された台湾文学——検閲と抵抗の系譜』［研文出版、2009］はまさに必読の一冊である。詳細な調査にもとづいて日本人作家の群像を描き出した、中島利郎『日本人作家の系譜——日本統治期台湾文学研究』［研文出版、2013］、同『台湾の児童文学と日本人——日本統治期台湾文学研究』［研文出版、2017］の2冊は、これまで注目されてこなかった作家にも光を当てた。長年の研究成果を重厚な一冊に収めた、下村作次郎『台湾文学の発掘と探究』［田畑書店、2019］には、忘却と埋没から作家を救い出そうとする強い情熱があふれる。若い世代の研究も相次いで登場した。和泉司『日本統治期台湾と帝国の〈文壇〉——〈文学懸賞〉がつくる〈日本語文学〉』［ひつじ書房、2012］は、日本統治期の文学を文壇や懸賞といった視点から描き出す。ここにも時代の烙印は顕著である。星名宏修『植民地を読む——「贋」日本人たちの肖像』［法政大学出版局、2016］は独特の手つきで、指紋や国籍など過去の台湾文学研究にはなかった角度から、複雑にからみあった結び目をほどいていく。

　研究の成熟は、個別の作家を論じた書籍にも見られる。垂水千恵『呂赫若研究——1943年までの分析を中心として』［風間書房、2002］は、恐らく日本統治期でもっとも才能にあふれた作家だった呂赫若を論じる。橋本恭子『『華麗島文学志』とその時代——比較文学者島田謹二の台湾体験』［三元社、2012］は、台北帝国大学の教授で比較文学者だった島田謹二とその時代を描き、台湾文学とアカデミズムとの関わりに説き及ぶ。戦後になってからも日本語で書き続けた黄霊芝については、岡崎郁子『黄霊芝物語——ある日文台湾作家の軌跡』［研文出版、2004］と下岡友加『ポストコロニアル台湾の日本語作家——黄霊芝の方法』［溪水社、2019］の2冊がある。

　地方から台湾文学史や日本語文学史を見つめ直す試みには、大東和重『台南文学——日本統治期台湾・台南の日本人作家群像』［関西学院大学出版会、2015］、同『台南文学の地層を掘る——日本統治期台湾・台南の台湾人作家群像』［関西学院大学出版会、2019］、同『台湾の歴史と文化——六つの時代が織りなす「美麗島」』［中公新書、2020］の3冊がある。比較文学の視点からの研究には、台湾における魯迅受容を論じた中島利郎編『台湾新文学と魯迅』［東方書店、1997］、さらに横光利一を代表とする日本の新感覚派の受容を論じた、謝惠貞『横光利一と台湾——東アジアにおける新感覚派の誕生』［ひつじ

書房、2021] があるが、今、台湾文学研究に求められているのは、こうした手法の多様性かもしれない。

戦後の文学

　台湾文学を文学史的に見たとき、最も複雑かつ重要な時期が、戦後初期の転換期だろう。1947年の二・二八事件を含め、この時期の文学には論じるべきトピックが多く、研究者たちが挑戦してきた。先陣を切ったのは**岡崎郁子『台湾文学——異端の系譜』**［田畑書店、1996］で、邱永漢へのインタビューにもとづく論考は今ではいっそう貴重である。転換期の文化の再構築を論じた、**黄英哲『台湾文化再構築1945 ～ 1947の光と影——魯迅思想受容の行方』**［創土社、1999］は、台湾文学研究の必読書の一つである。戦後初期に国民党政府が推し進めた脱植民地化・祖国化のもとで創作した作家たちを、独特の視点から刺激的に論じたのが、**丸川哲史『台湾における脱植民地化と祖国化——二・二八事件前後の文学運動から』**［明石書店、2007］である。この時期の女性作家の活動について、詳細な調査にもとづき実証的に論じた、**豊田周子『台湾女性文学の黎明——描かれる対象から語る主体へ1945–1949』**［関西学院大学出版会、2021］も見逃せない。

　戦後の文学についても、やはり文学史を手元に置いておきたい。先に記した3冊以外に、**彭瑞金、中島利郎・澤井律之訳『台湾新文学運動四〇年』**［東方書店、2005］はもっぱら戦後の文学史を記す。台湾で戦後文学が展開するさまを、日本から見つめている文学者がいた。台湾語研究者で、日本で台湾独立運動を展開した王育徳の一冊**『台湾海峡』**［日中出版、1983］は、日本における最も早い台湾文学研究の成果で、同時代文学論でもある。1950年代には中国語で創作する外省人作家の活躍が目立ったが、この時期の文学を、貸本屋や雑誌などで読まれた小説の視点から、一次資料をもとに再構成したのが、**張文菁『通俗小説からみる文学史——一九五〇年代台湾の反共と恋愛』**［法政大学出版局、2022］で、近年の画期的な成果である。戦後の文学には国民党政府の宣伝活動が大きく影響し、資金をもとに雑誌や文学賞、文学キャンプなどが開催されていた。こういった文壇の形成を立体的に論じたのが、**赤松美和子『台湾文学と文学キャンプ——読者と作家のインタラクティブな創造空間』**［東方書店、2012］で、戦後台湾文学の背景を理解する上で役立つ。近年になり、個別の作家についての研究も深まりつつある。**明田川聡士『戦**

後台湾の文学と歴史・社会——客家人作家・李喬の挑戦と二十一世紀台湾文学』[関西学院大学出版会、2022]は、客家出身で、戦後文学の巨頭の一人、李喬の文学を時代との関わりの中で描く。

台湾語文学については、近年に至り**廖瑞銘、酒井亨訳『知られざる台湾語文学の足跡』**[国書刊行会、2020]が出たことを喜びたい。

台湾文学を理解する際には、歴史的、言語的な観点とともに、民族の多様性を下敷きにした地域的な観点が必要である。特に原住民族の文学は、台湾文学の特徴を最も体現している。原住民族文学研究を長く牽引してきた、**下村作次郎の『台湾原住民文学への扉——「サヨンの鐘」から原住民作家の誕生へ』**[田畑書店、2023]はその集大成で、この一冊を通して見直したとき、台湾文学の相貌は全く一新するだろう。

台湾文学の広がりは、日本語を通して日本にも及んでいる。**垂水千恵『台湾文学というポリフォニー——往還する日台の想像力』**[岩波書店、2023]を読めば、台湾の歴史に日本という要素が刻み込まれた以上、日本語を通した台湾文学研究は、日本統治期の台湾にとどまらず日本語圏へと広がり、台湾を問うことは実は日本を問うことでもある、と知るだろう。

文学研究を含め、研究は真空の中でなされているわけではない。そこには時代と密着した背景がある。日本における台湾文学研究を回顧した研究案内はいくつもあるが、ここでは研究者による回想を挙げておきたい。**岡崎郁子『ひまわりのごとくあれ——台湾留学の記』**[吉備人出版、2013]は留学の記録、**河原功『台湾渡航記——霧社事件調査から台湾文学研究へ』**[村里社、2016]は台湾文学の調査と研究、収集を目的とした渡航の記録だが、いずれも研究という営みが人生の中で持つ意味、そして接した台湾の土地と人が浮かび上がる。この2冊を読むことで、文学を含む台湾研究の複雑さとともに、その中でめぐり合う大きな喜び、そして何より、研究という営為が人生を作る、ということを理解できるだろう。

9　文化史 …………………………………………　三澤真美恵

台湾史における「文化」の多面性

　日本における台湾史研究の開拓者・伊能嘉矩が「殆ど其の全生涯を其の完成に傾け尽した」（福田徳三による刊行時の序文）遺著は『台湾文化志』[刀江書院、1928] と名付けられている。また、日本の植民地統治下における台湾人の民族運動において画期をなす団体が「台湾文化協会」（1921年創立）と名乗ったのは、「文化」を台湾人が無知や植民地支配からの解放へ向かう「導き」として最も重要な手段と認識していたからだという（呉叡人「成為一個人──従連温卿与史明的本土左翼伝統看文協百年遺沢」[許雪姫主編『世界.啓蒙. 在地──台湾文化協会百年紀念』上、中央研究院、2023]）。そもそも文化は「およそ人間と人間の生活に関わる総体」であり（日本文化庁HP）、同語で包含される領域もきわめて広範だ（台湾文化部HP）。それだけに、台湾史における「文化」の意味を仔細に検討することはきわめて困難な作業だが、台湾を含めた植民地帝国日本の教育政策を文化統合の視点から論じた**駒込武『植民地帝国日本の文化統合』**[岩波書店、1996]、中華民国政府による台湾文化再構築を論じた**黄英哲『台湾文化再構築1945〜1947の光と影──魯迅思想受容の行方』**[創土社、1999]、国民党の文化政策を「脱日本化」「中国化」「本土化」の流れで論じた**菅野敦志『台湾の国家と文化──「脱日本化」・「中国化」・「本土化」』**[勁草書房、2011] などは、この難題にそれぞれの視角から丁寧な考察を加えた成果といえる。

　いっぽう、実際に台湾を歩くことでよりカジュアルに歴史や文化を体感するなら、**中央研究院デジタル文化センター、森田健嗣監訳『台北歴史地図散歩──古地図と写真でたどる台北の100年』**[ホビージャパン、2019] や片倉佳史『台北・歴史建築探訪──日本が遺した建築遺産を歩く　1895〜1945』[ウェッジ、2019、増補版2023] などが役立つ。古い地図を読み解く**陸傳傑、河本尚枝訳『地図で読み解く日本統治下の台湾』**[創元社、2019] や「読書案内」付きで文学作品と共に地方の味わいを伝える**大東和重『台湾の歴史と文化**

——六つの時代が織りなす「美麗島」』[中央公論新社、2020] などは読み物としても魅力的である。こうした現代の街歩きにもつながる台湾近代ツーリズムについては曽山毅の先駆的な研究『植民地台湾と近代ツーリズム』[青弓社、2003] がある。また、異文化を体感する装置としての博覧会がもつ「帝国の視線」に焦点をあてた歴史研究に松田京子『帝国の視線——博覧会と異文化表象』[吉川弘文館、2003]、台湾を代表する博物館である故宮博物院をめぐる政治を明らかにした家永真幸『国宝の政治史——「中国」の故宮とパンダ』[東京大学出版会、2017] がある。

先住民文化

　台北郊外にある故宮博物院の向かいに位置するのは順益台湾原住民博物館であるが、先史時代にまでルーツを遡ることができる台湾の先住民族による彫刻、音楽、歌謡、舞踊などは、日本の植民地統治下で宮川次郎『台湾の原始芸術』[台湾実業界社、1930] や佐藤文一『台湾原住種族の原始芸術研究』[台湾総督府警務局理蕃課、1942] などによって「保存」すべき「原始芸術」として注目された。松田京子「『原始芸術』言説と台湾原住民——「始まり」の語りと植民地主義」[加藤隆浩編『ことばと国家のインターフェイス』行路社、2012] は、この「原始芸術」言説が『日本文化史大系』全12巻（誠文堂新光社、1937–1940）に代表される当時の日本文化史研究において、先住民族芸術の「歴史性」を否定しながら、いかに利用されたかを明らかにしている。黒澤隆朝『台湾高砂族の音楽』[雄山閣、1973] や黒澤が植民地下で実施した先住民族音楽調査については、今日の音楽学研究の観点から再評価され、日中英の解説と音源CD付きで復刻されている（王櫻芬・劉麟玉『戦時台湾的声音1943黒沢隆朝《高砂族的音楽》復刻——暨漢人音楽』[国立台湾大学出版中心、2008]）。2013年には「歌で書き」「ペンで歌う」台湾先住民族の音楽と文化に関する充実した論集（下村作次郎・孫大川・林清財・笠原政治編『台湾原住民族の音楽と文化』[草風館、2013]）も登場した。

美術

　他方、19世紀後半に西欧で「近代的」なものとして確立された近代美術は、日本の植民地支配においても近代国家イデオロギー装置として機能した側面をもつが、植民地期台湾の学校教育を通じた美術に関する研究には楊孟哲『日

本統治時代の台湾美術教育　1895〜1927』［同時代社、2006］があり、日台の画家に着目した一般書には森美根子による『台湾を描いた画家たち——日本統治時代画人列伝』［産経新聞出版、2010］と『語られなかった日本人画家たちの真実——日本統治時代台湾』［振学出版、2018］がある。近代美術のみならず伝統書画も対象に含めた日台勤宣文教基金会『日治時期台湾官弁美展（1927-1943）図録与論文集』［勤宣文教基金会、2010］は、日中両言語で日台の研究を豊富な図録と共に紹介しており参照価値が高い。台湾では2018年に「台湾芸術史の再建」が政策として打ち出され、学術研究の推進の他、作品の発掘収集修復も行われている。「故郷」の観点を導入して台湾人アイデンティティとの関連から台湾美術史を再考した邱函妮『描かれた「故郷」——日本統治期における台湾美術の研究』［東京大学出版会、2023］も、こうした流れを反映する最新の成果のひとつであろう。

音楽

　植民地期学校唱歌については先駆的な研究に劉麟玉『植民地下の台湾における学校唱歌教育の成立と展開』［雄山閣、2005］、さらに岡部芳広『植民地台湾における公学校唱歌教育』［明石書店、2007］がある。植民地期に生まれ国際的に活躍した音楽家・江文也について先駆的な研究に井田敏『まぼろしの五線譜——江文也という「日本人」』［白水社、1999］、翻訳書だが劉美蓮、西村正男監訳、廣瀬光沙訳『音楽と戦争のロンド——台湾・日本・中国のはざまで奮闘した音楽家・江文也の生涯』［集広舎、2022］がある。また、台湾における伝統音楽である南管については、音楽学的分析による楊桂香『台湾の南管——南管音楽における演劇性と音楽集団』［白帝社、2004］のほか、王櫻芬、片倉健博訳「冷戦期南管にみるメディア・地域の相互連関」［三澤真美恵・川島真・佐藤卓己編『電波・電影・電視』青弓社、2012］が東南アジアにまで広がる南管のネットワークを簡潔だが説得的に示している。さらに、陳培豊『歌唱台湾——重層的植民地統治下における台湾語流行歌の変遷』［三元社、2021］は植民地下や戒厳令下で「失語」の状態におかれた台湾人の心情を台湾語流行歌の変遷のなかから浮かび上がらせている。

演劇

　植民地期の演劇については、呂訴上「台湾演劇の近情」［『国民演劇』第1巻

第4号、牧野書店、1941]、浜田秀三郎『台湾演劇の現状』[丹青書房、1943]があるほか、近年では博士論文にも近代劇（李宛儒『日本統治下における台湾近代劇の生成と発展──植民地知識人の演劇活動の系譜を中心に』[名古屋大学博士論文（文学）、2012]）や伝統劇（李思漢『中国・日本・台湾における伝統演劇の越境と受容──演劇史周縁からみた諸相』[京都大学博士論文（人間・環境学）、2021]）に関する成果が現れた。台湾の人形劇は以前から日本人研究者の関心を惹いており、フィールド調査にもとづく現代人形劇センター編『台湾の人形劇』[現代人形劇センター、1980]、宮本吉雄『神々と人形と男たちの宴──台湾から人形劇の源流を求めて』[いかだ社、1984]がある。中国都市芸能研究会による皮影戯や伝統劇に関する論集（氷上正・山下一夫・千田大介・吉川龍生『台湾ローカル文化と中華文化』[好文出版、2018]、石光生・邱一峰・山下一夫・氷上正・戸部健・千田大介・平林宣和・佐藤仁史編著『中華圏の伝統芸能と地域社会』[好文出版、2019]）はテクスト諸本の比較なども取り入れた最近の研究動向を示す。台湾伝統劇の戯単（チラシ）に着目した蔡欣欣「演劇の歴史的現場に立ち戻る台湾内台歌仔戯の『戯単』」[中里見敬編『中国戯単の世界──「戯単、劇場と20世紀前半の東アジア演劇」学術シンポジウム論文集』花書院、2021]もある。

映画

　映画は19世紀末の世界で同時多発的に開発されたが、日本植民地統治下の台湾にも持ち込まれ、映画に特化した劇場が作られる前は、芝居や講談などの興行と同じ劇場で上映されていた。戦時下で発行されたがゆえのバイアスがあることは否めないが、アジア映画を対象にした市川彩『アジア映画の創造及建設』[国際映画通信社、1941]にはそうした初期の展開にも言及した「台湾映画事業発達史」が含まれる。田村志津枝『はじめに映画があった──植民地台湾と日本』[中央公論新社、2000]では初期台湾映画史のキーパーソンである高松豊次郎や後藤新平などが物語風に登場する。劉吶鷗や何非光など台湾人の映画をめぐる交渉と越境に着目した研究に三澤真美恵『「帝国」と「祖国」のはざま──植民地期台湾映画人の交渉と越境』[岩波書店、2010]がある。作中の日本イメージに焦点をあてた門間貴志『アジア映画にみる日本1（中国・香港・台湾編）』[社会評論社、1995]や新井ひふみ『中国・台湾・香港映画のなかの日本』[明治大学出版会、2012]、武侠映画を論じた岡崎由美・浦川

留『武侠映画の快楽——唐の時代からハリウッドまで剣士たちの凄技に迫る。』[三修社、2006]や張愛玲を軸に据えた映画史（**河本美紀『張愛玲の映画史——上海・香港から米国・台湾・シンガポール・日本まで』**[関西学院大学出版会、2023]）にも台湾に言及した箇所がある。21世紀に入って植民地期台湾で上映されたフィルムが発見されると、異なるディシプリンの研究者が集ってこれを検討したDVD付きの論集（**三澤真美恵編『植民地期台湾の映画——発見されたプロパガンダ・フィルムの研究』**[東京大学出版会、2017]）も編まれた。戦後の台湾映画については、同時代的な紹介として戸張東夫**『映画で語る中国・台湾・香港』**[丸善、1991]、田村志津枝**『台湾発見——映画が描く「未知」の島』**[朝日文庫、1997]、野島剛**『認識・TAIWAN・電影——映画で知る台湾』**[明石書店、2015]がある。歴史社会を見る窓口として映画を捉えた**小山三郎編著『台湾映画——台湾の歴史・社会を知る窓口』**[晃洋書房、2008]や戸張東夫・廖金鳳・陳儒修**『台湾映画のすべて』**[丸善、2006]のほか、映画史年表（**小山三郎・山下美奈・山下紘嗣『台湾現代文学・映画史年表』**[晃洋書房、2016]）や台湾で上映された映画に関する資料集（**川瀬健一『植民地 台湾で上映された映画——**1899（明治32）年〜1934（昭和9）年』『同——1935（昭和10）年〜1945（昭和20）年』[東洋思想研究所、ともに2010]など）も登場した。台湾新ドキュメンタリー映画については**邱貴芬、田村容子訳「台湾のドキュメンタリーと社会運動」**[星野幸代・洪郁如・薛化元・黄英哲編『台湾映画表象の現在——可視と不可視のあいだ』あるむ、2011]が社会運動との関わりで要を得た紹介を行なっている。雑誌の特集だが**『ユリイカ　台湾映画の現在』**[2021.08]は近年の研究動向の幅を知る契機になる。

マスメディア

　台湾では清朝時代に木版印刷技術が伝わっており、英国長老派教会バークレーによる『台湾府城教会報』が台湾独自の最初の定期刊行物といわれるが（**何義麟「台湾のメディア」**[山口守編『講座台湾文学』国書刊行会、2003]）、聴覚メディアであるラジオ放送は1928年12月の台北放送局（JFAK）開設で本格化した。台湾を舞台に戦時期に南方にまで拡大したラジオ放送に関する研究に井川充雄**『帝国をつなぐ〈声〉——日本植民地時代の台湾ラジオ』**[ミネルヴァ書房、2022]がある。また、未だ書籍化されていないが、出版物やラジオ放送も含めた台湾近代メディアに関する先駆的な研究に**李承機**の博士論文

『台湾近代メディア史研究序説——植民地とメディア』[東京大学博士論文（学術）、2004]がある。同じく聴覚メディアであるレコードについて資料的価値のある成果として**人間文化研究機構連携研究「外地録音資料の研究」プロジェクト編・刊『日本コロムビア外地録音ディスコグラフィー——人間文化研究機構連携研究文化資源の高度活用　台湾編』**[2007]がある。

　戦後のテレビ放送の初期については、背景にある日米合作に着目した先駆的研究（**有馬哲夫「かくてテレビは台湾にもたらされた——知られざる日米合作」**[『ソシオサイエンス』14、早稲田大学先端社会科学研究所、2008]）のほか、**三澤真美恵「台湾における初期テレビ史の概況」**[三澤真美恵・川島真・佐藤卓己編『電波・電影・電視』青弓社、2012]がある。戒厳令解除後には有線ラジオ・テレビが急速に発達するが、視聴者が参加するコールイン番組の公開討議がもつ可能性をデリベラティブ・デモクラシー論の観点で論じた**林怡蓉『台湾社会における放送制度——デリベラティヴ・デモクラシーとマスメディアの理論の新たな地平』**[晃洋書房、2013]、近年の台湾における多文化主義を背景にエスニック・メディアの成立と課題を明らかにした**林怡蕿『台湾のエスニシティとメディア——統合の受容と拒絶のポリティクス』**[立教大学出版会、2014]などは多チャンネル時代の放送研究である。

スポーツとサブカルチャー

　ラジオ・テレビの実況放送によって台湾で人気を博したスポーツの代表が野球といえるが、台湾を含む戦前「外地」の高校野球を描いたものに**川西玲子『戦前外地の高校野球——台湾・朝鮮・満州に花開いた球児たちの夢』**[彩流社、2014]があり、**清水麗「台湾のスポーツにみる文化の交錯」**[土佐昌樹・青柳寛編『越境するポピュラー文化と〈想像のアジア〉』めこん、2005]も野球に触れているが、台湾野球を日米中の相互作用のなかで形成されたハイブリッドな文化とみる**アンドルー・D・モリス、丸山勝訳『台湾野球の文化史——日・米・中のはざまで』**[論創社、2022]はサブカルチャーも含めた資料を渉猟したリーダブルな研究書である。

　サブカルチャーは比較的新しい研究領域だが、台湾との関わりで一時期必ず言及された「哈日現象」（日本大衆文化を偏愛する現象）については、**李衣雲『台湾における「日本」イメージの変化 1945–2003——「哈日現象」の展開について』**[三元社、2017]が1945–2003年の台湾における「日本」イメー

ジの変化を明らかにし、**張瑋容『記号化される日本――台湾における哈日現**
象の系譜と現在』[ゆまに書房、2020]はフィールドワークも活用しながら親
日感情の重層的構造を指摘している。**押野武志・吉田司雄・陳國偉・涂銘宏**
編著『交差する日台戦後サブカルチャー史』[北海道大学出版会、2022]では日
台双方のまなざしの「交差」を意識してアニメ『マジンガーZ』やモンスター、
妖怪などさまざまな対象を扱っている。

10　女性史・ジェンダー史 ……………………… 野村鮎子

戦後台湾のフェミニズム運動と日本における研究の黎明期

　戦後の台湾のフェミニズム運動は、国民党支配の戒厳令下にアメリカ留学から帰国した呂秀蓮（1944–）から始まった。彼女は1970年代の保守的な台湾社会に「ニューフェミニズム（新女性運動)」を掲げて颯爽と登場し、女性の公領域における平等と参与を主張した。しかし、著書『新女性主義』はフリーセックスを宣伝するとして発禁処分になる。のち民主化運動に身を投じた彼女は、1979年12月の美麗島事件で5年間服役した後は政治活動に全力を注ぐようになり、1992年に立法委員（国会議員）に当選、桃園県の県長を経て、2000年に台湾で初めて民進党政権が誕生したとき、「両性が共に治める」のスローガンのもと、台湾史上初めての女性副総統となった。彼女の言論は多くの女性を啓蒙し、1982年李元貞らが設立した婦女新知雑誌社（のち婦女新知基金会）は台湾のフェミニズム運動で中心的な役割を果たした。婦女新知基金会は元「慰安婦」問題にも取り組んだ。

　ただし、日本ではこうした台湾の女性運動に関心が寄せられることは少なく、90年代の日本で先に注目を集めたのは、むしろ李昂などに代表されるフェミニズム文学であった。日本の台湾女性史研究は、**洪郁如『近代台湾女性史——日本の植民統治と「新女性」の誕生**』[勁草書房、2001] から始まった。これは日本で初めて「台湾女性史」を書名に掲げた研究書である。21世紀になると、民進党政権の誕生を契機に日本の中国女性史研究者も台湾に注目するようになり、**中国女性研究会編『中国女性の一〇〇年——史料にみる歩み**』[青木書店、2004] では全7章のうち最後の1章が台湾女性史にあてられた。

日台の共同研究による学術研究

　こうした中、日本・台湾の共同研究による学術書が登場する。日台の女性史研究者が共同編纂した**『台湾女性史入門**』[同編纂委員会編、人文書院、2008] は、「婚姻・家庭」、「教育」、「女性運動」、「労働」、「身体」、「文芸」、

「信仰」、「原住民」の9章79項目で台湾女性史を紹介した入門書である。各項目は台湾人研究者が執筆し、日本側が翻訳と初学者のための研究案内を担当している。2008年以前の台湾女性史に関する日本語文献はほぼここに網羅されており、以下に紹介するのはそれ以降の日本語文献である。

　野村鮎子・成田靜香編『台湾女性研究の挑戦』［人文書院、2010］は、日台合同研究会での台湾研究者9名の報告論文を翻訳したもので、各編の後ろに時代背景や研究状況を紹介する日本側研究者による「解題」を附している。そのうちの一篇、范情、竹内理樺訳「台湾女性運動の歴史をふりかえって」は、日本語で読める数少ない台湾近代女性運動史である。

台湾のジェンダー主流化に関する研究

　台湾では民主化運動とともに女性の権利を法的に保障する動きも活発になり、民法親属編の夫権や父権を優先する条項の改正（1996〜）に続き、性暴力防止法（1997）、DV防止法（1998）、両性工作（労働）平等法（2001、のちジェンダー工作平等法）、ジェンダー平等教育法（2004）、セクハラ防止法（2005）などが制定される。1997年に行政院に婦女権益促進委員会（2009年にジェンダー平等処と改称）が設置され、ジェンダー主流化が政策として推進されたことも大きかった。個々の法案の背景については、**陳恵馨、羽田朝子訳「台湾におけるジェンダー平等教育法の制定と発展」**［『ジェンダーと法』第10号、2013］や**陳昭如、松田恵美子訳「仕事と家庭の両立難を超えて──フェミニズムの観点から論ずる台湾の母性保護論争」**［『名城法学』67巻4号、2018］などを参照されたい。こうした台湾のジェンダー主流化は、「一つの中国」の原則によって1971年に国連を追放された台湾（中華民国）が民主主義を標榜し、国際的な地位を高めるための戦略という側面もあった。

　台湾は国連への加入が認められていないため、国連開発計画（UNDP）の『人間開発報告書』には記載がないが、台湾の行政院主計処がUNDPの計算方式に基づいて行った試算によれば、台湾のジェンダー・エンパワーメント指数（GEM）は、2001年に21位、2002年に20位となって以降、年ごとに順位を上げ、今やアジアの中でもトップである。台湾のフェミニズムが運動や政治に積極的に関わった結果であり、**顧燕翎、羽田朝子訳「フェミニズムの体制内改革」**と**洪郁如「解題　台湾のフェモクラットとジェンダー主流化」**［ともに『台湾女性研究の挑戦』所収］は、その実践報告とそれについての解

説である。また、**洪郁如「フェミニズム運動、政党、キャンパス――近現代台湾政治と女性」**［『言語文化』52号、2015］は、大学のキャンパスが運動の「人材補充基地」の役割を発揮してきたことを指摘する。大学の各分野のジェンダー研究者や学生たちが、当初から女性運動に深く関わり、運動を理論や戦術面で支えてきたことは、台湾女性史／ジェンダー史を考えるうえで重要である。

　ただし、台湾の女性運動は決して一枚岩であったわけではなく、とりわけ1997年の公娼制廃止問題をめぐっては、婦権派と性解放派・性権派の対立が先鋭化した。公娼自身による廃娼への抵抗運動を支持した後者の理論については、**何春蕤著、舘かおる・平野恵子編、大橋史恵・張瑋容訳『「性／別」攪乱――台湾における性政治』**［御茶の水書房、2013］に詳しい。また、**福永玄弥「台湾におけるフェミニズム的性解放運動の展開――女性運動の主流化と、逸脱的セクシュアリティ主体の連帯」**［瀬地山角編『ジェンダーとセクシュアリティで見る東アジア』勁草書房、2017］も参照されたい。

台湾のクオータ制に関する研究

　台湾のジェンダー・エンパワーメント指数の中でも際立っているのが、公的部門における女性の参政である。特に選挙制度では立法委員（国会議員）の比例代表当選者の半分以上は女性候補でなければならないというルール（クオータ制）があり、現在では与野党含めて女性の国会議員比率は40％を超えている。また直轄市及び県・市の議員でも女性が3分の1を超えている。台湾のクオータ制は日本でも注目されており、**福田円「台湾の女性定数保障制」**［三浦まり・後藤幹子編『ジェンダー・クオータ――世界の女性議員はなぜ増えたのか』明石書店、2014］、**黄長玲『台湾におけるジェンダークオータ』**［お茶の水女子大学ジェンダー研究所、2019］、**王貞月「台湾のクオータ制と女性の政治参画」**［『日本ジェンダー研究』25号、2022］などの研究がある。

日本統治期の台湾女性に関する研究

　日本統治期の台湾女性研究もこの四半世紀で大きな成果をあげている。女子教育制度に関しては**山本禮子『植民地台湾の高等女学校研究』**［多賀出版、1999］がある。さらに女子教育の普及によって誕生した「新女性」に関しては、上掲の**洪郁如『近代台湾女性史――日本の植民統治と「新女性」の誕生』**の

ほか、翻訳として**游鑑明、小川唯訳「日本統治期における台湾新女性のコロニアル・モダニティについて」**[早川紀代ほか編『東アジアの国民国家形成とジェンダー──女性像をめぐって』青木書店、2007]がある。このほか戦前の職業女性へのインタビューをもとにした**游鑑明、金丸裕一訳「植民地期の台湾籍女医について」**[『歴史評論』532号、1994]、**游鑑明・張茂霖、金丸裕一訳「二つの時代を歩んだ台湾のキャリアウーマン──林荘季女士訪問記録」**[『中国女性史研究』6号、1996]からは、台湾女性史研究におけるオーラルヒストリーの重要性を学ぶことができる。

ジェンダー法学研究

台湾では法学を学ぶ女性が多く、ジェンダー法学も盛んである。**李玉璽、杉本史子訳「台湾の大学課程におけるジェンダー法学教育の実践と問題点」**[『立命館法学』2013年第2号]はその研究と教育の概要を紹介したものである。**陳昭如、孫軍悦訳「台湾における法の近代化とフェミニズムの視点」**[高橋哲哉ほか編『法と暴力の記憶──東アジアの歴史経験』東京大学出版会、2007]、上掲の**陳昭如、松田恵美子訳「仕事と家庭の両立難を超えて──フェミニズムの観点から論ずる台湾の母性保護論争」**は、いずれもジェンダー法学の第一人者による論考の翻訳である。

LGBT運動および同性婚研究

台湾は「アジアでもっともLGBTフレンドリー」な国として知られている（**福永玄弥「『LGBTフレンドリーな台湾』の誕生」**[瀬地山角編『ジェンダーとセクシュアリティで見る東アジア』勁草書房、2017]）。LGBT運動は民主化運動の中の権利獲得運動として始まったが、それはまた多くのすぐれたLGBTQ文学作品を生んでもいる。**黄英哲・白水紀子・垂水千恵編『台湾セクシュアル・マイノリティ文学』全4巻**[作品社、2008–2009]はその翻訳集であり、第3巻の白水紀子の巻末「解題」[2009]の解説が簡にして要を得ている。**劉亮雅、小笠原淳・西端彩訳、濱田麻矢監修「周縁からの声──戒厳令解除後の台湾セクシュアル・マイノリティ文学」**[前野みち子・星野幸代・垂水千恵・黄英哲編編著『台湾文化表象の現在（いま）──響きあう日本と台湾』あるむ、2010]はLGBT運動と文学の関係を論じている。また近年、在日台湾人の日本語作家の李琴峰（りことみ）が、セクシュアル・マイノリティが登場するすぐれた作品を続々と発表し、

2021年には芥川賞を受賞している。

　教育政策の面からLGBTを論じたものとしては、福永玄弥「性的少数者の制度への包摂をめぐるポリティクス——台湾のジェンダー平等教育法を事例に」[『日本台湾学会報』19号、2017]、徴兵制との関わりでは、同「同性愛の包摂と排除をめぐるポリティクス——台湾の徴兵制を事例に」[『Gender and Sexuality』12号、2017]がある。

　2017年5月24日、台湾の司法院大法官会議は「第748号解釈」によって同性間の婚姻を規定していない現行民法を違憲とし、2年以内の同性婚の立法化を命じた。その後、紆余曲折を経て、2019年5月24日から「司法院釈字第748号解釈施行法」いわゆる同性婚の特別法が施行された。2018年には日本台湾学会にて国際シンポジウム「台湾における婚姻平等化への道」[『日本台湾学会報』21号、特集、2019]が、2021年には上智大学でもシンポジウム「ジェンダー・アクティヴィズムと社会変革：韓国#Me too運動と台湾の同性婚法制化運動が日本社会へ示唆するもの」[『グローバル・コンサーン』3号、特集、2020]が開催されている。同性婚問題については、陳昭如、辜知愚訳「婚姻における異性愛家父長制と特権——台湾の同性婚論争」[『女性史学』27号、2017]、福永玄弥「『毀家・廃婚』から『婚姻平等』へ——台湾における同性婚の法制化と『良き市民』の政治」[『ソシオロゴス』45号、2021]などの研究もある。鈴木賢『台湾同性婚法の誕生——アジアLGBTQ⁺燈台への歴程』[日本評論社、2022]は法成立までの歴史をまとめており、巻末の年表も参考になる。なお、同性婚法ではもともと同性婚非承認国の人とは国際結婚できなかったが、2023年1月に役所で婚姻届を受理するように変更された。

　近年の台湾における研究動向については、林盈君、石井洋美訳「近10年の台湾における女性・ジェンダー史研究の趨勢（2011–2021）」[『中国女性史研究』32号、2023]を参照されたい。

IV
台湾史研究の思想と方法

1 学際研究としての台湾史 … 上水流久彦・西村一之

　台湾に関する地域研究としての特質を若林正丈は、「台湾研究における学際性が複合的であること、およびそれ故の開放性」(**若林正丈・家永真幸編『台湾研究入門』**[東京大学出版会、2020])と述べる。本書を紐解けば、そこには政治、経済、文化、歴史等、多くの領域にわたる台湾研究の姿が見えてくる。これに先立って一般向けに出版された、**川島真ほか著『台湾——模索の中の躍動』**[アジア遊学48、勉誠出版、2003]は歴史から政治経済、教育そしてポップカルチャーにまたがる論考が並び、国家の存在とその変化を取り上げ、また**陳來幸・北波道子・岡野翔太編『交錯する台湾認識——見え隠れする「国家」と「人びと」』**[アジア遊学204、勉誠出版、2016]からは台湾研究自体が人文社会科学研究に広くまたがった学際研究であることがよくわかる。学際的に台湾にアプローチする専門書に**沼崎一郎・佐藤幸人編『交錯する台湾社会』**[アジア経済研究所、2012]がある。本書は台湾史の専門家による論考に加え、エスニシティや原住民社会と政治、環境問題、市民社会運動、民主主義が取り上げられ、いずれも台湾社会の歴史的変化変遷を視点に入れている。そして所収論考の中には一つの専門領域に収まらないものもある。

　これを敷衍して考えれば、歴史研究として台湾を扱う台湾史研究にも同様の特質が見いだされる。事実、台湾史研究は様々な研究領域と重なり展開してきた。ひとつは歴史学研究者と異分野の研究者との共同で行われた学際的研究であり、もうひとつは歴史学とは異なる分野の研究者が台湾の歴史を扱う領域横断的な台湾研究である。ここでは多岐にわたる課題の中から、学際研究として台湾史を考えたときに重要で、かつ研究が積み上げられてきた、越境と植民地主義をめぐる研究について主に記す。

越境をめぐる研究

　台湾史研究は、そもそも中国史、日本史、東南アジア史さらにはヨーロッパ史の各領域にまたがる学際研究であり、グローバルヒストリー研究の要となる。ナショナル・ヒストリーの枠組みを必然的に超えるのがその特徴であ

る。そして台湾は、琉球列島、東南アジア島嶼部やオセアニア島嶼部に連なる地理的位置にある。この特質に基づく学際的研究に、台湾と他地域とにまたがる研究があり、そのひとつが移動／移民をキーワードとした越境研究である。例えば沖縄八重山と台湾との間の人的移動を巡る研究として、植民地台湾へ渡った沖縄の人びとの近代経験を詳細に述べて帝国主義的キャリアという言葉で整理した**松田ヒロ子『沖縄の植民地的近代——台湾へ渡った人びとの帝国主義的キャリア』**［世界思想社、2021］がある。また**小池康仁『琉球列島の密貿易と「境界線」——1949–1951』**［森話社、2015］は、アメリカ軍政府関係資料や新聞記事そして沖縄と台湾の関係者に対するインタビュー資料を用いて、太平洋戦争後にアメリカ軍の統治下に入った沖縄と台湾（中華民国）との間に生まれた境界を前に営まれた「密貿易」を行った人びとのネットワークについて克明に述べている。さらに隣接する複数の地域とその中心に対して自己を規定する地域を境域という概念で捉える**上水流久彦・村上和弘・西村一之編『境域の人類学——八重山・対馬にみる「越境」』**［風響社、2017］には、統治期から現在までを対象に、漁民の越境経験、農具や屋根瓦に注目したモノの近現代史、観光経験を通した八重山における台湾認識、台湾華僑のアイデンティティ、越境する歴史認識についての論考が収められている。そして、台湾と沖縄八重山の越境については、ジャーナリストの**松田良孝**による一連の重厚な論考（**『八重山の台湾人』**［南山舎、2004］、**『台湾疎開——「琉球難民」の1年11カ月』**［南山舎、2010］、**『与那国台湾往来記——「国境」に暮らす人々』**［南山舎、2013］）が重要である。これらの作品では石垣島への台湾人の移住から八重山の人びとの台湾への疎開等、両地域に暮らす人々の生活史が越境という観点から描かれる。

　また、台湾史研究者や台湾を調査する人類学者に加えて、韓国や沖縄の研究者を入れて帝国日本という枠組みの中で移動を考える、**植野弘子・上水流久彦編『帝国日本における越境・断絶・残像——人の移動』**・**『帝国日本における越境・断絶・残像——モノの移動』**［いずれも風響社、2020］がある。前者では台湾の大学・高校で学んだ韓国華僑のアイデンティティや沖縄の人からみた台湾系住民に対する記憶等が、後者では日本統治期の台湾の税関制度や台湾の綿布に関する嗜好と商社の活動の関係、日本統治期を起点とするパイン産業にみるハワイ・台湾・沖縄等間の移動等が論じられる。

植民地主義研究の展開

　植民地主義研究が盛んになる背景には台湾政治の民主化がある（三尾裕子「台湾研究この10年——台湾を対象とした人類学の発展過程」[『日本台湾学会報』11：58、2009]。1980年代末から急速に進む民主化は、日本統治期の研究を台湾学界でも可能とし、黄智慧や何義麟による一連の研究が日本の植民地研究に多大な影響を与えた。

　日本での植民地主義に関する学際的研究の出発点のひとつが、五十嵐真子・三尾裕子編『戦後台湾における〈日本〉——植民地経験の連続・変貌・利用』[風響社、2006]である。人類学を中心に宗教学、歴史学、考古学等多様な学問領域から植民統治に接近し、植民地経験、戦後の日本認識、モノにみる統治の影響等、その関心は多岐にわたる。同年には同様の問題意識から『アジア・アフリカ言語文化研究』71号で特集「台湾における日本認識」が組まれた（2020年に風響社より三尾裕子編『台湾における〈日本〉認識——宗主国位相の発現・転回・再検証』として出版）。宗主国側の人間が旧植民地台湾を記述する問題、日本仏教や漁労技術の台湾における展開、戦後台湾の対日観等が論じられている。生活空間における植民統治の実態を多面的に把握するとともに植民統治の戦後への影響（技術や対日観の形成等）を研究するという研究関心が、歴史学と人類学等との共同研究を生み出した。これらの研究は、その後展開する多くのテーマを含んでいた。

　2011年には植野弘子・三尾裕子編『台湾における〈植民地〉経験——日本認識の生成・変容・断絶』[風響社、2011]が出版され、人類学の植民地研究の流れを受け、支配・被支配や旧植民地・旧宗主国等の二項対立の図式ではなく、台湾側に主体をおき、植民地経験や戦後の日本認識を捉えようとした。日本認識の検討では、中国や中華文明も視野にいれ分析する視点が提示され、台湾社会における「日本」の存在を過度に特別視することからの脱却が試みられた。別な形で戦後の台湾社会における「日本」に焦点を当てたのが、所澤潤・林初梅編『台湾のなかの日本記憶——戦後の「再会」による新たなイメージの構造』[三元社、2016]である。台湾の人々の主体的選択を戦後の日本との出会いのなかで見いだし、日本と台湾を同型性が高く、同じことが並行しておきるパラレルワールドととらえ、台湾における日本の特別性を明らかにする。この両書は「日本が」ではなく、台湾「が」という問題意

識から台湾における植民地経験に接近する。**林初梅・所澤潤・石井清輝編著**
『二つの時代を生きた台湾──言語・文化の相克と日本の残照』［三元社、
2021］は、戦前と戦後を連続して捉える視点を重要視し、日本統治期に生まれ、
日本的要素に対し負の烙印が押される国民党統治期を生きた人々に注目し、
その多様な姿を浮き彫りにする。

　帝国日本という視野で台湾の統治を問う一連の学際的研究も展開してきた。
単純に台湾と韓国・朝鮮の研究成果を記すものだが、植民統治への向き合い
方が異なる台湾と韓国を学術的に探る意図のもと、**崔吉城・原田環編『植民
地の朝鮮と台湾──歴史・文化人類学的研究』**［第一書房、2007］が出版された。
キリスト教や日本仏教の展開、内地人と本島人との関係、沖縄漁民と台湾側
の接触、日本語教育等、統治期の実態研究に加え、引揚げ者の組織、日本神
（台湾で神として祭祀された統治期の日本人）等が取り上げられた。比較の
視点からは、**山路勝彦『近代日本の植民地博覧会』**［風響社、2008］が旧満洲
や朝鮮半島で行われた博覧会との対比から地元住民を巻き込んだ台湾の特殊
性を明らかにする。

　**三尾裕子・遠藤央・植野弘子編『帝国日本の記憶──台湾・旧南洋群島に
おける外来政権の重層化と脱植民地化』**［慶應義塾大学出版会、2016］は、台湾
や旧南洋群島には文明（中華文明や西洋文明）が日本統治前に既に存在し、
且つ日本統治後には別の外来政権が統治した点に注目し、台湾と旧南洋群島
の比較を通じて植民地経験の重層性を問い、日本植民地経験の相対化やその
特別視からの脱却を試みる。さらに日本を基点とせずに帝国日本を捉えよう
したのが、前出の**植野弘子・上水流久彦編『帝国日本における越境・断絶・
残像──モノの移動』・『帝国日本における越境・断絶・残像──人の移動』**
である。本書は日本と台湾だけではなく、朝鮮半島と台湾、台湾と旧南洋群
島、台湾と沖縄等の帝国日本における多角的な関係から帝国日本を解明する
ことを試みた。**上水流久彦編『大日本帝国期の建築物が語る近代史──過去・
現在・未来』**［アジア遊学266、勉誠出版、2022］では、神社の帝国日本や占領地
での展開、統治期の建築物の歴史的変遷、建築物の破壊・保存・活用からみ
る日本認識等が扱われている。そこでは、建築物の現状を外部化・内部化・
内外化・溶解化・遊具化の5つに分類する視点が提示される。

　統治側の「われわれ」の在り方を問う研究のひとつが、**中村平『植民暴力
の記憶と日本人──台湾高地先住民と脱植民の運動』**［大阪大学出版会、2018］

である。本書は日本の台湾統治の経験を他者の問題とするのではなく、台湾の人々と一緒に遡行することを「われわれ」に望み、脱植民地化を如何になせるかを問う。**三尾裕子編著『台湾で日本人を祀る――鬼から神への現代人類学』**[慶應義塾大学出版会、2022]は、統治期の日本人が台湾の中で神として祭祀されていることを親日台湾の証として捉える姿勢を批判する。台湾の宗教的脈絡で祭祀されている実態を人類学・宗教学そして歴史学の見地から明らかにしている。

　最後に越境研究そして植民地主義研究とは異なるが、**林初梅・黄英哲編『民主化に挑んだ台湾――台湾性・日本性・中国性の競合と共生』**[風媒社、2021]は、戦後の民主化を学際的に歴史として分析する。冒頭で紹介した**沼崎一郎・佐藤幸人編『交錯する台湾社会』**が現代の問題を論じるに歴史的変化変遷を視点に入れているが、このような問題意識から台湾の「今」に学際的に迫る研究は今後より盛んになろう。

2 台湾原住民族研究史 ……………………… 宮岡真央子

　今日台湾で「原住民／原住民族」と公称される台湾のオーストロネシア語族系先住諸民族の文化や歴史に関する学術研究は、1895年以降、日本の人類学者によって本格的に開始された。以来、台湾原住民族研究の蓄積は日本で100年余りの歴史を有する。以下、人類学分野を中心に概説する。

伊能嘉矩『台湾蕃人事情』による分類と命名

　先駆者は、東京帝国大学教授で東京人類学会を主宰した坪井正五郎の門下生の2人である。そのうち伊能嘉矩は1895年11月から総督府雇員や嘱託の身分で台湾に滞在し、「平埔族」と総称される清朝期に漢化が進み清朝の統治に与していた諸集団などを調査し、『東京人類学会雑誌』に連載記事「台湾通信」をはじめとする膨大な量の記事や論文を書き送った。1897年5–11月には公務で全島調査を実施し、**伊能嘉矩・粟野伝之丞『台湾蕃人事情』**［台湾総督府民政部文書課、1900、復刻：草風館、2000］にまとめた。同書では、台湾原住民族について文化・社会・言語の特徴に基づく史上初めての体系的な民族分類が示された。この分類法や民族名称は台湾総督府に採用され、その後の原住民族認識に大きな影響を与えた。伊能の関心はやがて歴史研究に移り、**伊能嘉矩『台湾蕃政志』**［台湾総督府民政部殖産局、1904、復刻：南天書局、1997］など多くの台湾史研究著作を残した。

鳥居龍蔵の探検による人類学調査

　坪井のもう一人の門下生であった鳥居龍蔵は、坪井の声がけにより東京帝国大学の派遣で1896年から1900年までに4回の台湾調査を実施した。当時はまだ事情が詳らかでなかった東部、離島、山岳地帯を次々に探検し、他地域との比較を視野に入れ、原住民族の来歴や特徴を考察した。当初からガラス乾板写真機を携行し、膨大な写真記録を残したことは特筆に値する。『人類学写真集　台湾紅頭嶼の部』と『紅頭嶼土俗調査報告書』は、蘭嶼（当時の紅頭嶼）の原住民族ヤミ（雅美族。タオ、達悟族ともいう）に関する史上初

の学術調査の成果である。この両冊および東部の原住民族の分類を示した「東部台湾に於ける各蕃族及び其分布」など数多くの論文は、鳥居龍蔵『鳥居龍蔵全集』全12巻・別巻［朝日新聞社、1975–1976］の第11巻に収録された。また、1910年代に著した原住民族の概説とヤミ／タオの形質人類学の仏文報告書によって鳥居の名と原住民族の存在は欧米の学界にも知られるようになったが、その和訳は全集の第5巻に収められている。

台湾総督府調査機関による網羅的報告書の刊行

　台湾総督府の調査機関、臨時台湾旧慣調査会は1909年より原住民族についての網羅的な慣習調査を実施した。その成果が2種の報告書、佐山融吉『蕃族調査報告書』全8巻［台湾総督府臨時台湾旧慣調査会、1913–1921］、小島由道ほか『番族慣習調査報告書』全8巻［台湾総督府臨時台湾旧慣調査会／台湾総督府蕃族調査会、1915–1922］である。両者とも各民族別の総合的民族誌だが、前者は神話・伝説に、後者は社会組織や慣習法に力点がある。これらの調査報告書は、柳田国男や折口信夫ら大正期の日本の知識人の間でも読まれた。また、鳥居龍蔵の助手を担い人類学調査の手法を学んだ森丑之助は、自ら撮影し詳細な解説を施した原住民族写真集、森丑之助『台湾蕃族図譜』全2巻［臨時台湾旧慣調査会、1915、復刻：南天書局、1994］、および今日でいうタイヤル（泰雅族）、タロコ（太魯閣族）、セデック（賽徳克族）について自身の調査成果をまとめた民族誌、森丑之助『台湾蕃族志』第1巻［台湾総督府臨時台湾旧慣調査会、1917、復刻：南天書局、1979］を同会から刊行した。この少し前から総督府は、従前の伊能嘉矩による分類法に代えて、森の分類法をもとに原住民族を7つの民族に分ける分類法を採用し、1945年まで一貫して用いた。森は大正期を代表する原住民族研究の権威であり、台湾総督府博物館の原住民族関係の資料収集も手掛け、それらは今日の国立台湾博物館に継承されている。

台北帝国大学による学術研究

　1928年に台北帝国大学が開学し、原住民族研究の学術的水準は高まった。文政学部史学科に土俗・人種学教室が発足し、教授の移川子之蔵、助手の宮本延人、学生であり卒業後に嘱託となった馬淵東一の3人体制で研究を進めた。台北帝国大学土俗・人種学研究室編『台湾高砂族系統所属の研究』［刀江書院、1935、復刻：凱風社、1988、南天書局、1996］は、1930–1933年に原住民

族全居住地を対象とした調査で収集した豊富な口承資料をもとに、各集団の社会の骨格、移動の過程、主観的な民族境界を明らかにしたエスノヒストリー研究の不朽の名著である。同書で用いられた原住民族を9民族に分ける分類方法は、伊能のそれと比較的近い。この分類法は、20世紀後半の台湾の学術界と行政においても用いられ続け、原住民族に大きな影響を与えた。また同書と並び、**台北帝国大学言語学研究室編『原語による台湾高砂族伝説集』**［刀江書院、1935、復刻：刀江書院、1967、南天書局、1996］も刊行された。小川尚義・浅井恵倫による原住民族諸言語の初の体系的研究書である。また、同大学と関係した研究者たちは、南方土俗学会を組織し、機関誌『南方土俗』を刊行した。その会員の一人でもあった**鹿野忠雄の『東南亜細亜民族学先史学研究』第1・2巻**［矢島書房、1946・1952、復刻：大空社、1996］は、原住民族の物質文化の比較や先史文化との関係を探究した先駆的研究である。

1960年代以降の調査研究の再開

　戦後の原住民族研究の画期は、1954年に日本民族学協会（後身は日本民族学会、現在の日本文化人類学会）が機関誌『民族学研究』18巻1–2号で組んだ「台湾研究特集」である。原住民族に関わる人類学、言語学、宗教学など多分野の論文が掲載され、総督府関係者を交えた座談会も収録された。その後、戦前の台湾で調査研究を経験した研究者が1960年代以降に再び台湾での現地調査を開始し、その研究成果も刊行された。**馬淵東一『馬淵東一著作集』第1–3巻、補巻**［社会思想社、1974・1988］は馬淵の1930年代以来の研究の集大成である。ほかに、**古野清人『古野清人著作集　第1巻　高砂族の祭儀生活』**［三一書房、1972］、**宮本延人・瀬川孝吉・馬淵東一『台湾の民族と文化』**［六興出版、1987］なども刊行された。そしてこの時期、戦前世代の薫陶を受けた後続の世代も現れた。**末成道男『台湾アミ族の社会組織と変化──ムコ入り婚からヨメ入り婚へ』**［東京大学出版会、1983］は、原住民族の伝統社会とその変化を論じた、戦後の人類学的研究を代表する研究書である。

写真資料への注目

　1990年代には、日本統治期に対する関心が高まる。その契機の一つは、東京大学に所蔵されてきた鳥居龍蔵撮影の写真資料の再生プロジェクトであり、台湾については土田滋・末成道男・姫野翠・笠原政治が解析を担い、**鳥**

居龍蔵写真資料研究会編『東京大学総合研究資料館所蔵　鳥居龍蔵博士撮影写真資料カタログ　第1–4部（東京大学総合研究資料館　標本資料報告第18–21号）』［東京大学総合研究資料館、1990］に成果がまとめられた。そのうち第1部が概論で、第2–3部に台湾の写真が収められる。鳥居の撮影写真は、現在東京大学総合研究博物館データベースの人類先史部門、「東アジア・ミクロネシア古写真資料画像」で閲覧できる。写真資料の再生は台湾でも大きな話題を呼び、これに続いて、1995年、笠原政治の編集により台湾で『台湾原住民族映像　浅井恵倫教授写真集』［南天書局、1995］も刊行された。

日本順益台湾原住民研究会の発足と活動

　1994年には、台湾の順益台湾原住民博物館の助成を受け、日本国内の原住民族研究者が集まり「日本順益台湾原住民研究会」が発足した。その活動の一環として、伊能嘉矩所蔵の写真集、伊能の言語調査資料の翻刻書などが次々に刊行された。同会は学術情報の整備に力を注ぎ、**日本順益台湾原住民研究会編『台湾原住民研究への招待』**［風響社、1998］、**笠原政治編『日本の台湾原住民研究文献目録（一九四五—一九九六）（台湾原住民研究別冊1）』**［風響社、1997］、**日本順益台湾原住民研究会編『台湾原住民研究概覧——日本からの視点〈縮刷版〉』**［風響社、2002］などを刊行した。なお、1996年に創刊された機関誌、**日本順益台湾原住民研究会編『台湾原住民研究』**は2024年末時点で28号まで刊行されており、現在も活動を続けている。

過去の研究の再評価・再検討

　2000年代以降、**楊南郡著、笠原政治・宮岡真央子・宮崎聖子編訳『幻の人類学者森丑之助——台湾原住民の研究に捧げた生涯』**［風響社、2005］、**笠原政治編『馬淵東一と台湾原住民族研究』**［風響社、2010］、**清水純『画像が語る台湾原住民の歴史と文化——鳥居龍蔵・浅井恵倫撮影写真の探究』**［風響社、2014］など、日本統治期の研究者の業績を再評価・再検討する研究書が相次いで刊行された。**山路勝彦編『日本の人類学——植民地主義、異文化研究、学術調査の歴史』**［関西学院大学出版会、2011］にも馬淵らの研究を検討する論文2編が収められている。**笠原政治『台湾原住民族研究の足跡——近代日本人類学史の一側面』**［風響社、2022］は、複雑な変遷をたどった原住民族の集団分類の歴史を検討した研究書として重要である。

植民地主義、植民地経験、それらと現代との関わり

　またこれらと並行して、日本が台湾で展開した植民地主義や原住民族の植民地経験のあり方も多く論じられてきた。山路勝彦『台湾の植民地統治——〈無主の野蛮人〉という言説の展開』[日本図書センター、2004]、山路勝彦『台湾タイヤル族の100年——漂流する伝統、蛇行する近代、脱植民地化への道のり』[風響社、2011]は、その代表的研究である。松岡格『台湾原住民社会の地方化——マイノリティの20世紀』[研文出版、2012]は、日本による統治政策と20世紀後半の国民党政権による原住民族政策の連続性を論じた政治史研究であり、学界に新たな視点をもたらした。中村平『植民暴力の記憶と日本人——台湾高地先住民と脱植民の運動』[大阪大学出版会、2018]、石垣直『現代台湾を生きる原住民——ブヌンの土地と権利回復運動の人類学』[風響社、2011]、野林厚志・松岡格編『台湾原住民の姓名と身分登録』[国立民族学博物館調査報告147、国立民族学博物館、2019]は、原住民族の現代的課題が過去の植民地経験に深く関係することを具体的な調査資料から知らしめる。

民族誌的研究、文化史的研究

　このほか、1990年代以来今日まで、清水純『クヴァラン族——変わりゆく台湾平地の人々』[アカデミア出版会、1992]、原英子『台湾アミ族の宗教世界』[九州大学出版会、2000]、田本はる菜『山地のポスト・トライバルアート——台湾原住民セデックと技術復興の民族誌』[北海道大学出版会、2021]などの優れた民族誌的研究は継続的に行われてきた。また、台湾原住民族の慣行を視野に収めた文化史的研究として、山本芳美『イレズミの世界』[河出書房新社、2005]、山田仁史『首狩の宗教民族学』[筑摩書房、2015]なども特筆すべきであろう。

　1世紀以上の蓄積をもつ日本における台湾原住民族研究においては、過去との繋がりを視野に入れ、現代の原住民族の社会・文化の状況を見据えた研究が今日多く行われている。

　なお、付言すれば、第二次世界大戦後の台湾においては、1950年代から中央研究院民族学研究所や国立台湾大学などを中心に原住民族に関する人類学的研究が進められてきた。今日では、数多くの大学に研究拠点が置かれ、原住民族出身の研究者も多数活躍し、相当な研究蓄積が存在する。

3 台湾における台湾史研究 ………… 何義麟・冨田哲

遅れてきた「本土」の台湾史研究

　なぜ台湾での台湾史研究をとりたてて論じる必要があるのだろうか。それは、台湾島内の台湾史研究が民主化運動とともに展開してきたからである。

　1980年代までの台湾において、台湾史はあくまで中国の一地方史として位置づけられ、台湾社会独自の歴史的発展を見いだそうとする研究は政治的に許されないものだった。「台湾」の歴史が制約なしに探求できるようになったのは1980年代後半からだし、研究・教育機関の設立など、台湾史研究の制度化が進められたのは1990年代から2000年代にかけてのことである。

　孤立した島だからといって、そこに外部とはことなる一つの独立した歴史が成立するとはかぎらない。台湾の場合、民主化前後からの「本土意識」の高まりが「われわれ」の歴史をも人々に希求させ、それが台湾史研究の確立を後押しした。今日の台湾史研究では台湾を歴史的に独立した一つの舞台としてとらえ、台湾に集まった多様な民族、言語、文化によって独自の「台湾島史」が形作られているとする見方が主流である（**曹永和「台湾史研究的另一個途経──『台湾島史』概念」**［『台湾史田野研究通訊』第15期、中央研究院台湾史田野研究室、1990]）。それゆえ、多元的な系譜を有することも台湾史研究の特徴である。張隆志は、台湾史研究には、日本の植民地統治下での研究、清朝期以来の中国地方史研究および西洋の学者による研究、第二次世界大戦後の台湾内外の反体制・民主化運動にともなった研究の4つの流れが見いだせるとする（**張隆志「当代台湾史学史論綱」**［『台湾史研究』第16巻第4期、中央研究院台湾史研究所、2009]）。

民主化以前

　張炎憲によると、戒厳令下のきびしい政治状況にもかかわらず、1970年代に入って台湾史研究に身を投じる若い世代が出始めた（**張炎憲「国史館と台湾史研究」**［『日本台湾学会報』第8号、日本台湾学会、2006]）。1972年から1976

年におこなわれた「台湾省濁水渓与大肚渓流域自然史与文化史科技研究計画」という大規模研究プロジェクトを、その研究方法や成果においても、また研究者の育成という面においても、台湾史研究の萌芽として位置づけることが定説となっている。イェール大学の考古学者、張光直が主導したこの計画は、台湾中部の大肚渓（烏渓）および濁水渓という川の流域を調査地域とし、自然史分野の研究とともに、考古学分野で遺跡の発掘、また民族学分野で漢人社会の研究がおこなわれた。計画に参加した文化人類学者の陳其南は、漢族移民が台湾に定着するにつれ、かれらのアイデンティティが中国大陸の祖籍の地から台湾の定住地を基盤とするものに変化していったとする「土着化」論を主張し、台湾でも中国大陸でもほぼ同様の変容がみられたとする「内地化」論をとなえた歴史学者の李国祁とのあいだで、いわゆる「土着化論争」をくりひろげた。「土着化」論は、歴史上のある時点から台湾に「中国」とは異質の空間が形成されたことを意味し、必然的に政治的含意をともなうものであり、当時の学界にはすんなり受け入れられなかったという（**許雪姫「台湾史研究的回顧与展望」**[耿立群主編『深耕茁壮——台湾漢学四十回顧与展望：慶祝漢学研究中心成立40周年』国家図書館、2021]。**陳其南、何義麟整理「五十年来台湾研究の回顧——文化人類学研究者としての歩みと願い」**[『日本台湾学会報』第1号、日本台湾学会、1999]）。

台湾史研究の制度化

　台湾を主体にすえた台湾史研究に対する制約が次第になくなり、人々の関心が高まったとしても、研究の深化や一つの学術領域としての確立のためには、制度化が不可欠である。台湾の学術界では、中央研究院や大学などでの機構の整備や課程の開設がその大きな原動力となった。

　中央研究院にはもともと歴史研究にかかわる機構として近代史研究所・歴史語言研究所・民族学研究所などが設置されていたが、上記の張光直が1986年にこれらの研究所などから研究員を集めて「台湾史田野研究計画」というプロジェクトを立ち上げた。1988年には「台湾史田野研究室」が、さらに1993年には「台湾史研究所籌備處」（台湾史研究所準備処）が設立され、いずれ「台湾史」を冠した研究所が中央研究院に一角を占めることが宣言された。そして、2004年に台湾史研究所が成立するにいたったのである。

　呉文星によると、大学の歴史学科で「台湾史」「台湾開発史」などといっ

た科目がはじめて開かれたのは1970年代なかば以降で、大学院でも1980年代以降に台湾史関連の授業が開講されるようになった。もっとも、日本統治期は「中国」の統治がおよんでいなかった時期、すなわち中国史の外で台湾の「近代化」が進行した時期で、この時期を正面から実証的にとりあげることははばかられていたが、1990年代には、大学院でも台湾史の文脈で日本の植民地統治が講じられるようになった（呉文星「近五十年来関於日治時期之歴史研究与人才培育（1945–2000）――以歴史研究所為中心」[『台湾史研究』第8巻第1期、中央研究院台湾史研究所籌備處、2001]）。

なお、1990年代なかばまでの制度化については、**台湾史研究環境調査会、若林正丈監修『台湾における台湾史研究――制度・環境・成果 1986–1995』**[交流協会、1996]が参考になる。同書の編纂については、**若林正丈・呉密察著、張隆志・劉夏如策画主編『台湾対話録1989–2020』**[玉山社、2020]にくわしい。

台湾史研究がめざすもの

今日、中央研究院台湾史研究所には6つの「研究群」がもうけられ、研究員がそのいずれかに属している。すなわち、「社会経済史」「文化史」「環境史」「族群史」「植民地史」「海洋史」であり、2020年に設立された「海洋史」以外はすべて台湾史研究所成立直前の2003年に設置されたものである。荘英章が籌備處創立20周年の記念誌に語ったところでは、研究群の設置にあたっては、台湾社会を主体とし学際的な視点から研究を進めること、また国内外の学界との交流を推進し、台湾史研究の水準と国際的知名度を高めることが企図されていた（**荘英章「荘序」**[『局開新境――台湾史研究所二十年』中央研究院台湾史研究所、2013]）。台湾を舞台としてくりひろげられる人々――統治層のみならず基層の人々もふくめて――の生活をさまざまな角度から探究するとともに、自然・衛生環境と人々の生活の関係や「族群」（エスニシティ）の多様性、植民地統治などを「ここにあるもの」として受け入れ、台湾島内の歴史のダイナミズムを解明しようとしているように見える。また、海をとおした島外とのつながりや比較史の観点も「台湾島史」にとって重要である。それぞれの時代の世界とのつながりが今日の台湾を作りあげたという認識や「海洋国家」としてのアイデンティティは、今世紀に入って以降、多くの人々に共有されるようになっており、大航海時代以来の世界史、アジア史のなかで台湾が演じた役割をめぐる研究は、今後さらに深まっていくだろう。

史料の問題

　台湾史研究が多元社会に生きてきた各層の人々の生活を注意深く見つめようとすると、どうしても史料の問題につきあたる。17世紀にオランダ人と接触した一部の先住民から後代にうけつがれた文字の例をのぞけば、先住民はみずからの文字による文献資料を残してこなかった。漢人にしても20世紀なかごろまでは、少なからぬ庶民あるいは女性にとって、文字は縁遠いものだっただろう。統治者の交代によって書記／口頭言語が変容し、前の時代の史料の利用や保存に不利にはたらいたことも想像にかたくない。前代の知識人が次の時代にはその地位を追われ、文字による記録を残せなくなることもあった。つまり、文献史料に依拠するだけでは、台湾史研究のめざすところに接近することは困難なのである。そこで台湾史研究は、伝統的な文献中心の歴史学の限界を克服すべく、フィールドワークやオーラルヒストリーなどの成果も進んでとりいれ、学際的な研究や先端技術の利用も肯定的にとらえてきた（許雪姫前掲論文）。

　とはいえ、文献史料が重要であることは論をまたない。中央研究院台湾史研究所、国立台湾図書館、国史館、国史館台湾文献館などといった学術機構や大学などは、台湾史にかんする貴重な史料の一般公開やデジタル化にとりくんできた。台湾史研究をリードしてきたある著名な学者がそうした傾向を「史料の民主化」と呼んでいたが言いえて妙である。必ずしも学術界にいるわけではないものの、台湾史研究に関心を持つ人々（たとえば出版、メディア、創作、教育に従事する人々）に開かれた環境を提供することにも台湾史研究者は熱心である。たとえば、国史館台湾文献館・中央研究院台湾史研究所による台湾総督府公文類纂、国立台湾図書館による台湾総督府図書館蔵書のデジタル公開などはその代表例であろう。なお前者にかんしては、その前段階として、檜山幸夫らが台湾省文献委員会（国史館台湾文献館の前身）と協力して進めてきた台湾総督府文書の研究や目録編纂事業もみのがせない。

日本の学界とのかかわり

　春山明哲は、日本で台湾史研究にとりくんで博士論文を完成させ、1960年代後半から1970年代前半にあいついでその成果を出版した台湾人研究者、すなわち戴國煇、黄昭堂、戴天昭、許世楷、江丙坤、凃照彦、劉進慶が「台

湾史研究の大豊作と呼ぶべき局面」をもたらしたとする（**春山明哲「日本における台湾史研究の100年──伊能嘉矩から日本台湾学会まで」**[『アジア経済』60巻4号、アジア経済研究所、2019]）。かれらの研究は翻訳書の出版などをとおして台湾でも紹介され、今日にいたるまでそれぞれの研究領域における基本文献として参照、検討されている。また戴國煇が中心となって1978年に設立された台湾近現代史研究会に東京大学在学中に参加していた張炎憲と呉密察は、いずれも台湾史研究発展期の中心人物であり、張は国史館館長、呉は国史館館長と国立故宮博物院院長をつとめた。日本で留学生活を送り、その後、日本あるいは台湾で活躍したこれらの研究者がはたした役割は大きい。

　台湾史研究成立の過程で日本統治期の研究が本格的におこなわれるようになったこともあり、日本の台湾研究者も台湾史研究の動向には強い関心を向けてきた。日本の台湾研究の学会では最大規模の日本台湾学会は1998年に設立されたが、設立大会では上掲の陳其南が記念講演をおこなった。さらに第3回学術大会（2001年）では政治社会学の呉乃徳（**呉乃徳「近代性を求めて──台湾研究について考えること」**[『日本台湾学会報』第4号、日本台湾学会、2002]）、第4回大会（2002年）は中央研究院台湾史研究所籌備處主任の劉翠溶（**劉翠溶「台湾環境史研究──新たな視角をもとめて」**[『日本台湾学会報』第5号、日本台湾学会、2003]）、第6回大会（2004年）は社会学の柯志明（**柯志明「社会科学者達よ、ともに台湾史研究に取り組もう！」**[『日本台湾学会報』第7号、日本台湾学会、2005]）、第7回大会（2005年）は上掲の張炎憲、第8回大会（2006年）は張勝彦（**張勝彦「戦後台湾における台湾研究について──台湾史研究を中心として」**[『日本台湾学会報』第9号、日本台湾学会、2007]）が、台湾史研究について、あるいは台湾史研究に言及しながら記念講演をおこなっている。また、『日本台湾学会報』第2号には、後に中央研究院台湾史研究所所長となる許雪姫が、台湾家族史研究を総括する論文を掲載している（**許雪姫「台湾家族史の回顧と展望」**[『日本台湾学会報』第2号、日本台湾学会、2000]）。日本台湾学会は地域研究の学会であって歴史研究のための学会ではないが、設立からしばらくのあいだ、ほぼ毎年のように台湾史研究が記念講演の主題となり続けたことは偶然ではあるまい。

　さらに、天理台湾学会は、2000年の研究大会に台湾島史の提唱者の曹永和を記念講演にまねき（**曹永和「海の歴史から見た台湾」**[『天理台湾学会年報』第10号、天理台湾学会、2001]）、台湾史研究会の2010年の現代台湾研究学術討

論会では翁佳音が、原住民研究をふくむ日本統治期の植民者による研究成果への向き合い方を論じている（**翁佳音「日本統治時代台湾史研究の継承と断絶——原住民史の研究を中心として」**[『現代台湾研究』第39号、台湾史研究会、2011]）。

　日本の台湾研究者にとって、台湾の台湾史研究の発展や直面している困難は、けっして他人事ではない。どの研究領域において台湾を論じるにせよ、そこにはつねに歴史の難題が横たわっていることに気づかざるをえないのである。

4 伊能嘉矩から矢内原忠雄まで ……………春山明哲
——「知の媒介者」としての後藤新平

　「台湾史の思想と方法」というテーマをめぐってここで試みたいことは、台湾に関する歴史的研究がどのように始められたか、という問いにひとつの「フレーム・オブ・レファレンス」（学問的準拠となる参照枠）を提示することにある。その方法として、台湾研究の創成期に大きな足跡を残した伊能嘉矩、岡松参太郎、新渡戸稲造、矢内原忠雄の4人の人物を取り上げ、その台湾像と研究方法を検討するための代表的な著作を選び、その参考となる研究を紹介する。これを横軸とするなら、もう一方の縦軸には、この4人の活動に場と動機を与えて、彼等の「知の媒介者」の役割を担った後藤新平（1857-1929）に着目する。このことにより、台湾史研究それ自身の歴史と個性へのアプローチのひとつの小径を辿ることになるだろう。なお、「文献レファレンスと研究レビュー」の「近代日本・台湾関係史」も参照されたい。

伊能嘉矩（1867-1925）

　1895年11月、伊能嘉矩は「余の赤志を陳べて先達の君子に訴ふ」という文書で、台湾の人類学的研究への自らの志を明らかにして渡台し、台湾総督府の雇員として調査研究活動の足場を得た。第3代台湾総督の乃木希典の配慮もあり、1897年に192日間に及ぶ全島の踏査を敢行した記録が「巡台日乗」である。この記録は長いこと知られず、1992年に台湾で刊行された森口雄稔『伊能嘉矩の台湾踏査日記』に収録されたことで、ようやく伊能の人類学研究の最初の重要な成果が明らかとなった。

　全京秀「伊能嘉矩の台湾研究に関する方法論的再検討——〈巡台日乗〉（1897年）の精読を通して」［『歴史と民俗』32号、2016年2月］は、「人類学の父」と言われた英国のエドワード・タイラーが主導した "Notes and Questions on Anthropology"（人類学に関するノートと質問）を精読し、その方法論的整理を「研究の要領」としてまとめた伊能の苦心の跡を辿り、その人類学研究史における意義を明らかにした研究である。伊能の方法論の中心には「科学」と「言語学」があったとする。

『台湾蕃人事情』 1899年1月、伊能嘉矩と粟野伝之丞の連名で、後藤新平民政長官宛に「蕃人調査復命書」が提出された（出張者の連名ではあるが、執筆は伊能である）。先の全島踏査の出張復命書である。これを基に1900年3月に台湾総督府から刊行されたのが『台湾蕃人事情』である。これについては、笠原政治による同書復刻版［草風館、2000］の解説、および笠原政治『台湾原住民族研究の足跡——近代日本人類学史の一側面』［風響社、2022］があり、特に後者は笠原による伊能研究の集大成ともいうべきものである。

1898年3月、児玉源太郎第4代台湾総督とともに台湾総督府民政長官（当初民政局長）として赴任した後藤新平は、台湾蕃情調査会（研究会）を組織し伊能に調査委員を命じた。さらに後藤は、1900年に台湾慣習研究会を発足させ伊能を幹事に任命、1901年雑誌『台湾慣習記事』が創刊される。『台湾慣習記事』は1907年8月の7巻8号まで刊行されるが、伊能は編集企画のほか、毎号複数の記事を書いている。さらに、1901年、臨時台湾旧慣調査会が発足し、後藤会長のもとで伊能は幹事に任命される。台湾旧慣調査は伊能の台湾研究の場と環境を用意したのであり、また、伊能の学識と調査研究の力量が事業の成果に反映されたといえる。

伊能の台湾研究の構想は、1899年の『世界に於ける台湾の位置』で知ることができる。その「小引三則」で伊能は「世界の局面に於て古来台湾の占めつつありし位置の如何を歴史的に叙述するを主眼とせり」として台湾史の流れを概観する。1902年の『台湾志』では、その「附言五則」で、本書は全6巻から成り、巻1巻2が「沿革志」、巻3巻4が「地理志」、巻5巻6が「人類志」という構成にする予定と述べているが、この段階では「沿革志」の2冊が刊行されたのみである。しかし、歴史と地理と人類学という3部構成で台湾研究の三本柱を構想していたことは、伊能の研究領域の広さを示すものである。

1906年1月、伊能は休暇を取り、故郷の岩手県遠野に帰省した。この年、児玉総督が死去、後藤新平も満鉄総裁となり、台湾を去ることになる。伊能も1908年遠野に帰り、台湾研究を継続し総合的な完成を目指す。のちに乃木希典学習院長に宛てた書簡では、「台湾全志」の構想を明らかにしている。これが伊能の死後、柳田国男らの尽力で刊行された『台湾文化志』である。

この伊能の最後の大著については、邱淑珍「伊能嘉矩の『台湾文化志』考」［『遠野物語研究』2号、1998年3月］、邱淑珍「台湾研究の先駆者　伊能嘉矩——東北史から台湾史研究へ」［『東北学』9号、2003年3月］がある。

岡松参太郎（1871-1921）

戴國煇「日本人による台湾研究──台湾旧慣調査について」［『季刊東亜』4号、1967年8月。春山明哲ほか編『戴國煇著作選Ⅱ　台湾史の探索』みやび出版、2011、収録］、を読んだ時の新鮮な知的感覚をいまだに覚えている。帝国主義や植民地支配という視角から日本の台湾統治を観察することが台湾史の研究方法の「常道」と思っていたものにとって、台湾に関する学術的な調査研究が長期間にわたって行われたこと、その企画と組織化を先導したのが後藤新平だったこと、そしてなにより台湾出身の歴史研究者が「日本人による台湾研究」という視角から検討する価値が大きいテーマとして評価していることに、学問研究の面白い側面を感じたのである。そして、台湾旧慣調査の中心にいた京都帝大教授の岡松参太郎は、筆者のライフワークともいうべき研究対象となった。

春山明哲「法学者・岡松参太郎の台湾経験と知の射程──植民地統治と『法の継受』をめぐって」［松田利彦編『植民地帝国日本における知と権力』思文閣出版、2019］は、岡松参太郎が台湾旧慣調査と立法事業に関与した活動と経験の知的・学術的要素について考察し、それを歴史の中において眺めたときにどのように意味づけられるかを検討することを課題とした論文である。その際のひとつの視座として、世界史的法現象である「法の継受」（古代ローマ法のドイツ・ゲルマン法における継受、明治期日本の法典編纂など）の視座からの検討を試みた。台湾旧慣調査は、「台湾史の思想と方法」という研究テーマにとってきわめて興味深い素材である。

岡松参太郎の遺著『台湾番族慣習研究』全8巻［台湾総督府番族調査会、1921］の検討はまだ緒についたばかりである。

新渡戸稲造（1862-1933）

後藤新平と新渡戸稲造の関係は、近代日本の外交・国際関係の時空の中で考察するとき、もっとも興味深い人間関係の側面を持っている。新渡戸は1901年に「糖業改良意見書」を作成して台湾の戦略産業の育成に関与するのであるが、そのわずか2年後の1903年には、京都帝大法科大学長の織田万（台湾旧慣調査に参加、『清国行政法』の著者）に依頼して、新渡戸を京都帝大教授の兼任として、植民政策と統計学を講じる道を拓いたのである。新渡戸は1906年からは第一高等学校校長、1909年には東京帝大法科大学に新設

された経済学科で植民政策講座を担当した。大内兵衛によれば、この講座開設は後藤が推進し、児玉源太郎を記念する寄附講座が礎となっているという。後藤は、「殖民的知識の淵源」を養うため、帝国大学に植民政策研究の場が必要だと考え、新渡戸を推したのである。

　しかし、新渡戸は大学で講義はしたものの、植民政策についてまとまった本は書かなかった。矢内原忠雄が編集した『新渡戸博士植民政策講義及論文集』［岩波書店、1943］で、新渡戸は「国家学が生理学であるとすれば、植民政策は病理学である。植民地は一つの病的状態ではないだろうか」と述べている。矢内原忠雄は一高校長及び帝大教授時代の新渡戸の学生だった。

矢内原忠雄（1893-1961）

　『帝国主義下の台湾』の序で矢内原忠雄は、伊能嘉矩の大著『台湾文化志』が取り扱う主題が「清国治下の台湾」であるのに対して、本書は「日本統治下の台湾」とも題することができるものであり、時代としては伊能氏の著書に接続するものである、と書いている。「経済を中心として見たる台湾の社会的発展の科学的分析である」本書は、「貧しくとも私の科学上の一労作である」という位置付けは、「科学的方法論」と「台湾の歴史」全体の表象という伊能の世界と深く響きあうものがある。

　若林正丈編『矢内原忠雄「帝国主義下の台湾」精読』［岩波現代文庫、2001］では、台湾議会設置請願運動を描いた『台湾抗日運動史研究』の著者による、矢内原の古典的著作の解説を読むことができる。その末尾で若林は、ベネディクト・アンダーソンのナショナリズム論『想像の共同体』を援用して、『帝国主義下の台湾』は、「昭和初期の台湾人の知識青年」という潜在的な台湾大の「想像の共同体」のメンバーに対し、現実の台湾の姿を一つの全体性をもって可視化してしまった、と論ずる。

　南原繁ほか編『矢内原忠雄──信仰・学問・生涯』［岩波書店、1968］には、蔡培火、葉栄鐘、陳茂源など、かつての台湾の新青年が矢内原追悼の文章を寄せている。近代台湾の最初の歴史叙述というべき『帝国主義下の台湾』は、矢内原と蔡培火たちのキリスト教の信仰に結ばれた友情があって、はじめて台湾史上不朽のものとなったのではないか。

　矢内原編の『新渡戸博士植民政策講義及論文集』が出版されたのは、戦時下の1943年のことである。日本と台湾の「戦後」がそこまで来ていた。

5　台湾史研究と地域研究......................家永真幸
　　——若林正丈の方法

日本台湾学会と若林台湾学

　若林正丈（1949–）は、少なくとも二つの意味で日本における台湾研究の
基盤づくりに大きく貢献した研究者である。第一に、若林は1998年の日本
台湾学会創設にあたり主導的役割を果たし、その初代理事長となった。同学
会が目標に掲げたのは「日本における学際的な（interdisciplinary）地域研
究（area studies）としての台湾研究（Taiwan studies）を志向する研究者」
の組織化であった。第二に、若林は台湾を論じるための用語・概念を数多く
提起し、それらは後続の研究者に広く受け入れられた。具体例は次節以降で
紹介するが、それらを貫く特徴として、若林はなるべく短い用語・造語によっ
て、台湾で観察された内実の豊かな事象を矛盾なく説明しようと試みたこと
が指摘できる。俳人的とも呼べそうなこの手法により、若林は研究者が台湾
について議論するための共通の語彙を提供するのに成功した。同時に、若林
はそれら概念が後続の研究者によって批判的に検討され、議論が発展してい
くことも望んだ。

土着地主資産階級

　若林は1970年代前半に台湾研究を志し、75年に修士論文をベースとする
論文「『台湾革命』とコミンテルン——台湾共産党の結成と再組織をめぐって」
［『思想』第610号、1975年4月］で論壇デビューした。その後、1920年代の日本
統治期台湾における政治運動について、台湾共産党から穏健派の台湾議会設
置請願運動まで左右幅広く視野に収めた著作『台湾抗日運動史研究』［研文出
版、1983］を出版し、同書により東京大学の社会学博士号を取得する。同書
において若林は、「日本権力による台湾漢族支配の政治的・社会的・経済的
媒介者の役割を受け持たされた漢族社会の上層部分（地主・資産家等）」を「土
着地主資産階級」と呼び、この「植民地的」で「台湾的」な階級が、抗日民
族運動の担い手として果たした役割を論じた。同書増補版［研文出版、2001］は、

「1923年東宮台湾行啓と『内地延長主義』」ほか数篇の論文を追加収録し、植民地台湾統治のメカニズムについて、軍隊や警察による「懲罰・威嚇」だけでなく、行政面で土着のエリートを従属的地位に組み込む「交換・仲介」、さらには教育や儀式による「規律・訓練」を通じたコントロールがなされていたとの枠組みを提示している。

権威主義体制の民主化

若林は1980年代に入ると、台湾で進行中であった政治変動についての実地調査や報道分析を活発化させ、研究の軸足を歴史研究から政治研究へと移していった。その一つの到達点として出版されたのが**『台湾——分裂国家と民主化』**［東京大学出版会、1992］である。同書は第二次世界大戦後の台湾の政治を、権威主義体制の確立と民主化の過程として論じた。同書はまた、直近の趨勢として台湾ナショナリズムの台頭を指摘し、後の著作の主要テーマとなる「中華民国の台湾化」というキーワードを提起したことでも知られる。同書は、国民党一党支配下で進んだ政治変動に対して、「分割払いの民主化」「外部正統性の縮小にともなう内部正統性の強化」「前方への逃走」といった理論的概念による説明を試みている。若林はこれらについて、理論の検証が目的ではなく、台湾の政治変動を説明するために「泥縄式」に先行研究を援用したものと述べているが、同書は体系的に書かれた初めての台湾政治論として日本のみならず台湾の学界にも多くの読者を得た。1980年代の日本および台湾における台湾研究を取り巻く環境については、若林と台湾の歴史家である呉密察との対談を収録した**『台湾対話録』**［自立晩報文化出版部、1989］に詳しい。同書は2020年に**『台湾対話録1989–2020』**［玉山社、2020］として続編が出ており、若林は盟友に語る形で自身の長期にわたる研究について解題している。若林の政治研究の手法については、**『台湾の半世紀——民主化と台湾化の現場』**［筑摩選書、2023］にも詳しい。

中華民国台湾化

2000年代に入り、若林の研究は、政治体制の民主化だけには収まらない台湾の政治変動をどのように論じるか、という方向に進んだ。一般向けに書かれた**『台湾——変容し躊躇するアイデンティティ』**［ちくま新書、2001］は、「台湾ナショナリズムとエスノポリティクス」という一章を設け、台湾では台湾

ナショナリズムが台頭する一方、エスニック・マイノリティの自己主張が選挙政治と結びつき、文化的多元性の尊重が新たな課題となっていく様相を論じた。『台湾の歴史』[講談社学術文庫、2023] は同書の増補版である。「台湾ナショナリズムと『忘れ得ぬ他者』」[『思想』第957号、2004年1月] は、台湾ナショナリズムについて、植民地支配者としての日本、清帝国を打倒し継承した中華民国、中国大陸に支配権を樹立した中華人民共和国という複数の「忘れ得ぬ他者」との関係から形成されたとの観点から論じる。若林の台湾政治研究の集大成的著作である『台湾の政治——中華民国台湾化の戦後史』[東京大学出版会、2008] は、「中華民国の台湾化」を（a）政権エリートの台湾化、（b）政治権力の正統性の台湾化、（c）国民統合イデオロギーの台湾化、（d）国家体制の台湾化、という4つの視角から成る概念と規定したうえで、中華民国はどのような意味で「台湾化」したのか厳密を期して通史を論じた。**同書増補新装版**[東京大学出版会、2021] は、台湾住民の「台湾政治共同体帰属意識」の定着を指摘した上で、米中両「帝国」のパワーと台湾の政治・社会との相互影響関係の趨勢を論じる。

抗日運動史研究との架橋

若林の初期の歴史研究と中期以降の政治研究は、内容的に直結したものではない。しかし、戦前（日本統治期）と戦後（中華民国期）の民主化運動のつながりについて、若林はいくつかの論考を著している。葉栄鐘は、林献堂が率いた抗日民族運動右派に連なった知識人で、1960年代後半以降に『台湾民族運動史』など一連の著作によりその経験と記憶を語り伝えた人物である。若林は「葉榮鐘における『述史』の志」[『中国21』第36号、2012年3月] において、葉の日記や家族への書簡を史料とし、同氏の著作がどのように執筆されたのかを論じるとともに、1970年代の党外運動の主要人物である康寧祥らが1975年に『台湾政論』誌を創刊したのを、葉が喜んだことなどを指摘している。「康寧祥と『党外』の黎明——台湾オポジション第2次組党運動前夜」[『日本台湾学会報』第17号、2015年9月] は、康が王詩琅（1908–84）との交流などを通じて「豊富な語彙の台湾語で政治と台湾史を語り通すべく自己訓練した『身体』」を手に入れ、それが国民党政権批判と相まって、党外の動員力の源泉となる「『台湾人』に対する『尊重と承認』」を要求する新たな言説を生み出したことを論じた。王は葉の友人であり、たまたま康のすぐ近

所の住民であった。

地域研究の対象としての台湾

　若林は台湾を地域研究の対象地域の一つとして取り立てて研究することの意義について問い続けてきた研究者でもある。若林は『矢内原忠雄「帝国主義下の台湾」精読』［岩波現代文庫、2001］の「解説」のなかで、矢内原の同書を「地域研究の先駆としての『植民地研究』」と評価し、矢内原の「理論をまずもって『事実の意味を問う道具』として用いようという姿勢は、やはり地域研究のものである」と指摘した。若林の一連の台湾政治研究はこの姿勢を鏡としてきたのではないか。共編著『台湾研究入門』［東京大学出版会、2020］の「はじめに」によれば、若林の考える「地域研究」とは、「把握しようとする地域の存在の現実性（actuality）に動機付けられ、その地域の個性（individuality）を明らかにすることを目標とし、そのために用いる方法の学際性（interdisciplinarity）によって特徴付けられる学問分野」である。これに基づき、「台湾研究」は「『台湾』を対象として把握しようとする地域研究」と定義される。同書所収の論文「『台湾という来歴』を求めて──方法的『帝国』主義試論」において、若林は、「台湾」を「台湾」たらしめている「台湾という来歴」を把握するため、①台湾に関わる諸帝国の興亡のプロセスと台湾の帰属変更を含むその歴史との関連（「帝国の網」）、および②諸帝国の外挿国家の台湾における振る舞い（「帝国の鑿」）、という二つの側面を同時に視野に入れて捉えるアプローチを提唱している。「可視化政策と秩序再編──再び『台湾という来歴』を求めて」［『早稲田大学台湾研究所ワーキングペーパーシリーズ』第1号、2022年3月］はその一環として、日本植民地統治期に台湾総督府が実施した各種政策を念頭に置きながら、国家による「可視化政策」についての概念的描写を試みている。

6 「帝国史」研究の課題 ………………………… 松田利彦
──台湾史研究と朝鮮史研究の「相互参照」を中心として

1 「帝国史」研究の現状

　日本統治期の台湾史と朝鮮史をともに視野に入れた研究は、これまでどのように試みられてきたのか。日本植民地研究者の中で、1990年代以降、日本本国と植民地を横断的に考察しようとする「帝国史」の視角が提唱されたことが大きな画期となったことは疑いない。「帝国史」研究の草創期に、**駒込武「『帝国史』研究の射程」**［『日本史研究』第452号、2000］は、「帝国史」研究のスタンスとして、「日本と朝鮮、あるいは日本と台湾という二項間の関係にとどまらず、複数の植民地・占領地と日本内地の状況の構造的連関を横断的に捉えようとする」点をあげた。

　今日そのような意味での「帝国史」研究は必ずしも達成されたとは言いがたい。確かに、この間、日本・台湾・朝鮮の近代史研究には「帝国」を冠した書籍が増え、「帝国（史）」という言葉は一定の市民権を得ている。しかし、少なからぬ書籍は、日台・日朝の二国間関係史研究に「帝国」というネーミングを付しただけのようにも見える。現状がそのようなものであるとするならば、「帝国史」を再活性化させるためにはどのような方策が考え得るだろうか。

2 「帝国史」研究の再構築

　複数の地域・領域をまたいで「帝国」の歴史を拓くためにはいくつかの方法を考えることができよう。以下では、植民地期朝鮮史研究者としての立場から、主に日本（内地）史研究─朝鮮史研究─台湾史研究の連関性を探究する方法論に限定して考えたい。

　ひとつは、「複数の植民地・占領地と日本内地の状況の構造的連関」を研究そのものの素材として取り上げることである。たとえば、**許雪姫、羽田朝子・殷晴・杉本史子訳『離散と回帰──「満洲国」の台湾人の記録』**［東方書店、2021］はその最良の成果の一つといってよい。同書は、「満洲国」に渡っ

た台湾人についての総合的研究であり、日本帝国における人口移動、植民地官僚論、被支配者の知識人層の心性、脱植民地化による旧植民地民族の「回帰」など、植民地研究の重要な論点を新たな切り口から照射している。本稿のテーマとの関連でいえば、同書が、台湾人の歴史であり、日本帝国主義の歴史であり、さらには「満洲国」史であるという点はとりわけ重要である。しかし、植民地帝国日本の研究において、このような複合的な対象領域の設定は必ずしも容易ではない。

　日本の二大公式植民地だった朝鮮と台湾を例にとれば、両地域の歴史が構造的に連関する歴史的場面はさほど多くは想定できそうにない。朝鮮と台湾は地理的に離れ、前近代の中華国際体制の中でも異なる位置を占めていた。日本統治期には、台湾総督府・朝鮮総督府という政治的独立性の強い官庁が現地に置かれた。このような植民地台湾社会と朝鮮社会を相互関係性のもとに描き出すことはそもそも原理的に難しい（**陳姃湲「植民地から帝国史研究の可能性を再考する――台湾史における地方エリートの研究動向と関連して**」[松田利彦・陳姃湲編『地域社会から見る帝国日本と植民地――朝鮮・台湾・満洲』思文閣出版、2013]）。

　また、別の方法としては、いったん「複数の植民地・占領地と日本内地」の有機的連関性は捨象して、数量的に測定できる指標を設定して植民地間の比較をする方法もあり得る。たとえば、近年、韓国の文明基が、一連の統計的比較研究を通じて、植民地としての台湾と朝鮮の違いを仮説的に説明している。専売制度を積極的に推進した植民地台湾の方が朝鮮より財政基盤が堅固で、公的医療サービスへの支出や警察機関の住民サービス的側面も朝鮮を大きく上回っていた、とされている（**文明基「植民地 ‘文明化’ の格差とその含意――医療部門の比較を通じて見る台湾・朝鮮の ‘植民地近代’**」[『韓國學研究』第46輯、2013：韓国語]、**文明基「台湾・朝鮮総督府の専売政策比較研究――社会経済的遺産と ‘国家’ 能力の差異**」[『史林』第52号、2015：韓国語]ほか）。

　こうした大胆な比較研究の射程は、しかし、かなり限定的であることにも留意しておく必要がある。すなわち従来の比較研究は、しばしば統計的データに依拠し、かつ植民地統治機構の法制度的側面（財政・医療・地方行政制度・警察など）に集中してきた。また時期的には、植民地統治原理として「内地延長主義」が掲げられ、朝鮮・台湾の法制度にある程度の共通的基盤が見

出される1920年代に関心が偏っている。法制度や統計を基礎にしたリジッドな比較研究は、自ずとその対象を限定してきたようにも思われる。

3 台湾史研究と朝鮮史研究の「相互参照」

しかしながら、日本統治期の台湾史研究と朝鮮史研究の相互に目配りをすることで汲み出せる知見には、より豊かなものがあるのではないか。方法論として必ずしも定式化・体系化されてはいないが、筆者自身の関わってきた「相互参照」というアプローチについて最後に語りたい。

筆者は、国際日本文化研究センターでほぼ20年にわたり、植民地期台湾史・朝鮮史の研究者がともに参加する共同研究を組織してきた。台湾と朝鮮の植民地経験をめぐる互いの研究成果を持ち寄り議論を展開することで、研究の根底にある歴史認識や研究視座の異同を「相互参照」（cross reference）することのできる場を作りたいという考えがその根底にはある（**松田利彦「〈相互参照系〉としての植民地朝鮮と台湾」**［松田編『（第40回国際研究集会報告書）植民地帝国日本における支配と地域社会』国際日本文化研究センター、2013]）。「相互参照」は、朝鮮史研究・台湾史研究双方がしばしば共通した論点を形成しながらも、重点の置き方が異なったり歴史的評価を異にしたりしていることに気づくきっかけとなりうる。

一例として、日本統治下台湾・朝鮮の地方社会におけるエリート層についての議論を見よう。台湾史研究において、この問題の開拓者となった呉文星は、地方エリートを「小規模レベルの地域において経済的・政治的影響力を持っていた指導者層」とし、清代のローカルエリートと入れ替わりで力をもった日本統治期ローカルエリートには、総督府の末端行政の一端を担うことで、政治的・経済的に台頭した者もいたことを指摘する（**呉文星、所澤潤監訳『台湾の社会的リーダー階層と日本統治』**［交流協会、2010]）。

他方、朝鮮史の地域社会論の分野では、池秀傑によって「官僚—有志支配体制論」が提唱されてきた。土地財産・社会活動能力・当局の信用などをかねそなえた「有志」と、「農村支配のパートナーを切実に必要とする総督府権力がともに形成・発展させた支配体制」とされている（**池秀傑「旧韓末—日帝初期有志集団の形成と郷吏」**［延世大学校編『韓国近代移行期中人研究』新書苑、1999：韓国語]ほか）。「有志」は、朝鮮開港以来の近代転換期のなかで生まれた地主・「公職者」・知識人など多様な新興有力者から成るとされ、各地の

「有志」の社会的上昇の過程や地域住民運動との関わりについては多くの事例研究が蓄積されている。

　呉文星と池秀傑の議論は、台湾史・朝鮮史それぞれの分野では地方社会の分析枠組みとしてあまりにもよく知られている。けれども、両者が共通した論点を提示していることは、台湾史研究者・朝鮮史研究者ともさほど気にかけていないように思われる。地方社会のリーダーには近代移行期の中で入れ替えが生じたこと、植民地期エリートの社会的上昇において総督府権力との関係が決定的に重要であったこと、多くの場合地方エリートには総督府からの権力分与と地域利害の代弁という二面的性格が見られること——こうした共通する議論が隣接分野で展開されているにもかかわらず、目を向けられずにいる。このような現象は、「植民地戦争」論や「植民地大学」論などでも見受けられる。

　こうした研究者自身が築いてしまっている境界をまずは意識することを「相互参照」は目ざしている。植民地期の地域社会についていえば、筆者はかつて共同研究「植民地帝国日本における支配と地域社会」を組織し、共同研究成果報告書・関連シンポジウム報告書を刊行した（**松田利彦編『（第40回国際研究集会報告書）植民地帝国日本における支配と地域社会』**［国際日本文化研究センター、2013］、**松田利彦・陳姃湲編『地域社会から見る帝国日本と植民地——朝鮮・台湾・満洲』**［思文閣出版、2013]）。その内容をひと言でまとめるのは無理があるが、朝鮮と台湾において実は重なり合う現象がかなり広範に見られるということは改めて指摘しておきたい。教育や衛生を通じた植民地権力の近代的管理とそれに対する民衆の対応、伝統的エリートの持続と変容、1920年代における新知識人層の形成と彼らによる地域政治の展開、都市部の地域政治における在留日本人の役割など、意外に多くの「相互参照」可能な問題群を析出することができる。

　もちろん筆者は「相互参照」という方法論が万能だと主張するものではない。ただ、朝鮮史と台湾史を別個のエリア・スタディーズの対象と設定し、研究者が自ら棲み分けをしている限りでは漏れ落ちてくる領域があり、それは狭義の比較研究でもカバーしきれないということを、ここでは問題提起しておきたい。

〈附〉

本章に関わる文献としては以下のようなものもある。あわせて参照されたい。

浅野豊美・松田利彦共編『植民地帝国日本の法的構造』［信山社、2004］

浅野豊美・松田利彦共編『植民地帝国日本の法的展開』［信山社、2004］

酒井哲哉・松田利彦編『帝国日本と植民地大学』［ゆまに書房、2014］

松田利彦編『植民地帝国日本における知と権力』［思文閣出版、2019］

松田利彦・やまだあつし編『日本の朝鮮・台湾支配と植民地官僚』［思文閣出版、2009］

<論考> 台湾研究のメタヒストリー

<論考> 台湾研究のメタヒストリー
——地域研究としての台湾と日本 ⋯⋯⋯⋯⋯ 梅森直之

課題と方法

　日本台湾学会は、1998年の創立以来、日本における台湾研究の中心として、発展を続けている。本稿は、日本台湾学会の創立という歴史的な事件を思想史的に振り返ることにより、日本における台湾研究の特殊性と、そこに働いている特有の政治性を浮かび上がらせることを目的とする。現在の日本と台湾との関係の深さに鑑みるならば、その研究をミッションとする組織が、かくも近年まで不在であったことは、それ自体、ひとつの問われるべき問題を構成している。その背景には、植民地支配から冷戦にまつわる日本にとっての台湾の過剰な政治性が存在していた。黎明期の日本台湾学会にとって、台湾にまつわる過剰な政治をいかに回避し、台湾を学問の対象として認知せしめるかが大きな課題となった。しかし日台間の過剰な政治を排除する日本台湾学会の方向性は、別の次元において機能する政治性の存在と意義をうきぼりにすることとなった。それが「地域研究」という学問分野に内在する権力性である。以下の論述は、日本台湾学会の来歴を、「地域研究」というディシプリンに対するグローバルな批判的再検討とともに分析することにより、日本における地域研究としての台湾が有している意義と可能性をあきらかにすることを目的とする。

逆風のなかの船出

　「日本台湾学会設立趣意書」という、1997年10月の文章が存在する［若林ほか n.d.］。日本台湾学会が設立されたのはこの翌年、1998年のことであった。この文章は、前段で、台湾の地理的・民族的・歴史的特質を概説したのち、「台湾という地域が、学際的な（interdisciplinary）地域研究（area studies）の対象の一つにふさわしい濃厚な個性を有している」と述べ、日本における地域研究としての台湾研究の誕生を宣言するものであった。こうした日本台湾学会のはじまりは、創立メンバーの一人であった川島真の言葉によれば、

「本学会の設立は、日本において世代をこえて台湾への関心が高まったことを示すとともに、学問的には台湾研究が地域研究の一分野として認知されるにふさわしい水準に達したことを示す」ものであった［川島 1998］。日本台湾学会の初代理事長を務めた若林正丈は、その設立時の学会の方向性について、「我々がやろうとしているのは、学者・研究者として特別のことをしようとしているのではなく、台湾を対象とする地域研究者の集まりとしてごく普通の学会を作ろうとしているのだということである」と回想している［若林 2023, 229］。

しかしながら、「普通の地域研究」を標榜する日本台湾学会が船出を果たした1990年代後半が、地域研究の総本山であるアメリカにおいて、その自明性・実定性が問われはじめた時代と重なっていることは興味深い[1]。日本における地域研究としての台湾研究は、それ自体、ひとつの問われるべき問いをなしている。日本における地域研究としての台湾は、アメリカにおいて、「地域」とは何か、なぜ、地域を「研究」するのかが、自覚的な反省として問われはじめるなかで、いわば周回遅れの船出を果たしたのである。

地域研究とは何か

地域研究とは何か、ここでは酒井直樹とギャビン・ウォーカーによる、以下のような地域研究の定義を紹介しておこう。

> 一般的にいって、地域研究とは、アメリカ合衆国の高等教育、すなわち大学、調査機関、学会、財団などにおいて、第二次世界大戦の期間中に構想され、その後冷戦の政治的情勢のもとで制度化された一連の学問分野を意味している。その存在理由は、もともと、アメリカ合衆国の世界戦略と政策的立場に資することにあった。この地域研究の名の下、それぞれの学問分野は、ひとつの地域を、正当な研究対象と見なし、地域の一体性が、学問的な整合性と専門性の原理となる。この「地域」という概念が、その専門分野の有効性を測定したり、効率性を増大させるところの研究対象を構成している。　　　　　　　　　　［Walker and Sakai 2019］

酒井とウォーカーによれば、学問分野としての地域研究の特殊性は、以下の二点に求められる。一点目は、その研究の対象が、（経済や社会や言語と

いった）人間存在の抽象的な側面にではなく、地域とその地域に住まう具体的な人間に求められていることである。すなわち、地域研究の対象を知ることは、特定の人々を統治する（govern）方法を知ることにつながっているのである。たしかに、知と権力との表裏一体の関係性は、ミッシェル・フーコーの指摘を待つまでもなく、既存のすべての学問分野にも付きまとう問題ではある［Foucault and Gordon 1980］。しかしながら、地域研究の場合、地域の外にあり地域を定義する研究者と、地域の内にあり研究の対象となる現地人が、存在論的に峻別されているがゆえに、そこでは、帝国主義的な支配意識と地政学的配慮との連続性が、より露骨なかたちであらわれざるをえないのである。

　二点目は、地域研究において、知るもの（研究者）と知られるもの（研究対象となる現地人）との「共時性」が否定されることである。「地域」とは、記述の対象となる「もの」と「人」が存在する「空間」を示すものであるが、その空間的な境界は、同時に「時間」的差異を示すマーカーとしても機能せしめられる。そこにおいて地域とは、現地の人々が生きる時間と、知るもの、すなわち地域研究者が物語り、自らを位置づけるところの時間とを分離するレジームである（regime of separation）[2]。地域研究者が生きているのは、近代の時間である。現地人が生きているのは、いまだ十分に近代でない時間である。研究者は、現地人が、やがてみずからと同じ近代に到達することを前提としながら、同時に決して完全には追いつけない存在とみなす。その上でみずからの近代を基準として、現地の人々やその社会の逸脱や「遅れ」を指摘することになる。ここに含意されているのは、アメリカの地域研究がしばしば無自覚に前提としてきた近代化論的・植民地主義的な認識枠組みへの自己批判と反省である。

　こうした地域研究に対する自覚的な批判と反省は、けっしてアメリカの日本研究者に限られたものではなかった。例えば、『想像の共同体』の著者として知られるベネディクト・アンダーソンは、東南アジアの地域研究者としても多くの業績を有しているが、その自伝的著作ともいえる『越境を生きる』において、東南アジア研究を例にとり、「戦後のアメリカにおける地域研究の勃興は、この国が新たに担うにいたった覇権的立場を直接的に反映している」［アンダーソン 2023, 54］と述べている[3]。一方、日本の東南アジア研究を長年にわたりリードしてきた加藤剛もまた、こうしたアンダーソンの問題提

起を受け、日本における地域研究の成立と展開についての批判的回顧を行っている。加藤は、東京外国語大学のアジア・アフリカ言語文化研究所（1964年）や、京都大学の東南アジア研究センター（1963年）の設立を、日本における地域研究の組織的はじまりと見なし、その時代的背景を、「共産党政権の樹立によって中国市場を失った空白を埋めるべく、東南アジアに対する経済進出のための政治的環境がほぼ整った時代」と述べている［アンダーソン2023, 233］。加藤もまた、日本における東南アジア研究の発展が、当該地域における日本の経済的覇権の確立という支配への意志と無関係ではありえなかったこと、そしてそこには、東アジアにおける「損失」を埋め合わせるというかたちで、戦前の帝国主義的な意識構造との連続が見られることに注意を促している。

台湾研究の来歴と地域研究

　春山明哲の「日本における台湾史研究の100年」［2019］は、日本における台湾研究が、その草創期から現在にいたるまで、政治と取り結ばなければならなかった錯綜する関係をきわめて明瞭に映しだしている。春山は、日本における台湾史研究の起点を、日本において最初の台湾研究者となった伊能嘉矩が、1895年11月10日、基隆の埠頭に降り立った時点に求めている。伊能は、台湾研究に対する調査研究が、単に学術上のみならず「治教」の上からも必要であることを、広く関係者に訴えることにより、この渡台を実現させた。伊能の研究は、遺著となった『台湾文化志』という1928年出版の大著に結実するが、春山は、1899年の伊能の著作『世界に於ける台湾の位置』において、「日本の領土としての台湾島」という問題関心がすでに明瞭にあらわれていたことに関して注意を促している［春山 2019］。台湾の領有は、日本における帝国主義の本格的拡大を画する歴史的事件であった。それと同時に開始された日本における台湾研究は、その目的として、その住民の「治教」すなわち統治を掲げることにより、地域研究という用語がいまだ存在しなかったこの時代において、のちの時代の地域研究の特質を余すところなく先取りするような、知と権力との一体性を示していたのである。

　春山は、その後に続く台湾に関する学知の系譜を、後藤新平、岡松参太郎、竹越与三郎、新渡戸稲造、矢内原忠雄らの業績を中心に辿っていく。その筆頭に置かれた後藤新平は、台湾における民政長官として、「台湾統治の大綱」

を「研究」の基礎の上に置くことを宣言することにより、学術と統治との一体不可分の関係を体現する人物となった。後藤の「科学的統治」に、具体的な基盤を与えたものが、台湾における旧慣調査事業である。後藤は、その意義を、台湾は小さな島ではあるが、言語の種類も多く、慣習制度の一ならざることも多くあるので、ただ内地の法律を実行しようとするのはきわめて不適切であり、まずはその「複雑なる民事商事の慣習」を調べる必要があると説明している［鶴見 2005, 474］。春山は、後藤によって主導された「台湾旧慣調査」の意義を、「20世紀初頭における台湾の全体を可視化するもの」と表現している［春山 2019］。

　こうした後藤の認識は、台湾を「異法域」として設定するいわゆる六三法体制の正当化に寄与するものであったが、それは一般には、「鯛の目と比良目の目」という後藤自身のメタファーによって、広く知られるにいたっている。一見したところ、日本と台湾との間の種族的な差異への言及に思われるこのメタファーが、同時に文明論的な時間的差異へと短絡せしめられていることは重要である。後藤はいう。「社会の習慣とか制度とかいうものは、みな相当の理由があって、永い間の必要から生まれてきているものだ。その理由を弁えずにむやみに未開国に文明国の文化と制度とを実施しようとするのは文明の虐政というものだ」［鶴見 2005, 477］。後藤の認識において、鯛と比良目は同じ時間を生きてはいない。鯛が「文明」を生きているとすれば、比良目が生きているのは「未開」という時代である。このようにして、宗主国日本と植民地台湾との共時性が否定され、その結果、特別統治主義という異法域もまた正当化されることになる。

　こうした統治と学知との一体的な構造は、1909年に東京帝国大学において、「植民政策講座」が設けられたことにより、さらなる制度化の時代をむかえる。春山は、このように植民地主義と密接な関係を保ちつつ進展した台湾研究の制度化の延長線上に、1928年の台北帝国大学の設立を位置づけ、その「植民地大学」としての性格を明らかにしている。その際重要なことは、台北帝大において、台湾史の講座が設置されず、「土俗・人種学」の講座が開設されたことであろう。台湾の先住民が、帝国日本による可視化・統治の対象として本格的にくみいれられていく一方、統治の客体としての台湾の歴史は、固有の独立性を認められてはいなかったのである。

〈日本の台湾〉から〈台湾の台湾〉へ

　春山が、日本における台湾史研究の100年を回顧するにあたり、その冒頭で「台湾の歴史を誰がどのように書いてきたのかという問い」を提出していることは興味深い。もしも日本における台湾研究が、これまで見てきたように、日本人の統治への欲望の表出につきるものであるとすれば、こうした問いに対する答えもまた明瞭であろう。なぜなら、台湾研究が、帝国日本によって構築された権力構造の一部をなすものであったとすれば、そこにおいて、認識主体としての日本人と、認識の客体である台湾人との差異は、あらかじめ実定性のレベルにおいて自明なものとされているはずであるからである。春山があえてこの問いを提起した理由は、日本における台湾史研究のなかに、台湾人による台湾史研究の存在を認め、その意義を確認しようと試みているからにほかならない。日本における台湾研究は、アメリカにおいて地域研究の危機が喧伝されるはるか以前から、台湾人による台湾研究による挑戦を受けてきた。台湾人による台湾研究の創設と展開が、日本における台湾史研究の100年を、「普通の」地域研究から逸脱させていった最大の要因である。

　日本における台湾研究が、1945年の大日本帝国の崩壊をもって大いなる停滞の時代を迎えなければならなかったのは、帝国の学知としての必然の帰結であった。戴國煇は、1945年から1960年代を、「台湾研究の『空白』と『不振』の時代」と呼んだ［春山 2019］。この空白の時代を乗り越えて、日本における台湾研究の主体となったのが、台湾からの留学生たちである。春山は、王育徳、黄昭堂、戴天昭、許世楷、江丙坤、涂照彦、劉進慶、戴國煇らの活躍により、1970年代前半に、「台湾史研究の大豊作と呼ぶべき局面が到来した」と述べている［春山 2019］。かれらは、台湾独立運動、中華民国・中華人民共和国の関係、日中・日台・日米関係など、戦後の複雑な政治情況のなかで、台湾人によってなされる台湾研究の必要性に導かれ、それを実践し、大きな業績を残した。春山は、かれらの主要業績のひとつひとつに、戦前日本人によって遂行された台湾研究への批判が込められていることに注意をうながしている。戦後日本における台湾研究は、単に断絶したわけではない。それは戦前日本において日本人により構築された〈日本の台湾〉が、戦後台湾人による批判・否定を受けることにより、〈台湾の台湾〉として転生したことを意味している。認識する主体（日本）と認識される客体（台湾）との峻

別により成り立っていた帝国の学知としての台湾研究の枠組みを地域研究的であると表現するならば、日本における台湾研究は、1970年代において、すでにポスト地域研究への道を踏み出していた。

「普通の」地域研究を標榜して発足した日本台湾学会は、戦前日本人によってなされた帝国の学知としての地域研究ではなく、戦後台湾人によって行われたポスト地域研究の潮流に、より深く棹さすものであった。それはなによりも、戴國煇を中心に開催されていた台湾近現代史研究会（1973〜1987年）が、日本台湾学会の創立メンバーの多くを輩出したというその来歴のうちに明瞭に示されている。1998年の日本台湾学会の設立は、こうした〈日本の台湾〉と〈台湾の台湾〉が接触し結晶化した、歴史的事件であった。しかしそれは、微妙なバランスの上に成り立ったあやうい均衡でもあった。〈日本の台湾〉と〈台湾の台湾〉は、それぞれが独自の存在意義とミッションを有し、それに沿った独自のダイナミズムを有しているからである。日本にとって台湾は、地政学的あるいは国際政治経済学的な戦略を立案するために、あるいはみずからの過去を反省しみずからの現在と未来を構想するために、依然として重要な「他者」であり続けている[4]。一方台湾にとって〈日本の台湾〉であった歴史的経験は、みずからのナショナル・アイデンティティを構築するうえで向き合わなければならない「自己」の一部である。〈日本の台湾〉と〈台湾の台湾〉が共演する地域研究というアリーナは、構造的な緊張のうえに存在し、分解の契機をそのうちに秘めている。この緊張を自覚化し、意識化しつつ研究が重ねられていったことに、日本における地域研究としての台湾の特質が求められる。

地域研究の化学反応（ケミストリー）

日本の台湾研究は、地域研究的な「分離のレジーム」を否定し、日本人と台湾人を、ともに台湾を「知るもの」とみなすことにより新たなスタートを切った。しかしポスト地域研究という新しい舞台において、ともに知るものとなった日本人と台湾人は、異なるドラマを演じることを余儀なくされていったように思われる。〈台湾の台湾〉が、台湾人の自己理解という意味において、「地域」から「ナショナル」への移行という性格を明確にしていったのに対し、〈日本の台湾〉は、台湾を「地域」とみなす枠組みから抜け出すことができないからである。戒厳令が解除された1987年以降の台湾にお

いて、「民主化」と「本土化」、すなわちナショナル・アイデンティティの構築が焦点化されていったのに対し、日本人による台湾研究に対しては、何のための、誰のための台湾研究かという問いが、内外から繰り返し提起されることになった[5]。

　　台湾ではこの15年来民主化・自由化とともに、長く陽のあたらなかった台湾史研究が人文・社会科学中の独特の人気部門となった。これは、台湾では民主化・自由化が同時に台湾化（「本土化」）でもあったからで、「台湾を探せ」「台湾を発見せよ」「台湾を知ろう」が合い言葉となったのである。このような言葉は外国人に台湾史を知ってもらいたいということではなく、台湾住民にもっと自分の歴史を知ろうと訴えていることを意味しているのである。　　　　　　　　　　　　　　　[呉密察 1999]

　日本台湾学会創立記念シンポジウム「『台湾研究』とは何か？」にパネリストとして参加した呉密察は、当時における台湾人による台湾研究の意義を、このように表現している。この発言は、日本における地域研究としての台湾が、どのように死に、それがポスト地域研究としてどのように転生したか、その意義を明瞭に伝えている。伝統的な地域研究において、研究対象としての「地域」を定義するのは、その「外」にいる研究者であった。日本においても、1945年の帝国の崩壊にいたるまで、台湾に対して研究の単位としての正当性を保証していたものは、あくまでも台湾領有という日本側の事情であった。これに対し、ポスト地域研究としての台湾研究においては、その研究対象としての正当性は、民主化と本土化によってもたらされた「台湾の台湾たる所以」を知りたいという台湾人の側の欲望に求められることになる。いまや台湾をひとつの研究対象とみなす必要性と必然性は、〈日本の台湾〉にではなく、〈台湾の台湾〉に求められていくことになった。しかしそれは同時に、ネーションへの強い渇望に裏打ちされていた点において、台湾を「地域」とみなすレジームそのものへの異議申し立てをも含むものであった。以後、日本における台湾研究は、「地域」としての〈日本の台湾〉と「ネーション」としての〈台湾の台湾〉が、交錯し、対立し、補完し合うアリーナとしての性格を強めていく[6]。
　ここで重要なのは、ポスト地域研究という新たなアリーナでの〈日本の台

〈論考〉台湾研究のメタヒストリー　369

湾〉と〈台湾と台湾〉の交錯のなかから、「地域研究」や「ナショナル・ヒ
ストリー」という既存の研究枠組みに対する新たな挑戦が意識化されていっ
たことである。〈日本の台湾〉に関していえば、日本に対する台湾の重要性は、
今後増すことこそあれ減ずることは考えられない。したがって、地域研究と
しての台湾に関しても、その必要性と重要性の認知が進んで行くであろう。
安全保障や経済協力の重要なパートナーとして、もしくはみずからの過去と
現在を映す鏡として、日本は台湾を必要としている。したがって、〈日本の
台湾〉は、それ自体の存在意義をもち、今後も有力な地域研究の一分野とし
て発展し続けるであろう。しかし〈日本の台湾〉は、かつてのような「分離
のレジーム」に退行することはもはや不可能である。〈日本の台湾〉は、〈台
湾の台湾〉との差異と重なりを意識しつつ、新たな「地域」像を構想してい
くことを余儀なくされている。この点に関し、日本台湾学会創立10年を記
念するシンポジウム「台湾研究この10年、これからの10年」の司会をつと
めた川島真が、日本における台湾研究について、「『発展』『民主化』そして
台湾化の結果として著しく進展した台湾における台湾研究と、どのような距
離をとっていくのかという課題が生まれつつある」と述べていることは示唆
的である［川島 2009］。
　また台湾にとっても、〈日本の台湾〉は、みずからの来歴を知る上での欠
かすことのできない重要な要素であり続けている。洪郁如がいう「台湾のい
まを知るためには、台湾の過去、日本が深く関わった時代に正面から向き合
う作業が避けて通れない」という意識は、今後も多くの台湾人によって、共
有されていくことであろう［洪 2021, vii］。しかしより重要なことは、一見「ナ
ショナル」にみえるそうした歴史構築の試みが、「誰」の歴史なのかという
問いかけとともに進められていることである。洪は、2021年の『誰の日本
時代』において、その問題意識を、「『日本時代』をより深く理解するため、
書かれなかった、語られなかった民衆層の歴史体験に取り組」むことが必要
であると述べているが、その研究対象である「民衆」のうちに、在台日本人
女性の事例研究を含めている［洪 2021, 289–90］。この意味で洪が提示する台
湾史とは、「ポストナショナル」な歴史である。歴史の構築にあたり、「ネー
ション」の自明性と実定性を問い直さざるをえない点に、こんにちの〈台湾
の台湾〉が抱える苦境と可能性の双方が示されている。

〈世界の台湾〉とその破船

　2011年5月、早稲田大学での日本台湾学会第13回学術大会において行われた、ベネディクト・アンダーソンの記念講演とそれに対する呉叡人のリプライは、こうした〈日本の台湾〉と〈台湾の台湾〉との錯綜する関係を、グローバル・ヒストリーという新しいアリーナで問い直すものとなった。本シンポジウムでは、〈日本の台湾〉と〈台湾の台湾〉とのズレの認識が、グローバル・ヒストリーとしての台湾とナショナル・ヒストリーとしての台湾とのズレの認識へと変奏され、そこにおける〈日本の台湾〉の意義と可能性が、新たに問い直される構成となっている。

　アンダーソンの記念講演「台湾研究——帝国主義とナショナリズムのはざま」［アンダーソン 2012］に対するリプライ［呉叡人 2012; 呉叡人 2021］において、呉叡人は、2003年にシカゴ大学に提出したみずからの博士論文［Wu 2003; 呉叡人 2023］が、アンダーソンの『想像の共同体』に対する批判をめざしたものであることを明らかにしている。呉叡人のアンダーソンに対する批判は、その理論的枠組みにかかわる次元と認識論的な立場性にかかわる次元の双方に渉っているが、より中心的な論点は、後者の認識論的な次元に求められている。

　"Always Think Olympian!"（常にオリンポスの神々のように思考せよ）［呉叡人 2021, 96］。呉叡人は、『想像の共同体』にあらわれているアンダーソンの方法論を、「比較歴史学」もしくは「比較歴史社会学」と表現し、その定言命法を、このように表現している。呉はこの方法論について、「同じような事件や現象が異なる地域で通時的に展開するばかりでなく、それらが共時的に結びついているものとして捉える」ものであると表現し、「ある特定の場所で発生した事件が、しばしばさらに大きな世界史的プロセスの一部ともなり、その過程に働くメカニズムとパターンを弁別し、解釈すること」を可能とするものであると述べている。呉のこうした説明を考慮にいれるならば、アンダーソンの比較の方法を、より今日的な表現として、「グローバル・ヒストリー」と呼ぶことは許されるように思われる[7]。台湾をグローバル・ヒストリーに位置づけるということは、〈台湾の台湾〉を〈世界の台湾〉として位置づけ直すことを意味している。

　呉は、グローバル・ヒストリーというアプローチが有している「奇妙な解

放的作用」を、次のように述べる。

> わたしは、この方法のおかげで、さまざまな場面で顔を出す自分の狭隘な「当事者目線」(native's points of view) から脱却することができました。また、わたし個人としての過度な政治参加から生じたルサンチマンから解き放たれ、さらにより大きなコンテクストにおいて、少し離れた場所から台湾を眺めることができるようになったのでした。さらに、「世界」というものがわたしの視野に入ってくるにつれて、わたしは中国を相対化することができるようになり、自らの内に深く根を張った中国中心主義とその民族主義的なメタ・ナラティヴの桎梏を振り払うことができたのでした。 ［呉叡人 2021, 98］

　ここに述べられているのは、グローバル・ヒストリー的な視座の獲得により、〈台湾の台湾〉が、〈世界の台湾〉へと転生するプロセスに伴って生じた心理的効果の率直な表明であり、それが単に台湾という「ナショナル」な境界を越えるだけでなく、中国という「地域」の境界をも越える内容を含んでいたことの確認である。グローバル・ヒストリー的な視座において、主体と客体の非対称性に由来する〈日本の台湾〉と〈台湾の台湾〉との緊張関係もひとまずは解消する。そこにおいては、〈日本の台湾〉も〈台湾の台湾〉も、ともに今の世界を生きる「われわれ」の歴史の一部となり、それを理解することは、等しく「われわれ」の自己理解に資するものであることが期待されるからである。

　アンダーソンは、呉のリプライに先立つ基調講演「台湾研究──帝国主義とナショナリズムのはざま」において、「わたしは時の経過とともに、台湾の完全な台湾化が実現し、アメリカの攻撃性が徐々におさまり、そしていつの日か、北京が OK という日が来ることを信じています」と述べ、そのためには、「偶然の役割を受入れ、その役割を詳述」し、そして「台湾の定住者たちがどのように台湾人になっていったのかをはっきりと示す」ような「繊細で謙虚な歴史叙述」が必要であることを強調している［アンダーソン 2012］。この言葉は、呉叡人に向けて送られたエールでもあったであろう。かれがアンダーソンとの対話を通じて書き上げた博士論文は、「台湾の定住者たちがどのように台湾人になっていったのかをはっきりと示す」ような「繊細で謙

虚な歴史叙述」の実例と呼ぶべきものであったからである［呉叡人 2023］。

しかし呉叡人は、この〈世界の台湾〉というアンダーソンの回答を、「答え」ではなく新しい「問い」の始まりとして受けとっている。なぜならかれにとって〈世界の台湾〉という視座がもたらしたものは、「帝国の興亡盛衰は頻繁に繰り返される一方で、台湾が永遠に帝国の狭間にあって突破口を見出せないという地政学の事実は変えられない」という冷徹な現実であり、その認識から生ずる「ネガティブな心理的効果」であったからである。呉は、アンダーソンに向けて問いかける。「わたしの師における比較歴史学の視座は、歴史認識において台湾を解放しました。しかし同時に、この島を別の大きな歴史、地政学という歴史の牢獄の中に再び閉じ込めることになりました。"Quo Vadis Formosa?"——麗しの島フォルモサよ、汝はいずこへ向かうのか」［呉叡人 2021, 100］。

ここに露呈したアンダーソンと呉叡人との距離を、グローバル・ヒストリーとナショナル・ヒストリーの対立として解釈することは妥当ではなかろう。むしろそれは、グローバル・ヒストリーに内在する裂け目の徴候として理解されるべきである。たとえグローバル・ヒストリーを創成する主体として、グローバル化された現在を生きる「私たち」を想定したとしても、コスモポリタンな「世界市民」がいまだ抽象的な観念にとどまっている以上、主体がそこから発話するところの立場性（positionality）は、時間的・空間的にも多様に存在する具体的な「情況」に限定されざるをえない。そしてそうした「情況」が、権力の不均等により貫かれた「時空間」である以上、その差異は、創成されるグローバル・ヒストリーの内容そのものにも大きな差異をもたらさざるをえない。別言すれば、〈世界の台湾〉を議論する際にも、「誰の世界か」という問いが回帰せざるをえないのである。たしかにアンダーソンの分析は、空間的・時間的に大きな枠組みを採用することにより、特定の出来事や情況の構造的な要因の説明に成功している。しかしそれは同時に、その出来事や情況を生きる具体的なアクターの感情や欲望を背景に押しやり、歴史における責任という問題を薄める効果をもたらしているのではないか。「地政学という歴史の牢獄」としての台湾の中から、呉叡人はこのようにアンダーソンに問いかけている[8]。ここにあらわれているのは、グローバル・ヒストリーが依然として、かつての地域研究を特徴づけていた「知るもの」と「知られるもの」との分離に憑かれているという事実である。グローバル・

ヒストリーもまた、「誰の」そして「何のための」歴史なのかという問いから自由ではありえないのである。

〈日本の日本〉への問いかけ

　台湾は、〈台湾の台湾〉（＝国民国家）にも〈世界の台湾〉（＝国際社会の一員）にもなることができず、永遠に〈誰かの台湾〉（＝地域）にとどまるほかはない。呉叡人のいう「ネガティブな心理的効果」とは、このような未来予測からもたらされるものであった。この「地域」にとどまらざるをえない台湾という諦念が、呉叡人に、日本における地域研究としての台湾に対する新たな意味づけをもたらすことになる。日本における地域研究としての台湾は、もはやそこから離脱すべき帝国の遺産としての〈日本の台湾〉ではない。むしろそれは、「台湾を世界へと接続する架け橋」、「台湾が自己へと回帰する架け橋」として、繰り返し立ち帰るべき「家郷」という位置づけを与えられることになる［呉叡人 2021, 101］。このことを、呉は以下のように語っている。

　　いうまでもなく、日本の台湾研究の堅固さは植民地主義に起源をもちます。この点ではイギリスやフランス、アメリカにおける地域研究と同じです。それは台湾という新たな領土を支配する意志の中で誕生したものでした。しかし、幸か不幸か、植民地主義が消え去ったのちにも、台湾研究は日本にしっかりと根を張り、今や唯一無二の開かれた「場」となりました。悲しいことですが、多くの台湾人研究者にとって、日本における台湾研究は、台湾以外の地において自らが愛する台湾について、拒絶されたり、無視されたりする心配なく語ることのできる、おそらくは唯一の場なのです。多くの台湾人にとって、そのような場こそが世界にほかなりません。
　　　　　　　　　　　　　　　　　　　　　　　　　　　［呉叡人 2021, 103］

　アンダーソンはかつて、地域研究を他の専門研究（discipline）から分かつものは何かと問われ、それを「感情的な結び付き」（emotional attachment）であると答えている［アンダーソン 2023, 265］。呉叡人の言葉は、日本における地域研究としての台湾が、一面で、日本と台湾との濃厚な「感情的な結び付き」によって育まれていたことに、あらためて気づかせてくれ

るものである。しかしながら私は同時に、ここにあらわれている歴史のイロ
ニーに思いをいたさないわけにはいかない。なぜならこれまで日本こそが台
湾を横領することで、「日本を世界へと接続する架け橋」として、また「日
本が自己へと回帰する架け橋」として利用する存在であったからである。台
湾は、多くの日本人ナショナリストにとって、経済の停滞や戦争責任や植民
地責任の追及といった世界史的情況のなかでささくれ立ったみずからの心を
癒やしてくれる特別な存在であった。呉の認識は、地域研究という舞台にお
いて、この伝統的な関係性を転倒させるものである。そこにおいて台湾は、
日本によって横領される客体ではない。むしろそこで台湾は、〈日本の台湾〉
を取り込む主体であることが想定されている。日本が台湾を横領することで
成立した〈日本の台湾〉は、台湾により〈日本の台湾〉として再横領される
ことにより、台湾が〈世界の台湾〉もしくは〈台湾の台湾〉となるための条
件となる。「"Quo Vadis Formosa?"——麗しの島フォルモサよ、汝はいずこ
へ向かうのか」という問いは、けっして台湾人のみに向けられたものではな
い。それは同時に、〈日本の台湾〉に対しても向けられたものであった。

　　わたしがいま述べたことはすべて、なぜ日本における台湾研究が台湾
　にとって重要かということにかかわっています。しかしいったいなぜ、
　そしてどのように、日本において台湾を研究するという営みが日本に
　とっても重要なのでしょうか。……いまだに植民地支配への意志がはた
　らいているのでしょうか。それとも何か別の理由、単なる権力の意志よ
　りも高尚な何か——例えばある種の道徳的な意識が作用しているので
　しょうか。
　　　　　　　　　　　　　　　　　　　　　　　　　　　［呉叡人 2021, 104］

　呉叡人は、このような日本への問いかけをもって、アンダーソンへのリプ
ライを締めくくっている。それは「台湾はどこへ行くのか」を問うことは、
結局のところ「日本はどこへ行くのか」を問うことにほかならないことを、
あらためて示唆するものとなっている。

注

(1)　1997年7月の『思想』に掲載された対談において、アメリカの日本研究を
　　牽引してきた2人の研究者、酒井直樹とハリー・ハルトゥーニアンは、アメ

リカの高等教育機関における地域研究の地位を問題化していた［ハルトゥーニアン、酒井 1997］。

(2)　酒井とウォーカーの表現に従う。このレジームにあって、認識者は、たとえ当該地域の内部にいて、そこで生活し仕事をしている場合であっても、現地人の時間とは分離された時間性と認識のレジームにおかれているのである［Walker and Sakai 2019］。

(3)　アンダーソンは、そうした特質の徴候として、東南アジア研究が、もっぱら政治学と人類学という 2 つの学問分野を中心に推進される一方で、人文学的関心が停滞してきたアンバランスについて言及している。

(4)　この点に関し、菅野敦志の 2008 年から 2018 年の日本の台湾研究に関するレビューは、有益な見通しを与えてくれる［菅野 2019］。

(5)　呉密察は、1989 年の若林正丈との対談において、若林を含む「日本第 3 世代」の台湾研究者に対して、「この日本人たちは、どうして台湾を研究対象にえらんだのだろうか」と問うていた［若林 1989, 239］。

(6)　この点に関連し、洪郁如が、「誰の日本時代」という問いを設定し、「もう一つの日本時代」を提起することは、「告発でもなく、糾弾でもない」と述べ、その目的を、「互いの過去の歴史に向き合い、理解を深めるという、本当の意味での和解」を実現することに求めていることは示唆に富む。

(7)　ゼバスティアン・コンラートは、グローバル・ヒストリーとは何かを論じたその著作において、「比較史」を、「トランスナショナル・ヒストリー」、「世界システム論」、「ポストコロニアル・スタディーズ」、「複数の近代」とともに、グローバル・ヒストリーへの「競合するアプローチ」であると位置づけている。しかし彼は同時に、「近年の比較史はやはりグローバルな転回を迎えており、したがって双方のアプローチのあいだに本質的な矛盾はない」ことも強調している［コンラート 2021, 38］。

(8)　呉叡人の指摘は、コンラートがグローバル・ヒストリーの「限界」と呼ぶものの具体的な実例を示すものとなっている［コンラート 2021, 224］。

引用文献

Foucault, Michel, and Colin Gordon, *Power/Knowledge : Selected Interviews and Other Writings, 1972–1977*. Pantheon Books, 1980

Walker, Gavin, and Naoki Sakai, "The End of Area." *Positions : East Asia Cultures Critique* 27 (1): 1–31, 2019

Wu, Rwei-Ren, *The Formosan Ideology: Oriental Colonialism and the Rise of Taiwanese Nationalism, 1895–1945*. PhD Dissertation, The University of Chicago, 2003

アンダーソン、ベネディクト、梅森直之訳「台湾研究——帝国主義とナショナリズムのはざま」『日本台湾学会報』no. 14: 169–76、2012

アンダーソン、ベネディクト、加藤剛訳『越境を生きる——ベネディクト・アンダーソン回想録』岩波書店（岩波現代文庫）、2023

川島真「日本台湾学会の設立」『アジア経済』39（10）：75–88、1998

川島真「総括と提言　設立 10 年を経た『台湾研究』のイメージ（司会者総括発言）」
　　『日本台湾学会報』no. 11: 91–93、2009
洪郁如『誰の日本時代──ジェンダー・階層・帝国の台湾史』法政大学出版局（サ
　　ピエンティア 62）、2021
コンラート、ゼバスティアン、小田原琳訳『グローバル・ヒストリー──批判的
　　歴史叙述のために』岩波書店、2021
呉叡人「比較史、地政学、そして日本において台湾を研究するという寂しい営み
　　──ベネディクト・アンダーソンへの応答」『日本台湾学会報』no. 14: 177–82、
　　2012
呉叡人、駒込武訳『台湾、あるいは孤立無援の島の思想──民主主義とナショナ
　　リズムのディレンマを越えて』みすず書房、2021
呉叡人、梅森直之・山本和行訳『フォルモサ・イデオロギー──台湾ナショナリ
　　ズムの勃興 1895–1945』みすず書房、2023
呉密察「台湾史研究はいかにして成立するか？──台湾ナショナリズムの歴史記
　　述戦略」『日本台湾学会報』no. 1: 21–25、1999
菅野敦志「日本における台湾史研究、この 10 年から考える」『日本台湾学会報』
　　no. 21: 1–18、2019
鶴見祐輔著、一海知義校訂『〈決定版〉正伝・後藤新平　3 台湾時代 1898–1906 年』
　　藤原書店、2005
ハルートゥニアン、ハリー、酒井直樹「日本研究と文化研究」『思想』no. 877 (July)：
　　4–53、1997
春山明哲「日本における台湾史研究の 100 年──伊能嘉矩から日本台湾学会まで」
　　『アジア経済』60（4）：27–56、2019
若林正丈『転形期の台湾──「脱内戦化」の政治』田畑書店、1989
若林正丈『台湾の半世紀──民主化と台湾化の現場』筑摩書房、2023
若林正丈ほか「日本台湾学会設立趣意書」(n.d.) Accessed December 27, 2023.
　　https://jats.gr.jp/shuisho.html

V
研究ガイド

1 研究組織・研究機関・海外 ……………… 山﨑直也

研究組織（学会・研究会）

全国学会の設立と台湾研究の組織化

「濃厚な個性を有している」台湾を共通の対象として、歴史学、文学、政治学、経済学、法学、社会学、人類学、宗教学、教育学など、多様な専門性を持つ研究者が「一定の独自性をもって」行う学際的地域研究、それが台湾研究である。括弧付きで記した「濃厚な個性を有している」、「一定の独自性をもって」という言葉は、1998年に設立された台湾研究の全国組織、日本台湾学会の「設立趣意書」（https://jats.gr.jp/shuisho.html）からの引用だが、これらの言葉は、今日では当然視されている「台湾は台湾として地域研究の対象たり得る」という認識が当時まだ十分に広がっておらず、中国研究の下位分野ないし一地方研究に同定されがちな現実があったことを物語っている。この「設立趣意書」は学会設立の前年に起草されたものだが、台湾研究という新たな学問分野が組織化に向かう高揚感をよく伝えるものであり、今なお再読に値する示唆を多く含んでいる。

日本台湾学会

日本台湾学会は、個人ないしグループ単位で行われてきた台湾研究を糾合し、組織化する目的で1998年に設立された。2024年10月現在の会員数は452名。単独地域を対象とする地域研究の学会では、国内屈指の規模を誇る。2020年には、「中国研究の中に含まれていた台湾研究という分野を独立した研究分野として取り上げ、20年以上に亘り、日本における台湾研究の充実と発展に大いに寄与した」として、公益財団法人日本台湾交流協会から日本台湾交流協会表彰を受けている。

この授賞理由の通り、日本台湾学会はその設立以来、旺盛な学術活動で台湾研究の全国的プラットフォームとしての機能を十分に果たしてきた。年1回開催の学術大会は2024年で26回を数え（1998年の設立大会を含めれば27

回）、東京と台北での定例研究会は、前者が2024年10月までに173回、後者は2024年6月までに92回行われている。後述する台湾史研究会との共催で毎年開催する関西部会研究大会は、2024年12月までに22回開かれた。毎回の学術大会では、約10件の分科会が組まれ、多様なテーマについて、確かな学術性に基づく活発な議論が展開されている。他方、学術大会と並行して公開形式で行われるシンポジウムや記念公演は、広い関心層に訴えるテーマ・人選であり、この公開部分を含めると、毎回200名ほどの参加者がある。

　学会誌『日本台湾学会報』は年1回刊行、2024年で通巻26号を数える。学術大会のシンポジウム、記念講演の記録のほか、厳正な査読を経た各種の論考（論説、研究ノート、資料紹介、研究動向、書評）、ベテラン研究者のエッセイなどが掲載される。全国の大学図書館の所蔵のほか、東京神田神保町の東方書店で最新号を購入することができる。また、刊行の2年後には、全文が学会ウェブサイトに掲載される。年2回刊行の『日本台湾学会ニュースレター』も、学会ウェブサイトで公開されているが、「食べる台湾」、「台湾を教える」など、毎号読み応えを意識した特集が組まれている。

　2023年度までに12回の授賞が行われた日本台湾学会賞は、若手研究者の奨励を目的とするもので、2年ごとに『日本台湾学会報』に掲載された論説から歴史社会、文化文学言語、政治経済の各分野で優れた研究が選ばれる。このほか、2023年度からは、対象を拡大して日本台湾学会学術賞、日本台湾学会特別賞が設けられ、より包括的な顕彰制度が整った。

　近年では、海外の台湾研究組織と連携するグローバル・アウトリーチ、学術研究の知見を日本社会に還元するソーシャル・アウトリーチにも力を入れており、後者については、台湾研究者が立ち上げたNPO法人日本台湾教育支援研究者ネットワーク（SNET台湾）との協力を強化している。

台湾史研究会／天理台湾学会／台湾原住民研究会／京都台湾研究中心
　日本台湾学会と関西部会研究大会を共催する**台湾史研究会**は関西を中心とする組織で、その設立は1977年と日本台湾学会より20年早い。歴史を主軸としながらも、その研究の射程は広く、年2回刊行され、2021年には通巻50号を突破した学会誌『現代台湾研究』（同会ウェブサイトで全文閲覧可能）には、バラエティに富んだ論考が掲載される。台湾の学術界との交流も盛んであり、台湾歴史学会との共催により、日本及び台湾を開催地とする現代台

湾研究学術討論会を毎年開催している。同討論会は2024年で通算27回を迎えたが、2022年には日台学術交流での長年の功績が認められ、公益財団法人日本台湾交流協会から日本台湾交流協会表彰を受けた。例会の開催も頻繁であり、2022年からは例会とあわせて台湾研究の重要著作を精読する古典輪読会という特色ある活動も始まった。

天理台湾学会は1991年に天理台湾研究会として発足し、1995年に現在の名称に改めた。年1回開催の研究大会は2024年度で33回を数え、2024年に第33号が刊行された学会誌『天理臺灣學報』には、歴史・文学の分野を中心に重要な研究成果が蓄積されている。

分野特化型の研究組織としては、**台湾原住民研究会**がある。同研究会は1994年に順益台湾原住民博物館の研究助成を受けて発足し、自走期間に入った2001年から現在の名称に改めた（詳細な経緯は、笠原政治「日本順益台湾原住民研究会・台湾原住民研究会の10年余」［『台湾原住民研究』第10号、2006］を参照）。風響社から『台湾原住民研究』を毎年刊行しているほか（2023年までに通巻27号）、1998年には概説書『台湾原住民研究への招待』、2002年には研究レファレンス『台湾原住民研究総覧』を刊行している。

〈各組織ウェブサイト〉

日本台湾学会　https://jats.gr.jp/

台湾史研究会　https://sites.google.com/view/taiwanshi/

天理台湾学会　https://www.tenri-u.ac.jp/tngai/taiwan/

台湾原住民研究会

　http://fukyosha.a.la9.jp/site-2/TaiwanAboriginesResearchGroup.html

---

研究機関

日本貿易振興機構アジア経済研究所

日本貿易振興機構アジア経済研究所は、開発途上国・地域の諸問題を研究する地域研究の大型研究機関であり、台湾を専門とする研究者も複数在籍している。2000年代には、企業と産業、民主化後の政治、社会の求心力と遠心力をテーマとする大型共同研究が組織され、その最終成果が2008年から12年にかけて順次刊行されている（同研究所ウェブサイトの出版物・レポートのページで全文無料閲覧が可能）。

アジア、中東、アフリカ、ラテンアメリカなどの各地域を担当するライブラリアンが選書した70万冊を超える蔵書を有する。社会科学分野の専門書を中心に、新聞、雑誌、統計資料、政府刊行物など、基礎資料及び一般資料も充実し、現地語の資料も多く所蔵している（利用については、図書館ウェブページの「利用案内」の項を参考のこと）。また、1930年から41年まで台北帝国大学で教職を務めた社会人類学者の岡田謙が現地で収集した資料を「岡田文庫」として公開しており、以下のページで目録と当時研究員として資料の受け入れの仲立ちとなった戴國煇が『アジア経済資料月報』（1970年10月号）に寄せた「岡田謙博士と台湾」という文章を閲覧することができる。

早稲田大学台湾研究所

台湾研究に特化した研究所としては、早稲田大学台湾研究所がある。「台湾研究に軸足を置きつつ、グローバルな視点に立った学際的・未来指向型の調査・研究を行うこと」を目的として2003年に発足し、台湾に関する研究・教育活動の拠点となっている。研究面では、現代台湾政治、現代台湾政治思想、日台関係史をテーマとするプロジェクト研究を組織し、日本台湾学会との共催でワークショップを開催して、研究成果の一部をワーキングペーパーシリーズとして公開している。台湾に関する学術書に対する出版助成も行っており、助成を受けた小笠原欣幸『台湾総統選挙』［晃洋書房、2019］が第32回アジア・太平洋賞特別賞（2020年）と第15回樫山純三賞学術書賞（2020年）の両賞、菅野敦志『台湾の国家と文化──「脱日本化」・「中国化」・「本土化」』［勁草書房、2012］が第33回「発展途上国研究奨励賞」（2012年度）を受賞するなど、高い評価を受けている。研究と教育の連結が同研究所の特徴であり、台湾研究副専攻（修了要件18単位）を運営して、台湾研究の最新の知見を体系的に教育している。

九州大学／大阪大学／拓殖大学

2017年に開設された**九州大学台湾スタディーズ・プロジェクト**は、台湾関連科目の設置、若手研究者の育成、海外との学術交流、一般向け講座の実施を主な活動内容とする。これまでの取り組みについては、前原志保「市民に向けた実践──九州大学台湾スタディーズの取り組み」［『日本台湾学会報』第24号、2021］に詳しいが、「台湾の先駆者（フロントランナー）から話を聞く」、

「台湾を知り、日本を知る」など、魅力的なテーマを設定し、学内外から講師を招いて行う「台湾事情」、オンラインで行う「映画を通してみる東アジア」など、同大学の学生だけでなく、広く市民も対象として、大学と社会を繋げる企画が好評だ。

　大阪大学は関西地区における台湾研究の重要な拠点であり、2015年4月にスタートした**大阪大学台湾研究講座**（台湾研究及び言語文化課程推進プロジェクト）は、2022年4月から第3期に入った。同大学外国語学部及び大学院人文学研究科の開講科目との連携、講演会等の主催のほか、台湾研究プロジェクト叢書として、所澤潤・林初梅『台湾の中の日本記憶――戦後の「再会」による新たなイメージの構築』［三元社、2016］、林初梅・黄英哲編『民主化に挑んだ台湾――台湾性・日本性・中国性の競合と共生』［風媒社、2021］などを刊行している。

　拓殖大学台湾研究センターは、同大学海外事情研究所の附属機関として、2016年に設置され、公開講座の開催、年刊の紀要『台湾研究』の発行などを行っている。

　〈各機関ウェブサイト〉
　アジア経済研究所図書館　https://www.ide.go.jp/Japanese/Library.html
　「岡田文庫」
　　https://www.ide.go.jp/Japanese/Library/Collection/okada.html
　早稲田大学台湾研究所　https://waseda-taiwan.com/
　九州大学台湾スタディーズ・プロジェクト Facebook ページ
　　https://www.facebook.com/kyudaitaiwan
　大阪大学台湾研究講座
　　https://www1.lang.osaka-u.ac.jp/user/taiwan/index.html

世界の台湾研究

　日本台湾学会の項目で述べたように、近年同学会は、海外の台湾研究との連携を強化するグローバル・アウトリーチを重視している。

　北米地域では、1994年に **North American Taiwan Studies Association**（北米台湾研究学会）が発足。1995年にイエール大学で最初の大会が開かれ、米国各地の大学で継続的に年次大会が開催されている。欧州地域では、

European Association of Taiwan Studies（欧州台湾研究協会）の最初の大会が2004年にロンドン大学東洋アフリカ研究学院（SOAS）で開かれ、地域の台湾研究者の協働により、欧州各国を巡回する形で年次大会が行われている。欧州の台湾研究は、20名を超える執筆者による570頁超えの大著 Gunter Schubert(ed.) *Routledge Handbook of Contemporary Taiwan*［Routledge, 2016］の出版、台湾研究の国際英文ジャーナル *International Journal of Taiwan Studies* の定期刊行において、主導的な役割を果たすなど、目覚ましい発展を見せているが、研究とともに教育、若手研究者の育成にも力を入れており、充実した研究助成、ワークショップなどの取り組みが見られる。

　世界各地域で蓄積される台湾研究の知見を集積するプラットフォームとして、2012年に **World Congress of Taiwan Studies**（台湾研究世界大会）が始まった。Covid-19の影響を受けながらも、2022年までに4回の大会が開かれ、日本からも研究者が参加している。

　〈各組織ウェブサイト〉

　北米台湾研究学会　https://www.na-tsa.org/

　欧州台湾研究協会　https://www.eats-taiwan.eu/

　International Journal of Taiwan Studies

　　https://brill.com/view/journals/ijts/ijts-overview.xml

　世界台湾研究大会　https://wcts.sinica.edu.tw/wctsIV/index.html

384　Ⅴ　研究ガイド

2 図書館・アーカイブにおける近現代台湾関係資料——国立国会図書館憲政資料室を中心に ……… 堀内寛雄

1 国立国会図書館憲政資料室所蔵「憲政資料」中の台湾関係資料

　憲政資料室所蔵の「憲政資料」は、幕末から現代に至る日本の政治史に関わった人物が個人として所蔵していた資料（書簡・書類・日記・メモ・刊行物等）を各々の旧蔵者の単位で整理した文書群の集合体である。現在、原資料、マイクロフィルム等を含めた文書群は600種類以上、原資料の総点数は約45万点以上に及ぶ（2024年12月現在）。1949年の憲政資料室の創立以来の活動については、歴史家大久保利謙(1900–95。維新の功労者大久保利通の孫)の存在を抜きには語ることができない。大久保は旧華族関係のネットワークを駆使し、戦後散逸の危機にあった明治期の元勲等の個人文書の収集に尽力した。以後、憲政資料室は資料の収集対象を大正・昭和前期から戦後期にまで広げ今日に至っている。（詳細は「参考文献」参照）

　憲政資料中には、戦前、戦後にかけて東アジア近隣地域との外交交渉等に携わった政治家、外交官や、旧植民地（朝鮮・台湾）の統治や経営に関わった官僚、軍人、民間人が所蔵していた資料も少なからず含まれている。敗戦による植民地の解放により、かなりの公文書類が分散、喪失したといわれており、それを補完する関係者の個人文書の存在が、植民地研究の進展にとって重要であることは言うまでもない。

　ここでは憲政資料室で原資料を所蔵する「台湾」に関連する資料を含む文書群を中心に紹介し、他機関所蔵資料の複製資料については、簡単に触れることとした。

凡例

・〈総督府統治以前〉〈総督府統治期〉〈戦後期〉の各時期に区分し、配列は、該当資料群の時系列とし旧蔵者の台湾に関わる部分の経歴のみを記した。なお、〈戦後期〉については、ごく簡単な記述にとどめた。

・各文書群中に収録されている主な台湾関係資料の概要とともに当該資料
の利用形態（原資料、冊子複製版、マイクロフィルム、デジタル画像）
を［　］内に記した。またマイクロ刊行版の資料、各文書群と関連する
他機関所蔵資料についても、適宜付記することとした。
・各旧蔵者の詳細な経歴および各文書群全体の概要については、国立国会
図書館ホームページ上の〈リサーチ・ナビ→憲政資料（憲政資料室）→
文書群一覧（50音順）〉を参照されたい。
・なお本稿は以下に掲載した台湾関係部分を加筆改稿したものである。
堀内寛雄「憲政資料中の戦前期朝鮮・台湾・中国東北部関係資料」（正・
続）『参考書誌研究』69、78号（2008年10月、2016年12月）国立国会
図書館

参考文献

大久保利謙『日本近代史学事始め──歴史家の回想』岩波書店、1996

二宮三郎「憲政資料室前史」（上・中・下）『参考書誌研究』43、44、45 号（1993
年 9 月、1994 年 8 月、1995 年 10 月）、国立国会図書館

堀内寛雄「憲政資料収集活動の点描──1980 年代後半〜90 年代を中心に」『国立
国会図書館月報』655 号（2015 年 11 月）、国立国会図書館

〈総督府統治以前〉

○副島種臣関係文書　1871.11〜73.10外務卿

「台湾生蕃事件ニ関スル書類」（1871年11月琉球島民の台湾漂着以後一件
資料）。［マイクロフィルム］

○三条実美関係文書　1871.7 〜 85.12太政大臣

　外交関係書類中に、1874年台湾事件関係資料、山県有朋上申書、軍費関
係の資料等がある。諸氏意見書類中に1874、75年の山県有朋他の台湾関係
意見書・建白書類がある。［冊子複製版］北泉社刊『三条実美関係文書（国立
国会図書館憲政資料室所蔵）』（マイクロフィルム）にも当該資料を収録。

○岩倉具視関係文書　1871.10 〜 83.7右大臣

　台湾事件書類中に、1874年の関係書簡、意見書・建言書、応接書類等の
写本がある。北泉社刊『マイクロフィルム版　岩倉具視関係文書〈国立国会
図書館憲政資料室所蔵（Ⅰ）〉』リール8、9の「一七　台湾事件」の部分に
当該資料を収録。

○樺山資紀関係文書（その1）　1872.10 〜 74.12清国・台湾出張、台湾出兵に従軍

1874年の台湾出兵前後の関係資料。[マイクロフィルム]

○**伊藤博文関係文書**（その1）1873.10参議　1878.5～80.2内務卿　1885.12～88.4、92.8～96.8内閣総理大臣　1895.6兼台湾事務局総裁

1874年「台湾事件ニ関スル対清交渉ニ付柳原公使ニ対スル指令書」、1895年「台湾事件ニ関スル意見（清国ノ台湾割譲ト島民ノ反抗)」、「台湾事件ニ関スル意見書他」等。[デジタル画像（インターネット公開)]

〈総督府統治期〉

[樺山資紀・桂太郎総督時代]　1895.5～96.10

○**樺山資紀関係文書**　1895.5～96.6台湾総督

（その1）台湾総督期書類中に「台湾施政二十一項」、樟脳製造関係、地図等があり、他に「台湾事件取調書」「台湾記事」等。[マイクロフィルム]

（その2）日清戦争・台湾総督期の意見書・報告書中の台湾関係資料、各種調書中に、不動産、派兵軍、総督府経費等の関係資料がある。[デジタル画像（一部インターネット公開)]

（その3）1900年頃の基隆築港関係報告書がある。[原資料]

○**桂太郎関係文書**　1896.6～10台湾総督

総督辞職願、1896年7月「台湾統治方針」等。[冊子複製版]クレス出版刊『桂太郎関係文書（マイクロフィルム版)』にも当該資料を収録。

○**陸奥宗光関係文書**　1892.8～96.5　外務大臣

台湾接受書類中に、桂太郎台湾総督「台湾領有後ノ南方時務策（1896年7月)」他、1895、96年にかけての台湾領有関係資料がある。[冊子複製版][マイクロフィルム]

[乃木希典総督時代]　1896.10～98.2

○**木村新九郎関係文書**　1896.10軍務局付、台湾総督府副官

立見尚文（陸軍少将）書簡（1897年9月　台湾総督府官制改革）[原資料]

[児玉源太郎総督時代]　1898.2～1906.4

○**児玉源太郎関係文書**　1898.2～1906.4台湾総督

総督期資料として、児玉秀雄宛児玉源太郎書簡、1900～04年頃と推定される手帳メモ、内海忠勝内務大臣宛「台湾特殊輸入税率に関する意見書草稿」。

台湾総督府関係（総督談話・組織人事・財政・反乱鎮圧）として分類された
中に、1903年2月の殖産局、糖務局、及び警察本署の高等官への総督談話要目、
官員名簿、「本島人授爵ヨリ生スル選挙法上ノ疑義ニ関スル意見書」（貴族院
議員選挙権及被選挙権取得可否に関する論考（岡松参太郎））。「生蕃始末」
としてまとめられた資料には、1899年の台湾原住民の反乱に対する「対蕃
政略」、各種地図等を含む。［デジタル画像（国立国会図書館内限定）］

○**後藤新平関係文書**　1898.3台湾総督府民政局長、1898.6〜1906.11同民政長官、1901.6
　兼同専売局長

　雄松堂書店刊『後藤新平文書（マイクロフィルム）』（奥州市立後藤新平記
念館所蔵）のリール23〜36に台湾総督府関係資料440件を収録。他に同文書
のデジタル版もあり。（音楽・映像資料室所管）

　＊J-DAC『オンライン版　後藤新平文書』には、上記収録資料の他、マ
イクロ版未収録の資料や、新規収集資料をデジタル化して収録（詳細は、伏
見岳人「解題　オンライン版後藤新平文書の意義」参照）。

[佐久間左馬太・安東貞美・明石元二郎・田健治郎総督時代]　1906.4〜23.9
○**鈴木三郎関係文書**　1910.2台湾総督府民政部通信局庶務課長、1911.7総督官房文書課長
　1912.6兼総督秘書官　1916.6台湾総督府参事官兼総督秘書官兼総督官房文書課長　1917.3民
　政部殖産局林務課長兼営林局長心得

　台湾統治法関係他の法制・官制関係資料、和尚州などの視察報告、予算・
歳計、産業調査書類、林野行政（林務局）、治水、台湾総督府研究所関係等。
各国の植民地行政に関する海外調査や報告類。公信類は内田嘉吉民政長官宛
などが多い。他に林本源家関係書類等。［マイクロフィルム］
○**安東貞美関係文書**　1915.5〜18.6台湾総督

　1916年の下村宏台湾総督府民政長官書簡、集合写真（北白川宮両殿下台
北訪問記念他）、日記に、台湾各地方視察、来訪者、体調などに関する記述
がある。［原資料］
○**下村宏関係文書**　1915.10〜19.8台湾総督府民政長官　1919.8〜21.7同総務長官

　日記、台北の写真帳、台湾各地の風景、建造物、式典等の写真。［原資料］
　＊天理図書館所蔵「下村海南　台湾民政長官時代調査復命書」写（1916
〜21年）94冊（塚本照和・村上嘉英編「天理図書館収蔵台湾関係書目録（明
治28年〜昭和21年）」『ビブリア』81号（1983年10月）参照）。

○**石井光次郎関係文書** 1915.12台湾総督府総督秘書官兼台湾総督府参事官 1918.7台湾
総督府秘書課長兼外事課長 1919.11台湾総督府参事官 1922.5退官

　日記、アルバム、総督府時代を回想した口述記録。［CD-R 変換済］［原資料］

○**明石元二郎関係文書** 1918.6 ～ 19.10台湾総督

　1919年の台湾電力創立関係書簡、自筆草稿等を収録した草稿書翰集。［原
資料］

○**田健治郎関係文書** 1919.10 ～ 23.9台湾総督

　総督時代の日記11冊分（「大正八年日誌　下」～「大正十二年日記　下」［冊
子複製版］、台湾電信官制理由書［マイクロフィルム］。

○**伊沢多喜男関係文書** 1924.9 ～ 26.7台湾総督

　「台湾大学」創立関係、伊沢総督の東京市長への転任説に対する反響他。
総督退任後の台湾人書簡（呉三連、蔡培火、羅万俥、林献堂等）等。［原資料］

［長谷川清・安藤利吉総督時代］　1940.11～45.10

○**長谷川清関係文書** 1940.11 ～ 44.12台湾総督

　総督時期の来簡、アルバム。［原資料］

○**副見喬雄関係文書** 1940.12 ～ 45.1　台湾総督府交通局総長

　交通局時代の記録・事務日誌7冊。［原資料］

　他に**憲政資料室収集文書**（数量が少なく独立した文書にしがたいものをま
とめた資料群）中に、台湾・琉球問題関連の桐野利秋宛樺山資紀書簡（1872
年9月）、関屋貞三郎台湾総督府関係書類（辞令類）等［原資料］。また**高橋亀
吉**（経済評論家、台湾総督府殖産局嘱託）**文書**（日本証券経済研究所図書館
所蔵）［紙コピー］に、台湾の財政・金融・経済を中心とした書類。**外務省文書、
旧陸海軍関係文書**［共に米国議会図書館編纂マイクロフィルム］に、台湾地域に関
る公文書類収録。

〈戦後期〉

○**梅澤昇平**（民社党中央執行委員）**関係文書**

　1991、1992年の民社党の中国・台湾訪問団に随行した際のメモを記した
手帳。［原資料］

○**木内信胤**（経済評論家）**関係文書**（その1）（その2）

「中国問題懇談会報告書」（1965年4月）、日華協力委員会第13回総会記録」（1968年10月）、「日華協力委員会第16回総会記録」（1971年10月）等。［原資料］

○**岸信介（首相、衆議院議員）関係文書**

　張群、蔣介石、蔣経国など、1960年代から80年代の台湾要人書簡。［マイクロフィルム］

○**椎名悦三郎（外務大臣、自由民主党副総裁）関係文書**

　「日本の立場」（外相時代メモ）、「日中航空協定成立について」（1974年）、「極東情勢と大平声明」（1973年）、「日中正常化に関する覚書」（1972年）等の自筆メモ類、「日中国交回復関係メモ」（1972年）（外務省作成想定問答案）、手帖（1970〜74年）。［原資料］

○**椎名素夫（衆議院議員、参議院議員）関係文書**

　1980〜2000年代の講演資料、メモ、台湾勲章授与式（2003年8月）関係等。［原資料］

○**末次一郎（安全保障問題研究会主宰者）関係文書**

　1998〜2001年頃の台湾と沖縄の経済協力に関する資料。［原資料］

○**鍋山貞親（世界民主研究所設立、反共理論家）関係文書**

　1962〜85年の鍋山夫妻宛苗剣秋・周岐鳳夫妻書簡、中華民国全国総工会の招待による1954年5〜6月の台湾訪問関係書類。［原資料］

○**坊秀男（衆議院議員）関係文書**

　1976〜83年の苗剣秋書簡、1973、74年の訪台議員団記念アルバム・写真等。［原資料］

2　他の図書館・アーカイブの台湾関係資料所蔵情報

○**内田嘉吉文庫（日比谷図書文化館特別研究室）** 1910.8 〜 15.10台湾総督府民政長官　23.9 〜 24.9台湾総督

　旧蔵書約1万6000冊のうち、〈台湾〉をキーワードに検索すると551件（そのうち〈台湾〉を資料タイトルに含むもの347件）の所蔵が確認できる。

○**岡松参太郎文書（早稲田大学図書館）** 1899.9京都帝国大学法科大学教授　1899.11児玉源太郎台湾総督、後藤新平民政長官より台湾旧慣調査を委嘱され、以後、臨時台湾旧慣調査会に参加。同地の法慣行を調査し『台湾私法』『蕃族慣行研究』をまとめる。

雄松堂刊「早稲田大学図書館所蔵　マイクロフィルム版　岡松参太郎文書」
（122リール）のリール9〜28に台湾関係資料を収録。（『岡松参太郎文書目録：
早稲田大学図書館所蔵』）

○アジア情報機関ダイレクトリー

　国立国会図書館 HP 上の〈リサーチ・ナビ〉において、アジア関係資料を
所蔵する日本国内各機関（大学・公共・専門図書館、研究所等）の協力のも
と公開されている。〈対象地域から探す〉「中国（香港・マカオ）、台湾」に
は112機関（2024年12月現在）が登録されており、各機関の所蔵状況が掲載
されている。一例として、外地関係資料を収集していた旧高等商業の所蔵資
料を引き継いだ滋賀大学経済経営研究所「旧植民地関係資料」、同じく山口
大学東亜経済研究所「東亜関係蔵書」等が確認できる。

○アジア歴史資料センター

　国立公文書館、外務省外交史料館、防衛省防衛研究所戦史研究センター等
が保管する、明治初期から太平洋戦争終結までのアジア関係資料について、
これらの所蔵機関において電子化が行われたものを順次提供し、公開してい
る。各機関所蔵の公文書のデジタル画像の横断検索が可能。台湾関係公文書
類も多数含まれている。

〈資料編〉

1　台湾史ライブラリー

［凡例］

　本書の「Ⅲ　文献レファレンスと研究レビュー」「Ⅳ　台湾史研究の思想と方法」で紹介された書籍にその他の書籍を加え、1895〜2024年に出版された台湾史に関する日本語図書のうち、研究書、専門書、教養書を中心に収録した。原則として日本国内での出版物に限ったが、一部、台湾で出版されたものも含む。

　「Ⅲ」「Ⅳ」の主題区分に準拠して、以下のように分類されている。

1　日本統治時代の文献（1895年〜1945年8月まで）　大日本帝国による台湾植民地（外地）統治の期間に出版された図書で、歴史的資料として重要と考えられるもの。この期間における「知と権力」の関係については歴史的検証が必要であり、実際にも検討されている。

2　第二次世界大戦後の文献（1945年8月以降）　日本国憲法下で歴史に関する自由な研究、表現、出版が保証された環境のもとで出版されたもの。ただし、台湾と日本では異なった学問的環境条件が長いあいだ続いたことにも考慮が必要である。

2については、以下のように主題に応じて分類した。

　　　　　先史・考古学
　　　　　オランダ統治時代
　　　　　鄭氏時代
　　　　　清代台湾
　　　　　近代（1895〜1945年）──政治史／経済史／社会史
　　　　　現代（1945〜2024年）──政治史／経済史／社会史
　　　　　近現代の通史──文化史／文学史／女性史・ジェンダー史
　　　　　　　　　　　　／台湾原住民（研究）史

　　　　　　　　　　　　　　　　　　　●作成＝春山明哲

1 日本統治時代の文献

姉歯松平『祭祀公業並台湾ニ於ケル特殊法律ノ研究』台法月報発行所、1934、改訂版：東都書籍、1938

移川子之蔵・宮本延人・馬淵東一、台北帝国大学土俗・人種学研究室編『台湾高砂族系統所属の研究』刀江書院、1935、復刻：凱風社、1988

市川彩『アジア映画の創造及建設』国際映画通信社、1941

井出季和太『台湾治績志』台湾日日新報社、1937、復刻：青史社、1988

伊能嘉矩『世界に於ける台湾の位置』林書房、1899

伊能嘉矩『台湾志』文学社、1902

伊能嘉矩著・刊『台湾に於ける西班牙人』1904

伊能嘉矩『台湾蕃政志』台湾総督府民政部殖産局、1904、復刻：龍渓書舎、2003

伊能嘉矩著・刊『領台始末』1904

伊能嘉矩『台湾巡撫トシテノ劉銘伝』新高堂、1905

伊能嘉矩『領台十年史』新高堂、1905

伊能嘉矩『理蕃誌稿』第1編・第2編、台湾総督府民政部蕃務本署・台湾総督府警察本署、1911・1918、復刻：青史社、1989

伊能嘉矩『台湾文化志』上・中・下、刀江書院、1928、復刻1965

伊能嘉矩・粟野伝之丞『台湾蕃人事情』台湾総督府民政部文書課、1900、復刻：草風館、2000

岡田東寧『台湾歴史考』拓殖務省文書課、1897

岡松参太郎『台湾番族慣習研究』全8巻、台湾総督府番族調査会、1921、復刻：青史社、2000

小川琢治『台湾諸島誌』東京地学協会、1896

小川尚義・浅井恵倫、台北帝国大学言語学研究室編『原語による台湾高砂族伝説集』刀江書院、1935

片岡巌『台湾風俗誌』台湾日日新報社、1921、復刻：青史社、1983

川野重任『台湾米穀経済論』有斐閣、1941

杵淵義房『台湾社会事業史』徳友会、1940、復刻：近現代資料刊行会、2000

清沢洌『外政家としての大久保利通』中央公論社、1942、ちくま学芸文庫、2023

国府種武『台湾に於ける国語教育の展開』第一教育社、1931、復刻：教育出版センター、1986

小島由道ほか『番族慣習調査報告書』全8巻、台湾総督府臨時台湾旧慣調査会／台湾総督府蕃族調査会、1915～1922

佐藤文一『台湾原住種族の原始芸術研究』台湾総督府警務局理蕃課、1942

佐藤源治『台湾教育の進展』台湾出版文化、1943、復刻：大空社、1998

佐山融吉『蕃族調査報告書』全8巻、台湾総督府臨時台湾旧慣調査会、1913～1921

柴田廉『台湾同化策論──一名「台湾島民の民族心理学的研究」増補再版』晃文館、1923

曽景来『台湾宗教と迷信陋習』台湾宗教研究会、1938、復刻：大空社、2010

台湾教育会『台湾教育沿革誌』台湾教育会、1939、復刻：青史社、1982

台湾総督府警務局編『台湾社会運動史』(『台湾総督府警察沿革誌　第2巻　領台以後の治安状況　中巻』)台湾総督府警務局、1939、復刻：龍渓書舎、1973

台湾総督府民政部殖産課（山田伸吾調査）『台北県下農家経済調査書』1899

台湾文化三百年記念会編・刊『台湾文化史説』正編・続編、1930～1931

高橋亀吉『現代台湾経済論』千倉書房、1937

竹越与三郎『台湾統治志』博文館、1905

東郷実・佐藤四郎『台湾殖民発達史』晃文館、1916、復刻：クレス出版、2011

新渡戸稲造、矢内原忠雄編『新渡戸博士植民政策講義及論文集』岩波書店、1943、復刻：教文館、1969

浜田秀三郎編『台湾演劇の現状』丹青書房、1943、復刻：大空社、2000

東方孝義『台湾習俗』同人研究会、1942、復刻：武田タカ、1995

藤崎済之助『台湾史と樺山大将』国史刊行会、1926

細川嘉六『植民史』東洋経済新報社出版部、1941、復刻：理論社、1972

堀内次雄・羽鳥重郎述、日独医学協会編『領有前後に於ける台湾の医事衛生事情』日独医学協会、1943

増田福太郎『台湾本島人の宗教』明治聖徳記念学会、1935

増田福太郎『台湾の宗教──農村を中心とする宗教研究』養賢堂、1939

増田福太郎『東亞法秩序序説──民族信仰を中心として』ダイヤモンド社、1942、復刻：大空社、2001

丸井圭治郎『台湾宗教調査報告書』台湾総督府、1919

丸山正彦（松廬主人）『台湾開創鄭成功』嵩山房、1895

宮川次郎『台湾の社会運動』台湾実業界社営業所、1929

宮川次郎『台湾の原始芸術』台湾実業界社、1930

宮崎直勝『寺廟神の昇天──台湾寺廟整理覚書』東都書籍、1942

村上直次郎訳註『抄訳 バタビヤ城日誌』上・中・下、日蘭交通史料研究会、1937

持地六三郎『台湾殖民政策』冨山房、1912

森丑之助『台湾蕃族図譜』全2巻、臨時台湾旧慣調査会、1915

森丑之助『台湾蕃族志　第1巻』臨時台湾旧慣調査会、1917

矢内原忠雄『植民及び植民政策』有斐閣、1926、再刊：『矢内原忠雄全集　第1巻　植民政策研究第一』岩波書店、1963

矢内原忠雄『植民政策の新基調』弘文堂書房、1927、再刊：『矢内原忠雄全集　第1巻　植民政策研究第一』岩波書店、1963

矢内原忠雄『帝国主義下の台湾』岩波書店、1929、再刊：『矢内原忠雄全集　第2巻　植民政策研究第二』岩波書店、1963

吉野秀公『台湾教育史』大空社、1927、復刻：龍渓書舎、2008

ルードウィヒ・リース、吉国藤吉訳『台湾島史』冨山房、1898、復刻：クレス出版、2012

臨時台湾旧慣調査会編・刊（岡松参太郎ほか編）『臨時台湾旧慣調査会第一部調査第一回報告書』上巻・下巻・附録参考書、1903

臨時台湾旧慣調査会編・刊（岡松参太郎ほか編）『臨時台湾旧慣調査会第一部調査第二回報告書』第1巻・第2巻上下・第1巻附録参考書・第2巻附録参考書、1906～1907

臨時台湾旧慣調査会著・刊『台湾糖業旧慣一斑』1909

臨時台湾旧慣調査会編・刊『臨時台湾旧慣調査会第一部調査第三回報告書　台湾私法』第1巻上下・第2巻上下・第3巻上下・附録参考書第1巻上中下・第2巻上下・第3巻上下、1909～1911

臨時台湾旧慣調査会編『契字及書簡文類集』盛文社、1916、復刊：山根幸夫註解索引『清代契約文書・書簡文類集』汲古書院、1973

臨時台湾土地調査局著・刊『清賦一斑』1900

臨時台湾土地調査局著・刊『台湾旧慣制度調査一斑』、1901

臨時台湾土地調査局著・刊『大租取調書附属参考書』上・中・下、1904

臨時台湾土地調査局編・刊『台湾土地慣行一斑』第1～3編、1905

〈資料編〉1 台湾史ライブラリー 395

2 第二次世界大戦後の文献

先史・考古学

金関丈夫・国分直一『台湾考古誌』法政大学出版局、1979
野林厚志『タイワンイノシシを追う――民族学と考古学の出会い』臨川書店、2014

オランダ統治時代

永積洋子『平戸オランダ商館日記――近世外交の確立』講談社、2000
永積洋子『朱印船』吉川弘文館、2001
林田芳雄『蘭領台湾史――オランダ治下38年の実情』汲古書院、2010
ファン・フーンス、ファン・フリート、フレデリク・コイエット、生田滋訳注『オランダ東インド会社と東南アジア』（大航海時代叢書）岩波書店、1988
村上直次郎訳、中村孝志校注『バタヴィア城日誌』1～3、東洋文庫（平凡社）、1970・1972・1975、ワイド版東洋文庫、2003

鄭氏時代

石原道博『国姓爺』吉川弘文館、1959、新装版1986
上田信『海と帝国――明清時代』講談社、2005
上田信『シナ海域蜃気楼王国の興亡』講談社、2013
上田信・中島楽章編『アジアの海を渡る人々――十六・十七世紀の渡海者』春風社、2021
小俣喜久雄『鄭成功信仰と伝承』新典社、2022
鄭成功と同時代史研究会編『鄭成功と同時代史研究――目録・解説・展望』長崎・鄭成功と同時代史研究会、1994
中島楽章編『南蛮・紅毛・唐人――十六・十七世紀の東アジア海域』思文閣出版、2013
奈良修一『鄭成功――南海を支配した一族』山川出版社、2016
林田芳雄『鄭氏台湾史――鄭成功三代の興亡実紀』汲古書院、2003

清代台湾

斯波義信『中国都市史』東京大学出版会、2002

岸本美緒『礼教・契約・生存──明清史論集3』研文出版、2020

陳盛韶、小島晋治・上田信・栗原純訳『問俗録──福建・台湾の民俗と社会』東洋文庫（平凡社）、1988

寺田浩明『中国法制史』東京大学出版会、2018

礪波護・岸本美緒・杉山正明編『中国歴史研究入門』名古屋大学出版会、2006

豊岡康史『海賊から見た清朝──十八─十九世紀の南シナ海』（清朝史叢書）藤原書店、2016

松田吉郎『明清時代華南地域史研究』汲古書院、2002

森田明『清代水利史研究』亜紀書房、1974

山本英史編『中国近世法制史料読解ハンドブック』東洋文庫（平凡社）、2019

林淑美『清代台湾移住民社会の研究』汲古書院、2017

近　代（1895〜1945年）

●政治史（近代）

浅田喬二『日本帝国主義下の民族革命運動──台湾・朝鮮・「満州」における抗日農民運動の展開過程』未來社、1973

浅野豊美・松田利彦編『植民地帝国日本の法的構造』信山社、2004

浅野豊美・松田利彦編『植民地帝国日本の法的展開』信山社、2004

浅野豊美『帝国日本の植民地法制──法域統合と帝国秩序』名古屋大学出版会、2008

阿部純一郎『〈移動〉と〈比較〉の日本帝国史──統治技術としての観光・博覧会・フィールドワーク』新曜社、2014

石田浩『台湾民主化と中台経済関係──政治の内向化と経済の外向化』関西大学出版部、2005

井尻秀憲『激流に立つ台湾政治外交史──李登輝、陳水扁、馬英九の25年』ミネルヴァ書房、2013

伊藤潔『台湾──四百年の歴史と展望』中央公論社、1993

内海忠司、近藤正己・北村嘉恵編『内海忠司日記1940–1945──総力戦体制下の台湾と植民地官僚』京都大学学術出版会、2014

遠藤正敬『近代日本の植民地統治における国籍と戸籍──満州・朝鮮・台湾』明石書店、2010

大江志乃夫ほか編『岩波講座　近代日本と植民地』全8巻、岩波書店、1992〜1993

大久保泰甫『ボワソナードと国際法──台湾出兵事件の透視図』岩波書店、2016

岡本真希子『植民地官僚の政治史――朝鮮・台湾総督府と帝国日本』三元社、2008

何義麟『二・二八事件――「台湾人」形成のエスノポリティクス』東京大学出版会、2003

梶居佳広『「植民地」支配の史的研究――戦間期日本に関する英国外交報告からの検証』法律文化社、2006

菊池一隆『戦争と華僑――日本・国民政府公館・傀儡政権・華僑間の政治力学』汲古書院、2011

許世楷『日本統治下の台湾――抵抗と弾圧』東京大学出版会、1972

栗原純『日本帝国と阿片――台湾総督府・専売局文書にみる阿片政策』研文出版、2022

黄昭堂『台湾民主国の研究――台湾独立運動史の一断章』東京大学出版会、1970

黄昭堂『台湾総督府』筑摩書房、2019

小島麗逸編『日本帝国主義と東アジア』アジア経済研究所、1979

後藤武秀『台湾法の歴史と思想』法律文化社、2009

近藤正己『総力戦と台湾――日本植民地崩壊の研究』刀水書房、1996

近藤正己・北村嘉恵・駒込武編『内海忠司日記1928–1939――帝国日本の官僚と植民地台湾』京都大学学術出版会、2012

朱徳蘭『台湾総督府と慰安婦』明石書店、2005

戴國煇編著『台湾霧社蜂起事件――研究と資料』社会思想社、1981

戴天昭『台湾国際政治史研究』法政大学出版局、1971

戴天昭『台湾法的地位の史的研究』行人社、2005

台湾史研究部会編（編集責任者檜山幸夫）『台湾の近代と日本』中京大学社会科学研究所、2003

台湾史研究部会（檜山幸夫ほか）編『日本統治下台湾の支配と展開』中京大学社会科学研究所、2004

中京大学社会科学研究所台湾史研究センター編『帝国日本の台湾統治』中京大学社会科学研究所、2024

鶴見祐輔、一海知義校訂『〈決定版〉正伝 後藤新平』全8分冊・別巻1、藤原書店、2004～2007

鄧相揚、下村作次郎・魚住悦子訳『抗日霧社事件の歴史――日本人の大量殺害はなぜ、おこったか』日本機関紙出版センター、2000

鄧相揚、下村作次郎監修、魚住悦子訳『植民地台湾の原住民と日本人警察官の家族たち』日本機関紙出版センター、2000

鄧相揚、下村作次郎監修、魚住悦子訳『抗日霧社事件をめぐる人々――翻弄された台湾原住民の戦前・戦後』日本機関紙出版センター、2001

徳富蘇峰（猪一郎）『近世日本国民史　第90巻　台湾役始末篇』近世日本国民史刊行会、1961

中村孝志『日本の南方関与と台湾』天理教道友社、1988

中村ふじゑ『タイヤルの森をゆるがせた台湾・霧社事件――オビンの伝言』梨の木舎、2000

西英昭『『臺灣私法』の成立過程——テキストの層位学的分析を中心に』九州大学出版会、2009

日本植民地研究会編『日本植民地研究の現状と課題』アテネ社、2008

日本植民地研究会編『日本植民地研究の論点』岩波書店、2018

丹羽文生『「日中問題」という「国内問題」——戦後日本外交と中国・台湾』一芸社、2018

野口真広『植民地台湾の自治——自律的空間への意思』早稲田大学出版部、2017

林えいだい『台湾第五回高砂義勇隊——名簿・軍事貯金・日本人証言』文栄出版、1994

林えいだい編『台湾植民地統治史——山地原住民と霧社事件・高砂義勇隊 写真記録』梓書房、1995

林えいだい『台湾秘話——霧社の反乱・民衆側の証言』新評論、2002

春山明哲・若林正丈『日本植民地主義の政治的展開 一八九五——一九三四年——その統治体制と台湾の民族運動』アジア政経学会、1980

春山明哲『近代日本と台湾——霧社事件・植民地統治政策の研究』藤原書店、2008

マーク・ピーティ、浅野豊美訳『植民地——帝国50年の興亡』読売新聞社、1996

檜山幸夫編著『帝国日本の展開と台湾』創泉堂出版、2011

平野久美子『牡丹社事件マブイの行方——日本と台湾、それぞれの和解』集広舎、2019、増補版2021

古野直也『台湾軍司令部——1895〜1945』国書刊行会、1991

細川嘉六『細川嘉六著作集　第2巻　植民史』理論社、1972

又吉盛清『日本植民地下の台湾と沖縄』沖縄あき書房、1990

又吉盛清『台湾支配と日本人』同時代社、1994

又吉盛清『大日本帝国植民地下の琉球沖縄と台湾——これからの東アジアを平和的に生きる道』同時代社、2018

松田利彦・やまだあつし編『日本の朝鮮・台湾支配と植民地官僚』思文閣出版、2009

向山寛夫『日本統治下における台湾民族運動史』中央経済研究所、1987

山川均『山川均全集　第7巻　一九二六年三月〜一九二七年七月』勁草書房、1966

山中永之佑『帝国日本の統治法——内地と植民地朝鮮・台湾の地方制度を焦点とする』大阪大学出版会、2021

山本有造編『帝国の研究——原理・類型・関係』名古屋大学出版会、2003

劉明修『台湾統治と阿片問題』山川出版社、1983

若林正丈『台湾抗日運動史研究』研文出版、1983、増補版2001

●経済史（近代）

朝元照雄『開発経済学と台湾の経験——アジア経済の発展メカニズム』勁草書房、2004

李昌玟『戦前期東アジアの情報化と経済発展——台湾と朝鮮における歴史的経験』東京大学出版会、2015

〈資料編〉1　台湾史ライブラリー　399

石田浩『台湾漢人村落の社会経済構造』関西大学出版部、1985
井上敏孝『日本統治時代台湾の築港・人材育成事業』晃洋書房、2021
片倉佳史『台湾鉄路と日本人──線路に刻まれた日本の軌跡』交通新聞社、2010
河原林直人『近代アジアと台湾──台湾茶業の歴史的展開』世界思想社、2003
久保文克『植民地企業経営史論──「準国策会社」の実証的研究』日本経済評論社、
　　1997
久保文克『近代製糖業の経営史的研究』文眞堂、2016
久保文克『戦前日本製糖業の史的研究』文眞堂、2022
結解喜幸『台湾と日本を結ぶ鉄道史──日台鉄道交流の100年』交通新聞社、2017
江丙坤『台湾地租改正の研究──日本領有初期土地調査事業の本質』東京大学出版会、
　　1974
小山三郎責任編集、近現代東アジア研究叢書編集委員会・国立台北大学歴史学系共編
　　『日本統治期台湾の経済、産業発展再考』霞山会、2024
齋藤尚文『鈴木商店と台湾──樟脳・砂糖をめぐる人と事業』晃洋書房、2017
佐藤正広『帝国日本と統計調査──統治初期台湾の専門家集団』岩波書店、2012
柴田善雅『植民地事業持株会社論──朝鮮・南洋群島・台湾・樺太』日本経済評論社、
　　2015
清水美里『帝国日本の「開発」と植民地台湾──台湾の嘉南大圳と日月潭発電所』有
　　志社、2015
社団法人糖業連合協会監修、久保文克編『近代製糖業の発展と糖業連合会──競争を
　　基調とした協調の模索』日本経済評論社、2009
杉本幹夫『日本統治下の台湾・朝鮮プラスフィリピン』龍渓書舎、1997
須永徳武編著『植民地台湾の経済基盤と産業』日本経済評論社、2015
胎中千鶴『植民地台湾を語るということ──八田與一の「物語」を読み解く』風響社、
　　2007、追補改訂版2020
高橋益代編『日本帝国領有期台湾関係統計資料目録』一橋大学経済研究所日本経済統
　　計文献センター、1985
涂照彦『日本帝国主義下の台湾』東京大学出版会、1975
波形昭一『日本植民地金融政策史の研究』早稲田大学出版部、1985
波形昭一『民間総督三好徳三郎と辻利茶舗』日本図書センター、2002
波形昭一『植民地期台湾の銀行家──木村匡』ゆまに書房、2017
平井広一『日本植民地財政史研究』ミネルヴァ書房、1997
平井健介『砂糖の帝国──日本植民地とアジア市場』東京大学出版会、2017
平井健介『日本統治下の台湾──開発・植民地主義・主体性』名古屋大学出版会、2024
堀和生・中村哲編著『日本資本主義と朝鮮・台湾──帝国主義下の経済変動』京都大
　　学学術出版会、2004
堀和生『東アジア資本主義史論2──構造と特質』ミネルヴァ書房、2008
堀和生『東アジア資本主義史論1──形成・構造・展開』ミネルヴァ書房、2009
堀内義隆『緑の工業化──台湾経済の歴史的起源』名古屋大学出版会、2021
三日月直之『台湾拓殖会社とその時代──1936–1946』葦書房、1993

溝口敏行『台湾・朝鮮の経済成長──物価統計を中心として』岩波書店、1975

溝口敏行・梅村又次編『旧日本植民地経済統計──推計と分析』東洋経済新報社、1988

湊照宏『近代台湾の電力産業──植民地工業化と資本市場』御茶の水書房、2011

湊照宏・齊藤直・谷ヶ城秀吉『国策会社の経営史──台湾拓殖から見る日本の植民地経営』岩波書店、2021

谷ヶ城秀吉『帝国日本の流通ネットワーク──流通機構の変容と市場の形成』日本経済評論社、2012

山本有造『日本植民地経済史研究』名古屋大学出版会、1992

林玉茹、森田明・朝元照雄訳『台湾拓殖株式会社の東台湾経営──国策会社と植民地の改造』汲古書院、2012

林玉茹ほか、森田明・朝元照雄編訳『台湾拓殖株式会社研究序説──国策会社の興亡』汲古書院、2017

林満紅、ジェイク・コーポレーション訳『台湾海峡──両岸経済交流史』財団法人交流協会、1997

●社会史（近代）

青井哲人『植民地神社と帝国日本』吉川弘文館、2005

浅野和生編著『一八九五──一九四五日本統治下の台湾──戦後七十年の視座から』展転社、2015

浅野春二『台湾における道教儀礼の研究』笠間書院、2005

飯島渉『マラリアと帝国──植民地医学と東アジアの広域秩序』東京大学出版会、2005、増補新装版2023

池田敏雄、末成道男編『池田敏雄台湾民俗著作集』上・下、緑蔭書房、2003

殷允芃編、丸山勝訳『台湾の歴史──日台交渉の三百年』藤原書店、1996

宇治郷毅『石坂荘作の教育事業──日本統治期台湾における地方私学教育の精華』晃洋書房、2013

老川慶喜・須永徳武・谷ヶ城秀吉・立教大学経済学部編『植民地台湾の経済と社会』日本経済評論社、2011

王貞月『台湾シャーマニズムの民俗医療メカニズム』中国書店、2011

大友昌子『帝国日本の植民地社会事業政策研究──台湾・朝鮮』ミネルヴァ書房、2007

岡部芳広『植民地台湾における公学校唱歌教育』明石書店、2007

小田滋『堀内・小田家三代百年の台湾──台湾の医事・衛生を軸として』日本図書刊行会、2002、増補版：近代文芸社、2010

片倉佳史『古写真が語る 台湾──日本統治時代の50年 1895-1945』祥伝社、2015

片倉佳史『台北・歴史建築探訪──日本が遺した建築遺産を歩く 1895～1945』ウェッジ、2019、増補版2023

金子展也『台湾に渡った日本の神々──フィールドワーク日本統治時代の台湾の神社』

潮書房光人新社、2018

上水流久彦編『大日本帝国期の建築物が語る近代史——過去・現在・未来』(アジア遊学266) 勉誠出版、2022

上沼八郎『伊沢修二』吉川弘文館、1962、新装版1988

川島真・中村元哉編著『中華民国史研究の動向——中国と日本の中国近代史理解』晃洋書房、2019

川西玲子『戦前外地の高校野球——台湾・朝鮮・満州に花開いた球児たちの夢』彩流社、2014

紀旭峰『大正期台湾人の「日本留学」研究』龍渓書舎、2012

岸本葉子『微熱の島 台湾』凱風社、1989、朝日文庫、1996

北村嘉恵『日本植民地下の台湾先住民教育史』北海道大学出版会、2008

木村自『雲南ムスリム・ディアスポラの民族誌』風響社、2016

許之威『移民政策の形成と言語教育——日本と台湾の事例から考える』明石書店、2016

許雪姫、羽田朝子・殷晴・杉本史子訳『離散と回帰——「満洲国」の台湾人の記録』東方書店、2021

呉叡人、梅森直之・山本和行訳『フォルモサ・イデオロギー——台湾ナショナリズムの勃興1895——1945』みすず書房、2023

呉宏明『日本統治下台湾の教育認識——書房・公学校を中心に』春風社、2016

呉文星、所澤潤監訳『台湾の社会的リーダー階層と日本統治』財団法人交流協会、2010

駒込武『世界史のなかの台湾植民地支配——台南長老教中学校からの視座』岩波書店、2015

蔡錦堂『日本帝国主義下台湾の宗教政策』同成社、1994

蔡蕙頻、日野みどり訳『働き女子＠台湾——日本統治期の水脈』凱風社、2016

酒井哲哉・松田利彦編『帝国日本と植民地大学』ゆまに書房、2014

阪口直樹『戦前同志社の台湾留学生——キリスト教国際主義の源流をたどる』白帝社、2002

坂野徹『帝国日本と人類学者 1884–1952年』勁草書房、2005

坂野徹・塚原東吾編著『帝国日本の科学思想史』勁草書房、2018

坂野徳隆『風刺漫画で読み解く日本統治下の台湾』平凡社、2012

佐倉孫三、三尾裕子監修、台湾の自然と文化研究会編訳『臺風雑記——百年前の台湾風俗』東京外国語大学アジア・アフリカ言語文化研究所、2009

塩山正純編『20世紀前半の台湾——植民地政策の動態と知識青年のまなざし』あるむ、2019

司馬遼太郎『街道を行く40 台湾紀行』朝日新聞社、1994、朝日文庫、2009

鍾清漢『日本植民地下における台湾教育史』多賀出版、1993

白柳弘幸『戦時下台湾の少年少女』風響社、2022

末成道男編『中原と周辺——人類学的フィールドからの視点』風響社、1999

末光欣也『末光欣也遺作 台湾と拓殖大学』拓殖大学創立百年史編纂室、2018

菅浩二『日本統治下の海外神社——朝鮮神宮・台湾神社と祭神』弘文堂、2004

鈴木明『高砂族に捧げる』中央公論社、1976

鈴木明『続・誰も書かなかった台湾——天皇が見た"旧帝国"はいま』サンケイ出版、1977

曽山毅『植民地台湾と近代ツーリズム』青弓社、2003

戴國煇、春山明哲・松永正義・胎中千鶴・丸川哲史編『戴國煇著作選1　客家・華僑・台湾・中国』みやび出版、2011

戴國煇、春山明哲・松永正義・胎中千鶴・丸川哲史編『戴國煇著作選2　台湾史の探索』みやび出版、2011

胎中千鶴『葬儀の植民地社会史——帝国日本と台湾の〈近代〉』風響社、2008

胎中千鶴『あなたとともに知る台湾——近現代の歴史と社会』清水書院、2019

武田周一郎『地図印刷技術者・岩橋章山の思想と台湾での動向に関する基礎的研究』神奈川県立歴史博物館、2019

竹中信子『植民地台湾の日本女性生活史1（明治篇）』田畑書店、1995

竹中信子『植民地台湾の日本女性生活史2（大正篇）』田畑書店、1996

竹中信子『植民地台湾の日本女性生活史3（昭和篇上）』田畑書店、2001

竹中信子『植民地台湾の日本女性生活史4（昭和篇下）』田畑書店、2001

田村志津枝『台湾人と日本人——基隆中学「Ｆマン」事件』晶文社、1996

崔吉城・原田環編『植民地の朝鮮と台湾——歴史・文化人類学的研究』第一書房、2007

中央研究院デジタル文化センター訳、森田健嗣監訳『台北歴史地図散歩——古地図と写真でたどる台北の100年』ホビージャパン、2019

中京大学社会科学研究所・檜山幸夫編『歴史のなかの日本と台湾——東アジアの国際政治と台湾史研究』中京大学社会科学研究所、2014

中京大学社会科学研究所台湾史研究センター編『日本統治下台湾の防疫と衛生』創泉堂出版、2022

陳柔縉、天野健太郎訳『日本統治時代の台湾——写真とエピソードで綴る1895〜1945』PHP研究所、2014

陳培豊『「同化」の同床異夢——日本統治下台湾の国語教育史再考』三元社、2001、新装版2010

レオ・チン、菅野敦志訳『ビカミング〈ジャパニーズ〉——植民地台湾におけるアイデンティティ形成のポリティクス』勁草書房、2017

寺田喜朗『旧植民地における日系新宗教の受容——台湾生長の家のモノグラフ』ハーベスト社、2009

中生勝美『近代日本の人類学史——帝国と植民地の記憶』風響社、2016

中西直樹『植民地台湾と日本仏教』三人社、2016

中村満紀男『日本統治下の台湾と朝鮮における特殊教育——発展と停滞の諸相』明石書店、2022

南原繁ほか編『矢内原忠雄——信仰・学問・生涯』岩波書店、1968

西澤泰彦『植民地建築紀行——満洲・朝鮮・台湾を歩く』吉川弘文館、2011

西澤泰彦『日本植民地建築論』名古屋大学出版会、2008

野口英佑『台湾における「日本」の過去と現在——糖業移民村を視座として』ゆまに書房、2023

馬場毅・許雪姫・謝国興・黄英哲編『近代台湾の経済社会の変遷——日本とのかかわりをめぐって』東方書店、2013

林篤志『台湾少年工——戦闘機を作った子どもたち』日本橋出版、2022

檜山幸夫編『台湾植民地史の研究』ゆまに書房、2015

檜山幸夫編『台湾総督府文書の史料学的研究——日本近代公文書学研究序説』ゆまに書房、2003

檜山幸夫『転換期の台湾史研究』中京大学社会科学研究所、2015

藤井康子『わが町にも学校を——植民地台湾の学校誘致運動と地域社会』九州大学出版会、2018

藤森智子『日本統治下台湾の「国語」普及運動——国語講習所の成立とその影響』慶應義塾大学出版会、2016

古川勝三『台湾の近代化に貢献した日本人』創風社出版、2023

又吉盛清『台湾——近い昔の旅　台北編　植民地時代をガイドする』凱風社、1996

町泉寿郎『日本統治下の台湾・朝鮮と漢文教育』戎光祥出版、2023

松田利彦・陳姃湲共編『地域社会から見る帝国日本と植民地——朝鮮・台湾・満洲』思文閣出版、2013

松田利彦編『植民地帝国日本における知と権力』思文閣出版、2019

松田ヒロ子『沖縄の植民地的近代——台湾へ渡った人びとの帝国主義的キャリア』世界思想社、2021

松田良孝『台湾疎開——「琉球難民」の1年11カ月』南山舎、2010

松田吉郎『台湾原住民と日本語教育——日本統治時代台湾原住民教育史研究』晃洋書房、2004

松田吉郎編著『日本統治時代——台湾の経済と社会』晃洋書房、2012

丸山宏『道教儀禮文書の歴史的研究』汲古書院、2004

見市雅俊ほか編『疾病・開発・帝国医療——アジアにおける病気と医療の歴史学』東京大学出版会、2001

三野和惠『文脈化するキリスト教の軌跡——イギリス人宣教師と日本植民地下の台湾基督長老教会』新教出版社、2017

宮崎聖子『植民地期台湾における青年団と地域の変容』御茶の水書房、2008

宮本延人・瀬川孝吉・馬淵東一『台湾の民族と文化』六興出版、1987

宮本延人『日本統治時代台湾における寺廟整理問題』天理教道友社、1988

山田明広『台湾道教における斎儀——その源流と展開』大河書房、2015

山田美香『日本植民地・占領下の少年犯罪——台湾を中心に』成文堂、2013

山本禮子『植民地台湾の高等女学校研究』多賀出版、1999

山本和行『自由・平等・植民性——台湾における植民地教育制度の形成』国立台湾大学出版中心、2015

山本武利ほか編集委員『岩波講座　「帝国」日本の学知』全8巻、岩波書店、2006〜

2010

横井香織『帝国日本のアジア認識——統治下台湾における調査と人材育成』岩田書院、2018

李承機『台湾近代メディア史研究序説——植民地とメディア』東京大学博士論文（学術）、2004

陸傳傑、河本尚枝訳『地図で読み解く日本統治下の台湾』創元社、2019

劉麟玉『植民地下の台湾における学校唱歌教育の成立と展開』雄山閣、2005

林茂生、古谷昇・陳燕南編訳『日本統治下の台湾の学校教育——開発と文化問題の歴史分析』拓殖大学海外事情研究所華僑研究センター、2004

ロー・ミンチェン、塚原東吾訳『医師の社会史——植民地台湾の近代と民族』法政大学出版局、2014

矢内原忠雄、若林正丈編『矢内原忠雄「帝国主義下の台湾」精読』岩波現代文庫、2001

渡辺利夫『台湾を築いた明治の日本人』産経新聞出版、2020

現　代（1945～2024年）

●政治史（現代）

浅野和生編著『中華民国の台湾化と中国——台湾は中国なのか？』展転社、2014

浅野和生編著『台湾の民主化と政権交代——蔣介石から蔡英文まで』展転社、2019

家永真幸『国宝の政治史——「中国」の故宮とパンダ』東京大学出版会、2017

五十嵐隆幸『大陸反攻と台湾——中華民国による統一の構想と挫折』名古屋大学出版会、2021

井尻秀憲『台湾経験と冷戦期のアジア』勁草書房、1993

井尻秀憲編著『中台危機の構造——台湾海峡クライシスの意味するもの』勁草書房、1997

遠藤正敬『戸籍と国籍の近現代史——民族・血統・日本人 第3版』明石書店、2024

王育徳『台湾——苦悶するその歴史』弘文堂、1964、増補改訂版1970

王泰升、鈴木賢ほか訳『台湾法における日本的要素』国立台湾大学出版中心、2014

小笠原欣幸『台湾総統選挙』晃洋書房、2019

何義麟『台湾現代史——二・二八事件をめぐる歴史の再記憶』平凡社、2014

川上桃子・松本はる香編『中台関係のダイナミズムと台湾——馬英九政権期の展開』アジア経済研究所、2019

川島真・清水麗・松田康博・楊永明『日台関係史——1945-2008』東京大学出版会、2009

川島真・清水麗・松田康博・楊永明『日台関係史——1945-2020 増補版』東京大学出版会、2020

河原昌一郎『民主化後の台湾——その外交、国家観、ナショナリズム』彩流社、2016

許珩『戦後日華経済外交史——1950-1978』東京大学出版会、2019

黄偉修『李登輝政権の大陸政策決定過程（1996-2000年）——組織的決定と独断の相克』大学教育出版、2012

駒込武編集、呉叡人ほか『台湾と沖縄 帝国の狭間からの問い——「台湾有事」論の地平を越えて』みすず書房、2024

蔡英文、前原志保監訳、阿部由理香ほか訳『蔡英文——新時代の台湾へ』白水社、2016

佐藤幸人・小笠原欣幸・松田康博・川上桃子『蔡英文再選——2020年台湾総統選挙と第2期蔡政権の課題』アジア経済研究所、2020

佐橋亮『共存の模索——アメリカと「二つの中国」の冷戦史』勁草書房、2015

史明『台湾人四百年史——秘められた植民地解放の一断面』音羽書房、1962、増補改訂版：新泉社、1974

塩出浩之『越境者の政治史——アジア太平洋における日本人の移民と植民』名古屋大学出版会、2015

清水麗『台湾外交の形成——日華断交と中華民国からの転換』名古屋大学出版会、2019

武田康裕『民主化の比較政治——東アジア諸国の体制変動過程』ミネルヴァ書房、2001

鍾欣宏『戦後米国の対台湾関係の起源——「台湾地位未定論」の形成と変容』明石書店、2022

陳儀深・薛化元編、財団法人二二八事件紀念基金会著、前田直樹ほか訳『二二八事件の真相と移行期正義』風媒社、2021

西川潤ほか編『東アジア新時代の日本と台湾』明石書店、2010

丹羽文生『日中国交正常化と台湾——焦燥と苦悶の政治決断』北樹出版、2012

野嶋剛『ラスト・バタリオン——蔣介石と日本軍人たち』講談社、2014

平川幸子『「二つの中国」と日本方式——外交ジレンマ解決の起源と応用』勁草書房、2012

深串徹『戦後台湾における対日関係の公的記憶——1945-1970s』国際書院、2019

福田円『中国外交と台湾——「一つの中国」原則の起源』慶應義塾大学出版会、2013

本田善彦『台湾と尖閣ナショナリズム——中華民族主義の実像』岩波書店、2016

松田康博『台湾における一党独裁体制の成立』慶應義塾大学出版会、2006

松田康博・清水麗編著『現代台湾の政治経済と中台関係』晃洋書房、2018

松田康博・福田円・河上康博編『「台湾有事」は抑止できるか——日本がとるべき戦略とは』勁草書房、2024

松本充豊『中国国民党「党営事業」の研究』アジア政経学会、2002

松本或彦『日本と台湾真実の戦後史——語られなかった断交秘話』ビジネス社、2021

林泉忠『「辺境東アジア」のアイデンティティ・ポリティクス——沖縄・台湾・香港』明石書店、2005

若林正丈『海峡——台湾政治への視座』研文出版、1985
若林正丈『転形期の台湾——「脱内戦化」の政治』田畑書店、1989
若林正丈『台湾海峡の政治』田畑書店、1991
若林正丈『台湾——分裂国家と民主化』（東アジアの国家と社会2）東京大学出版会、1992
若林正丈『東洋民主主義——台湾政治の考現学』田畑書店、1994
若林正丈『蒋経国と李登輝——「大陸国家」からの離陸?』岩波書店、1997
若林正丈『台湾——変容し躊躇するアイデンティティ』ちくま新書、2001
若林正丈『台湾の政治——中華民国台湾化の戦後史』東京大学出版会、2008、増補新装版2021
若林正丈編『ポスト民主化期の台湾政治——陳水扁政権の8年』アジア経済研究所、2010
若林正丈『台湾の半世紀——民主化と台湾化の現場』筑摩選書、2023
若林正丈『台湾の歴史』講談社学術文庫、2023（若林『台湾』2001の改題・増補版）
若林正丈編著『台湾——転換期の政治と経済』田畑書店、1987
若林正丈編『台湾総合研究2　民主化後の政治』アジア経済研究所、2008
若林正丈編『現代台湾政治を読み解く』研文出版、2014

●経済史（現代）

赤羽淳『東アジア液晶パネル産業の発展——韓国・台湾企業の急速キャッチアップと日本企業の対応』勁草書房、2014
朝元照雄『現代台湾経済分析——開発経済学からのアプローチ』勁草書房、1996
朝元照雄『台湾の経済発展——キャッチアップ型ハイテク産業の形成過程』勁草書房、2011
朝元照雄『台湾の企業戦略——経済発展の担い手と多国籍企業化への道』勁草書房、2014
長内厚・神吉直人『台湾エレクトロニクス産業のものづくり——台湾ハイテク産業の組織的特徴から考える日本の針路』白桃書房、2014
川上桃子『圧縮された産業発展——台湾ノートパソコン企業の成長メカニズム』名古屋大学出版会、2012
川瀬光義『台湾の土地政策——平均地権の研究』青木書店、1992
岸本千佳司『台湾半導体企業の競争戦略——戦略の進化と能力構築』日本評論社、2017
北波道子『後発工業国の経済発展と電力事業——台湾電力の発展と工業化』晃洋書房、2003
呉介民、日野みどり訳『同盟から決別へ——グローバル資本主義下の台湾企業と中国』三元社、2024
小池康仁『琉球列島の「密貿易」と境界線——1949–51』森話社、2015
洪紹洋『台湾造船公司の研究——植民地工業化と技術移転（1919–1977）』御茶の水

書房、2011

笹本武治・川野重任編『台湾経済総合研究』上・下・資料編、アジア経済研究所、1968

佐藤幸人『台湾ハイテク産業の生成と発展』岩波書店、2007

嶋﨑尚子ほか『台湾炭鉱の職場史——鉱工が語るもう一つの台湾』青弓社、2024

隅谷三喜男・劉進慶・涂照彦『台湾の経済——典型 NIES の光と影』東京大学出版会、1992

武田晴人・林采成編『歴史としての高成長——東アジアの経験』京都大学学術出版会、2019

田島俊雄・加島潤・湊照宏編著『冷戦期東アジアの経済発展——中国と台湾』晃洋書房、2024

谷浦孝雄編『台湾の工業化——国際加工基地の形成』アジア経済研究所、1988

水橋佑介『電子立国台湾——強さの源泉をたどる』ダブリュネット、1999

劉進慶『戦後台湾経済分析——一九四五年から一九六五年まで』東京大学出版会、1975

林佩欣『支配と統計——台湾の統計システム（1945〜1967）・総督府から国民党へ』ゆまに書房、2022

●社会史（現代）

赤松美和子・若松大祐編著『台湾を知るための60章』明石書店、2016

赤松美和子・若松大祐編著『台湾を知るための72章 第2版』明石書店、2022

亜洲奈みづほ『現代台湾を知るための60章』明石書店、2003、第2版2012

新井一二三『台湾物語——「麗しの島」の過去・現在・未来』筑摩書房、2019

家永真幸『台湾のアイデンティティ——「中国」との相克の戦後史』文春新書、2023

五十嵐真子『現代台湾宗教の諸相——台湾漢族に関する文化人類学的研究』人文書院、2006

五十嵐真子・三尾裕子編『戦後台湾における〈日本〉——植民地経験の連続・変貌・利用』風響社、2006

磯村生得『われに帰る祖国なく——或る台湾人軍属の記録』時事通信社、1981

稲葉佳子・青池憲司『台湾人の歌舞伎町——新宿、もうひとつの戦後史』紀伊國屋書店、2017、ちくま文庫、2024

王甫昌、松葉隼・洪郁如訳『族群——現代台湾のエスニック・イマジネーション』東方書店、2014

大谷渡『台湾と日本——激動の時代を生きた人々』東方出版、2008

岡野（葉）翔太『二重読みされる中華民国——戦後日本を生きる華僑・台僑たちの「故郷」』大阪大学出版会、2023

夏暁鵑、前野清太朗訳『「外国人嫁」の台湾——グローバリゼーションに向き合う女性と男性』東方書店、2018

可児弘明『民衆道教の周辺』風響社、2004

金戸幸子、富士ゼロックス小林節太郎記念基金編・刊『台湾の「新移民」問題に関する国際社会学的研究』、2008

上水流久彦『台湾漢民族のネットワーク構築の原理——台湾の都市人類学的研究』渓水社、2005

川上桃子・呉介民編、川上桃子監訳、津村あおい訳『中国ファクターの政治社会学——台湾への影響力の浸透』白水社、2021

川島真ほか『台湾——模索の中の躍動』（アジア遊学48）勉誠出版、2003

金湘斌・大久保英哲『纏足から天然足へ——日本統治前期台湾の学校女子体育』不昧同出版、2015

呉密察原著監修、遠流台湾館編著、横澤泰夫編訳『台湾史小事典』中国書店、2007

呉密察原著監修、遠流台湾館編著、横澤泰夫編訳『台湾史小事典 第三版』中国書店、2016

近藤伸二『現代台湾クロニクル 2014–2023』白水社、2023

酒井忠夫編『台湾の宗教と中国文化』風響社、1992

篠原清昭『台湾における教育の民主化——教育運動による再帰的民主化』ジダイ社、2017

柴田幹夫編『台湾の日本仏教——布教・交流・近代化』（アジア遊学222）勉誠出版、2018

周婉窈、濱島敦俊監訳、石川豪・中西美貴訳『図説 台湾の歴史』平凡社、2007

周婉窈、濱島敦俊監訳、石川豪・中西美貴・中村平訳『図説 台湾の歴史 増補版』平凡社、2013

薛化元主編、永山秀樹訳『詳説台湾の歴史——台湾高校歴史教科書』雄山閣、2020

戴國煇『台湾——人間・歴史・心性』岩波新書、1988

戴國煇編『もっと知りたい台湾』弘文堂、1986

台湾史研究環境調査会、若林正丈監修『台湾における台湾史研究——制度・環境・成果 1986–1995』交流協会、1996

陳来幸編『冷戦アジアと華僑華人』風響社、2023

鄭安君『台湾の外国人介護労働者——雇用主・仲介業者・労働者による選択とその課題』明石書店、2021

手塚幸男『台湾は台湾——台湾の本音』東京図書出版、2024

沼崎一郎・佐藤幸人編『交錯する台湾社会』アジア経済研究所、2012

沼崎一郎『台湾社会の形成と変容——二元・二層構造から多元・多層構造へ』東北大学出版会、2014

野入直美編『引揚エリートと戦後沖縄の再編』不二出版、2024

野嶋剛『台湾とは何か』ちくま新書、2016

野嶋剛『台湾の本音——"隣国"を基礎から理解する』光文社、2023

野嶋剛『日本の台湾人——故郷を失ったタイワニーズの物語』ちくま新書、2023

藤野陽平『台湾における民衆キリスト教の人類学——社会的文脈と癒しの実践』風響社、2013

古家信平『台湾漢人社会における民間信仰の研究』東京堂出版、1999

星純子『現代台湾コミュニティ運動の地域社会学——高雄県美濃鎮における社会運動、民主化、社区総体営造』御茶の水書房、2013

前野清太朗『「現代村落」のエスノグラフィ——台湾における「つながり」と村落の再構成』晃洋書房、2024

松田良孝『与那国台湾往来記——「国境」に暮らす人々』南山舎、2013

丸川哲史『台湾、ポストコロニアルの身体』青土社、2000

三橋広夫『これならわかる台湾の歴史 Q&A 第2版』大月書店、2023

港千尋『革命のつくり方——台湾ひまわり運動—対抗運動の創造性』インスクリプト、2014

宮本義信『台湾の社会福祉——歴史・制度・実践』ミネルヴァ書房、2015

森宣雄『台湾／日本——連鎖するコロニアリズム』インパクト出版会、2001

安田敏朗『かれらの日本語——台湾「残留」日本語論』人文書院、2011

山﨑直也『戦後台湾教育とナショナル・アイデンティティ』東信堂、2009

横田祥子『家族を生み出す——台湾をめぐる国際結婚の民族誌』春風社、2021

李蓮花『東アジアにおける後発近代化と社会政策——韓国と台湾の医療保険政策』ミネルヴァ書房、2011

林玉茹・李毓中、森田明監訳『台湾史研究入門』汲古書院、2004

林初梅『「郷土」としての台湾——郷土教育の展開にみるアイデンティティの変容』東信堂、2009

林初梅・黄英哲編『民主化に挑んだ台湾——台湾性・日本性・中国性の競合と共生』風媒社、2021

林怡蕿『台湾のエスニシティとメディア——統合の受容と拒絶のポリティクス』立教大学出版会、2014

若林正丈『もっと知りたい台湾 第2版』弘文堂、1998

若林正丈『台湾の台湾語人・中国語人・日本語人——台湾人の夢と現実』朝日新聞社、1997

若林正丈・家永真幸編『台湾研究入門』東京大学出版会、2020

若林正丈・劉進慶・松永正義『台湾百科』大修館書店、1990、第2版1993

渡辺欣雄『漢民族の宗教——社会人類学的研究』第一書房、1991

渡辺将人『台湾のデモクラシー——メディア、選挙、アメリカ』中公新書、2024

近現代の通史

●文化史

新井ひふみ『中国・台湾・香港映画のなかの日本』明治大学出版会、2012

井川充雄『帝国をつなぐ〈声〉——日本植民地時代の台湾ラジオ』ミネルヴァ書房、2022

井田敏『まぼろしの五線譜——江文也という「日本人」』白水社、1999

梅野正信編『校友会雑誌にみる「帝国日本」「植民地」「アジア認識」』三恵社、2024

植野弘子・三尾裕子編『台湾における〈植民地〉経験——日本認識の生成・変容・断絶』風響社、2011

植野弘子・上水流久彦編『帝国日本における越境・断絶・残像——モノの移動』風響社、2020

植野弘子・上水流久彦編『帝国日本における越境・断絶・残像——人の移動』風響社、2020

王育徳『台湾海峡』日中出版、1983、新版1987

王育徳、近藤明理（王明理）編集協力『「昭和」を生きた台湾青年——日本に亡命した台湾独立運動者の回想1924-1949』草思社、2011、草思社文庫、2021

大塚英志・星野幸代編『労働と身体の大衆文化』水声社、2024

大東和重『台湾の歴史と文化——六つの時代が織りなす「美麗島」』中公新書、2020

岡崎由美・浦川留『武侠映画の快楽——唐の時代からハリウッドまで剣士たちの凄技に迫る。』三修社、2006

小熊英二『〈日本人〉の境界——沖縄・アイヌ・台湾・朝鮮　植民地支配から復帰運動まで』新曜社、1998

押野武志・吉田司雄・陳國偉・涂銘宏編著『交差する日台戦後サブカルチャー史』北海道大学出版会、2022

温又柔『台湾生まれ 日本語育ち』白水社、2016、白水Uブックス、2018

柯宗明、栖来ひかり訳『陳澄波を探して——消された台湾画家の謎』岩波書店、2024

甲斐ますみ『台湾における国語としての日本語修得——台湾人の言語習得と言語保持、そしてその他の植民地との比較から』ひつじ書房、2013

郭承敏『ある台湾人の数奇な生涯』明文書房、2014

上水流久彦・村上和弘・西村一之編『境域の人類学——八重山・対馬にみる「越境」』風響社、2017

川瀬健一編『植民地 台湾で上映された映画——1899（明治32）年〜1934（昭和9）年』東洋思想研究所、2010、改訂版2014

川瀬健一編『植民地 台湾で上映された映画——1935（昭和10）年〜1945（昭和20）年』東洋思想研究所、2010、増補改訂版2014

川瀬健一編『植民地 台湾で上映された映画 洋画編——1899（明治32）年〜1945（昭和20）年』東洋思想研究所、2013

川瀬健一編著『戦後台湾で上映された日本映画——1945（昭和20・民国34）年〜1953（民国42）年』東洋思想研究所、2022

川瀬健一『日本統治下の台湾映画史』東洋思想研究所、2022

川瀬健一編著『台湾で上映された映画の研究——1952（民国41）年〜1953（民国42）年』東洋思想研究所、2024

河本美紀『張愛玲の映画史——上海・香港から米国・台湾・シンガポール・日本まで』関西学院大学出版会、2023

〈資料編〉 1　台湾史ライブラリー　411

邱函妮『描かれた「故郷」——日本統治期における台湾美術の研究』東京大学出版会、
　　2023
近代表現芸術研究会編『近代台湾表現芸術受容の変遷の研究』日本台湾交流協会、
　　2018
現代人形劇センター編『台湾の人形劇』現代人形劇センター、1980
呉叡人、駒込武訳『台湾、あるいは孤立無援の島の思想——民主主義とナショナリズ
　　ムのディレンマを越えて』みすず書房、2021
呉修竹著、何義麟編『在日台湾人の戦後史——呉修竹回想録』彩流社、2018
呉密察・黄英哲・垂水千恵編『記憶する台湾——帝国との相剋』東京大学出版会、
　　2005
黄英哲『台湾文化再構築1945〜1947の光と影——魯迅思想受容の行方』創土社、
　　1999
江丙坤『日台の架け橋として——居之無倦、行之以忠』日本工業新聞社、2016
駒込武『植民地帝国日本の文化統合』岩波書店、1996
小山三郎編著『台湾映画——台湾の歴史・社会を知る窓口』晃洋書房、2008
小山三郎ほか『新編 台湾映画＝ Taiwan Cinema——社会の変貌を告げる（台湾ニュー
　　シネマからの）30年』晃洋書房、2014
小山三郎・山下美奈・山下紘嗣『台湾現代文学・映画史年表』晃洋書房、2016
酒井充子『台湾人生——かつて日本人だった人たちを訪ねて』光文社、2018
坂井田夕起子『誰も知らない『西遊記』——玄奘三蔵の遺骨をめぐる東アジア戦後史』
　　龍溪書舎、2013
ジョージ・サルマナザール、原田範行訳『フォルモサ台湾と日本の地理歴史』平凡社、
　　2021
所澤潤・林初梅編『台湾のなかの日本記憶——戦後の「再会」による新たなイメージ
　　の構築』三元社、2016
辛永勝・楊朝景、小栗山智訳『台湾レトロ建築をめぐる旅』エクスナレッジ、2024
菅野敦志『台湾の国家と文化——「脱日本化」・「中国化」・「本土化」』勁草書房、
　　2011
菅野敦志『台湾の言語と文字——「国語」・「方言」・「文字改革」』勁草書房、2012
角南聡一郎編『日系塔式墓標の展開と変容に関する物質文化史的研究——旧日本植民
　　地における日本文化受容と南島・台湾・中国の在来墓標との関係』元興寺文化財
　　研究所、2008
石光生・邱一峰・山下一夫・氷上正・戸部健・千田大介・平林宣和・佐藤仁史編著
　　『中華圏の伝統芸能と地域社会』好文出版、2019
田村志津枝『台湾発見——映画が描く「未知」の島』朝日文庫、1997
田村志津枝『はじめに映画があった——植民地台湾と日本』中央公論新社、2000
張瑋容『記号化される日本——台湾における哈日現象の系譜と現在』ゆまに書房、
　　2020
陳介宇・陳芝婷、赤野工作訳『台湾老卓遊——台湾レトロテーブルゲーム図鑑』志学
　　社、2024

陳玉箴、天神裕子訳『「台湾菜」の文化史——国民料理の創造と変遷』三元社、2024

陳培豊『日本統治と植民地漢文——台湾における漢文の境界と想像』三元社、2012

陳培豊『歌唱台湾——重層的植民地統治下における台湾語流行歌の変遷』三元社、2021

陳來幸・北波道子・岡野翔太編『交錯する台湾認識——見え隠れする「国家」と「人びと」』(アジア遊学204)勉誠出版、2016

戸張東夫『映画で語る中国・台湾・香港』丸善、1991

戸張東夫・廖金鳳・陳儒修『台湾映画のすべて』丸善、2006

中川仁『戦後台湾の言語政策——北京語同化政策と多言語主義』東方書店、2009

中川仁『台湾語研究と「言語の民主化」』近現代資料刊行会、2023

人間文化研究機構連携研究「外地録音資料の研究」プロジェクト編・刊『日本コロムビア外地録音ディスコグラフィー：人間文化研究機構連携研究文化資源の高度活用　台湾編』2007

沼崎一郎『人類学者、台湾映画を観る——魏徳聖三部作『海角七号』・『セデック・バレ』・『Kano』の考察』風響社、2019

野嶋剛『ふたつの故宮博物院』新潮社、2011

野島剛『認識・TAIWAN・電影——映画で知る台湾』明石書店、2015

野島剛『故宮物語——政治の縮図、文化の象徴を語る90話』勉誠出版、2016

野嶋剛『タイワニーズ——故郷喪失者の物語』小学館、2018、ちくま文庫、2023

氷上正・山下一夫・千田大介・吉川龍生『台湾ローカル文化と中華文化』好文出版、2018

藤井省三・黄英哲・垂水千恵編『台湾の「大東亜戦争」——文学・メディア・文化』東京大学出版会、2002

星野幸代・洪郁如・薛化元・黄英哲編『台湾映画表象の現在（いま）——可視と不可視のあいだ』あるむ、2011

前野みち子・星野幸代・垂水千恵・黄英哲編『台湾文化表象の現在（いま）——響きあう日本と台湾』あるむ、2010

松浦正孝編著『昭和・アジア主義の実像——帝国日本と台湾・「南洋」・「南支那」』ミネルヴァ書房、2007

松田京子『帝国の視線——博覧会と異文化表象』吉川弘文館、2003

松田京子『帝国の思考——日本「帝国」と台湾原住民』有志社、2014

松田良孝『八重山の台湾人』南山舎、2004

松永正義『台湾を考えるむずかしさ』研文出版、2008

松本洽盛編、尾上充・門井啓子・河辺千佳・松本洽盛取材・執筆『むかし「日本人」いま「台湾人」——最後の日本語世代が、日本人として生きた時代を、いま台湾人として振り返る』早稲田出版サービス、2019

丸川哲史『台湾ナショナリズム——東アジア近代のアポリア』講談社、2010

三尾裕子・遠藤央・植野弘子編『帝国日本の記憶——台湾・旧南洋群島における外来政権の重層化と脱植民地化』慶應義塾大学出版会、2016

三尾裕子編『台湾における〈日本〉認識——宗主国位相の発現・転回・再検証』風響

社、2020

三尾裕子編著『台湾で日本人を祀る——鬼から神への現代人類学』慶應義塾大学出版会、2022

三澤真美恵『「帝国」と「祖国」のはざま——植民地期台湾映画人の交渉と越境』岩波書店、2010

三澤真美恵編『植民地期台湾の映画——発見されたプロパガンダ・フィルムの研究』東京大学出版会、2017

宮本吉雄『神々と人形と男たちの宴——台湾から人形劇の源流を求めて』いかだ社、1984

森美根子『台湾を描いた画家たち——日本統治時代画人列伝』産経新聞出版、2010

森美根子『語られなかった日本人画家たちの真実——日本統治時代台湾』振学出版、2018

アンドルー・D・モリス、丸山勝訳『台湾野球の文化史——日・米・中のはざまで』論創社、2022

門間貴志『アジア映画にみる日本1（中国・香港・台湾編）』社会評論社、1995

山路勝彦『近代日本の植民地博覧会』風響社、2008

游珮芸『植民地台湾の児童文化』明石書店、1999

弓削俊洋『中国・台湾における日本像——映画・教科書・翻訳が伝える日本』東方書店、2011

楊桂香『台湾の南管——南管音楽における演劇性と音楽集団』白帝社、2004

楊孟哲『日本統治時代の台湾美術教育　1895〜1927』同時代社、2006

四方田犬彦『台湾の歓び』岩波書店、2015

羅福全、陳柔縉編著、小金丸貴志訳『台湾と日本のはざまを生きて——世界人、羅福全の回想』藤原書店、2016

李衣雲『台湾における「日本」イメージの変化 1945-2003——「哈日現象」の展開について』三元社、2017

李永熾口述、李衣雲筆記、嶋田聡ほか訳『辺縁の自由人——ある歴史学者の選択』三元社、2024

李宛儒『日本統治下における台湾近代劇の生成と発展——植民地知識人の演劇活動の系譜を中心に』名古屋大学博士論文（文学）、2012

李思漢『中国・日本・台湾における伝統演劇の越境と受容——演劇史周縁からみた諸相』京都大学博士論文（人間・環境学）、2021

劉美蓮、西村正男監訳・廣瀬光沙訳『音楽と戦争のロンド——台湾・日本・中国のはざまで奮闘した音楽家・江文也の生涯』集広舎、2022

劉麟玉・福岡正太編著『音盤を通してみる声の近代——日本、上海、朝鮮、台湾』スタイルノート、2024

林怡蓉『台湾社会における放送制度——デリベラティヴ・デモクラシーとマスメディアの規範理論の新たな地平』晃洋書房、2013

林初梅・所澤潤・石井清輝編著『二つの時代を生きた台湾——言語・文化の相克と日本の残照』三元社、2021

和田博文・呉佩珍・宮内淳子・横路啓子・和田桂子『帝国幻想と台湾　1871-1949』
　花鳥社、2021

●文学史

赤松美和子『台湾文学と文学キャンプ——読者と作家のインタラクティブな創造空間』
　東方書店、2012

明田川聡士『戦後台湾の文学と歴史・社会——客家人作家・李喬の挑戦と二十一世紀
　台湾文学』関西学院大学出版会、2022

池内輝雄・木村一信・竹松良明・土屋忍編『〈外地〉日本語文学への射程』双文社出版、
　2014

和泉司『日本統治期台湾と帝国の〈文壇〉——〈文学懸賞〉がつくる〈日本語文学〉』
　ひつじ書房、2012

大東和重『台南文学——日本統治期台湾・台南の日本人作家群像』関西学院大学出版
　会、2015

大東和重『台南文学の地層を掘る——日本統治期台湾・台南の台湾人作家群像』関西
　学院大学出版会、2019

岡崎郁子『台湾文学——異端の系譜』田畑書店、1996

岡崎郁子『黄霊芝物語——ある日文台湾作家の軌跡』研文出版、2004

岡崎郁子『ひまわりのごとくあれ——台湾留学の記』吉備人出版、2013

尾崎秀樹『旧植民地文学の研究』勁草書房、1971

河原功『台湾新文学運動の展開——日本文学との接点』研文出版、1997

河原功『翻弄された台湾文学——検閲と抵抗の系譜』研文出版、2009

河原功『台湾文学研究への道』村里社、2011

河原功『台湾渡航記——霧社事件調査から台湾文学研究へ』村里社、2016

許菁娟『台湾現代文学の研究——統戦工作と文学——1970年代後半を中心として』
　晃洋書房、2008

フェイ・阮・クリーマン、林ゆう子訳『大日本帝国のクレオール——植民地期台湾の
　日本語文学』慶應義塾大学出版会、2007

小山三郎『台湾現代文学の考察——現代作家と政治』知泉書館、2008

下岡友加『ポストコロニアル台湾の日本語作家——黄霊芝の方法』溪水社、2019

下村作次郎『文学で読む台湾——支配者・言語・作家たち』田畑書店、1994

下村作次郎・中島利郎・藤井省三・黄英哲編『よみがえる台湾文学——日本統治期の
　作家と作品』東方書店、1995

下村作次郎『台湾文学の発掘と探究』田畑書店、2019

下村作次郎『台湾原住民文学への扉——「サヨンの鐘」から原住民作家の誕生へ』田
　畑書店、2023

謝恵貞『横光利一と台湾——東アジアにおける新感覚派の誕生』ひつじ書房、2021

葉石濤、中島利郎・澤井律之訳『台湾文学史』研文出版、2000

台湾文学論集刊行委員会編『台湾文学研究の現在——塚本照和先生古稀記念』台湾文

学研究会・緑蔭書房、1999

垂水千恵『台湾の日本語文学――日本統治時代の作家たち』五柳書院、1995

垂水千恵『呂赫若研究――1943年までの分析を中心として』風間書房、2002

垂水千恵『台湾文学というポリフォニー――往還する日台の想像力』岩波書店、2023

張季琳『台湾における下村湖人――文教官僚から作家へ』東方書店、2009

張文菁『通俗小説からみる文学史――一九五〇年代台湾の反共と恋愛』法政大学出版局、2022

陳芳明、下村作次郎・野間信幸・三木直大・垂水千恵・池上貞子訳『台湾新文学史』上・下、東方書店、2015

中島利郎編『台湾新文学と魯迅』東方書店、1997

中島利郎『日本統治期台湾文学研究序説』緑蔭書房、2004

中島利郎編著『日本統治期台湾文学小事典』緑蔭書房、2005

中島利郎『日本人作家の系譜――日本統治期台湾文学研究』研文出版、2013

中島利郎・河原功・下村作次郎編『台湾近現代文学史』研文出版、2014

中島利郎『台湾の児童文学と日本人――日本統治期台湾文学研究』研文出版、2017

中島利郎・河原功・下村作次郎・黄英哲編『日本統治期台湾文学研究文献目録』緑蔭書房、2000

橋本恭子『『華麗島文学志』とその時代――比較文学者島田謹二の台湾体験』三元社、2012

藤井省三『台湾文学この百年』東方書店、1998

彭瑞金、中島利郎・澤井律之訳『台湾新文学運動四〇年』東方書店、2005

星名宏修『植民地を読む――「贋」日本人たちの肖像（閲読殖民地)』法政大学出版局、2016

松浦恆雄・垂水千恵・廖炳惠・黄英哲編『越境するテクスト――東アジア文化・文学の新しい試み』研文出版、2008

松永正義『台湾文学のおもしろさ』研文出版、2006

丸川哲史『台湾における脱植民地化と祖国化――二・二八事件前後の文学運動から』明石書店、2007

山口守編、藤井省三ほか著『講座台湾文学』国書刊行会、2003

横路啓子『抵抗のメタファー――植民地台湾戦争期の文学』東洋思想研究所、2013

廖瑞銘、酒井亨訳『知られざる台湾語文学の足跡』国書刊行会、2020

●女性史・ジェンダー史

黄長玲『台湾におけるジェンダークオータ』（東アジアにおけるジェンダーと政治 Booklet Series, 1／IGS Project Series, 20）お茶の水女子大学ジェンダー研究所、2019

何春蕤、舘かおる・平野恵子編、大橋史恵・張瑋容訳『「性／別」攪乱――台湾における性政治』御茶の水書房、2013

洪郁如『近代台湾女性史——日本の植民統治と「新女性」の誕生』勁草書房、2001

洪郁如『誰の日本時代——ジェンダー・階層・帝国の台湾史』法政大学出版局、2021

黄英哲・白水紀子・垂水千恵編『台湾セクシュアル・マイノリティ文学』全4巻、作品社、2008〜2009

鈴木賢『台湾同性婚法の誕生——アジアLGBTQ$^+$燈台への歴程（みち）』日本評論社、2022

台湾女性史入門編纂委員会編『台湾女性史入門』人文書院、2008

中国女性研究会編『中国女性の一〇〇年——史料にみる歩み』青木書店、2004

豊田周子『台湾女性文学の黎明——描かれる対象から語る主体へ1945-1949』関西学院大学出版会、2021

野村鮎子・成田静香編『台湾女性研究の挑戦』人文書院、2010

●台湾原住民（研究）史

石垣直『現代台湾を生きる原住民——ブヌンの土地と権利回復運動の人類学』風響社、2011

伊能嘉矩、森口恒一編『伊能嘉矩蕃語調査ノート』南天書局、1998

笠原政治編『日本の台湾原住民研究文献目録（一九四五——一九九六）』（台湾原住民研究別冊1）風響社、1997

笠原政治編、楊南郡中国語訳『台湾原住民族映像——浅井恵倫教授写真集』南天書局、1995

笠原政治『馬淵東一と台湾原住民族研究』風響社、2010

笠原政治『台湾原住民族研究の足跡——近代日本人類学史の一側面』風響社、2022

鹿野忠雄『東南亜細亜民族学先史学研究』全2巻、矢島書房、1946・1952、復刻：大空社、1996

菊池一隆『台湾北部タイヤル族から見た近現代史——日本植民地時代から国民党政権時代の「白色テロ」へ』集広舎、2017

北村嘉恵『日本植民地下の台湾先住民教育史』北海道大学出版会、2008

黒澤隆朝『台湾高砂族の音楽』雄山閣、1973

清水純『クヴァラン族——変わりゆく台湾平地の人々』アカデミア出版会、1992

清水純『画像が語る台湾原住民の歴史と文化——鳥居龍蔵・浅井恵倫撮影写真の探究』風響社、2014

下村作次郎・孫大川・林清財・笠原政治編『台湾原住民族の音楽と文化』草風館、2013

末成道男『台湾アミ族の社会組織と変化——ムコ入り婚からヨメ入り婚へ』東京大学出版会、1983

諏訪春雄『親日台湾の根源を探る——台湾原住民神話と日本人』勉誠出版、2019

田本はる菜『山地のポスト・トライバルアート——台湾原住民セデックと技術復興の民族誌』北海道大学出版会、2021

鳥居龍蔵『鳥居龍蔵全集』全12巻・別巻、朝日新聞社、1975〜1977

鳥居龍蔵写真資料研究会編『東京大学総合研究資料館所蔵　鳥居龍蔵博士撮影　写真資料カタログ　第1-4部（東京大学総合研究資料館　標本資料報告第18-21号）』東京大学総合研究資料館、1990

中村平『植民暴力の記憶と日本人――台湾高地先住民と脱植民の運動』大阪大学出版会、2018

中村勝『台湾高地先住民の歴史人類学――清朝・日帝初期統治政策の研究』緑陰書房、2003

中村勝『「愛国」と「他者」――台湾高地先住民の歴史人類学Ⅱ』ヨベル、2006

日本順益台湾原住民研究会編『台湾原住民研究への招待』風響社、1998

日本順益台湾原住民研究会編著『伊能嘉矩所蔵台湾原住民写真集』順益台湾原住民博物館、1999

日本順益台湾原住民研究会編『台湾原住民研究概覧――日本からの視点』風響社、2001、縮刷版2002

日本順益台湾原住民研究会編『台湾原住民研究の射程――接合される過去と現在』順益台湾原住民博物館、2014

野林厚志『イノシシ狩猟の民族考古学――台湾原住民の生業文化』御茶の水書房、2008

野林厚志『タイワンイノシシを追う――民族学と考古学の出会い』臨川書店、2014

野林厚志・松岡格編『台湾原住民の姓名と身分登録』（国立民族学博物館調査報告147）国立民族学博物館、2019

原英子『台湾アミ族の宗教世界』九州大学出版会、2000

古野清人『古野清人著作集　第1巻　高砂族の祭儀生活』三一書房、1972

松岡格『台湾原住民社会の地方化――マイノリティの20世紀』研文出版、2012

松岡格『植民地統治下の台湾原住民――近代国家による統治と社会の可視化』東京大学出版会、2024

松田吉郎『台湾原住民の社会的教化事業』晃洋書房、2011

馬淵東一『馬淵東一著作集』全3巻・補巻、社会思想社、1974・1988

山路勝彦『台湾の植民地統治――〈無主の野蛮人〉という言説の展開』日本図書センター、2004

山路勝彦『台湾タイヤル族の100年――漂流する伝統、蛇行する近代、脱植民地化への道のり』風響社、2011

山路勝彦編『日本の人類学――植民地主義、異文化研究、学術調査の歴史』関西学院大学出版会、2011

山田仁史『首狩の宗教民族学』筑摩書房、2015

山本芳美『イレズミの世界』河出書房新社、2005

楊南郡、笠原政治・宮岡真央子・宮崎聖子編訳『幻の人類学者森丑之助――台湾原住民の研究に捧げた生涯』風響社、2005

林淑美『現代オーストロネシア語族と華人――口述歴史：台湾を事例として』汲古書院、2011

〈資料編〉

2 台湾史・日台関係史 基本年表

[凡例]

　この年表は、台湾の歴史に関する基本的な事項を中心として、特に日本と台湾の歴史的関係に留意して、編集したものである。この年表の作成にあたっては、本書の「台湾史事典」の各項目、及び末尾に一括して掲載した参考資料を参照した。

　利用の便を考慮し、次のようなおおまかな時代区分による見出しを立てている。

　　　・台湾島の形成
　　　・先史時代の時代区分と考古遺跡
　　　・歴史時代の古文献
　　　・16世紀
　　　・17世紀
　　　・オランダ東インド会社統治時代（1624〜1662年）
　　　・鄭氏政権統治時代（1662〜1683年）
　　　・清朝統治時代（1683〜1895年）
　　　・日本統治時代（1895〜1945年）
　　　・中華民国統治時代（1945年以降）

　日本史・世界史の大きな動きについては、★印を付して参照できるようにしたが、多くのレファレンス・ブックがあるので、本書ではごく簡単な記述にとどめた。

　　　　　　　◉作成＝春山明哲・松田康博・松金公正・川上桃子
　　　　　　　　　　◉協力＝三澤真美恵・胎中千鶴

台湾島の形成

プレートテクトニクスの学説によれば、台湾島はユーラシアプレートとフィリピン海プレートとの衝突により形成された。ユーラシアプレートがフィリピン海プレートの下に沈み込もうとして、前者の大陸棚の堆積物が剝離され、これが両プレートの圧力によって隆起した結果、台湾島が形成されたと考えられている。

先史時代の時代区分と考古遺跡

旧石器時代	3万年前〜1万5000年前	長濱郷八仙洞遺跡
新石器時代	5000年前〜2000年前	大坌坑遺跡
鉄器時代	2000年前〜400年前	十三行遺跡

歴史時代の古文献

230	陳寿の『三国志』「呉書」に呉王孫権が軍を派遣した「夷洲」が台湾だとする説あり。
264	三国時代の沈瑩『臨海水土異物志』の「夷洲」が台湾だとする説（諸説あり）。
656	『隋書』「東夷列伝」の「流求」が台湾だとする説（琉球説あり）。
1225	南宋の趙汝适『諸蕃誌』の「流求」が台湾だとする説あり。
1281	元が澎湖島に巡検司を置く（1360年など諸説あり）。
1350ごろ	元の汪大淵『島夷誌略』完成。台湾の地理、風物、民情が記載。
1387	明、倭寇対策として澎湖島民を泉州に移す。

16世紀

1544	ポルトガルの商船・航海者が台湾付近に到り、「イラ・フォルモサ」"Ilha Formosa"（麗しい島）と呼び、西洋人の台湾島に対する呼称となったという（異説あり）。
1554	ポルトガルのロボ・オーメンが製図した世界地図に台湾と思われる島が描かれる。
1563	明軍に追われた海賊・林道乾が台湾に逃れる。
1593	豊臣秀吉が原田孫七郎を高砂国に派遣したが、成果はなかったという。

〈資料編〉2　台湾史・日台関係史 基本年表　421

17世紀

1602	オランダ東インド会社（VOC）設立（オランダ独立は1581年）。
1603	陳第『東番記』を著し、台湾の狩猟・社会・飲食等について記録。
1604	オランダ、1回目の澎湖島占領、明の沈有容の勧告により撤退。
1609	徳川家康、有馬晴信に命じて台湾を視察させる。
1616	村山等安、台湾に遠征するも失敗。
1619	オランダ、バタビアに総督府を設立。
1622	オランダ艦隊司令官ライエルセン、澎湖を占領。

オランダ東インド会社統治時代（1624～1662年）

1624	オランダ東インド会社の兵が大員（安平）に上陸、オラニエ城を築く。1627年ゼーランディア城と改称され、VOCの台湾政庁が置かれる。のち、サッカム（赤嵌）にプロヴィンシア城を築く。
1626	スペイン人、台湾最東端に到り、サンチャゴと命名、鶏籠に到る。1628年淡水にサン・ドミンゴ城建設。1636年淡水から、1642年鶏籠から退去。
1626～1636	オランダと日本の貿易紛争が起こる。
1632	浜田弥兵衛事件。
1627	オランダの宣教師カンジウス、台湾に到る。ノイツを第3代大員長官に任命。
1635	オランダ、蔴荳社を攻撃。
1644	オランダ、大肚王を攻撃。
1652	郭懐一の反乱。
1661	鄭成功、鹿耳門に上陸、プロヴィンシア城のオランダ軍を攻める。
1662	大員長官コイエット、ゼーランディア城を明け渡し降伏。鄭成功と平和条約を結ぶ。オランダの39年間の台湾経営終わる。

鄭氏政権統治時代（1662～1683年）

1662	鄭成功、台湾の統治制度を定める。鄭成功死去（6.23）、鄭経が後継者となる。
1666	孔子廟落成。
1673	「三藩の乱」を鄭経が支援。
1681	鄭経死去、鄭克塽が位を継ぐ。施琅、福建水師提督に就任、台湾を攻める。
1683	鄭氏政権、清に投降。

清朝統治時代（1683～1895年）

1684 福建省に台湾府を置く。

1687 台湾の生員が福建省で郷試を受け始める。

1721 朱一貴の乱。

1731 大甲西社番の乱。清朝「熟番」統治政策を改革、漢人の番地開墾を禁止。

1760 彰化県・淡水庁の番界に「土牛」を築く。

1766 南北路理番同知が設置され、先住民行政を専門に担当。

1786 林爽文の乱。「反清復明」を目指す秘密結社「天地会」による民衆の抵抗
運動（～1788年）。

1791 「屯番制」を導入、熟番の武力を利用。

1820 農地の開発、移民の増加により、台湾の人口約178万人に達する。

1858 天津条約により、台湾の2港開港。1864年までに、淡水・鶏籠・安平・打
狗の4港が開港される。

1867 ローバー号事件。

1868（**明治元**）★明治維新。

1871（**明治4**）日清修好条規が締結される。琉球民台湾遭難事件起こる。

1872 ジョージ・マッケイ、淡水で伝道事業開始。

1873（**明治6**）★征韓論、明治6年の政変。

1874（**明治7**）台湾出兵・牡丹社事件。

1875（**光緒1**）清朝、台湾渡航の禁令を廃止。「開山撫番」政策を実施、台湾全島
の実効支配を目指す。

1879（**明治12**）★琉球処分。

1882（**光緒8**）マッケイ、淡水に理学堂大書院を設立（5.4）。翌年には淡水女学
堂落成（1883.12.12）。

1884（**光緒10**）清仏戦争（～1885年）。フランス軍将軍クールベ、基隆・淡水を
攻撃、台湾海域の封鎖を目指す（8.5）。1885年和議が成立（4.4）。

1885（**光緒11**）清朝、台湾省を設置、初代巡撫に劉銘伝を任命。洋務政策を展開。

1889（**明治22**）★大日本帝国憲法発布。

1894（**明治27**）日清戦争（～1895年）。

日本統治時代（1895〜1945年）	
年	事　項
1895 （明治28） （光緒21）	**3** 伊藤博文・陸奥宗光全権、李鴻章と第1回会談（下関・春帆楼にて）。 **4** 日清講和条約（下関条約）調印、台湾・澎湖列島の割譲（4.17）。 **5** 日清講和条約批准書交換（5.8）。樺山資紀海軍大将を初代台湾総督に任命（5.10）。／台湾民主国宣言、唐景崧巡撫が総統に就任（5.25）。／近衛師団（長、北白川宮能久親王）、台湾東北部に上陸（5.29）。 **6** 李経方と樺山資紀が台湾の授受（6.2）。／台湾総督府始政式（6.17）。／伊沢修二、芝山巌に国語伝習所を設立（7.16）。 **8** 陸軍省、台湾総督府条例を定める（軍政開始）（8.6）。／保良局設置（8.8）。／八卦山の戦闘、抗日武装勢力の呉湯興ら戦死（8.28）。 **10** 劉永福、清国に逃走、台湾民主国滅亡（10.19）、日本軍、台南無血占領（10.21）。／北白川宮能久親王病没（10.28）。 **11** 全島平定宣言（11.18）。 ★三国干渉。独・仏・露、遼東半島返還を勧告（4.23）。
1896 （明治29） （光緒22）	**1** 胡嘉猷・陳秋菊・林李成らの抗日武装勢力、台北を奇襲（1.1）。／芝山巌事件。学務部員等6名の教職員が抗日武装勢力（民兵）に殺害される（1.1）。 **3** 「六三法」（台湾に施行すべき法令に関する法律）公布。台湾総督に法律の効力を有する命令（律令）発布権を認める（3.31）。「六三問題」の起源。／台湾総督府条例、同民政局官制、同製薬所官制、同評議会章程、拓殖務省官制公布（3.31）。 **4** 民政移行、3県（台北・台中・台南）、1庁（澎湖）、撫墾署設置（4.1）。 **6** 桂太郎、第2代台湾総督に就任（6.2）。／『台湾新報』創刊（6.17）。 **7** 台湾総督府臨時法院条例公布（7.11）。 **9** 台湾官有森林原野及び産物特別処分令（9.21）。 **10** 乃木希典、第3代台湾総督に就任（10.14）。／台湾紳章条規発布（10.23）。 **12** 民政局参事官室に臨時調査係設置（12.21）。
1897 （明治30） （光緒23）	**1** 台湾阿片令発布、阿片専売事業開始（1.21）。 **5** 国籍選択期限（下関条約による台湾住民の国籍選択）（5.8）。／地方制度を改正し、6県（台北・新竹・台中・嘉義・台南・鳳山）3庁（宜蘭・台東・澎湖）（5.27）。／台湾総督府医院官制公布（5.27）。／京都角力（相撲）大碇一行、台北で興行（5.30）。 **6** 三段警備制（軍・憲兵・警察）を実施（6.26）。 **7** 国語学校及び国語伝習所官制公布（7.21）。 **10** 高野孟矩高等法院長事件（司法官の身分保障をめぐる憲法問題）、高野、非職となる（10.1）。

年	事　　　項
1898 （明治31） （光緒24）	**2** 児玉源太郎、第4代台湾総督に就任（2.26）。 **3** 後藤新平、民政局長に就任（3.2）、のち民政長官（6.20）。 **4** 蕃情研究会開催。 **5** 『台湾日日新報』創刊（5.1）。 **6** 地方制度改正、3県（台北・台中・台南）、3庁（宜蘭・台東・澎湖）を設置。撫墾署を廃止して弁務署を設置（6.20）。／台湾総督府医院官制、台湾総督府製薬所官制改正（6.20）。 **7** 民事、商事及び刑事の法律適用の律令発布（7.16）。／台湾地籍規則、台湾土地調査規則公布（7.17）。／児玉総督、高齢者を招待し饗老典を開催（7.17）。／台湾小学校官制、台湾公学校官制公布（7.28）。／林火旺帰順（「土匪招降策」開始）（7.28）。 **8** 保甲条例公布（8.31）。 **9** 臨時台湾土地調査局官制公布（9.1）。 **11** 匪徒刑罰令公布（11.5）。
1899 （明治32） （光緒25）	**2** 六三法改正、3年延長（2.8）。 **3** 台湾事業公債法公布（3.22）。／台湾総督府師範学校官制公布（3.31）。 **4** 台湾総督府医学校設立（4.1）。／食塩専売規則発布（4.26）。 **6** 総督府樟脳局官制公布（6.12）。 **8** 台湾総督府税関官制公布（8.14）。 **9** 台湾銀行営業開始（9.26）。 **11** 台湾総督府鉄道部官制公布。鉄道部を設置し、部長は後藤新平兼任、技師長に長谷川謹介（11.8）。／日本赤十字社台湾支部成立大会挙行（11.26）。
1900 （明治33） （光緒26）	**1** 台湾文庫創立総会開催（1.20）。／台湾新聞紙条例発布（1.24）。 **2** 漢方医黄玉階、纏足廃止を目指す台北天然足会を結成（2.6）。 **3** 揚文会開催、進士、挙人、秀才が参加（3.15）。 **8** 臨時台湾基隆築港局官制公布（8.10）。／厦門東本願寺布教所焼失、軍艦和泉の陸戦隊上陸（厦門事件）（8.24）。 **9** 東京に台湾協会学校開校（9.15）。 **10** 台湾慣習研究会発会（10.30）（〜1907.8）。 **12** 台湾製糖株式会社創立（12.10）。 ★義和団の乱、北清事変（5〜12月）。

〈資料編〉2　台湾史・日台関係史 基本年表　425

年	事　　項
1901 (明治34) (光緒27)	**1**　『台湾慣習記事』第1号刊行（1.15）。 **5**　総督府専売局官制公布（樟脳・阿片・食塩の3事業）（5.23）。 **7**　台湾公共埤圳規則布告（7.4）。 **8**　砂糖消費税法施行の件公布（8.6）。 **9**　新渡戸稲造『糖業改良意見書』提出。 **10**　臨時台湾旧慣調査会規則公布（10.25）。／台湾神社鎮座式（10.27）。／高松豊次郎、台湾で記録フィルム「台湾の記録」撮影（映画上映の始まり）。 **11**　地方官官制改正公布、警察本署、総務・財務・通信・殖産。土木局、全島21庁設置（11.9）。
1902 (明治35) (光緒28)	**3**　六三法再延長（～1905年）（3.12）。 **5**　帰順式で張大猷ら殺害（5.25）。平地漢族の抗日武装勢力の鎮圧活動概ね完了（5.30）。 **6**　台湾糖業奨励規則公布（6.14）。／臨時台湾糖業事務局官制公布（6.18）。 **7**　南庄事件（7.4）。この対応として持地六三郎「蕃政問題に関する件取調書」提出。
1903 (明治36) (光緒29)	**3**　蕃地事務委員会設置、「蕃地」開発のための調査開始（3.14）。北部に大規模な「隘勇線」設置開始。／梅山地震（3.17）。 **5**　第5回内国勧業博覧会開会、台湾館設置（3.1）。 **12**　大租権の確定に関する規程発布（12.5）。／阿里山森林調査開始（12.31）。
1904 (明治37) (光緒30)	**1**　罰金及笞刑処分例発布（1.12）。 **10**　新興製糖工場落成（民族資本家・陳中和が経営）（10.10）。 **11**　嘉義庁下達邦社派出所に「蕃童教育所」設置（11.4）。 **★**ロシアに宣戦布告（日露戦争）（2.10）。
1905 (明治38) (光緒31)	**1**　蕃社調査報告、784社、人口10万3360人。 **2**　蕃人公学校規程発布（2.3）。 **3**　煙草専売規則発布（3.30）。 **5**　臨時台湾戸口調査部設置（5.29）。 **7**　亀山発電所竣工。台湾初の発電所。 **10**　第1回臨時戸口調査（10.1）。 **この年**　本国政府の財政補助金辞退。「財政独立」を達成（明治38年度）。
1906 (明治39) (光緒32)	**3**　嘉義地震（3.17）。 **4**　法律第三一号公布（六三法の改正）（4.10）。／佐久間左馬太、第5代台湾総督に就任（4.11）。

年	事　項
1907 （明治40） （光緒33）	**5** 総督府中学校官制公布（4.20）。中学校規則、高等女学校規則発布（5.22）。／総督府庁舎設計公募（5.27）。 **11** 北埔事件（抗日武装勢力）（11.15）。
1908 （明治41） （光緒34）	**4** 台湾縦貫鉄道全線開通（4.20）。 **8** 刑事令公布（例外を除き刑法等に依る）、民事令公布（土地等の例外を除き民法等に依る）（8.28）。 **12** 七脚川（チカソワン）事件（12.14）。
1909 （明治42）	**1** 『台湾時報』（東洋協会台湾支部）創刊（1.20）。 **3** 臨時台湾旧慣調査会に法令審査を行う第3部設置、部長に岡松参太郎（4.25）。 **6** 板橋林本源家、林本源製糖合資会社を設立（6.15）。 **10** 地方官官制改正公布、21庁から9庁廃止、12庁設置。／石坂荘作、基隆に石坂文庫開設（10.1）。
1910 （明治43）	**3** 台湾製茶株式会社設立（3.7）。 **4** 臨時台湾旧慣調査会、『台湾私法』完成（4.1）。 **5** 五箇年計画理蕃事業（1910.5〜1915.1）開始。／大嵙崁の戦闘（5.9〜10.6）。 **10** 台湾林野調査規則公布（10.30）。林野調査事業開始（〜1914年）。
1911 （明治44）	**2** 阿里山鉄道開通（2.8）。 **3** 梁啓超、林献堂の招きにより訪台（3.28）。
1912 （明治45、大正元）	**3** 林杞埔事件。三菱製紙の竹林事業と絡んだ抗日暴動（3.23）。 **6** 台湾総督府新庁舎着工（6.1）。／土庫事件（6.26）。 **9** 民政部学務部附属工業講習所設立（9.2）。 ★明治天皇崩御、大正と改元（7.30）。
1913 （大正2）	**10〜12** 関帝廟事件、羅福星事件（辛亥革命の影響を受ける）、東勢角事件など、この年抗日陰謀事件相次ぐ（「苗栗事件」と総称、臨時法院で一括審理）。 **12** 臨時台湾旧慣調査会、『清国行政法』完成。
1914 （大正3）	**4** 淡水長老教会中学校開校式（4.1）。 **5** 太魯閣（タロコ）戦争（佐久間総督が軍・警察を率いて行った最大規模の戦闘）（〜8月）。 **9** 佐久間総督、五箇年計画理蕃事業の完成を報告（9.19）。 **11** 板垣退助訪台（11.22）。／台湾同化会発足（12.20）（解散命令1915.2.26）。

〈資料編〉2　台湾史・日台関係史 基本年表　427

年	事　　項
1915 （大正4）	**2**　公立台中中学校設立許可（2.3）、開校（5.1）。 **4**　台湾総督府図書館創設（4.14）、開館（8.9）。／台湾総督府博物館落成（4.18）。／安東貞美、第6代台湾総督（4.30）、下村宏、民政長官（のち総務長官）就任（4.20）。 **8**　西来庵事件。余清芳、羅俊、江定らによる武装暴動事件、噍吧哖（タバニー）事件ともいう（8.3〜9.29）。
1916 （大正5）	**4**　台湾勧業共進会開催（4.10）。／南洋協会台湾支部発会（4.27）。
1917 （大正6）	**5**　台湾総督府商業学校官制公布（5.28）。 **7**　古亭庄練兵場で飛行機の試験飛行（7.26）。 **12**　早稲田大学野球団来台、野球熱高まる（12.29）。
1918 （大正7）	**6**　明石元二郎、第7代台湾総督に就任（6.6）。 ★シベリア出兵宣言（8.2）。／原敬内閣成立（9.29）。／第一次世界大戦終結（11.11）。
1919 （大正8）	**1**　台湾教育令（第一次）公布（1.4）。 **3**　林熊徴ら、華南銀行創立（3.15）。／高等商業学校創立（3.31）（1926年、台北高等商業学校に改称）。／台湾総督府竣工。 **4**　台北農林専門学校創立（4.19）。（1927年、台北高等農林学校に改称。）／台湾電力株式会社令公布（4.25）（7.31設立、8.1開業）。 **6**　淡水にゴルフ場オープン（6.1）。 **8**　台湾総督府官制改正、総督の武官専任制を廃止（「文官総督」が可能に）、民政長官を総務長官に改称（8.19）。／台湾軍司令部条例を制定（8.19）。 **10**　田健治郎、第8代台湾総督に就任（初めての文官総督）（10.29）。 **この年**　台湾留学生、「啓発会」結成。
1920 （大正9）	**1**　東京の台湾留学生、「新民会」結成、会長に林献堂（1.11）。 **7**　『台湾青年』創刊（雑誌社監事に林呈禄）（7.16）。／地方制度改正、5州（台北・新竹・台中・台南・高雄）2庁（花蓮港・台東）、3市47郡155街庄（7.27）。州・市・街・庄の官選協議会設立。地名変更多数（打狗を高雄に、など）。 **8**　顔雲年、台陽鉱業株式会社を設立（8.10）。 **9**　台中州原住民サラマオ、抗日蜂起（9.18）。 **10**　台湾体育協会設立、第1回競技会（10.21）。 **11**　林呈禄、六三法撤廃運動に反対、台湾議会設置を提案。

年		事　　項
1921 (大正10)	1	林献堂ら台湾議会設置請願書を帝国議会に提出、「台湾議会設置請願運動」開始（1.30）。
	4	笞刑処分例廃止（4.28）。
	6	台湾総督府評議会発足、評議員24名（6.1）。
	8	総督府中央研究所設立（8.2）。
	10	台湾文化協会結成（林献堂総理、蒋渭水・蔡培火主導）（10.17）。
	11	連雅堂『台湾通史』（11.12）。／蒋渭水、「臨床講義」を『文化協会会報』に掲載（11.30）。
1922 (大正11)	1	法三号施行（原敬による「内地延長主義」法制。六三法、三一法の「後身」）（1.1）。
	2	台湾教育令改正。中等以上の教育機関（師範学校は除く）は内地の学制に依る（2.6）。
	4	「共学制」開始（4.1）。／総督府高等学校設立（4.23）（1926年、台北高等学校に改称）。／『台湾青年』が『台湾』に改題（4.23）。
	7	台湾総督府史料編纂委員会設置（7.24）。
	12	治安警察法施行（12.28）。
1923 (大正12)	1	民法及び商法施行（民法中、親族・相続編など除外）（1.1）。／台湾議会期成同盟会成立（1.30）、治安警察法により禁止（2.2）。／勧業銀行台北支店開業。
	4	『台湾民報』東京で創刊（4.15）。／東宮（皇太子のちの昭和天皇）の台湾行啓（4.16から12日間台湾を視察）。
	9	内田嘉吉、第9代台湾総督に就任（9.6）。／花蓮港農業補習学校に原住民の野球チーム「能高団」結成。
	12	総督府、治安警察法違反の容疑で台湾議会期成同盟会の幹部を逮捕（治警事件）（12.16）。
	★	関東大震災（9.1）。
1924 (大正13)	4	張我軍、「台湾青年に与える手紙」を発表、台湾新文学運動の開幕（4.21）。
	8	治警事件一審判決、被告全員無罪（8.18）。二審判決（10.29）で蒋渭水・蔡培火・蔡恵如・林呈禄ら有罪。
	9	伊沢多喜男、第10代台湾総督に就任（9.1）。

〈資料編〉2　台湾史・日台関係史 基本年表　429

年	事　項
1925 （大正14）	**2** 花岡一郎（ダッキス・ノービン）、台中師範学校に入学（原住民として初めて）（2.23）。 **5** 「台湾映画研究会」結成、台湾人の映画愛好者による最初の団体（5.23）。9月、映画『誰之過』を公開。 **6** ラジオ試験放送、始政30周年記念展覧会で（6.17）。／李応章、二林蔗農組合を結成（6.28）。 **10** 二林事件（蔗農組合と林本源製糖株式会社が衝突）（10.22）。 **11** 鳳山農民組合成立（簡吉、黄石順）（11.15）。
1926 （大正15 ／昭和元）	**1** 楊逵、許乃昌らが東京で「台湾新文化学会」を設立。 **3** 台東・花蓮間鉄道開通（東台湾鉄道全線開通）。 **4** 蔡培火を中心に「台湾文化協会活動映画部」を組織。 **6** 磯永吉が改良した新品種を伊沢総督が「蓬萊米」と命名（6.14）。／台湾農民組合成立（6.28）。 **7** 上山満之進、第11代台湾総督に就任（7.16）。 **8** 総督府高等商業学校が台北高等商業学校と改称（8.14）。／藍蔭鼎・倪蒋懐・陳澄波らにより洋画グループ「七星画壇」結成（8.27）。 **9** 簡吉・趙港・黄石順ら、台湾農民組合を結成（9.20）。
1927 （昭和2）	**1** 文化協会分裂（1.3）、連温卿ら左派が主導。 **3** 台湾銀行、鈴木商店の新規貸出停止（3.26）。 **4** 鈴木商店破綻（4.5）。台湾銀行、在台店舗を除き全支店休業（4.18）。 **7** 林献堂・蒋渭水・蔡培火ら、台湾民衆党を結成（7.10）。 **8** 『台湾民報』、台湾で発行を許可される（8.10）。 **9** 第1回全島野球大会、円山で開催（9.10）。 **10** 第1回台湾美術展覧会（台展）開催（10.27）。 **12** 第1回全島農民組合大会（12.4）。
1928 （昭和3）	**1** 蔡培火、映画巡回上映など文化啓蒙のための「美台団」組織。 **2** 台湾工友総連盟結成（2.19）。 **3** 台北帝国大学設立（3.17）。 **4** 謝雪紅ら、台湾共産党結成（上海で日本共産党台湾民族支部として）（4.15）。 **6** 川村竹治、第12代台湾総督に就任（6.15）。 **7** 建功神社、鎮座式を挙行（10.20）。／伊能嘉矩『台湾文化志』（9.12）。 **10** 台湾社会事業協会設立（10.20）。 **11** 台北放送局（JFAK）が開局し試験放送を開始（11.1）。 ★最初の普通選挙（第16回総選挙）（2.20）。

年		事　項
1929 （昭和4）	3	東京両国国技館で台湾博覧会開催（3.1）。／『台湾民報』が『台湾新民報』と改題（3.29）。
	7	石塚英蔵、第13代台湾総督に就任（7.30）。
	10	矢内原忠雄『帝国主義下の台湾』出版（10.10）。
1930 （昭和5）	2	国際連盟の阿片調査委員訪台（2.19）。
	4	嘉南大圳竣工（八田與一が設計・工事を主導）（4.10）。／臨時産業調査会設立（4.12）。
	8	楊肇嘉ら、台湾地方自治連盟結成（8.17）。
	10	台湾文化三百年記念会、台南で開催（10.26）。／霧社事件。セデックのモーナ・ルーダオが主導した抗日武装蜂起、鎮圧に出動した軍隊警察との戦闘は50日に及ぶ（10.27）。
1931 （昭和6）	1	台湾放送協会設立許可される（1.13）、台北放送局（JFAK）放送開始（1.15）。／太田政弘、第14代台湾総督に就任（1.16）。
	2	台湾民衆党解散（2.18）。
	4	第二霧社事件（4.25）。
	6	台湾共産党大検挙。
	8	嘉義農林学校が全国中等学校優勝野球大会で準優勝（8.21）。
	12	「理蕃政策大綱」策定（12.28）。「理蕃警察改善要綱」作成（12.29）。
	★満洲事変（9.18）。	
1932 （昭和7）	1	『南音』創刊（郭秋生・頼和・葉栄鐘らの文学雑誌）（1.1）。／『理蕃の友』創刊。
	3	南弘、第15代台湾総督に就任（3.2）。／巫永福・張文環・王白淵ら、東京で台湾芸術研究会結成（3.20）。
	5	中川健蔵、第16代台湾総督に就任（5.27）。
	11	菊元百貨店開店（11.28）。
1933 （昭和8）	4	高雄州旗山郡のブヌン族タマホ社の頭目ラホアレ、帰順式（4.22）（最後の帰順社）。
	5	台北帝国大学、『新港文書』刊行（5.15）。
	7	雑誌『福爾摩沙（フォルモサ）』、東京で創刊（7.15）。
1934 （昭和9）	5	台湾文芸連盟創立（頼和委員長）（5.6）。
	6	日月潭水力第一発電所竣工（6.3）。
	7	辜顕栄、貴族院議員になる（7.3）。
	9	台湾議会設置請願運動停止（9.2）。
	10	陳澄波・廖継春・李石樵・陳進が第15回帝展に入選。
	11	張深切ら『台湾文芸』創刊（11.5）。／台陽美術協会結成（11.12）。

〈資料編〉2　台湾史・日台関係史 基本年表　431

年	事　　　項
1935 (昭和10)	**4**　オランダ商船「ジュノー号」事件(4.7)。／台中・新竹大地震(4.21)。 **5**　熱帯産業調査会発足 (5.14)。 **10**　始政40周年記念台湾博覧会 (10.10〜11.28)。 **11**　地方議員（市・街・庄）選挙（台湾で初めての選挙）(11.22)。
1936 (昭和11)	**1**　台北帝国大学医学部設立 (1.1)。／楊逵ら『台湾新文学』創刊 (1.1)。 **6**　台湾拓殖株式会社法公布 (6.3)、開業 (12.5)。 **7**　総督府主催の民風作興協議会が開催され、民風作興運動はじまる。 **9**　小林躋造、第17代台湾総督に就任（武官総督）(9.2)。 **12**　正庁改善運動はじまる (12.5)。 ★2.26事件起こる。
1937 (昭和12)	**4**　新聞の漢文欄廃止 (4.1)。 **9**　台湾総督府、国民精神総動員実施要綱及び本部規程を決定 (9.10)。 　　皇民化運動本格化へ。／台湾人軍夫、中国戦地に (9.27)。／台北 　　州「国語家庭」制度を開始、全島に拡大。 **11**　移出米管理案要綱制定 (11.1)。 ★日中戦争はじまる (7.7)。
1938 (昭和13)	**5**　国家総動員法を台湾に適用 (5.3)。 **10**　台湾総督府美術展覧会（府展）開始 (10.21)。
1939 (昭和14)	**2**　寺廟整理問題、第74回帝国議会で議論される (2.14)。 **5**　総督府、「皇民化、工業化、南進基地化」三大政策を布告 (5.19)。 ★第二次世界大戦はじまる (9.1)。
1940 (昭和15)	**1**　西川満ら『文芸台湾』創刊 (1.1)。 **2**　戸口規則改正、「改正名」許可 (2.11)。 **11**　長谷川清、第18代台湾総督に就任 (11.27)。 ★日独伊三国同盟 (9.27)。
1941 (昭和16)	**2**　『台湾新民報』が『興南新聞』と改題 (2.11)。 **4**　小学校・公学校を廃止、国民学校に改組 (4.1)。／皇民奉公会発足 　　(4.19)。 **5**　『台湾文学』創刊 (5.27)。 **7**　『民俗台湾』創刊 (7.10)。 **9**　総督府がニュース映画製作のため「台湾映画協会」設立。 **10**　総督府、寺廟整理の暫時中止を地方政府に通達 (10.3)。／総督府、 　　臨時経済審議会開催 (10.27)。 ★ハワイ真珠湾攻撃 (12.8)。
1942 (昭和17)	**3**　高砂挺身報国隊（第1回高砂義勇隊）募集開始。 **4**　陸軍特別志願兵令施行 (4.1)。 **11**　第1回大東亜文学者会議、西川満らが出席 (11.3〜11.9)。

年	事　項
1943 (昭和18)	**5**　海軍特別志願兵令施行（5.12）。 **11**　カイロ宣言（米国・英国・中国）（11.27）。／呂赫若が第1回台湾文学賞を受賞。
1944 (昭和19)	**4**　台湾の主要6紙の新聞を合併、『台湾新報』発刊（4.1）。／中国国民党、台湾調査委員会設置（4.17）。 **12**　安藤利吉、第19代台湾総督に就任（12.30）。
1945 (昭和20)	**3**　重慶の国民政府、「台湾接管計画綱要」を採択。 **4**　徴兵制実施（4.1）。／衆議院選挙法延長施行（4.1）。 **5**　米軍、台北を空襲（5.31）。 **8**　日本政府、ポツダム宣言受諾を通告（8.14）。終戦の詔書（8.15）。

中華民国統治時代（1945年以降）

年	事　項
1945 (民国34) (昭和20)	**9**　国民政府、台湾省行政長官公署組織条例公布（9.20）。 **10**　台湾投降受諾式典挙行（台北市公会堂）。日本降伏式典、安藤台湾総督調印署名。陳儀、行政長官に就任（10.25）。／『台湾新生報』創刊（10.25）。 **11**　台湾省行政長官公署、行政部門の接収開始（11.1）。／台北帝国大学を接収、国立台湾大学に改組（11.15）。
1946 (民国35) (昭和21)	**1**　台湾省接収委員会日産処理委員会業務開始（1.14）。 **3**　台湾省編訳館成立。 **4**　台湾省国語普及（推行）委員会成立（4.2）。 **5**　台湾省参議会成立（5.1）。／日本企業（生産事業）の接収完了（5.1）。／台湾省婦女会設立（5.16）。 **6**　台湾銀行の改組完了（5.20）。／国共内戦本格化。 **10**　新聞の日本語版発行禁止（10.3）。／新聞雑誌の日本語欄廃止（10.25）。 ★日本国憲法公布（11.3）。
1947 (民国36) (昭和22)	**1**　中華民国憲法公布（1.1）（12.25発効）。 **2**　ヤミ煙草取締りをめぐって市民と警察が衝突（2.27）。／「二・二八事件」（2.28～）。 **3**　二・二八事件処理委員会成立（3.2）。／国府の増援軍が基隆上陸（3.8）。／警備総司令部、台湾の戒厳を宣言（3.9）。 **4**　陳儀罷免、行政長官公署廃止、台湾省政府成立（4.22）、魏道明省主席に就任（5.16）。

〈資料編〉2　台湾史・日台関係史 基本年表　433

年	事　　　項
1948 （民国37） （昭和23）	**1**　第1回中華民国立法院選挙。 **5**　南京で第1回国民大会、「反乱鎮圧動員時期臨時条項」制定（5.10）。 　　／蔣介石、第1代中華民国総統に就任（5.20）。 **7**　米援運用委員会（米援会）成立（7.1）。 **10**　中国農村復興連合会（農復会）成立（10.1）。／注音符号を付した 　　新聞『国語日報』創刊（10.25）。 **12**　北京故宮博物院の文物が台湾へ、基隆到着第1回（12.26）（第2回 　　1949.1.9、第3回2.22）。
1949 （民国38） （昭和24）	**1**　陳誠、台湾省主席に就任（1.5）。 **4**　「四・六事件」。台湾大学、師範大学の学生運動弾圧（4.6）。／楊逵、 　　「和平宣言」執筆により逮捕される（5.10）（1961.10.7 釈放）。 **5**　陳誠、台湾省に戒厳を宣言（5.19）、戒厳令を実施（5.20）（1987.7.15 　　まで）。／「三七五減租条例」公布（5.25）。三段階の農地改革開始 　　（～1953年）。 **6**　「懲治反乱条例」、「粛清匪諜条例」実施（6.21）、「白色テロ」拡大。 **9**　「白団」の盟約成立（9.10）。 **11**　『自由中国』創刊（11.20）。 **12**　総統府、行政院の職員が台北に到着（12.8）。／国民政府、中央政 　　府を台北に移転（12.9）。／蔣介石、台北に到着（12.10）。／呉国楨、 　　省主席に就任（12.21）。 ★米国、「中国白書」発表（8.5）。／中華人民共和国成立（10.1）。
1950 （民国39） （昭和25）	**4**　「日文書刊及日語電影片管制辦法」制定（4.21）。 **5**　廖文毅、日本で「台湾民主独立党」組織（5.7）。 **6**　朝鮮戦争勃発（～1953年）。米国第7艦隊を台湾海峡に派遣（6.25）。 　　／トルーマン米大統領、「台湾海峡中立化」宣言（6.27）。 **8**　省政府、日文の使用を禁止（8.9）。 ★中ソ友好同盟相互援助条約締結（2月）。
1951 （民国40） （昭和26）	**1**　米国が国府援助再開（経済援助～1965年、軍事援助～1974年）。 **4**　緑島に台湾省保安司令部新生訓導所（政治犯収容所）設置（4.1）。 **5**　米軍顧問団成立（5.1）。／省教育庁、日本語禁止を指示（5.8）。 **6**　省政府、第一次徴兵令発布（8.1）。 **11**　日本、在台北在外事務所設置（11.17）。 ★サンフランシスコ平和条約調印、日米安全保障条約調印（9.8）。
1952 （民国41） （昭和27）	**3**　『今日世界』創刊（～1980年）。 **4**　日華平和条約調印（4.28）、発効（8.5）。／サンフランシスコ平和 　　条約発効（4.28）。

年		事　　項
1953 （民国42） （昭和28）	1	4カ年経済建設計画、開始（1.1）。／「実施耕者有其田（耕す者に土地を）条例」公布、施行（1.26）。
1954 （民国43） （昭和29）	3	四大公司株式発行（民営化の開始）（3.1）。／内政部、原住民9族の名称を確定（3.14）。
	5	蔣介石、第2代中華民国総統に就任（5.20）。
	7	中国文芸学会、「文化清潔運動」開始（7.26）。
	9	中国軍、金門・馬祖両島の砲撃開始（9.3）（第一次台湾海峡危機）（～1955年）。
	12	米華相互防衛援助条約調印（12.2）。
1955 （民国44） （昭和30）	6	台北の大観戯院で台湾初の16ミリ台湾語劇映画『六才子西廂記』上映（6.23）。
1956 （民国45） （昭和31）	1	台北の中央戯院で台湾初の35ミリ台湾語劇映画『薛平貴與王寶釧』上映（1.4）、台湾語映画ブームが起きる。
	2	廖文毅ら、東京で「台湾共和国臨時政府」を樹立、廖文毅を大統領に選出（2.28）。
	3	国立中央図書館（現・国家図書館）、台北に復館（3.1）。／「国立歴史文物美術館」開館（3.12）、1957年国立歴史博物館に改称。
1957 （民国46） （昭和32）	4	日華協力委員会第1回総会（4.1）。
	6	岸信介首相訪台、蔣介石総統と会談（6.3）。
	8	「蓬莱米の父」磯永吉、省政府農林庁を退職、47年ぶりに日本に帰国（8.28）。
	10	張群総統府秘書長、蔣介石総統特使として訪日、岸・張群共同声明（10.2）。
	11	胡適、中央研究院院長就任（11.4）。
1958 （民国47） （昭和33）	4	行政院外国為替貿易審議委員会、改革方針案を公布（4.12）。
	5	台湾警備総司令部設立（5.15）。
	6	「大坌坑遺跡」（新石器時代）発見される（6.28）。
	8	台湾初のカラー16ミリ台湾語映画『金壺玉鯉』、台北の中央戯院で上映（8.14）。／「八二三砲撃戦」、中国による金門島砲撃（8.23）（第二次台湾海峡危機）。
1959 （民国48） （昭和34）	8	日本航空、台北―東京間路線開航（8.3）。
	12	中華航空公司設立（12.16）。

〈資料編〉2　台湾史・日台関係史 基本年表　435

年	事　　　項
1960 (民国49) (昭和35)	**2**　王育徳ら台湾独立運動若手グループ、日本で『台湾青年』創刊(2.28)。 **3**　修正「動員反乱鎮定時期臨時条項」公布施行（3.11）（独裁体制の 　　法的根拠）。蒋介石、総統に三選（3.21）（就任5.20）。 **6**　アイゼンハワー米大統領訪台（6.18）。 **8**　外資誘致の「投資奨励条例」可決（8.31）。 **9**　『自由中国』事件。中国民主党結成運動の中心人物、雷震が逮捕さ 　　れる（9.4）。／『自由中国』停刊（9.20）。
1961 (民国50) (昭和36)	**4**　楊逵出獄（4.6） **11～12**　中和禅寺（11.27）・宝覚寺（11.29）・覆鼎金公墓（12.1）の日 　　本人遺骨安置所にて戦後初の慰霊祭。
1962 (民国51) (昭和37)	**4**　台湾電視公司（台視）設立（4.28）、正式放送開始（10.10）。 **6**　台湾省電影製片廠、台湾初のカラーワイドスクリーン映画『呉鳳』 　　撮影開始。
1963 (民国52) (昭和38)	**3**　香港製北京語ミュージカル時代劇映画『梁山伯與祝英台』が空前 　　の大ヒット。 **10**　周鴻慶事件（10.7）。 **11**　学生が「五不運動」展開、日本に関するもの（映画・日本製品・ 　　日本語・音楽・書籍）を禁止要求（11.17）。 **12**　中華民国政府、周鴻慶事件により代理大使等の召還決定（12.31）。
1964 (民国53) (昭和39)	**2**　台北・松山空港、国際ターミナル落成式（2.19）。／吉田茂元首相 　　訪台（2.23）。 **4**　第一次吉田書簡（張群宛）（4.4）。 **5**　第二次吉田書簡（5.7）。 **7**　大平正芳外相訪台、買付け停止解除（7.15）。 **9**　彭明敏「台湾人民自救宣言」事件（9.4）。
1965 (民国54) (昭和40)	**1**　蒋経国、国防部長に就任（1.25）。 **4**　日華円借款協定調印（4.24）。 **5**　台湾独立運動家・廖文毅、独立運動放棄の声明後帰台（5.14）。 **6**　米国の台湾に対する経済援助（米援）終了（6.30）。 　　台湾経済「奇跡の成長」へ、第4次4カ年計画、10カ年長期経済建 　　設計画始動。 **11**　国立故宮博物院、台北で復館（11.12）。
1966 (民国55) (昭和41)	**5**　「北部横貫公路」完成（5.1）。／蒋介石、第4代総統就任（5.20）。 **11**　中華文化復興運動開始（11.12）。 **12**　「圓山保齢球館」開設、ボーリングの流行（12.1）。／台湾最初の輸 　　出加工区が高雄に成立（12.3）。 ★中国「文化大革命」（～1976年）。

年	事　項
1967 （民国56） （昭和42）	**7**　「中華文化復興運動推行委員会」設立（7.28）。 **この年**　史明、「独立台湾会」組織。
1968 （民国57） （昭和43）	**1**　「九年国民教育実施条例」、義務教育を9年に延長（1.27）。 **5**　日本、尖閣諸島で周辺海底地質調査（5.30）。 **7**　陳映真逮捕、「台湾聯盟事件」。懲役7年判決（12.31）（1975年釈放）。 **8**　少年野球チーム「紅葉少棒隊」が日本チームに勝利、野球熱が高まる（8.25）。
1969 （民国58） （昭和44）	**8**　全台湾選抜の少年野球チーム「台中金龍少棒隊」が第23回 Little League World Series で世界一に（8.23）。 **10**　中国電視公司（中視）、放送開始（10.31）。
1970 （民国59） （昭和45）	**4**　蔣経国、米国訪問中に暗殺未遂（4.24）。
1971 （民国60） （昭和46）	**1**　中華電視公司（華視）設立（1.31）、カラーニュース放送開始（10.31）。 **2**　原子炉運転開始（2.2）。 **4**　「保釣（釣魚台列嶼＝尖閣諸島を守れ）運動」起こる（4.13）。 **8**　南北高速道路建設着工（8.14）。 **10**　中華民国、国連を脱退（10.25）。 **12**　台湾キリスト長老教会、第1回「国是声明」発表（12.29）。 ★中華人民共和国が中国代表権を獲得。
1972 （民国61） （昭和47）	**1**　雷震、「救亡図存献議」発表（1.10）。 **5**　蔣介石、第5代総統就任、副総裁・厳家淦（5.20）。／蔣経国、行政院長に就任、李登輝入閣（6.1）。 **9**　日中国交正常化。中華民国政府は日本と国交断絶（9.29）。 **10**　「南部横貫公路」開通（10.31）。 **12**　財団法人交流協会設立（12.1）。／財団法人亜東関係協会設立（12.2）。／台湾大学哲学学部事件（12.4）。 ★ニクソン米大統領訪中、「上海コミュニケ」（2.27）。
1973 （民国62） （昭和48）	**5**　教育部文化局、テレビ番組に「純正国語」の使用を通達。 **10**　霧社事件43周年、モーナルーダオの遺骸が霧社に帰り埋葬される。 **11**　中華民国映画製作関係者、「浄化電影運動」提唱（11.1）。 **12**　蔣経国、「十大建設」発表（12.16）。 ★中東戦争、石油危機。
1974 （民国63） （昭和49）	**4**　外国部、中華航空の日本路線運行停止（4.20）（1975.8.10台湾—日本路線回復）。 **12**　元台湾人日本兵（日本名中村輝夫、原住民族名スニオン、漢語名李光輝）、インドネシアの島で発見される（12.18）（1975.1.8帰台）。

〈資料編〉2　台湾史・日台関係史 基本年表　437

年	事　　項
1975 （民国64） （昭和50）	**4** 蔣介石死去（89歳）（4.5）。蔣経国、国民党主席に就任（4.28）、厳家淦、総統に昇格。 **5** 映画『俠女』、カンヌ映画祭で高等技術グランプリ受賞、華語映画として三大映画祭で初受賞。 **8** 康寧祥ら、『台湾政論』創刊（8.1）、まもなく発禁。
1976 （民国65） （昭和51）	**2** 亜東関係協会と交流協会、第1回経済貿易会議（2.23）。 ★周恩来死去（1.8）。／毛沢東死去（9.9）。／中国、四人組逮捕（10.6）。
1977 （民国66） （昭和52）	**8** 台湾キリスト長老教会、「人権宣言」を発表、「台湾人民の自決」と「新しい独立国家の創立」を主張（8.16）。／「郷土文学論戦」始まる（8.17）。 **11** 中壢事件。党外の許信良の選挙不正開票事件（11.19）。
1978 （民国67） （昭和53）	**5** 蔣経国、第6代総統に就任（5.20）。 **10** 南北高速道路全線開通（10.31）。 **12** 米中国交樹立発表で定員増加選挙中止（12.16）。／中国全国人民代表大会常務委員会、「台湾同胞に告げる書」を発表（12.31）。
1979 （民国68） （昭和54）	**1** 米華国交断絶。中国、金門島への奇数日砲撃を停止（1.1）。／米国、「台湾協会」設立を公布（1.16）。 **2** 中正国際空港（現・台湾桃園国際空港）開業（2.26） **4** 米国、「台湾関係法」制定、米華条約廃棄（4.10）。 **6** 康寧祥ら、『八十年代』創刊。 **7** 「縦貫鉄路全線電化」完成（7.1）。 **8** 黄信介ら、『美麗島』創刊。 **12** 美麗島事件（高雄事件）（12.10）。／米華相互防衛条約失効（12.31）。 ★米中国交樹立（1.1）。／中国、台湾に「祖国の平和統一」「三通四流」を呼びかけ。
1980 （民国69） （昭和55）	**2** 北廻鉄道完成・開通（2.1）。これにより「十大建設」完成。／林義雄一家殺人事件（2.28）。 **4** 台北の中正紀念堂落成式典挙行（4.4）。 **12** 新竹科学工業園区、操業開始（12.25）。
1981 （民国70） （昭和56）	**3** 国民党第12回大会（〜4.5）、「三民主義による中国統一」案等を採択。 **7** 陳文成事件（7.3）。 **9** 中国の葉剣英全人代常務委員長、台湾統一に関する9項目提案（一国二制）（9.30）。 地方選挙、党外の陳水扁、謝長廷ら台北市議に当選（11.14）。

年	事　項
1982 （民国71） （昭和57）	**4**　蔣経国、対中国「三不政策」提起（接触せず、交渉せず、妥協しない）。
1983 （民国72） （昭和58）	**3**　台湾、日本に亡命中の独立運動家史明の指名手配を発表（3.14）。 **5**　『高山青』創刊（台湾大学原住民学生の手書き回覧雑誌)(5.1)。 **9**　『台湾文芸』、「我看台湾史」特集を掲載（9.15）。 **12**　定員増加選挙実施（12.3)、党外選挙後援会「住民自決」を掲げる。
1984 （民国73） （昭和59）	**1**　行政院新聞局、日本映画4作品の輸入解禁（1973年以来）（1.4)。 **5**　蔣経国、第7代総統に再選、副総統に李登輝（5.20）。 **10**　江南事件（作家劉宜良が米国で殺害される）（10.15）。 **12**　原住民権利促進会結成（12.29）。（1987年、原住民族権利促進会に改称。） ★香港返還についての中英共同声明（12.19）。
1985 （民国74） （昭和60）	**7**　立法院、「動員反乱平定時期流氓検挙粛清条例」を制定（7.19)。 **11**　『人間』創刊、発行人・陳映真（11.1）（計47期。～1989.9）。
1986 （民国75） （昭和61）	**2**　経建会、「捷運（地下鉄）建設計画」決定、台北市（2.26）。 **6**　鹿港、「反デュポン」（工場建設反対）デモ（6.24)、公害反対・環境保護運動開始。 **9**　民主進歩党（民進党）結成（成立宣言）（9.28)。 **10**　李遠哲、ノーベル化学賞受賞（10.15)。 **11**　民主進歩党第1回全国代表大会、規約・綱領採択、初代党主席・江鵬堅（11.10)。
1987 （民国76） （昭和62）	**4**　小学校の教科書から「呉鳳故事」の削除を決定（5.22)。 **7**　台湾、澎湖地区の戒厳令を解除（7.15)（1949.5.20以来）。／新聞局、中国出版物の輸入開放（8.25中国作家作品禁令を解除）。 **8**　「青山翠嶺」放送、原住民族の言語(タイヤル語、アミ語)による(8.25)。 **10**　台北に「国家音楽庁」「国家歌劇院」正式オープン（10.31）。 **11**　台湾住民の大陸親族訪問を解禁（11.2)。
1988 （民国77） （昭和63）	**1**　「報禁」を解除（新聞社新設、紙面増設の禁止を解く）（1.1)。／蔣経国死去（77歳）、李登輝が総統に昇格（1.13)。 **2**　蘭嶼で反核運動起こる（2.20)。 **8**　「原住民還我土地運動連盟」による「我に土地を還せ」デモが発生（8.25)。 **9**　台湾から中国へ、初のフェリー就航（9.2)。 **11**　内政部、大陸からの訪台申請受付を開始（11.9)。 **12**　「還我客家語（我に客家語を還せ）運動」デモが発生（12.28)。

〈資料編〉2　台湾史・日台関係史 基本年表　439

年	事　　項
1989 （民国78） （昭和64 ／平成元）	**3**　「長栄航空」設立（1991.7.1運航開始）。 **4**　『自由時代』編集長・鄭南榕、「100％の表現の自由」を掲げて焼身自殺（4.7）。／台湾が「中華台北」の名称で大陸の競技大会・会議に参加する旨を台北・北京が同時に発表（4.7）。 **9**　二・二八事件を背景にした映画『悲情城市』がヴェネチア国際映画祭グランプリを受賞。 ★中国、天安門事件（6.4）。
1990 （民国79） （平成2）	**2**　「我們之間（われわれの間）」結成。台湾初のレズビアン団体（2.23）。 **3**　「野百合三月学生運動」、学生ら「法統」国会の廃止を要求（3.16）。 **5**　李登輝、第8代総統に就任（5.20）。 **6**　「国是会議」（民主化のための超党派の会議）（6.27〜7.4）。 **8**　二・二八事件、高校歴史教科書に記載される（8.14）。 **10**　総統府、「国家統一委員会」設立（10.7）。／海上保安庁、尖閣諸島への上陸を図った台湾漁船に退去勧告（10.21）、台湾で抗議活動発生。
1991 （民国80） （平成3）	**1**　大陸委員会を設立（1.28）。 **2**　財団法人海峡交流基金会（海基会）設立（2.8）。「国家統一綱領」決定（2.23）。 **5**　「反乱鎮圧動員時期臨時条項」廃止を宣言（4.22）、発効（5.1）。 **10**　民進党、綱領に「台独条項」（主権独立の台湾共和国の樹立）を盛り込む（10.13）。 **11**　アジア太平洋経済協力会議（APEC）が、中国・香港・台湾（中華台北）の同時加盟を宣言（11.13）。 **12**　中国に海峡両岸関係協会（海協会）設立（12.16）。／「万年国会」解消（老国代、老立委、老監委がすべて退職）（12.31）。 ★湾岸戦争（1.17）。
1992 （民国81） （平成4）	**4**　日本の最高裁、台湾人元日本兵の補償を認めないと判断（4.28）。 **5**　亜東関係協会東京弁事処、台北駐日経済文化代表処に改称（5.20）。 **8**　中韓国交樹立を受けて韓国と断交（8.22）。 **11**　金馬地区の戒厳解除（11.7）（1993.2〜観光地として開放）。
1993 （民国82） （平成5）	**4**　シンガポールで、第1回辜汪会談（海基会の辜振甫理事長、海協会の汪道涵会長）（4.27〜4.28）。 **6**　総統府、中央研究院台湾史研究所準備室の設立を承認（6.26）。 **9**　「TVBS 無線衛星電視台」開局（9.28）。 **12**　呉三連台湾史料基金会、「台湾史料中心」設立。

年	事　　項
1994 (民国83) (平成6)	**1**　海基会の副理事長と海協会の副会長が北京で会談（1.31〜2.5）。 **6**　「順益台湾原住民博物館」設立（6.9）。 **7**　省県自治法、直轄市自治法公布、施行（7.29）。 **10**　新教科「認識台湾」を盛り込んだ「国民中学課程標準」が公布。 **12**　省長、政府直轄市長の初の直接選挙実施（12.3）。
1995 (民国84) (平成7)	**1**　江沢民中国国家主席、「8項目の対台湾政策」（「江八点」）を発表 　　（1.30）。 **2**　李登輝総統、「二・二八事件」で公式謝罪（2.28）。 **4**　李登輝総統、「6項目の対中国政策」（「李六条」）を発表（4.8）。 **6**　李登輝総統、非公式に訪米、コーネル大学で講演（6.9）。 **7**　中国が台湾周辺の海域でミサイル発射演習と軍事演習を開始（7.21）。 **10**　「金門国家公園」設立（10.18）。 **12**　立法委員選挙、国民党辛勝（12.2）。 ★村山富市首相、戦後50年の首相談話（8.15）。
1996 (民国85) (平成8)	**1**　台北・台中にネットカフェ登場（1.14）。 **3**　台湾初の総統直接選挙、李登輝が総統に当選（3.23）。 **10**　建国党結成、台独路線を堅持（10.6）。 **12**　行政院に原住民委員会設置（12.10）（2002年、原住民族委員会に 　　改称）。
1997 (民国86) (平成9)	**2**　「二・二八記念日」、休日となる（2.25）。／二二八和平公園内に「台 　　北市二二八紀念館」落成（2.28）。／「中華職業棒球連盟」（プロ野 　　球）、4球団で結成。 **4**　中台直航（厦門から高雄へ貨物船）（4.19）。 **7**　国民大会、台湾省の事実上の廃止を決定（7.18）。 **9**　台北市政府、「台北市管理娼妓弁法」廃止（9.5）。 ★超党派の日華関係議員懇談会発足（2.5）。／香港が中国に返還（7.1）。
1998 (民国87) (平成10)	**7**　「公共電視」放送開始（7.1）。 **10**　上海で、第2回辜汪会談（10.14）。／10月以降、日本のマスコミの 　　台北支局開設相次ぐ。 **12**　立法委員選挙、国民党圧勝（12.5）。 ★日本台湾学会設立（5.30）。／クリントン米大統領訪中、「3つのノー」 政策を明言（6.30）。
1999 (民国88) (平成11)	**5**　民進党、「台湾前途決議文」を採択（5.8）。 **7**　インターネット書店、「電子書」販売開始（7.1）。／李登輝総統、「中 　　国と台湾は特殊な国と国の関係」（「二国論」）と発言（7.8）。 **9**　台中、南投・集集で大地震（「九二一地震」）、2000人以上死亡（9.21）。

〈資料編〉2　台湾史・日台関係史 基本年表　441

年	事　　項
2000 (民国89) (平成12)	**2**　中国、「台湾白書」を発表（2.21）。 **3**　総統選挙、民進党の陳水扁が当選（3.18）（5.20第10代総統に就任）、中国向けに「5つのノー」を約束。／WTO加盟の準備として酒の専売制度を廃止（3.28）。／宋楚瑜、親民党を結成（3.31）。 **5**　「台湾捜救隊」（国際救助隊）設立（5.9）。
2001 (民国90) (平成13)	**1**　「小三通」解禁、金門・馬祖両島と福建省の間に限っての通商・通航・通信（1.1）。 **8**　李登輝を「精神的リーダー」とする新政党、台湾団結連盟結成（8.12）。 **9**　国民党、李登輝を除名。 **12**　立法委員選挙、民進党が議会第一党に（12.1）。 ★米国で同時多発テロ事件（9.11）。
2002 (民国91) (平成14)	**1**　台湾、世界貿易機関（WTO）に加盟（1.1）（中国は2001.12）。／台湾省文献委員会を国史館へ移管し、国史館台湾文献館と改称(1.1)。 **8**　陳水扁総統、「一辺一国」（それぞれ一つの国）発言（8.3）。
2003 (民国92) (平成15)	**3**　新型肺炎（SARS）（重症急性呼吸器症候群）の流行に関連して、世界保健機関（WHO）への加盟を申請（3.25）。 **5**　WHOへの加盟、中国等の反対で認められず（5.19）。 **10**　高さ508mの超高層ビル「台北101」が完成（10.17）。／故蒋介石夫人の宋美齢、ニューヨークの自宅で死去（105歳）（10.23）。 **11**　住民（国民）投票法案、可決（11.27）。 **12**　ブッシュ米大統領、温家宝中国首相との会談後、「台湾独立」につながる住民投票に反対を表明（12.9）。
2004 (民国93) (平成16)	**3**　総統選挙、民進党の陳水扁が再選（3.20）（5.20第11代総統に就任）。立法院選挙で民進党過半数取れず。 **6**　性別平等教育法公布（6.23）。 **8**　立法院、憲法改正案を可決（立法院の定数削減、任期延長等）（8.23）。 **12**　立法委員選挙、与党の民進党敗北、国民党勝利（12.11）。

年	事　項
2005 （民国94） （平成17）	**1** 海基会の辜振甫理事長死去（1.3）。中台直航チャーター便の相互乗り入れ実施、春節時期（1.29〜2.20）。 **2** 原住民族基本法施行（2.5）。 **3** 中国・全国人民代表大会、反国家分裂法を採択（3.14）。台北で100万人の抗議デモ（3.26）。 **4** 連戦国民党主席が訪中、胡錦濤中国共産党総書記と会談（4.29）、60年ぶりの国共トップ会談。共同声明で「九二年コンセンサス」の存在、以後毎年の「国共論壇」開催を確認。／東呉大学名誉教授蔡茂豊が日華断交後初めて叙勲（旭日中綬章）（4.29）。 **6** 国民代表大会、第7次憲法改正案を採択（6.7）（国民代表大会廃止、立法院任期4年、議席半減、小選挙区政党比例代表並立制を規定）。／約60隻の台湾漁船が尖閣諸島近海に集結、王金平立法院院長と李傑国防部長、軍艦で尖閣諸島近海視察（6.21）。 **8** 陳水扁側近の金銭腐敗スキャンダル発覚。 **12** 統一地方選挙、野党国民党が大勝（12.3）。
2006 （民国95） （平成18）	**2** 「国家統一綱領」と「国家統一委員会」を事実上廃止（2.27）。 **5** 陳水扁総統、権限行使縮小を宣言（5.31）。 **6** 立法院、陳水扁総統の罷免案を否決（6.27）。 **9** 台北で陳水扁退陣要求の大規模デモ。
2007 （民国96） （平成19）	**1** 「台湾高速鉄道」（台湾新幹線）が開業（1.5）。 **7** 「台湾」名義での国連加盟申請書を提出（7.19）、国連一般委員会が議題としないことを決定（9.19）。 **9** 民進党、党大会で「正常国家決議文」を採択（9.30）。
2008 （民国97） （平成20）	**1** 立法委員選挙、野党国民党が圧勝（1.12）。 **3** 総統選挙、国民党の馬英九が当選（3.22）（5.20第12代総統に就任）。 **5** 江丙坤国民党副主席が海基会理事長に就任（5.26）。／呉伯雄国民党主席と胡錦濤中国共産党総書記が北京で会談、「九二年コンセンサス」を基礎とする対話で合意（5.28）。 **6** 江丙坤海基会理事長と陳雲林海協会会長が北京で会談（6.12）（10年ぶりのトップ会談）。／尖閣諸島近海での海上保安庁巡視船と台湾遊漁船の衝突事故、許世楷駐日代表を召還（6.15）。 **7** 米・スタンフォード大学フーバー研究所、「蔣介石日記　1946〜1955」を公開。 **11** 馬英九総統と陳雲林海協会会長が台北で会談（11.6）。／立法院、台湾籍元従軍慰安婦に対する日本政府の謝罪と補償を求める決議採択（11.11）。／陳水扁、機密費横領などの疑いで逮捕・起訴（11.12）。 **12** 中台直行航空便運行開始。／胡錦濤中国国家主席、両岸関係の平和的発展に関する「6項目」提案（12.31）。

〈資料編〉2　台湾史・日台関係史 基本年表　443

年		事　項
2009 (民国98) (平成21)	1	台北市立動物園で中国から贈られたパンダの一般公開開始(1.26)。
	2	台湾と中国が「海峡両岸経済協力枠組み協定（ECFA）」の締結交渉入りを決定（2.27)。
	3	北京故宮博物院院長、台北故宮博物院院長と会談（3.2)。
	5	WHO年次総会に台湾代表がオブザーバー参加（5.19)。
	6	台湾の直轄市が5つに（台北・新北・台中・台南・高雄）(6.29)。 ／大陸資本による台湾への直接投資が始まる（6.30)。
	8	八八水害発生（8.8)。
2010 (民国99) (平成22)	1	米政府、台湾への武器売却決定（1.29)。
	2	内政部統計局、先住民人口は50万4531人、総人口は約2312万人と発表（2.17)。
	4	東京に台北文化中心（センター）がオープン（4.21)。
	6	台湾と中国が「海峡両岸経済協力枠組み協定(ECFA)」に調印(6.29) (2011.1.1発効)。
	10	台北—羽田便が31年ぶりに復活（10.31)。
	11	台北国際花の博覧会開幕（11.6〜2011.4.25)。
	12	中台間の「投資保護協定」の締結見送り（12.21)。
2011 (民国100) (平成23)	2	内務省統計、2010年の中国からの旅行者は前年比73万4168人増の242万5097人（外国からの台湾への旅行者の43.56%）(2.28)。
	5	台南市・烏山頭ダム近くに日本人技師・八田與一を記念する公園が開園（5.8)。
	6	中国から台湾への個人旅行解禁。
	9	霧社事件を扱った映画『セデック・バレ』封切られ、ブームに（9.9)。
	10	馬英九総統、「『中台和平協定』に関する『10大保証』」を発表(10.24)。 ★東日本大震災（3.11)に台湾から世界最多の義捐金。
2012 (民国101) (平成24)	1	総統選挙、馬英九総統再選（5.20第13代総統に就任)、立法委員選挙、国民党議席減も過半数を維持（1.14)。
	4	交流協会、財団法人から公益財団法人へ移行（4.1)。
	5	文化建設委員会を文化省に改組、初代文化相に作家・龍応台(5.21)。
	6	中国銀行が台北支店を開設（6.27)、中国の銀行が台湾に支店を開くのは初めて。
	8	馬英九総統、「東シナ海平和イニシアチブ」を提唱（8.5)。／「中台投資保護協定」に調印（江丙坤海基会理事長と陳雲林海協会会長、第8回トップ会談、台北で）(8.9)。
	9	馬英九総統、尖閣諸島に対する台湾の主権を主張（9.13)。 ★日本が尖閣諸島を国有化（9.11)。

年	事　項	
2013 （民国102） （平成25）	4	「日台民間漁業取決め（協定）」締結（4.10）。
	6	「中台サービス貿易協定」に調印（林中森海基会理事長と陳徳銘海協会会長、第9回トップ会談、上海で）（6.21）。
2014 （民国103） （平成26）	1	国家発展委員会が発足（経済建設委員会、研究開発考核委員会等の再編統合）（1.22）。
	2	習近平中国共産党総書記、「中台関係について4点の意見」を発表（連戦国民党名誉主席との会談で）（2.18）。
	3	「中台サービス貿易協定」批准に反対する学生が立法院の議場を占拠（ヒマワリ学生運動）（3.18～4.10）。馬英九総統、「両岸協議監督条例」制定へ、王金平立法院長仲裁案提示。批准中止。
	6	台南市で、日本統治時代の百貨店の建物を修復し、商業施設「林百貨」として営業開始（6.14）。／特別展「台北 國立故宮博物院 神品至宝」が東京国立博物館、九州国立博物館で開催（東京6.24～9.25、九州10.7～11.30）。
	11	統一地方選挙、与党国民党大敗（11.29）。
2015 （民国104） （平成27）	1	台湾の総人口約2300万人（1.7）。／新政党「時代力量」が成立（主席は黄国昌）（1.25）。
	4	台湾を本拠地とする格安航空会社（LCC）タイガーエアが日本線運航開始（4.2）。
	5	馬英九総統、「南シナ海平和イニシアチブ」を発表（5.26）。
	7	中国、「国家安全法」を公布（7.1）。
	10	台湾初の路面電車「高雄LRT（高雄捷運環状軽軌)」、試運転開始（10.16）。
	11	馬英九台湾総統と習近平中国国家主席がシンガポールで会談(11.7)。
2016 （民国105） （平成28）	1	総統選挙、民進党の蔡英文主席が圧勝（5.20第14代総統に就任)、立法院選挙で初めて民進党が過半数（1.16）。
	5	蔡英文総統、「九二年コンセンサス」の受入れを拒否。中国は窓口機関を通じた交渉を拒否。
	8	蔡英文総統、原住民族代表に歴史的抑圧・差別を謝罪、8月1日を「原住民族の日」と制定。
2017 （民国106） （平成29）	1	交流協会、公益財団法人日本台湾交流協会へ名称変更（1.1）。
	5	亜東関係協会、台湾日本関係協会へ名称変更（5.17）。／台湾で公式認定された16の先住民族の言語を保存し、発展させるために「原住民族語言発展法（先住民族言語発展法）」が立法院を通過（5.26)
	8	夏季ユニバーシアード台北大会を開催（8.19）。

〈資料編〉2　台湾史・日台関係史 基本年表　445

年	事　　　項
2018 （民国107） （平成30）	**10**　蔡英文総統、双十節演説で初めて「中華民国台湾」の語を使用。 **11**　民進党、地方選挙で大敗。
2019 （民国108） （平成31 ／令和元）	**1**　習近平中国国家主席、台湾政策で「一国家二制度」を強調。 **5**　立法院、同性婚法（司法院釈字第748号解釈施行法）を可決、施行 　　（5.24）。 **6**　台米共同プロジェクト気象衛星「福衛7号」（フォルモサット7号） 　　打ち上げ成功（6.25）。 **8**　柯文哲台北市長、台湾民衆党を結成。 ★香港で逃亡犯引渡条例反対の大規模デモを弾圧。
2020 （民国109） （令和2）	**1**　総統選挙、蔡英文総統が再選（5.20第15代総統に就任）、民進党、 　　立法委員選挙で過半数の議席を確保（1.11）。 **3**　台湾、新型コロナウイルスの感染拡大で居留証と特別許可など取 　　得した者以外の外国人の入国禁止（3.19）。水際対策により国内侵 　　入を抑え252日間本土感染者ゼロを記録（4.12〜12.20）。 **7**　李登輝元総統死去（97歳）（7.30）。 ★中国全人大、香港国家安全維持法制定。
2021 （民国110） （令和3）	**4**　台中メトロ・グリーンラインが正式開業（4.25）。 **12**　台湾積体電路製造（TSMC）、熊本県に半導体工場を運営するため 　　の子会社を設立。
2022 （民国111） （令和4）	**8**　ペロシ米下院議長訪台（8.2〜8.3）。中国軍、台湾周辺にミサイル 　　を撃ち込む大規模演習。／デジタル発展省設置（8.27）。 ★ロシアがウクライナに侵攻、ウクライナ戦争勃発（2.24）。／中共20 回大会、習近平を総書記に三選（10.23）。
2023 （民国112） （令和5）	**4**　蔡英文総統中米歴訪、帰途米国でマッカーシー下院議長と会見、 　　中国軍は大規模演習で反発。
2024 （民国113） （令和6）	**1**　総統選挙、民進党の頼清徳が当選（5.20第16代総統に就任）、民進党、 　　立法委員選挙で過半数を割り込む、国民党第一党へ（1.13）。 **11**　WBSC 世界野球プレミア12で台湾チームが初優勝（11.24）。

［参考資料］
・台湾経世新報社編・刊『台湾大年表』1938、復刻版：緑蔭書房、1992
・『国史大辞典』吉川弘文館、第8巻（す〜たお／台湾）1987、第13巻（ま〜も／霧社事件）1992、第14巻（や〜わ／理蕃）1993
・薛化元主編『台湾歴史年表』Ⅰ〜Ⅳ（終戦篇）・Ⅴ巻、業強出版社、1992〜1994・1998
・顔娟英編著『台湾近代美術大事年表』雄獅図書、1998
・『日本歴史大事典』小学館、2001
・遠流台湾世紀回味編輯組編著『認識臺灣──回味 1895–2000』遠流出版公司、2005
・中島利郎編著『日本統治期台湾文学小事典』緑陰書房、2005
・『岩波 世界人名大辞典』2分冊、2013（台湾関係 308 人リストアップ）
・『台湾大事年表』国史館台湾文献館、2015

・何義麟『台湾現代史──二・二八事件をめぐる歴史の再記憶』平凡社、2014（巻末年表）
・川島真・清水麗・松田康博・楊永明『日台関係史──1945–2008』東京大学出版会、2009（巻末日台関係年表）
・川島真・清水麗・松田康博・楊永明『日台関係史──1945–2020 増補版』東京大学出版会、2020（巻末日台関係年表）
・呉叡人編、和田博文ほか監修『コレクション・台湾のモダニズム　第1巻　台湾総督府の植民地統治』ゆまに書房、2020（張政傑「関連年表」）
・呉密察監修、遠流台湾館編著、横澤泰夫日本語版編訳『台湾史小事典 第3版』中国書店、2016
・小山三郎・山下未奈・山下紘嗣『台湾現代文学・映画史年表』晃洋書房、2016
・周婉窈、濱島敦俊監訳、石川豪・中西美貴・中村平訳『図説 台湾の歴史 増補版』平凡社、2013
・薛化元、永山秀樹訳『詳説 台湾の歴史──台湾高校歴史教科書』雄山閣、2020
・三澤真美恵『「帝国」と「祖国」のはざま──植民地期台湾映画人の交渉と越境』岩波書店、2010
・山本武利編『岩波講座「帝国」日本の学知　第4巻　メディアのなかの「帝国」』岩波書店、2006（付録 メディア関係年表）
・若林正丈『台湾──変容し躊躇するアイデンティティ』ちくま新書、2001
・若林正丈『台湾の歴史』講談社学術文庫、2023（若林『台湾』2001 の改題・増補版）
・和田博文・呉佩珍・宮内淳子・横路啓子・和田桂子『帝国幻想と台湾 1871–1949』花鳥社、2021（関連年表 1871–1949）

総合索引

「序」「台湾史ライブラリー」「あとがき」を除く本文から採った（各項の参考文献は省いた）。中国系人名および地名の漢字は、原則として日本語の音読みに従った。「Ⅱ　台湾史事典」の見出し語のページは太字で示した。

A～Z

ECAFE（国際連合アジア極東経済委員会）　210

TSMC（台湾積体電路製造股份有限公司）　51, 53-4, 217, **245**, 300, 445

あ 行

アイデンティティ問題　207, **255**

アジア太平洋経済協力会議（APEC）　45, 439

亜東関係協会　214, 248, 436-7, 439, 444

厦門事件　122, **130**, 424

アルバニア決議案　212

安全保障理事会　180, 211-2

アンダーソン、ベネディクト　18, 351, 363-4, 370-5

尉天驄　219-20

池田敏雄　175, 280, 306

移行期正義　47, 188-9, 232, **252**, 253-4, 288

石川欽一郎　37, **161**, 190

磯永吉　161-2, 429, 434

板垣退助　28, 106, 122, 142, 151-2, 426

一田両主（制）　124-5, 272

一国二制度　43, 230, 235, 237

伊藤博文　25, 106, 109, 119, 123, 135, 143, 386, 423

伊能嘉矩　17-8, 20, 25, **127**, 272, 275-6, 278, 280, 318, 337-40, 346, 348-9, 351, 364, 429

井上伊之助　**141**

内村鑑三　134, 141, 153, 277

衛生政策　27, **134**, 135

エスニックグループ　⇒族群

王育徳　204, 206, 279, 316, 366, 435

王詩琅　156, 354

王拓　219-20

王白淵　156, 218, 430

王甫昌　238

大久保利通　24, 105-9, 116, 278, 384

大隈重信　24, 105-8, 142

大阪中華学校　208

大谷光瑞　62, **158**, 159

岡松参太郎　17, 27, 121, 126, **128**, 271, 276, 283, 348, 350, 364, 387, 389-90, 426

オーストロネシア語族　14, 32, 69, 71, 337

オランダ東インド会社（VOC）　15-7, 19, 21, 75-84, 86-9, 255, 266-8, 272, 419, 421

　　——と原住民（先住民）との関係　**82**

　　——時代　15, 19, **75**, 87

か 行

海峡交流基金会（海基会）　45, 234, **235**, 236-7, 439-40, 442-4

海峡両岸関係協会（海協会）　45, **235**, 439

海峡両岸経済協力枠組み協定（ECFA）　47, 53, 230, **247**, 250, 443

海峡両岸サービス貿易協定　250

戒厳令　18, 44, 55, 58-60, 138, 179, 181, 196, **197**, 198-9, 215, 217-8, 225, 235, 237, 240, 251-2, 267, 320, 323, 325, 328, 342, 367, 433, 438

外国人登録法　207

開山撫番　23, 92, 97-8, **99**, 100, 104, 273, 422

外省人　39, 40, 42, 45-6, 55, 75, 181, 186, 192,

194 5, 205, 208, 218, 221, 231-3, 238, 255, 316

改姓名　31, 37, 171-3, 175

カイロ宣言　39, 179, 183, *184*, 185, 432

華僑　180, 207-10, 283, 293, 333

　　──政策　208

　　中華民国籍の──　61　⇒在日台湾人

郭沫若　155

金関丈夫　175, 261, 306

嘉南大圳　30, *169*, 430

樺山資紀　24-5, 106, 112, *116*, 135, 138, 278, 385-6, 388, 423

ガヤ　166

簡吉　30, 429

漢族の移住・開墾　21-2, 74-8, 91, *93*, 94-5, 104, 131, 192, 255, 273

漢民族（閩南・客家）　⇒客家、閩南

魏德聖（ウェイ・ダーション）　249

キャンベル、ウィリアム　23, *102*

九二年コンセンサス　47, 181, *236*, 237, 248, 442, 444

九二一大地震　*244*

牛罵頭遺跡　69

許世楷　279, 345, 366, 442

郷土文学　60, 155-6, *218*, 219-22, 437

　　──論争　155, 220

金広福　23, *96*, 97, 272

金門島砲撃戦　41, *201*

啓発会　29, 137, 150-1, 427

原住民族（原住民）　15-6, 22, 24, 46-7, 55-6, 59-60, 69-77, 81-2, 84, 88, 100, 105, 116, 127, 132, 138-41, 159, 163, 166-7, 176, 191, 224, 232, 238-42, 254-5, 260-1, 263-5, 272, 275, 282, 302, 304, 312, 317, 319, 326, 332, 337-41, 347, 349, 379-80, 387, 427-9, 434, 436, 438, 440, 442, 444

　　──運動　47, 232, *239*

　　──の分類　70, *72*, 338

原住民（族）権利促進会　239-40, 438

憲政改革　232-3

原料採取区域　131, 133, 296

呉介民　254, 286, 290

辜顕栄　29, 34, *117*, 150, 168, 430

呉三連　146, 388, 439

呉濁流　60, 156, 218-9, 221, *222*

胡適　155, 434

コイエット、フレデリク　22, 78, *80*, 81, 266, 421

高一生　*190*, 191, 241

侯孝賢（ホウシャオシェン）　61, 221, 237

黄春明　219, *220*

高俊明　230

黄昭堂　279, 345, 366

黄信介　229, 244, 437

黄呈聡　146

黄得時　156-7, 218

黄土水　37, *159*

江文也　37, *160*, 320

江丙坤　279, 294, 345, 366, 442-3

黄霊芝　218, 315

公益会　118, 151, 168

工業技術研究院　51, *216*, 217, 245-6

考古（学）遺跡　14, *68*, 70, 261, 263, 419-20

『高山青』　240, 438

降伏と光復　39, *182*

　　降伏　39, 185, 432

　　光復　177, 184, 186, 282

神戸中華同文学校　208

公民運動　46-7, 58-9, *251*

皇民化政策　31, 37, 157, *171*, 172-3, 175, 282

公民投票　46, *245*, 257

皇民奉公会　31, 171, *173*, 431

交流協会　214, 234, 248, 344, 358, 378, 380, 436-7, 443-4

国軍改革　*257*, 258

国語家庭　31, 172-3, *175*, 431

国際連合　43, 180-1, 193, 203, 208, 210-3, 216, 232, 235, 326, 436, 442

国是会議　44, 234, 439

国民精神総動員　171, 431

国民政府　31, 136-7, 157, 178-9, 183, 194, 432-3

国立台湾大学　68, 163, 251, 261-2, 270, 305, 309, 319, 341, 432

国連中国代表権問題　43, *211*

五権憲法　178, 181
児玉源太郎　25-6, 112, 121, *122*, 123, 128, 130, 133, 135, 349, 351, 386, 389, 424
国家統一綱領　204, 439, 442
後藤新平　17-8, 26-8, 113, 119, 121, *122*, 123, 126-8, 132, 134, 135, 143, 276-7, 279, 283, 307, 309, 321, 327, 348-51, 364-5, 387, 389, 424
小林躋造　112, 175, 431
米　21-3, 27, 50, 87, 90-2, 97, 123, 130-3, 161-2, 169, 198, 273-4, 294-5, 429, 431, 434

さ 行

蔡英文　47-8, 53, 182, 228, 237, 245, *251*, 253-4, 257, 289, 444-5
蔡培火　29, 30, 146-7, 149-51, *152*, 153-4, 164, 167, 277, 351, 388, 428-9
西郷従道　24-5, 105-9, 116, 138
祭祀圏　32, 91
在日台湾人　61, 146, *207*, 208-9, 293, 328
佐久間左馬太　26, 28, 112, *137*, 138, 161, 387, 425-6
砂糖　21-3, 28, 51, 76, 84, 88, 90-2, 115, 130-2, 145, 162, 268, 273-4, 296-7, 425
「莎呦哪啦・再見（さよなら・ツァイチェン）」　221
三七五減租　198, 433
三不政策　43, 52, 215, 235, 438
サンフランシスコ平和条約　179, 185, 199-200, 210, 433
三民主義　177-9, 191, 196, 214, 238, 437
──青年団　177, 191, 214

史明　205, 318, 436, 438
施琅　22, 85, *89*, 421
ジェンダー労働平等法（性別工作平等法）　256
芝山巌事件　25, *118*, 423
詩社　36, 154, 222
幣原坦　162, 190, 267
寺廟整理（運動）　31, 37, 172, *174*, 306-7, 431
謝春木　164
謝雪紅　30, 164, 429
謝長廷　230, 437

謝南光　177
謝冰心　155
社区総体営造（運動）　62, *239*, 240, 309
十三行遺跡　69-70, 263, 420
十大建設　43, 51, 136, *215*, 216, 436-7
自由中国事件　42, *202*
自由貿易協定（FTA）　53, 247
重要事項指定決議案　211-2
蔣渭水　29-31, 149-51, *152*, 158, 164, 167, 428-9
蔣介石　40-2, 60, 118, 179, 183-5, 188, *193*, 194, 197, 201-3, 210, 212-4, 218, 228, 231-2, 257, 285, 291, 389, 433-7, 441-2
蔣経国　43-4, 51, 136, 180-1, 188, 193-5, 213, *214*, 215, 225, 227, 229-30, 232, 234-5, 248, 257, 291-2, 389, 435-8
──三原則　44, 215
鍾理和　219, 222, *223*, 224
省籍矛盾　40-1, *191*, 192, 238
小租戸　94, 104, 124-5
樟脳　23, 27, 33, 76, 92, 97, 104-5, 111, 115, 123, 130-2, 141, 145, 296, 386, 424-5
新旧文学論争　155, 158
新港文書　21, 77, *81*, 430
『清国行政法』　126, 350, 426
清代台湾　16, *90*, 91, 95, 269-74, 302
清仏戦争　23, 92, 97, *103*, 104, 154, 422
新民会　29, 137, 146, 150-1, 168, 427
親民党　46, 195, 441

西来庵事件　28, *142*, 150, 223, 427
世界貿易機関（WTO）加盟　45, 47, 52, *246*, 252, 441
接収　39-40, 49, 56, 115, 130, 137, 163, 180, 185-6, 194, 198, 203, 297, 432
『セデック・バレ』　61, *249*, 443
ゼーランディア城　21, 76-7, *78*, 79-80, 83, 86, 421
尖閣諸島（問題）　42, 47, *210*, 211, 248-9, 436, 439, 442-3
先史時代　14, *68*, 72, 260-3, 276, 319, 419-20
全米台湾独立連盟（UFAI）　205

曹永和　18, 176, 342, 346

宋楚瑜　46, 195, 441

宋文薫　68, 262-3

増加定員選挙　⇒定員増加選挙

増修条文　196, 233-4, 239

族群（エスニックグループ）　19, 46, 55, 58, 90-1, 94-5, 98-9, 192, *238*, 239, 255, 273, 344

孫文　28, 150, 152, 178-9, 193-4, 196, 299

た　行

戴國煇　279-80, 282-3, 298, 345-6, 350, 366-7, 381

戴天昭　280, 345, 366

ダイアモンド、ジャレド　71

台商　47, 53, 195, *246*, 254

大租権　124-6, 129, 425

台中中学校　28, 34, 118, 144, 151, 282, 427

大坌坑遺跡　68, 420, 434

台北高等学校（台北高校）　34, 111, 162, 204, 234, 428

台北帝国大学　35, 70, 74, 81, *162*, 163, 175, 260-2, 265, 267, 270, 278, 305, 315, 338-9, 365, 381, 429-32

大陸反攻　41-2, 181, 193-4, 201-2, *203*, 204, 218, 228, 257, 291

『台湾』　137, 146, 205, 428

台湾阿片令　27, *119*, 423

台湾化　181, 196-7, 232-4, 238

台湾海峡危機

　第二次——　41, 202, 291, 434

　第三次——　46, 234, *242*, 289

台湾革命同盟会　31, *177*

台湾関係法　43, *226*, 227-9, 437

台湾議会設置請願運動　29, 142-3, *147*, 148-53, 168, 177, 277, 282, 351-2, 428, 430

台湾旧慣調査　17-8, 27-8, 115, 121, 123, *126*, 127-8, 269, 271, 276, 280, 302, 338, 349-50, 365, 389, 425-6

台湾義勇隊　31, *176*, 177

台湾教育令　30, 34, *144*, 162, 427-8

台湾行啓　30, *145*, 146, 282, 353, 428

台湾共産党　30-1, 151, *164*, 165, 204-5, 352, 429-30

台湾キリスト長老教会　230, 437

台湾近現代史研究会　280-1, 346, 367

台湾銀行　27, 123, *129*, 130, 295, 424, 429, 432

台湾芸術研究会　31, 156, 430

台湾原住民族権利宣言　239

台湾原住民（族）権利促進会　⇒原住民（族）権利促進会

台湾原住民（族）文学　60, *240*, 241-2, 317

台湾合同鳳梨株式会社　131

台湾工友総連盟　30-1, 429

台湾事業公債　27, 123, 125, 129, 424

『台湾私法』　126, 128, 271, 276, 389, 426

台湾事務局　25, 119-20, 135, 143, 386

台湾出兵　16-7, 23-4, 92, 99, 101, *105*, 109, 116, 154, 275, 277-78, 280, 385, 386, 422

台湾省行政長官公署　33, 39, 129, *185*, 186, 187, 194, 197, 432

『台湾新文学』　156, 191, 222-3, 431

台湾新文学運動　36, *154*, 191, 314, 316, 428

台湾人民自救運動宣言　206

『台湾新民報』　137, 146-7, 155, 157-8, 173, 223, 430-1

台湾人元日本兵補償問題　61-2, 200, *224*, 225, 439

台湾青果株式会社　131

台湾製糖株式会社　28, *132*, 146, 424

『台湾青年』　29, 137, *146*, 149-50, 153, 204, 279, 427-8, 435

『台湾政論』　217, 220, 354, 437

台湾総督　25-6, 29-30, 34, 110, 112-3, 115-6, 120-3, 126, 128, 130, 133, 135, 138, 142-3, 147-8, 166, 173, 175, 348-9, 386-9, 423-4, 425, 427-32

台湾総督府　21, 25, 27-32, 34-7, 49, 70, 75, 102, *110*, 111, 113-6, 118-20, 122-7, 130-8, 140-50, 152-4, 156, 158, 161-2, 164-76, 185-6, 265, 271-2, 275-9, 282-3, 294, 302, 304-6, 309-10, 319, 337-9, 345, 348-50, 355, 357-9, 384-9, 421, 423-9, 431

　——国語学校　152, 159, 161, 190, 222

　——文書　*115*, 116, 281, 345

台湾拓殖会社　*170*, 296

台湾団結連盟　46, 195, 235, 441

台湾地方自治連盟　30, 152-3, 156, 164, *167*, 168-9, 173, 309, 430

総合索引 451

台湾鉄道　**135**, 136, 429
台湾電視公司（台視）　58, 435
台湾同化会　28, **142**, 150-2, 426
台湾独立運動　42, 181, **204**, 205-7, 279, 316, 366, 435
台湾独立建国連盟　205
台湾ナショナリズム　219, 233, 282, 286-7, 293, 353-4, 370-1
台湾にとっての中華民国　⇒中華民国という「擬制」
台湾ニューシネマ　61, 221, 237
台湾農民組合　30-1, 223, 429
台湾の新聞　**136**
台湾の先住諸集団　14, **70**, 72
台湾の特産品　**130**　⇒米、砂糖、樟脳、茶
台湾美術展覧会（台展）　37, 161, 190, 429
『台湾風物』　176
『台湾文化』　191, 218
台湾文化協会　29-30, 118, **149**, 150-3, 155, 158, 164-5, 189, 318, 428-9
『台湾文学』　36, 158, 191, 431
『台湾文芸』　31, 60, 156, 158, 191, 219, **221**, 222-3, 430, 438
台湾文芸連盟　31, 156, 223, 430
台湾民衆党　30-1, 48, 151-3, 155, **164**, 167-8, 183, 429-30, 445
台湾民主国　25-6, 36, **117**, 120, 204, 279, 423
台湾民主独立党　204, 433
『台湾民報』　30, 137, **146**, 147, 151, 155, 158, 428-430
台湾問題二案　25, 120-1, 143
高砂義勇隊　31, 61, **176**, 224, 431
高野孟矩（事件）　25, 114, 120, 423
高山初子（オビン・タダオ）　166
田川大吉郎　29, 147
タダオ・モーナ　165-6
多文化主義　232, 255, 288, 323
淡新檔案　270

治警事件　30, 148, 151, 153, 158, 428
地方派閥　42, 194-5, **235**
茶　23, 27, 33, 92, 97, 115, 123, 130-2, 295, 426

中央研究院台湾史研究所　130, 343-6, 439
中華人民共和国　17, 41, 43, 57, 178, 180-1, 196, 199-200, 203-4, 207-8, 211-2, 213, 226, 231, 267, 292, 354, 366, 433, 436
中華電視公司（華視）　58, 436
中華民国　17-8, 39-40, 42-6, 49, 55-7, 60-2, 70, 75, 153, 163, 178-83, 185, 193-4, 196, 199-201, 203-4, 206-15, 225-6, 228-9, 231-4, 238-40, 247, 251, 255, 257, 267, 280, 285-7, 291-2, 297, 304-5, 318, 326, 333, 353-4, 366, 389, 419, 432-6, 445
──という「擬制」　**178**, 179-2
──憲法　42, 44, 178, **196**, 215, 231-3, 238-40, 287, 432
──台湾化　39, 45, 181, **231**, 232-3, 257, 285, 353-4
中国国民党　17, 19, 39-44, 46-50, 52, 56-9, 75, 153, 160, 177-9, 181-4, 187-9, 193, **194**, 195-200, 202, 204-6, 208, 210-1, 215, 217-20, 225, 227, 229-36, 238, 244-5, 247-8, 250-3, 255-7, 284-5, 287-9, 297, 299, 307-8, 312, 316, 318, 325, 335, 341, 353-4, 432, 437, 440-5
中国電視公司（中視）　58, 436
中国農村復興聯合委員会（農復会）　198, 234, 433
中国ファクター　48, 53, 246, **254**, 290
中国民主党　42, 202, 435
中山高速道路　215
中壢事件　44, **225**, 437
張我軍　155-6, 428
張群　213, 389, 434-5
張深切　156, 430
張忠謀（モリス・チャン）　246
張文環　36, 156, 158, 222, 430
徴兵制　31, 173-4, 180, 224, 329, 432
陳映真　219-20, 436, 438
陳儀　39-40, 118, 185-7, 194, 285, 432
陳水扁　46-7, 52, 181, 230, 232, 235-6, **244**, 245, 248, 253, 257, 287-9, 437, 441-2
陳千武　60.., 219, 221
陳澄波　37, 161, **190**, 429-30

鄭経　22, 83-5, **86**, 87-9, 267, 421

鄭成功　16, 21-2, 76-80, 82, **83**, 84-7, 89,
　　266-8, 421
定員増加選挙　43-4, 195, 215, 229, 437-8
鄭氏時代の台湾開発　22, **87**, 268
鄭氏政権時代　15, 19, 74, **83**
鄭氏政権の対東南アジア貿易　84-7, **88**

涂照彦　280, 294, 298, 345, 366
動員戡乱時期臨時条款（反乱鎮圧〔鎮定〕動
　　員時期臨時条項）　42, 45, 179, 181, 196,
　　197-8, 233, 234, 435
党外　43-4, 179, 195, 202, 215, 217, 225, 227,
　　229-30, 232, 253, 285, 354, 437-8
　　──雑誌　43, **217**
同化主義　31, 142-3, 156-7, 233
「糖業改良意見書」　28, 132, 134, 277, 350
東京中華学校　208
党・国家体制　194
同性婚（法、法案）　48, 252, 288, 328-9, 445
同性婚・婚姻平等権運動　48, **256**, 329
特別統治主義　26, 143, 365
特別志願兵制徴兵制　31, **173**, 174, 224, 431
土地調査　27, 99, 115, 123, **124**, 125-6, 140,
　　270-1, 279, 294, 424
鳥居龍蔵　**127**, 128, 261, 337-40

な 行

内地延長主義　26, 28-30, 34, 110, 120-1, **143**,
　　144, 282, 353, 358, 428
中村輝夫　61, **224**, 225, 436

西川満　36, 157-8, 314, 431
二重代表制案　212-3
日月潭水力発電所　30, **170**
日華平和条約　41, 179, 185, 193, **199**, 200, 210,
　　213, 225, 293, 433
日産処理委員会　40, 49, **186**, 432
日清講和条約（下関条約）　16, 23, 25, **109**,
　　117, 119, 143, 179, 210, 279, 423
日清戦争　23-5, 109, 116, 119, 122-3, 143, 179,
　　204, 210, 386, 422
日台民間漁業取決め　47, **248**, 249, 444
新渡戸稲造　28, 132, **134**, 153, 277, 348, 350-1,

364, 425
二・二八事件　40-1, 59, 160, 181, 184, **186**,
　　187-91, 193-4, 197, 204-5, 218, 232, 237, 252-3,
　　279, 285, 288, 316, 432, 439-40
日本台湾学会　20, **243**, 273, 275, 281, 285-8,
　　291, 293, 311, 329, 334, 342-3, 346, 352, 354,
　　361-2, 367-70, 378-82, 440
日本と台湾の断交（日華断交）　43, 180,
　　213, 214, 292, 436, 442
認識台湾（『認識台湾』）　57, 181, **238**, 440

農地改革　49, **198**, 297-8, 433

は 行

馬英九　47-8, 53, 181-2, 195, 230, 236, 247,
　　248, 250, 253, 257, 286-90, 442-4
白色テロ　18, 40-1, 59, 181, 188, 191, 193, 197,
　　198, 199, 215, 232, 237, 252-3, 433
バークレー、トマス　23, **102**, 103, 322
白話文　154-8
長谷川清　112, 173, 388, 431
長谷川謹介　135, 424
八六海戦　193
客家（人）　16, 33, 46, 55, 59, **74**, 75, 93, 95-6,
　　105, 192, 222-3, 238, 251, 255, 283, 312, 317, 438
八仙洞遺跡　68, 420
八田與一　169, 430, 443
花岡一郎（ダッキス・ノービン）　166, 429
花岡二郎（ダッキス・ナウイ）　166
浜田弥兵衛事件　21, 77, **79**, 266, 421
原敬　25, 29, 120-1, 143-4, 282-3, 427-8
番割　23, **98**, 99, 273
板橋林家　23, 91, **97**
番а地政策　22, **97**
半導体　49, 51-4, 217, 245-6, 299-300, 445
反乱鎮圧動員時期臨時条項　⇒動員戡乱時期
　　臨時条款

『悲情城市』　61, **237**, 439
匪徒刑罰令　27, 115, 142, 424
卑南遺跡　69, 263
ヒマワリ運動　47, 53, 247-8, **249**, 251, 310
『美麗島』　225, 229, 437

──事件（高雄事件）　44, 215, 220, **229**, 230, 244, 325, 437

閩南（福佬）（人）　33, 55, **74**, 75, 93, 95, 103, 153, 192, 238, 255, 275, 312

『文学季刊』　219-20
『文芸台湾』　36, 157, 431
分類械闘　23, 32, 75, 91, **94**, 95

米援　41, 50, 60, **200**, 297-8, 433, 435
米華相互防衛条約　41, **201**, 203, 227-8, 437
米国の武器供与　43, 45, **227**, 228
米糖相克　162, 169
「平和統一、一国二制度」構想　43, **230**

彭明敏　42, **206**, 435
蓬萊米　131-3, **161**, 162, 429, 434
保釣運動　42, **210**, 248
本省人　39-40, 43-6, 75, 181, 191-2, 194-5, 206, 215, 231-3

ま行

松木幹一郎　170
マッケイ、ジョージ・L　23, 33, **101**, 422
馬淵東一　**163**, 262, 278-9, 338-40
万年国会　43, 179, 181, 231, 233, 439

三井物産　132-3
南満洲鉄道株式会社（満鉄）　122-3, 128, 349
民主進歩党（民進党）　44, 46-8, 181-2, 188, 195, 206-7, 215, 230, 232-3, 235-6, 245, 252, 256, 287, 325, 438-42, 444-5
『民俗台湾』　31, **175**, 176, 306, 431

霧社事件　31, **165**, 166-7, 249, 280, 282-3, 317, 430, 436, 443
霧峰林家　23, 91, **97**, 151

毛沢東　193, 202-3, 437
モーナ・ルダオ　165-6

や行

矢内原忠雄　18, 30, 122, 134, 141, 143, **153**, 154, 169, 277, 280, 294-7, 348, 351, 355, 364, 430
──『帝国主義下の台湾』　18, 30, 141, 153, 277, 294-5, 351, 430
山川均　151

輸出加工区　50, **209**, 435

余清芳　28, 142, 427
楊雲萍　155-6, 176, 218
葉栄鐘　153, 156, 277, 351, 354, 430
楊逵（ヤンクイ）　36, 59, 156, 218, 220, 222, **223**, 429, 431, 433, 435
葉石濤　158, 218-20, 222, 313
楊肇嘉　30, 149, 164, 167, **168**, 283, 309, 430
横浜中華学院　208
横浜山手中華学校　208
吉野作造　29, 153, 278

ら行

羅福星　28, 426
雷震　42, 202, 435-6
頼和　31, 36, **155**, 156, 158, 430

李喬　219-20, 222, 317
李登輝　44-6, 52, 181, 187, 195, 206, 230, 232, **234**, 235-7, 242, 247, 253, 257, 284, 287-8, 292, 436, 438-41, 445
李友邦　177
理蕃　28, 30, 127, 132, **138**, 139-41, 147, 166-7, 275, 282, 319, 426, 430
理蕃政策大綱　**167**, 430
『笠』　60, 219, **221**
龍瑛宗　156, 218
劉進慶　280, 297-9, 345, 366
劉銘伝　23, 92, 97, 103, **104**, 105, 124-5, 127, 135, 154, 270, 275, 422
廖文毅　204, 433-5
林献堂　28-30, 118, 137, 142, 147, 149-50, **151**, 152-4, 164, 167, 169, 173, 277, 354, 388, 426, 428-9

林瑞昌　191
林爽文の乱　23, *95*, 422
林呈禄　29, 146, 153, 173, 277, 427-8
林茂生　*189*, 302
林熊徴　34, 151, 427
林野調査　*140*, 426

ルジャンドル、チャールズ　24, *100*, 106-8, 273

連横　36
連温卿　30, 151, 164, 318, 429
連戦　45-6, 195, 442, 444

呂赫若　36, 156, *191*, 218, 315, 432
魯迅　155, 158, 218, 315-6, 318
六三法　110, 165, 142, 147, 151, 424-5, 427-8
六三問題　26, 29, *119*, 120-1, 126, 128, 143, 423
ローバー号事件　23, *100*, 101, 273, 422

あとがき
「レファレンス・ブック」とはなにか？　本書刊行までの歩み

　国立国会図書館には、かつて「参考図書室」という特別な閲覧室があった。来館者入り口から目録ホールの広い空間に入ると、回廊の右手にあったその部屋には実にさまざまな「参考図書」（レファレンス・ブック）が開架されていた。また、近くには「レファレンス」受付けのデスクがあり、ベテランの職員が、書物に関するありとあらゆる質問を受付けて、さばいてくれるのであった。とはいえ、「レファレンス」という言葉は図書館の専門用語であって、最近刊行された『レファレンスサービスの射程と展開』［根本彰・齋藤泰則編、日本図書館協会、2020］でも、日本の社会で自明の活動領域として完全には根付いていない様子が窺われる。それどころか、インターネットの普及でその有効性が問われているかのようでもある。

　「序」でご覧のように、本書は「レファレンス・ブック」であるが、より正確に言えば、台湾の歴史に関する「レファレンス・ブック」とはなにか、という問いを立てることによって、本書の刊行に漕ぎ着けたというのが、編者としての実感である。

　以下では、『台湾の歴史 大全』刊行にいたるアイディア、調査研究、企画編集等のプロセスの概要を記録することによって、「レファレンス・ブック」の誕生にいたる「ライブラリアンシップ」の実際例をご紹介したい。記述にあたって、筆者（春山）の研究教育活動の個人的側面に多く触れることについて、ご了解をお願いする。

　本書刊行にいたる全期間を2008～2024年として、次のように4期に分ける。途中コロナによる中断の時期がある。
　　第1期：2008～2010年　アイディアの芽生え
　　第2期：2011～2016年　早稲田大学台湾研究所における調査研究プロジェクト
　　第3期：2017～2019年　研究史レビュー
　　（2020～2022年春　コロナ・パンデミックによる中断）
　　第4期：2022～2024年　企画・編集の再開

第1期：2008～2010年　アイディアの芽生え
2007年3月、わたしは33年勤務した国立国会図書館を退職し、4月から早稲田

大学台湾研究所研究員となった。翌2008年5月には日本台湾学会10周年記念シンポジウムで基調報告を行った。この年は、拙著『近代日本と台湾——霧社事件・植民地統治政策の研究』[藤原書店]を刊行したほか、国際日本文化研究センターの共同研究（松田利彦教授）に参加し、9月から12月まで、台湾の国立政治大学台湾史研究所の客座（客員）教授として、大学院生を対象に、台湾史の講義を行うという貴重な機会を得た。

　台湾では、中央研究院台湾史研究所及び台湾学研究国際シンポジウムでの報告、国立成功大学での講演などを行い、台湾の歴史研究者と交流し、「近代日本と台湾」に関する通史的知識の必要性、「台湾史研究のための近代日本の基礎知識」（台湾の大学院生向けの入門書）のアイディアなどが芽生えた。

　2009年4月から、早稲田大学大学院の春学期を、2010年4月からは早稲田大学全学共通副専攻「台湾を知る講座：『帝国思想』と台湾」の春学期授業を担当した（いずれも、2017年3月まで）。2011年11月から2012年7月に、一橋大学大学院言語社会研究科（非常勤講師）で台湾からの留学生を対象に、近代の日本と台湾の通史の講義プランを試みた。これを基礎に早稲田大学の学部と大学院で、台湾史研究と日本統治期台湾の通史をテーマとした。

第2期：2011〜2016年　早稲田大学台湾研究所における調査研究プロジェクト

　早稲田大学台湾研究所において「台湾史研究のための近代日本の基礎知識」に関する調査研究を実施した。2011年5月30日の第1回（研究チーム発足、メンバーは後述）から、2015年9月5日の第13回研究会（「レファレンス・ブック」のイメージ）まで行った調査研究の主な内容は、①各種の歴史事典、年表などの参考図書の調査、②書誌、索引、データベースの調査、③日本における台湾史研究の100年のレビュー、④台湾研究所ワークショップ：「台湾史研究の回顧と展望」シリーズの開催、国内外の研究者を招聘し、テーマとしては、経済史・台湾原住民・教育史・政治史・法制史・医学衛生・文学史のほか、台湾留学生による研究、台湾における研究状況、韓国における研究状況、『史学雑誌』の「回顧と展望」などを取上げた。しかし残念ながらこの研究会は諸般の事情により、2015年に活動を停止した。

　重要な展開は、2015年11月3日、台湾の台北教育大学における台湾側研究者とのワークショップで、呉文星、呉密察、周婉窈、蔡錦堂、冨田哲との意見交換が行なわれ、(1) 植民史的近代に限定することなく、「近現代史」へと対象範囲を拡大する、(2)「台湾史」の基礎知識から研究入門のレベルへ引上げる、(3)「レファレンス・ブック」の構成要素としては、①事典（基本的歴史事象100程度、大中小項目・コラム併用）、②年表（先史時代、近代重点、現代の日台関係）、③研究史の回顧と展望（文化、芸術、思想含む）、④文献解題、書誌・目録、資料

あとがき　457

レファレンス、というように多彩な項目が検討対象となったことである。

　「レファレンス・ブック」のイメージがこのように拡大した理由としては、早稲田大学台湾研究所の調査研究プロジェクトが多くのテーマを持っていたこと、台湾の研究者が台湾の民主化以後の研究の自由化の過程で活発な研究を行っていて、それを反映させたいと希望したこと、台湾の歴史過程の複雑さを考えると、単なる歴史事典や年表では把握が困難で、研究史そのもののレビューが必要だと感じたこと、などが挙げられる。

第3期：2017〜2019年　研究史レビュー

　2017年3月、早稲田大学台湾研究所の客員上級研究員を退任し、同招聘研究員となった。いよいよ「レファレンス・ブック」の出版企画に進める時間的余裕ができたのだが、台湾の歴史そのものの全体像の把握は、とても個人の研究対象とはなりえないだろう。しかし、台湾史研究の蓄積を反映した「理想のレファレンス・ブック」は不可能ではないし、まして、「台湾研究史そのものの研究レビュー」を試みるのは、必要な作業ではないか。こう考え始めたときに、アジア経済研究所の友人の提案がきっかけとなって、「日本における台湾史研究の100年――伊能嘉矩から日本台湾学会まで」［『アジア経済』60巻4号、2019年12月］をほぼ3年がかりで書くこととなった。これで、ひとつの自分なりの「台湾史研究の歴史」のイメージを掴むことができた。ただ、日本と台湾の近代における最初の接点である「台湾出兵」は別のアプローチが必要であった。これも幸運なことに、研究文献を片端から読み進める時間と掲載誌のスペースという条件が充たされ、「台湾出兵／牡丹社事件（1871–1874）と東アジアの近代――研究史レビューからの一考察」［『台湾原住民研究』25号、2021年11月］を執筆することができた。

　ところが、2020年から2022年春まで、コロナ・パンデミックにより、「レファレンス・ブック」という多くの執筆者と、総合的系統的な知識の集積と、編集の技法が必要な企画を進めることは大変困難となったのである。

第4期：2022〜2024年　企画・編集の再開

　ただ、コロナ禍のもとではあったが、企画のブレーン・ストーミングは細々と続けた。編集に協力してくれる日本台湾学会の有力メンバー3人（松田康博・松金公正・川上桃子の諸氏）が参加してくれたからである（反面、多忙な皆さんに時間を割いてもらうことも大変なことだった）。「レファレンス・ブック」の編集段階の企画立案にあたっては、さらに検討を深めたい点があった。次の3点である。

　①「現代史」の比重を増やし、台湾を取り巻く昨今の国際環境の変化と、台湾への社会的関心の今後の高まりに対応する。

　②教育現場における本書の活用、日本台湾学会の研究蓄積の活用／アウトリー

チに配慮し、中堅若手の執筆陣を拡充する。

　③「レファレンス・ブック」の思想と技法をより明確に採用する。研究者による「編集知」の手法、フランスの『百科全書』の参照、「仮想的な台湾史ライブラリー」の構築などである。

　これらのうち、「レファレンス・ブック」の思想と技法については、私自身の興味を引いた研究課題であった。

　「レファレンス・ブック」の技法については、国立国会図書館時代の経験もあり、再読すべき「参考図書」にもあたりがつけられる（サミュエル・ローススティーン『レファレンスサービスの発達』［長沢雅男監訳、日本図書館協会、1979］；根本彰『文献世界の構造──書誌コントロール論序説』［勁草書房、1998］；『図書館情報学ハンドブック 第2版』［丸善、1999］；*Encyclopedia of Library History*, edited by W. A. Wiegand and D. G. Davis, Jr. ［Garland Publishig, Inc, 1994］）。

　しかし、「レファレンス・ブック」の思想はどうだろうか。『図書館情報学ハンドブック 第2版』の「レファレンス資料」の項は実に詳細な資料論で、実は本書の構成を考える上で「参考」（refer）にした文献であるが、その「百科事典」のところで、ディドロの『百科全書』が百科事典の原形として挙げられたのを見て、そうだったか、とピンときたのである。台湾史研究という「知の集積」を想定するなら、規模は小さくても「百科全書」的性質を帯びた集合になるのは避けられない。こうして、私の関心は「百科全書」に引き寄せられていった。それに、いまや伝説となった感のある京都大学人文科学研究所の桑原武夫、鶴見俊輔らの『フランス百科全書の研究』［岩波書店、1954］も、戦後日本の学問の思想的復興をめざした研究の成果のはずである。

　とりあえず参考図書を2冊に挙げると、寺田元一『「編集知」の世紀──一八世紀フランスにおける「市民的公共圏」と『百科全書』』［日本評論社、2003］、鷲見洋一『編集者ディドロ──仲間と歩く『百科全書』の森』［平凡社、2022］となるが、この「第4期」の記述が『百科全書』の「森」に迷い込んでしまいそうなので、このあたりにしておく。ただ、ひとつ思い出すのだが、編集者ディドロと900頁の本を読むのは実に楽しく、「レファレンス・ブック」の編集に挑戦する醍醐味を感じたのである。

　本書が台湾史研究の新たな里程標となることを願うとともに、多くの方々の目にとまり、日本の市民的公共圏の共有の知的財産となることを願っている。

　2022年4月から本格的に再開された本書の編集については、2023年3月以降、原稿依頼を開始し、執筆者は合計65名にのぼった。刊行までは予想外に難航し、当初目標よりも大幅に遅れた結果、時間の経過とともに退職された方も少なくなく、関係の皆様にご迷惑をかけたかも知れないことを申し訳なく思っている。

本書の刊行にあたり、ご協力いただいた執筆者の方々にまず深く感謝申し上げたい。お名前、所属等は本書別記のとおりである。

以下に、感謝の意を表すべき方々のお名前のみ列挙させていただきたい。

早稲田大学台湾研究所の研究チーム：季武嘉也、何義麟、大浜郁子、日下部龍太、清水美里、の諸氏。台湾研究所ワークショップの講師：湊照宏、笠原政治、菅野敦志、浅野豊美、松永正義、陳姃湲、飯島渉の諸氏。台湾側研究協力者：呉文星、呉密察、周婉窈、蔡錦堂、冨田哲、の諸氏。（敬称略）

早稲田大学台湾研究所の梅森直之所長、江正殷氏には、調査研究段階から本書刊行の助成にいたるまでご尽力いただいた。特に記して感謝申し上げたい。

2004年の「後藤新平の会」創立以来の20年を超えるお付き合いを通じて、本書の趣旨を汲み刊行をお引き受けいただいた藤原書店の社長の藤原良雄さん、および編集担当としてたいへんご尽力いただいた刈屋琢さんに、感謝と敬意を表しつつ、あとがきとしたい。

　　　2025年2月28日　　　　　　　　　　　　編者を代表して　春山明哲

＊本書の刊行にあたり、早稲田大学台湾研究所の出版助成を受けた。

著者紹介（五十音順）

家永真幸（いえなが・まさき）　東京女子大学現代教養学部教授：国際関係史

五十嵐隆幸（いがらし・たかゆき）　防衛研究所地域研究部中国研究室専門研究員：国際政治史

伊藤信悟（いとう・しんご）　国際経済研究所主席研究員：中台経済関係

梅森直之（うめもり・なおゆき）　早稲田大学政治経済学術院教授・台湾研究所所長：日本政治思想史

大東和重（おおひがし・かずしげ）　関西学院大学法学部教授：日中比較文学・台湾文学

何義麟（か・ぎりん）　（台湾）国立台北教育大学台湾文化研究所教授：台湾史

笠原政治（かさはら・まさはる）　横浜国立大学名誉教授：社会人類学

上水流久彦（かみづる・ひさひこ）　県立広島大学地域基盤研究機構教授：文化人類学

川島真（かわしま・しん）　東京大学大学院総合文化研究科教授：アジア政治外交史

北波道子（きたば・みちこ）　関西大学経済学部教授：経済発展論

久保文克（くぼ・ふみかつ）　中央大学商学部教授：経営史

久礼克季（くれ・かつとし）　川村学園女子大学非常勤講師：近世ジャワ史

黒羽夏彦（くろは・なつひこ）　南台科技大学応用日本語学科非常勤講師：台湾史

古泉達矢（こいずみ・たつや）　金沢大学人間社会研究域国際学系教授：東アジア国際関係史

黄偉修（こう・いしゅう）　東京大学東洋文化研究所特任研究員：政治学

駒込武（こまごめ・たけし）　京都大学大学院教育学研究科教授：台湾近現代史

蔡龍保（さい・りゅうほ）　（台湾）国立台北大学歴史学系教授：台湾史・日本近代史

佐藤幸人（さとう・ゆきひと）　アジア経済研究所上席主任調査研究員：東アジアの産業研究

柴田幹夫（しばた・みきお）　立命館大学社会システム研究所客員協力研究員：東洋史

清水麗（しみず・うらら）　麗澤大学外国語学部教授：日台政治外交史

清水美里（しみず・みさと）　名桜大学国際学部准教授：アジア史

下村作次郎（しもむら・さくじろう）　天理大学名誉教授：台湾文学・台湾原住民文学

菅野敦志（すがの・あつし）　共立女子大学国際学部教授：台湾現代史

鈴木恵可（すずき・えか）　（台湾）中央研究院歴史語言研究所助研究員：台湾美術史

鈴木賢（すずき・けん）　明治大学法学部教授：台湾法

鈴木哲造（すずき・てつぞう）　中京大学法学部准教授：日本近現代史

胎中千鶴（たいなか・ちづる）　目白大学大学院非常勤講師：台湾近現代史

田上智宜（たのうえ・ともよし）　熊本学園大学外国語学部准教授：台湾地域研究

田畠真弓（たばた・まゆみ）　専修大学商学部教授：グローバルビジネス

垂水千恵（たるみ・ちえ）　横浜国立大学名誉教授：台湾文学

張士陽（ちょう・しよう）　明治大学兼任講師：清代台湾史

冨田哲（とみた・あきら）　淡江大学日本語文学系副教授：台湾史

西村一之（にしむら・かずゆき）　日本女子大学人間社会学部教授：文化人類学

野林厚志（のばやし・あつし）　国立民族学博物館学術資源研究開発センター教授：人類学

野村鮎子（のむら・あゆこ）　奈良女子大学文学部教授：中国文学

羽根次郎（はね・じろう）　明治大学政治経済学部教授：清末台湾史

東山京子（ひがしやま・きょうこ）　中京大学社会科学研究所研究員：アーカイブズ学

檜山幸夫（ひやま・ゆきお）　中京大学名誉教授：日本近代史

平井新（ひらい・あらた）　東海大学政治経済学部特任講師：比較政治学

深串徹（ふかくし・とおる）　島根県立大学国際関係学部准教授：台湾現代史

福田円（ふくだ・まどか）　法政大学法学部教授：国際関係論

福永玄弥（ふくなが・げんや）　東京大学教養学部教養教育高度化機構D&I部門准教授：クィア・スタディーズ

星純子（ほし・じゅんこ）　茨城大学人文社会科学部准教授：地域社会学

堀内寛雄（ほりうち・ひろお）　元国立国会図書館憲政資料室職員：日本近現代史料調査・研究

前原志保（まえはら・しほ）　九州大学人間環境学研究院准教授：台湾地域研究

松岡格（まつおか・ただす）　獨協大学国際教養学部教授：地域研究

松田利彦（まつだ・としひこ）　国際日本文化研究センター副所長・教授：近現代日朝関係史

松永正義（まつなが・まさよし）　一橋大学名誉教授：台湾文学

松本はる香（まつもと・はるか）　アジア経済研究所主任研究員：外交史

松本充豊（まつもと・みつとよ）　京都女子大学現代社会学部教授：比較政治学

三尾裕子（みお・ゆうこ）　東京外国語大学名誉教授：文化人類学

三澤真美恵（みさわ・まみえ）　日本大学文理学部教授：台湾映画史

湊照宏（みなと・てるひろ）　立教大学経済学部教授：台湾経済史

宮岡真央子（みやおか・まおこ）　福岡大学人文学部教授：文化人類学

門間理良（もんま・りら）　拓殖大学海外事情研究所教授：中台関係

谷ヶ城秀吉（やがしろ・ひでよし）　専修大学経済学部教授：経済史

山﨑直也（やまざき・なおや）　帝京大学外国語学部教授：比較教育学

やまだあつし　名古屋市立大学大学院人間文化研究科教授：台湾社会経済史

山本和行（やまもと・かずゆき）　天理大学国際学部教授：近代教育史

山本真（やまもと・しん）　筑波大学人文社会系教授：中国・台湾近現代史

若林正丈（わかばやし・まさひろ）　早稲田大学名誉教授：台湾研究

編者紹介

〈代表〉**春山明哲**（はるやま・めいてつ）

1946 年生。早稲田大学台湾研究所招聘研究員。日本台湾学会名誉理事長。専攻：日本台湾関係史。主な著作に『近代日本と台湾——霧社事件・植民地統治政策の研究』（藤原書店、2008）、「法学者・岡松参太郎の台湾経験と知の射程——植民地統治と『法の継受』をめぐって」（松田利彦編『植民地帝国日本における知と権力』思文閣、2019）ほか。

松金公正（まつかね・きみまさ）

1967 年生。宇都宮大学理事・副学長・教授。専攻：台湾宗教社会史。主な著作に『現代アジア事典』（共編著、長谷川啓之監修、文眞堂、2009、第 5 回樫山純三賞受賞）、「植民地台湾における日本仏教に関する研究の回顧と展望」（『近代仏教』21、2014）、「『廟』の中に『寺』を、『寺』の中に『廟』を——『古義真言宗台湾開教計画案』の背景にあるもの」（『アジア遊学』222、2018）ほか。

松田康博（まつだ・やすひろ）

1965 年生。東京大学東洋文化研究所教授。専攻：アジア政治外交史。主な著作に『台湾における一党独裁体制の成立』（慶應義塾大学出版会、2006、日本貿易振興機構アジア経済研究所 2007 年度発展途上国研究奨励賞受賞、第 2 回樫山純三賞受賞）、『現代台湾の政治経済と中台関係』（清水麗と共編著、晃洋書房、2018）ほか。

川上桃子（かわかみ・ももこ）

1968 年生。神奈川大学経済学部教授。専攻：台湾を中心とする東アジアの産業・企業研究。主な著作に『圧縮された産業発展——台湾ノートパソコン企業の成長メカニズム』（名古屋大学出版会、2012。第 29 回大平正芳記念賞受賞）、『中台関係のダイナミズムと台湾——馬英九政権期の展開』（松本はる香と共編、アジア経済研究所、2019）ほか。

台湾の歴史 大全
──基礎から研究へのレファレンス

2025年2月28日　初版第1刷発行©

編　者　　春松松川　山田金上　明康公桃　哲博正子

発 行 者　藤　原　良　雄

発 行 所　株式会社　藤　原　書　店

〒162-0041　東京都新宿区早稲田鶴巻町523
電　話　03（5272）0301
ＦＡＸ　03（5272）0450
振　替　00160‐4‐17013
info@fujiwara-shoten.co.jp

印刷・製本　中央精版印刷

落丁本・乱丁本はお取替えいたします　　　　Printed in Japan
定価はカバーに表示してあります　　　　ISBN978-4-86578-446-6

戦前・戦後の台湾精神史

台湾と日本のはざまを生きて
（世界人、羅福全の回想）

羅福全 著
陳柔縉 編著
小金丸貴志 訳
渡辺利夫 序

日本統治下の台湾に生まれ、幼少期を日本で過ごした後、台湾独立運動を参加。国連職員としてアジア各国の地域開発や経済協力に関わり、陳水扁政権では駐日代表を務める。世界を舞台に活躍しながら、台湾の自由と民主を求め続けた世界人の半生を初めて明かす。

カラー口絵一六頁
四六上製　三五二頁　三六〇〇円
（二〇一六年一月刊）
◇ 978-4-86578-061-1

小説のような壮絶で華麗な生涯

三生三世
（中国・台湾・アメリカに生きて）

聶　華苓
島田順子 訳

国共内戦の中を中国で逞しく生き抜き、戦後『自由中国』誌を通し台湾民主化と弾圧の渦中に身を置き、その後渡米し、詩人エングルと共にアイオワの地に世界文学の一大拠点を創出した中国人女性作家。その生涯から見える激動の東アジア二十世紀史。

口絵三二頁
四六上製　四六四頁　四六〇〇円
（二〇〇八年一〇月刊）
◇ 978-4-89434-654-3

近代前夜、なぜ海賊は現れたか

海賊からみた清朝
（十八〜十九世紀の南シナ海）

豊岡康史

アヘン戦争前夜の、シナ海域に横行していた"海賊"たち。浙江・福建・広東・ベトナムなどにおけるその活動と清朝の対策を手がかりに、反乱や人口増加で衰亡に向かうと言われる嘉慶帝時代の貿易、財政、軍事などの内政や国際関係から、当時の清朝の実像に迫る意欲作。

四六上製　四〇八頁　四六〇〇円
（二〇一六年一月刊）
◇ 978-4-86578-063-5

近代日本理解の死角

近代日本と台湾
（霧社事件・植民地統治政策の研究）

春山明哲

「近代国家」建設期の日本にとって、初の「植民地」台湾とは何だったのか。台湾先住民族の抗日武装蜂起「霧社事件」と、原敬・後藤新平らの統治思想との両面から、日台関係の近代史を見つめ直し、台湾を合わせ鏡とした日本像に迫る。

A5上製　四一六頁　五六〇〇円
（二〇〇八年六月刊）
◇ 978-4-89434-635-2